Carlo Fruttero &
Franco Lucentini

DIE SONNTAGSFRAU

Roman

Aus dem Italienischen
von Herbert Schlüter

Carlo

&

Franco Lucentini

Piper
München Zürich

SERIE PIPER
SPANNUNG
Herausgegeben von Friedrich Kur

Von Fruttero & Lucentini liegen außerdem vor:
Serie Piper
Du bist so blaß (694)
Der Palio der toten Reiter (1029)
Der Liebhaber ohne festen Wohnsitz (1173)
Die Farbe des Schicksals (1496)
Serie Piper Spannung
Wie weit ist die Nacht (5565)

Die Originalausgabe erschien 1972 unter dem Titel
»La donna della domenica«
bei Arnoldo Mondadori Editore, Mailand.

ISBN 3-492-15501-x
Neuausgabe September 1986
12. Auflage, 177.–206. Tausend November 1992
(10. Auflage, 126.–155. Tausend dieser Ausgabe)

Umschlag: Federico Luci,
unter Verwendung einer Zeichnung von Jörg Extra
Satz: Thomas F. Salzer KG, Wien
Druck und Bindung: Clausen & Bosse, Leck
Printed in Germany

Inhalt

1. An dem Dienstag im Juni, an dem

Dieses Kapitel dient
der besonderen Verwirrung
des geneigten Lesers,
weil es dem Kommissar
Santamaria nicht
anders erging.

1

An dem Dienstag im Juni, an dem er ermordet werden sollte, sah der Architekt Garrone häufig auf die Uhr. Das erstemal, gleich nachdem er in der Dunkelheit seines Zimmers, in das durch die dicht verhängten Fenster kein einziger Lichtstrahl drang, aufgewacht war. Während er, ungeschickt vor Ungeduld, mit der Hand nach der Schalterschnur tastete, erfüllte ihn eine sinnlose Angst, es könne schon zu spät sein, die Stunde des Anrufs sei bereits verpaßt. Doch es war noch nicht einmal neun, stellte er überrascht fest. Das war bei ihm, der gewöhnlich bis zehn Uhr, wenn nicht noch länger, schlief, ein klares Anzeichen von Nervosität und innerer Unruhe.
Ruhig bleiben, ermahnte er sich.
Seine Mutter ging, sobald sie ihn gehört hatte, automatisch in die Küche, um ihm Kaffee zu machen; und er – nach einem ausgiebigen Bad, das er seit längerem nötig hatte – verwandte viel Zeit darauf, sich sorgfältig zu rasieren. Schließlich mußte er noch gut vier Stunden irgendwie hinbringen.
Es waren noch drei, als er sich von seiner Mutter mit einem flüchtigen Kuß auf die Schläfe verabschiedete und das Haus verließ. Eine weitere halbe Stunde brachte er hinter sich, indem er absichtlich langsam bis zur Haltestelle ging und dann dort auf die nächste Straßenbahn wartete, die in den Vormittagsstunden nur in größeren Abständen verkehrte.
Die elektrische Uhr im Straßenbahnwagen war offensichtlich kaputt,

denn die Zeiger rückten während der ganzen Fahrt durch die Via Cibrario, Piazza Statuto und Via Garibaldi nicht vor. Sie standen auf 15.20 Uhr. Wie aus Protest gegen dieses kleine, aber bedeutsame Zeichen städtischen Verfalls weigerte er sich, zum Ausgang zu gehen. Übrigens besaß er den Versehrtenausweis und durfte auch vorn aussteigen. Er tat es. Die Bahn fuhr weiter, wegen Straßenarbeiten auf eine andere Strecke umgeleitet, in Richtung auf Porta Palazzo.

»Passen Sie auf«, wandte er sich an zwei junge Mädchen. »Da ist ein Loch.«

Er war auf den schmalen Brettersteig getreten, auf dem die Fußgänger zur Via Venti Settembre gelangten, und machte die jungen Dinger, die mit ihm ausgestiegen waren, auf eine Spalte zwischen den Brettern des Stegs aufmerksam. Man sah ihnen an, daß sie aus dem Süden eingewandert waren. Nicht aus Sizilien, dachte er. Kalabrien, nein, Lukanien. Das war eine seiner besonderen Fähigkeiten: er konnte, sogar von hinten, die genaue Herkunft der Einwanderer aus dem Süden erkennen. Ja sogar besonders gut von hinten, fand er und lächelte selbstgefällig. Eine kurze Strecke ging er ihnen nach, federnd, gut in Form, und mahnte sie mit gedämpfter Stimme, auf der Hut zu sein vor den Gefahren der Großstadt. Dann setzte er seinen Weg zur Piazza Castello fort. Bevor er das Café betrat, blieb er einen Augenblick vor dem Schaufenster des Geschäftes für Herrenwäsche stehen und betrachtete die neuen Sommerkrawatten.

»Sechstausend«, sagte er entrüstet, an einen jungen Mann gewandt, der gleich ihm ins Schaufenster blickte – er trug Bücher, unter den Arm geklemmt, und war in eine Art Räuberzivil gekleidet. »Das ist der Tageslohn eines Arbeiters!«

»Unglaublich, diese Preise«, begrüßte er darauf bei seinem Eintritt die Kassiererin des Cafés. »Unglaublich, meine liebe Liliana.«

»Guten Morgen, Herr Architekt«, erwiderte die Kassiererin, ziemlich gleichgültig und ohne sich in ihrer Zeitungslektüre stören zu lassen.

Der Architekt blickte auf die achteckige Uhr über der Theke und verglich sie mit seiner eigenen, einer goldenen Patek-Philippe, die er von seinem Vater geerbt hatte. Befriedigt rieb er sich die Hände. Die Stunde rückte also näher, und diesmal war er sich seiner Sache

sicher; diesmal sagte ihm sein Instinkt, daß alles planmäßig verlaufen würde. Er betrat den hintersten Raum des Cafés und setzte sich an einen Ecktisch vor der Fensterscheibe mit dem gelbblauen Rautenmuster.
Er war der einzige Gast. Neben der Toilettentür befand sich eine Telefonkabine aus dunklem Holz, von der aus man, vor neugierigen Ohren geschützt, in aller Ruhe sprechen konnte. Was nicht heißen sollte, daß sich das Gespräch an diesem Punkt noch würde in die Länge ziehen können. Die vorbereitende Phase war überwunden. Jetzt handelte es sich nur noch um . . .
Er fuhr zusammen, als er plötzlich neben sich den Kellner gewahrte, den kahlköpfigen Alfonsino. Er hatte ihn nicht kommen hören.
»Wie üblich, Alfonsino. Und die Zeitung, bitte.«
Das Wartenkönnen, sagte er sich, während er die zweite Brioche in den Cappuccino tauchte, das Wartenkönnen – das war das Wichtigste. Wieder eine seiner besonderen Fähigkeiten. Am Ende fiel einem alles in den Schoß, wenn man nur zu warten verstand. *Selfcontrol*, die berühmte Regel der Engländer. Und wenn man, was ja nur menschlich war, so nah am Ziel von einer unbezwinglichen Spannung und Erregung gepackt wurde – nun, dann mußte man das zu verbergen wissen. Sich rar machen, auf sich warten lassen – da lag das Geheimnis.
Er ballte die Faust auf dem Tisch. Er sollte anrufen, zwischen zwölf und ein Uhr, so war es verabredet; und er würde – so beschloß er – fünf Minuten vor ein Uhr anrufen, und keine Minute früher. Allenfalls später, zehn Minuten nach eins, zwanzig Minuten nach eins . . . Die Zeit arbeitete ohnehin für ihn.
Er blickte von neuem auf die Uhr und begann dann, in der *Stampa* zu blättern, ganz wie an jedem anderen Vormittag im Café. Turin: tiefste Tagestemperatur 19°, höchste Tagestemperatur 28°. Dieselben Werte wie in Reggio Calabria, stellte er unparteiisch fest, und der Sommer hatte noch nicht angefangen. Aufmerksam musterte er die »reizenden jungen Mädchen aus Deutschland am Strand von Alassio«, die das Blatt seinen Lesern von Mai bis Ende September alle vierzehn Tage servierte, wobei es nur jeweils den Namen des Seebades auswechselte.
Langbeinig, aber sonst nichts Besonderes, fand er. Dagegen stellte

er auf der Theater- und Kinoanzeigenseite mit Vergnügen fest, daß im Kino *Le Arti* – für das es ihm gelungen war, sich eine Freikarte zu besorgen – immer noch das französisch-nigerianische Meisterwerk *Die Peitsche* lief. Darauf wandte er sich den Lokalnachrichten zu, um sich in die Einzelheiten der gräßlichen Mordtat zu versenken, die in Sommariva Bosco ein alter Mann von vierundachtzig Jahren an seiner Schwiegertochter begangen hatte. Da ein Verkehrsunfall: »Mutter mit Kind auf dem Arm auf dem Corso Principe Oddone überfahren.« Für kleine Kinder interessierte er sich nicht, er faltete die Zeitung zusammen und legte sie auf das Marmortischchen zwischen die Briochekrümel. Dann stellte er wieder einmal fest, wie spät es mittlerweile geworden war. Er blickte auf die halboffene Tür der Telefonkabine, in der der Apparat dunkel im Halbschatten funkelte. Immer ruhig, befahl er sich, nur nichts überstürzen. Allein seine zähe Geduld und nichts sonst hatte ihn so nahe an den Erfolg herangeführt.
»Allmächtiger Gott«, murmelte er.
Die Minuten wollten nicht vergehen. Er konnte nicht länger ruhig sitzen bleiben. Langsam, vorsichtig erhob er sich, als bereite es ihm Mühe, seine zweiundfünfzig Lebensjahre zu tragen. Aber kaum stand er aufrecht, als er sich auch nicht mehr zurückhalten konnte. Er stürzte auf die Kabine zu, schloß die Tür hinter sich und stand nun zwischen den vier Wänden aus altem rissigem Holz.
Ein schwaches Licht hatte sich über ihm eingeschaltet. In dieser wächsernen Helligkeit, eingezwängt in diesen senkrecht stehenden Sarg, zog der Architekt Garrone fieberhaft eine Handvoll Kleingeld aus der Tasche, fand eine Telefonmünze darunter und drehte die Nummer seines Schicksals.

2

Ich bin jung, sagte sich Anna Carla und versuchte, eine Art von Katalog aufzustellen, ich bin intelligent, ich bin reich. Ich habe einen sehr guten Mann (auch er reich) und eine wunderschöne Tochter (wie ich, sagt man). Ich bin allen Leuten sympathisch, bin gut angezogen, habe keine Probleme mit der Linie, keine Sexualprobleme ... Sie sammelte noch auf gut Glück ein paar andere Dinge dazu: das phantastische silberne Tablett, von einem Mailänder Designer entworfen, das sie in der vorigen Woche gekauft hatte; die erlesene Zärtlichkeit von Onkel Emanuel; die erste frühsommerliche Wärme ... Aber das alles nützte natürlich nichts. Es klang wie die Antworten aus einer der Frauenzeitschriften in der Spalte *Ihr Ratgeber.* Worte. Das Moos der Abstraktion, unter dem der Stein unberührt und schmerzhaft konkret blieb.

»Heute die doppelte Dosis«, sagte Vittorio entschieden (der beste Ehemann). Er schüttete sich aus dem ersten Fläschchen zwei violette Tabletten und zwei orangefarbene aus dem zweiten in die hohle Hand und nahm dann von dem »phantastischen silbernen Tablett« das Glas mit kohlensäurefreiem Mineralwasser. »Ich habe einen etwas anstrengenden Nachmittag vor mir.«

Er trank, er schluckte und lehnte sich im Sessel zurück. Anna Carla beugte sich vor, um ihm eine Teelöffelspitze Zucker in den koffeinfreien Kaffee zu geben.

Ich bin die Frau eines Kapitalisten, der Sohn und Enkel von Kapitalisten ist, begann sie jetzt, in umgekehrter Richtung zu denken. Ich habe so viele bürgerliche Gewohnheiten und Vorurteile, und mir fehlt jedes soziale und politische Bewußtsein. Ich interessiere mich nicht für die traurige Lage der Strafgefangenen oder der Menschen, die im Irrenhaus eingesperrt leben, nicht für die Lage der Spastiker und der unterentwickelten Völker; und die Chinesen stelle ich mir immer noch mit einem Zopf vor, wenn ich ehrlich sein soll, und die Hände stecken sie in die weiten Ärmel eines mit Drachen bestickten Gewands. Ich besitze keine besonderen Talente und Fähigkeiten. Ich könnte zum Beispiel keine Dekorationsstoffe bemalen (wie Maria Pia) oder Nippsachen aus Blech entwerfen (wie Dedè), kein Golf- oder Bridgeturnier gewinnen (so wenig wie irgendeine meiner Freundinnen; aber wenigstens geben sie sich Mühe, es zu tun); und wenn ich eine Boutique oder eine Kunstgalerie eröffnen wollte, dann wäre sie in zwei Monaten pleite. Ich führe ein törichtes, unnützes, frivoles Leben.

»Wenigstens zwei Stunden Sitzung mit dem Betriebsrat«, sagte der Kapitalist mit der leidenden Stimme, die jetzt alle Kapitalisten hatten, »und weiß der Himmel, was sie heute von mir verlangen, vielleicht, daß ihnen die Firma ein Absteigequartier stellt, gleich neben dem Sportplatz. Dann haben wir so eine Art Lokaltermin von der Stadtverwaltung, wegen der Sache mit der Umweltverschmutzung. Und damit ich etwas Abwechslung habe, kommt wieder einmal eine Gruppe von Deutschen oder Schweden oder Dänen, die das neue Werk besichtigen wollen. Manchmal frage ich mich wirklich . . .«

Aber er fragte es sich nicht, sondern rührte seinen Kaffee um und trank ihn dann in mißtrauischen kleinen Schlucken.

Nein, dachte Anna Carla, auch die Selbstkritik hat nichts genützt. Auch das waren nur Worte. Worte, die ihr nicht den Schlaf rauben würden. Was ihr den Schlaf raubte – und mit einer plötzlichen Zornesaufwallung gestand sie es sich ein –, das war Massimo. Wie Blei lag er ihr auf dem Magen. Er zwang sie zu diesen lächerlichen Bilanzen im Stil einer unbefriedigten Hausfrau. Ein Langweiler und Pedant – das war der gute Massimo. Und das wollte sie ihm auch sagen. Es war ihre Pflicht, es ihm zu sagen, in aller Güte, ihre traurige Pflicht, nur zu seinem Besten: Weißt du, was aus dir geworden ist, Massimo? Ein Langweiler und Pedant.

»Es ist auch möglich«, sagte Vittorio und setzte die Tasse ab, »daß ich mit ihnen essen muß . . .«

»Mit wem?«

»Na, mit diesen Kartoffelessern. Ich hoffe nur, daß . . .«

Er unterbrach sich, als er den Blick Anna Carlas bemerkte, der starr auf die leere Kaffeetasse gerichtet war. »Ist etwas nicht in Ordnung?«

Anna Carla hob den Blick. »Entschuldige«, sagte sie, »ich habe dir plötzlich nicht mehr folgen können.«

»Aber das ist ja schlimm«, sagte Vittorio. »Ist es etwas Ernstes?«

»Aber nein, ich bitte dich. Es ist nur . . . weißt du . . .«

Der Eintritt Benitos – wieder einmal ohne Handschuhe und mit offenem Kragen – ersparte ihr eine etwas vollständigere Erklärung.

»Nichts. Nur daß ich es mit den beiden nicht mehr aushalte, weder mit ihm noch mit ihr«, sagte sie, nachdem der Diener den Raum wieder verlassen und es dabei fertiggebracht hatte, mit dem wenigen Porzellan auf dem Tablett einen Spektakel zu machen, als befände man sich in einer Werkskantine. »Kannst du sie hören?« fragte sie, mit einer Geste zur Tür hin, die Benito natürlich offengelassen hatte und durch die aus der immerhin entfernt gelegenen Küche ein wilder Aufschrei Marias und ein kehliger Fluch Benitos drangen und so den Beginn einer neuen Auseinandersetzung zwischen den beiden ankündeten.

»Ich verstehe«, sagte Vittorio mit einem Versuch, an ihren Sorgen teilzunehmen, »das Ideal sind sie natürlich auch nicht. Andrerseits ... Großer Gott, es ist schon über zwei Uhr!«

Wie nicht anders erwartet, hatte er sogleich wieder das Interesse an ihren Problemen verloren. Er stand auf, steckte die beiden Tablettenfläschchen in die Tasche (das Neueste auf dem Gebiet der Vorbeugung im Falle von Leberschäden) und küßte sie in Eile.

»Du entschuldigst mich doch? Also wenn ich auswärts esse, ruf ich dich an.«

»Schön.«

Armer Vittorio. Wenn ihn etwas ernstlich belastete – abgesehen von seinen Diners mit Geschäftsfreunden oder seinen mehr oder weniger eingebildeten Krankheiten –, dann der Versuch, ihn in die unlösbaren häuslichen Personalprobleme hineinzuziehen.

Sie stand auf. Eine Weile sah sie sich unschlüssig um und stellte dabei mechanisch weitere Anzeichen von Nachlässigkeit fest, die sich das Personal hatte zuschulden kommen lassen. Da schlug der Teppich Falten unter einem Sesselfuß, da war das trübe Wasser in den beiden Tulpenvasen auf dem Kaminsims nicht ausgewechselt worden, und in einer Ecke lag ein Spielzeug von Francesca herum. Gewiß, darum hätte sich eigentlich das Kindermädchen kümmern müssen. Massimo würde ihr entgegenhalten, daß ... Also was, wußte sie nicht genau, aber bestimmt würde er etwas finden, was er ihr entgegenhalten konnte ...

Sie zuckte mit den Achseln und ging in ihr Zimmer. Wenn dieser Haarspalter glaubte, ihr mit seinen hämischen Nadelstichen den Schlaf rauben zu können, dann kannte er sie schlecht. Zugegeben, in der vergangenen Nacht hatte sie nicht sehr gut geschlafen; aber das wollte sie jetzt nachholen und dann, mit ausgeruhtem Kopf, Massimo schreiben, was sie über ihn dachte ... So kriegerisch gestimmt, zog sie sich mit wenigen raschen Bewegungen aus und legte sich aufs Bett.

Später, nachdem sie geduscht hatte, saß sie, den Briefblock müßig auf den Knien und mit den Zähnen am Kugelschreiber nagend, und musterte den Staub, den die Sonne unter der kleinen Kommode links neben dem Diwan als ein flimmerndes Rechteck sichtbar machte. Da war seit mindestens drei Tagen nicht mehr gekehrt worden. Unglaublich – und sie wunderte sich selbst immer wieder darüber –, daß Menschen wie Benito und Maria, deren Familiennamen sie kaum wußte, eine solch urtümliche Wut in ihr erregten. Übrigens war es ihr genauso mit den anderen Diener-Ehepaaren ergangen (aber das war kein Trost), die aus Sardinien, den Marken, Spanien und Madagaskar gekommen waren, alle mit derselben ebenso vergänglichen wie dämonischen Macht ausgestattet über den, in dessen Dienst sie standen. Genausowenig war es ein Trost, daß es ihren Freundinnen nicht anders ging, oder auch, daß irgendwelche fremde Menschen (wie zum Beispiel dieser schamlose Garrone) eine ganz ähnliche Macht ausübten . . .

Aber sofort verbesserte sie sich. Sie biß auf den Kugelschreiber. Garrone war ein ganz anderer Fall; dahinter steckte Massimo. Er hatte ihn zu seinem Werkzeug gemacht und ihn gegen sie verwendet. Jawohl, Massimo hatte ihn in der gemeinsten, niederträchtigsten und ungerechtesten Weise dazu benutzt, sie zu schlagen. Besser gesagt, er hatte es versucht. Denn gegen Massimo und diesen Garrone war sie . . .

Anna Carla schlug die Beine übereinander, rückte den Briefblock auf dem Oberschenkel zurecht und begann, mit raschen, energischen Zügen zu schreiben: »Mein lieber Massimo, was ich Dir sagen möchte . . .« Da hielt sie schon inne.

3

Die alte Pendeluhr beim Friseur schien neun Uhr anzuzeigen. Aber natürlich sah er die Uhr spiegelverkehrt, und er, der Architekt Garrone, der vor dem großen, an den Rändern hier und da beschädigten Spiegel saß, wußte genau, daß es erst drei Uhr nachmittags war. Warten, warten, das Leben war ein ewiges Warten. Unter dem weißen, wenn auch nicht makellosen Frisiermantel, der ihn vom Hals bis zu den Knien umhüllte, fühlte er sich plötzlich wie in einer Zwangsjacke. Das ungeheure Hochgefühl, das ihn vor zwei Stunden erfüllt hatte, war schon wieder in ängstliche Besorgtheit umgeschlagen. Es war ein Fehler gewesen, zum Friseur zu gehen; er hätte statt dessen lange spazierengehen oder eine Ruderfahrt auf dem Po unternehmen, sich durch Bewegung, durch physische Anstrengung abreagieren sollen. So hätte er sich den Kopf freigehalten, und seine Gedanken wären nicht wie gebannt um den heutigen Abend gekreist.

»Wollen wir hier etwas wegnehmen, Herr Architekt? Ein wenig evellieren?« fragte der Friseur.

»Nur zu, Salvatore, evellieren Sie unbesorgt.«

Jahrelang und zu einer Zeit, als dazu Mut gehörte, hatte er die Haare bis in den Nacken getragen, war aber jetzt zu einem klassischeren Haarschnitt zurückgekehrt. Es gab keine andere Möglichkeit, wenn man sich, wie er, immer von der Herde unterscheiden wollte und gegen den Strom schwamm, auch wenn man dabei draufzahlte. Und er allein wußte, wieviel er draufgezahlt hatte.

Ein Zweifel, ob nicht auch diesmal irgend etwas im letzten Augenblick alles wieder zunichte machen könnte – vielleicht eine Sinnesänderung oder irgendein unvorhergesehenes Ereignis –, überfiel ihn so jäh, daß der Friseur erschrocken mit dem Schneiden innehielt.

»Herr Architekt, wenn Sie mir solche Sprünge machen . . .«

Nein, unmöglich. Nach einer so rückhaltlosen Kapitulation fehlte solchen Befürchtungen jede vernünftige Begründung; sie waren wie die unwillkürliche Speichelabsonderung eines Mannes, der schon die Hand nach dem Apfel ausstreckte. Nur hatte das Wasser, das ihm da im Munde zusammenlief, einen ätzenden Geschmack. So schwach ist der Mensch. Noch heute früh vor dem Anruf, als er seiner Sache noch nicht sicher war, hätte er mit Freuden jeden Aufschub akzeptiert, wenn er nur Gewißheit hätte haben können. Und jetzt war er unfähig, ruhig bis nach dem Abendessen zu warten?

»Das Fleisch ist schwach«, erklärte er dem Friseur und trommelte mit den Fingern auf den übergeschlagenen Knien, auf denen er die farbige Doppelseite des erotischen Wochenmagazins aufgeschlagen hatte, die sich nun langsam mit Haarschnipseln bedeckte.

»Natürlich, beim Anblick eines so tollen Vorbaus«, sagte der Friseur, der irrtümlich Garrones Bemerkung auf den Busen des

Fotomodells Gungala bezog, der gerade noch unter Schuppen und graumelierten Haarbüscheln sichtbar blieb.
Der Architekt hatte ein mitleidiges Lächeln. Er war ein guter Menschenkenner, und er begriff, daß einem armen Teufel wie Salvatore diese unerreichbare Welt von nackten Brüsten, Schenkeln und Gesäßbacken wie Wein zu Kopf steigen mußte und ihm im Grunde schlecht bekam. Die Pornographie war – wie so manches andere – etwas für freie Menschen wie ihn, die nicht hereingefallen waren auf die Ehe, mit Kindern und dem Einerlei des Berufs, sondern die aufgeschlossen waren für alle Abenteuer des Lebens.
Er sah in den Spiegel. Sein Leben gefiel ihm; es erschien ihm reich, bunt, voll und interessant; der Spiegel zeigte ihm den Beweis: über dem weißen Kegel des Friseurmantels ein waches, ausdrucksvolles Gesicht, das etwas von einem edlen Raubtier hatte, wie es einmal jemand genannt hatte ... Wer war es doch gewesen? Er kannte so viele Leute und verkehrte in allen möglichen Kreisen. Jeder hätte es gesagt haben können – im rosigen Schein eines seidenen Lampenschirmes, am Tisch eines Komitees, auf einem schweißfeuchten Kissen, zwischen den Bänken und Büschen des Parco del Valentino, oder war es jemand, der im Dunkel eines Kinosaals sein Profil gemustert hatte?
»Wissen Sie, um wieviel Uhr das *Le Arti* aufmacht?«
»Ah, *Die Peitsche*«, sagte der Friseur. »Um drei. Ich habe den Film schon zweimal gesehen. Eine scharfe Sache. Künstlerisch wertvoll, aber gepfeffert.«
»Also es lohnt sich?«
»O ja.«
Eine gute Idee, noch ein paar Stunden auf intelligente Weise zu verbringen. Danach würde er, rechtzeitig zur Teestunde, bei den Gräfinnen Piovano hineinschauen, etwas später auf einen Sprung in die Galerie Vollero gehen, zu der Eröffnung einer Ausstellung mythologischer Kunst. Bei dem guten Vollero traf man immer Leute, mit denen es nützlich war, Kontakt zu haben. Zu Abend essen würde er im Restaurant; zwecklos, deswegen in die Via Peyron nach Hause zu fahren, um dann den ganzen Weg bis zu seinem Büro in der Via Mazzini zu machen. Ganz abgesehen davon, daß er angesichts der bevorstehenden Begegnung wahr-

scheinlich keinen großen Hunger verspüren würde. Nun, und dann würde er das Büro ein bißchen aufräumen müssen und es in einen etwas repräsentableren Zustand versetzen. Obwohl es – und hier verzog sich sein Gesicht zu einem Grinsen – nicht unbedingt nötig war, gar zu viele Umstände zu machen. Denn entweder kam sein Besuch, oder er kam nicht. Und wenn er kam ... wieder klangen ihm die Worte wie Musik in den Ohren: »Schön, ich komme zwischen zehn und halb elf.«

4

Die Glastür, die auf den schmalen Balkon über der Piazza ging, stand offen und ließ die Nachmittagssonne in das langgestreckte Zimmer Anna Carlas herein. Auch die hohen grauen Fenster auf die Via Cavour waren hinter den wollenen Vorhängen geöffnet. Sogar die Tür zum Badezimmer war offen.
Endlich hörte das kleine olivgrüne Telefon, das neben dem ungemachten Bett stand, auf zu läuten, während Benito in einiger Entfernung mit seiner schrillen Stimme etwas in einen anderen Apparat rief. Kurz darauf klopfte Maria an der Tür und fragte: »Signora?«
Sie trat ein und verzog ärgerlich das Gesicht, als sie sah, daß das Bett und das Badezimmer wieder in Ordnung zu bringen waren.
»Sie ist nicht da«, schrie sie auf den Korridor hinaus.
Mürrisch ging sie ins Badezimmer, um Bademantel und Tücher zu wechseln.
Im übrigen fand sie das Zimmer aufgeräumt: keine herausgezogenen Schubläden, keinen offenen Schrank, nirgendwo herumliegende Kleidungsstücke, von den Pantoffeln am Fußende abgesehen und einem kleinen Schal über einer Sessellehne. Der Sessel gehörte übrigens zu dem Schreibtisch, der schräg rechts von der Fenstertür stand und zusammen mit zwei größeren Sesseln und einem niedrigen Regal mit einer Marmorplatte sozusagen das »Studio« Anna Carlas darstellte, in dem die Mädchen nichts anrühren durften.
Der Diwan in der entgegengesetzten Ecke gehörte nicht zum

»Studio« Anna Carlas, obwohl sie öfter hier als am Schreibtisch las, eine Platte hörte oder ihre Briefe schrieb. Hier waren denn auch die Kissen aufzuschütteln und der Aschenbecher zu leeren, der auf dem Teppich stand. Dort lag auch ein blauer Briefblock, der nur noch einige Blätter enthielt; ein gelber Kugelschreiber steckte zwischen den Seiten. Daneben der Papierkorb war bis oben angefüllt mit zusammengeballten Briefbogen. Stöhnend bückte sich Maria, um den Inhalt des Aschenbechers in den Papierkorb zu leeren. Aber als sie sah, wie lang die ausgedrückten Zigarettenenden waren, rief sie in Richtung der geöffneten Tür: »Du, hör doch mal!«
»Was?«
»Hol sie dir, wenn du willst.«
»Was denn?«
»Kannst du nicht mal kommen?«
Sie hob den Briefblock auf und setzte sich, bereits wieder erschöpft, breitbeinig auf den Diwan. Als Benito erschien, wies sie nur mit stummer Gebärde auf den Aschenbecher am Fußboden.
»Da ist ja ein ganzes Päckchen draufgegangen«, stellte er nach kurzer Prüfung fest. »Und sie sind noch beinahe ganz!« Er fischte aus der Asche die kaum angerauchten Zigaretten heraus und bemühte sich, ihnen wieder ihre alte Form zu geben. »Wie sie die zerdrückt hat! Da sieht man, wie nervös sie war.« Er hockte auf dem Fußboden, die Zigarettenreste in der hohlen Hand, und sah zu seiner Frau auf, die sich mit dem Briefblock Luft zufächelte. »Aber sie sind immer noch zu gebrauchen«, schloß er seine Betrachtung.
»Na also, begnüge du dich mit den Kippen«, seufzte Maria. Sie hörte mit dem Fächeln auf und erhob sich grollend, um das Bett zu machen. Den Block ließ sie auf dem Diwan liegen.
»Ich möchte nur wissen, wo geschrieben steht, daß ich jetzt zweimal am Tage ihr Schlafzimmer machen muß«, murrte sie, während sie, so gut es gehen wollte, die Bettücher wieder einschlug. »Soll es ihr doch ihr Hahnrei von Mann machen, wenn sie schon nicht zusammen schlafen.«
»Wer ist denn dieser Massimo?« fragte Benito vom Diwan aus. »Ist es der aus Ivrea?«
»Nein, das ist der andere. Massimo ist der, der gestern abend zum

Essen hier war. Dieser Campi, weißt du, mit dem sie alle Augenblicke telefoniert ... Aber warum fragst du?«

»›Massimo, laß dir sagen: wenn ich so blöd wäre ...‹« las Benito vor.

»Was erzählst du da?«

»Ich lese nur, was hier geschrieben steht.«

»Aha, dann haben sie Streit gehabt«, sagte Maria interessiert. »Was steht noch da?«

»Nichts.«

»Wieso nichts?«

»Nichts. Es ist zu Ende, sie hat nicht mehr geschrieben. Sie wird ihm das weitere mündlich gesagt haben.«

»Ja, ja, im Bett«, zischte Maria verächtlich. »Je jünger, desto verhurter.«

Sie bemerkte, daß sie die Bettdecke verkehrt herum aufgelegt hatte. Aber sie fand, daß es genausogut auch so ging. Mit einem gutgezielten Fußtritt, der ihr das Bücken ersparen sollte, schleuderte sie beide Pantoffeln unter den Nachttisch. Fertig.

»Du, hör dir mal das hier an«, sagte Benito. »›Lieber Massimo, ich habe immer gewußt, daß du zu jeder Gemeinheit fähig bist, aber erlaube mir, dir zu sagen, daß die von gestern abend die aller- ...‹«

»Die aller- was?« fragte Maria voller Ungeduld.

»Das steht nicht da.«

»Wieso steht es nicht da?«

»Auch dieser Brief geht nicht weiter. Lag im Papierkorb. Warte, ich schau mir die andern an. Der ganze Korb ist voll von angefangenen Briefen.«

Er zündete sich eine der Kippen an, legte die übrigen auf die Truhe und begann, die zusammengeknüllten Blätter zu glätten. Maria setzte sich schwerfällig aufs Bett.

»Hier steht: ›Lieber Massimo, laß uns wenigstens die Regeln der guten Erziehung beachten. In Boston‹ – und da ist Schluß. Aber hier steht: ›Massimo, mein Lieber‹ – aber *mein Lieber* ist durchgestrichen, und weiter steht nichts da ... Hier ein anderer Brief: ›Massimo, in Boston bin ich nie gewesen, und ich weiß nicht, ob ich je meinen Fuß in diese Stadt setzen werde. Aber was meine Beziehung zu dem Architekten betrifft ...‹«

»Was für ein Architekt?«
»Das sagt sie nicht ... Ah, hier sagt sie es: ›Lieber Massimo, abgesehen von allem anderen, von diesem Architekten Garrone habe ich ...‹ Wer ist denn das? Hast du eine Ahnung?«
»Nein. Ist das schon alles?«
»Nein, es geht weiter: ›... von diesem Architekten Garrone habe ich genug. Alle Tage, das ist zuviel. Idealmord hin, Idealmord her ...‹ «
»Mord?«
»Ja. Ideal ...« Er verbesserte sich: »Ritualmord.«
»Sie ist verrückt.«
»›Ritualmord hin, Ritualmord her, ich finde wirklich, wir sollten ihn endlich umbringen. Wir gewinnen beide dabei.‹«
»Und weiter?«
»Weiter nichts. Das ist alles.«
Maria dachte ein Weilchen nach. Dann sagte sie, fast ein wenig enttäuscht: »Sie spinnt. Beide spinnen. Los, wir müssen gehen, jetzt kommt die Französin mit der Kleinen zurück. Sie soll uns nicht hier überraschen, die Schleicherin.«
Unter Mühen stand sie auf. Benito legte die Kippen in das letzte Blatt, das er gelesen hatte, machte ein Päckchen daraus und steckte es in die Tasche.

5

Die Filmkritiker (Garrone kannte mehr als einen persönlich) hatten recht: Die Sequenz über das große Gemetzel war von einer denkwürdigen Kraft des Bildes, eine filmische Kostbarkeit.
Er blieb sitzen, um diese Sequenz noch einmal zu sehen, und da er schon einmal da war, sah er auch die über die Enthaarung noch einmal. Sie war von einer unerhörten Härte und zugleich einer sublimen Poesie. Hier war ein Film, der wie Shakespeare auf allen Ebenen wirkte; er machte Eindruck auf ein naives Gemüt wie den Friseur Salvatore, und er brachte einen erfahrenen, illusionslosen Mann wie ihn zum Nachdenken. Es gab wirklich auf dieser Welt zuviel Egoismus und zuviel Unrecht; und die Folge

war, daß es mit dieser Welt denn auch munter bergab ging. Man brauchte sich nur umzusehen, um die deutlichen Symptome des Niedergangs auch in Turin zu erkennen.
Es kam die Szene mit der Hürde, sie war nicht ganz so stark, und der Architekt Garrone streifte die Mokassins über die schwitzenden Füße und erhob sich. Links von ihm saß niemand in seiner Reihe, aber etwa zehn Plätze weiter rechts saß ein Pärchen, und die beiden waren sehr miteinander beschäftigt. Garrone ging nach ihrer Seite hinaus, und verhielt einen Augenblick, als er ihre Beine streifte. Dann ging er auf die Toilette. Sie war leer. Auf den gelblich getünchten Wänden über dem Sockel aus weißen Fliesen standen, eingeritzt oder mit dem Bleistift gezeichnet, obszöne Wörter und Bilder. Nachdem er sich die Hose wieder zugeknöpft hatte, nahm er kopfschüttelnd den Kugelschreiber aus der Innentasche seines Jacketts und fügte, die Melodie von *Sternenstaub* vor sich her pfeifend, einem allzu stilisierten Bild einige realistische Züge hinzu. Bei dieser Gelegenheit bemerkte er ein weißes Fädchen an der abgetragenen Hemdenmanschette und versuchte es vergeblich abzureißen. Schließlich riß er es, während er das Kino verließ, mit den Zähnen aus. Draußen im Bodengang blieb er vor dem Geschäft mit orientalischen Teppichen stehen, und zwar vor dem Schaufenster, das ganz beherrscht wurde von einem immensen, blau- und cremefarbenen samtartigen Rechteck. Chinesisch. Mindestens sieben Millionen Lire. Er grüßte den Ladeninhaber, der hinter der Scheibe stand, mit einer vagen Handbewegung; aber entweder erkannte der ihn nicht oder er wollte seinen Gruß nicht erwidern. Vor zwei Jahren hatten sie mit einem Gebetteppich von vier Millionen beinahe ein Geschäft zusammen gemacht, aber die von dem Architekten mitgebrachte Kundin hatte sich dann doch nicht zu dem Kauf entschließen können, und so war aus seiner Tantieme nichts geworden. Fünf Prozent von vier Millionen, das waren immerhin zweihunderttausend Lire.
Er hustete und spuckte aus, nachdem er sich erst umgesehen hatte, ob ihn niemand beobachtete. Dann ging er ohne Eile weiter zur Piazza Carlo Alberto.

»Und eine Münze fürs Telefon«, sagte Anna Carla. »Danke.«
Das Café – zugleich eine Verkaufsstelle für Tabakwaren – war voll von Männern, die unter großer Lärmentfaltung Billard spielten. Sie hörten auf zu spielen, aber nicht, sich laut zu unterhalten, als Anna Carla auf das Telefon zuging; ihre Blicke verfolgten sie noch, als sie die Nummer wählte und darauf wartete, mit Vittorio verbunden zu werden. Einen Augenblick wandte sie sich um, streng den Zeigefinger auf die Lippen gepreßt.
»Vittorio?«
In der Stille, die jetzt im Café herrschte, konnte man geradezu die Stimme am anderen Ende des Drahts hören.
»Ciao, Anna Carla.«
Darauf begannen sich die Männer wieder um die Billardtische zu bewegen. Sie husteten laut, hantierten geräuschvoll mit den Billardstöcken, hastig in ihren Bewegungen und mit plötzlich verdüsterten Mienen.
»Wie war der Nachmittag?«
»Danke, nicht schlecht. Ganz gut. Sie waren ziemlich vernünftig. Aber um den Abend komme ich nicht herum, leider. Sag mal, wo bist du eigentlich? Zu Hause?«
»Nein, im . . .«
»Ach deswegen. Ich hatte dich nämlich vor kurzem angerufen, und da warst du nicht da. Benito sagte, du hättest nichts hinterlassen.«
»Ich war in Eile. Außerdem – ob ich denen einen Auftrag gebe oder nicht, das ist gehüpft wie gesprungen. Wir werden uns wirklich entscheiden müssen . . .«
»Natürlich. Ich sagte ihm jedenfalls, daß ich heute abend mit diesen Kartoffelfressern zusammen essen muß. Aber ich hoffe, daß es nicht so spät wird. Wenigstens bleiben wir in Turin. Allenfalls fahre ich mit ihnen in die Umgebung, in die Hügel vielleicht.«
»Das ist ja noch ein Glück.«
»Das kann man wohl sagen. Stell dir vor . . . Entschuldige einen Moment. Danke, Ingenieur, lassen Sie es mir nur hier . . . Verzeih, was ich sagen wollte, weißt du, wohin sie mit mir zum Essen fahren wollten? Nach Alba!«

»Großer Gott! Wer hat sie denn darauf gebracht?«
»Wenn ich das wüßte. Die sagen sich so etwas weiter, glaube ich. Die wissen einfach über alles Bescheid. Ich wäre doch reif für eine Woche Krankenhaus, nach einem solchen kleinen Abendessen in Alba! Nun, es hätte schlimmer ausgehen können. Aber wo steckst du? Du sagtest gerade, daß du in Eile warst?«
»Ja, aber ... Das heißt, ich war nicht eilig aus einem besonderen Grund, es war nur ...«
Sie beobachtete die Billard spielenden Männer. Sie spielten mit einer gewissen Bemühtheit, wie man einer Pflicht nachkommt, und sie unterhielten sich dabei und waren laut genug, um ihr, Anna Carlas, Gespräch abzuschirmen, ohne es zu stören. Gentlemen.
»Ich war nur nervös. Deshalb. Ich habe nachts schlecht geschlafen, darum habe ich mich nachmittags hingelegt, und du weißt, wie schlecht es mir bekommt, wenn ich nachmittags schlafe. Jetzt ...«
»Verzeih, aber warum nimmst du kein Saridon? Ist es denn möglich, daß du nicht einmal ein Saridon nehmen willst. Schau, ich ...«
»Du hast ja recht. Aber jetzt geht es mir ausgezeichnet, ich wollte nur wissen, wie es dir geht. Also, auf Wiedersehen und alles Gute!«
»Hoffen wir das Beste. Die Hauptsache ist, daß ich um die Horsd'œuvres herumkomme. Also auf Wiedersehen, Schatz.«
»Wiedersehen.«
Sie legte den Hörer auf und lächelte den Männern zu, um ihnen zu danken.
Sie trat auf den staubigen Platz hinaus.
Die Sonne stand hoch am Himmel, es war ein heißer Sommertag. Trotzdem nahm Anna Carla aus ihrem Wagen ein Strickjäckchen heraus, das sie um den Griff ihrer Handtasche schlang; dann ging sie zwischen zwei Mauern auf die Straße zu, die zum Fluß führte.

7

»Treten Sie ihn nicht tot, mein lieber General, lassen Sie das mich erledigen«, sagte die jüngere Piovano. Flink und gewandt, ungeachtet ihres Alters, eilte sie davon und holte die Dose Insektenspray – Haushaltsgröße –, die ihren festen Platz auf der Empire-Konsole hatte, zwischen einem abessinischen Dolch und einer Fotografie des Herzogs von Aosta mit Widmung. Dann verfolgte sie rasch den Mistkäfer, der sich eilig auf das Klavier zu entfernte, und es gelang ihr, ihn mit zwei aufeinanderfolgenden »Feuerstößen« zu treffen, bevor er unter dem Klavier verschwinden konnte.

»Hast du ihn erwischt, Clotilde?« fragte die ältere Piovano mit klagender Stimme; ihrer schlechten Augen wegen hatte sie die Operation nicht verfolgen können.

»Sie hat ihn erwischt, und tüchtig«, sagte der General. »Aber er ist trotzdem entkommen.«

»Er stirbt später in der Mauer«, sagte Clotilde.

Sie setzte sich wieder auf das abgenützte Sofa, neben ihre Schwester, und reichte dem Advokaten Arlorio das Tablett mit dem letzten Plätzchen, woraufhin auch dieses verschwand.

»Danke, Gräfin. Ich nehme es aus reiner Genäschigkeit. Sie sind vorzüglich«, sagte Arlorio und begann, mit seinen spärlichen Zähnen an dem Plätzchen zu knabbern.

»Ja, ja, sie lassen sich essen. Nicht wahr, Herr Architekt?«

Der Architekt Garrone steckte den Schlag ein, ohne mit der Wimper zu zucken. Jeder wurde geschätzt wegen dessen, was er zu bieten hatte, und was die Gräfinnen Piovano zu bieten hatten, das war vor allem dies köstliche Gebäck, das ihnen allmonatlich ein früheres Zimmermädchen brachte, eine treue Seele, die jetzt in Centallo lebte. Und als sich Garrone vor einer halben Stunde den Plätzchen gegenübersah, stellte er nicht ohne Stolz fest, daß die bevorstehende Verabredung ihm nichts von seiner feinschmeckerischen Empfänglichkeit genommen hatte, und zwischen einem Wort hier, einem Wort da, hatte er nacheinander ein Dutzend verputzt. Das war ein gutes Zeichen. Er fühlte sich ruhig, entspannt, auf der Höhe der Situation, und die Nadelstiche der jüngeren Piovano amüsierten ihn geradezu. Er lächelte ihr zu, verständnisvoll, großmütig. Ein illustrer, ein ruhmreicher Name (freilich auch ein unheilvoller: bei allen Schlachten, die die italienische Armee verloren hatte, von Novara bis El Alamein, war ein Piovano dabeigewesen), eine weitverzweigte Familie, eine Verwandtschaft, die andere, noch berühmtere Namen einschloß, dazu ein stattlicher Kreis von Freunden der Familie, die im Leben der Stadt etwas zählten (oder besser: gezählt hatten) – aber das Geld war knapp, die Verhältnisse ziemlich zerrüttet.

Von der Pendeluhr aus dem achtzehnten Jahrhundert, hellgrün lackiert und goldgerändert, die zwanzig Minuten nach sechs zeigte (warum verkaufen sie die nicht? Eine glatte Million könnte er jederzeit garantieren), wanderte sein Blick zu der fadenscheinig gewordenen seidenen Wandbespannung, zu den Vorhängen aus echtem Voile de Perse, wenn auch hier und da zerrissen, und den Sopraporten von Olivero. Von der Stuckdecke, die unter einem wilden Getrappel erbebte, löste sich wieder einmal ein Stückchen, das auf einem der Tische zerbröckelte.

»Nicht einen Augenblick geben sie Ruhe«, beklagte sich die ältere Piovano.

»So geht's, wenn man an Leute aus dem Süden vermietet«, bemerkte der Architekt. »Man nimmt ein garantiert kinderloses Ehepaar, und ein Vierteljahr später hat man vierzehn Personen, die einem über dem Kopf herumtrampeln.«

Er selbst hatte zwar keine Wohnungen zu vermieten. Und in der Via Peyron, wo er mit seiner Mutter und seiner Schwester wohnte, gab es keine Südländer; das Viertel war noch verhältnismäßig unberührt vom Strom der Einwanderer geblieben. Und was sein Büro in der Via Mazzini betraf (ein einziges Zimmer ohne Nebenräume im Erdgeschoß eines baufälligen Hauses), so stellte sich dort das Problem nicht. Da hätten sie zu vierzehn oder zu achtundzwanzig über ihm tanzen können, ihm würde es nichts ausmachen. Aber die Damen Piovano hörten immer wieder gern dieselben Behauptungen.

»Man muß sich wohl damit abfinden, daß sie eine eigene Rasse sind«, sagte er.

»Wir sind alle Italiener«, bemerkte der General trocken. »Am Isonzo sind sie genauso gefallen wie wir.«

Der Advokat Arlorio ließ ein konziliantes Hüsteln hören. »Sie haben große Juristen hervorgebracht, höchst bedeutende Strafrechtler. Aber natürlich ...« fügte er kopfschüttelnd hinzu, »wenn sie hierher, in den Norden, kommen ... Also ich habe mir sagen lassen, daß es sich vor allem um die Ernährung handelt, um das Protein. Weil sie nämlich nicht an Fleisch gewöhnt sind.«

»Ich wüßte gern, woran sie wohl gewöhnt sind«, bemerkte die ältere Piovano mit weinerlicher Stimme und hob die fast weißen Augen auf zu der abbröckelnden Zimmerdecke.

»Was die Männer betrifft, weiß ich es nicht«, sagte der Architekt. Einen Augenblick zögerte er und wog das Für und Wider ab. Der Advokat zählte nicht, und der General war praktisch ein alter Kindskopf; die jüngere Piovano war ihm seit einiger Zeit ohnehin nicht mehr gewogen; aber bei der älteren Piovano war er seiner Sache sicher. »Aber die Frauen ...«, und er machte eine bedeutsame Pause, »aber die Frauen sind vor allem an Fisch gewöhnt.«

Nach einem Schweigen von dreißig Sekunden vernahm man so etwas wie ein Gurgeln, und dann brach aus der pergamenttrockenen Kehle der älteren Piovano ein hemmungsloses Lachen. Es klang jung und glücklich und wollte nicht enden.

8

Und dann, überlegte Anna Carla, während sie über die Reste einer knapp über dem Boden abgesägten Pappel kletterte, und dann die Sinnlosigkeit, die wirklich ungewöhnliche Absurdität des Motivs.

In New York war sie zweimal gewesen, das erstemal, um es überhaupt kennenzulernen, das zweitemal zur Hochzeit eines Bruders von Vittorio. Dagegen in Boston war sie nie gewesen und hatte auch nie die Absicht gehabt, es zu besuchen. Es mußte wohl eine Hafenstadt sein (aber südlich oder nördlich von New York?), und von Boston aus war im achtzehnten Jahrhundert die Idee ausgegangen, gegen die Engländer einen Unabhängigkeitskrieg zu führen: es war eine Gruppe von Patrioten gewesen, vom Typ unserer Carbonari, die zusammenkamen, um Tee zu trinken. Mehr wußte sie nicht. Henry James (einer dieser Schriftsteller, bei deren Lektüre man sich anstrengt, wie wenn man ein Fahrrad den

Berg hinaufschiebt) hatte einen Roman über Boston geschrieben, dem er den Titel *The Bostonians* gegeben hatte; aber sie hatte ihn nicht gelesen. Sie glaubte sich zu erinnern, daß die Bostoner im Ruf einer streng puritanischen Gesinnung standen und aus irgendeinem Grund auch als sehr snobistisch galten; aber das lag wer weiß wie lange schon zurück, und heute war Boston wahrscheinlich eine Stadt wie jede andere, mit Negern und Wolkenkratzern und mit den üblichen unendlichen Vororten von Einfamilienhäusern, komplett mit Garten und Doppelgarage. Und wegen eines solchen Ballungsraumes, eines Orts, den sie nicht kannte und den sie nie kennenlernen würde und der für sie überhaupt keine Bedeutung hatte, war sie jetzt hier, am Stadtrand von Turin, und irrte am Po-Ufer umher wie eine arme Seele im Fegefeuer.
»Baast'n«, sprach sie den Namen aus, halblaut und um Präzision bemüht, »Baast'n.«
Absurd. Grotesk. Und doch konnte (das lehrte schon die Bibel) ein einziges Wort zuweilen eine entscheidende Bedeutung erlangen – man denke an Garibaldi, Berlichingen oder Cambronne . . .
Sie setzte ihren Weg am Ufer fort. Rechts sah sie das niedrige graue Wasser des Flusses und in der Ferne die Gestalten von Fischern; links eine weite Wiese, ein holpriges Gelände mit hohen Schutthügeln, die sich deutlich abhoben gegen einen Horizont mit streng gegliederten Bauten und schwarzen Stahlgerüsten, die nach Chivasso zu dichter wurden, längs der großen Straße, auf der die Lichter in unregelmäßigen Abständen bereits aufleuchteten. Die Trostlosigkeit der Szene war von einer schlechthin kalligraphischen Vollendung; hier war Perfektionismus am Werk gewesen: da fehlte nicht die einsame, abgestorbene Akazie und nicht die verrostete Sardinenbüchse zwischen den Brennesseln am Wege. Anna Carla beglückwünschte sich. Allein die Tatsache, daß sie sich für ihre Meditationen und Projekte eine solche Landschaft ausgesucht hatte (dabei war es der pure Zufall gewesen!), war bereits ein Sieg über die niederdrückende Kontrolle durch Massimo, ein Sieg über seine ausgefallenen Verbote. Eine Landschaft für den Klub der Cineasten – so hätte er sie aufgezogen. Oder, schlimmer noch: aus einem Dokumentarfilm über Biologie. Aber wo, wenn sie bitten durfte, wo konnte man denn seiner Meinung nach wirklich spazierengehen? Nur an den Seinequais? Oder an

der Riviera? Oder in den Kew-Gardens von Richmond? Ach, wir Armen!
Anna Carla sah ihn jetzt ganz klar. Er war ein bedauernswerter Krüppel, bildlich gesprochen, der in seiner krankhaften Sucht nach Natürlichkeit und Spontaneität (welche Utopie!) gerade zum Sklaven der ungeheuerlichsten Künstelei geworden war. Er tat ihr leid. Er litt an fixen Ideen, er war ein Kauz, ein gefährlicher Irrer, gefährlich für sich und die anderen. Gott sei Dank besaß sie noch genügend innere Unabhängigkeit, um sich von dieser unmöglichen Tyrannei freizumachen. Gestern abend war es ihm noch einmal gelungen, sie in eine Krise zu stürzen, aber es war eine heilsame, die Lösung bringende Krise gewesen. Sie wußte jetzt, wie sie sich retten, wie den Knoten durchschneiden, den Alptraum abschütteln konnte. Er nicht; er war verdammt.
In einer Aufwallung von Mitleid ging sie so weit, zuzugeben, er könne in der speziellen Frage – bezüglich Boston – recht haben. Sie war nicht vollkommen, und sie legte gar keinen Wert darauf, es zu sein. Aber die Verbindung mit dem obszönen Garrone – nein, keine Frau würde sich darauf eingelassen haben. Hier hatte Massimo einen Irrtum begangen, einen unverzeihlichen und nicht wiedergutzumachenden Irrtum.
Sie blieb stehen und versenkte sich in den Anblick der Landschaft am anderen Ufer des Flusses mit ihren Bäumen und Höhen. Es war eine noch idyllische Landschaft, vergoldet vom letzten Sonnenlicht des Tages. Aber der bloße Name Garrone hatte genügt, ihre Stimmung tief herabzudrücken und all ihre Gefühle wieder zu vergiften wie am Abend zuvor. Plötzlich erschien ihr das Schuttfeld, das sie durchschritt, in einem anderen Licht. Ihr von innerer Unruhe geschärfter Blick bemerkte verdächtige Lumpen, zusammengeballt in Bodenvertiefungen, eine gebückte Gestalt im Wrack eines verbrannten Autos und flüchtige Schatten zwischen Bergen von Kisten. Es fiel ihr auf, daß nirgendwo ein Kind zu sehen war, und die Fischer – waren es Fischer? Fröstelnd warf sie sich das Strickjäckchen über die Schultern. Vom Wasser stieg jetzt ein feuchter Nebel auf, und der Himmel wölbte sich niedriger über ihr, kalt und schmutziggelb. In eine solche Gegend geht man nicht allein, dachte sie voller Unbehagen. Sie kehrte um und gab sich Mühe, nicht zu laufen, um sich nicht noch alberner vorzukommen.

9

»Keineswegs«, erklärte Signor Vollero mit Entschiedenheit, »habe ich Garrone eine Einladung geschickt; ich wüßte nicht mal, wo er wohnt. Aber da er nun einmal gekommen war, konnte ich ihn nicht gut von einem Gorilla hinauswerfen lassen, nicht wahr? Dies ist eine Galerie alter Kunst ...«, er betonte das *alt*, »und kein Night Club.«

Er stand, umgeben von einer kleinen Gruppe von Personen, vor der Staffelei, auf der sich ein *Raub der Europa* präsentierte, aber sein Blick schweifte hinüber zu den beiden übrigen Sälen der Galerie, wo die letzten der geladenen Gäste (alles angesehene Persönlichkeiten) in wohlerzogenem Flüsterton ihre Urteile über die ausgestellten Bilder abgaben.

»Wir wollen nicht übertreiben«, sagte der Kunstkritiker. »Im Grunde ist mir Garrone ganz sympathisch. Er amüsiert mich.«

»Und er ist alles andere als ein Dummkopf«, sagte Bonetto, der Amerikanist. »Als ich im vorigen Jahr die kalifornische Gruppe *Plastizität und Lymphe* im *Teatro Tu* vorstellte ...« Er machte eine Pause, aber niemand sagte etwas; wirklich, in die Galerie Vollero kamen nur die borniertesten und rückständigsten Leute von Turin. »Da trafen wir uns nach der Vorstellung alle zum Essen. Garrone saß neben mir, und ich muß sagen, er stellte mir recht gescheite, zur Sache gehörende und Scharfsinn verratende Fragen. Er war tatsächlich interessiert.«

»Daran zweifle ich nicht«, sagte Vollero. Er hatte nur eine vage Vorstellung vom *Teatro Tu* und von kalifornischen Gruppen, aber der Name genügte ihm, um diese Gruppen in Verbindung zu bringen mit Revolution, Pornographie und moderner Kunst im allgemeinen; und die moderne Kunst verabscheute er – als Mensch und als Händler von alter Kunst. Er blickte hinüber zur *Leda mit dem Schwan* im letzten Saal, einem Werk des späten Cinquecento. Von neuem stieg Zorn in ihm hoch, wenn er an die empörenden Bemerkungen dachte, die sich soeben Garrone über dieses Bild geleistet hatte. Noch dazu in Gegenwart zweier guter Kunden, mit denen die Verhandlungen über den Erwerb des Bildes praktisch bereits abgeschlossen waren. Mit einem Lächeln, das zugleich von seiner Besorgnis sprach und um Entschuldigung bat, wandte er sich an den Ingenieur Piacenza und seine Frau (aber auf sie kam es an):

»Ich lege Wert auf einen ausgesuchten Kundenkreis«, sagte er. »Aber es gibt Leute, die haben die Gabe ...«

»Fürchten Sie nichts, lieber Vollero«, sagte lachend Signora Piacenza, während sie sich einen Handschuh über die Hand streifte, »wir nehmen es trotzdem. Sie nehmen uns allerdings dafür«, fügte sie boshaft hinzu, »eine Million ab. Garrone hat ein wenig den Finger auf die wunde Stelle gelegt, wenn wir gerecht sein wollen: das Thema hat auch seine negativen Seiten, vom künstlerischen Wert einmal abgesehen. Für ein Museum wäre es natürlich etwas anderes, aber in einem Privathaus, Sie verstehen ... Auch weil dort, wo ich es aufhängen möchte ...«

»Über den Preis werden wir uns schon einigen«, erklärte Signor Vollero mit etwas forcierter Fröhlichkeit. – Dieser Schuft, dachte er, dieser Verbrecher ...

»Übrigens begreife ich Sie nicht ganz«, wandte er sich an den Kritiker und an den Amerikanisten, »von Malerei versteht er nichts, als Architekt existiert er überhaupt nicht, nach allem, was ich höre – und als Mensch, verzeihen Sie, dreht er mir den Magen um.«

»Sehr einnehmend ist er gerade nicht«, pflichtete ihm der Ingenieur Piacenza bei.

»Lieber Gott«, lenkte der Zeitungsmann ein, der sich nicht gern in einen Gegensatz zu Piacenza stellen wollte, dessen enge Beziehungen zu Fiat bekannt waren. »*Sympathisch* meinte ich von einem gewissen Standpunkt aus, sozusagen als Bestandteil des Lokalkolorits. Denn, ob man will oder nicht, er ist eine Persönlichkeit.«

»Aber was tut er eigentlich?« fragte Signora Piacenza.

»Nichts, soviel ich weiß«, antwortete Vollero mit einem Achselzucken. »Er schmarotzt, er nassauert.«

»Kurz, ein Vorläufer des modernen Architekturstudenten«, sagte Piacenza mit einem Lächeln.

Wie gnadenlos das Establishment war, dachte der Amerikanist Bonetto. Mit zwei Worten wurde da ein Mensch abgetan. »Also, im Ernst«, sagte er, Ruhe und Festigkeit im Ton, »Garrone ist der typische Fall eines geistigen Menschen, eines Menschen von einer gewissen Begabung, dem es nicht gelungen ist, seine Stelle im Ganzen zu finden, sich einzuordnen ...«

»Aber wenn man doch überall über ihn stolpert!« widersprach Vollero.

»Das heißt noch nicht, daß er ein Mensch ist, den man sucht. In Amerika ist das ein sehr verbreitetes Phänomen.«

»Wenn er doch nach Amerika gehen wollte, um sich dort suchen zu lassen!« sagte Vollero mit ehrlicher Überzeugung.

»Sie sind zu streng«, sagte der Kunstkritiker wieder. »Garrone ist ein bißchen der Typ des Möchtegernkünstlers, des Müßiggängers mit vielen schönen Plänen, aber ich empfinde ihm gegenüber vor allem Mitleid. Er gehört einer Spezies an, die im Aussterben begriffen ist ...«

»Das sagen Sie«, widersprach ihm Signor Vollero. »Für einen, der stirbt, werden tausend geboren.«

10

»Ticktack«, wiederholte Francesca.

»*O-ro-lo-gio*«, betonte das Kindermädchen lehrhaft nachdrücklich und schlug mit dem Zeigefinger auf ihr Handgelenk. »*Montre. Uhr.*«

»Lassen Sie es gut sein, Janine«, sagte Anna Carla. Die polyglotten Bemühungen der Welschschweizerin gingen ihr auf die Nerven, besonders heute abend. »Es wäre wohl am besten, wenn Sie sie jetzt ins Bett brächten. Sie ist müde. Nicht wahr, mein Engel?«

»Nein«, sagte Francesca. Aber nach dem Gutenachtkuß ließ sie sich von Janine auf den Arm nehmen und ohne weiteren Widerstand wegbringen.

»Ticktack«, krähte sie noch von der Tür her, mit einem kleinen Gelächter; es war ein Lachen des Einverständnisses mit der Mutter gegen Janine.

»Ticktack«, sagte Anna Carla und ging lachend auf das Spiel ein.

Gleich kamen ihr Gewissensbisse: Ich bin eine ganz schlechte Erzieherin und obendrein eine ungerechte Arbeitgeberin. Ich habe die arme Janine gedemütigt, die doch im Grunde ihre Arbeit versteht und ganz darin aufgeht; dagegen stelle ich mich weiterhin blind und taub gegenüber diesem Lümmel mit seiner Frau. Aber wenn ich daran denke, was für eine Mühe es vor drei Monaten war, sie überhaupt zu bekommen ... Sie spielte mit dem kühnen Plan, die alte Sesa nur für die Küche zurückzuholen und sich im übrigen Emilio definitiv zu kapern. Emilio war der Fahrer des Werks für repräsentative Gelegenheiten, und Vittorio hatte ihn ihr schon öfter in dringlichen Fällen ausgeliehen. Im Hause war er, alles in allem, gut zu gebrauchen; als Fahrer freilich war er – abgesehen von einer untadeligen Erscheinung – schon immer ein wenig der Typ des »Gelegenheitsarbeiters« gewesen. Im übrigen brauchte sie nur noch ein anständiges Mädchen »für alles« durch die Stellenvermittlung Zanco ...

Aber hier kam sie mit ihrem kühnen Plan ins Stocken, und ihre Gedanken waren inzwischen weit entfernt von der Stellenvermittlung Zanco, als ein fernes Getöse wie von einem Bahnhofsbüfett ihr ankündigte, daß Benito damit begann, den Tisch zu decken. Wieviel die beiden an Geschirr und Gläsern zerbrachen, es war eine Leistung. Bald darauf verriet ihr ein heftiger Wortwechsel, daß Maria ihrem Mann gefolgt war, offenbar um einen in der Küche begonnenen Streit fortzusetzen.

In einer plötzlichen Eingebung stand sie auf und ging entschlossen ins Eßzimmer.

»Lassen Sie nur«, sagte sie mürrisch. »Ich esse heute abend nicht hier.«

Sie war im Begriff hinauszugehen und sich umzuziehen, aber sie hatte noch keine drei Schritte im Korridor gemacht, als sie deutlich den Kommentar Marias hörte: »Das hätt' sie uns auch früher sagen können.«

Es war wie ein Signal, wie ein Kommando, auf das sie schon lange gewartet hatte. Sie drehte sich auf dem Absatz um. Sie war ganz ruhig. Wie töricht es gewesen war, sich zu quälen. Alle Probleme lösten sich von selbst. Die Umstände, der Zufall traf die Entscheidung für dich. Die Szene, die sie sich seit rund sechzig Tagen ausgemalt hatte, war sehr kurz und weniger eisig als lakonisch.

»Betrachten Sie sich als entlassen ab morgen früh. Wegen der Kündigungsfrist und aller sonstigen Vergütungen werde ich Ihre Ansprüche ausrechnen lassen; nächste Woche wird Ihnen alles ausgezahlt.« Sie wandte sich an ihn, gerade weil sie wußte, daß von den beiden sie die Hosen anhatte. »Wollen Sie mich am Montag oder Dienstag anrufen, Benito? Übrigens können Sie meinen Namen als Referenz angeben, wenn Sie wollen.«
»Ihren Namen!« brummte Maria vor sich hin. »Sie glauben doch wohl nicht, daß wir Ihre Referenz nötig haben!«
Anna Carla ließ sie stehen, ohne auf ihre Bemerkung einzugehen. Der Fall war abgeschlossen: eine überwundene Phase, schon aus ihrem Leben gelöscht. Kaum ist der Knoten durchhauen, merkt man, wie wenig dazu gehörte. Ein Augenblick, und es ist geschafft. Eine alte Erfahrung – würde sie nie daraus lernen?
Nachdem sie sich in ihrem Schlafzimmer umgekleidet hatte, verwandte sie viel Zeit darauf, sich zurechtzumachen. Sie wußte noch nicht, wo sie essen würde. Daß sie in Turin allein in einem Restaurant saß, kam selten vor, und die Aussicht reizte sie nicht sehr. Aber irgendeine Idee, um diesen Tag mit all seinen heftigen Emotionen, mutigen Vorsätzen und endlich herangereiften Lösungen in Schönheit zu beschließen, würde ihr die Stadt gewiß noch eingeben.

11

Es war auf einem der Hügel über Turin, auf der Terrasse eines Restaurants. Ingenieur Fontana, der technische Direktor der beiden Werke der Dosio A.G. (es war daran gedacht, ein drittes Werk bei Neapel zu errichten, aber angesichts der Bedingungen, unter denen gegenwärtig die mittlere Industrie arbeiten mußte, blieb es bei dem Gedanken), fing den Blick seines Präsidenten auf, des geschäftsführenden Vorstandsmitglieds der Gesellschaft, der am Ende der langen Tafel saß. Es war der Blick eines Märtyrers.
Der arme Vittorio saß schräg eingezwängt zwischen zwei Wikinger-Riesen. Die Wikinger hatten sich ihrer Jacketts entledigt und die Hemdsärmel aufgekrempelt; und ihre Arme, stark und rosig

wie Lachs (schwedischer Lachs, in diesem Fall), arbeiteten wie Kolben, die Gabel in der Faust.
Vittorio – Fontana war mit ihm schon vom Internat her befreundet – litt zweifellos an den Einbildungen eines Hypochonders, aber man mußte auch zugeben, daß einem diese Bankette mit nordischen Gästen angst und bange machen konnten. Da oben, im Norden, in ihren heimischen Wäldern, in denen die Singvögel nicht ausgerottet wurden und in denen nirgendwo fortgeworfenes Papier herumlag und wo erst recht niemand ohne Genehmigung baute, da waren sie (wer wollte es leugnen?) Vorbilder für Kultur und Anstand, wie die *Stampa* (die hauptsächliche Lektüre des Ingenieurs Fontana) nicht müde wurde zu wiederholen. Aber aus irgendeinem geheimnisvollen Grund hatte Fontana von diesen Mustervölkern, die aus freudigen Steuerzahlern, aus geschworenen Feinden sozialer Ungerechtigkeit, aus tüchtigen und unbestechlichen Planern bestanden, deren Könige mit dem Fahrrad ins Schloß fuhren und deren Frauen alle schön, gesund und durch winterliche Bäder in Varazze oder Cesenatico gestählt waren – aus irgendeinem Grund hatte er in Turin von diesen Mustervölkern nur solche Angehörige gesehen, wie er sie heute abend vor Augen hatte.
Das Chaos auf der sonst so ruhigen Terrasse war unbeschreiblich; und was die drei Frauen betraf, die zu der Gruppe gehörten, so war es eine Gnade der Madonna, daß sie nicht im Bikini erschienen waren. Obwohl die Agnolotti sich schon dampfend auf dem Tisch türmten, hielt die Gesellschaft mit Gewalt noch die Campari- und Punt-e-Mes-Flaschen zurück, zwischen denen die schon halbgeleerten Rotweinflaschen der beiden Sorten Dolcetto und Barbera standen. Aber auch die Plünderung der Horsd'œuvres hatte, vierzig Minuten nach Beginn, noch nichts von ihrer Wut verloren. Gleich gekaperten und an Land gezogenen Schiffen waren die vier fahrbaren zweistöckigen Anrichten zwischen die Stühle geklemmt und mußten ihren ganzen Reichtum an überbackenen Peperoni, Schleien und Karpfen, Sardellen in grünroter Soße, gefüllten Zucchini und Tomaten, Bauernomelettes und kalt gewordenen Würsten, Cotechini, genau gesagt, hergeben.
Der Ingenieur Fontana hatte einen Magen wie ein Pferd, und wenn ihn dieses Schauspiel störte, dann nur, weil es seinem

Sinn für Ordnung widersprach. Aber er machte sich Sorgen um Vittorio. Nach dem schweren, um nicht zu sagen schwarzen Tag heute in der Fabrik konnte dieses gastronomische Nachspiel der berühmte Tropfen sein, der das Faß zum Überlaufen brachte, und das Werk konnte sich einfach nicht eine Leberkrise seines Präsidenten leisten. Gerade für die beiden nächsten Tage standen diverse Unannehmlichkeiten bevor, die Vittorios Anwesenheit unbedingt erforderten ...

Er hob den Kopf, um dem »Chef« noch einmal mit einem Blick und einem Lächeln Mut zu machen. Aber das Lächeln erlosch: Vittorio war verschwunden.

Einen Augenblick glaubte Fontana, er sei vielleicht nur verdeckt von seinen gewaltigen Tischnachbarn zur Rechten und zur Linken, die sich jetzt mit den Armen berührten. Er erhob sich ein wenig und stellte fest, daß der Stuhl Vittorios zurückgeschoben war, aus dem Getümmel heraus, und daß er leer war. Er ließ den Blick suchend über die tafelnde Gesellschaft gleiten, dann verließ er das lärmende Biwak, ohne sich erst bei seinen Nachbarn zu entschuldigen, die ohnehin nicht die geringste Notiz von ihm nahmen, stieg die Auffahrt hinauf bis zu den Toiletten und klopfte dort an eine der Türen.

»Vittorio?«

Keine Antwort. Er drehte den Knopf: die Toilette war leer.

Wahrscheinlich war ihm übel geworden, wahrscheinlich war er in den Garten hinausgestürzt und hatte sich die Seele aus dem Leib gekotzt.

Rasch stieg er wieder hinab auf die Terrasse und lief auf die hölzerne Treppe zu, die direkt in den Garten und zum Parkplatz führte. Aber auf der dritten Stufe blieb er stehen. Mit angespannter Aufmerksamkeit blickte er auf den Parkplatz, dann trat ein breites, nachsichtiges Lächeln in sein Gesicht. Er straffte die Schultern, bereit, nun allein den Rest des Abends zu bestehen, denn der Schatten, der sich dort unten vorsichtig zwischen den Wagen hindurchschlich, in den DS stieg und den Motor anließ – der ein leises, wie schuldbewußtes Brummen hören ließ –, der Schatten war der Präsident, der sich aus dem Staube machte.

Durch die offenen Fenster des Salons kam das Geräusch der zuschlagenden Wagentür und Knirschen von Kies; das Taxi, in das Massimo soeben gestiegen war, wendete auf dem Platz vor der Villa und fuhr davon.
»Er ist so früh weggegangen«, sagte Signora Campi. Es schien ihr leid zu tun. »Wohin mußte er wohl so dringend gehen? Er hat es uns nicht einmal gesagt.«
»Wohin wird er schon gehen?« brummte ihr Mann zwischen den Zähnen. »Weißt du es nicht?«
Es klang wie ein Gespräch besorgter Eltern, deren Sohn auf Abwege gekommen war; Signora Campi bemerkte es amüsiert. Jeder Zuhörer würde diesen Eindruck gehabt haben. Und dabei war es nur die Wirkung eines Zufalls gewesen. Ihr Mann hatte sich gerade eine seiner schrecklichen Zigarren angesteckt, und das hatte seiner Stimme diesen bitteren, beschwörenden Klang gegeben. Was sie betraf, so sah sie Massimo immer mit Bedauern fortgehen, aber es war ein Bedauern sozusagen mehr gesellschaftlicher als mütterlicher Natur. Massimo war einer der intelligentesten und geistreichsten Männer, die sie kannte, und nichts konnte seine Konversation aufwiegen, besonders an den seltenen Abenden, an denen sie keine anderen Gäste hatten.
»Vielleicht sollte ich ihn einmal einladen, ein paar Tage hier bei uns zu verbringen«, sagte sie mit einem Seufzer.
»Wen?«
»Massimo.«
Ihr Mann begann zu lachen, zuerst leise, dann immer lauter, sein Lachen schwoll lawinenartig an, und natürlich kam ihm dabei der Rauch in die falsche Kehle. Er stand hustend auf, und die Augen tränten ihm.
»Aber hör mal«, stotterte er, »hör mal, wenn er in Japan wohnte, dann . . .«
Signora Campi zog die elegant bekleideten Schultern hoch.
»Was hat das damit zu tun? Kann man nicht seinen Sohn als Hausgast haben, nur weil er zehn Minuten von uns entfernt wohnt?«
»Ihr seid euch völlig gleich«, sagte ihr Mann und lachte. »Völlig gleich. Die Idee hätte von ihm sein können.«

»Du siehst ihn außerdem jeden Tag, ich aber nicht.«
»*Beinahe* jeden Tag«, präzisierte Signor Campi, und diesmal war eine Spur von echter Bitterkeit in seinem Ton.
»Er ist noch jung«, sagte Signora Campi und streckte die Hand nach der nächsten Zeitschrift aus; es war eine Modezeitschrift. »Er ist intelligent. Er hat noch so viel Zeit.«
Sie schlug die Revue auf gut Glück auf; es war eine Seite, die eine ganze Kollektion von Modeschmuck zeigte, unerhört teuer und dabei schon überholt. Ihr Mann stand hinter ihr, eine Hand auf die Rückenlehne ihres Sessels gestützt, und sah dem Ring aus Rauch nach, einem vollkommenen Gebilde, das schräg zur Zimmerdecke aufstieg.
»Die Zeit vergeht«, sagte er, als sich der Ring nahezu aufgelöst hatte.
»Ein Grund mehr. Gönne es ihm, daß er sich amüsiert.«
»Tut er das? Das frage ich mich nämlich. Denn wenn ich ihn selber danach frage . . .«
Signora Campi gab es sich insgeheim zu, daß Massimo seit ein paar Wochen nicht mehr der alte war. Besonders heute abend hatte sie ihn nicht so brillant gefunden wie sonst, er war ihr zerstreut vorgekommen und manchmal geradezu verdüstert.
»Ich weiß nicht«, sagte sie, »da mache ich mir eigentlich keine Sorgen. Bisher hat er immer gewußt, was er tat.«
»Das bestreite ich nicht. Nur, meine persönliche Meinung ist . . .«
Er schwieg. In der Stille hörte man die Bremsen des Taxis, das am Gartentor das letzte steile Stück der Allee langsamer fahren mußte, bevor es auf die Straße zur Stadt hinunter einbog. Wie blöde, dachte Signora Campi und warf die Modezeitschrift auf den Tisch zurück, wie sinnlos! Da sitzen wir nach dem Essen zusammen und diskutieren das Privatleben und die Zukunft unseres einzigen Sohns; aber dieser Sohn ist ein erwachsener Mensch, und er lebt seit Jahren allein und ist durchaus imstande, sich selbst um seine Angelegenheiten zu kümmern. Und alles fing an mit einer ganz banalen Bemerkung, die sie, ohne zu überlegen, einfach so hingesagt hatte. Der reine Zufall. Aber vielleicht hatte Tante Margot doch recht, und nichts geschah zufällig.

13

Zweihundertsiebzig Lire!

Seit Bestehen des Ristoro *Maria Vittoria* – in der Straße gleichen Namens, an der Ecke der Via Bogino – war es noch nie vorgekommen, daß der Architekt Garrone ein so großes Trinkgeld gegeben hatte. Doch da lagen die tausendfünfhundert neben der Rechnung über tausendzweihundertdreißig Lire, und der Stuhl Garrones war leer.

»Der muß geerbt haben«, sagte die Kellnerin aus Altopascio zu ihrer Kollegin aus Colle Val d'Elsa.

»Falls er es nicht nur eilig hatte. Paß auf, das nächste Mal läßt er es sich von dir wiedergeben.«

»Wenn er nicht was anderes von mir verlangt! Für zweihundertsiebzig Lire, dazu wäre der imstande.«

Von der Kasse am Ende der langen Theke her rief sie die Chefin zur Ordnung.

»Ich möchte so etwas nicht hören. Es paßt sich nicht«, bemerkte sie streng. Es handelte sich immerhin um einen Kunden, mochte es auch nur ein gelegentlicher und überdies sparsamer Gast sein.

»Paßt sich etwa das, was er mir sagt?« fragte die Kellnerin aus Altopascio pikiert.

Doch die Kollegin aus Colle Val d'Elsa hielt ihr grinsend vor: »Heute abend mußt du ihm aber sehr entgegengekommen sein. Der lachte ja wie ein Schimpanse.«

»Heute hatte er wohl seine eigenen Gründe zum Lachen. Aber neulich hätte ich ihm beinahe die Obstschale an den Kopf geworfen. Da nimmt er eine Banane in die Hand und will von mir wissen, ob mein Verlobter . . .«

»Nein! Das mit der Banane hat er auch zu mir gesagt«, erklärte brüllend vor Gelächter die aus Colle Val d'Elsa.

»Kinder, Kinder!« mahnte die Chefin von neuem.

Nun meldete sich auch ein Gast von einem der Nebentische, ein junger Mann, braun, von kleiner Statur; er war bis zum Schluß geblieben, weil er mit der Idee spielte, der Kellnerin aus Altopascio den Vorschlag zu machen, sie nach Hause zu begleiten.

»Wenn ich der Verlobte des Fräuleins wäre«, erklärte er mit düsterer Miene, »würde ich dem miesen Kerl schon die richtige Antwort geben . . .«

Garrone zog eine Packung Muratti Ambassador aus der Tasche und legte sie auf das Tischchen aus schwarzem Kunststoff neben zwei Gläser und eine Flasche Remy Martin V.S.O.P., die aber in Wahrheit nur ein wenig einheimischen Branntwein enthielt. Er trat einen Schritt zurück und begriff mit einemmal, daß das Ganze etwas zu »gestellt« wirkte.

Er entfernte also die Cellophanhülle von der Muratti-Packung, öffnete sie und nahm drei Zigaretten heraus, die er sich in die Brusttasche seines Jacketts steckte. Eine noch geschlossene Zigarettenpackung konnte den Eindruck erwecken, daß er sie nur für diese Gelegenheit gekauft hätte und sonst die billigen Nazionali mit Filter rauchte (was der Fall war).

Er klopfte mit der Hand den Staub aus den beiden höckerigen Sesseln, strich den Bettvorleger, der als Teppich diente, mit der Spitze des Mokassins glatt und schaltete die Stehlampe ein, die er sich selbst gebastelt hatte. Bei einem Trödler im Balùn-Viertel hatte er ein altes schmiedeeisernes Gestell mittelalterlichen Stils erstanden und darauf – eine glückliche Zusammenstellung – einen Pergamentschirm in Form einer gefächerten Glocke, made in Denmark, gesetzt, der ein weiches, gedämpftes Licht gab. Er knipste das Deckenlicht aus; es bestand aus einer nackten Birne (dafür hätte er gut einen zweiten gleichen Pergamentschirm gebrauchen können, aber die Dinger kosteten ein Vermögen, wenn man bedachte, daß sie nur aus Papier waren). Prüfend blickte er sich in dem Raum um. So mochte es gehen.

Das Feldbett in der Ecke blieb in diskretem Halbdunkel, ebenso der Vorhang vor dem Spülbecken, während der Schein der grünen Bürolampe auf dem Zeichentisch (eine Platte, die auf zwei Böcken ruhte) dem Raum eine gewisse Arbeitsatmosphäre verlieh. Dagegen brachte der kultische Phallus, der auf der Tischplatte stand – er stellte es lächelnd fest –, eine Note von vorurteilsfreiem, doch nicht frivolem Exotismus in das Ganze; er erinnerte den Besucher daran, daß, so bescheiden dieses kleine Büro notwendigerweise sein mochte, sein Besitzer nichtsdestoweniger nicht nur ein Mann von Welt, sondern auch von Kultur war.

Ein bißchen Ordnung würde allenfalls das Bücherregal da hinten an der Wand vertragen können. Auf dem Boden lagen neben den wenigen Büchern, vergilbten Zeitschriften für Innenarchitektur und alten zusammengerollten Plänen alle möglichen nicht dahin gehörenden Dinge: ein Spirituskocher, eine abgestoßene Teekanne und ungespülte Tassen, eine Militärdecke, ein Sortiment staubiger leerer Flaschen, verknotete Bindfäden, Handtücher und allerlei Lumpen, neben Abführmitteln einzelne Nummern von Wochenblättern, die vor fünf oder sechs Jahren einmal »kühn« gewesen waren, aber auch von anderen Zeitschriften, die nichts mit Architektur zu tun hatten; ein zerbrochener Ventilator, ein offenes Wattepäckchen, ein paar ausgetretene Schuhe; schließlich ein Schlüsselbrett aus der Zeit, in der dieser Raum noch zu der heute nicht mehr besetzten Portiersloge gehörte.

Garrone ging um den Tisch herum und trat näher an das Regal heran. Sollte er es rasch aufräumen? Er beschränkte sich statt dessen darauf, die Schuhe in das unterste Fach zu stellen und den Arm der Schreibtischlampe so zu biegen, daß ihr Licht, statt das Regal zu treffen, mehr dem steinernen Phallus zugute kam.

Es war jetzt Punkt zehn. Er schloß das schmale Fenster mit den Mattglasscheiben, das zur Straße hin durch ein eisernes Gitter geschützt war, und ging zur Tür. Er schob den Riegel zurück, der in Ermangelung eines Drückers die Tür von innen schloß, und sah in den halbdunklen Hausflur hinaus, um sich zu vergewissern, daß die Haustür nicht abgeschlossen war. Aber sie war, wie gewöhnlich, offen. Keiner der Mieter nahm sich je die Mühe, sie vor dem Morgengrauen zu schließen.

Einen Augenblick zögerte er. Sollte er nicht lieber, eine Muratti zwischen den Lippen, den Besuch im Zimmer erwarten? Aber seine Ungeduld war stärker. Er ging auf die Straße und blickte nach links und nach rechts.

Rechts, gegen die Piazza del Conservatorio und die Birreria Mazzini zu, war die Straße trotz der Behinderung durch die Bauarbeiten noch ziemlich belebt. Aber links, gegen den Po zu, waren die Bürgersteige so gut wie menschenleer; nur eine Gruppe junger Leute im Pulli stand vor einer von Apuliern besuchten Bar an der Ecke der Via Calandra. Kurz darauf stieg einer von ihnen auf sein Motorrad und brauste mit ohrenbetäubendem Lärm davon. Ein paar Minuten vergingen, und ein Taxi bog aus einer der Nebenstraßen ein; aber es hielt ein paar Häuser weiter weg. Jemand mit einem Koffer stieg aus. Es war Viertel nach zehn.

Der Architekt ging zurück in sein Zimmer. Er schob wieder den Riegel vor und glättete ärgerlich von neuem den Bettvorleger mit dem Fuß. Verdrossen setzte er sich. Immer dieses Warten ... Er steckte sich eine der drei Muratti-Zigaretten an, atmete tief den Rauch ein, empfand aber keinen Genuß dabei. Er rauchte lieber die Nazionali; in all den Jahren hatte er sich an die weniger feinen Tabaksorten gewöhnt. Diese Überlegung stürzte ihn in bange Sorge, ja, sie überzeugte ihn, daß wieder alles gescheitert war. Da bedeutete es gar nichts, daß der Spielraum der halben Stunde noch nicht überschritten war und daß es – übrigens auch nach halb elf – noch andere Gründe für eine Verspätung geben könnte. Nein, die ganze Sache an und für sich erschien ihm plötzlich in einem Licht der Unwirklichkeit: sie war vollkommen unwahrscheinlich. Er fühlte sich von allem Schwung verlassen, als sei die letzte Feder in ihm gesprungen. Er sah auf seine blauen Socken herab, von denen er meinte, sie paßten gut zu der saloppen Eleganz der ausgetretenen Mokassins und der abgetragenen Hosen aus Fresko mit der vergeblich so untadeligen Bügelfalte. Dann fing er an, versonnen mit dem vorletzten Knopf seines Hemds zu spielen, das er wie ein junger Mensch am Halse offen trug. Ohne zu wissen, warum, mußte er plötzlich an das Fenster in seinem Zimmer daheim, in der Via Peyron, denken, wo er als Junge, wenn er mit den Schularbeiten fertig war, den tieffliegenden Schwalben zugesehen hatte. Das ist das Leben, dachte er verzweifelt. Dieses Leben.

Das Klopfen an der Tür war so diskret, daß er, nachdem er aufgesprungen war, einen Augenblick bewegungslos verharrte. Er glaubte, sich getäuscht zu haben. Er hatte nicht einmal Schritte im Hausflur gehört. Zweifelnd ging er an die Tür, und er zweifelte noch, wie gelähmt von seinen zahllosen Enttäuschungen, als er sie öffnete. Die Hände zitterten ihm, und zuerst, im Halbdunkel, erkannte er fast nicht die Person, die er erwartet hatte. Aber dann verzog sich sein Gesicht zu einem breiten Lächeln.

2. Ein Blümchen, dachte Anna Carla (Mittwoch morgen)

1

Ein Blümchen, dachte Anna Carla, als sie erwachte.
Vielleicht hatte sie von kleinen Blumen geträumt, von Veilchen oder Gänseblümchen. Aber auch von einem kleinen Fahrrad. Die Grundstimmung war ein Gefühl von Zufriedenheit und Geborgenheit inmitten von Zerstreuungen, die sozusagen in der Verkleinerungsform stattfanden. Eine Welt der Spielzeugalleen, der springenden Brünnlein, der Vöglein, der Liedchen und Stühlchen. *Immaginette,* fiel ihr ein – die kleinen Heiligenbilder. Jetzt hatte sie es: die Villa der Nonnen draußen auf den Hügeln.
Sie sah auf die Uhr, streckte den Arm aus und läutete. Erst als ihr das Frühstück von Janine gebracht wurde, erinnerte sie sich wieder an die Geschehnisse vom Abend zuvor.
»Sind sie schon fort?«
»Ja, Signora. Heute früh. Der Signore hat sie ausgezahlt. Und ich soll Ihnen sagen, daß Emilio noch heute vormittag kommen wird. Ist es Ihnen recht, wenn ich mit ihm alles bespreche? Einkaufen kann ich, wenn ich mit der Kleinen ausgehe.«
»Danke, Janine. Sie sind meine ganze Rettung.«
Ein Engel. Sie mochte ihre Fehler haben, aber sie gehörte zu den Menschen, die gerade im kritischen Moment eine unvermutete Tatkraft entwickeln. Und Vittorio? Auch er war ein Engel. Als er gestern abend nach Hause kam, war er leichenblaß gewesen: das Abendessen mit seinen Schweden oder Dänen mußte ihn wohl

völlig erledigt haben. Aber als sie ihm dann, bevor sie zu Bett ging, an Stelle eines Trostes nur mitteilen konnte, was geschehen war, da hatte er noch die Kraft zu einem Lächeln gefunden und gesagt: »Das hast du gut gemacht. Die Sache wurde ja allmählich zu einem Alpdruck.« Und dabei war es doch ausschließlich ihr Alpdruck gewesen. Denn gewisse Dinge berührten Vittorio gar nicht...

Der Kaffee war ausgezeichnet, das Brot in vorbildlicher Weise geröstet, und Janine hatte sich sogar vom letztenmal erinnert, daß sie lieber Würfelzucker als Streuzucker nahm. Sie schob das Tablett beiseite, nahm vom Nachttisch das noch geschlossene Muratti-Päckchen und stellte den Aschenbecher neben sich aufs Bett. Es war wie Ferien.

Ne pas traîner au lit! Das hieß: »Schlaft, solange ihr wollt, aber sobald ihr wach seid, raus aus den Federn!« (Sonst kommt ihr auf schlechte Gedanken.) Dies war eine der fundamentalen Verhaltensregeln, die die Schwestern ihren Zöglingen für die Ferien mitgaben. Wie albern! Als ob die guten oder schlechten Gedanken davon abhingen, *wann* man aufstand – und nicht davon, *wie* man aufwachte! Und sie war heute morgen »gut« aufgewacht.

So sah sie ohne Ärger, vielmehr mit Nachsicht zu dem Vorhang vor dem mittleren Fenster, durch den die grelle Sonne von zehn Uhr vormittags hindurchschien. Janine hatte die falsche Jalousie hochgezogen. Aber als sie ihre bis zum Filter gerauchte Zigarette im Aschenbecher ausdrückte, sank plötzlich ihre Stimmung. Vielleicht hatten die Schwestern doch recht?

Ihr Blick war auf den kleinen Diwan im Hintergrund des Zimmers gefallen, wo ein blaues Rechteck sich von dem altrosa Samt abhob.

2

Auf dem Kommissariat des Viertels arbeiteten die übrigen Büros wie gewöhnlich.

»Gut. Geben Sie her«, sagte der für Bescheinigungen zuständige Beamte und überflog das auf Stempelpapier geschriebene Gesuch. Er nahm den Bleistift und strich ein Wort am Anfang aus, bevor er das Schriftstück ablegte.

»Warum?« fragte die Dicke argwöhnisch. »Was haben Sie da durchgestrichen?«
»Nichts. Seien Sie unbesorgt«, sagte der Beamte. Aber unter dem drohenden und keineswegs überzeugt scheinenden Blick dieses Mannweibs nahm er resigniert noch einmal den Bogen zur Hand und zeigte ihn ihr. »Da sehen Sie es. Es ist dasselbe.«
»›Wohnhaft daselbst‹ war doch ganz richtig«, sagte die Frau herausfordernd. »Warum haben Sie *daselbst* durchgestrichen?«
Der Polizeibeamte Ruffo hatte es gelernt, auf jede Beanstandung einzugehen.
»Sehen Sie«, begann er geduldig zu erklären, »Sie schreiben hier: ›Die Unterzeichnete, Bertolone Teresa . . .‹ «
»Das will ich glauben«, sagte die Frau trotzig. »Ich *bin* Bertolone Teresa.«
»Nicht doch«, sagte der Beamte, »lassen Sie mich weiterlesen: ›Bertolone Teresa, geboren in Villanova d'Asti am 3. 11. 1928 und . . .‹ «
»Na und?«
»Aber lassen Sie mich doch aussprechen!« Der Polizeibeamte, der schließlich auch nur ein Mensch war, verlor die Geduld »›Geboren in Villanova d'Asti dann und dann *und wohnhaft daselbst in Turin*, Via Bogino 48.‹ – Das ›daselbst‹ geht nicht«, schrie er. »Es ist ein Fehler. Verstehen Sie das nicht?«
Die Bertolone starrte ihn mit offenem Munde an. Dann wandte sie sich dem Paar zu, das in der Ecke saß, als wolle sie es zum Zeugen anrufen dieser unerhörten Schikane, die ihr widerfuhr. Endlich legte sie den Bogen vor dem Beamten Ruffo auf den Tisch und wies mit dem Finger auf die durchstrichene Stelle.
»In Villanova haben wir immer so geschrieben, und die Carabinieri hatten nichts daran auszusetzen. Warum paßt es Ihnen nicht?«
Der Polizeibeamte spürte, wie es ihm kalt über den Rücken lief. Da hatte er sich nur für einen Augenblick zu einem heftigen Wort einem Staatsbürger gegenüber hinreißen lassen, und schon fand er sich dem mörderischen Vergleich zwischen der Willkür der Polizei und der klassischen Korrektheit, dem untadeligen Verhalten der Carabinieri ausgesetzt. Er kramte unter Papieren und Stempeln, fand den Radiergummi und radierte langsam und umsichtig den Bleistiftstrich wieder aus. So, das wäre es.

»Wie Sie wünschen, Signora«, sagte er mit kalter Förmlichkeit. »Auf Wiedersehen«, fügte er höflich hinzu, während die Frau bereits grußlos hinausging. Er schüttelte bedächtig den Kopf, senkte die Augen und richtete sie schließlich auf das wartende Paar. Die beiden hatten mittlerweile begonnen, leise miteinander zu streiten.

»Sie warten hier ...?« fragte er. »Ach ja ...« Er erinnerte sich.

»Seit über einer Stunde läßt man uns hier sitzen«, explodierte Maria. »Wann können wir endlich gehen?«

»Ich weiß nicht. Es hängt nicht von mir ab«, entschuldigte sich Ruffo. »Sind Sie Augenzeugen?« Er wies auf die Zeitung, mit der sich Benito nervös aufs Knie schlug.

»Ach was!« sagte Maria. »Wir haben es schon hundertmal gesagt, daß wir auch nichts weiter wissen. Wir sind aus freien Stücken hergekommen, um den Brief da abzugeben. Niemand hat uns dazu gezwungen. Warum hält man uns jetzt noch immer zurück?«

»Aber der Brief hatte doch mit dem Fall zu tun?«

»Deswegen haben wir ihn ja gebracht. Aber niemand ...«

»Dann sind Sie Augenzeugen«, folgerte der Beamte. Es klang wie eine Beileidsbezeigung – so, als wolle er sagen: Das ist ein Unglück, das jeden treffen kann.

»Na siehst du? Habe ich dir nicht gleich gesagt: misch dich da nicht ein?« flüsterte Benito voller Vorwurf, und der Streit zwischen den beiden begann von neuem.

Der Beamte zuckte die Achseln. Als er kurz vor acht Uhr seinen Dienst aufgenommen hatte, war die Arbeit auf dem Kommissariat mehr oder weniger wieder in ihr normales Geleise gekommen, obwohl die von der Funkstreife immer noch da waren, im Büro des Kommissars. Sie hatten sich heute nacht dort niedergelassen, weil es für sie bequemer war, von da aus die Vernehmungen zu führen; die meisten der Verhörten waren Mieter des bewußten Hauses oder Leute aus der Nachbarschaft.

Diese beiden dagegen waren später gekommen. Es sah so aus, als hätten sie ein neues Element in die Untersuchungen gebracht (wahrscheinlich der Brief, von dem sie sprachen). Jedenfalls hatten sie ihre Aussage schon gemacht; aber man schien in diesem Zusammenhang auf eine Entscheidung der Zentrale zu warten und hatte sie deshalb hier hereingesetzt.

Abgesehen von dem ersten, eiligen Bericht in der Morgenzeitung war das alles, was der Polizeibeamte Ruffo von dem Verbrechen in der Via Mazzini wußte.

3

Der Pensionär mit dem Hund war nachts bis drei Uhr auf dem Polizeikommissariat geblieben. Und am frühen Morgen hatte man ihn erneut kommen lassen. Dr. De Palma von der Funkstreife war nun der dritte Beamte, der ihn alles noch einmal erzählen ließ. Aber er hatte reichlich Zeit. Was ihm allein ein wenig Sorge bereitete, war sein Hund, den er diesmal zu Hause gelassen hatte. Der grämte sich, wenn er allein bleiben mußte.

»Ein Setter«, erläuterte er.

»Sie sind also Jäger, Herr Landvermesser Bauchiero?« erkundigte sich liebenswürdig Dr. De Palma.

»Ich war es«, sagte melancholisch der Landvermesser. Mit der Jagd war es lange vorbei. Und er mußte erst hierherkommen, dachte er, mit einem dankbaren Lächeln für die ihn umringenden Beamten, um wieder einmal den ihm zukommenden Titel zu hören. Denn abgesehen von der alten Feinkosthandlung von Balbo war er in den Geschäften der Nachbarschaft einfach Signor Bauchiero geworden, und für die Mieter im Hause – alles Familien, die erst in den letzten Jahren eingezogen waren – hatte er nicht einmal einen Namen.

»Also«, rekapitulierte De Palma, »als Sie mit dem Hund auf die Straße gingen, war es ungefähr elf Uhr, und die Haustür war offen.«

»Sie ist immer offen. Und, was wollen Sie, ich schließe sie auch nicht mehr ab . . .«

»Aber ob die Tür bei Garrone bereits angelehnt, also offen war – darauf haben Sie nicht direkt geachtet? Das könnten Sie uns nicht sagen? Sie verstehen, es wäre ein wichtiger Punkt.«

»Ich weiß«, sagte der Geometer Bauchiero. »Wenn sie offen war, heißt das, daß diese Geschichte schon passiert sein konnte. Wenn aber nicht . . .«

»Genau.«
»Aber leider erinnere ich mich nicht. Ich habe nicht darauf geachtet.«
»Gut. Kommen wir nun zu dem Rückweg. Sie waren bis zum Lungopò gegangen?«
»Das ist richtig. Bis zum Lungopò.«
»Sie haben sich dort etwa zehn bis fünfzehn Minuten aufgehalten und Ihren Hund spazierengeführt. Sie sind dann auf demselben Bürgersteig zurückgekommen.«
»Ja. Aber ich habe erst hinter der Via San Massimo . . .«
»Einen Augenblick«, sagte De Palma. »Versuchen Sie doch bitte einmal, sich an alles zu erinnern, was Sie vielleicht auf Ihrem Weg nach Hause bemerkt haben, bevor Sie der Person begegneten, die Sie erwähnt haben.«
»Hin und wieder einen Wagen«, überlegte der Landvermesser und dachte scharf nach. »Auf dieser Strecke verkehren nur wenige Autos, wegen der Bauarbeiten weiter oben, am Conservatorio. Aber ich kann nicht behaupten, daß ich besonders achtgegeben hätte. Ich habe mehr auf den Hund aufgepaßt. Er läuft nämlich alle Augenblicke auf den Fahrdamm, und ich habe immer Angst, daß er mir noch eines Tages über . . .«
»Das wollen wir nicht hoffen«, bemerkte der Beamte freundlich. »Und außer den Autos?«
»Nichts. Das heißt: vor der Bar an der Ecke der Via Calandra standen vier oder fünf junge Burschen herum . . .«, er zögerte wie im Zweifel; er wollte niemanden beleidigen, »Einwanderer aus dem Süden.«
»Apulier«, erläuterte der Leiter des Polizeikommissariats.
»Aber die haben wir schon gefragt«, schaltete sich Vicecommissario Magliano von der Funkstreife ein. »Nichts.«
»Ach ja, und dann fällt mir ein, da waren auch noch . . .«
»Ja?«
»Eine ältere Frau und eine, die wie ihre Tochter aussah, mit einem kleinen Kind im Arm. Das Kind weinte und . . . Aber ich glaube, das wird Sie nicht interessieren . . .«
»Ganz recht.« Dr. De Palma schüttelte den Kopf. »Und bis zu der blonden Frau, die aus Ihrem Haus kam, haben Sie nichts weiter bemerkt?«

Bauchiero dachte noch einmal angestrengt nach. »Nein, nichts.« Dann wandte er sich an Dr. Magliano: »Aber ich habe doch nicht gesagt, daß sie aus meinem Hause kam?«

»Doch, doch. Gewiß. Gesagt und es wiederholt«, behauptete, ein wenig ungeduldig, Magliano. »Sind Sie sich denn jetzt nicht mehr sicher?«

»Nein. Das heißt . . . Nun, es ist wahrscheinlich. Tatsache aber ist . . .«

»Aber Sie haben doch vorhin erklärt . . .«

»Entschuldige, Magliano«, unterbrach ihn De Palma. »Laß uns doch lieber Herrn Bauchiero hören.« In das Protokoll blickend, wandte er sich an den Zeugen: »Sie überquerten also die Via San Massimo und sahen zu Ihrem Haus hinüber, als . . .«

»Da haben wir's! Als ich die Via San Massimo überquerte, sah ich nicht zu meinem Haus hinüber, sondern . . .«, und es klang, als wolle er sich entschuldigen, »die Via San Massimo entlang. Sie werden verstehen . . .«

»Ich verstehe vollkommen«, stimmte ihm De Palma zu.

»Zum Haus hin hatte ich einen Augenblick früher gesehen, und da war niemand auf dem Bürgersteig. Und dann habe ich wieder einen Moment danach hinübergesehen, und da war diese Frau. Ich hatte den Eindruck, sie sei aus meinem Hause gekommen, und sie kam auf mich zu. Aber ich habe sie nicht mit eigenen Augen aus dem Hause kommen sehen. Ich weiß nicht, ob ich mich klar genug ausdrücke . . .«

»Mit vollkommener Klarheit. Wie weit war die Frau von Ihrer Haustür entfernt, als Sie sie sahen?«

»Nur ein paar Schritt weit. Und weil die nächste Haustür ein ganzes Stück weiter weg ist, meinte ich, sie sei aus meinem Haus gekommen. Aber wie gesagt, ich habe das nicht beobachtet . . .«

»Aber es ist doch ganz klar, daß sie aus Ihrem Haus kam«, unterbrach Magliano.

»Wie weit ist es genau bis zur nächsten Haustür?« fragte De Palma.

»Etwa fünfzig Meter. Zwischen beiden Häusern befindet sich das Institut Capasso, das aber seinen Eingang in der Via dei Mille hat.«

De Palma überlegte einen Moment. »Es war richtig, daß Sie Ihre

Aussage präzisiert haben«, dankte er höflich dem Geometer Bauchiero. »Tatsächlich aber«, und hier wandte er sich wieder seinen Kollegen zu, »muß diese geheimnisvolle blonde Dame von dort gekommen sein. Sie wird ja nicht vom Himmel gefallen sein«, fügte er mit einem Lächeln für Bauchiero hinzu.
Auch Bauchiero lächelte.
»Falls sie nicht von der anderen Straßenseite herübergekommen ist«, gab er mit seiner sanften Stimme zu bedenken.
Eine Pause der Verblüffung trat ein, während der Magliano demonstrativ Gleichgültigkeit zur Schau trug. Er schlug die Zeitung auf, um zu sehen, was sie über den Fall gebracht hatten. Es ärgerte ihn jetzt, daß er vor dem Korrespondenten des Blattes die Beobachtung Bauchieros – eine blonde Frau – so wichtig genommen hatte.
Die Leiche des Architekten – so stand es in dem ein wenig ungenauen Bericht der Morgenausgabe – hatte ein im Hause wohnender Pensionär entdeckt, der Geometer Baschiero, und zwar als er von einem Spaziergang mit seinem Hund zurückkam. Faschiero bemerkte einen Lichtschein, der durch die nur angelehnte Tür der Wohnung drang. Aber es war sein intelligenter Hund, der die Tür aufstieß und seinem Herrn die grauenhafte Szene enthüllte. Der Architekt lag mit zertrümmertem Schädel hinter seinem Arbeitstisch. Die Lampe lag umgestürzt auf dem Tisch; das Mordinstrument (es kann einen wichtigen Hinweis geben, aber die Polizei wollte diesbezüglich noch keine Einzelheiten angeben) fand man neben dem Opfer auf dem Boden. Es scheint, daß der Architekt den tödlichen Schlag erhielt, als er, vor dem Bücherregal stehend, seinem Angreifer den Rücken zuwandte. Im übrigen war der Arbeitsraum in Ordnung; es schien auch nichts daraus entwendet worden zu sein. Eine Flasche Cognac und zwei benutzte Gläser legen übrigens die Vermutung nahe, daß Garrone seinen Mörder kannte oder, zumindest, daß er ihn ohne Argwohn empfangen hatte. Es sei noch zu früh, erläuterte der kurze, eilig geschriebene Bericht, der noch in letzter Minute in die Zeitung gekommen war – zu früh, um von einer bestimmten Richtung zu sprechen, in die die Nachforschungen der Polizei gingen; aber es sei mit Sicherheit zu erfahren gewesen, daß die mit den Nachforschungen betrauten Stellen die größte Wichtigkeit den Aussagen eines Passanten beimessen, eines gewissen Panchero, der kurz vor der Entdeckung der Untat beobachtet

hatte, wie eine schöne blonde Dame von großer Eleganz das Haus in aller Eile verließ.
Noch ein Glück bei alledem, dachte Magliano, daß sie das Rohr nicht erwähnt hatten, aus Platzmangel – oder um es als Neuigkeit für die Mittagsausgabe zurückzuhalten? –, und daß der Reporter es vorgezogen hatte, mit dem üblichen phantasievollen Ton zu schließen. In Wahrheit war die Blonde in Bauchieros Schilderung weder mit besonderer Schönheit noch Eleganz ausgestattet, dafür aber mit einem soliden Eisen- oder Bleirohr, wie es die Prostituierten auf den Hügeln oder im Wald von Stupinigi zu ihrer Verteidigung (und zum Angriff) bei sich trugen.

4

Anna Carla entschloß sich, nun auch Massimo zu verzeihen. Und diesen Tag mit keinen weiteren Problemen zu belasten. Das sollte ihr Versprechen für den heutigen Tag sein, das kleine Opfer, das sie brachte.
Mit einer knappen Bewegung zog sie den Reißverschluß ihres kurzen, dünn gestreiften und sehr leichten Kleides zu und setzte sich vor den Toilettentisch, um ihre Frisur zu mustern. Ein bißchen »bewegt«, aber es ging noch. Morgen wollte sie zum Friseur gehen. Übrigens stand ihr eine leicht zerzauste Frisur gut; das hatte ihr Gianni Tasso – ganz gegen sein Geschäftsinteresse – selbst gesagt: die blonden Haare wurden dann zu einer Art Aureole. Ein charmanter Kerl, dieser Gianni Tasso, man konnte es nicht anders sagen, wenn ihr auch die Kosenamen, mit denen er seine Kundinnen bedachte, auf die Nerven gingen. Einmal hatte sie sogar gehört, wie er Signora Tabusso mit »Schatz« anredete! Aber da sie schon einmal beim Verzeihen war, wollte sie auch Signora Tabusso vergeben.
Wem hatte sie sonst noch etwas zu verzeihen? Praktisch jedem – bestürzt stellte sie es fest. Von den wenigen Vertrauten bis zu den flüchtigsten Bekanntschaften gab es nicht einen, der sie nicht das eine oder andere Mal in wilde Wut versetzt hätte. Sogar Onkel Emanuel . . . Nein, Onkel Emanuel nicht. Und ebensowenig sein

Sekretär, der immer so lieb und reizend war. Alle andern aber konnten einen durch ihre Dummheit furchtbar aufregen (ihre Freundinnen ganz allgemein, besonders aber Bona), oder sie waren schrecklich plump (wie ihr durch nichts zu entmutigender Verehrer Federico) oder struppig und häßlich (wie der Amerikanist Bonetto) oder von widerlicher Sentimentalität (wieder wie Federico und ihre Freundin Giovanna); oder sie waren gleichgültig und hatten gar keine Zeit, gerade wenn man sie brauchte (Vittorio), oder waren auf eine schlechthin unverzeihliche Weise arrogant und beleidigend wie . . .

Sie lachte laut heraus. Ihrem Massimo hatte sie doch schon verziehen. Und den beabsichtigten Brief hatte sie ihm schließlich gar nicht geschrieben. Aber eine Aussprache mit ihm war nun unumgänglich geworden. Ja – und sie stand auf –, sie war unaufschiebbar.

5

Der Vizepolizeipräsident Picco verfügte über drei Stimmen. Die erste klang höflich und bestimmt (es sprach der Vertreter der Ordnung), und er gebrauchte sie, mit einer gewissen Affektiertheit, bei seiner normalen Büro- und Verwaltungsarbeit; die zweite war autoritär und drohend (es sprach der Vertreter der Ordnung), und er verwandte sie bei allen Kriminalfällen; schließlich die dritte, in der sich (es sprach der Vertreter der Ordnung) Eifer mit einer gewissen Schüchternheit und Zaghaftigkeit mischte; sie stellte sich immer dann ein, wenn in diese Kriminalfälle in irgendeiner Weise, direkt oder indirekt, Persönlichkeiten des städtischen Establishments verwickelt waren.

»Sie verstehen«, sagte er mit der dritten Stimme, nachdem er abgewartet hatte, bis Kriminalkommissar Santamaria die paar Zeilen auf dem blauen Briefbogen gelesen hatte. »Einfach lächerlich. Vollkommen lächerlich. Ganz meine Meinung. Doch Sie sehen, in was für eine dumme Situation wir kommen, wenn nicht bald De Palma eine echte Spur findet, etwas Konkretes . . . Nein, nein, behalten Sie das nur, bitte!« Er lehnte es ab, den Brief wieder an sich zu nehmen, den Santamaria ihm zurückgeben wollte. Statt dessen nahm er den Hörer ab. »Ich werde jetzt De Palma sagen, daß Sie sich mit diesem Randaspekt der Affäre, wenn ich es so nennen darf, beschäftigen«, erklärte er mit einem Lächeln der Verbindlichkeit. Er machte eine Pause, er wechselte die Stimme. »Und bei der Gelegenheit hören wir gleich, ob die schon etwas gefunden haben.«

»Hallo!« rief er in den Apparat. Es klang drohend. »De Palma?«

Am anderen Ende des Drahts konnte Kommissar De Palma nicht umhin zuzugeben, daß man mehr oder weniger an einem toten Punkt angelangt war. Er stieß den obligaten Seufzer aus und sprach vage von einer bestimmten Entwicklung des Falls, die er erwarte. »Nein, noch nichts Konkretes, leider! Wir sichten einstweilen noch ... Übrigens war der Tote alles andere als der Typ des angesehenen und allseits geschätzten Akademikers ... Nein, er schlug sich ziemlich kümmerlich durch, nach dem, was wir erfahren haben. Und sein sogenanntes Studio hat er, allem Anschein nach, nur für Abenteuer billigster Art benutzt. Deshalb glaube ich auch, daß wir uns in dem einschlägigen Milieu umsehen müssen ...«

Ja, ein merkwürdiger Zufall, dieser Brief, den die beiden gebracht hatten, das Diener-Ehepaar, das die Dosios gerade entlassen hatten. Zweifellos ein Racheakt. »Aber auch ich bin, wenigstens im Augenblick, der Meinung, daß es sich nicht lohnt, der Sache ... Gewiß, eine höchst delikate Angelegenheit ... Doch, in diesem Fall würde auch ich Kommissar Santamaria für die geeignetste Persönlichkeit halten ... Wir dagegen werden uns mehr – wie Sie aus dem Rapport ersehen können – nach einer anderen Richtung hin orientieren ... Wie bitte?«

»Ich sagte, Orientieren ist gut«, erklärte der Vizepolizeipräsident mit höflicher Bestimmtheit. »Aber Vorwärtsgehen ist noch besser.« Womit er den Hörer auflegte.

Auch Dr. De Palma hängte ein. Zerstreut rückte er einen Bleistift gerade, fuhr sich mit der Hand übers Haar – er trug es glatt nach hinten gebürstet.

»Voilà«, sagte er, das Kinn auf die gefalteten Hände gestützt, und blickte nacheinander die Anwesenden an.

»Jedenfalls haben wir mal die Blonde«, bemerkte Magliano nach einer Weile.

De Palma zuckte die Achseln.
»Das ist auch so ein Punkt, mit dem wir nur Zeit verlieren«, sagte er skeptisch. »Übrigens, da fällt mir ein«, er wandte sich an den Leiter des Kommissariats, »die beiden da drüben können wir wieder nach Hause schicken.«
»Aber sie haben sich zur Verfügung zu halten, nicht wahr?«
»Nicht zu meiner«, antwortete De Palma grinsend und wies mit einer Bewegung des Kinns auf das Telefon. »Diese heikle Aufgabe haben sie glücklicherweise Santamaria angehängt.«
»Aber, Verzeihung«, meldete sich Magliano, »mit der Aussage von Bauchiero sind wir meiner Meinung nach noch nicht ganz fertig. Vor allem, was das Rohr betrifft.«
»Dabei handelt es sich doch nur um eine Vermutung unsererseits. Bauchiero hat nicht behauptet, daß es ein Rohr war.«
»Aber er hatte den entschiedenen Eindruck ...«
»Weil Sie ihm das suggeriert haben.«
»Aber ganz und gar nicht!« widersprach Magliano. »Er selbst hat von Anfang an erklärt, daß ...«
»Pasquale, lies uns das Protokoll vor«, sagte De Palma zu dem Brigadiere von der Funkstreife, der gerade damit beschäftigt war, die Kopien des Berichts für die Staatsanwaltschaft abzuheften.
»›Betrifft:‹«, schoß der Brigadiere los. »›Bericht über ein Verbrechen des Mordes nach Paragraph 575 des Strafgesetzbuchs, begangen am ...‹«
»Nein. Nur die Zeugenaussage Bauchiero.«
»Ach so ... Hier, Herr Doktor: ›Anlage Nr. 1. Protokoll der Zeugenvernehmung ... und so weiter ... Vor uns ... und so weiter ... ist der Obengenannte erschienen und antwortet auf Befragen: Gestern abend, gegen 23.15 Uhr ...‹ «
»Nein, weiter unten. Wo er von der Frau spricht.«
»›... eine Frau, die aus meinem Haus gekommen war. Klammer auf. Notabene: Bei einer zusätzlichen Vernehmung erläutert der Zeuge, daß er die Obenerwähnte nicht mit seinen eigenen Augen aus dem Hause kommen sah, aber vermutet ...‹ «
»Das kannst du auslassen«, sagte Magliano ärgerlich. »Komm jetzt zur Beschreibung.«
»›Blond und von verdächtigem Aussehen. Ziemlich groß. Von mittlerem Alter. Klammer auf.‹ Hier kommt die zweite Anmerkung«, erklärte der Beamte zögernd.

»Laß sie aus«, sagte Magliano.

»Lies sie vor«, forderte De Palma.

»›Auf wiederholtes Fragen erklärt der Zeuge, das Alter der Frau nicht genau bestimmen zu können, da die Straßenbeleuchtung schlecht war und die Frau in dem Augenblick, wo sie an ihm vorbeikam, sich ein großes Taschentuch vor das Gesicht hielt, sei es, um sich die Stirn abzuwischen, sei es . . .‹ «

»Oder«, sagte der Leiter des Kommissariats. »Schreib: oder.«

»›. . . oder um absichtlich ihr Gesicht zu verbergen. Was die Figur betrifft, so hatte der Zeuge den Eindruck, es handele sich um eine robuste Person, so daß er – auf Befragen – nicht ausschließen wollte, es könne auch ein Transvestit gewesen sein. Nach reiflichem Überlegen berichtigt er sich jedoch dahingehend, daß er auch diesen Eindruck nicht mit Sicherheit bestätigen könne . . .‹ «

»Sehr lustig«, sagte De Palma mit düsterer Miene.

»›. . . bestätigen könne wegen der sich unförmig blähenden Regenhaut, von der im folgenden die Rede ist. Klammer zu. Die besagte Person trug einen transparenten Plastikregenmantel, Typ Regenhaut, bauschig und mit Gürtel, orangefarbene Hosen und dunkle Handschuhe, dazu über der linken Schulter eine große Tasche, ebenfalls orangefarben, vorn auf der Klappe ein Sternornament, mit fünf Strahlen wie das italienische Hoheitszeichen. Klammer auf. Zu seiner Äußerung über das verdächtige Aussehen der Person befragt, wußte der Zeuge keine weiteren Gründe anzugeben, außer dem Eindruck, den er von ihrem Gesicht hatte, bevor sie es mit dem Taschentuch bedeckte, nämlich daß es in auffälliger Weise zurechtgemacht war. Klammer zu. Die Frau trug in der zur Faust geballten Rechten einen in Zeitungspapier gewickelten, zylindrischen Gegenstand, etwa sechzig Zentimeter lang, von dem der Zeuge den Eindruck hatte . . .‹ «

»Bravo! Noch ein paar Eindrücke.«

»›. . . daß er ziemlich schwer sei: zum Beispiel ein Eisen- oder Bleirohr, oder . . .‹«

»Da hast du es. Siehst du jetzt, daß er das mit dem Rohr gesagt hat?« unterbrach Magliano. »Wir haben dann unsere Schlüsse daraus gezogen, aber er hat zuerst an ein Rohr gedacht.«

»›. . . oder eine Stange‹«, schloß der Brigadiere. »Soll ich noch weiterlesen?«

»Warum denn nicht? Nur zu«, sagte Magliano.

»›Notabene: In diesem Zusammenhang ist darauf hinzuweisen, daß man bei den polizeilichen Razzien, die gegen die Prostitution in den Parks und Wäldchen am Stadtrand und besonders bei Stupinigi durchgeführt wurden, immer häufiger auf schwere Blei- oder Eisenrohre von der angeführten Länge stieß, die, in Zeitungspapier gewickelt, dort umherlagen. Sie werden von den Prostituierten zu Verteidigungszwecken, aber auch zur Bedrohung bei einem Raubüberfall verwendet. Es ist daher nicht auszuschließen, daß dieses Indiz für die weiteren Nachforschungen von besonderer Bedeutung ist.‹«

»Das glaube ich auch«, bemerkte, unparteiisch, der Leiter des Kommissariats.

»Möglich«, brummte De Palma. »Aber es hilft uns nicht weiter. Außerdem, wenn sie das Rohr schon bei sich hatte, warum hat sie ihn nicht damit umgebracht? Warum mußte sie dieses . . . Ding da in die Hand nehmen?«

Magliano lachte laut heraus. »Die Macht der Gewohnheit.«

Plötzlich lachten sie alle, bis auf De Palma.

»Ja, lacht ihr nur«, sagte er düster. Er ließ sich den Rapport geben und versenkte sich kopfschüttelnd in die Lektüre. So einen wie den Ermordeten – mit der Sorte von Leuten, die er sich in sein »Studio« holte – hätte praktisch jeder ermorden können. Das Seltsame war eigentlich nur, daß ihm mit dem Ding, das er da im Hause hatte, neben anderen Schweinereien, nicht schon früher jemand den Schädel gespalten hatte. »›Eine obszöne Skulptur in Stein‹«, las er noch einmal, »›das männliche Glied darstellend, komplett mit Hoden an der Basis. Die Höhe beträgt ungefähr neunundzwanzig Zentimeter, das Gewicht zweieinhalb Kilogramm.‹« Der Tod war augenblicklich eingetreten (zu einem Zeitpunkt, der nicht länger als eine Stunde vor der Entdeckung der Tat zurückliegen dürfte), und zwar infolge eines einzigen Schlags in den Nacken. Doch ließen sich daraus, angesichts des Gewichts des Gegenstandes, keine Schlüsse auf die Kraft des Mörders ziehen. Ja, praktisch jeder hätte ihn aus jedem möglichen Motiv – ausgeschlossen Raub – umbringen können: eine Prostituierte, die ihr Geld nicht bekommen hatte, ein Transvestit oder ein Zuhälter, ein kleiner Spieler, ein Komplice bei irgendeinem Schwindel oder sonst einem kleineren Delikt. Was alles bedeutete, daß erstens »die Nachforschungen in den einschlägig bekannten Kreisen« sich äußerst schwierig anlassen würden und zweitens mit aller Wahrscheinlichkeit zu nichts führten.

Das wußte Dr. De Palma, seit zehn Jahren bei der Funkstreife, besser als jeder andere. Nicht, daß man überhaupt keinen der Mörder faßte, die Dirnen erwürgten, die homosexuellen Antiquitätenhändlern mit einer Flasche den Schädel einschlugen oder Voyeurs am Po-Ufer mit Fußtritten töteten; aber wenn man nicht sofort auf eine Spur kam, dann blieb der Fall so gut wie sicher unaufgeklärt. Natürlich, die »einschlägig bekannten Kreise« waren nicht die einzigen, in denen der Ermordete verkehrt hatte. Aber man konnte auch nicht von einem »Doppelleben« sprechen, von einer anderen Welt – der seiner beruflichen, familiären, sentimentalen oder politischen Beziehungen –, die irgendeinen Anhaltspunkt liefern könnte, um den Nachforschungen eine andere Richtung zu geben.

Seinen Beruf als Architekt hatte Garrone nicht mehr ausgeübt. Von den Plänen, die man unter all dem schmutzigen Gerümpel in seinem Büro gefunden hatte, waren die neuesten zwanzig Jahre alt. Und in der Via Peyron, wo er mit seiner alten Mutter und einer unverheirateten Schwester zusammen wohnte, hatte man keine Briefe oder sonstigen Papiere von Interesse gefunden. Die beiden Frauen, die ihn nur zu den Mahlzeiten gesehen hatten, waren außerstande oder nicht willens, auch nur den kleinsten Hinweis von irgendwelchem Nutzen zu geben. Nein, Besuche hatte er nie empfangen, hatte weder telefoniert noch war er angerufen worden, aus dem einfachen Grund, weil sie kein Telefon hatten. Das Leben einer Maus, konnte man sagen, oder besser einer Ratte, ein Leben, damit verbracht, hin und her zu pendeln zwischen der einst gutbürgerlichen Wohnung in der Via Peyron und dem obszönen Quartier in der Via Mazzini 57.

Und doch – diese Maus, diese schmierige Ratte ... Dr. De Palma dachte ärgerlich an den von der Zeitung gebrauchten Ausdruck »die angesehene, allseits geschätzte Persönlichkeit«: Es war nicht nur ein Klischee, nicht nur die Höflichkeit des Nachrufs; unerklärlicherweise war es Garrone gelungen, auch in – oder wenigstens am Rande von – ganz anderen Kreisen zu verkehren. Das bewies der Brief, den die beiden da gebracht hatten. Aber das war ein rein theoretischer Aspekt des Falls, über den sich er, De Palma, selbst aus bloßer Neugier nicht den Kopf zerbrechen wollte. Mochten die Aussichten noch so schwach sein, er hatte es immer noch lieber mit seinen Vorbestraften und Prostituierten zu tun, mit all denen, die in Karteien erfaßt waren und polizeilich überwacht wurden oder verwarnt worden waren. Dagegen mit dem bewußten Brief und mit den Kreisen, aus denen er kam, sollte sich nur – wenn überhaupt jemand – der Kollege Santamaria amüsieren.

6

»Aber du hast ihn dann nicht geschrieben.«
»Nein, ich habe ihn dir nicht geschrieben.«
»Schade, es wäre amüsant gewesen.«
»Glaube nur das nicht. Ich war außer mir. Ich hätte dir furchtbare Dinge gesagt.«
»Eben darum. Erinnerst du dich noch an Einzelheiten?«
»Nein. Aber es waren wunderschöne Sätze. Sie kamen mir druckreif in den Sinn, mit Ausrufezeichen am Ende. Ich war wirklich zufrieden mit mir. Du wärst völlig vernichtet gewesen.«
»Ein andermal müßtest du versuchen, so etwas auf Band aufzunehmen und mir dann das Band schicken. Sonst kommt man aus Bequemlichkeit nie zum Schreiben. Man sucht den Kugelschreiber, dann einen Briefumschlag, und inzwischen ist man nicht mehr in der Stimmung . . .«
»Den Kugelschreiber hatte ich in der Hand. Ich fing an – und noch einmal – verschiedene Male, immer wieder. Aber am Ende habe ich es aufgegeben.«
»Du fühltest Reue. Du hattest Angst, zu böse zu werden.«
»Nein. Eher das Gegenteil. Beim Schreiben kühlt man ab.«
»Dann warst du bestimmt blaugefroren.«
»Ich sage dir doch, ich habe nicht geschrieben, weil . . .«
»Weil . . .?«
»Ich habe dich vor mir gesehen, wie du den Brief öffnest und ganz stolz darauf bist, daß ich dich so ernst genommen habe. Weißt du, so halb aufgeblasen, halb mitleidig, wie: ›Ach die arme Anna

Carla, da siehst du, wie sie es sich zu Herzen genommen hat. Ein andermal muß ich wohl meine Worte etwas genauer abwägen. Da macht man seine Scherze, und sie verbringt darüber eine schlaflose Nacht.‹«

»Sei unbesorgt, ich werde nichts abwägen. Ich werde dir immer das sagen, was man dir sagen muß. Nur zu deinem Besten, selbstverständlich.«

»Da haben wir es wieder. Und das ist es, was mich einfach verrückt macht. Vom Friseur aufwärts denkt ihr alle nur an mein Bestes.«

»Anna Carla.«

»Ich weiß, es klingt gemein, entschuldige. Aber im Ernst, versetz dich einmal in meine Lage. Gianni Tasso ist ein Engel, unbestritten, aber wenn ich mir zum Beispiel einmal die Haare rot färben lassen wollte, nur so zur Abwechslung, um einmal anders auszusehen, dann weiß ich jetzt schon, daß er nein sagen würde, um Himmels willen, er weigere sich – also er würde es mir verbieten . . .«

»Das glaube ich gern. Der Junge hat einen sicheren Geschmack.«

»Ich weiß, du hast ihn mir ja empfohlen, und jedesmal, wenn er mit meiner Frisur fertig ist, danke ich dir innerlich. Ehrenwort. Aber, kurz und gut, was ich sagen wollte: auch er ist, im kleinen, eine Art Zensor. Und dann – aber das liegt auf einem ganz anderen Gebiet – zum Beispiel Onkel Emanuel.«

»Dein Onkel Emanuel ist ein wahrer Heiliger.«

»Eben.«

»Nein, ich hab' das nur so gesagt. Aber wenn er bei euch ist, tut er doch nichts anderes, als sich in seine Ecke zu setzen und Zeitungen zu lesen? Er hat etwas Beruhigendes. Ich beneide dich um ihn.«

»Das schon, er ist so häuslich. Aber glaube nur nicht, daß er so harmlos ist. Wenn er auch nur dasitzt und die Zeitung liest, hört er doch alles, was du sagst. Und jeden Augenblick kann er dir plötzlich eine Zensur erteilen. Er kann furchtbar streng sein. In gewissen Dingen versteht er keinen Spaß.«

»Und Vittorio, versteht der auch keinen Spaß?«

»Gott ja, auf seine Weise nimmt er es auch genau. Zum Beispiel, wenn es sich um Medikamente handelt. Aber er ist von allen immer noch der, der mir am wenigsten Vorschriften macht. Auch er will mein Bestes, aber er beschränkt sich auf pharmazeutische

Ratschläge. Weißt du übrigens, daß deine Mandeln phantastisch sind?«

»Ich habe sie hier seit einem Monat, selbst esse ich sie nie. Wenn du mir gestern abend gesagt hättest, daß du kommst, hätte ich sie dir vom Baum gepflückt.«

»Gestern abend war ich noch wütend auf dich. Außerdem gestern abend ... Aber ich hab's mir überschlafen. Wenn ich jetzt auf dem Weg ...«

»Ganz zufällig.«

»Natürlich, ganz zufällig.«

»Und wenn ich nicht zu Hause wäre?«

»Aber heute abend hätte ich dich doch angerufen. Ich weiß genau, je länger ich warte, desto mehr setze ich mich ins Unrecht, wenn ich auch recht habe. Aber du mußt mir schwören, daß ich dich nicht störe. Hast du keine Verabredung? Wirklich nicht?«

»Wie zeremoniös du bist. Wenn du willst, können wir uns von jetzt an siezen.«

»Siehst du, das ist deine Schuld. Du lähmst mich mit deiner Kritik, ich verliere meine Unbefangenheit. Ich kann nicht mehr sprechen; was ich sage, klingt unnatürlich. Das hast du erreicht.«

»Anna Carla, stell nicht die Tatsachen auf den Kopf.«

»Ich stelle nichts auf den Kopf. Ich habe recht. Für zwei Tage hast du mich in Zweifel gestürzt, aber jetzt bin ich ganz sicher. Die richtige Aussprache ist Baaast'n, und deshalb habe ich vollkommen recht gehabt, Baaast'n zu sagen, und ich werde es immer wieder so aussprechen, wenn von Baaast'n die Rede ist, weil es korrekt und logisch ist, und weil es mir ganz natürlich ist, Baaast'n zu sagen.«

»Tu bitte nicht so, als ob du nicht verstanden hättest. Jeder Verkäufer aus der Konfektion und jeder Ansager im Rundfunk weiß, daß es Baaast'n heißt, und ist stolz darauf, es zu wissen, und prahlt damit bei jeder Gelegenheit. Aber du ...«

»Na und? Ich sage es auch, wenn es so richtig ist. Es geht mich nichts an, wer es sonst noch sagt.«

»Und was würdest du sagen, wenn ich dir erklärte, daß ich morgen nach *Landen* fliege?«

»Was hat das damit zu tun? Dafür haben wir im Italienischen das Wort *Londra*.«

»Es ist genau derselbe Fall.«

»Das verstehe ich nicht.«

»Es ist doch ganz einfach. Im Italienischen sagt man Boston, beide Male ein richtiges rundes O. Sich anzustrengen, um einen Laut wie Baaast'n hervorzubringen, ist eine lächerliche Affektiertheit, und das weißt du genau. Nämlich . . .«

»Aber es war für mich nicht die geringste Anstrengung, ich bitte dich, mir das zu glauben. Es war mir vollkommen natürlich, weil es tatsächlich Baaast'n heißt.«

»Trotzdem, in all den Jahren, die ich dich kenne, habe ich dich vorher nicht ein einziges Mal Baaast'n sagen hören.«

»Weil Baaast'n noch nicht in mein Leben getreten war. Ich war glücklich und wußte es nicht. Aber als mich jetzt Federico fragte – er hat mich deswegen extra angerufen –, ob ich einer Freundin von ihm aus Baaast'n die Stadt zeigen wollte, da habe ich sofort Baaast'n gesagt, ohne nur einen Moment nachzudenken.«

»Weil du es von ihm so gehört hast, sag die Wahrheit. Er ist genau der Typ, der Baaast'n sagt. Wahrscheinlich ist er sogar dagewesen.«

»Sicher ist er dagewesen. Darum hat er auch jedes Recht, es so auszusprechen.«

»Aber verstehst du denn nicht, daß es gerade umgekehrt ist? Weil er dort gewesen ist, dürfte er erst recht nicht Baaast'n sagen. Das sind doch ganz elementare Dinge, ich bitte dich, Anna Carla.«

»Aber wenn er sich nun daran gewöhnt hat, der Ärmste? Muß er sich jetzt anstrengen, um Boston zu sagen?«

»Selbstverständlich. In Italien ja.«

»Aber das wäre dann auch eine Affektiertheit. Siehst du ein, daß du dir selbst widersprichst?«

»Wenn man eine Anstrengung macht, um sich nicht von den anderen zu unterscheiden, ist es keine Affektiertheit.«

»Demnach wären also alle Einwohner von Ponza affektiert?«

»Wieso kommst du jetzt auf Ponza?«

»Weil die Leute da alle aus Amerika zurückgekehrte Emigranten sind. Sie haben drüben als Schauerleute oder Ähnliches gearbeitet. Und sie sagen alle Baaast'n, von morgens bis abends. Du solltest sie mal hören.«

»Ich spreche von Personen, die sich artikulieren können. Laß die Schauerleute aus dem Spiel.«

»Warum? Sind sie nicht Menschen wie wir?«
»Nein.«
»Weißt du was? Du führst ein zu abgeschlossenes Leben, es verläuft in einem zu engen Rahmen. Verzeih, wenn ich dir das sage. Du verlierst den Kontakt mit der Wirklichkeit. Die Welt besteht nicht nur aus den dreißig Personen, die dich interessieren.«
»Dreißig? Soll das ein Witz sein?«
»Wirklich, ich mache mir Sorgen um dich, von Boston ganz abgesehen.«
»Na endlich sind wir wieder bei Boston mit zweimal o.«
»Ich habe es nur dir zuliebe gesagt. Um die Vergangenheit zu begraben.«
»Komm mir jetzt nur nicht mit übertünchten Gräbern.«
»Und wecke du mir nicht die Toten auf.«

7

Die Hände auf dem Rücken verschränkt, stand Kommissar Santamaria am offenen Fenster und blickte auf den Corso hinaus. Nach dem Wind heute früh rührte sich nun kein Lüftchen mehr; es war wieder ein heißer Tag geworden, zu heiß jedenfalls für den Anzug, den er trug. Das Zeug klebte einem am Leibe. In dieser Jahreszeit wußte man nie, was man sich anziehen sollte. Die Männer, die dort in der Nebenfahrbahn in einem aus dem Asphalt ausgehobenen breiten Graben arbeiteten, waren alle im Unterhemd, und ihre Rücken waren blank vor Schweiß. Ein Preßluftbohrer arbeitete unerbittlich daran, den Graben bis zum Haupteingang des Polizeipräsidiums zu verlängern. Wahrscheinlich war es die Gasleitung. Oder die Wasserleitung. So ging es immer. Kaum war die Stadt endlich frei von Matsch und Regenpfützen, von all dem Schmutz und den Mißlichkeiten eines Winters, der sich hier bis zum Juni hinzog, war sie auch schon wieder übersät mit Straßenbaustellen. Und dieser betäubende, allgegenwärtige Lärm der Reparaturarbeiten nahm einem von vornherein die Lust, nach südlich-beschaulicher Art durch die Stadt zu bummeln. Nicht, daß er im Ernst sehr oft Zeit und Lust gehabt hätte, die Zeitung auf einer Parkbank zu lesen oder mit aufgeknöpftem Jackett auf den Alleen spazierenzugehen, an einer Straßenecke stehenzubleiben und in Muße einen Platz zu betrachten; aber es störte ihn, zu wissen, daß es in jedem Fall unmöglich gewesen wäre.

Kommissar Santamaria nahm die Hände vom Rücken und stützte sie aufs Fensterbrett. Eigentlich, so überlegte er, neigte er nicht zu Unschlüssigkeit oder Mangel an Konzentration; er machte alles, falls es irgend möglich war, sofort, ohne Umschweife; und man konnte auch nicht behaupten, daß das, was er jetzt zu tun hatte – und mindestens seit einer Viertelstunde hätte tun müssen –, eine ungewöhnliche Aufgabe war. Ein Telefongespräch, weiter nichts. Den Hörer abnehmen und mit dem Zeigefinger eine sechsstellige Nummer wählen. Der Apparat stand auf dem Schreibtisch, neben der für ihn bestimmten Kopie des Berichts (den er einmal gelesen hatte) und dem vertraulichen Kommentar De Palmas (den er zweimal gelesen hatte) und schließlich den paar Zeilen auf blauem Briefpapier, die er so oft gelesen hatte, daß er sie auswendig wußte: »Lieber Massimo . . .«.

Ein einfacher Telefonanruf.

Aber was dann dem »lieben Massimo« sagen?

Er erwog nochmals die Möglichkeit, die er bereits einmal verworfen hatte – nämlich einfach ohne Anruf hinzugehen –, die den Vorteil des unmittelbar persönlichen Kontakts bot. Aber er verwarf sie auch diesmal wieder als zu unkorrekt und zu gefährlich. Nein, es blieb nur das Telefon, und eine gute Ausrede, ein einleuchtender Vorwand, denn eine normale Vorladung kam hier nicht in Frage. Bei den heiklen Fällen, die man mit Vorliebe ihm überließ, kamen normale Vorladungen nie in Frage.

Ein erster Schritt wäre in jedem Fall, das Fenster zu schließen. Bei diesem Höllenlärm war überhaupt kein Telefonieren möglich. Er nahm die Hände vom Fensterbrett, breitete die Arme aus – und im selben Moment schwieg der Preßluftbohrer. In der plötzlich eingetretenen Stille hörte er durch die offene Tür zum Vorzimmer die Stimme des Polizeibeamten Scaglia im Fortissimo.

»Die hier sind noch unerledigt, Maresciallo!«

»Dann behalt sie da!«

Auch die Antwort des Maresciallo Lopresti war hinausgeschrien worden. Anscheinend hatte keiner der beiden nach dem plötzlichen

Aufhören des Lärms seine Stimme so schnell wieder auf ihre normale Lautstärke umschalten können. So wie er selbst vor einer Stunde im Büro des Vizepolizeipräsidenten viel zu laut geantwortet hatte auf die nach vielen vorsichtigen und schüchternen Umschweifen im Flüsterton gestellte Frage:

»Kennen Sie sie?«

»Wen? Die Dosios? Nein ... Ich weiß natürlich, wer sie sind, aber ich habe bisher noch niemanden aus der Familie kennengelernt. Von den Campis dagegen den Sohn, ich glaube, er heißt Massimo ...«

»Ja, Massimo. Von ihm und einer Dosio ist eben die Rede.«

»In Zusammenhang mit dem Mord in der Via Mazzini?«

»Leider. Das heißt, mißverstehen Sie mich nicht: Ich behaupte keineswegs, daß ein Zusammenhang besteht ... Mir ist da ein Brief zuhanden gekommen – ja, überbracht worden, der ...«

»Ein anonymer Brief?«

»Bitte? ... Ach nein, wäre er's doch. Ich meine, so ist es viel komplizierter ... Aber sagen Sie, bei welcher Gelegenheit haben Sie diesen Massimo Campi kennengelernt? Wissen Sie vielleicht zufällig irgend etwas aus seinem Vorleben, was ...?«

»Nein, nein. Damals handelte es sich um einen Einbruch in der Villa seiner Familie, draußen, in den Hügeln, vor ein paar Jahren im Sommer. Ich weiß nicht, ob Sie sich noch erinnern ...«

»Wurde viel gestohlen?«

»Eigentlich nicht. Aber angesichts der gesellschaftlichen Stellung der Betroffenen ...«

»... kümmerten wir uns direkt um den Fall. Ich verstehe.«

»Die Eltern waren übrigens nicht da, und deshalb machte ich den Lokaltermin mit dem Sohn zusammen.«

»Daher also, ich fragte mich schon ... Das trifft sich aber ausgezeichnet, es wird Ihnen Ihre Aufgabe erleichtern, die, wie Sie selbst sehen werden ...«

An dieser Stelle kam nun der Brief zur Sprache, und die Stimme des Vizepolizeipräsidenten erstarb vollends. Sie war so gut wie unhörbar geworden.

»... die, wie Sie selbst sehen werden, von überaus heikler Natur, um nicht zu sagen, exzeptioneller Art ist. Und sie erfordert, Sie verstehen, mein lieber Santamaria, eine Diskretion, einen Takt, eine ...«

»Ja doch!« kam die Stimme des Maresciallo Lopresti im Fortissimo. »Ich habe begriffen, daß die da für das Archiv bestimmt sind. Aber wo hast du die unerledigten Akten gelassen?«

»Auf dem andern Tisch«, brüllte Scaglia.

»Na großartig, jetzt haben wir noch mehr Unordnung als vorher!«

Hier senkte niemand seine Stimme. Das alle halbe Jahre wieder nötige Aufräumen und Neuordnen der Akten führte, nicht unbeeinflußt durch den Baulärm, der von draußen hereindrang, zu lautem Streit, zu dramatischen Ausbrüchen.

»Nun sag mal, ob du wirklich keinen anderen Platz hättest finden können! Wozu ist deiner Meinung nach wohl der Wandschrank da?«

»Er ist voll, Maresciallo.«

»Voll? Du weißt dir nur nicht zu helfen. Gib mal her!«

»Einen Augenblick noch. Wir wollen erst mal sehen, ob . . .«

»Her damit, sage ich!«

»Seid ein bißchen friedlicher, ihr beide«, sagte der Kommissar, ohne sich umzudrehen.

Eine überflüssige Mahnung. Denn im gleichen Augenblick spuckte sich der Mann, der den Preßluftbohrer bediente, in die Hände und fing mit seiner Arbeit wieder an. Dann begann, nicht weit davon entfernt, zur Begleitung die Betonmischmaschine wieder zu mahlen.

Der Kommissar seufzte. Den Corso Vinzaglio und Corso Duca degli Abruzzi bis zum Stadion hinunter oder in der anderen Richtung bis hinauf zur Porta Susa ebenso wie auf der Via Garibaldi bis hin zum Zentrum: überall standen die rotangestrichenen Böcke, die auf Bauarbeiten aufmerksam machten. Und dahinter ein Stöhnen wie von einer Agonie, Hammerschläge, Splitter, Rauch und Dampf . . . Die bloße Vorstellung von all dieser lärmenden Unordnung gab ihm ein Gefühl von Müdigkeit, die er fast in seinen Muskeln spürte. Die wurden wohl mit ihren Straßen- und Ausbesserungsarbeiten niemals fertig.

»Sie wissen besser als ich, mein Lieber, wie es bei diesen Auftragsvergebungen von öffentlichen Arbeiten zugeht . . . Vor allem, wenn Sie an die Namen denken, die mit diesen Vorgängen verknüpft sind . . . Also ich würde Ihnen doch raten, in dieser Sache sehr, aber schon sehr behutsam vorzugehen.«

Diese Empfehlung hatte nichts mit der von vorhin zu tun. Es war nur ein anderer »äußersten Takt erfordernder Fall«, mit dem er sich vor vielen Jahren zu beschäftigen hatte. Aber seit damals besaßen die Wörter *Auftragsvergebung, Kontraktfirma, Bauarbeiten* eine unheimliche Suggestivkraft für ihn. Er sah dabei sogleich graue Kiesberge, Feldbahnschienen, erdigfeuchte Pflastersteine, schwarze Asphaltseen, riesige gelbe und grüne Bagger und Walzen und den blendenden Schein der Schweißbrenner. Kurz, diesen ganzen zyklisch auftretenden fieberhaften Ausschlag »städtische Instandsetzungsarbeiten«. Es waren Wörter, die ihm die Kehle ausdörrten und ihm in den Ohren dröhnten, selbst dann, wenn die Maschinen schwiegen.

Aber der Preßluftbohrer draußen schwieg nicht. Im Gegenteil, er hatte Verstärkung von einem anderen erhalten, der sich allmählich quer an ihn heranarbeitete.

»Sie hatten sich vorbereitet«, ertönte jetzt wie von weither die Stimme Scaglias. »Das war Arbeit und nicht Glück.«

Die Antwort Loprestis war weniger deutlich, doch genügte das Wort *Nationalmannschaft*, um ihm begreiflich zu machen, daß die Umorganisation des Büros für den Augenblick unterbrochen war und sich die Diskussion auf ein anderes, ebenfalls jahreszeitlich bedingtes Thema verlagert hatte: die Bilanz der Meisterschaftsspiele und die Turiner Mannschaft, die in Lopresti einen leidenschaftlichen Anhänger hatte . . . Nein, falsch, in Scaglia. Lopresti war Sizilianer, aber er hatte viele Jahre in Vicenza Dienst gemacht, und trotz aller späteren Versetzungen hatte er dem Verein dieser Stadt blindlings die Treue gewahrt. Scaglia, der aus Salerno und von weniger beständigem Charakter war, wechselte die Sympathien mit jeder neuen Dienststelle; jetzt, in Turin, war er Anhänger der *Juventus*.

Der Kommissar Santamaria interessierte sich nicht für Sport. Auch er kam aus Sizilien, aber er hatte solche ein wenig künstliche Bindungen nicht nötig, um sich hier nicht als Fremder zu fühlen. Im Krieg – er war fast noch ein Junge gewesen – hatten es die Umstände gewollt, daß er als Partisan in die Hochtäler des Piemont verschlagen wurde. Als er nach dem Krieg zur Polizei ging, hatte er seine Laufbahn in Turin begonnen. Seine Rückversetzung hierher war praktisch eine Heimkehr gewesen.

In dem wie MG-Feuer klingenden Lärm, der von der Straße kam, suchte er gleichsam ein fernes Echo aus Partisanentagen zu erkennen. Aber die einzige noch einigermaßen lebendige Assoziation, die sich wirklich einstellte, war die Erinnerung an die Raubüberfälle der sechziger Jahre, die mit dem Namen Cavallero verknüpft waren.

Wenn er jetzt an diese Zeit zurückdachte, schien ihm das alles die Geschichte eines anderen zu sein. Aber Freunde waren ihm geblieben aus jener unwahrscheinlichen Zeit, »Beziehungen«, wie es manche naive Kollegen nannten, womit sie – er begriff sehr wohl, was sie meinten – auf politische Empfehlungen, geheime Vorteile anspielen wollten. Der einzige wirkliche Vorteil, der ihm aus jener Epoche seines Lebens kam – auch das wußte er sehr wohl –, war der, daß er sich in Turin nicht fremd fühlte, obwohl ihm – wenn man es genau nahm – die Stadt für nichts anderes Dank schuldete als für ein paar Freudenschüsse, die er, als alles vorbei war, auf der Brücke an der Piazza Vittorio mit einer MP, Marke Sten, in die Luft gefeuert hatte. Aber es genügte dafür, daß er unbesorgt weiter seinen Schnurrbart tragen konnte, statt ihn sich abnehmen zu lassen, wie es viele seiner Kollegen taten, die nicht gern wie ein Polizist aus dem Süden aussehen wollten. Und es genügte dafür, daß ihm seine Vorgesetzten, die doch keineswegs naiv waren, fast ausschließlich Aufgaben dieser Art übertrugen: weil er »die Verhältnisse hier kannte«.

»Also sehen Sie selbst, Santamaria. Sie kennen ja die Verhältnisse hier, Sie kennen das Ambiente. *Ohne auf irgendwen Rücksicht zu nehmen, das versteht sich von selbst . . . Aber auch, selbstverständlich, mit der Mäßigung, die . . . Oder sagen wir, ohne alle schädliche Überstürzung, die gelegentlich Beamte mit weniger Erfahrung . . . Aber das brauche ich Ihnen nicht zu sagen, der Sie schon in so vielen höchst delikaten Fällen bewiesen haben, daß Sie . . . Nun, ich wollte Sie nur noch einmal erinnern . . . Es ist leicht gesagt, aber ein einziger falscher Schritt in diesen Kreisen, in einer Stadt wie der unsrigen . . .«*

Wieder seufzte der Kommissar, aber diesmal mehr aus alter Gewohnheit und mit einer Spur von Koketterie, der Eitelkeit des erfahrenen Kriminalisten. Er schloß das Fenster, dann schlug er das Telefonbuch auf und suchte die Nummer.

»Hallo ... Ja, ich bin es selbst ... Wie? ... Aber ja, natürlich, ich erinnere mich genau. Wie geht es Ihnen? ... Aber durchaus nicht. Es ist mir ein Vergnügen. Sprechen Sie ... Aber nein, sprechen Sie nur. Wenn ich Ihnen irgendwie behilflich sein kann ... Sie haben gut daran getan! Delikate Angelegenheiten sind meine Spezialität ... Nein, entschuldigen Sie, es war ein Scherz, ehrlich. Wenn ich Ihnen ... Ja ... Wieso? Verzeihung, ich verstehe nicht ... Einen Rat von mir? Wie meinen Sie das? Ich will sagen, auf welchem Gebiet wollen Sie einen Rat von mir? Doch wohl nicht auf Ihrem eigenen Feld, nehme ich an ... Doch? ... O nein, im Gegenteil, es würde mir sehr schmeicheln. Aber können Sie mir nicht andeuten ... Ja, ich verstehe ... Entschuldigen Sie einen Augenblick ... Gibst du mir mal den Aschbecher herüber? Danke sehr.«

»Bitte. Aber sag mal, was ist los? Machst du jetzt Telefonseelsorge?«

»Mein Dummchen ... Hallo? ... Ja, besser mündlich, ich verstehe. Gut, wann Sie wollen. Mir? ... Doch, mir paßt es sehr gut auch heute. Um fünf? Einverstanden ... Nein, nein, ich komme lieber bei Ihnen vorbei. So kann ich bei der Gelegenheit ... Aber wo sind Sie? Immer noch am Corso Vinzaglio? Schön, dann werde ich gleich die Gelegenheit benutzen und Sie um einen Gegengefallen bitten. Ein Freund von mir hat seinen Paß dort liegen, er muß erneuert werden, und gerade gestern fragte er mich, ob ... Tausend Dank ... Riviera ... Ja, wie die Riviera. Der Vorname? Lello, das heißt Marcello, Riviera. Er hat ihn vor drei oder vier Tagen gebracht ... Heute noch? Ich weiß nicht, wie ich Ihnen danken soll ... Ja ... Aber nein, ich bitte Sie! Und glauben Sie mir, ich fühle mich wirklich geschmeichelt, wenn ich auch fürchte, daß Ihnen mein Rat nicht viel nutzen wird ... Jedenfalls freue ich mich, Sie wiederzusehen ... Gut. Also dann um fünf.«

»Wer war das denn?«

»Ein Polizeikommissar.«

»Das habe ich nicht erwartet. Die Telefonseelsorge, ja. Ich dachte gerade, jetzt hat er endlich seine Berufung entdeckt. Aber bei der Polizei – darauf war ich nicht gefaßt.«

»Warum? Sind es nicht genauso Menschen wie wir?«
»Da haben wir's. Der übliche Tiefschlag. Und seit wann kennst du diesen . . . Wie heißt er?«
»Santamaria. Seit zwei Jahren. Erinnerst du dich, als bei meinen Eltern eingebrochen wurde?«
»Ach ja, der berühmte Marmeladendiebstahl.«
»Vergiß nicht den aufgebrochenen Kühlschrank.«
»Und auf Grund eines Zigarettenstummels mit Spuren von Lippenstift hat dein Kommissar den Fall mit Glanz aufgeklärt.«
»Er hat nichts aufgeklärt, aber er ist sympathisch; und auch nicht dumm, wenn ich mich recht erinnere.«
»Aber was für einen Rat will er denn von dir?«
»Natürlich gar keinen. Das war nur ein Vorwand, weil er ein höflicher Mensch ist. Wahrscheinlich will er Informationen von mir über jemanden, den ich kenne, oder von dem er glaubt, daß ich ihn kenne.«
»Also ein Polizeispitzel bist du! Ein schmutziger Informant! Wir machen Fortschritte. So gefällst du mir schon besser. Jedenfalls wirst du mir nachher alles erzählen; jetzt muß ich gehen. Willst du heute abend bei uns essen?«
»Heute abend . . .«
»Nichts besonders Aufregendes. Ein friedlicher Abend im Kreise der Familie, mit Onkel Emanuel, und Butterbrot und Käse, wahrscheinlich von mir zubereitet, angesichts der Tatsache . . . Ich habe es dir noch nicht erzählt, aber mit dem Personal stecke ich schon wieder bis zum Hals in Schwierigkeiten.«
»Das tut mir leid. Ich hätte dir gern ein bißchen geholfen, aber heute abend kann ich nicht. Ich habe nämlich auch . . . meinen Familienabend.«
»Aha . . . Also dann erzählst du mir die Geheimnisse des Schutzmanns erst morgen? Mir kannst du trauen. Ich bin noch nicht vorbestraft.«
»Die Unbescholtenen sind am gefährlichsten.«

3. *Auf der Nebenfahrbahn bückten sich acht Mann (Mittwoch nachmittag)*

1

Auf der Nebenfahrbahn bückten sich acht Mann gleichzeitig und hoben auf das Kommando des Vorarbeiters ein langes graues Rohr auf. Nach der Mittagspause war der Graben auf der Seite der Via Grandis wieder zugeschüttet worden, dafür aber auf der anderen Seite weiter nach vorn getrieben. Weitere Böcke mit Warnschildern wurden auf der Fahrbahn aufgestellt.
Das nahm kein Ende. Es gab es einfach nicht, daß die Stadt wenigstens einmal für eine Woche, für einen Tag, völlig »in Ordnung« war. Es gab keinen Tag, an dem nicht eine Fassade zu streichen, ein Baum zu beschneiden, ein Leitungsrohr instand zu setzen war. Dieses System der Vergebung öffentlicher Arbeiten. Santamaria sah den Männern zu, wie sie den Rücken beugten und die Zähne zusammenbissen. Auch sie taten ihre Pflicht wie er. Recht überlegt, kam es auf dasselbe hinaus: Es verging kein Tag, an dem nicht ein Raubüberfall, ein Mord oder ein Selbstmord begangen wurde; eine vollkommene Ordnung stellte sich nicht ein und würde auch nie zu erreichen sein. Für einen Augenblick dachte er – ohne Heimweh – an die Hauptstraße des kleinen Städtchens zurück, in dem er zur Welt gekommen war; wenn über diese Straße ein Wagen mit »kontinentalem« Nummernschild fuhr, war das noch heute ein Ereignis. Es gab nur diese beiden Möglichkeiten, und er hatte gewählt; also war es sinnlos, sich zu ärgern.
Mit einem Achselzucken wandte er sich vom Fenster ab und über-

legte, wie er vor Massimo Campi am besten auf den Brief und seine Schreiberin kommen könnte. Die Geschichte mit dem »guten Rat« war da am Telefon ganz gutgegangen (wenn auch der andere keinen Augenblick darauf hereingefallen sein dürfte); aber jetzt handelte es sich darum, zur Sache zu kommen.

»Nun, Signor Campi, darf ich Sie als erstes um eine Auskunft bitten: Gehen Sie mit Signora Dosio ins Bett?«

Der Vizepolizeipräsident wäre bei der bloßen Vorstellung, daß er das »Verhör« so beginnen könnte, in Ohnmacht gefallen. Und sicherlich – er gestand es sich mit einem Lächeln ein – wäre das kein sehr glücklicher Anfang gewesen. Und doch, überlegte er, und doch ... In diesen Kreisen – es kam ganz darauf an ...

In Wirklichkeit hatten seine Vorgesetzten keine rechte Vorstellung, was es mit diesen »Kreisen«, was es mit der Turiner Gesellschaft auf sich hatte, die er ihrer Meinung nach so gründlich kannte. Sie wußten nur vage, daß es in Turin viel schwieriger war als etwa in Rom, Neapel oder Mailand, zu sagen, wer dazugehörte und wer nicht. Sie schlossen daraus nur, daß man hier sehr viel mehr auf der Hut sein, sehr viel mehr Rücksicht üben mußte als anderswo und notfalls, wenn auch zähneknirschend, mehr Bücklinge machen. Denn in Turin »konnte man nie wissen ...«.

Man konnte es wirklich nie wissen. Da war zum Beispiel der bedeutende Chirurg, Mitglied sämtlicher Ehrenkomitees, Besitzer einer Dreißig-Zimmer-Villa mit Swimming-pool; er fuhr einen Bentley, und sein Bild war in allen Illustrierten. Oder der hohe Beamte oder der Senator der regierenden Partei – ein Anruf von ihnen in Rom ließ das Kabinett zittern. Und dann stellte man fest, daß sie hier, in ihrer Stadt, in der niemand ihre Tüchtigkeit, ihren Einfluß oder ihren Reichtum in Frage stellte, weniger galten als ein schlichter Angestellter, der einen blauen Millecento fuhr und seinen Urlaub in Torre Pellice verlebte, in einem alten Haus mit zwei Palmen davor, der aber die Träger der ältesten und berühmtesten Namen von Turin – bei den ganz seltenen Malen, die man sie überhaupt auf der Straße traf (vielleicht gar beim Verlassen einer Kaufhalle) – mit familiärem *Ciao* und dem unnachahmlichen Lächeln höchsten Vergnügens über die Begegnung grüßen konnte. Das war die gute Turiner Gesellschaft, das *Ambiente*, wie es die Kollegen abkürzend nannten. Deshalb war hier »äußerster Takt«

vonnöten. Aber eben deshalb genügten auch nicht die traditionellen Vorsichtsmaßregeln.
Man riskierte bei ihnen nicht, daß man plötzlich nach Sardinien versetzt wurde. Die waren hier nicht rachsüchtig oder arrogant, sie verlangten keine Unterwürfigkeit, besondere Rücksichtnahme oder tiefe Verbeugungen. Sie waren ungemein bescheiden, die wahren »Großen« von Turin. Und gerade da, überlegte seufzend der Kommissar, lag die Schwierigkeit: Da sie sich dir nicht überlegen fühlen, lebst du in der Angst, du könntest dich ihnen nicht unterlegen fühlen. Denn hinter all ihrer Urbanität, ihren liebenswürdigen Gemeinplätzen lagen sie wie Tiger auf der Lauer; sie spähten aus nach dem ersten Zeichen der Servilität bei dir, der dienstfertigen Zuvorkommenheit, ja der bloßen Verlegenheit. Wenn sie andererseits jedes Anzeichen von polizeilicher Anmaßung verstimmte, dann nicht etwa, weil sie sich dadurch beleidigt fühlten (in diesen Kreisen war man nicht beleidigt), sondern weil sie darin einen plumpen Versuch sahen, dein ungerechtfertigtes, absurdes, ja unverzeihliches Unterlegenheitsgefühl zu kompensieren. In jedem Fall war ihre Reaktion, sobald du dich falsch benahmst, die gleiche: Sie zogen sich in ihr Schneckengehäuse zurück und schlossen dich aus – höflich, erbarmungslos, definitiv. Eine Mauer.
Um diesen verhängnisvollen Ausschluß zu vermeiden, vielmehr sich ihr Wohlwollen und ihre Bereitschaft zur Zusammenarbeit zu bewahren, mußte man alles daransetzen, diese ihre elegante Fiktion der Gleichgestelltheit aufrechtzuerhalten. Nichts anderes erwarteten sie in ihrer unendlichen Schlichtheit und Bescheidenheit.
»Also, Signor Campi, darf ich . . .«

2

»Wie schön du bist«, sagte Anna Carla, als sie die Diele betrat, »du siehst richtig wie ein kleines Mädchen aus.«
Das kleine Mädchen, das sie mit Janine zusammen erwartet hatte, lächelte verständnislos und lief zur Tür. Sie stellte sich auf die Zehenspitzen, um bis an die Klinke zu kommen. Auch Janine

lächelte – auch sie hatte nichts verstanden – und öffnete die Tür. Das kleine Mädchen lief zum Fahrstuhl; es war ein uralter Mahagonikasten mit viel Messing darin, und die Glasscheiben zeigten ein Muster mit stilisierten Blumen.

Als sie sich auf der Bank mit dem abgenützten Samtpolster niederließ, fragte sich Anna Carla selbst, was sie eigentlich hatte sagen wollen. Wahrscheinlich war es dies, daß für sie – wie für alle Eltern – eine Tochter immer viel mehr war als ein kleines Kind. Da war die elterliche Liebe. Die Verantwortung. Die Gewohnheit. Schließlich brachte man es nicht mehr fertig, sie sozusagen von außen zu sehen. So wie man sich manchmal nachts, bei Regen, plötzlich auf einem Platz befand, auf den man nicht vorbereitet war: beunruhigend fremd zeigt er sich hinter dem Scheibenwischer, unter dem Licht ferner Laternen einer fremden Stadt. Aber einen Augenblick später erkennt man die vertraute Piazza Sabotino, auf die man irrtümlich von Norden statt von Westen her gekommen ist. Sie wandte den Kopf zu Seite und sah das kleine Mädchen an: artig neben ihr sitzend, war es wieder Francesca.

Dies mußte wohl – frei von allen Bändchen und Schleifchen – die mütterliche Liebe sein: die Unmöglichkeit, die eigenen Kinder, außer in wenigen Augenblicken, wie Fremde zu sehen. Sie streifte einen Handschuh ab und legte Francesca die Hand auf den Kopf, doch ohne ihn zu streicheln.

»Wie geht's dir, Kind?« fragte sie.

»Gut«, sagte Francesca.

Im Hausflur stand schon der Wagen bereit, mit offener Tür, Emilio daneben, in unwahrscheinlich straffer militärischer Haltung. Auf dem Bürgersteig blieben zwei Frauen stehen, brünett, von kleinem Wuchs, wahrscheinlich Mutter und Tochter, und schauten mit aufgesperrten Mündern herein.

Es war ihr nie gelungen, Emilio begreiflich zu machen, daß der Lancia in feierlicher Bereitstellung im Torgang reichlich unbequem war, weil man die Türen nicht ganz öffnen konnte; außerdem gab es der kleinsten Besorgung den Anstrich von einem Ereignis, über das am nächsten Tag die *Stampa* berichten würde: »Gestern nachmittag um fünf Uhr verließ Signora Anna Carla Dosio ihr Haus zu einer Ausfahrt, mit dem Ziel, für ihr zwei

Jahre und zwei Monate altes Töchterchen Francesca Sommerkleider zu kaufen . . .« Die Folge war, daß man die Aufmerksamkeit einer gewissen Sorte von Passanten auf sich zog, die in ihrer krankhaften Phantasie immer den Transport eines Todkranken ins nächste Krankenhaus erwarten – oder des Familienkrüppels, der in aller Heimlichkeit ins Cottolengo-Spital – oder der Sängerin, die, mit verbundenen Pulsadern, rasch zum Flughafen gebracht wird.

Natürlich, man mußte sie auch verstehen, dachte Anna Carla und setzte sich, mütterlich gestimmt, ihr Töchterchen auf die Knie, während Emilio, durchdrungen von seiner Verantwortung gegenüber den drei seiner Obhut anvertrauten schutzlosen Kreaturen, die Wagentür besonders martialisch schloß. Im Krieg war er ein halbes Jahr lang Fahrer eines Generals gewesen, und von da an hatte er nie mehr auf diese noble Rolle verzichtet, hatte nicht mehr von seinen steifen militärischen Posen lassen wollen. Es waren harmlose Schwächen, die ihm das Leben erträglicher machten und seinem Alltag ein bißchen Glanz gaben. So wie die Neugier der beiden Frauen vor der Haustür, die vorsichtig beiseite traten, als der Wagen herausschoß.

»Die Bremsen, Emilio!« sagte sie. »Ich bitte Sie. Wir haben die Kleine bei uns.«

»Seien Sie unbesorgt, Signora.«

Emilio fuhr Auto – und das war der weniger harmlose Teil seiner kriegerischen Träume –, als ob alle fünfzig Meter eine Granate vor ihnen explodierte.

»Wohin wollen Sie, Signora?«

»Fahren Sie zunächst bis zur Piazza Castello. Dann sage ich Ihnen weiter . . .«

»Jawohl, Signora.«

Und er war so diensteifrig, der Brave, und in seinem Gesicht war dieser Ausdruck des getreuen Dieners, der einen schon als kleines Mädchen auf dem Arm gehalten hatte. Dabei war er erst seit einigen Jahren bei ihnen. Aber es gibt Menschen, die fertig mit Beruf und Schicksal geboren werden. Schon in den Windeln sind sie der Kellner vom Restaurant *Cambio* oder der Offizier der *Savoia Cavalleria,* wie ihr Vater, dem es – man sah es deutlich auf den alten Fotografien von 1910 – schon auf der umlockten Stirn

geschrieben stand: sein ruhmreiches Ende in Afrika zu Füßen des Herzogs Amadeo d'Aosta – wenn auch nur infolge eines verschleppten Fiebers. Und was, fragte sich Anna Carla und verrenkte sich den Hals, um in den Rückspiegel zu sehen, was steht mir auf der Stirn geschrieben? Welche Institution verkörpere ich?
Emilio bremste wie ein Verzweifelter am Rande einer Panzersperre. Zwei Böcke mit Warnschildern »Achtung Bauarbeiten«, schon von weitem sichtbar, blockierten die Straße. Dahinter malten Arbeiter Zebrastreifen für einen Fußgängerübergang.
»Verdammt noch mal!« wetterte Emilio, vielmehr zischte er durch die Zähne, und meinte diese Derwische, diese Tataren, diese SS, die für die Instandhaltung der Stadt sorgten.
Francesca fest in ihren Arm schließend, lehnte sich Anna Carla zurück.
»Hören Sie, Emilio«, sagte sie gutmütig, »wenn Sie wollen, fahren Sie mit der Trambahn nach Hause, und ich setze mich ans Steuer. Dann würden wir alle miteinander ruhiger fahren können.«
Die Ohren Emilios wurden violett.
»Verzeihen Sie, Signora«, murmelte er.
Anna Carla hatte mit knapper Not verhindert, daß die Kleine mit dem Kopf gegen den Vordersitz aufschlug, war aber nicht wirklich böse. Ihre blitzschnelle Reaktion, ein Reflex, instinktiv, mütterlich-beschützend, amüsierte sie; es war wie eine Geschichte aus dem Sonntagsblatt. Wenn es nötig war, dachte sie überrascht, wäre auch sie imstande, sich vor den Triebwagen zu werfen oder sich in die Strudel des Po zu stürzen. Unter diesem Kostüm aus Seidenleinen schlug das Herz einer Löwin.
Als müsse sie Francesca vor den Gefahren des Turiner Dschungels bewahren, zog sie sie fester an sich. Die Mütterlichkeit – das also verkörperte sie. Eine uralte Gestalt, unwandelbar, beruhigend, sogar noch im Rahmen eines Autos, das ein Stümper der Fahrkunst lenkte. Die Madonna vom Vorderradantrieb.
»Heiß«, sagte Francesca und wand sich in der mütterlichen Umarmung.
»Wohin soll ich Sie jetzt bringen?« fragte Emilio; er hatte inmitten der Steppe vor dem Rot gehalten.
»Biegen Sie in die Via Viotti ein«, sagte Anna Carla.

»Ist das erlaubt?« fragte Emilio und suchte mit dem Blick die feindlichen Stellungen zu erforschen.
»Heiß«, wiederholte Francesca; gleich würde sie weinen.
»Ich weiß nicht«, sagte Anna Carla. »Aber ich glaube doch. Falls es nicht seit gestern nacht verboten ist.«
Sie drückte einen Kuß auf das Haar des Kindes und setzte es auf den Sitz neben sich. Mütterlichkeit, das Wort hatte natürlich einen albernen Klang, vielmehr, es klang überhaupt nicht, so wie Liebe, Freiheit, Eile mit Weile. Aber wie sollte man diese Anfälle von Ohnmacht sonst nennen, die einen ohne Vorwarnung drei- bis viermal am Tage heimsuchten, und bei denen man weiche Knie bekam und die Angst einem den Atem abschnürte und man sich ganz wehrlos fühlte? Es war genau dasselbe, was Verliebte erlebten, dachte Anna Carla, während ihre Hand auf dem Polster sich über dem Händchen der kleinen Francesca wölbte. Es war dasselbe: diese strömende, alles überwältigende Zärtlichkeit, dieses unkontrollierbare Bedürfnis, zu berühren, an sich zu drücken und zu umarmen. Merkwürdig, daß sich die Verfasser von Schlagertexten diesen Bezirk des Emotionalen so wenig zunutze machten. Auch hier gab es Verzückungen und Qualen, gab es Herzklopfen und schlaflose Nächte. Im Grunde waren es dieselben Wörter: Schatz, Darling, Chérie, mein Lieb, mein Herz. Und die Sängerin, die sich vor ihrem Publikum die Frage stellte: »Mein Baby hat achtunddreißig Grad Fieber, soll ich den Arzt rufen?«, würde die Jury jedes Festivals hinreißen. Ein kolossales Geschäft. Millionen Schallplatten. »Nackt in ihrer kleinen Faltbadewanne ...«; »Steck bitte nicht den Finger in den Mund ...«; »Wo ist dein Töpfchen?« Worauf warten sie noch, um die Musikbox mit solchen Titeln zu füllen?
Sie blickte hinaus.
»Hier, halten Sie hier, das geht sehr gut«, sagte sie rasch.
»Ich darf nicht!« schrie Emilio (von jugoslawischen Partisanen bedrängt).
»Himmelherrgott noch mal, stellen Sie sich doch hinter den Lastwagen; der blockiert doch sowieso die Straße«, sagte Anna Carla.
Sie hielten gleichsam im Schutz eines großen gelben Lkw, dessen Fahrer aus dem Fenster seiner Kabine hing und flehend auf einen (wie Anna Carla fand) bildschönen Polizisten einredete.

»Nein, um Himmels willen, steigen Sie nicht aus«, sagte Anna Carla zu Emilio. »Kommen Sie in einer Stunde hierher zurück. Oder, warten Sie, nicht hier. Kommen Sie zum *Carignano.*«

»Zum Theater«, resümierte Emilio. »Sehr wohl, Signora.«

»In einer dreiviertel Stunde.«

»Jawohl, Signora.«

Mit dem behandschuhten Zeigefinger in ihre Richtung winkend, hatte ihnen der Schutzmann bereits zu verstehen gegeben, daß sie hier nicht halten durften, aber er lächelte, als er das kleine Mädchen aus dem Auto steigen sah, warf aber seiner Mutter einen wenig väterlichen Blick zu.

Das mir, dachte Anna Carla, die ich, mehr oder weniger, die Madonna bin!

Sie lächelte ihm trotzdem zu und verschwand, hinter Janine und Francesca, unter den Arkaden.

3

Es war gegen halb fünf, als der Kommissar in dem großen, schlanken, brünetten, etwa dreißigjährigen Mann, der aus dem gegenüber dem Polizeipräsidium haltenden Taxi stieg, Signor Campi erkannte. Während er ihm zusah, wie er vorsichtig zwischen den Holzgestellen und sonstigen Hindernissen, die er bis zum Eingang des Polizeipräsidiums zu überwinden hatte, Schritt vor Schritt setzte, erinnerte er sich einer Einzelheit, die er vorhin beim Rekapitulieren der ihm bekannten Daten über Massimo Campi nicht weiter beachtet hatte.

Alter: 32 Jahre. Unverheiratet. Vom Militärdienst befreit. Geboren in Turin und daselbst wohnhaft, Piazza Solferino 28. Beruf, von ihm angegeben: Verwaltungsberater. Tatsächlicher Beruf (laut telefonischer Auskunft von einem Kollegen von der Steuerpolizei): »Keiner . . . Er ist der einzige Sohn der Milliarden seines Vaters. Es ist mir nicht bekannt, daß er irgend etwas anderes täte.«

Die Besonderheit, an die sich der Kommissar erst jetzt erinnerte, als er seinen Besucher aus dem Taxi steigen sah, war, daß Signor

Campi kein Auto hatte, weder auf seinen Namen noch auf den einer der Halbdutzend Gesellschaften, die sein Vater kontrollierte. Diese Auskunft hatte er übrigens nicht von dem Kollegen von der Steuerpolizei, sondern von Campi selbst, als er ihn damals anläßlich dieser Einbruchsgeschichte im Taxi begleitet hatte. Das Autoproblem sei für ihn unlösbar gewesen, hatte er ihm damals erklärt. »In seiner Jugend« habe er einen Aston Martin gefahren, und er schäme sich noch heute bei der bloßen Erinnerung daran. Am Ende habe er auf ein Auto überhaupt verzichtet.
»So ist es am einfachsten, finden Sie nicht? Schon rein praktisch genommen.«
Ein einfacher, ein schlichter Mensch, der Signor Campi. Und mit dieser schönen Einfachheit, wie man sie unter Gleichgestellten pflegt, hatte er als selbstverständlich vorausgesetzt, daß er, Santamaria, blitzartig und gleichzeitig folgendes begriff: a) die Vulgarität, die grauenhafte Geschmacksverirrung, die der Besitz eines großen Sportwagens, eines englischen dazu, darstellte; b) daß ebensowenig Wagen der mittleren Klasse in Frage kamen, wegen ihres unheilbar trostlosen Aussehens; c) die Unmöglichkeit andererseits, auf ein Kleinauto auszuweichen, was einer unverhüllten, plumpen Affektiertheit gleichgekommen wäre; d) die fundamentale Nichtigkeit all dieser Erwägungen, ohne die jedoch die von ihm praktizierte Lösung in ihrer Bescheidenheit so mißverstanden werden könnte, als sei sie ihm diktiert von dem Ideal einer Mailänder Tüchtigkeit, die stolz auf ihren praktischen Sinn war. Ein Ideal, das zu teilen ihm genauso fern lag wie – er zweifelte nicht – ihm, dem Kommissar selbst . . .
Die Einfachheit in Person, dachte der Kommissar und wischte sich seufzend den Schweiß von der Stirn.
Er trat vom Fenster zurück und setzte sich an den Schreibtisch. Hatte es wohl irgendeine Bedeutung, daß Signor Campi vor der verabredeten Zeit kam? Trieb ihn die ängstliche Ungeduld eines Menschen, der sich schuldig wußte? Oder einfach die brennende Neugier, zu erfahren, was die Polizei von ihm wollte? Alles ziemlich unwahrscheinlich. Jemand wie Campi neigte eher dazu, solche Emotionen mit einer Stunde Verspätung zu tarnen. Wahrscheinlich wollte er sich, bevor er zu ihm heraufkam, unten erst vergewissern, ob der Paß seines Freundes fertig war, und ihn gegebe-

nenfalls selbst abholen. Aber warum, fragte er sich nach ein paar Minuten, kam er dann nicht jetzt herein?
Er ging durch das staubige Archiv, das ihm als Vorzimmer diente, und sagte im Vorbeigehen zu Scaglia: »Ich gehe für einen Augenblick runter. Wenn mich jemand sprechen will, ich bin gleich wieder da.«

4

»So trifft man sich«, sagte Anna Carla.
»*Ciao*«, sagte ihre Freundin Bona. Sie hatte kaum den Kopf gewandt und musterte gleich wieder mißmutig das rote Kleidchen, das sie mit ausgestreckten Armen von sich hielt. »Wie findest du es?«
»Ein bißchen sehr rot«, sagte Anna Carla. »Aber nicht schlecht. Ist es für Isa?«
»*Oui*«, sagte ihre Freundin Bona und ließ das Kleidchen auf den Ladentisch aus Nußbaum fallen. »Und was suchst du?«
»Etwas Leichtes«, sagte Anna Carla; es richtete sich in erster Linie an die Verkäuferin, die wartend dort stand, gewappnet mit Freundlichkeit und darauf gefaßt, viel, viel Geduld zu üben. »Die Ärmste kommt vor Hitze um.«
Die Verkäuferin, ein altes Fräulein mit Brille und weißem Haar – man konnte sie inzwischen von der Geschäftsinhaberin kaum noch unterscheiden –, trat auf die glänzenden Nußbaumschubkästen zu.
»Da ist ja Francesca!« rief Bona, als sie die Kleine entdeckte, die sich halb hinter Janine versteckte. »Das hast du mir gar nicht gesagt.«
Unversehens kniete sie nieder, ohne an ihre Strümpfe zu denken.
»Guten Tag«, flüsterte Janine.
»Guten Tag«, antwortete Bona kurz angebunden. Sie ergriff die Hände Francescas. »Ja du – weißt du, wie schön du bist? Wunder-schön!«
Francesca versuchte, ihr ihre Hände zu entziehen, aber Bona hielt sie fest, und überdies begann sie, sich mit dem Oberkörper hin-

und herzuwiegen. »Bim-bam«, sang sie einladend, »bim, bam, bim, bam! Möchtest du dich nicht auch schaukeln?«
Die Kleine blieb stocksteif stehen.
»Na los!« ermunterte Bona sie. »Du wirst sehen, wie schön es ist.« Und sie gab ihr einen kleinen Stoß, um das Spiel in Gang zu setzen.
Obwohl für Francesca nicht die geringste Gefahr bestand hinzufallen, stieß sie ein mörderisches Geheul aus.
»Francesca!« schrie Janine auf.
»Kein Grund zur Aufregung«, erklärte Bona barsch. »Ist doch alles in Ordnung. Habe ich recht, mein Täubchen? Aber paß auf, jetzt machen wir gleich ein anderes schönes Spiel.«
Ohne weitere Umstände setzte sie sich aufs Parkett und nahm Francesca auf den Schoß.
»Aber Francesca...« sagte Janine, in einer Art indirekter Kritik.
Die Verkäuferin warf einen Stapel großer Schachteln auf den Ladentisch und rief entsetzt: »Aber Frau Gräfin, warten Sie, ich hole Ihnen einen Stuhl!«
»Ach was, Stuhl!« sagte Bona. »So fühlen wir uns viel besser, nicht wahr, Francesca? Auf die Stühle verzichten wir gern.«
Die Zeiten, dachte Anna Carla, in denen sie zusammen im Gebirge zelteten, um ein Pfadfinderfeuer herumsaßen und dazu alberne Lieder sangen, diese Zeiten lagen weit zurück. Bona hatte einen Mann, drei Kinder, und war zweifacher Doktor. Aber die schlechte Angewohnheit, auf dem Boden zu sitzen, hatte sie wohl behalten.
»Übernimm dich nicht«, sagte sie, während sie mit der Hand in ein winziges Unterröckchen fuhr, um zu fühlen, wie leicht es war.
»Du weißt doch, wie gern ich das tue«, sagte Bona. »Weiß deine Mammi nicht, wie gern ich das tue? Mit den Kindern muß man auf ihrer Ebene verkehren und sie nicht immer aus der Perspektive von obenher sehen. Nicht wahr, mein kleines Ameischen, wir machen dir angst, weil wir so groß und kräftig sind?«
Was die kleine Ameise da auf ihrer Ebene plötzlich entdeckte, war ein dreifaches Halsband von echten Perlen.
»Ach so, die Kette gefällt dir?« fragte Bona. »Die ist hübsch, nicht wahr, mit all den kleinen Kügelchen.«

»Um Gottes willen!« Anna Carla wandte sich jählings um. Sie hatte nicht die geringste Lust, den Rest des Nachmittags damit zu verbringen, daß sie im ganzen Laden nach den kleinen Kügelchen suchte, die einen Wert von zwölf Millionen Lire hatten.
»Laß sie doch«, sagte Bona und fügte, voll wissenschaftlicher Einsicht hinzu: »Sie ist gerade in der Phase, in der sie alles anfassen und auseinandernehmen müssen.«
»Die würde dir bald einen ganzen Fiat auseinandernehmen, wenn du sie läßt«, sagte Anna Carla, hob ihre Tochter auf und stellte sie wieder auf die Beine.
Auch Bona stand wieder auf, doch ohne auch nur andeutungsweise ihre Kleider wieder in Ordnung zu bringen oder sich den Rock abzuklopfen; dergleichen hatte keine Bedeutung, um so etwas kümmerte sich eine Mutter nicht, dazu hatte sie keine Zeit.
»Man sieht, sie hat kräftige Hände«, sagte sie. »Wie mein Andreas. Der geborene Zerstörer. Dabei tut er es nicht aus Bosheit. Es macht ihm einfach Spaß. Man kann richtig sehen, daß er es *braucht*, wenn du verstehst, was ich damit sagen will. Nimm dagegen meine Isa. Nichts davon. Sie ist schon in einer ganz anderen Phase. Das Zerbrechen, Zertrümmern, Hacken und Hauen gibt ihr nichts mehr. Sie hat sich aufs Zerreißen gelegt.«
»Tatsächlich?« fragte Anna Carla, während sie die feine Stickerei an einem rosa Kleidchen musterte. »Was zerreißt sie denn?«
»Alles. Zeitungen, Geldscheine, Briefe, Bücher, Fotografien, das Telefonbuch.«
»Eine kleine Furie«, sagte Anna Carla. »Und du, was tust du dagegen?«
»Was soll ich tun? Ich lasse sie zerreißen, was sie will«, sagte Bona. »Wenn sie nämlich in der Zerreißphase sind, darfst du sie nicht stoppen, du riskierst sonst, sie zu blockieren.«
»Ich verstehe«, sagte Anna Carla. »Wie findest du das hier? Hübsch, nicht wahr?«
»Hm.« Bona verzog den Mund. »Es ist immer dasselbe, was sie einem hier zeigen. Niemals etwas Kühnes, etwas Aus . . .«
Sie unterbrach sich, als sie die Besitzerin (oder Verkäuferin) auf sie zukommen sah. Man zeigte einander ein Lächeln, so wie sich Autos bei nächtlicher Begegnung mit einem Blinkzeichen ihrer

Scheinwerfer grüßen, und die Verkäuferin (oder Besitzerin) schwebte vorbei, einer anderen Kundin entgegen.
»Meinst du?« sagte Anna Carla. »Also ich muß sagen, daß ich jedesmal, wenn ich hierherkomme, immer wieder ganz reizende Sachen gefunden habe.«
»Reizend – für dich«, sagte Bona.
»Also gut, dir gefallen sie vielleicht nicht, aber . . .«
»Herrgott, ich spreche doch nicht von mir! Ich spreche von ihr, von Francesca!«
»Natürlich, ich auch.«
»Aber nein, du verstehst mich nicht. Du kommst nur aus geistiger Trägheit her, gib es nur zu. Weil es dir bequem ist, ein bestimmtes Geschäft zu haben, das du dir ein für allemal ausgesucht hast, um nicht jedesmal von neuem herumlaufen und suchen zu müssen.«
»Und wenn es so wäre? Ich finde nicht, daß . . .«
»Siehst du?« Bona triumphierte.
Die Verkäuferin näherte sich von neuem.
»Verzeihen Sie, Signora, wenn Sie das schon gesehen haben, dürfte ich es dann für einen Moment der Dame dort zeigen?«
Sie wies auf eine andere Mutter, die schamhaft den Kopf senkte.
»Aber selbstverständlich«, sagte Anna Carla. »Zeigen Sie es ihr.«
»Gefällt es Ihnen nicht?« fragte die Verkäuferin ohne Hintergedanken. »Das Jabot ist doch geliebt, finden Sie nicht? Wirklich ein gelungenes Modell.«
»Doch«, sagte Anna Carla. »Wir probieren es nachher einmal an.«
»Nur einen Augenblick«, sagte die Verkäuferin leichthin und nahm die Schachtel.
»Das geliebte Jabot, das gelungene Modell«, flüsterte Bona voller Zorn.
»Also . . .« begann Anna Carla.
»Nein, es geht nicht! In der Linie einfach, aber elegant. Das süße schlichte Krägelchen. Der Schnitt leger, aber nicht zu sehr. Und das seit 1906. Schau doch, hier ist ihre Geschäftskarte: ›Gegründet 1906‹. Und in ganz kleiner Kursivschrift gedruckt. So wirkt es nicht so gewöhnlich. Nein, sie widern mich einfach an.«

»Du bist ungerecht. Sie machen die Kleider nicht selbst.«
»Wie kommst du darauf?«
»Nur ganz wenige. Die meisten lassen sie sich von Firmen aus Mailand, Florenz oder Neapel schicken.«
»Aber die fertigen sie eigens für sie an und lachen sich dabei ins Fäustchen. Die haben bestimmt ein Extraatelier dafür, unterm Dach, und lauter Gehilfinnen Jahrgang 1906. Weißt du was? Da lobe ich mir *Upim* mit den Einheitspreisen!«
»Entschuldige, aber warum kommst du dann hierher?«
»Weil schon meine Großmutter mit meiner Mutter herkam, und weil meine Mutter mit mir herkam. Aus dieser widerlichen Tradition komme ich her. Aber jetzt ist es genug. Ich mache nicht mehr mit.«
»Und wie willst du sie kleiden, die armen Würmer? Als Marsmenschen? Als kleine Engländer? Mit einer Mickymaus da draufgedruckt?«
»Und warum nicht?«
»Jetzt spielst du die Zynikerin«, sagte Anna Carla. »Aber du weißt so gut wie ich, was man so in der Stadt an Kinderkleidung sieht, ist einfach . . .«
»Cheap!« schmetterte Bona heraus. »Gerade wolltest du *cheap* sagen. Das ist jetzt schon ein Wort unseres Dialekts geworden, wie Pastis.«
»Uff!« stöhnte Anna Carla. »Nach Massimo nun noch du als Linguist.«
»Ach so, Massimo . . .«
»Kurz, du kannst sagen, was du willst, aber mir gefällt zum Beispiel das Jabot sehr gut.«
»Aber warum mußt du es deiner Tochter aufnötigen? Warum willst du sie konditionieren? Warum mußt du ihr um jeden Preis deinen Geschmack wie eine Krankheit vererben? Die sie für ihr ganzes Leben behält, vom Spitzenjabot bis zu den Perlen? Das ist kriminell.«
»Übertreibe nicht«, sagte Anna Carla, mit einem Blick auf die von Gesundheit strotzende Francesca, die dort am Schirmständer mit Janine zusammen lachte. »Was hat das überhaupt miteinander zu tun? Du wirst mir nicht erzählen wollen, daß ein kleines Mädchen von zwei Jahren schon einen eigenen Geschmack hat?«

»Was weißt denn du davon? Vielleicht würden ihr wirklich die *billigen* Kleidchen am besten gefallen, diese Scheußlichkeiten in dem neuen Geschäft hier um die Ecke. *Enfant-Boutique* nennt es sich. Bist du schon da gewesen?«
»Ich habe mir die Schaufenster angesehen.«
»Da werden sämtliche Metzgerkinder von Turin und Umgebung angezogen«, sagte Bona. »Dabei sündhaft teuer. Das Dreifache von hier.«
»Ich verstehe dich nicht«, sagte Anna Carla. »Wenn du selbst zugibst . . .«
»Ich weiß: Schleifchen, Riesenblumen, grelle Farben, sogar Flittergold, und alles furchtbar anspruchsvoll. Aber Francesca wäre natürlich *selig* mit diesen abscheulichen Sachen!«
»Nein, sei da ganz unbesorgt«, sagte Anna Carla. »Ich blockiere sie lieber.«
»Ihr seid doch alle gleich«, klagte Bona. »Du, Maria Adele, Giovanna. Wir haben uns neulich beinahe gegenseitig umgebracht. Aber ihr macht alle denselben Fehler. Ihr könnt eure Beziehung zum Kind nicht gestalten. Ihr versucht erst gar nicht, auf das Kind *einzugehen,* in es hineinzugehen und von eurer Person abzusehen. Ihr seht es immer nur als Objekt, von außen. Das Kind dagegen . . .«
»Was sagst du da? Entschuldige, wenn ich dir . . .« begann Anna Carla, die sich an all das erinnerte, was ihr im Fahrstuhl durch den Kopf gegangen war. Aber dann fand sie, es lohne nicht die Mühe, jemandem etwas erklären zu wollen, der sich einer so modisch-affektierten Ausdrucksweise bediente wie Bona, wenn sie über *das Kind* dozierte.
»Jetzt bin ich ganz für Sie da, Signora«, sagte die herbeieilende Verkäuferin. »Bitte nochmals um Vergebung.«
Noch einmal entfaltete sie vor ihnen das rosa Kleidchen wie einen Schmetterling.
Anna Carla und Bona sahen sich in die Augen.
»Sag die Wahrheit«, forderte Anna Carla, »es gefällt dir.«
»Es hilft nichts«, gestand Bona verzweifelt. »Es gefällt mir. *Mais ça n'empêche.* Tu du, was du für richtig hältst, ich – weißt du, wohin ich gehe? Gleich um die Ecke, zum *boucher.*«
Sie zwinkerte Anna Carla zu, und einen Augenblick lang hatte

sie wieder das pausbäckig-vergnügte Gesicht der Klassenkameradin von einst.
»Mich hast du nicht überzeugt«, sagte Anna Carla liebevoll.
Bona beugte sich zu Francesca herab, grüßte dann, sehr gemessen, Janine und verließ mit großen Schritten den Laden. Sie war immer in Eile, weil sie sich vom Morgen bis zum Abend selbst um alles kümmerte, was die Kinder betraf. Ihre etwas kompliziert angelegte weiße Villa am Corso Vittorio wimmelte von Personal, das erstaunlicherweise nicht wechselte; aber ein Kindermädchen war nie darunter gewesen. Bona wollte niemanden, der zwischen ihr und »ihrem« Andreas, »ihrer« Isa, »ihrem« Roby stand. Auch das war in ihren Augen kriminell.
Vielleicht, dachte Anna Carla. Aber viele waren der Meinung – darunter Maria Adele und Giovanna –, daß die wahren Kriminellen eben ihre drei Kinder waren und daß die gute Bona sie, trotz all ihrer schönen Worte, nach alter Weise verwöhnte, sehr gefühlsbetont und Anhänglichkeit fordernd.
Das Kleidchen stand Francesca bezaubernd, und Anna Carla kaufte ihr, mit eiserner Miene, gleich zwei dazu, eins aus weißem Leinen, ganz einfach, aber entzückend, das andere mit reicher Garnierung, Stil 1906. Es war ein bißchen lang. Dann schickte sie das Kind mit Janine nach Hause, während sie selbst sich draußen vor Pepinos Eisdiele einen Platz suchte. Sie aß das gleiche Kirscheis wie damals als Kind und blickte dabei auf die Fassade des Palazzo Carignano.

5

Unten blieb der Kommissar einen Augenblick stehen und musterte – ohne Wohlwollen – die Leute, die, großenteils in Hemdsärmeln, die Halle der Paßabteilung bevölkerten. Wäre Signor Campi darunter gewesen, hätte er ihn bei seiner Größe sofort sehen müssen. Aber er war natürlich nicht da. Man hatte ihn wohl sofort in das Büro Ajellos geschickt, wo der Paß für seinen Freund bereits fix und fertig unterschrieben bereitlag, so daß er nichts mit der Menge der Antragsteller zu tun hatte, die sich ungeduldig vor den

Schaltern drängte. Der Kommissar bahnte sich einen Weg durch die wogende Masse der Wartenden. Die Ferien, das Auto und die Reiseprospekte – da gab es niemanden, der zu Hause blieb. Auch hier nicht.

»Hast du Doktor Campi gesehen? Ich meine, war er bei dir?« fragte er von der Tür her den Kollegen. Man mußte sich an die Spielregeln halten. Für jemand wie Ajello war es unvorstellbar, daß ein Mann wie Signor Campi nicht Doktor war und nicht so genannt wurde.

»Ja, er war eben hier. Er hat den Paß für seinen Freund abgeholt. Warum? Wolltest du ihn sprechen?«

»Nein, nein, schon gut«, sagte der Kommissar.

Er drängte sich eilig bis zum Tor durch und trat auf den Bürgersteig, um zu sehen, ob vielleicht Signor Campi in der Nähe war, um, aus Zartgefühl, den genauen Termin ihrer Verabredung abzuwarten, oder ob er etwa wieder fortging mit der Absicht, strahlend bei ihm zu erscheinen in einem Augenblick, wo er bereits jede Hoffnung verloren hatte, ihn noch zu Gesicht zu bekommen.

Im Umgang mit dem *Ambiente* war es immer so: In dem obligatorischen Spiel der Eingangszeremonien, des höflichen Zauderns, des »Bitte, nach Ihnen!« konnte man nie im voraus den Eröffnungszug berechnen, aber wenn man ihn dem Gegner überließ, verbannte man sich selbst dadurch in die unterlegene Position. Plötzlich schien es ihm gesellschaftlich wichtig, sofort die Initiative zu ergreifen. Und er war so gut wie entschlossen, trotz der Hitze und, wohlgemerkt, ohne den Anschein zu erwecken, Signor Campi auf der Straße zu folgen.

Aber das erübrigte sich. Er sah ihn, zwischen ein paar Pensionären, am Rand der Ausschachtung, wo er den jungen Burschen zusah, die dort im Unterhemd, über ihren »Bauabschnitt« gebückt, arbeiteten. Er stellte sich neben ihn, ohne gleich etwas zu sagen.

»Allmählich wird es warm, nicht wahr?« begann er nach einer Weile.

Signor Campi wandte sich zu ihm um, und sein waches, hageres Gesicht zeigte im Ablauf weniger Sekunden alles, was der Kommissar erwartet hatte: Bestürzung, daß ihn ein Unbekannter ansprach, Entsetzen bei dem Gedanken, ihn ohne Unhöflichkeit nicht wieder loszuwerden, dann das Erkennen, die Überraschung erst, der Erleichterung folgte, und endlich die bekannte unbändige Freude über das Wiedersehen. Aber dann faßte er sich und nahm den kleinen Scherz des Kommissars als freundschaftliche Aufforderung, auf Formalitäten zu verzichten.

»Aber abends wird es wirklich kalt«, entgegnete er. »Als ich gestern draußen bei meinen Eltern war, wollten wir es einmal probieren und auf der Terrasse essen. Können Sie sich vorstellen, daß wir nach zehn Minuten wieder 'reingehn mußten?«

»Ja, draußen, auf den Hügeln, das glaube ich«, sagte der Kommissar verständnisvoll und verschob es auf später, über das Alibi nachzudenken, das ihm der andere da spontan geliefert hatte. »Das glaube ich gern«, wiederholte er, während er seinen Gast aufmerksam über den holprigen Weg bis zum Haustor führte. »Mit all den Bäumen dort ...«

»Genau. Die Feuchtigkeit ist es vor allem. Die geht einem bis auf die Knochen.«

»Doch ich will nicht leugnen, daß ich nichts dagegen hätte, dort zu wohnen«, log der Kommissar heiter-bescheiden. Er wohnte in einem Haus im alten Zentrum, Via dei Mercanti, und war damit völlig zufrieden.

»Ach ja, im Winter gibt es keinen Smog, und im Sommer ist es da draußen frischer«, stimmte ihm Signor Campi bei, der seinerseits noch mehr im Zentrum der Stadt wohnte. »Nicht, daß mir persönlich die Hitze viel ausmacht.«

»Was das betrifft, mir auch nicht. Im Gegenteil!«

Sie tauschten ein Lächeln. Jetzt konnten sie sich die Hand geben und fragen: »Wie geht's?«, kurz, zu den eigentlichen Präliminarien übergehen.

»Ich habe Sie aus dem Taxi steigen sehen«, erklärte der Kommissar, während sie in den Hausflur traten, »und ich glaubte ...«

Der andere unterbrach ihn mit einem Lachen amüsierter Verlegenheit.

»Ich hielt es vor Neugier nicht mehr aus«, erklärte er jungenhaft. »Aber am Ende hat die gute Erziehung gesiegt. Ich sagte mir, es könne Sie am Ende nur stören, wenn ich zu früh käme.«

»Aber ich bitte Sie! Ich erwartete Sie genauso ungeduldig ... Hier entlang, bitte sehr.«

Sie ließen die Halle mit ihrem Stimmengewirr hinter sich, in der die Antragsteller auf Paßerneuerung die grünen Büchlein so drohend schwenkten wie die Roten Garden die Worte des Vorsitzenden Mao, und stiegen die Treppe hinauf.

»Übrigens meinen besten Dank für den Paß. Es wird jemanden glücklich machen, und hier wird es einen Ungeduldigen weniger geben.«

»Du lieber Gott!« Der Kommissar lachte voller Nachsicht. »Manchmal ist die Ungeduld schon berechtigt. Bei Leuten zum Beispiel, die wirklich am nächsten Tag reisen müssen.«

»Gewiß. Aber zu welchem Zweck? Um wohin zu reisen? Kann denn niemand mehr auch nur einen Augenblick in Ruhe zu Hause bleiben?«

Mit einer Geste der Beschwichtigung hob der Kommissar die Hand, indes er mit seinem Besucher den Flur entlangschritt. Es war nicht an ihm, Signor Campi in seinem ersichtlichen Ärger über seinen Freund noch zu bestärken, der ihm mit seinem Paß in den Ohren gelegen hatte; aber ebensowenig durfte er das Vertrauen und die unleugbare Intuition, die er im übrigen etwas alarmierend fand, enttäuschen, mit der der andere ihn in seinen Klub der ruhigen Leute eingereiht hatte.

»So, da wären wir.«

Er öffnete die Tür, die direkt zu seinem Büro führte, ließ dem Besucher den Vortritt und wies voller Bedauern auf ein paar unbequeme Stühle, die vor dem Schreibtisch aufgereiht standen.

»Ich kann Ihnen nicht einmal einen Sessel anbieten. Der Staat verschwendet sein Geld nicht – nicht bei uns.«

»Aber ich bitte Sie . . .«

Campi setzte sich. Er beugte sich nach vorn, der grünbezogenen Schreibtischplatte zu, und er tat es ein wenig mit der Ungeduld des Spielers, der es nicht erwarten kann, eine gute Partie unter Freunden zu spielen (»Also, wer gibt?«).

Ach nein, auf die Geschichte mit dem guten Rat dürfte der nicht hereingefallen sein. Eine zumindest ungefähre Vorstellung, worum es sich handelte, mußte er wohl haben. Wenn ihm also so viel daran lag, daß er, Santamaria, den Anfang machte, dann hieß das, daß er bereit war, in irgendeiner Weise sofort mit einem Gegenzug zu antworten. Wenigstens im Augenblick, so schloß der Kommissar, zog er sich besser auf eine Linie polizeilicher Verschwiegenheit

oder bürokratischer Ängstlichkeit zurück, die er allenfalls noch scherzhaft übertreiben könnte.
Er kratzte sich am Ohr, am Kinn, faltete die Hände, löste sie wieder, studierte seine Fingernägel, kurz, er spielte das ganze Repertoire der traditionellen Zeichen des Zögerns und der Verlegenheit durch.
»Sie können sich nicht vorstellen«, sagte er schließlich – und er trommelte dabei mit den Fingern auf den vor ihm liegenden Aktendeckel –, »in was für einer schwierigen Lage ich stecke.«
»In manchen Fällen«, sagte Signor Campi liebenswürdig, »besteht die erste Schwierigkeit darin, das Gespräch zu beginnen. Ist es nicht so?«
Der Kommissar betrachtete ihn mit Dankbarkeit und großer, wenn auch nur vorübergehender Erleichterung. »Sehen Sie, ich dachte mir doch gleich, das beste wäre, wenn ich mich direkt an Sie wende.«
»Um Rat«, ergänzte Campi wohlwollend.
»Ja . . . Richtig . . . Hm.«
»Aber sollte dieser Rat«, fragte Campi, mit einem Lächeln der Ermutigung, »nicht eher – eine Information sein?«
Da er nicht auf Kommando erröten konnte, beschränkte sich der Kommissar darauf, schuldbewußt den Blick zu senken.
»Ja und nein. Das heißt – es handelt sich eigentlich mehr um eine Klarstellung«, erläuterte er und zog die Stirn kraus, wie von neuem von Zweifel und Unsicherheit geplagt. »Es handelt sich nämlich um eine – vollkommen absurde Situation, absurd und zugleich von höchst heikler Natur, und ich laufe dabei Gefahr, eine mehr als unglückliche Figur zu machen . . .«
Er breitete in komischer Verzweiflung die Arme aus bei dem bloßen Gedanken daran, was für eine komische Figur er machen würde.
»Nun, ich überlasse Ihnen das Urteil«, fuhr er fort und öffnete den Aktendeckel; er entnahm ihm den noch immer zerknitterten blauen Briefbogen. »Da. Sehen Sie sich das an. Alles, worum ich Sie bitte, ist, mich nicht zu sehr auszulachen – und sich für einen Augenblick in meine Situation zu versetzen.«
Campi nahm den Brief in die Hand und las die paar Zeilen. Dann sah er den Kommissar an. Und er lachte nicht.

»Ich verstehe das nicht«, sagte er, starr vor Staunen. Er betrachtete den Kommissar, las den Brief noch einmal und legte ihn wieder auf den Schreibtisch. »Das heißt«, begann er, mit einem Blick auf sein Gegenüber, »ich weiß, wovon hier die Rede ist, aber . . . Nein, ich verstehe wirklich nicht . . .«
»Ich auch nicht«, sagte der Kommissar, »und eben deshalb hatte ich daran gedacht, Sie zu fragen. Sie begreifen.«
»Ich verstehe immer weniger. Warum ich? Übrigens . . . Wie sind Sie an den Brief gekommen?«
Der Kommissar hüstelte.
»Sehen Sie, das ist auch so eine unangenehme Geschichte. Glauben Sie mir bitte, daß wir für gewöhnlich dem Gerede entlassener Dienstboten nicht die mindeste Bedeutung beimessen, aber . . .«
»Ach so, die beiden haben Ihnen den Brief gebracht?«
»Ja. Sie sind also auf dem laufenden? Das Ehepaar. Signora Dosio hat beide gestern abend entlassen, und heute früh sind sie zu uns mit – dem da«, er wies auf den Brief, »gekommen, und Sie sehen, in was für eine Lage sie uns damit gebracht haben.«
Campi kam, wie man zu sagen pflegt, aus dem Staunen nicht heraus; etwas wie ungläubige Bestürzung trat jetzt hinzu.
»Sie wollen mir doch nicht etwa sagen, daß Sie das da ernst genommen haben? Sie glauben doch nicht, daß ich oder Signora Dosio auch nur im Traum daran gedacht haben, diesen Garrone wirklich umzubringen? Jedenfalls verstehe ich überhaupt nicht, wie Sie hier – ich meine Ihre Behörde . . . Nein, entschuldigen Sie, aber hier muß es noch irgend etwas geben, was mir entgeht.«
An diesem Punkt – der Kommissar sah es ein – ließ sich dieses Spiel kaum weiter treiben. Er mußte jetzt seinem Besucher eine Aufklärung geben . . . Aber vielleicht lohnte es sich doch, für einen Moment noch das Spiel fortzusetzen.
Er nahm den Briefbogen wieder in die Hand, betrachtete ihn mit einem Ausdruck der Erbitterung, hob die Arme in einer ratlosen Gebärde und stand auf.
»Ich bitte um Entschuldigung, Signor Campi. Glauben Sie mir, wir sind hier alle überzeugt, daß es sich nur um einen Scherz handeln kann. Aber wie gesagt, versuchen Sie einmal, sich in unsere Lage zu versetzen. – ›Lieber Massimo‹«, begann er mit der Stimme eines Leichenbitters zu lesen, während er auf und ab

ging, »›abgesehen von allem anderen, von diesem Architekten Garrone habe ich genug. Alle Tage, das ist zuviel. Ritualmord hin, Ritualmord her, wir sollten ihn endlich umbringen. Wir gewinnen beide dabei.‹«

Er hob die Hand.

»Absurd? Natürlich, eine Absurdität! Aber ich kann Sie nur wieder bitten« – er blieb vor dem Fenster stehen und blickte mechanisch hinaus – »sehen Sie einmal die Dinge von unserem Standpunkt aus, und sagen Sie mir dann: Was sollen wir, angesichts der Umstände, davon halten?«

Er wartete. Draußen, unter den Bäumen der Allee, brachten jetzt die Bauarbeiter ihre Geräte in eine Wellblechhütte.

»Was für Umstände?« hörte er hinter sich die Stimme Campis. Aus der Frage klang Überraschung.

Der Kommissar antwortete nicht sofort. Als er sich umwandte, zeigte sein Gesicht statt ehrlicher Ratlosigkeit nun einen reumütigen und schuldbewußten Ausdruck. Er schien zerknirscht, die innere Bewegung verschlug ihm die Stimme, so daß er noch ein wenig Zeit gewann, bevor er antworten mußte.

Bei Campi war auf die Überraschung wieder die anfängliche Neugier gefolgt. »Ich wußte doch«, sagte er, »daß mir etwas vorenthalten wurde. Von was für Umständen reden Sie?«

Kopfschüttelnd und mit einer Miene, als heiße er sich selbst einen Idioten, setzte sich der Kommissar an seinen Schreibtisch – ein gebrochener Mann. Für alle Fälle nahm er den Kopf zwischen die Hände und schüttelte ihn mehrmals, als wolle er sagen: Nun habe ich wirklich alles falsch gemacht und weiß nicht mehr, wo von neuem beginnen.

»Sagen Sie, Signor Campi« – endlich hatte er sich entschlossen zu sprechen, und er zeigte das liebenswürdig-werbende Lächeln eines Mannes, der unter die kolossalen Dummheiten, die er angestellt hat, wohl einen Schlußstrich ziehen möchte, der aber schon so tief gefallen ist, daß es ihm nun auch nicht mehr viel ausmacht, wenn er den begangenen Fauxpas einen letzten hinzufügt – »sagen Sie, hätten Sie etwas dagegen, wenn ich auf den Umstand, der Ihnen entgangen ist, durch ein kleines polizeiliches Verhör komme? Nachdem ich mich sowieso schon blamiert habe . . .«

»Ich höre Ihnen zu«, sagte Campi, ohne die Fassung zu verlieren.
»Es handelt sich übrigens nicht so sehr um Fragen, die ich Ihnen stellen möchte«, erläuterte der Kommissar, »als vielmehr um meine *scharfsinnigen Schlußfolgerungen*« – hier lachte er voller Selbstironie – »die ich Sie nur zu bestätigen oder zu dementieren bitte. Also, Punkt eins: Die täglichen Kontakte mit Garrone, die in dem Brief ausdrücklich erwähnt werden, sind nicht wörtlich zu verstehen, sondern als ein Scherz?«
»Ja.«
»Nun etwas allgemeiner gefragt: Man kann nicht sagen, daß Sie beide, ich meine Sie und Signora Dosio, jemals enge Beziehungen zu Garrone unterhalten haben?«
»Weder enge noch lose.«
Der Kommissar unterdrückte diesmal nicht eine Gebärde der Überraschung. Aber er setzte seine Frage fort:
»Oder zu seiner Familie?«
»Nein. Um Gottes willen!«
»Wann hat Ihnen Signora Dosio von der Entlassung ihrer beiden Hausangestellten erzählt?«
»Heute morgen. Sie war bei mir, als Sie anriefen.«
Dem Kommissar entfuhr ein Ausruf der Überraschung, aber er sparte sich auch diesmal jede Spekulation über die mögliche Bedeutung von soviel Freimut für später auf. »Und Sie hatten . . .«
»Hatten was?«
»Oh, nichts. Offenbar nicht. Wenn Sie mir jetzt noch eine letzte Frage gestatten . . .« Er lächelte. »Und dann werde ich Ihnen meine Schlüsse darlegen.«
»Bitte.«
»Signor Campi, lesen Sie morgens keine Zeitung?«
»Nein. Ich weiß lieber nicht, was drin steht.«
Der Kommissar lachte herzlich, um zu zeigen, daß er die witzige Antwort zu würdigen wußte. Hier hatte er es mit dem *Ambiente* in Reinkultur zu tun. Aber jetzt war er doch gespannt, wie Campi auf die Nachricht reagieren würde – oder so tun, als ob er reagierte –, mit was für einem Witz, mit welchen passenden Bemerkungen und Kommentaren.
»Sie lesen demnach auch nicht die Abendausgaben?«

»Nein«, antwortete Campi, zum erstenmal mit einer Spur von Ungeduld. »Worauf wollen Sie hinaus?«
»Darauf«, begann der Kommissar, unterbrach sich dann und zog unter dem Adreßbuch die *Stampa Sera* hervor. Die Zeitung war mit der Titelseite nach außen gefaltet, und der Kommissar warf einen Blick auf sie, wie um sich noch einmal dessen zu vergewissern, was er jetzt Campi sagen wollte: »Darauf«, wiederholte er, ohne dem andern die Zeitung zu reichen oder auch nur auf die über fünf Spalten reichende Überschrift zu deuten, »daß Sie hier das gefunden hätten, was Ihnen entgangen ist – nämlich, daß der Architekt Garrone gestern abend in seinem Büro in der Via Mazzini ermordet wurde.«
Campi sagte nichts. Er brach in keinen Ruf aus, fragte nach keinen Einzelheiten und streckte nicht gierig die Hand nach dem Blatt aus. Er sah ins Leere, mit einem gewissen Ausdruck . . . War er nachdenklich, war er auf Abwehr bedacht oder angstvoll oder nur abwesend? Schwer zu sagen. Jedenfalls kündete ein leichtes Zittern seiner Lippen das Vorhandensein von Emotionen an.

Massimo setzte zum Sprechen an, schloß wieder den Mund und verharrte eine ganze Weile in Schweigen. Seine Lachlust war im Augenblick zu groß, meinte er, als daß sein Lachen natürlich geklungen hätte.
»Erlauben Sie?« fragte er schließlich in sachlich-nüchternem Ton und griff nach der Zeitung. Er las den Bericht ohne besondere Eile; nur einmal unterbrach er die Lektüre, um zu fragen, was das für ein »bizarrer steinerner Ziergegenstand« sei, der als das Mordinstrument identifiziert wurde. »Wunderbar«, sagte er lächelnd, nachdem er die Erklärung des Kommissars gehört hatte. Auch als er zu Ende gelesen hatte, lächelte er. »Wahnsinnig komisch«, sagte er.
Aber seine unbändige Lachlust war ihm inzwischen vergangen. So war das Leben: ungestalt und plump, von peinlicher Natürlichkeit, begann erst amüsant und unterhaltend zu werden, sobald es sich von der planen Erde erhob und strebte, Kunst zu werden. Aber nie gab es einem ein so quälendes Gefühl von seiner Nichtigkeit, als wenn es – so oder so – das Ziel erreichte und zur Kunst wurde. Aber das war in Wahrheit nicht verwunderlich. Das schöne Bild,

das schöne Gedicht, die erhabene Sinfonie – sie enden mit sich selbst. Das Leben dagegen geht natürlich weiter. Man hat noch nicht aufgehört zu applaudieren, wenn man sich schon wieder fragen muß: »Und jetzt?«

Er gab die Zeitung zurück und blickte nachdenklich auf seine Knie. Jetzt war sein Kommentar fällig (seine »Klarstellung«, wie man sie vernünftigerweise von ihm erwartete), und zwar in Worten, wie sie für einen Polizeibeamten annehmbar waren, auch wenn dieser Beamte ein so überaus braver Mensch war wie der, der ihm hier gegenübersaß.

»Die Komik gewisser Situationen«, bemerkte der Kommissar, während er melancholisch mit einem Bleistiftstummel spielte, »hängt an einem seidenen Faden. Wenn der Faden reißt, wo bleibt der Scherz? Besonders, wenn der Scherz ein wenig ...«, er machte eine Pause und füllte sie aus, indem er glättend mit dem Handrücken über den blauen Briefbogen strich, »ein wenig künstlich anmutet?«

In Massimos Blick lag unverhohlener Respekt. Dieser Santamaria gehörte zu den Leuten, die zunächst einmal ihr eigenes Metier beherrschen – und in der Regel, wie man dann entdeckt, noch einiges mehr.

Er lachte. »Ein *wenig* künstlich? Ich glaube, Sie haben jetzt das Recht auf ein volles Geständnis.«

Der Kommissar wehrte ab. »Soviel verlange ich gar nicht! Aber sagen wir, wenigstens den Schlüssel zum Verständnis, die wesentlichen Daten.«

»Gut. Soviel haben Sie natürlich schon gesehen, daß die Worte Signora Dosios zwei Interpretationen zulassen – eine wörtliche und eine andere – sozusagen allegorische.«

»Wie die Bibel?«

»Genau so. Nur, daß Ihnen hier die Genesis fehlt: die Vorgeschichte, der Anfang. Und der Anfang ist auch hier ein Wort gewesen.«

Er wartete darauf, daß der Kommissar zitierte: »Im Anfang war das Wort«, aber es kam nicht, das Zitat. Dieser Mann übertrieb nicht.

»Boston. Das Ganze fängt mit dem Wort Boston an. Oder genauer gesagt, mit einem Streit über die Aussprache. Nun ...«

Er unterbrach sich. Der Kommissar kniff die Augen zu, beobachtete ihn mit Interesse und nickte ihm zu. Jetzt übertrieb er denn doch. Er konnte doch wohl nicht auch dies erraten haben?
Fast ein wenig pikiert, fuhr er in seiner Erklärung fort. Die Manie der korrekten Aussprache könne, so führte er aus, zu Verirrungen führen, die er, der Kommissar, sich gewiß nicht einmal vorstellen könne. Oder vielleicht doch?
Nein. Der Kommissar ließ durch kein Zeichen mehr erkennen, was er sich vorstellen konnte und was nicht. Mit höflichem Interesse hörte er zu, wie Massimo fast wörtlich seinen Streit mit Anna Carla wiedergab (»Sie wußte natürlich sehr wohl, daß ich recht hatte. Aber Sie wissen ja, wie die Frauen sind. Einmal wollte sie mir doch, zum Beispiel, erzählen . . .«). Geduldig hörte er sich eine ausführliche Abschweifung über den Begriff der sprachlichen Affektiertheit an (»Verzeihen Sie, wenn ich diesen Punkt so hervorhebe, aber in ihm steckt der Schlüssel zu allem Folgenden . . .«). Ja, er nahm es, ohne mit der Wimper zu zucken, hin, daß der andere ihm eine Maxime des Fürsten von Ligne zitierte, um die aufgebrachte Reaktion Anna Carlas auf seine berechtigte Kritik zu erklären. Und er ließ gar keine Eile erkennen, endlich zu erfahren, was denn Garrone mit alldem zu tun hatte.
Aber er machte auf Massimo den Eindruck, als ob er einen andern nachahme, als ob er eine Rolle spiele – vielleicht wollte er die klassische Figur des gebildeten, weltgewandten und gelassenen Untersuchungsrichters verkörpern. Bis er dahinterkam, was für eine Rolle es wirklich war, die der Kommissar so vollendet vor ihm spielte: die eines Menschen, der zu höflich oder zu schüchtern ist, um den lästigen, aufdringlichen Schwätzer abzuschütteln, der ihn draußen, unter den Arkaden der Piazza San Carlo, am Knopf festhält. Er fühlte Sympathie.
Als wolle er sich ein wenig erkenntlich zeigen, sagte er: »Glauben Sie, daß es mir nahegeht, wenn ich daran denke, daß er jetzt tot ist? Im Grunde werde ich ihn doch vermissen. Wir konnten ihn gut gebrauchen, den armen Kerl.«
»Den Garrone? Aber haben Sie mir nicht gesagt, daß Sie ihn kaum kannten?«
In der Tat, so war es. Aber der Kommissar möge nur noch einen Augenblick Geduld haben und die scheinbaren Widersprüche hin-

gehen lassen. Denn sowie man etwas Genaueres über Garrone sagen wolle, müsse man seine Beurteilung immer wieder richtigstellen, modifizieren, kommentieren und mit Vorbehalten versehen ...

»Eine komplizierte Persönlichkeit also, ein interessanter Mensch?«

Ganz im Gegenteil! Tatsächlich habe ja dieser Garrone nie existiert; vielmehr hätten sie beide, Massimo Campi und Anna Carla Dosio, ihn erfunden, indem sie ihn hervorzogen aus jenem Zwielicht Turiner Randexistenzen – einer Sphäre, zugleich anonym, blaß, verwischt und auch wieder einzigartig. Er sei ein Mann der kleinen Machenschaften in einer halben Provinzstadt gewesen, einer der vielen Möchtegerne, Quasi-Persönlichkeiten, der dunklen Existenzen, die hier ihr Wesen trieben, insgeheim wer weiß wo und offen bei den Generalproben im *Teatro Stabile*, bei Vorträgen, auf Kunstausstellungen, in Cineastenklubs und allen möglichen mit Kunst und Kultur befaßten Komitees ... Und wo man eines Tages ganz unvermeidlich über sie stolperte, genau wie über die Denkmäler irgendwelcher Prinzen und Herzöge aus dem Haus Savoyen, die über die ganze Stadt verstreut waren.

»Also so etwas wie ein Original?« versuchte der Kommissar zu erraten.

Aber nein, nicht einmal das. Dafür war Turin einfach zu groß geworden. Es hatte sich zu sehr ausgedehnt. Das Leben in dieser Stadt hatte zuviel Tempo, ja, es war zu ungemütlich geworden. Im Schatten der Fiatwerke gediehen keine Originale mehr, sie waren zum Aussterben verurteilt.

»Dann sahen Sie in ihm, sagen wir, eine symbolische Figur?«

Auch das könne man nicht eigentlich sagen. Turin war andrerseits noch nicht so groß, so sehr Metropole geworden, als daß ...

»Ich verstehe«, unterbrach der Kommissar. Es klang weniger ungeduldig als nachdenklich. Trotzdem dachte er nicht daran, hier lockerzulassen. »Gewiß. Und auf welche Weise, wenn ich fragen darf, konnten Sie nun diesen Garrone gut gebrauchen?«

»Ja, sehen Sie ... Wir bedienten uns seiner ...«

»Sie und Signora Dosio?«

»Ja. Wir bedienen uns verschiedener Personen, in dieser Weise.«

»In welcher Weise?«

»Für unser kleines Privattheater. Dafür brauchen wir Personen,

Rollenträger. Wir entnehmen sie der Wirklichkeit, aber wir ziehen ihnen, sozusagen, buntere Kostüme an, als sie sie im Leben tragen; wir machen sie gewissermaßen charakteristischer. Am Ende bilden sie alle zusammen eine Art von, wie soll ich sagen ...«

»Maskenzug?« fragte, ohne Ironie, der Kommissar.

»Ja, das trifft es. Und jede dieser Masken dient uns als ein Beispiel für irgend etwas oder, besser gesagt, als ein Beispiel, das man gegen etwas gebrauchen kann. Ich weiß, das klingt kompliziert, aber glauben Sie mir ...«

»Nicht gar so kompliziert, wenn ich recht verstanden habe. Sie bedienen sich Ihrer Personen in einem negativen Sinne: als warnende oder abschreckende Beispiele.«

»Ausgezeichnet. Ja. Aber nicht in moralischer Beziehung. Sondern vom ästhetischen Standpunkt aus gesehen.«

»Ach so. Also auf diesem Gebiet bin ich weniger ...« wehrte der Kommissar ab.

»Ich glaube, doch! Nehmen wir zum Beispiel Professor Bonetto. Sie kennen ihn wohl.«

»Nein. Das heißt, ja. Mir ist so, als hätte ich ihn irgendwo ...«

„Sehen Sie, das ist es. Auch einer dieser betriebsamen Wichtigtuer, die man in Turin, ob man will oder nicht, kennenlernt, wenn nicht direkt, dann indirekt.«

»Wer ist er denn?«

»Das ist uninteressant. Ein ›Experte‹. Einer der vielen Experten, die es heute gibt, er weiß alles über Amerika. Aber darauf kommt es jetzt nicht an. Uns dient er als Beispiel für eine bestimmte Art, sich zu kleiden. Wenn der eine von uns sagt: ›Er trägt Socken à la Bonetto‹, weiß der andere gleich Bescheid.«

»Ich verstehe«, sagte der Kommissar, durch nichts zu entmutigen, mit unbeirrbarem Gleichmut. »Und Garrone?«

»Garrone? Ach ja. Er ist allerdings ein etwas komplizierteres Beispiel. Darum habe ich mit Bonetto angefangen, der keinerlei Schwierigkeiten bietet. Garrone, um nur einen Punkt zu erwähnen, diente uns für ...«

»Boston?« fragte mit einem Zwinkern der Kommissar.

»Auch für Boston, ja. Garrone gehörte zu den Menschen, die großen Wert darauf legen, jedes fremdsprachliche Wort korrekt auszusprechen, Gott verzeihe ihm. Wenigstens glaube ich es.«

»Wieso wissen Sie es nicht sicher?«

»Herr Kommissar, ich weiß nichts von Garrone. So gut wie nichts. Ich habe in meinem Leben vielleicht fünfmal mit ihm gesprochen, gesehen werde ich ihn zehnmal haben. Wenn er in unserem kleinen Privattheater«, er zeigte auf den Brief Anna Carlas, »ich sage nicht: alle Tage, das dürfte eine Übertreibung Signora Dosios sein – aber immerhin ziemlich oft auftrat, heißt das noch nicht, daß . . .«

Er hielt inne, offenbar ärgerlich über die Wendung, die seine »Klarstellung« nahm; sie klang zu sehr nach Selbstverteidigung. Der Kommissar mußte ihm, ob er wollte oder nicht, zu Hilfe kommen: er denke nicht daran, irgendwelche Implikationen zu vermuten.

Kurz und gut, fuhr Massimo mit einem Achselzucken fort, man müsse unterscheiden zwischen dem echten Garrone, wie er im Leben war (und für den sich die Polizei interessierte), und dem Garrone als Person ihres Privattheaters, die er, Campi, rekonstruiert und vervollkommnet habe auf Grund einer sehr beschränkten Kenntnis des wirklichen Garrone.

Mit einer Gebärde resignierter Dankbarkeit nickte ihm der Kommissar zu. Es war klar, daß er, wie die Dinge im Augenblick standen, keine weiteren Klärungen fordern konnte. Das, was Massimo Campi tun konnte, hatte er getan. Was er über den »echten« Garrone zu sagen hatte, das hatte er gesagt. Wenn er nicht mehr wußte, war daran leider nichts zu ändern.

»Aber vielleicht«, der Kommissar räusperte sich und sah diskret zum Fenster hin, »aber vielleicht kannte ihn Signora Dosio besser?«

»O nein. Übrigens fand sie weniger Gefallen an ihm. Und deshalb« – er wies wieder auf den blauen Briefbogen – »schlug sie oft vor, ihn kurzerhand umzubringen, während ich mehr zum Ritualmord neigte, zu einer periodisch wiederkehrenden rituellen Opferung mit der Auferstehung nach drei Tagen, verstehen Sie? Aber das ist dummes Zeug, verzeihen Sie. Jedenfalls war es so, daß Signora Dosio vor Garrone einen wahren Abscheu empfand.«

»Vor der . . . Bühnenfigur oder . . .?«

»Vor dem Menschen.«

Hier wurde der Sizilianer hellhörig.

»Warum? Hat es Garrone bei irgendeiner Gelegenheit der Signora gegenüber an Respekt fehlen lassen?«

Massimo zögerte den Bruchteil einer Sekunde.
»Nein, das war es nicht. Im Gegenteil, gerade sein übertriebener Respekt war Signora Dosio widerlich. Dieses Flüstern, diese Kratzfüße, diese sabbernde Ergebenheit. Sie bekam eine Gänsehaut davon. Wie er diensteifrig umhersprang, groteske Trippeltänze aufführte, sich verbeugte, ein Feuerzeug zückte, weit die Tür vor ihr aufriß – Signora Dosio fand ihn schlechthin obszön.«
Der Kommissar kratzte sich am Kinn.
»Meinen Sie: physisch abstoßend?«
Nein, nicht so ausgesprochen, nicht mehr als andere, nichts Spezielles oder überhaupt mit bloßem Auge Wahrnehmbares. Das, was Signora Dosio kurz und bündig, wie die Frauen manchmal sind, als »obszön« bezeichnete, das war vielleicht ein undefinierbarer Hauch von Fäulnis, der von Garrone ausging, so als hätten sich in ihm Tugenden und Laster einer ganzen Stadt konzentriert, eben Turins, aber wie in Fäulnis übergegangen, vom Leichengift zersetzt; denn *dieses* Turin, das er verkörperte, lebte ja schon nicht mehr. Da war die Sparsamkeit, aber es war die des Hungerleiders; da war die Zurückhaltung, aber entartet zu ängstlichem Ausweichen; der Konformismus, in Selbstzersetzung begriffen; die Höflichkeit, zur Schmeichelei verwässert; die »alte Schule«, aber entstellt durch abscheuliche Koketterie und läppische Geziertheit.
»Ein stinkendes Aas also, im buchstäblichen Sinne des Wortes«, resümierte der Kommissar, übrigens keineswegs überwältigt von soviel rhetorischer Bemühung. »Aber wenn er schon an und für sich so ein Kadaver war«, fragte er lachend, »warum mußte er dann noch umgebracht werden – rituell, meine ich?«
»Aber dafür gab es tausend Gründe! Schon der Hygiene wegen, im Interesse der öffentlichen Gesundheit.«
»Also eine Hinrichtung.«
»Wenn Sie es so nennen wollen. Man könnte auch von einem Exorzismus sprechen, um das Gespenst des alten Turin zu besänftigen. Oder einfach aus Barmherzigkeit. Ich erinnere mich, daß ich zu einem gewissen Zeitpunkt leidenschaftlich die Euthanasie verteidigte. Aber wir haben sehr häufig unsere Meinung gewechselt . . .«
»Und das alles, ohne daß Sie – und die Signora – ihn praktisch je zu Gesicht bekamen?«

Ein leiser, ferner Hauch von Ungläubigkeit gab dem Gespräch (dem Verhör?) eine andere Wendung. Massimo sah ihm mit einem Lächeln gerade in die Augen.
»Praktisch ohne ihn zu sehen«, bestätigte er mit einem Achselzucken.
Es entstand eine Pause. Der Kommissar heftete die Augen auf den Brief; er schwieg hartnäckig, diesmal half er dem andern nicht weiter. Aber nach so viel Entgegenkommen hatte auch er ein Recht auf seine Minute diskret geäußerter Skepsis.
Gar nicht zu reden von den Rechten, die ihm seine Diskretion in einem anderen Punkt gab. Eine vollkommene, eine absolute Diskretion, fand Massimo. Aber vielleicht gerade deshalb – ein wenig übertrieben? Demonstrativ? Voller Sarkasmus?
»Um auf Boston zurückzukommen«, fuhr er in aller Unbefangenheit fort, »so können Sie sich wohl jetzt vorstellen, wie wütend das arme Mädchen wurde, als ich ihr sagte, die Korrektheit, mit der sie dieses Wort ausspreche, erinnere mich an Garrone. Ich sagte ihr das natürlich in bester Absicht, aber sie nahm es als eine durch nichts motivierte Grausamkeit hin, als einen Tiefschlag, kurz, als eine unverzeihliche Beleidigung – die sie mir erst heute früh verziehen hat, kurz bevor Sie mich anriefen.«
Aber er schämte sich sofort. Denn er hatte den Degenfechter mit der zerbrochenen Klinge vor sich, den Pistolenschützen mit gebundenen Händen. »Verzeihen Sie, aber welcher Art sind Ihre Beziehungen zu dieser Signora Dosio? Gehen Sie mit ihr ins Bett?«
Dies war die Frage, die in den Augen des Kommissars stand. Aber sie sagten auch: »Sie wissen genau, daß ich Ihnen diese Frage nicht stellen kann, und diesen Umstand nutzen Sie aus.«
»Ein etwas – impulsiver Charakter, die Signora Dosio?« Tapfer lächelnd nahm der Fechter mit dem Degenstumpf, der ihm geblieben war, den Kampf wieder auf.
Massimo lachte laut heraus.
»Ziemlich impulsiv«, sagte er. »Aber nicht soweit, daß . . .«
Er mußte ihm den freien Abzug gewähren, mit allen kriegerischen Ehren, beschloß er, während der andere höflich mitlachte. Er war nicht loyal gewesen; zweimal hatte er ihn, mit unnötiger Bosheit, an der Nase herumgeführt; jetzt wollte er es wiedergutmachen.
»Ich überlegte gerade etwas«, begann er. Er sah auf die Uhr und

tat so, als rechne er rasch aus, ob die Zeit für sein Vorhaben ausreiche. »Ich weiß nicht, ob Sie . . . Nein, für heute abend ist es zu spät geworden, ich habe Ihnen ja schon *enorm* viel Zeit genommen, aber vielleicht morgen vormittag . . .« Er erhob sich. »Ja, warum kommen Sie nicht einfach zum Lunch zu mir? Ich kann's Ihnen nicht schwören, aber ich hoffe, Sie werden auch Signora Dosio treffen. Immer vorausgesetzt, daß Sie sich etwas davon versprechen. Aber die Frauen wissen immer mehr als wir, sie kommen mehr herum, sehen mehr Leute, sprechen mehr . . . Vielleicht ergeben sich irgendwelche interessante Details, vielleicht ein Umstand, der zu denken gibt. Meinen Sie nicht?«

Der Kommissar – er blieb noch einen Augenblick sitzen – sah ihn überrascht an. Dann erhob auch er sich und streckte seinem Besucher mit einem herzlichen Lächeln die Hand entgegen.

»Tausend Dank! Als Polizist und als Mensch«, scherzte er. »Ich nehme Ihre Einladung ohne weiteres an . . . Aber riskiere ich nicht dabei, nun in Ihrem kleinen Privattheater Garrone zu ersetzen, ich meine, als dramatische Figur?«

»Was wollen Sie, ein solches Risiko gehen wir alle ein!« sagte Massimo lachend.

4. *Auf Zehenspitzen kam Santamaria herein (Mittwoch abend)*

1

Auf Zehenspitzen kam Santamaria herein. Als er den fragenden Blick des Vizepolizeipräsidenten Picco bemerkte, antwortete er mit einer beruhigenden Geste. Er erwiderte leise den angedeuteten Gruß De Palmas und Maglianos und setzte sich dann neben Magliano.

Wieder kehrte Stille ein. Wenn man mitten in eine Besprechung dieser Art kam und dort eine Atmosphäre wie in der Kirche herrschte, hieß das, daß die Nachforschungen noch keinen Schritt weiter gekommen waren. Zweifel waren nur in einem Punkt möglich: ob die Predigt schon vorbei war oder erst noch kam. Der Vizepolizeipräsident hüstelte. Magliano entschloß sich, die Zigarette, die er so lange zwischen den Fingern gedreht hatte, anzuzünden. De Palma zog sich, erst über dem linken, dann über dem rechten Knie die Hosenfalte glatt. Der Polizeipräsident versenkte sich noch für einen Augenblick regungslos in den Anblick der Karavelle, die mit schwellenden Segeln den Schirm seiner bronzenen Schreibtischlampe schmückte.

»Gut«, sagte er. Dann wandte er langsam den Kopf und sah alle der Reihe nach mit wiedergewonnener Fassung an. »Gut«, wiederholte er. »Gedulden wir uns also.«

Die Predigt war schon vorbei.

»Und bei Ihnen, Santamaria?«

»Alles in Ordnung«, beeilte sich der Kommissar zu antworten, überzeugt, den leichten Ton der Frage richtig zu interpretieren. »Ich meine, von daher ist keinerlei Entwicklung zu erwarten. Es besteht auch nicht die geringste Verwicklung.«

Der Vizepolizeipräsident zeigte ihm mit einem Lächeln seine Zustimmung und sah zugleich seinen Vorgesetzten an, mit der Miene eines Lehrers, der dem Schulrat seinen Klassenprimus vorführt.

»Sie haben sich im *Ambiente* direkt informieren können?« fragte er Santamaria.

»Direkt bei Campi«, antwortete der Kommissar bescheiden. »Ein sehr netter Mensch und gar nicht empfindlich. Es fiel ihm nicht schwer, mir alles zu erklären.«

»Ah so! Gut. Und seine Erklärung erscheint Ihnen . . .?«

»Wahrscheinlich? Nein.«

Einen Augenblick wirkte es wie ein Schock. Aber das Vertrauen in den guten Ausgang blieb; der Kommissar wußte es. Im Grunde beruhte sein ausgezeichnetes Verhältnis zu Vorgesetzten und Kollegen auch auf diesen kleinen Überraschungen, auf solchen harmlosen Späßen, mit denen er sich selbst ironisierte und sich über seine Stellung als Polizist lustig machte – als ein Polizist, der sich ein wenig von anderen unterschied, weil er phantasievoller als seine Kollegen war, ja – zwar nicht nach Meinung De Palmas, aber zum Beispiel nach der Maglianos – etwas weniger »Polizist«.

»Ich meine damit«, erklärte er, »daß es eine ziemlich verworrene Geschichte ist, mit der mir Campi diesen Brief erläutert hat. Aber das bedeutet nicht, daß sie nicht doch stimmt. Sie paßt sogar gut zu einem bestimmten Detail, von dem die beiden Hausangestellten De Palma berichtet haben.«

»Meinen Sie Boston?« fragte De Palma neugierig.

»Ebendas«, bestätigte der Kommissar. »Unverständliche Erwähnungen dieser Stadt fanden sich auf Briefbogen, die im Papierkorb lagen. Nun, nach der Darstellung Campis . . .«

Er versuchte, kurz zu erklären, worin die Darstellung Campis bestand. Aber angesichts der immer ratloseren Mienen seiner Zuhörer gab er es auf.

»Ich sagte ja, eine verrückte Geschichte. Aber gerade deswegen, alles in allem genommen . . .«

». . . glaubwürdig«, ergänzte der Vizepolizeipräsident mit einem Lächeln der Ermutigung.

»Letzten Endes, ja. Übrigens typisch für das *Ambiente*. Und durchaus persönlichkeitskonform.«
»Für Garrone?«
»Für Campi. Und auch für die Dosio, wie ich glauben möchte, obwohl ich mit der noch selbst sprechen muß.«
Das Lächeln des Vizepolizeipräsidenten verlor an Wärme. Der Polizeipräsident zog die Augenbrauen hoch.
»Aber, verzeihen Sie, sagten Sie nicht . . . Mit anderen Worten: Sie schließen nicht aus . . . Ich meine, Sie halten weitere Ermittlungen für angebracht?«
»O nein! Wenigstens nicht in diesem Sinne. Aber einerseits kann eine kleine Kontrolle mehr nicht schaden . . .«
Der Polizeipräsident hob die Hand, seine Stirn hatte sich geglättet.
»Bitte, der Richter sind Sie, mein lieber Santamaria.«
Der Kommissar verstand sehr wohl, was der andere sagen wollte. Natürlich war er nicht der Richter. Aber ihm als Beamten der Kriminalpolizei oblag es zu entscheiden, ob ein bestimmter Umstand als »Indiz« an die Staatsanwaltschaft weiterzugeben war, während der Polizeipräsident und sein Vizepräsident dazu nicht befugt waren, da sie nicht mehr der Kriminalpolizei angehörten.
». . . und andererseits«, fuhr er fort, »hatte Garrone tatsächlich einen gewissen Kontakt zu diesen Kreisen. Jedenfalls, da wir schon einmal dabei sind, kann es nicht schaden, auch die Dosio zu hören.«
»Gewiß, gewiß«, stimmte der Polizeipräsident zu.
»Wie der Herr Polizeipräsident zu Recht bemerkte«, fügte der Vizepolizeipräsident sich räuspernd hinzu, »die Entscheidung liegt ganz bei Ihnen. Nur – ich meine, glauben Sie nicht, daß, nachdem Ihnen Signor Campi alles erklärt hat, ein übertriebenes Insistieren . . .«
Die gequälte Pause, die darauf eintrat, war eine zu große Versuchung für den Kommissar, der die Wirkung seiner Worte nicht vorausgesehen hatte.
Er tat so, als überlege er sich den Einwand, um schließlich zu sagen: »Nein, ich glaube nicht. Übrigens, insistiert habe nicht ich. Der Vorschlag ging von Signor Campi aus, Signora Dosio morgen in seinem Hause beim Lunch zu treffen.«
Der Vize erhob sich, und einen Augenblick hatte der Kommissar

das peinliche Gefühl, er wolle auf ihn zukommen, um ihm unter den amüsierten Blicken De Palmas und dem etwas säuerlichen Lächeln Maglianos die Hand zu schütteln. Aber nach einem Blick auf die Uhr hatte sich auch der Polizeipräsident erhoben, und ihm zeigte nun der Vizepolizeipräsident seinen Enthusiasmus mit der großen Gebärde eines glücklichen Lehrers. Wer hatte etwas von Klassenprimus gesagt? Ein Wunderknabe!

»Ausgezeichnet«, stimmte ihm der Polizeipräsident zu, während er auf die Tür zuging. Väterlich grüßte er auch die beiden Schüler, deren Leistungen zu wünschen ließen, aber mit einem Ausdruck, aus dem unmißverständlich die Aufforderung abzulesen war, sie mögen sich mehr Mühe geben. Gefolgt von seinem Untergebenen, verließ er das Büro.

»Das ist ja mal gutgegangen«, sagte De Palma lachend. Aber als sie in sein Büro hinübergegangen waren, und auch Magliano sie verlassen hatte, räumte er ein, daß sie wahrhaftig keinen Grund zum Lachen hatten. Die Presse hatte sich mit einem Nachdruck und einer Ungeduld auf diesen Fall gestürzt, die alles Maß vermissen ließen; sie war voll von der »Persönlichkeit des Ermordeten«, der »blonden Frau mit dem Eisenrohr« und der »mysteriösen steinernen Mordwaffe«, über die die Polizei sich »eine ebenso rigorose wie unverständliche Zurückhaltung« auferlege.

»Die Persönlichkeit des Ermordeten! Stell dir das vor! Ein Schwein und Hungerleider wie der, mit einem Strafregister oder beinahe ...«

»Er war vorbestraft? Das wußte ich nicht.«

»Nichts, eine alte Anzeige wegen Betrugs, hat sich durch Rücknahme der Klage erledigt. Nur, um dir zu zeigen, was für ein Typ das war.«

»Und seine Familie? Hast du sie besucht?«

»Magliano war da. Aber von denen ist nichts zu erwarten. Eine Schwester, sie ist Angestellte; und seine Mutter, eine etwas kindisch gewordene alte Frau. Sie haben ihn nur wenig zu sehen bekommen, er lebte bei ihnen wie in einem Hotel. In seinem Zimmer hatte er ungefähr dieselben Dinge wie in der Via Mazzini, aber keine Papiere oder Briefe.«

»Auch keine, die mit seinem Beruf zusammenhängen?«

»Nein. Seinen Beruf übte er nicht mehr aus, falls er ihn je aus-

geübt hat. Wer sollte sich von dem wohl ein Haus bauen lassen? Abgesehen von einer Invalidenrente, zu der er weiß der Himmel wie gekommen ist, lebte er im Grunde auf Kosten der beiden Frauen.«
»Oder deiner famosen Blonden«, scherzte der Kommissar. »Die ihm das Geld im Eisenrohr brachte.«
Aber De Palma konnte den Scherz nicht komisch finden.
»Nicht einmal das hätte ich diesen Schwachköpfen sagen dürfen«, wetterte er. »Das ganze Geschrei, das sie machen, hat zur Folge, daß jeder ordentliche Bürger, der auf ein Läuten die Tür öffnet, gewärtig sein muß, daß vor ihm die Prostituierte mit dem Eisenrohr steht und ihn — zack — umbringt, weil die Polizei nichts unternimmt. Die Polizei denkt nur an eins: auf friedliche Demonstranten mit dem Gummiknüppel loszugehen! Das muß man sich einmal klarmachen. Hast du es nicht gelesen?«
Der Kommissar hatte es gelesen. Er mußte lachen, weil er an Campi dachte.
»Mach es wie Campi«, sagte er, »der überhaupt keine Zeitung liest. Er möchte lieber nicht wissen, was drin steht, sagt er.«
»Ein braver Mensch!« Das Gesicht De Palmas erhellte sich. »Ein Freund! . . . Vielleicht hat sogar er den Garrone umgebracht, aber aus staatsbürgerlicher Gesinnung, aus Reinlichkeitssinn.«
»Aus hygienischen Gründen. Das hat er mir selbst gesagt.«
»Was?«
Santamaria erklärte es, und der andere dachte ein Weilchen darüber nach.
»Hör mal, hat er dir gesagt, wo er gestern abend war?«
»Bei seinen Eltern zum Essen, draußen in der Villa. Es war das erste, was er mir sagte. Aber wie lange er da war, weiß ich nicht. Ich sah keinen Grund dazu, ihn danach zu fragen, wenigstens nicht für den Augenblick. Aber wenn du Wert darauf legst . . .«
De Palma zuckte mit den Achseln.
»Und der Ermordete?« fragte der Kommissar. »Habt ihr herausbekommen, wo er am Abend gegessen hat?«
»Ja, in der Via Maria Vittoria, in einem Restaurant mit Einheitspreis, wie fast immer, wenn er nicht zu Hause aß. Aber er war allein.«
»Also auch da keine Blonde in orangefarbenen Hosen oder auch

ohne. Schön ... Nein, entschuldige«, fügte er hinzu, als er bemerkte, wie sich die Miene De Palmas wieder verfinsterte.

Tatsächlich räumte inzwischen sogar die Presse ein, daß die Blonde mit dem Fall vielleicht gar nichts zu tun hatte. Aber daß es sich um eine Prostituierte handelte, konnte nach der präzisen Beschreibung Bauchieros keinem Zweifel unterliegen. Und wieso fand man sie dann nicht? Wenn die Polizei die Welt der Prostitution etwas genauer überwacht hätte, statt ...

»Ich Idiot, ihnen das zu erzählen!« warf sich De Palma wieder einmal vor. Die Sache war ihm um so unangenehmer, als er selbst gehofft hatte, diese auffallende blonde Person mit ihrem Bleirohr, oder was es sonst war, sofort zu finden. »Ich hätte ihnen ja auch statt dessen etwas von dieser Schweinerei, diesem steinernem Dingsda, erzählen und sie damit glücklich machen können! Dann hätten sie etwas zum Lachen gehabt.«

»Und warum hast du es nicht getan?«

»Weil ich mich krank geärgert hätte! Bei dem bloßen Gedanken daran, wie sie darüber geschrieben hätten – du kennst doch ihre Art, dem Leser zu verstehen zu geben, wie peinlich es ihnen ist, über diesen schmutzigen Punkt zu berichten, und in Wirklichkeit haben sie ihren Spaß daran –, kam mich das große Kotzen an. Darum habe ich es ihnen nicht gesagt. Der Teufel soll sie holen.«

Der Kommissar lachte. »Was ist es denn nun eigentlich?« fragte er. »Wie ist er dazu gekommen? Gehörte es ihm wirklich?«

»Was soll das heißen: gehörte es ihm wirklich?«

»Ich meine nur, von der Obszönität einmal abgesehen, sieht es doch wie ein Stück aus einer Sammlung aus – wie eine exotische Rarität, afrikanisch, polynesisch oder was weiß ich –, aber doch von einem gewissen Wert. Und wenn er nun wirklich ein so armer Teufel war, wie erklärt sich das dann? Mit anderen Worten: Ist es sicher, daß der Mörder es dort vorgefunden hat?«

»Du willst sagen, ob er es nicht vielleicht selbst mitgebracht hat?«

»Ja. Das heißt, ich halte es für unwahrscheinlich, vor allem deshalb, weil er es dann nicht dort zurückgelassen hätte. Ich meinte nur, kann man es ganz ausschließen?«

De Palma zögerte.

»Ausschließen kann man es nicht. Wir haben die Portierfrau von

Nummer 55 gefragt, die früher bei ihm saubermachte; aber seit Jahren ist sie nicht mehr bei ihm gewesen. Sie wußte nichts von dem Ding. Auch bei ihm zu Hause wußten sie nichts davon. Deshalb ... Ja, man könnte Nachforschungen anstellen. Aber wer soll es tun? Ich, ehrlich gesagt, wenn es sich um eine Museumssache handelt, wie du meinst ...«

»Schon gut, ich mache es«, lachte der Kommissar. Er galt unter anderem als Fachmann auf dem Gebiet der Kunst und Altertumskunde, seitdem ihn einmal der Polizeipräsident und seine Familie im Ägyptischen Museum überrascht hatten und er zugeben mußte, daß er nicht dienstlich dort sei, vielmehr des öfteren am Sonntag – obwohl er als Junggeselle keine Kinder zu bilden habe – gern ein paar Stunden in Museen zubringe. Von da an wurde er bei allen Dingen, die auch nur entfernt in dieses Gebiet fielen, hinzugezogen. »Und du kannst mir dafür einen Gefallen tun, wenn du wieder einmal in die Via Peyron gehst ... Ach nein, Magliano war da, sagtest du.«

»Ja. Warum?«

»Nichts weiter. Nur, Campi sagte, er und die Dosio hätten in gar keiner Beziehung zu Garrone gestanden. Sie kannten ihn nur vom Sehen. Wenn sich aber nun zufällig bei seiner Familie das Gegenteil feststellen ließe ... Aber vielleicht ist es besser, wenn ich selbst morgen früh auf einen Sprung bei ihnen vorbeikomme.«

»Und danach gehst du zum Essen mit der Dosio, was? Erzähl mir, ob sie groß und blond ist.«

»Das ist sie bestimmt«, witzelte der Kommissar, plötzlich mit sizilianischem Dialekt. »Als die Frau eines kontinentalen Industriellen ist sie selbstverständlich groß und blond.«

»Und der Campi«, scherzte der andere, seinerseits ebenso unvermittelt mit neapolitanischem Akzent, »hat sie sich ...« Er ersetzte aber das Wort durch eine entsprechende Handbewegung, die in beiden Regionen verstanden wurde.

Dessen war sich der Kommissar jedoch nicht so sicher. Vielleicht war es eine Reaktion darauf, daß er sich dessen zuerst allzu sicher gewesen war. Vielleicht auch, weil es Campi selbst solchen Spaß gemacht hatte, ihn in seinem ganz normalen Verdacht nur zu bestärken. Aber bei einem Mann wie Campi wollte das nichts sagen. Nein, es mußte noch einen anderen Grund geben, wahrscheinlich war es ein Eindruck, den er während des Gesprächs mit ihm gehabt hatte, oder noch davor, aber er wußte nicht mehr, worin er bestand. Erst später, auf dem Nachhauseweg, kam er darauf, als er den Bauschutt und die Warnschilder betrachtete, die jetzt bis in die Via Cernaia vorgedrungen waren.

2

Wahrscheinlich hatte sie die Zeitung nicht gelesen. Und wenn er ihr jetzt am Telefon alles erzählte, erst von dem Mord, dann von dem Kommissar und ihrem Brief – wie sollte er sich dann wohl weigern können, bei ihr noch vorbeizukommen? Aber er hatte nun mal heute abend keine Zeit. Da war nichts zu machen.

Er betrat den Bogengang des Corso Vittorio, so lang, so gleichmäßig, so grau und so hoffnungslos – wie ein ganzes Schuljahr, hatte er als kleiner Junge gedacht.

Wahrscheinlich war sie um diese Zeit auch gar nicht zu Hause; und wenn – dann wäre es ein Verbrechen gewesen, eine solche Neuigkeit am Telefon zu verschwenden. Es war besser, er ließ ihr ihren ruhigen Abend im Schoße der Familie, mit Onkel Emanuel und Vittorio, wo sie sicher war vor aller Aufregung und etwaigen enthusiastischen Reaktionen; besser, es auf morgen zu verschieben, sie kommen zu lassen, ohne etwas zu verraten, so daß sie plötzlich unvorbereitet vor dem »Schergen« stand, der übrigens ein sehr sympathischer Mann war.

Als er bis zur Porta Nuova gekommen war, wollte er sich einreden, daß er müde sei und die Anlagen der Piazza Carlo Felice erfrischend und einladend. Er machte ein paar Schritte zwischen den Bänken – es gab keinen Platz, überall saßen kleine Kinder, alte Leute, Männer ohne Jacke, die ins Leere starrten. Bedrückt kehrte er um und ging langsam weiter. Er ließ sich Zeit, obwohl es schon nach sieben Uhr war.

Er ging in ein Café, um, ohne Durst zu haben, einen kalten Tee zu trinken, und legte dann das letzte Stück des Weges in noch langsamerem Tempo zurück. Er schonte seine Kräfte für den Augenblick, wo es galt, nach der aufregenden Fahrt in einem schwankenden Fahrstuhl die beiden letzten Stockwerke zu Fuß zu erklimmen bis zum ausgebauten Dachgeschoß.

Eine »amüsante«, geradezu pariserisch anmutende Wohnung, mit dem Blick über die Dächer und auf den kleinen Markt der Via Berthollet. Nur, daß diese beiden Stockwerke, nach drei Jahren, zuviel waren. Sie wurden ihm immer schwerer, und er erstieg sie immer langsamer.

Früher einmal – in den ersten Wochen und ersten Monaten – war er oben immer atemlos angekommen, weil er den ganzen Weg im Laufschritt gemacht hatte und ihm das Herz bis zum Halse klopfte. Jetzt war das anders geworden. Nach drei Jahren besteht kein Grund mehr dazu, dachte er. Lello, der ja ein intelligenter und selbständiger Junge war, hätte das selbst lächerlich gefunden.

Während der Lift ruckweise und schwankend in dem zu großen Käfig nach oben fuhr, suchte er sich davon zu überzeugen, daß Lello ein intelligenter und selbständiger Junge war, den das, was er ihm zu sagen hatte, weder kränken noch erschüttern würde. Ob er es ihm nun heute, wenn er ihm den Paß gab, oder morgen abend oder an einem der nächsten Abende sagte. Ein Junge, der Bescheid wußte. Ein vernünftiger Junge.

Er blieb auf der gewundenen Betontreppe, die vom vierten Stock bis zum Dachgeschoß führte, stehen, um ein junges Mädchen vorbeizulassen, das mit zwei großen weißbraunen Plastikkoffern herunterkam. Schon geht's mit dem Reisen los, dachte er gereizt, schon brennt's ihnen unter dem Hintern. Gerade war es Anfang Juni, im Grunde noch Winter, und schon war alles in Bewegung und kaufte sich Sonnenbrillen.

Er klopfte laut, verzichtete aber auf die weiteren Schläge ihres privaten Klopfzeichens. Lello hatte keine elektrische Türglocke haben wollen, und so war er mit ihm von einer Eisenwarenhandlung in die andere gelaufen, um eine Glocke mit Klöppel zu suchen. Aber schließlich entschied er sich für einen alten bronzenen Türklopfer, den er bei einem Trödler im Balùn entdeckte. Er hatte die Form einer kleinen geballten Faust. Erst nach vielen Einwänden erlaubte ihm endlich der Hausbesitzer, den Türklopfer anzubringen.

»Ach, du bist es«, sagte Lello, als er öffnete.

Sie gaben sich keinen Kuß, wenn er kam oder wenn er ging.

Gleich von Anfang an hatte Lello dazu nein gesagt; es erinnere zu sehr an Mann und Frau; und da sie, der Natur der Dinge nach, dies nicht sein konnten, habe es auch keinen Sinn, die Sklaverei dieser kleinen ehelichen Zeremonien auf sich zu nehmen. Unabhängigkeit und Freiheit beruhten auch auf der Vermeidung gewisser kleiner Banalitäten, auf dem klugen Verzicht auf konventionelle Zärtlichkeiten. Und jetzt, in der Diele der Wohnung Lellos, die er »mein Studio« nannte und die ihm den Ausgleich bedeutete für das nüchterne Büro in der Stadtverwaltung, in dem er seine Tage verbrachte (»meine Arbeit«), jetzt begriff er, wie weise Lello mit alldem gewesen war. Er durfte ruhig sein. Ein solcher Junge würde alles richtig verstehen, was er ihm zu sagen hatte.

In diesem Augenblick bemerkte er den Teetisch. Er hatte seit vielen Tagen damit gerechnet; er wußte, daß es früher oder später auf ihn zukommen würde. Aber auch wenn es keine Überraschung war, so ließ ihn der Anblick doch in schmerzlicher Bestürzung stehenbleiben. Es war ein hellfarbener, quadratischer und sehr niedriger Tisch, den Lello vor zwei Jahren auf einer Ausstellung amerikanischer Möbel gekauft hatte und den er deshalb statt Teetisch *Coffeetable* nannte. Er stand wie immer vor dem schwarzen ebenso niedrigen Sofa im Wohnzimmer; aber alles, was sonst auf ihm lag – Bücher, Zeitungen, Zeitschriften, Briefe, gefüllte Aschbecher und Zigarettenpäckchen – war abgeräumt. An diesem Abend türmte sich auf ihm nur ein Stapel von Landkarten und Reiseführern. Heute abend wurde über den Urlaub gesprochen.

Er wußte, früher oder später hatte es kommen müssen. Dennoch wäre er jetzt lieber nicht hier gewesen, wäre rasch verschwunden, entwischt, hätte sich krank gestellt und alles aufgeschoben. Er hatte Angst, stellte er bestürzt fest, es gab kein anderes Wort dafür. Im Gedanken, daß gerade dies Lello am meisten schmerzen würde, suchte er sich zu beherrschen. Wenn etwas, dann hätte ihn diese Angst beleidigt. Diese lächerliche Verlegenheit, diese Verkrampfung aus schlechtem Gewissen hätten nur die Verachtung dieses freimütigen, verständigen jungen Menschen herausgefordert.

Lello hatte den Blick auf den Tisch bemerkt. »Heute abend halten wir Kriegsrat«, sagte er. Ärgerte ihn die Albernheit dieses Bildes, so alarmierte ihn, daß es unwillkürlich doch traf.

»Richtig, da ist dein Paß«, sagte er in beiläufigem Ton und zog das Dokument aus der Tasche. Er legte es mit einer Miene auf den Tisch, als entledige er sich eines kompromittierenden Auftrags.
»Du bist ja ein Engel!« dankte ihm Lello aufgeregt und wies auf den Tisch, wie um zu zeigen, daß auch er – in den wenigen freien Stunden, die ihm blieben – seine Zeit nicht vergeudet hatte. »Also«, sagte er, setzte sich auf das Sofa und forderte ihn mit einer Gebärde auf, sich neben ihn zu setzen. »Also!«
Er setzte sich und nahm eine Zigarette; so war zunächst einmal eine halbe Minute gewonnen. Er sah Lello zu, wie er eifrig in dem Berg gefalteten Papiers wühlte: er trug ein buntes Freizeithemd und Leinenhosen, wahrscheinlich um die rechte Ferienstimmung zu beschwören. Seine Füße waren bloß, und die Zehen bewegten sich in den japanischen Sandalen schon ganz wie im Sand.
»In diesem Jahr, habe ich mir überlegt, wäre einmal Griechenland an der Reihe, meinst du nicht?«
Auch das hatte er vorausgesehen, und auch diesmal fühlte er seine Glieder plötzlich wie Blei werden. Anfänglich waren ihre Reisen sehr bescheiden gewesen, und zwar auf Wunsch Lellos, der eine Ehrensache daraus machte, sich an den Unkosten zu beteiligen (»du wirst mich vielleicht albern finden, aber für mich ist es wichtig«), und so bedauerlich es sein mochte, dieser Umstand hatte zumindest den Umkreis ihrer Fahrten begrenzt. Aber mit der Zeit verfügte auch Lello – mit Gehaltserhöhungen und Überstunden – über eine ansehnlichere Reisekasse, die die Zahl der Ferienkilometer wachsen ließ. Im vorigen Jahr – die Erinnerung daran gab ihm den Rest – hatte es bis Split gereicht.
»Ah, Griechenland«, sagte er.
»Da hätten wir es«, sagte Lello. »Schauen wir es uns einmal einen Augenblick an.«
Mit geschickten Händen zog er die doppelte Ziehharmonika auseinander und breitete sie über den anderen Karten aus.
»Wenn man es nur sieht, bekommt man Lust aufs Meer. Sieht es nicht wie eine Meduse aus?«
Ihn erinnerte es mehr an einen ausgefransten Lappen, aber er sagte nichts.

»Es ist ein unglaubliches Meer. Veilchenfarben, weißt du? Die Fogliato hat es mir erst gestern im Büro gesagt. Und dann die Inseln ... Die Bottas wollen uns – falls wir uns entschließen – eine Liste von den Inseln aufstellen, die wir nicht versäumen dürfen. Sie können uns auch jede Information über die Straßen geben.«

Sie hatten alle Karten, Reiseführer, Prospekte und Fahrpläne. Aber nein, sie mußten ihre *privaten* Listen, ihre *Exklusiv*-Informationen untereinander austauschen. Denn sie wollten das Gefühl haben, Pioniere zu sein. Wollten aufbrechen mit der Vorstellung, die Costa Brava warte noch immer auf die Schiffe Karthagos, an den Ufern der Straße von Otranto wohnten noch immer die Japygen, und die ersten verläßlichen Nachrichten über bestimmte Gebiete bei Palermo – die den Kartographen entgangen waren – seien im vorigen Jahr von den Bottas gekommen. Anders hatte das Reisen keinen Wert.

»Mal sehen«, sagte er vorsichtig. Er zögerte ein wenig, weil er es unfair von sich fand, daß er gegenüber Lello, einem städtischen Angestellten, denselben Trick anwandte, mit dem es ihm vor einiger Zeit gelungen war, eine Fahrt zu den Bahamainseln abzuwenden. »Mal sehen«, wiederholte er. »Sicher, die Leute reisen ja jetzt haufenweise nach Griechenland ...«

»Na also! Alle haben es eingesehen. Es muß ein phantastisches Land sein. Alle, die da waren, sagen, daß es ein einzigartiges Erlebnis ist. Und man muß sich beeilen, bevor es die Heuschrecken entdecken. In zwei, drei Jahren ist es ruiniert.«

Da hatte man es wieder. Nie kam ihnen der geringste Verdacht; sie fanden nichts dabei, auf demselben Felsen, demselben Steilhang, zu zehnt, zu Hunderten, zu Tausenden oder Hunderttausenden herumzuhüpfen; aber die Heuschrecken waren die *andern*, die Krethi und Plethi, der vulgäre Haufe, die, die alles ruinierten: es waren die andern, und ewig würden es die andern sein. Sie selbst dagegen waren immer ein besonderer Fall.

Fast erleichtert stellte er fest, daß also seine Skrupel hier fehl am Platze waren. Er räusperte sich. »Nein, ich meine, daß ausgerechnet in diesem Jahr eine ganze Armee von meinen Bekannten nach Griechenland reist. Ein Massenaufbruch.«

Es war nicht wahr. Seine Freunde waren noch nie eine Armee

gewesen, und sie waren noch nie »in Massen« gereist. Außerdem hatte keiner von ihnen speziell über Griechenland in diesem Jahr gesprochen. Aber er wußte, daß Lello sie, ohne sie zu kennen, fürchtete und haßte; für ihn waren sie alle ungeheuer reiche und arrogante Müßiggänger (»deine Milliardäre«).
»Ach, tatsächlich?« fragte Lello. Anscheinend war er nun doch etwas nachdenklich geworden. »Aber es ist doch nicht gesagt«, wandte er nach einem Augenblick ein, »daß wir sie alle treffen müssen, oder? Griechenland ist groß.« Er schöpfte wieder Mut, er ging wieder zum Angriff über. »Sieh dir allein die Inseln an.« Er fuhr mit dem Zeigefinger über die Kykladen. »Und dann ist da der ganze Norden mit dem Gebirge und hier Thessalien ... Kannst du sehen?«
»Doch, doch.«
Er sah eine endlos sich dahinwindende, sehr enge Straße zwischen kahlen, nur mit Felsbrocken und namenlosen gelblichen Kräutern und Gräsern bedeckten Hügeln – um zwei Uhr mittags, unter einer glühenden Sonne, nachdem man gerade irgendein abscheulich schmeckendes Nationalgericht zu sich genommen hatte. Das mußte wohl ihr Griechenland sein. So und nicht anders war es.
»Ein bißchen kahl und kärglich das Land«, sagte er, wie im Selbstgespräch. »Ich habe gehört ...«
»Natürlich«, sagte Lello, »es ist ein Land praktisch noch im Urzustand. Aber gerade deswegen ...« Er sah ihn mißtrauisch an. Dann drückte er energisch seine Zigarette aus. »Übrigens«, und er blies den letzten Rauch von sich, »es zwingt uns ja niemand, bis Griechenland zu fahren. Wir können sehr gut auch in Jugoslawien bleiben.«
»Wieso, kommt man denn über Jugoslawien?«
»Gott, man kann auch mit dem Schiff von Brindisi aus hinüber«, sagte Lello, unter den Prospekten wühlend. »Aber da wir in Apulien schon gewesen sind ...«
»Aber wir sind auch schon in Jugoslawien gewesen«, sagte er.
»Aber nur an der Küste. Das Innere haben wir nicht gesehen. Die Klöster ...«
Wieder kahle Berge, Ziegen und echt nationale, unbekömmliche Gerichte.
»Sonst können wir auch eine Fahrt durch Sizilien machen. Das

wäre doch eine Idee. Taormina schenken wir uns natürlich. Aber Sizilien soll, wenn man sich an die richtigen Orte hält, phantastisch sein.«

»Wer sagt das? Die Fogliato?«

»Nein.« Lello sah ihn überrascht an. »Alle. Es gibt da märchenhafte Strandpartien. Rosa.«

Gab es denn nicht einen Strand da unten, der seine normale Farbe hatte? Und gab es nicht ein Meer, das einfach blau war?

»Es wäre da noch eine andere Möglichkeit«, sagte Lello nachdenklich, mit einem verträumten und zugleich begehrlichen Lächeln, »wenn man schon einmal in Sizilien ist.«

Es war ein Fehler, zuzulassen, daß er so ins Schwärmen kam; er hätte ihn unterbrechen müssen und ihm sofort sagen, was er ihm zu sagen hatte, bevor er anfing, von Feigenbäumen, einfachen weißen Häusern und den herrlichen Weinen zu sprechen, die an Ort und Stelle wuchsen, an allen Orten und Stellen. Aber statt dessen machte er den Mund nicht auf.

»Weißt du«, fuhr Lello fort, im Ton der Lady Macbeth, die ihrem Gatten erklärte, was er zu tun hat, »von Sizilien sind es mit dem Dampfer nur ein paar Stunden. Es wäre *die* Gelegenheit.«

Ein paar Stunden bis wohin, fragte er sich bang. Nach Marokko? In die Türkei? Vielleicht hatte er nicht richtig gehört.

»Entschuldige«, sagte er, »ich habe nicht zugehört. Wohin fährt der Dampfer?«

Lello riß die Arme hoch.

»Wohin? Nach den Liparischen Inseln natürlich!« rief er lachend.

»Ach so«, sagte er. »Daran habe ich nicht gedacht.«

Inseln. Wieder Inseln. Wieviel Inseln zählte das Mittelmeer? Tausende, Zehntausende? Und eine war immer schöner als die andere, unberührt, jungfräulich, ohne Kino und Coca-Cola. Und einige, ging die Sage, sogar ohne Dörfer des *Club Méditerranée.*

»Stell dir vor, da gibt es keinen Strom, kein Wasser, nichts«, erklärte Lello animiert. »Da ist man vollkommen abgeschnitten von der Welt. Das Schiff kommt einmal in der Woche. Man wohnt bei den Fischern, die einem jeden Tag Langusten bringen, als wär's eine Tasse Kaffee.«

»Aber bringen sie dir auch den Kaffee?« fragte er. »Denn, ehrlich gesagt, auf nüchternen Magen eine Languste essen . . .«

»Sei nicht albern. Ich habe es nur so gesagt. Es ist ein Leben, in dem es keine – Scheidewand mehr gibt zwischen dir und der Natur, weißt du? Hotels, Kellner, Läden – nichts mehr. Alles ist wieder unmittelbar. Man lebt wie die Eingeborenen. Zehn Tage so leben, und du wirst wieder ein Mensch.«
Und auf dem silbernen Riff würde er sich mit einer Gebärde, als tue er eine mittelalterliche Rüstung ab, von der konventionellen Scheidewand seiner kurzen Acrylhose befreien, wie früher bereits auf einer ganzen Reihe von Riffen und Klippen, einmal auch in Saint-Tropez unter Nudisten. Die hatten ihn allerdings wegen des Dreiecks aus schwarzen Haaren an die Bilder von Auschwitz und Buchenwald erinnert.
»Ein bißchen primitiv«, sagte er unsicher.
»Da ist Stromboli«, sagte Lello, als hätte er ihn nicht gehört. »Nachts fährt man mit dem Boot auf die offene See hinaus und kann beobachten, wie sich die Lavaströme ins Meer ergießen. Erinnerst du dich an den Film?«
»Eben.«
Lello zog zwar ein Gesicht, diskutierte aber nicht weiter. Dank einem so mysteriösen wie verbreiteten Phänomen hatte er auf den verschiedensten Gebieten ein entschiedenes ästhetisches Urteil bereit, aber bei jedem beliebigen Film zeigte er eine krankhafte Furcht, sich mit einer dummen Äußerung zu blamieren.
»Schon gut, ich habe kapiert, es interessiert dich nicht«, sagte er schroff.
»Nein«, sagte Massimo. »Es muß wunderschön sein, ich glaube es dir. Nur daß vielleicht etwas Ruhigeres, etwas ich weiß nicht – aber sagen wir ruhig, etwas Zahmeres ...«
Er hielt in der Stille, die folgte, den Atem an. Dies war der Augenblick zu sprechen, unverzüglich und mit aller Festigkeit ihm das zu sagen, was er ihm über das Thema Ferien in diesem Jahr zu sagen hatte. Oder er gab nach und fand sich damit ab und blieb dann auch dabei. Aber statt dessen kam ihn ein Lachen an, ein leises, peinliches, ununterdrückbares Lachen. Die Spur im Sand und das Summen der Moskitos im Hotelzimmer ...«
»Was hast du?« fragte Lello mit veränderter Stimme. »Kannst du mir das einmal sagen?«
»Nichts«, sagte er. »Warum?«

Wieviel Milliarden von Menschen hatten schon dieses »Nichts« gesagt und mit diesem »Warum?« gefragt, genau im gleichen Ton und mehr oder weniger unter den gleichen Umständen und mit derselben verzweifelten Vergeblichkeit, wie wenn sich ein Soldat mit bloßen Händen das Gesicht vor einem Flammenwerfer schützen wollte?

»Verzeih«, sagte Lello, »aber du lehnst alles ab, was ich vorschlage. Griechenland – nein; Jugoslawien – nein; Sizilien paßt ihm nicht; die Liparischen Inseln sind zu strapaziös, und Stromboli hat er schon im Film gesehen ... Was ist los? Machst du das mit Absicht?«

»Aber nein«, sagte er. »Wie kommst du darauf? Ich dachte nur, daß man in diesem Jahr vielleicht mal etwas anderes machen könnte ...«

»Etwas anderes, wie meinst du das? In welchem Sinne?«

In allen fünfen, hätte er am liebsten geantwortet – in dem Gefühl von Sand zwischen den Zehen, dem Geschmack von Knoblauch im Munde, den Küstendialekten im Ohr, dem Geruch von Insektenspray in der Nase und dem Anblick weißer Häuser zwischen Ölbäumen. Ein Mensch mußte das Recht haben ...

»Du – sag mal ... Massimo!« Lello stieg rasch aus den Tiefen seines Zweifels wieder empor, die Taucherflossen an den Füßen, zuversichtlicher und seemännischer gestimmt denn je. »Oh!« Er umarmte ihn. »Sag mir, was ist es?«

Ein gräßliches Mißverständnis. Das war stets die Gefahr. Je länger man abwartete, desto mehr gab es zu erklären, zu erläutern, richtigzustellen und zu entgegnen. So wie es im Autobus das beste war, gleich nach dem Einsteigen den Fahrschein zu lösen und bis zum Ausgang durchzugehen. Sonst passierte es einem, daß man, wenn man aussteigen mußte, noch immer am falschen Ende stand und sich zu spät zwischen nassen Regenmänteln hindurcharbeitete.

»Also was soll es sein?« drängte ihn Lello, ganz glücklicher Erwartungen. »Erzähl!«

Der Autobus war weitergefahren. Die Tür am unerreichbaren Ausgang hatte sich mit einem mechanischen Seufzer geschlossen.

»Was ist es? Ist es weit weg? Sag bloß nicht, es ist Afrika? Ist es Afrika? Was hast du vor, fahren wir auf einem Frachter, sag doch?«

Das war es. Lello glaubte, daß er, Massimo, nur Komödie gespielt und in Wahrheit eine viel exotischere und abenteuerlichere Reise geplant hätte, eine tollkühne Überraschung, die er jetzt, nach dem gespielten Widerstreben, mit einer Verbeugung aus dem Zylinder ziehen würde.

»Sag, ist es ein Frachter?«

Die Vorstellung, ihn jetzt enttäuschen zu müssen, dieses Lächeln wieder auszulöschen – das Lächeln der Prinzessin, die den Ring schon sieht, den man ihr aus dem Meer zurückgeholt hat –, bedrückte ihn so sehr, daß er, auch ohne ein Konsulat oder auch nur ein Reisebüro aufgesucht zu haben, drauf und dran war, ihn glücklich zu machen und ja zu sagen. Ja: alles entschieden, alles gebucht: die schäbige Kabine auf dem Mulattenfrachter, der Ritt auf dem Kamel durch die Sahara, die Abende in der Opiumhöhle, der Erwerb kostbarer Teppiche – aber für ein paar Lire – bei afghanischen Hirtenstämmen. Einen Augenblick hielten sich die beiden Waagschalen im Gleichgewicht. Dann senkte sich unverkennbar eine der Schalen.

»Nein. Das Reiseziel heißt Monferrato«, sagte er ruhig.

Lello ging lachend auf den Scherz ein.

»Tatsächlich?«

»Das Ferienhaus im Monferrato.«

»Was für ein Ferienhaus?«

»Meins.«

»Aber du bist doch nie da.«

»Eben darum. Es verfiel allmählich schon, und dieses Jahr habe ich es in Ordnung bringen lassen.«

»Und nun?«

»Und nun habe ich mir überlegt, einmal hinauszufahren.«

Schweigen. Dann die Frage:

»Ist das dein Ernst?«

»Ja.«

»Ach so«, sagte Lello.

Er steckte sich die unvermeidliche Zigarette an, dann fuhr er sich über die Haare und lächelte (das Grinsen eines Totenschädels, dachte Massimo).

»Verzeih, ich verstehe nicht«, sagte Lello.

»Aber hör mal«, sagte er.

»Ja?«
(In dem unbefangenen, objektiven Ton: »Ja? Sprich doch. Ich bin ja hier, um dir zuzuhören.«)
»Nun hör mal, da ist doch nichts zu verstehen. Ich möchte nur einmal meine Ruhe haben, mich einmal richtig ausruhen können. Und da unten ...«
Die Karte von Griechenland war halb vom Tisch geglitten. In der Dämmerung sah man Albanien und ein Stück von Jugoslawien.
Und da unten ...?
Ja, zugegeben, hatte er in Jugoslawien nicht meistens geschlafen? Und in Sardinien? Man konnte nicht behaupten, daß Lello in Sardinien sein Ruhebedürfnis nicht respektiert hätte, und zwar – das mußte man anerkennen – ohne es ihn allzusehr fühlen zu lassen, wie er über verpaßte Gelegenheiten und nicht besichtigte Sehenswürdigkeiten dachte ...
Aber eben darum ging es. Müßte er es nicht von selbst begreifen, daß da der Unterschied lag? Daß es nämlich keine wahre Erholung gab, wenn man wußte, daß draußen vor dem Hotel oder dem Zelt oder dem hinter Ölbäumen versteckten weißen Haus etwas auf dich wartete, unerbittlich und voll freudiger Erwartung, wie ein herrenloser Hund auf einen neuen Herrn? Die Fahrt im Boot entlang der Golfküste, die Besichtigung der Grotten, die Rundfahrt zu den Klöstern, die Fahrt ins Innere, wo schon der Bauer auf dich wartete, des Lesens und Schreibens unkundig, doch von nobler Haltung, der dich mit einem Laib Käse oder einer gewaltigen Artischocke, einem frischen, duftenden Brot, einer Kette von getrockneten Feigen beschenkte und fort war, bevor du ihm nur danken konntest? Von alledem gab es im Monferrato nichts. Nichts zu versäumen im Umkreis von fünfzig Kilometern. Und die Bauern wollten dich höchstens hereinlegen.
»Die Sache ist die«, begann er und fuhr dann fort: »Ich rechnete darauf, daß du ...«
»Die Sache ist vollkommen klar«, sagte Lello.
Er war aufgestanden und ans Fenster getreten. Er wandte ihm den Rücken, während er sprach.
»Du rechnetest damit, daß ich mit vierundzwanzig Urlaubstagen, die mir im Jahr zustehen, auf diese alberne Idee ...«

Seine Stimme versagte.
»... diese alberne Idee von einem Urlaub nicht eingehen würde. Ist es nicht so gewesen?«
Zwei Sekunden hatte er, höchstens drei, um nein zu sagen. Danach bedeutete es nur noch, daß es tatsächlich so war, wie Lello sagte. Oder daß er selbst es nicht gewußt hatte, was auf dasselbe hinauskam. Aber er sah immer noch auf die Karte von Griechenland zu seinen Füßen, die allmählich vom Dunkel verschluckt wurde. Das Blau des Ionischen Meers mit der schwarzen Schrift war noch zu sehen, aber die Inseln und die Küste waren verwischt, und die Ortsnamen im Innern konnte man nicht mehr lesen.
»Wir bleiben Freunde«, klang es eisig vom Fenster her. »Ich hoffe, daß wir uns gelegentlich noch sehen werden. Oder willst du dich für immer im Monferrato niederlassen?«
Er hörte an der Stimme, daß sich Lello umgedreht hatte, und er blickte auf. Er sah ihn, wie er, eine schmalgliedrige, vor Verachtung bebende Gestalt, in seinem hellen Ferienzeug an dem Geländer des großen offenen Fensters lehnte, hinter dem der Tag in Dämmerung versank. Vielleicht stand das ironische Lächeln noch immer in seinen Zügen; aber in seinen Augen war mit den Tränen nur noch eine schwarze, unendlich sanfte Verzweiflung, der er sich widerstandslos ergab.

3

Der Sekretär Onkel Emanuels verbeugte sich zum Abschied vor Anna Carla; er verbeugte sich vor dem Onkel, und er drückte Vittorio die Hand. Seitdem ihn Anna Carla das erste Mal eingeladen hatte, war es zur Gewohnheit geworden, daß er jeden Mittwochabend mit Onkel Emanuel zum Essen kam. Ein netter, ruhiger junger Mensch, einnehmend und liebenswürdig im Gespräch. Wenn man nach aufgehobener Tafel in den Ecksalon hinüberging, nahm er für einen Augenblick seine Sekretärsfunktionen wieder auf. Er suchte zum Beispiel mit Anna Carla zusammen die Zeitungen aus, die, mit dem Wirtschaftsteil nach oben, auf den kleinen runden Tisch neben dem Sessel Onkel

Emanuels gelegt wurden. Er half ihr des weiteren, den Lampenschirm nach Höhe und Neigungswinkel richtig zu stellen und für Zigarren, irischen Whisky und einen Eiskübel zu sorgen. Dann, nachdem er mit den anderen den Kaffee genommen und sich an der Unterhaltung beteiligt hatte, holte er sich einen der alten Bände, mit denen die Diele nebenan tapeziert war, und ließ sich damit irgendwo für den Rest des Abends nieder.

Irgendwo, denn er hatte nie einen Stammplatz für sich beansprucht, aus einer natürlichen Zurückhaltung, die er manchmal dadurch zu verstecken suchte, daß er sich auf einen in einer entfernteren Ecke stehenden Repräsentationssessel zurückzog oder ein Eckchen des für Vittorio und seine Lektüre reservierten Diwans usurpierte. Meistens aber wartete er, bis Anna Carla, auch sie erst nach langem Schwanken, ihre Wahl getroffen hatte zwischen dem kleinen Sofa gegenüber dem Diwan Vittorios und einem anderen Diwan, näher der Ecke ihres Onkels, wenn sie sich nicht für eine der beiden Sesselgruppen entschied, die vergleichsweise die Rolle von Satelliten spielten. Sobald sie nun ihren Platz gewählt hatte, suchte er, das Buch in der Hand, den seinen in ihrer Nähe. Er versenkte sich sogleich in die Lektüre und blickte nur noch auf, wenn er angesprochen wurde.

»Ein Praliné?«

»Oh«, sagte er, überrascht, sie so nahe vor sich zu sehen, »danke.«

Vittorio und ihr Onkel nahmen nie Pralinés. Wenn nicht Massimo oder ein anderer unvermuteter Besucher da war, brauchte sie nur ruhig sitzen zu bleiben und kaum den Arm auszustrecken, um ihm die Schachtel zu präsentieren:

»Ein Praliné?«

»Oh, danke.«

Die einzigen Geräusche waren die, die gelegentlich von der Straße kamen, das Ticktack der Pendeluhr auf dem Kaminsims und in Abständen das Rascheln der Zeitungen, die Onkel Emanuel von dem Stapel zu seiner Rechten nahm und dann in den Papierkorb zu seiner Linken warf. Wenn Vittorio seine Kataloge von Stichen und Radierungen vor sich hatte, konnte er eine Stunde lang ohne ein Wort nur dasitzen und mit der Lupe die kaum wahrnehmbaren Details eines seltenen und schlecht reproduzierten Probe-

drucks vom »ersten Zustand« der Platte studieren; wenn er die Zeitung las oder die pharmazeutische Literatur, die er aus der Verpackung seiner neuen Mittel zog, brummte er seine Bemerkungen nur vor sich hin, wenn er nicht sporadisch die Konversation mit Äußerungen belebte, wie etwa:
»Also jetzt soll das auch noch mit dem Rauchen zusammenhängen.«
»Was denn?«
»Kopfschmerzen.«
»Na so was!«
Anna Carla beschränkte sich nicht auf eine einzige Beschäftigung. Im Prinzip behielt sie ihre Mittwochabende der Lektüre ernster Zeitschriften vor oder auch der eines – sie nicht weniger langweilenden – Buches, das ihr Bona ans Herz gelegt hatte. Manchmal saß sie auch über das Heft gebeugt, in das sie alle Ausgaben eintrug, die für den Haushalt wie die persönlichen, und addierte die einzelnen Beträge. Aber sie hatte ihre Zweifel, was die Nützlichkeit dieser Arbeit betraf, denn sie hatte feststellen müssen, daß bei jeder etwas längeren Addition, sooft sie nachrechnete, immer wieder ein anderes Resultat herauskam.
»... sechsundvierzig; sechsundvierzig und sieben, dreiundfünfzig; und zwei, fünfundfünfzig; und acht – fünfundfünfzig und acht ...«
Der Sekretär Onkel Emanuels reagierte nicht auf diese heimlichen Hilferufe. Er saß mit ihr auf demselben Diwan oder in einem Sessel neben dem ihren oder sozusagen zu ihren Füßen, auf einem niedrigen Schemel, den er herangezogen hatte, aber langsam Seite um Seite wendend, fuhr er unbeirrt in seiner Lektüre fort. Manchmal freilich verlor sie die Geduld:
»Castelli! Fünfundfünfzig und acht?«
Überrascht blickte er auf und lächelte ihr zu. »Dreiundsechzig«, war die Antwort.
Dann wandte er sich wieder seinem Buch zu.
Einmal hatte sie verwundert auf die mit merkwürdigen Buchstaben bedruckten vergilbten Seiten eines alten Folianten geblickt, den er in den Händen hielt. »Castelli! Wollen Sie sagen, daß Sie so einfach Griechisch lesen können?«
»Griechisch?« fragte er erstaunt und sah auf das Buch, dann wie-

der auf sie. »Ja, das heißt, nein. Nein, ich habe gerade nur mal hineingesehen.«
Er stand auf, trug das Buch zurück, um es an seinen Platz zu stellen, und kam mit einem anderen Buch wieder. Aber schon eine Woche darauf hatte er im Gespräch mit Vittorio die Meinung vertreten, daß zuwenig Schlaf die Hauptursache von Kopfschmerzen sei. Seit einiger Zeit litte auch er darunter, und er habe sich fest vorgenommen, von nun an jeden Abend spätestens um elf, besser noch um halb elf zu Bett zu gehen. Seitdem war es zur Gewohnheit geworden, daß er sich kurz nach dem Kaffee verabschiedete.
»Ein Praliné für unterwegs?«
Sie begleitete ihn durch eine Flucht dunkler Zimmer bis zur Tür.
»Nochmals vielen Dank, Signora.«
Nachdem er aus dem Haustor getreten war, überquerte er die Straße und nahm den Weg durch die Anlagen. Er ging auf der menschenleeren Allee mitten über den unregelmäßig weiträumigen Platz mit den alten Fassaden, die jetzt fast alle im Dunkel lagen. Das wellige, rasenbedeckte Gelände zu beiden Seiten der Allee gipfelte in Miniaturhügeln, die mit zu großen Bäumen bestanden waren. Ein Fußweg führte in Windungen zu einem kleinen freien Platz hinauf; dort setzte er sich auf eine der Bänke, von denen aus man in der Entfernung das Haus sah.
Er blickte zu den drei offenen, erleuchteten Fenstern an der Ecke. Dann wickelte er das Praliné aus und warf es weg; eine Weile spielte er mit dem Stanniolpapier, während er zu Boden blickte.
Er war hier weiter von ihr entfernt, aber der Ort lud zur Sammlung ein; es war stiller, und er brauchte nicht so zu tun, als ob er ein Buch läse.
»Ein Praliné für unterwegs?«
Eben noch waren die andern dagewesen, jetzt waren auch sie gegangen. Die Vorhänge bewegten sich in dem leichten Wind. Und von daher kam ab und zu dieses Rauschen. Oder von ihrem Kleid? Oder war es das kaum wahrnehmbare Gleiten des Bleistifts über die Seite im Heft, oder waren es ihre Füße auf dem Teppich? Aber ihr Fuß war kaum zu erraten unter dem langen scharlachroten Gewand und dem nachtblauen Mantel mit goldenem Saum. Das Heft war nicht länger in den gefalteten Händen; und die

einen Augenblick zuvor noch nicht dagewesenen Ärmel waren unten mit dünnen gekreuzten Bändern verziert, mit denen sie an den weißen Schleier der Tunika gebunden waren. Ein noch dünnerer Schleier bedeckte die Stirn. Das Dunkelblau und das Gold des Sternenmantels rahmten das Gesicht und verbargen das aschblonde Haar. Die Aureole selbst war so leuchtend und dicht mit Sternen besät, daß von dem beschatteten Gesicht nur noch das unbestimmte Blau der Augen zu ahnen war.

Die Vorhänge bewegten sich nicht mehr. Onkel Emanuel schien zwar nicht hinter seinen Brillengläsern eingeschlafen zu sein, aber das Rascheln der Zeitungen hatte aufgehört. Es wurde immer wärmer. Vittorio hatte sich in einen seiner Graphikkataloge versenkt.

»Verzeihung, Signora«, sagte Emilio.

Anna Carla blickte von ihrer Zeitschrift auf.

»Ja?«

»Doktor Simoni, aus Ivrea. Soll ich Ihnen den Apparat bringen?«

»Ja, danke sehr.«

Vittorio machte es nichts aus, wenn sie in seiner Gegenwart telefonierte, und für Onkel Emanuel bedeutete es allenfalls eine Abwechslung.

Emilio kam mit dem Apparat, schloß ihn an und stellte ihn ihr aufs Sofa. Er hielt ihr den Hörer hin.

»Federico? *Ciao*, entschuldige einen Augenblick . . . Danke, Emilio, ich brauche weiter nichts. Wenn Sie nur noch die Aschbecher leeren wollten. Gute Nacht . . . Federico, sag mal . . . Wer? . . . Ach, deine Amerikanerin, die ich ausführen soll. Ja . . . Erst am Samstagmorgen? Gut . . . Nein, offen gesagt, ich war auf Schlimmeres gefaßt. Aber wohin mit ihr? . . . Gott, ich weiß nicht . . . Was hältst du vom Balùn? . . . Richtig, es kann hilfreich für die Konversation sein. Manche Leute gehen in solchen Fällen ganz bewußt mit ihrem Besuch dorthin . . . Nein, nur weil du mir gesagt hast, wenn ich mich nicht irre, daß sie ein bißchen – naiv ist . . . Eben . . . Wieso? Aber was habe ich damit zu tun? . . . Um mich zu vergessen! . . . Lieber Gott, wie albern du bist. Sag mal, schämst du dich nicht? . . . Übrigens, entschuldige, *was* vergessen? . . . Weißt du, wenn du jetzt in diesen Ton verfällst, machst du es nur noch schlimmer ... Sehr viel schlimmer ... Ich weiß nicht, ob du dir darüber klar bist: Du sagst mir Dinge von einer Schamlosigkeit ... Aber doch. Siehst du, daß du mich überhaupt nicht verstehst? Für mich ist es *auch* eine Frage der Keuschheit ... Genug davon. Schluß. Das heißt, einen Augenblick. Um wieviel Uhr soll ich mich mit deiner Amerikanerin treffen? Ich würde sagen, nicht zu früh, wenn ... Gut. Ja, hier ist es auch richtig warm geworden, man kann nachts kaum noch schlafen ... Sicher. Also ich hole sie so um zehn, Viertel nach zehn ab. Und hoffen wir das Beste ... Keine Ursache, ich bitte dich ... *Ciao.*«

Sie legte den Hörer auf. Mit einem pikierten und zugleich fragenden Blick sah sie Vittorio an, der sie seinerseits amüsiert betrachtete.

»Gib zu, daß du ihn provoziert hast«, sagte Vittorio.

»Ach, findest du?«

»Ganz gewiß. Außerdem, warum nur? Der arme Kerl. Wenn es ihm Spaß macht mit diesen Amerikanerinnen oder Schwedinnen oder was es sein mag, warum läßt du ihn nicht in Ruhe?«

»Also das ist die Höhe. Wo er selbst doch ...«

»Um wen handelt es sich denn?« fragte Onkel Emanuel von seinem Eckplatz aus.

»Ach, nichts, Onkel. Es ist jemand, der ... Nur, daß ich jetzt auch noch, nach Meinung Vittorios, die Schuld daran haben soll, wenn ... Der ›arme Kerl‹ sagt er! Das ist er nun wirklich nicht.«

»Ich sage ›armer Kerl‹, weil er unter der Geschichte leidet, nicht wahr?«

»Aha, ich verstehe, ein Verehrer.« Onkel Emanuel drückte es altmodisch aus. »Kindereien!«

Er goß sich einen Schluck Whisky ein, fischte sich das letzte Stück Eis aus dem Kübel und kehrte zufrieden zu seiner Lektüre zurück.

»Weißt du eigentlich, wie scheußlich du bist?« sagte Anna Carla leise. »Siehst du nicht, wie du mich blamiert hast? Ja, nun lach mich auch noch ruhig aus«, sagte sie, als sie ihn lachen sah.

Sie nahm ihre Zeitschrift wieder auf und blickte hinein. Bald aber hob sie wieder den Kopf.

»Wenn du nicht gar so eingebildet wärest, könntest du ja vielleicht auch finden, daß jemand wie Federico ...«

»Ja, was denn?«

»Nein, es ist zwecklos. Es fehlt jeder Zugang. Du bist noch eingebildeter als Massimo.«
Sie stand auf, um nachzusehen, wie es um den Eiskübel Onkel Emanuels bestellt war.
»Aber du hast ja nichts mehr. Entschuldige, ich hole dir etwas.«
»Danke . . . Nein, bleib hier . . .«
Er hielt sie an einer Hand fest, während er noch rasch den Auszug einer Bilanz überflog.
»Wieder eine frisierte Bilanz«, urteilte er. »Heutzutage frisieren sie die Bilanzen im Einverständnis mit der Regierung. Das Schlaraffenland! . . . Entschuldige, Liebling«, er sah zu ihr auf und legte die Zeitung beiseite. »Eis?« Er sah auf seine Uhr. »Nein, danke, nicht nötig. Morgen früh startet meine Maschine um sieben, da ist es besser, wenn ich jetzt nach Hause gehe . . . Aber laß dich doch einmal anschauen!« Er faßte sie wieder an der Hand und nahm seine Brille ab. »Ein Prachtmädchen!« sagte er und zog sie an sich. »Wenn ich Vittorio wäre, würde ich mich nicht so sicher fühlen. Ganz und gar nicht sicher.«
Anna Carla strahlte. »Danke, Onkel! . . . Vittorio!« rief sie, in der Stellung verharrend. »Du kennst doch Vittorio. Wenn mir jemand etwas Nettes sagt, hört er es nie.«
»Was ist denn?«
»Nichts. Zu spät . . . Onkel Emanuel möchte gehen. Er muß morgen früh um sieben Uhr fliegen. Sollen wir dich nicht nach Hause bringen, Onkel? Wir könnten einen kleinen Weg machen.«
Sie sah an sich herab, an diesem Hauch von einem Dinnerkleid, das sie trug.
»Wenn ihr einen Augenblick wartet, ziehe ich mir nur etwas Anständigeres an.«
»Nein, laß«, sagte Onkel Emanuel und stand auf. »Sonst bekomme ich auch noch Lust spazierenzugehen. Und es täte mir so gut, schlafen zu gehen.«
Er wohnte nur drei Blocks weiter, in einer Villa, in der er noch immer nur eine Art Anhängsel seiner offiziellen Residenz in Sogliano sah, obwohl in Sogliano nur noch das Hausmeisterpaar, die Hunde und die Bibliothek geblieben waren.
»Reist du geschäftlich?« fragte Vittorio, während sie ihn zur Haustür begleiteten.

»Ja und nein. Eine Aufsichtsratssitzung in Zürich. Ich müßte durchaus nicht dabei sein, in Wahrheit; aber nach alldem, was man hier zu sehen bekommt, ist eine Aufsichtsratssitzung in Zürich eine moralische Ermutigung.«

»Das glaube ich gern.«

»Hattest du Handschuhe dabei?« fragte Anna Carla. »Ah, da sind sie.« Und sie reichte ihm Stock und Handschuhe.

»Danke, mein Kind.« Er beugte sich, um ihr die Hand zu küssen, dann küßte er sie auf beide Wangen. »Auf Wiedersehen, Vittorio.«

Vittorio öffnete ihm die Tür zum Fahrstuhl.

»Warte einen Augenblick«, sagte Anna Carla. »Ich lasse dich nicht mit der Nelke da gehen.«

Sie wählte aus einer Vase eine andere rosa Nelke, um sie mit der verwelkten auszutauschen, die Onkel Emanuel im Knopfloch trug. Dann strich sie ihm die Revers glatt und rückte seine Krawatte zurecht.

»Und Dank für deine Komplimente«, sagte sie und lächelte ihm zu.

Als der Fahrstuhl verschwunden war, sah sie, bevor sie das Licht ausschaltete, in den Spiegel.

»Ein Prachtmädchen«, sagte Vittorio.

Sie lachte. »Dann hast du es also doch gehört. Ich kenne keinen, der so falsch ist wie du.«

Sie löschte das Licht, und sie gingen durch die Flucht der dunklen Zimmer zurück.

»Und ich«, sagte Vittorio, »habe noch keine gekannt, die so kokett war.«

»Kokett?« Sie blieb stehen. »Das wundert ... Du!« Ein erstickter Schrei. »Aber was ... Nein, Vittorio – denk an das Kleid!«

»Was für ein Kleid«, sagte Vittorio.

»Doch nicht hier! Was denkst du ... Warte doch! Schämst du dich nicht ...«

4

»Woran denkst du?« fragte Lello im Dunkeln.
»Ich weiß nicht. An nichts Besonderes.«
Jeder hoffte (oder fürchtete) immer, daß der andere an ihn dachte. Von morgens bis abends und von abends bis morgens.
»Aber du hast mich gern?«
»Nein.«
»Sag die Wahrheit.«
»Dummkopf. Was für eine Frage.«
»Aber warum willst du es mir dann nicht sagen?«
»Was? Woran ich gedacht habe?«
»Das auch.«
»Ich habe es dir gesagt. Ich weiß nicht.«
»Lüge.«
Natürlich war es eine Lüge. Er hatte in diesem Augenblick an die Zersplitterung des landwirtschaftlichen Grundbesitzes im Monferrato gedacht, die, zusammen mit der hügeligen Natur des Geländes, die Verwendung von Traktoren sehr einschränkte. Sie arbeiteten dort immer noch mit Ochsen, wenn nicht gar mit Kühen. Und wo Ochsen und Kühe sind, da sind auch Fliegen. Der Monferrato war von Fliegen verpestet. Nur daß er, vor dem großen Verzicht Lellos auf Griechenland (»Du weißt, am Ende mache ich doch immer, was du willst; aber dafür schläfst du heute nacht hier«), an Fliegen überhaupt nicht gedacht hatte.
»Die Sache ist die«, sagte er. »Schön, ich werde es dir sagen. Aber versprich mir . . .«
»Was?«
»Es für dich zu behalten.«
»Aha, eine Klatschgeschichte!«
»Nein, ein Geheimnis. Ein wirkliches Geheimnis zwischen mir, einer Freundin und der Polizei.«
»Du, soll das ein Scherz sein?«
»Es ist mir völlig Ernst. Es geht um einen Toten.«
Er hörte, wie sich Lello im Bett aufsetzte und aufgeregt den Lichtschalter auf dem Nachttisch suchte.
»Warum machst du denn Licht?« sagte er blinzelnd und suchte die Augen zu schützen.

»Massimo!« Lello starrte ihn mit aufgerissenen Augen an, ganz Besorgtheit und hochgespannte Neugier. »Massimo, was sagst du da! Erzähl!«

Massimo bereute es bereits. Sein Einfall – er hatte ihn für so gut gehalten, um einmal radikal das Thema zu wechseln – war schlecht gewesen. Der erhoffte Damm gegen eine Überflutung mit Gefühl hielt nicht stand; die Flut schlug jetzt erst recht über ihm zusammen: all die aufgeregte Fürsorglichkeit, der animierte Zuspruch und die Bereitschaft, sich ganz in seine Lage zu versetzen.

»Los, spann mich nicht auf die Folter! Was ist passiert? Ein Verkehrsunfall. Und wer ist sie? Kenne ich sie? Ich wette, es war eine mit dem rosa Ausweis! Und du . . .«

Lello gehörte zu der Kategorie von Zuhörern, die einen ständig mit phantasievollen Vorgriffen, unsinnigen Erklärungen, falschen Analogien und so weiter unterbrechen. Es genügt ihm nicht, daß man ihn mit einer hübschen Geschichte unterhielt, er mußte an ihr »teilnehmen«. Und damit konnte er einem das bißchen Spaß am Erzählen der Geschichte auch noch nehmen.

Müde und sparsam, in Schlagzeilen gleichsam, begann er, seine Erlebnisse vom Nachmittag auf dem Polizeipräsidium wiederzugeben. Die Einzelheiten der Eröffnung ließ er aus, er verzichtete auf das Lokalkolorit, wie er auch der Figur des Kommissars alle Farbigkeit nahm. Bis er dann mit der Hauptsache kam, aber beiläufig und wie etwas, was eigentlich schon vorauszusehen war, nämlich daß es sich keineswegs um einen Verkehrsunfall handelte, sondern: »Stell dir vor, um Mord.«

»Ach! Und dann?«

Er atmete tief. Manchmal gab es diese Zufallstreffer, so oder so. Bei einem unbedeutenden Detail, einem völlig nebensächlichen Umstand, konnte man erleben, daß der Zuhörer die Augen aufriß, in die Hände klatschte und einen Schrei der Überraschung ausstieß. Aber wenn dann eine wirkliche Überraschung kam, und man auf Kassandrarufe gefaßt war, dann hörten sie still und ungerührt zu.

Ruhiger nahm er seine Schilderung wieder auf und ging nun auf die Einzelheiten ein. Er erwähnte Garrone und hielt inne, als Lello plötzlich auffuhr.

»Was ist los?« fragte er leise, behutsam wie ein Feuerwerker, der eine Zeitbombe entschärft.
Aber Lello fuhr fort, ihn anzustarren, stumm und ungläubig. Bis es, nach einer halben Minute, aus ihm herausbrach:
»Das hat doch in der Zeitung gestanden! Das habe ich ja selbst gelesen! In der Zeitung!«
Was ihn an der Geschichte am meisten interessierte und erregte, war der geradezu verblüffende Umstand, daß er sie mit eigenen Augen in der Zeitung gelesen hatte.
»Wieso? Wo soll sie sonst stehen?« fragte Massimo trocken.
Lello ließ die Frage unbeachtet. »Stell dir vor, wir haben heute morgen im Büro von nichts anderem geredet! Gleich, als ich kam, fragte mich die Fogliato: ›Haben Sie das gelesen?‹ Und jetzt erzählst du mir ... Aber das ist ja phantastisch. Weil sie ihn nämlich persönlich gekannt hat – nein, nicht die Fogliato, Botta hat ihn persönlich gekannt ... Niemand von ihnen hat den geringsten Zweifel: dahinter steckt eine Ehebruchsgeschichte ... Und du, was meinst du? Weil nämlich meiner Meinung nach ... Weißt du, daß wir noch nach Büroschluß darüber diskutiert haben? Die sind fest überzeugt, daß ... Aber sag mal, wieso hat dich denn die Polizei kommen lassen? Wieso kanntest du ihn?«
»Hat dir das nicht die Fogliato erklärt?«
Lello sah ihn verständnislos an.
»Entschuldige, aber was hat die damit zu tun?«
»Ich meine nur, da deine Kollegen so gut wie über alles Bescheid wissen, ist es vielleicht überflüssig, daß ich dir etwas erzähle. Übrigens ...«
»Was sagst du denn da?« Er umarmte ihn. »Siehst du nicht, wie ich vor Spannung vergehe? Ich habe dich nur unterbrochen, weil auch ich mir über den Fall so meine Gedanken gemacht habe, und ich dachte, sie könnten dich interessieren. Ich sagte vorhin noch zu den beiden ... Aber lassen wir das. Entschuldige, und sag mir alles. Bist du nicht mehr böse?«
»Nein, ich bin nicht böse, ich entschuldige«, sagte er rasch, während er sich von der Umarmung freimachte, bemüht, dabei so wenig wie möglich seine Ungeduld zu zeigen. »Übrigens ist gar nichts mehr zu erzählen. Wie wär's, wenn du jetzt das Licht ausmachtest und wir endlich schliefen?«

»Wie du willst«, sagte Lello kühl, machte das Licht aus und legte sich auf die andere Seite.
Vielleicht war es ihm nicht gelungen, seine Müdigkeit, seine Ungeduld und Erbitterung ganz zu verbergen. Und vielleicht waren seine letzten Worte schärfer gewesen, als er gewollt hatte.
»Nun schlaf schön, morgen früh mußt du wieder ins Büro, nicht wahr?«
Auch er drehte sich um und mühte sich um eine etwas bequemere Lage in dem zu engen und zu kurzen Bett. Für heute abend war es nun jedenfalls vorbei. Und morgen . . .
»Massimo?« fragte da die leidvolle Stimme aus dem Dunkel.
Herrgott, was kam jetzt? »Ja?«
»Hast du mich gern?«
Leise wie ein Hauch.

5. *In diesem Augenblick, wenige Meter vor der Haustür (Donnerstag morgen)*

1

In diesem Augenblick, wenige Meter vor der Haustür, hätte der Kommissar gern einen Kaffee getrunken. Aber hier etwa eine geräumige, belebte Bar zu suchen – mit einer schönen großen Espressomaschine, an der die schwarzen Hebel ständig in Bewegung sind, und mit einem Mann hinter der Theke, der mit sicherer und kundiger Hand seine Arbeit verrichtete –, dies wäre vergebliche Mühe gewesen, denn es war das trostloseste Viertel der ganzen Stadt. Freilich hatte er den gleichen Eindruck auch schon in anderen Vierteln der Stadt gehabt – ein Umstand, der ihm persönlich zu seiner Überraschung bewußt wurde. Da ging man zum Beispiel den Corso Principe Oddone in südlicher Richtung hinunter, und plötzlich sagte man sich: diese Gegend schlägt alles, es ist das trostloseste Viertel von ganz Turin. Aber am nächsten Tag gelangte man mit der gleichen Überzeugung zu demselben Urteil, wenn man etwa auf die Via Gioberti oder Via Perrone kam oder am Ufer der Dora entlangging, aber auch angesichts mancher kleiner Villen am Rand des Valentino-Parks, ja sogar auf dem Corso Galileo Ferraris oder Corso Stati Uniti. Es war hier nicht wie sonst in anderen Städten eine Frage reicher oder armer Viertel, sondern hier war sicherlich die Scheußlichkeit gleichmäßig und demokratisch gerecht verteilt.

Das glaube ich wohl, hätte ihm mancher seiner Kollegen zugestimmt. Die Stadt ist vollkommen gleichförmig angelegt, da ähneln sich alle Stadtteile, sämtliche Straßen kreuzen sich im rechten Winkel, so daß man immer das Gefühl hat, nicht vom Fleck gekommen zu sein. Eine Stadt, um verrückt zu werden, heilige Jungfrau, was für eine Stadt!

Aber das waren die Vereinfachungen der Neuankömmlinge, es waren die Gefühlsausbrüche des aus dem Süden stammenden Italieners im »Ausland«, der die Stadt schlechtmachte, um sein Heimweh und seine Unfähigkeit, sich anzupassen, zu rechtfertigen, oder öfter noch, um sich vor den Zuhausegebliebenen zu rühmen, die staunend den Bericht des Weitgereisten hören. Er aber wußte, nach all den Jahren, die er in Turin wohnte, daß die berühmte Monotonie der Stadt eine Erfindung oberflächlicher Beobachter war oder, besser, eine Tarnung, die nur den Naiven oder Ungeduldigen täuschen konnte. Sie war Mimikry. Dem Schein völliger Geheimnislosigkeit zum Trotz war Turin eine Stadt für Kenner. Es gab, dachte der Kommissar, als er die Straße hinunterblickte, die, wie sollte es anders sein, in einer endlosen Geraden verlief, es gab auch hier Trostloses und Düsteres von sehr verschiedener Art.

Eine kleine Kugel aus weißem Glas mit der Aufschrift VINI in Buchstaben von einem fast verblichenen Violett; gegenüber eine andere Tür, klein und rissig, mit einem dunkelgrünen Schild, auf dem in goldenen, verschnörkelten Buchstaben das Wort GRAZIELMODE stand. Und etwas weiter dann der rote Lappen einer noch nicht modernisierten Bügelei. Das war alles. In dem V, das der Corso Francia mit der Via Cibrario bildete, wirkten die wenigen Läden, die es dort gab, alle irgendwie fehl am Platz. Als ob sie – fern jenen Stadtteilen, in denen das Straßenleben volkstümlicher und ungebundener war – es darauf anlegten, nur nicht aufzufallen zwischen den großen, grauen Mietshäusern, in denen niemand aß, niemand rauchte, sich niemand die Haare schneiden ließ und niemand Ansichtskarten schrieb. Beamte, Akademiker. Unverheiratete alte Frauen, Professoren. Vor allem Professoren.

Ihre Häuser, er gab es zu, schienen sich alle zu gleichen. Aber man brauchte den Blick nur bis zu den Balkons zu heben, und das Bild änderte sich. Keine Fassade, die nicht ihre Balkons hatte, so wie auf manchen Friedhöfen kein Grab ohne eine allegorische Figur auskam, in Gips, Marmor oder Eisen. Aber von ihrer funebren Zwecklosigkeit abgesehen, hatten diese aneinandergereihten Fassadenauswüchse nichts Gemeinsames. Es gab prahlerische, monumentale und zeremoniöse Balkons, und es gab argwöhnische, winkelige, die finster dreinschauten mit rautenförmigen Schießscharten, und es gab Balkons mit abscheulichen Zementzinnen, mit rostigen Eisengittern, mit dickbäuchigen kleinen Säulen und mit zylindrischen kleinen Säulen, mit hohen und verschwiegenen gelblich gefärbten Geländern oder mit transparenten Eisenbändern. Es gab schüchterne, die kaum einen Schritt hinaus wagten, und schwellende, die wie Geschwülste waren; einige erweckten die Vorstellung verstaubter Eleganz, andere die der Sparsamkeit; manche hatten etwas von einem einziehbaren Fahrgestell, und andere von einem trostlosen Kurort. Aber in keiner dieser auf das Nichts blickenden Logen war je eine menschliche Gestalt erschienen.

Via Amedeo Peyron.

Was hätte man übrigens, fragte sich der Kommissar, in einer solchen Straße beobachten können? Entschlossen überquerte er sie und betrat das Haus Nummer 24, in dem der Architekt Lamberto Garrone zusammen mit seiner Mutter und seiner Schwester gewohnt hatte.

Das Messingschild an der Tür war noch das des Vaters. *M. Garrone, Rechtsanwalt* stand da in gedrängter Kursiv. Die Familie mußte sich hier niedergelassen haben, als sie noch in wenn auch nicht glänzenden, so doch erträglichen Verhältnissen gelebt hatte. Nach dem vorzeitigen Tod des Familienoberhauptes war man dann (die Mieten waren eingefroren) in der Wohnung geblieben, hatte von den nicht eben beträchtlichen Ersparnissen des Rechtsanwaltes gelebt und Lamberto das Studium ermöglicht, für das er übrigens, bis zu seiner Promotion, elf Jahre gebraucht hatte, wie aus den Eintragungen hervorging.

Die Spuren dieser elf Jahre, mit ihren Mühen und Entbehrungen um des ersehnten Zieles willen, und der folgenden Jahre der Enttäuschung und Ernüchterung waren unverkennbar in den Gesichtern, in den Stimmen und der Haltung der beiden Damen, denen der Kommissar jetzt gegenüberstand. Es konnte nicht alles auf das »tragische Ereignis« des vorgestrigen Tages zurückgehen: der leise, gedrückte Ton, die blasse und wie ausgepreßte Haut, die unförmige dunkle Kleidung. Es war das Ergebnis langer, unterdrückter Qualen, die im stillen ihr ätzendes Werk getan hatten. Der Mord – von ihm zeugten die rot geweinten Augen – war nur das letzte Glied in der Kette gewesen. Zwei Frauen, die längst resigniert hatten, dachte der Kommissar, als er ihnen erklärte, wer er war, und sich wegen der Belästigung entschuldigte – zwei Opfer.

Auf dem engen Flur war kaum so viel Platz, daß sich dort drei Personen bewegen konnten; er war verstellt von einem großen massiven Garderobenständer und einer Truhe, beide aus schwarzem Holz. Auf der Truhe stand ein Bronzehund mit einem Fasan im Maul. Während die Frauen eine hohe schwarze Tür vor ihm öffneten (»Bitte, treten Sie doch näher«), bemerkte er in einer Ecke an der Wand die Stelle, an der das Telefon gehangen hatte. Niemand hatte sich die Mühe gemacht, die leere Stelle in der rot-weiß gestreiften Tapete – verblichen wie ein Krankenhauspyjama – zu verbergen.

In dem mit Renaissancemöbeln eingerichteten Wohnzimmer zeigte die Tapete hingegen noch ein dunkles Rot, von dem sich die großen silbernen Lilien (oder Hellebarden?) abhoben. Er mußte auf einem mit Atlas bezogenen Lehnstuhl Platz nehmen, und sie setzten sich ihm gegenüber auf den Rand des dazu gehörigen Sofas; zusammen mit einem zweiten Lehnstuhl bildete es eine »Garnitur« um einen kleinen runden Tisch als Mittelpunkt. Das Zimmer war lang, und es hatte nur ein einziges Fenster, ohne Vorhänge, aber mit fast ganz herabgelassener Jalousie. Auf dem gegen die Wand gerückten Eßtisch standen eine schwarze Schreibmaschine, neben der Kohlepapier lag, und eine Schreibtischlampe.

»Das ist von meinem Mann«, sagte die Witwe Garrone. »Er malte so gut, und er hatte soviel Freude daran. Wissen Sie, daß er mehrmals ausgestellt hat? Er war Mitglied des Künstlerklubs.«

Sie hatte den Blick aufgefangen, mit dem der Kommissar das riesige Bild über dem Sofa betrachtete. Es stellte eine Gebirgslandschaft dar, mit einem Wildbach und Kühen im Vordergrund.

»Ah so«, sagte der Kommissar und sah sich höflichkeitshalber im Zimmer um. Es war alles da: das Meer bei Sturm, Sonnenuntergang am Meer, Mondschein auf dem Wasser, weitere

Gebirgslandschaften, Schafe, Almhütten, Wiesen und Lattenzäune.
»Und malte Ihr Sohn auch?« erkundigte er sich, als sei er hergekommen mit dem Auftrag, eine Gedenktafel für den Architekten zu entwerfen. Mit einem Lächeln schüttelte die Mutter den Kopf.
»Nein, er fühlte sich dazu nicht berufen. Aber ein Künstler war er auch, mein Berto. Er verstand sehr viel von Malerei, Musik, Film und Theater. Er hatte eine Leidenschaft für alles – Künstlerische.«
Der Kommissar dachte an den polynesischen Phallus. Aber die beiden Frauen waren anscheinend nie in dem »Atelier« des Künstlers gewesen.
»Er war ein so begabter Junge«, sagte die Mutter und gab sich mit vollkommener, schweigender Selbstverständlichkeit ihren Tränen hin. »So sensibel ...«
Das also war das Bild, das sie sich von ihm geschaffen hatten und das sie zu seiner Rechtfertigung brauchten. Um hinzunehmen, daß er bis in den Mittag hinein schlief, daß er sie ständig um Geld bat und ihnen mit seinen Manien und Szenen das Leben schwermachte, und schließlich, daß er ein Versager war. Für sie mußte er ein geistvoller, genialer, überlegener Mensch sein, der für den Alltag der Arbeit und des Geldverdienens nicht geschaffen war. Wenn es nicht am Ende der Architekt selbst gewesen war, der Mutter und Schwester dieses bequeme Bild von sich selbst geliefert hatte! Ein echter Künstler, weiß Gott!
»Als mein Mann gestorben war, hatte er plötzlich niemanden mehr, der ihn führen konnte. Was wollen Sie, eine Mutter kann nicht so ... Ich habe getan, was ich konnte, habe Opfer gebracht. Aber es ist doch nicht dasselbe wie ein Vater. Und er hatte immer einen unruhigen Charakter; er war so leicht zu beeinflussen ...«
Wie stets, ließen auch hier Schmerz und Klage den singenden piemontesischen Tonfall noch stärker hervortreten.
»Ach ja«, sagte der Kommissar mit einem Seufzer, der Verständnis ausdrücken sollte. Und er verstand in der Tat nur allzugut: Berto studierte nicht, machte kein Examen, kam nicht vor drei Uhr früh nach Hause, wo ihn seine Mutter, in einen alten Schlafrock gehüllt, auf der Truhe im Flur sitzend, erwartete. Und seine Schwester hatte

sich eine Stellung gesucht, hatte vielleicht auf eine bescheidene kleine Liebesidylle verzichtet, um für den Lebensunterhalt der Familie mitzusorgen.

»Aber gut, wissen Sie?« fuhr die klagende Stimme, hinter einem billigen Taschentuch fort. »Herzensgut und so aufmerksam, Sie können es sich nicht vorstellen. Er hat immer so feinfühlige, rührende Aufmerksamkeiten . . .«

Sie war mit ihrer Verteidigungsrede unwillkürlich ins Präsens geraten; wer weiß, wie oft sie sie schon gehalten hatte, vor Professoren, Verwandten, Gläubigern, Nachbarn oder eventuellen Arbeitgebern, und nur, weil ihr Sohn einmal im Jahr seiner Schwester ein Paar neue Glacéhandschuhe schenkte oder mit der Mutter Arm in Arm zum Friedhof ging. Damit hatte er sich ihre Nachsicht erkauft, ihre Liebe lebendig erhalten. Der Kommissar wandte den Kopf und betrachtete die Reihe der Blumentöpfe auf dem marmornen Fensterbrett; dann konzentrierte er sich auf den verschlissenen unechten Orientteppich; den echten, der an dieser Stelle einmal gelegen haben mußte, hatten sie gewiß verkauft, als »Berto« studierte. Und da fiel sein Blick auf die Schuhe der Schwester.

Sie waren natürlich alt und ziemlich abgetragen, hatten ihre Form verloren, und an der Stelle, wo der Fuß sich bog, war das Leder rissig; die Absätze, sehr hoch, wie es nicht mehr Mode war, schiefgelaufen und voller Kratzer und kahler Stellen. Aber die ursprüngliche Farbe der Schuhe mußte ein Feuerrot und ihr Preis sehr hoch gewesen sein.

»Auch gesundheitlich war er immer benachteiligt«, fuhr sie fort. »Zuerst waren es die Mandeln, und jetzt der Arm, der ihm ständig weh tut . . .«

Waren sie ein Geschenk des Architekten in einem Augenblick des Reichtums? Kaum anzunehmen. Von einem »Verehrer«? Der Blick des Kommissars glitt an ihren knochigen Beinen hinauf bis zu ihrem flachen Oberkörper und zum Hals, wo er auf einem großen braunen Muttermal haften blieb. Die Härchen auf dem Leberfleck waren offenbar mit der Schere abgeschnitten worden. Der Verehrer schien ihm noch unwahrscheinlicher zu sein. Ihr Kinn war nicht nur mager, sondern hart und kantig, und ihre Lippen waren nicht nur einfach blaß, sondern schmal und streng, und in ihrem

Blick, der dem seinen begegnete, war nichts von träumerischer Verwirrtheit. Das Haar war eisengrau, ziemlich kurz geschnitten und, so gut es gehen wollte, gekämmt.
»Mein Kollege sagte mir«, log er, »daß Sie dem Architekten bei seiner Arbeit halfen.«
Ihre Lippen wurden noch schmaler; sie zögerte zu antworten.
»Ja«, sagte ihre Mutter und faßte sie dabei an der Hand, »sie hat ihm immer geholfen, sie ist ja so gut ...«
Die Tochter entzog ihr die Hand und legte sie ihrerseits auf den Arm der Alten.
»Nein, Mama, der Herr möchte wissen, ob ich Berto bei seiner Arbeit geholfen habe.«
»Was für eine Arbeit? Haben Sie eine Arbeit für Berto?« Das Gesicht der Witwe Garrone erhellte sich. Mit gefalteten Händen sah sie dem Kommissar in die Augen und fieberhaft suchte sie nach den rechten Worten, um ihren Sohn zu empfehlen. »Er ist ein sehr intelligenter Junge, müssen Sie wissen. Das sage ich nicht, weil ich seine Mutter bin. Immer voller Ideen und voller Begeisterung. Ein Professor in seinem Gymnasium ... Erkundigen Sie sich selbst bei Professor Quaglia, er hat ihn sehr geschätzt ... Sie müssen ihn nur richtig zu nehmen wissen ... Aber wenn er sich für eine Sache begeistert, dann geht er ganz in ihr auf ...«
»Mama, geh jetzt bitte und mach einen Kaffee für den Kommissar«, unterbrach die Tochter sie. »Sie nehmen doch einen Kaffee? Oder wollen Sie einen Vermouth?«
»Danke, einen Kaffee.«
Er beobachtete sie, wie sie aufstand und ihre Mutter mit ruhiger Entschiedenheit aus dem Zimmer führte. Dann setzte sie sich wieder auf ihren Sofaplatz und legte die Hände auf die Knie. Sie bewegte sich ohne Eile, zwanglos, präzis und zweckmäßig. Wahrscheinlich eine vorzügliche Angestellte, respektiert von ihren Vorgesetzten und gefürchtet von den Stenotypistinnen, die noch neu im Büro waren. Die Garrone.
»Gibt es etwas Neues, Herr Kommissar? Haben Sie etwas gefunden?«
Es klang, als erkundige sie sich nach einer verlegten Akte, auf die sie sehr gut verzichten könnte.
»Nein, noch nichts, leider.«

Durch die halbgeöffnete Tür drang schriller Gesang: ». . . *was du für mich gewesen bist* . . .«
»Wenn sie allein ist, hat sie immer das Radio an. Um nicht so allein zu sein.«
»Ja, eine gute Hilfe. Und Sie arbeiten, Signorina?«
»Ja, bei der SEDAC, Corso Orbassano. Eine Fabrik für Autozubehör. Ich bin in der Buchhaltung.«
»Und bei Ihrem Bruder, sagten Sie . . .«
». . . habe ich nicht mitgearbeitet. Es hätte auch keine Arbeit gegeben.« Sie fixierte kühl den Kommissar. »Mein Bruder hatte keine Arbeit. Er tat nichts.«
»Aber sein Büro . . .«
Sie zuckte die Achseln, und ihre Hände ruhten noch immer auf den Knien wie auf den Tasten einer Schreibmaschine.
»Das hatte er nur für seine Schweinereien.«
Es klang hart und erbarmungslos, aber nicht wie ein Gefühlsausbruch. Diese Verachtung hatte den melancholischen Klang des oft Wiederholten.
»Wie konnte er die Miete bezahlen?«
»Mit seiner Kriegsversehrtenrente. Er hatte es geschafft, daß ihm eine Invalidität dritten Grades bescheinigt wurde. Es ist das einzige, was er überhaupt in seinem Leben erreicht hat.«
»War er im Kriege?«
»Er war drei Monate bei den Partisanen im Susatal. Man konnte meinen, daß er ganz allein Italien befreit habe. Aber wenn Sie wissen wollen, wie er zu seiner Verwundung kam, kann ich es Ihnen erzählen.«
»Die Blume, die du mir gabst, vergaß ich nicht«, erscholl es von der Tür her. Diesmal war es eine Frauenstimme, kehlig und sinnlich.
»Er sollte einen Sack Mehl holen, und er hatte ihn schlecht aufgeladen. Jedenfalls stürzte er bei der Fahrt bergab vom Rad. Die Folge war, daß der eine Arm etwas kürzer als der andere blieb. Nicht mal radfahren konnte er, der Held und Vaterlandsbefreier! Er hatte auch einen Decknamen: Morgan ließ er sich nennen. Morgan!«
Nicht einen dieser Vorwürfe, nicht einen dieser sarkastischen Seitenhiebe dürfte sie dem Architekten erspart haben. Er stellte sich ihre Mahlzeiten vor, gewürzt mit Bosheiten, gehässigen Anspie-

lungen, Brummen und düsterem Schweigen, doch ab und zu unterbrochen von hysterischen Wutausbrüchen; da wurde der Löffel auf den Teller geschleudert, die Tür ins Schloß geworfen, und weinend suchte die Mutter Frieden zu stiften. Nein, er war gewiß nicht auf Rosen gebettet gewesen, in seiner Wohnung in der Via Peyron; und der Verdacht war nicht von der Hand zu weisen, daß Garrone sich sein »Studio« nicht allein »für seine Schweinereien« eingerichtet hatte, sondern nicht zum wenigsten als eine Zuflucht, wenn zu Hause seine Schwester tobte. Plötzlich tat ihm der Mann beinahe leid. Die Leute wußten gar nicht, was für einen Preis Tag für Tag die Nichtstuer, Schmarotzer und Nassauer zu zahlen hatten, diese Parasiten der Gesellschaft.

»Haben Sie einige seiner Freunde kennengelernt?«

»Nein, ich sagte es schon gestern Ihrem Kollegen. Hier empfing er natürlich niemanden, und sogar seine Post ließ er sich in die Via Mazzini senden. Außerdem – was sollte er wohl für Freunde haben?«

»Haben Sie ihn vielleicht zufällig mal von einem gewissen Campi sprechen hören, Massimo Campi?«

»Nein.«

»Oder von einer Signora Dosio?«

Ihre Hände bewegten sich kaum auf der »Tastatur« ihrer Knie.

»Wie heißt sie mit Vornamen?«

»Anna Carla.«

Ihr Mund verzog sich zu einer Grimasse.

»Nie gehört. Eine Annamaria gab es einmal. Und danach eine Renata. Aber das liegt schon zwanzig Jahre zurück.«

»*... Wie ein Sprecher erklärte, wird die neue Militärjunta die Bündnispolitik des abgesetzten Präsidenten fortsetzen*«, verkündete in glatter Routine eine männliche Stimme.

»Mit anderen Worten, Sie können mir keine Hinweise auf irgendwelche Personen geben, mit denen Ihr Bruder Umgang hatte?« fragte der Kommissar.

»Wenn man ihn reden hörte, verkehrte er mit allen. Alle waren seine Freunde, Maler, Schriftsteller, Kunsthändler, Industrielle und Sammler. Er stand mit allen auf du und du, wurde zu ihren Festen, Empfängen und Cocktailpartys eingeladen. Und nun sehen Sie ja, mit was für einem Fest es endete!«

»Haben Sie nie den Eindruck gehabt, daß er vielleicht insgeheim eine andere Aktivität ausgeübt hätte, wie soll ich es nennen ...«

»Sie meinen, ob er ein Verbrecher war?« übersetzte sie brutal seine Worte. »Und ob! Ein Verbrecher war er, und ich habe es ihm ins Gesicht gesagt. Aber bei mir und seiner armen Mutter, da, wo er keine Angst hatte! Nur mit echten Verbrechern – da können Sie ganz beruhigt sein – hatte er nichts zu tun. Ihr Kollege hat sogar auf Rauschgift angespielt. Als ob Berto fähig gewesen wäre, mit Opium zu handeln! Nicht mal mit Kamillentee, habe ich ihm gesagt, geschweige denn mit Opium!«

»Hatte er außer seiner Pension irgendwelche Einkünfte?«

»Wenn er welche hatte, dann hat er mir nie etwas davon gesagt. Ich weiß nur soviel, daß ich den Haushalt allein bezahlt habe. Er hat keine Lira dazugegeben. Frühstück, Mittagessen, Abendbrot, Licht, Gas, Hemdenbügeln, Heizung, Telefon ... Am Telefon konnte er übrigens Stunden verbringen. Bis ich ihm schließlich sagte: Hör mal, jetzt ist es genug, oder du kannst dir dein Telefon selbst zahlen. Sonst bestelle ich es ab, und der Fall ist erledigt. Wie komme ich wohl dazu, ich bringe mich um in lauter Arbeit, nehme sie mir noch mit nach Hause, um hier Überstunden zu machen, und das alles, um ihn auf meine Kosten von früh bis spät telefonieren zu sehen. Will er sich über mich lustig machen? Wenn ich bedenke, daß ich persönlich das Telefon überhaupt nicht brauche! Da ist er in die Luft gegangen ...«

»Wann war das?« unterbrach sie der Kommissar.

»Vor einem Jahr. Wie eine Furie ging er auf mich los. Es wäre absolut notwendig für ihn, sagte er, sonst verlöre er seine Kontakte, seine Geschäfte; ohne Telefon könnte er nicht leben ...«

»Ein goldenes Telefon«, erklang plötzlich die Stimme der Mutter.

Der Kommissar wandte sich um. Die Witwe Garrone stand in der Tür, ein Tablett in den zitternden Händen.

»Warum hast du nicht das kleinere genommen«, sagte die Tochter. Sie stand auf und trat auf sie zu, um sie von dem Tablett zu befreien. Dann setzte sie ein bereits gefülltes Kaffeetäßchen (mit Blumenmuster) vor den Gast.

»Ein goldenes Telefon«, wiederholte die alte Frau mit einem nachsichtigen Lächeln. Doch gleich darauf bekam sie ein ängstliches Gesicht. »Sagen Sie ihr es doch auch, daß sie ihrem Bruder nicht so gereizt antworten soll. Sie müssen nicht glauben, daß sie ihn nicht gern hätte, aber manchmal widerspricht sie ihm und reizt ihn mit Sticheleien, und er leidet darunter. Sagen Sie ihr doch auch, daß man mehr mit Freundlichkeit erreicht, mit ein bißchen Geduld!«

»Das mit dem Telefon hat er mir nie verziehen«, sagte die Schwester, und fast so etwas wie Genugtuung darüber war ihrem Ton anzuhören. »Wieviel Stück Zucker?«

»Zwei, bitte«, sagte der Kommissar. »Was ist denn das goldene Telefon? Eine Art Wettbewerb?«

Sie beugte sich zu ihm nieder und sah ihn mit einem bedeutungsvollen Blick an.

»Ich weiß nicht. Manchmal ist die Mama so . . .« flüsterte sie.

»Er war ganz aufgeregt«, stöhnte die Witwe Garrone. »Hättest du ihm nicht ein bißchen entgegenkommen können, mit diesem verflixten Telefon?«

Der Kaffee war lauwarm und dünn, und deshalb zu süß. Der Kommissar trank ihn in einem Schluck, setzte die Tasse ab und wandte sich wieder der Schwester zu.

»Wohin ging er denn nun zum Telefonieren, wenn er hier war?«

»Ich weiß nicht. In irgendeine Bar hier in der Nähe oder in den Tabakladen. Er hatte immer Telefonmünzen in der Tasche. Manchmal blieb er eine halbe Stunde fort und beklagte sich dann, daß das Essen kalt sei.«

»So ganz unrecht hat er nicht, Pina«, legte sich die Mutter ins Mittel. »Du mußt doch verstehen, daß man die Leute am besten zur Essenszeit antrifft. Auch wegen der Anzeigen wäre es praktischer . . .«

Der Kommissar senkte die Stimme. »Und an dem Abend – zuvor: ist er zum Telefonieren fortgegangen?«

»Ja. Er hat die übliche Szene gemacht, daß es so nicht weiterginge, und ist dann mitten im Essen aufgestanden und hinuntergangen.«

»Wie spät war es?«

»Es wird acht oder Viertel nach acht gewesen sein. Um die Zeit essen wir.«

»Hat er nicht gesagt, wen er anrufen müsse?«

»Nicht, daß ich wüßte. Darüber sprach er nie.«

»Aber hatten Sie den Eindruck, daß es sich um ein besonderes, um ein wichtiges Gespräch handelte? Haben Sie bemerkt, ob er nervös oder aufgeregt war?«

»Nervös und aufgeregt war er immer«, sagte sie mit einer verachtungsvollen Geste. »Mit Holzhackermanieren, obendrein.«

»Sag doch nicht so was, Pina!« bat schluchzend ihre Mutter. »Ich bin ihm auf den Korridor nachgelaufen, er hatte sich nicht einmal das Jackett angezogen. Er lief die Treppen hinunter und wollte nicht auf den Fahrstuhl warten.«

»Der funktioniert sowieso nie«, bemerkte ungerührt ihre Tochter.

»›Diesmal werde ich es ihr aber zeigen‹, hat er gesagt. ›Diesmal lasse ich ein goldenes Telefon legen!‹« Die alte Frau bedeckte ihr Gesicht mit beiden Händen; es mußte wohl ihre äußerste Gebärde sein, um ihre Ohnmacht und Einsamkeit inmitten einer verlorenen Ordnung auszudrücken. »Warum müßt ihr euch, als Geschwister, gegenseitig so behandeln? Früher hattet ihr euch so gern. Ihr wart ein Herz und eine Seele. Weißt du nicht mehr, wie ihr in Courmayeur zusammen gespielt habt...?«

Sie suchte zerstreut nach ihrem Taschentuch, das sie wohl in der Küche, auf dem nun ausgeschalteten Radioapparat, gelassen hatte. Ihre Tochter zog ein Taschentuch aus dem Ärmel ihres Kleids und reichte es ihr. Dann gab sie ihr einen leichten Schlag mit der Hand auf die Schulter, und gehorsam, wie dressiert, setzte sie sich.

»Weine nicht, Mama. Trink einen Kaffee. Jetzt lasse ich wieder das Telefon legen, sei unbesorgt.«

»Das ist lieb von dir«, sagte die Alte und trocknete sich, schnell getröstet, die Augen. »Weil es so praktisch ist, weißt du? Es ist für so vieles von Nutzen. Habe ich nicht recht?« wandte sie sich an den Kommissar.

Der Kommissar erhob sich, murmelte ein paar Worte des Abschieds und folgte der Tochter auf den dunklen Flur. Jetzt, da er ihr wieder in dem engen Raum gegenüberstand, war sie von neuem klein und gebrechlich – ein Opfer.

»Wollen Sie auf den Fahrstuhl warten? Heute funktioniert er.«

»Danke, machen Sie sich keine Umstände, ich gehe zu Fuß hinunter. Also – wir werden Sie benachrichtigen, sobald wir etwas Neues wissen.«

»Ja. Danke sehr.«

Erst als er den Treppenabsatz des ersten Stockwerkes erreicht hatte,

hörte er, wie sie oben leise die Tür schloß, und diese automatisch funktionierende kleine Höflichkeit, dieses Relikt einer guten Erziehung, berührte ihn schmerzlicher als alles andere dort oben.
Pina Garrone war nicht blond, und sie dürfte noch nie ein Paar Hosen besessen oder auch nur getragen haben, ob orange- oder sonstwiefarben. Aber sie haßte ihren Bruder mit dem unerbittlichen, glühenden Haß, mit dem man nur den haßt, den man zuvor geliebt und bewundert hat, dem man »geglaubt« hat. Und aus einer rebellischen Regung heraus, in einem Zornausbruch, war sie sogar fähig, etwas zu tun, was für sie, bei ihrem Budget, »Wahnsinn« war: sich ein Paar Luxusschuhe zu kaufen, obendrein rote. Und ihr Alibi war jedenfalls nicht nachprüfbar: sie hatte den Abend zu Hause verbracht, Radio gehört oder eine Dissertation auf der Maschine abgeschrieben. Ihr Zeuge: ihre Mutter.
Der Kommissar ging beim *Tabaccaio* vorbei und sah auch in zwei oder drei Bars in der Nähe hinein. Alle kannten den Architekten gut und hatten ihn oft bei sich telefonieren sehen, nur an jenem Abend, dem Abend des »goldenen Telefons«, hatte er nicht von ihrem Apparat aus angerufen.

2

»In diesem Jahr«, sagte der Friseur mit seiner leisen, angenehmen Stimme, »gehe ich nach Tahiti.«
Anna Carla sperrte Mund und Augen auf, ohne jedoch den Kopf zu bewegen.
»Was Sie nicht sagen!«
Im Spiegel sah sie, wie Gianni Tasso zufrieden den Ausdruck der Verblüffung auf ihrem Gesicht bemerkte. Dabei war ihre Verblüffung keineswegs ihm zuliebe gespielt, sondern echt.
»Um ein bißchen zu wechseln«, sagte Gianni Tasso, in dem bescheiden philosophierenden Ton eines Gastes, der zur Abwechslung mal eine Tamarinde statt der gewohnten Coca-Cola bestellt.
»Aber das ist doch furchtbar weit«, sagte Anna Carla.
»Gott, mit dem Flugzeug ...« sagte Gianni Tasso. Er war ein Mensch unserer Zeit.

Der erste Gedanke Anna Carlas, nachdem sie sich von ihrer Überraschung erholt hatte, war: Woher nimmt er das Geld?
»Das muß phantastisch sein«, sagte sie. »Wunderbare Landschaften.«
Von ihr nahm er das Geld, dachte sie. Aus ihrer Tasche und der Tasche anderer Närrinnen, die wie sie alle Augenblicke hierherkamen, weil sie sich nicht »in Ordnung« fühlten. Von ihrem Kopf nahm er das Geld, und sie dachte vage an das Bild von »Samson und Dalila«, das Onkel Emanuel besaß und das vielleicht ein Guido Reni war, und sie beschloß, ihren Friseur zu wechseln. Das heißt, nein, nicht wechseln, denn Gianni Tasso war äußerst geschickt, das mußte man ihm lassen; aber sie würde nun seltener kommen, sehr viel seltener.
»Nach Tahiti«, sagte sie, »aber das ist ja ein richtiges Abenteuer!«
»Ja, es müßte ganz interessant sein«, räumte er ein.
Nun spielte er auch noch den steifen, zurückhaltenden Engländer. Wenn er wenigstens noch vor Freude strahlte, ein bißchen Begeisterung erkennen ließe, vom Schauer des Unbekannten angerührt wäre. Aber nichts. Seine einzige Sorge war, nicht provinziell zu wirken.
»Sicher sind Sie ganz aufgeregt?« fragte sie, um ihn zu provozieren.
»Gott, ja«, sagte er, objektiv wägend, »es ist eine neue Erfahrung, gewiß.«
»Stellen Sie sich doch vor«, sagte Anna Carla, so strahlend wie sie nur konnte, »Sie als Unterwasserjäger – wer weiß, wie viele Perlen Sie finden werden!«
»Ich bringe Ihnen eine mit«, sagte der Friseur lächelnd, mehr onkelhaft als galant. »Aber davon einmal abgesehen, das, was mich interessiert, ist, das Leben dort an Ort und Stelle zu sehen. Es ist doch eine ganz andere Welt. Eine andere Auffassung vom Leben. Eine von der unsrigen völlig verschiedene Zivilisation.«
Gianni Tasso hatte ein Jahr in Paris verbracht, um dort die Kunst der *Coiffure* zu erlernen, und er kehrte in regelmäßigen Abständen dorthin zurück, um sich über die letzten Neuheiten auf seinem Gebiet auf dem laufenden zu halten. Er besuchte die Kongresse der Friseure, nahm teil an ihren Gesprächen am runden Tisch und ließ

keine solcher Veranstaltungen aus. Soweit, so gut, vielmehr: um so besser! Aber am Abend ging er – statt sich zu beschäftigen, wie sich Friseure abends beschäftigen – ins Theater, weiß Gott, mit wem, oder las Bücher, die ihm weiß der Himmel wer gegeben hatte. Und wenn er dann nach Turin zurückkam, sprach er von Teilhard de Chardin, und einmal hatte er von ihr verlangt, ein Buch über Dämonologie zu lesen. Also das ging ein bißchen weit . . .

»Ach ja, all diese wunderschönen Negerinnen, nur mit Blumen bekleidet«, sagte Anna Carla.

»Der Rasse nach«, erklärte der Friseur mit Takt, »sind es strenggenommen keine Neger. Das ist ja eins der großen Probleme. Es gibt verschiedene Theorien . . .«

Die großen Probleme. Und jetzt kam er, der Anthropologe aus der Via Santa Teresa, um sie an Ort und Stelle, *in loco*, zu lösen. Sie in Augenschein zu nehmen.

»So, das wär's«, sagte Gianni Tasso. Er gab ihr einen letzten ganz leichten Schlag gegen die Frisur, um dann die Hände zurückzuziehen, als habe er einen Ameisenhaufen berührt. »Danke«, sagte er leise und ohne Wärme.

Lauter, dachte Anna Carla. Er könnte es ruhig lauter sagen, wenn man ihm schon die kleine Reise nach Tahiti bezahlt.

»Fahren Sie bald?« fragte sie, während sie sich erhob.

»Nein, nein, wir sehen uns noch«, beruhigte sie der Friseur.

»Also dann . . .«

Seltener kommen, dachte sie, viel seltener.

Sie bezahlte gleichzeitig mit Signora Tabusso und konnte es nicht vermeiden, zusammen mit ihr und ihrem Hund die Treppe hinunterzugehen. Ein scheußlicher Tag.

»Es ist unglaublich!« sagte plötzlich Signora Tabusso.

Sie gehörte zu den Frauen, die »sagen, was sie denken«, das heißt, sie war imstande, irgendwem irgendwo – und mit schallender Stimme – etwas mitzuteilen, wovon der andere lieber nichts wüßte. Zum Beispiel vom Einfluß der Jahreszeit auf ihre Hühneraugen oder von den sexuellen Gewohnheiten ihres verstorbenen Gatten, der nach vollzogenem Liebesakt einen Wolfshunger bekam, so daß sie ihm schon vorher einen Teller mit gekochtem Schinken auf dem Nachttisch bereitzustellen pflegte. Eine fürchterliche Frau, auch als Anblick.

»Man müßte ja eigentlich darüber lachen«, bemerkte mit Bitterkeit Signora Tabusso. »Aber ich sage die Wahrheit, ich ärgere mich nur.«
Anna Carla versuchte, die Treppe schneller hinunterzukommen, aber der Hund kam ihr in den Weg, und sie mußte stehenbleiben. Es gab keinen Ausweg mehr.
»Wissen Sie, wo der da in diesem Jahr Ferien macht?« schrie Signora Tabusso und machte mit dem Daumen die klassische Anhalterbewegung. »Auf Tahiti!«
Es klang wie der Schrei eines Geiers. Erschrocken wandte sich Anna Carla um, zur Glastür des Frisiersalons hin.
»Der kann mich ruhig hören«, brüllte Signora Tabusso. »Das ist mir piepegal. Wer so frech ist, dem geschieht's nur recht. Wenn er wenigstens die Scham hätte, den Mund zu halten; na schön, dann reist er eben, macht seine Ferien, kommt wieder, und der Fall ist erledigt. Aber er, er sagt es einem ins Gesicht, als wolle er fragen: Siehst du, was ich mit deinem Geld mache, altes Reff? Denn es ist ja unser Geld, meine Liebe, und das macht mich so wütend. Ich weiß nicht, ob Sie mich verstehen können . . .«
Anna Carla dachte, während sie mit gesenktem Kopf die Treppe hinunterging, an ein anderes Bild, das Onkel Emanuel besaß. Es war ein Antoine Le Nain, und es zeigte zwei kleine Mädchen, die ein weißes Huhn rupften.
»Er weiß nicht mehr, wo er das Geld lassen soll, verstehen Sie mich? Er ist Milliardär, er ist Aga Khan, nichts ist mehr gut genug für ihn. Da tut's nicht mehr Portofino oder Elba! Nichts kann ihn mehr aufhalten, wir werden ihn in Nairobi treffen, in Lappland, in Florida, diesen Figaro!«
Glücklicherweise waren sie inzwischen bis zur Haustür gekommen. Anna Carla stieg über die Hundeleine, die sich um ihre Beine geschlungen hatte, und sah auf die Uhr.
»In welche Richtung gehen Sie, Signora?« fragte die Tabusso. »Kann ich Sie mitnehmen?«
»Danke, ich habe meinen Wagen da hinten abgestellt«, sagte Anna Carla ausweichend.
»Ah so«, sagte Signora Tabusso und pflanzte sich vor ihr auf. »Jedenfalls hier wird man mich nicht wiedersehen. Fertig, aus. Ich suche mir einen anderen Friseur, ich gehe einfach zu meiner alten

Ida zurück, die es so gut macht und die so ehrlich ist. Dem werd' ich doch nicht seine Kreuzfahrten bezahlen. Das hat er davon! Der Ignorant!«
»Aber heutzutage«, sagte Anna Carla errötend, »mit diesen internationalen Touristikorganisationen, sind die Preise . . .«
»Aber jetzt tun Sie mir einen Gefallen!« schrie die Tabusso. »Wo der seine Organisation hat, weiß ich, im Hintern hat er sie, der warme Bruder . . .«
Anna Carla hatte eine Eingebung. »Großer Gott, die Parkuhr!« rief sie in gespieltem Erschrecken.
Wenn es weiter nichts war!
»Diese Nichtsnutze«, zischte Signora Tabusso und ging nun entschlossen neben Anna Carla her. »Diese Schufte! Können Sie sich vorstellen, daß sie mir gestern wegen zwanzig Zentimeter eine Strafgebühr an die Scheibe gesteckt haben?«
Der seelische Zustand, in dem sich Signora Tabusso offenbar am wohlsten fühlte, war der der Entrüstung, und zur Erreichung dieses künstlichen Paradieses war ihr jedes Stimulans recht; die städtische Polizei leistete da nicht schlechtere Dienste als irgend etwas anderes.
»Ich stand mit einem halben Rad auf den Streifen, mehr war es nicht; ich schwöre es beim Haupte meines Vaters! Aber nein: ich stand auf dem Fußgängerübergang! Doch mit denen kann man nicht vernünftig reden, die sind stur, und von Achtung und Rücksicht wissen sie nichts. Zum Glück kenne ich einen, der mir die Strafbescheide wieder rückgängig macht. Ein Verwandter von einem alten Dienstmädchen, ein so anständiger Mensch. Es ist ja nicht wegen der tausend Lire, wissen Sie, aber die Ungerechtigkeit, die Unverschämtheit, die lasse ich mir nicht gefallen!«
Es war aber gerade wegen der tausend Lire, denn Signora Tabusso war höchst knickerig, wie sich die Gehilfinnen im Frisiersalon hörbar zuraunten.
»Ich würde es sogar gern bezahlen«, behauptete sie in rhetorischer Übertreibung, »wenn ich nur manchmal sähe, daß sie für uns arbeiten, daß sie etwas zum Wohl des Bürgers tun. Aber etwas anderes als einen Steuerbescheid ins Haus bringen, das können sie nicht, oder über einen herfallen, weil man fünf Minuten über die Zeit geparkt hat! Das ist allerdings sehr bequem.«

Nicht, daß es Anna Carla wichtig war, aber sie hatte zumindest den Eindruck, daß die Leute sie beide anstarrten und sich nach ihnen umdrehten. Jede in der Öffentlichkeit geführte Unterhaltung mit Signora Tabusso erweckte schnell den Eindruck, als ob hier zwei Marktweiber miteinander stritten, so daß man jeden Augenblick gewärtig sein durfte, daß ein Passant als Friedensstifter zwischen sie trat. Merkwürdigerweise war ihre Schwester Virginia ganz das Gegenteil, ein feines altes Fräulein, zart, gebrechlich, fast nur noch ein Schatten.

»Ach nein, das ist eine Bande von Faulpelzen, da soll mir keiner was sagen«, fuhr die Tabusso fort, die mit großen Schritten hinter ihrem Hunde hermarschierte. »Denken Sie nur einmal an meine Wiese!«

Man konnte kaum mehr als dreißig Meter neben der Tabusso hergehen, ohne daß von der »Wiese« die Rede war, die in Wirklichkeit, wie Anna Carla in Erfahrung gebracht hatte, ein ausgedehntes und abwechslungsreiches Grundstück im Hügelland vor der Stadt war, mit Weinbergen, Akazienwäldchen, Schluchten und Steilhängen und sogar dem ausgetrockneten Bett eines Wildbachs. Nur daß der Mensch, räuberisch, lasterhaft und ohne Respekt vor Recht und Gesetz, dies Paradies im Val Patonera nach seinem Bild verwandelte, während die Eigentümerin vom Fenster ihres alten Hauses aus machtlos dem Frevel zusah. Im Frühling kamen sie in Scharen, um Primeln und Veilchen zu plündern; im Sommer veranstaltete man Picknicks, mit weggeworfenem Papier und leeren Sardinenbüchsen; im Herbst suchte man Pilze, Haselnüsse und Brombeeren (nicht Weintrauben, weil die Rebstöcke seit Jahren aufgegeben worden waren). Was für die Weideplätze im Wilden Westen die Lokomotive getan hatte, das war das Automobil für die »Wiese« der armen Squaw Tabusso gewesen.

»Warum kommt die Polizei nicht zu mir herauf und verteilt Strafmandate? Zahle ich nicht meine Steuern wie jedermann? Habe ich keinen Anspruch darauf, geschützt zu werden? Ich habe mich bereits viermal beschwert. Ich habe meinen Rechtsanwalt an die Gemeinde schreiben lassen; ich habe die Sache den Carabinieri gemeldet; dem Polizeipräsidium; und ich habe einen Brief an die *Stampa* geschrieben! Alles umsonst. Gar nichts habe ich erreicht. Sie haben anderes im Kopf, sie lachen mich aus, und alle sagen

immer nur: Umzäunen Sie Ihr Grundstück! Ein guter Rat! Da gebe ich dann zwei Millionen für die Umfriedung aus, nur damit das Gesindel herüberklettert und obendrein noch Spaß daran hat, mich anzuschmieren! Zäunt euch den Kopf ein, damit euch nicht Hörner aufgesetzt werden!«
»Haben Sie es nicht einmal mit einem Wachhund versucht?« fragte schüchtern Anna Carla.
»Und wie mache ich das?« donnerte Signora Tabusso, wütend an der Leine ziehend. »Mein Cin hier ist ein lieber Kerl, aber er ist ein Waschlappen. Ich muß ihn im Hause halten, weil diese Wilden mir sonst über kurz oder lang Ragout aus ihm machen. Ich hatte mir einen Wolfshund zugelegt, aber ich mußte ihn nach einer Woche wieder verkaufen, weil Cin eifersüchtig war. Er ertrug es nicht, er litt darunter schlimmer als ein kleines Kind, ganz abgesehen davon, daß er vor ihm Angst hatte. Dann habe ich überall Schilder anbringen lassen: ›Bissiger Hund‹, ›Achtung, gefährlicher Hund!‹ und so weiter.« Sie blieb stehen, mit tragischer Miene den Kopf schüttelnd. »Es hat keiner geglaubt.«
Sie bogen in die Via Bertola ein. Anna Carla hatte hier einige Besorgungen machen wollen, entschloß sich aber, darauf zu verzichten, um nicht länger die Tabusso im Schlepptau zu haben. Sie heimlich verfluchend, ging sie auf ihren Wagen zu, den sie nicht weit von hier abgestellt hatte.
»Am Tage haben sie wenigstens noch soviel Anstand, sich fortzuscheren, wenn ich mich auf der Wiese zeige. Aber nachts! Was soll ich nachts tun, jetzt wo der Sommer kommt? Können Sie mir das sagen?«
Anna Carla konnte es nicht.
»Wenn ich ihnen von der Terrasse aus eins auf den Pelz brenne, komme ich dafür ins Gefängnis, denn anständige Menschen dürfen sich bekanntlich nicht wehren, sondern müssen sich alles gefallen lassen. Und wenn ich mit der Taschenlampe und einem Reisigbesen, um einen Vorwand zu haben, hinuntergehe, riskiere ich, abgesehen davon, daß ich nachts nicht gut sehe, daß mir jemand das Messer in den Bauch stößt. Mit solchen Leuten ist nicht zu spaßen.«
»Was für Leute sind es denn? Liebespärchen?«
Signora Tabusso brach in ein mitleidiges Gelächter aus.

»Liebespärchen! So kann man's auch nennen. Wissen Sie nicht, daß die gesamte Nuttenschaft von Turin-Süd sich bei mir ein Stelldichein gibt? Der ganze Rotary-Club der Fosen!«
Anna Carla hätte sich am liebsten die Zunge abgebissen, und das mußte ihr keine zwanzig Schritt mehr von ihrem Wagen entfernt passieren!
»Wissen Sie, meine Liebe, was ich jeden Morgen auf meiner Wiese zu tun habe? Ich sammle die Präservative ein! Kommen Sie doch einmal und schauen Sie sich das an! Aber wissen Sie, was ich eines schönen Tages tun werde? Ein hübsches Paket daraus machen und mir den Spaß gönnen, es an die Sittenpolizei zu schicken. Ich möchte doch sehen, ob diese müden Bürokraten einmal aufwachen. Als ob es nicht ihre Pflicht wäre, diese Schweinerei zu unterbinden. Warum machen sie keine Razzia bei mir, wegen Erregung öffentlichen Ärgernisses?«
»Aber der Ort ist doch nicht öffentlich«, sagte Anna Carla boshaft. »Er ist doch privat, nicht wahr?«
Einen Augenblick schien Signora Tabusso durch den Einwand aus der Fassung gebracht zu sein, aber dann fegte ihn ihre Logik einfach beiseite.
»Vögeln ist immer ein privater Akt gewesen«, bemerkte sie mit einem Lächeln, als verkünde sie eine juristische Spitzfindigkeit. »Und trotz all der Schweinereien, die man heute im Kino oder in der Zeitung zu sehen bekommt, bleibe ich dabei. Es ist widerlich und schamlos, und die Polizei . . .«
Sie brach ab und stand, mit offenem Munde, wie versteinert da. Anna Carla drehte es den Magen um. Die Vorstellung, eine mit dem Tode ringende Tabusso hier, auf dem Bürgersteig der Via Bertola, in ihren Armen auffangen zu müssen, war so wahnsinnig, daß sie ihr auf einmal völlig plausibel, ja wahrscheinlich vorkam.
»Wo steht Ihr Wagen?« röchelte die Tabusso.
»Da – dort«, stammelte Anna Carla. »Es ist der Mini . . .«
Von Angst gepackt, wühlte sie in ihrer Handtasche, fand die Schlüssel nicht und blickte auf, zu der Apotheke an der Ecke hinüber. Plötzlich fiel ihr absurderweise der Hund ein: Was mache ich mit dem Hund?
In diesem Augenblick drang es wie Trompetenschall aus der Kehle Signora Tabussos. Anna Carla sah, wie sie sich auf den blauen

Mini stürzte und alsbald unter dem Scheibenwischer einen weißen Zettel hervorzog, um ihn in der erhobenen Hand wie eine Trophäe zu schwenken.

»Was habe ich gesagt!« schrie sie im Triumph. »Was habe ich Ihnen gesagt!«

Jedes der an dieser Stelle parkenden Autos zeigte den weißen Zettel, der eine Ordnungsstrafe bedeutete. Anna Carla stürzte jäh vom Gipfel ihrer Erleichterung in einen Abgrund von Ärger und ohnmächtiger Wut.

Es war nicht wegen der tausend Lire, aber wenn sie sich dieses Phantom vorstellte, mit all seiner Kleinlichkeit, Pedanterie und Heimtücke, das hier mit seinem moralistischen Notizbuch herumstrich, während man selbst nicht da war und sich also nicht verteidigen, nicht seine Gründe geltend machen konnte ... Es war eine Gemeinheit, das war es, und mit Füßen trat man hier dein Recht auf *privacy* ...

Aber männlich-beruhigend legte sich ihr eine Hand auf die Schulter.

»Das nehme ich an mich«, sagte Signora Tabusso. Sie steckte den Zettel in ihre Handtasche, und das Geräusch, mit dem sie die Tasche zuschnappen ließ, hatte etwas Endgültiges.

»Den bekommt mein Schutzmann, der Fall ist für Sie erledigt. Denken Sie nicht mehr daran.«

Eine Woge der Dankbarkeit durchströmte sie, einer unerklärlich großen Dankbarkeit, wenn man sie am Anlaß maß.

»Aber ich bitte Sie«, sagte Anna Carla und streckte die Hand in einer platonischen Gebärde des Protestes aus. »Das fehlte noch. So etwas kann doch vorkommen.«

»Wir müssen zusammenhalten, meine Liebe«, belehrte sie die Tabusso. »Wir müssen gemeinsam Front machen, wir sitzen alle im gleichen Boot.«

»Aber es ist nicht recht, daß Sie sich meinetwegen bemühen, wegen einer solchen ...«

»Was soll das heißen, es ist nicht recht! Finden Sie es denn richtig, daß ich mir ein gewisses Schauspiel bieten lassen muß, daß ich meine Wiese der Unterwelt zur Verfügung stellen muß, während die Vertreter der öffentlichen Ordnung nur ihre Strafmandate im Kopf haben?«

»Ich verstehe. Aber ich möchte wirklich nicht, daß Sie sich . . .«
»Mir ist es ein reines Vergnügen, das dürfen Sie mir glauben! Und wenn es wieder mal passiert, dann machen Sie keine Umstände. Sie brauchen mich nur anzurufen, und mein Schutzmann bringt die Sache rasch in Ordnung. Gott sei Dank gibt es sogar bei denen anständige Menschen . . . Jedenfalls rufe ich Sie noch heute abend an, damit Sie ruhig schlafen können.«
Die Tabusso drückte ihr die Hand, etwas zu fest, kameradschaftlich wie ein alter Haudegen. In diesem Augenblick begriff Anna Carla, in welche Falle sie sich selbst manövriert hatte. Wegen tausend Lire. Das heißt, nicht wegen der tausend Lire, sondern wegen ihrer verfluchten Emotionalität. Erst hatte sie sich in diese Entrüstung über den armen Gianni Tasso hineingesteigert; dann hatte der bekannte Mechanismus von Reaktionen und Gegenreaktionen gespielt . . . Und jetzt, dachte sie verzweifelt, ist es soweit: die da wird mich anrufen, mich einladen, zu mir ins Haus kommen, denn wir sitzen ja alle im selben Boot! Eine Zukunft im traulichen Beisammensein mit Signora Tabusso stand ihr bevor: eine Vision wie von einer großen Wiese, besät mit Präservativen.
»Danke«, murmelte sie erschauernd. »Ich weiß nicht, wie ich Ihnen danken soll . . .«
Sie mußte zum sofortigen Gegenangriff übergehen, mußte sich um jeden Preis revanchieren, mußte irgend etwas finden. In einem Ausbruch panischer Angst sah sie auf die Uhr.
»Ich kenne einen Kommissar bei der Polizei«, sagte sie mit einem verlegenen Lachen. »Wenn Sie meinen, könnte ich versuchen, ihn für Ihre Wiese zu interessieren.«
Signora Tabusso schien nicht sehr überzeugt.
»Ist er bei der Sitte?«
»Offen gesagt, ich weiß es nicht.«
»Denn wenn er nicht von der Sittenpolizei ist . . . Wie heißt er?«
»Santamaria.«
»Ist er aus dem Süden?«
»Also, ich weiß es wirklich nicht«, sagte Anna Carla und fühlte dabei, wie sie errötete. »Tatsächlich kenne ich ihn noch gar nicht, ich bin nur bei Freunden zum Lunch eingeladen, und ich weiß, daß er auch . . . Vielleicht nützt es nichts, aber, wenn Sie meinen, könnte ich ihn doch auf Ihre Lage hinweisen.«

»Danke. Sagen Sie ihm nur klipp und klar, wie die Dinge stehen, und daß er jederzeit alle nur möglichen Beweise von mir bekommen kann. Und wenn er sich vielleicht einmal die Mühe machen wollte, zu einem kleinen Lokaltermin zu mir herauszukommen, in den Stunden des Stoßverkehrs ...«
Sie zwinkerte Anna Carla zu und brach in ausgelassenes Gelächter aus.
»Schön«, sagte Anna Carla und öffnete die Wagentür. »Jedenfalls werden wir sehen, ob er etwas tun kann.«
Signora Tabusso zog eine Grimasse.
»Hoffen wir das Beste«, sagte sie. »Aber mein Grundsatz war es immer, mir keine Illusionen zu machen. Die Welt ist schlecht, meine Liebe, schlecht, schlecht!«
Einen Augenblick herrschte Schweigen. Aber die Tabusso, der für den Moment der Stoff ausgegangen war, hatte bereits neue Quellen entdeckt, die ihr Bedürfnis nach Entrüstung stillen konnten.
»All diese Streiks und die Raubüberfälle und die jungen Mädchen, die von zu Hause fortlaufen! Und diese Morde. Haben Sie gelesen, was in der Via Mazzini passiert ist? Und der arme Kerl von der Banca Commerciale, den sie ...«
Anna Carla stieg rasch in den Wagen und versuchte, mit ihrem strahlendsten Lächeln darüber hinwegzutäuschen, daß sie ohne zu antworten, den Motor angelassen hatte.
»Nochmals vielen Dank!«
»Ich danke Ihnen, meine Liebe. Wir hören also heute abend oder morgen früh voneinander, nicht wahr?«
Den Hund an ihrer Seite, blieb sie stehen und sah zu, wie der Mini im Rückwärtsgang aus der Reihe der parkenden Autos herauskam. Fürchterlich in jeder Hinsicht, dachte Anna Carla, aber nicht unsympathisch.

3

Nicht entzückend. Nicht fabelhaft. Nicht anbetungswürdig. Nicht einmal faszinierend. Nein. Während sie Kommissar Santamaria beobachtete, der sich jetzt mit Massimo unterhielt, wurde Anna

Carla klar, daß all diese übertreibenden Eigenschaftswörter, bezogen auf einen solchen Mann, nichtssagend waren. Sie hatten nichts mit ihm zu tun, sie paßten einfach nicht. Feinfühlig, das ja. Denn als Massimo ihr eben, auf der Terrasse auf und ab gehend, mit theatralischer Effekthascherei und höchst überflüssigen Spannungseffekten à la Hitchcock die Geschichte von Garrone erzählt hatte mit allem, was dazugehörte, ihrem weggeworfenen Brief, dem Phallus, der geheimnisvollen Blonden mit der großen Tasche über der Schulter, da hatte er, Santamaria, sich untadelig benommen. Er hatte sie nicht von der Seite her forschend beobachtet (um zu sehen, wie sie reagierte), ebensowenig hatte er betonte Gleichgültigkeit zur Schau getragen (um sie in dem Glauben zu wiegen, sie sei nicht verdächtig). Sondern er war in seinem Korbstuhl sitzen geblieben und hatte mit Geduld, ja, das war das Wort: mit Geduld, die Erzählung Massimos angehört, diese Übersetzung in die Sprache der geistig Schlichten einer Geschichte, die für ihn, Santamaria, doch nur Arbeit, Mühe und Pflicht bedeutete. Feinfühlig und geduldig. Er hatte gelächelt, wenn es etwas zu lächeln gab (und auch, wenn dazu kein Anlaß bestand; also sehr taktvoll). Hin und wieder hatte er etwas erklärt und präzisiert; er hatte also Charakter und ließ sich nicht von jemandem wie Massimo an der Nase herumführen, der allerdings nichts lieber tat, als die andern an der Nase herumzuführen... Und am Ende hatte er, zu ihr gewandt, etwas so Schönes gesagt, daß es ihr fast die Kehle zuschnürte. Er hatte, die Arme ein wenig ausgebreitet, gesagt: »Sehen Sie, wie das Leben spielt?«
Wer von allen Menschen, die sie kannte, war heute noch fähig, eine solche Banalität *im Ernst* zu sagen? Nicht einmal die Portierfrauen sagten dergleichen heute ohne ironische Distanzierung, ohne Anführungsstriche. Der hier dagegen hatte es mit einer unheimlichen Natürlichkeit, einer Schlichtheit, einer *Menschlichkeit* gesagt, die einem den Atem nahm. Das Spiel, die Zufälle des Lebens . . . Nur ihr Onkel Emanuel konnte noch so sprechen, konnte einem das Gefühl geben, daß die Worte noch bedeuteten, was sie sagten. Aber der war von einer anderen Generation. Wie alt mochte der Kommissar sein? Vierzig, ein bißchen darüber. Übrigens, ein schöner Mann; das durfte man von ihm sagen, man *mußte* es sagen. Nicht etwa »nicht übel«, »gut aussehend« oder sonst eine dieser scheußlichen Umschreibungen. Nein: ein schöner Mann, samt

Schnurrbart, den sie hier dank den Zufällen des Lebens kennengelernt hatte. Nichts gegen die sprachlichen Klischees, dachte Anna Carla, bewegt und elektrisiert von diesem linguistischen Wunder. Da wurde der Friedhof wieder lebendig, die Wüste begann zu blühen, die Bleikugeln prallten zurück, und der abgeworfene Ballast schwamm oben. Und das alles, weil der Mensch, der ihr unter einem blauen Sonnenschirm gegenübersaß, endlich ein ernster Mensch war. Denn das war der Kommissar Santamaria, ein ernster Mensch.

Sie hatte wohl, überlegte sie, als sie Massimo zuhörte, auf seinen Ton eingehen müssen, leider! Da gab es Ausrufe, kleine Schreie, aufgerissene Augen: eine unerträgliche Stummfilm-Mimik. Natürlich war die Affäre mit dem weggeworfenen Brief ein absolut toller Zufall; aber wenn sie sofort gesehen hätte, daß dieser Mann ein Mann ohne Anführungszeichen war, hätte sie sich ein bißchen gemäßigt. Eine Frau, die so auftrug, konnte einem solchen Mann nicht sehr gefallen. Sein erster Eindruck von ihr – darüber machte sie sich keine Illusionen – mußte vernichtend gewesen sein.

»Der Mord als eine schöne Kunst betrachtet?« fragte Santamaria mit seiner ruhigen Stimme. »Nein, keine Ahnung. Was ist das?«

Mußte das sein? fragte sich Anna Carla erbittert. Da kam dieser Mann, um hier seine Pflicht zu tun und Nachforschungen über den Tod eines Bürgers anzustellen (ein Schwein, aber trotzdem ein Staatsbürger), und unversehens sah er sich im Salon, in den Fängen der alten Tante, und mußte schöngeistiges Geschwätz über De Quincey und seine Theorie vom »eleganten«, »ästhetischen« Verbrechen und so weiter über sich ergehen lassen. Es fehlte nur noch das Gläschen Marsala. Es war traurig, zu sehen, wie Massimo mit all seinen glänzenden Kunststückchen nur in die tiefste Provinz abglitt, ohne es zu ahnen.

»Entschuldige, Massimo«, unterbrach sie ihn entschlossen, »aber ich glaube nicht, daß der Kommissar hergekommen ist, um sich geistreiche Theorien über Verbrechen im allgemeinen anzuhören.« Sie setzte das Glas mit Tomatensaft hart auf den Tisch. »Wenn ich richtig verstanden habe, erhofft er sich unsere Unterstützung bei seinen Nachforschungen, irgendeine Vermutung, einen Hinweis, da wir ja Garrone kannten, wie gut oder flüchtig es auch sei. Meinst du nicht?«

Der Kommissar trat halb aus dem schützenden Schatten des Sonnenschirms heraus, doch nicht, um den Rettungsring zu ergreifen, den sie ihm zugeworfen hatte, sondern um ihn zurückzuweisen.

»O nein, ich erwarte nicht, daß Sie mir die Lösung des Geheimnisses auf dem silbernen Tablett präsentieren! Irgendwann kommt sie, wer weiß von woher. Was mich betrifft, kann ich nicht einmal sagen, daß ich den Mörder suche.«

Sein Gesicht, plötzlich von Schweißperlen benetzt, trat zurück in den blauen Schatten.

»Na siehst du«, sagte Massimo und wippte triumphierend mit dem Fuß.

»Mein Problem ist – ich sagte es schon Signor Campi –, die Figur Garrones etwas genauer zu bestimmen; ein etwaiges Motiv zu suchen, das, wenn auch nur entfernt, nur theoretisch, zur Persönlichkeit und sozusagen – zu der Art von Tod paßt, den er gefunden hat. Einstweilen ist meine Untersuchung noch sehr elastisch, sehr offen. Ganz zu schweigen davon, daß mir die Theorien dieses ...«

»De Quincey«, murmelte Massimo mit widerlicher Bescheidenheit.

»... sehr interessant erscheinen.«

Die Männer hielten immer zusammen. Eine Einheitsfront, totale Solidarität, und du, vorlaute Gans, schweige! Es sei denn, auch dieser Santamaria war ... Nein, ausgeschlossen, undenkbar. Das hätte sie schon vor einer Stunde gemerkt. Der schien ihr, im Gegenteil, ziemlich eindeutig heterosexuell zu sein. Aber wie sie über diese kleinen Unterschiede hinweggingen, wenn es galt, eine Frau auf ihren Platz zu verweisen! Verdammte Mafia!

Anna Carla fand es der Mühe wert, die so angenehme Konversation dieser zwei Mitglieder des Klubs Piemont-Sizilien ein bißchen zu stören.

»Es war nur, ich wollte nur«, begann sie zerknirscht. Sie brach ab und warf erst Santamaria, dann Massimo einen hilfeflehenden Blick zu.

»Gewiß, gewiß, es war sehr lieb von dir. Aber ich kann dir versichern, daß der Kommissar genau weiß, was er will«, sagte Massimo gutmütig. Hier sprach der Experte in der Psyche der Polizeibeamten.

»Ich glaube es«, sagte Anna Carla, mit wie von Verlegenheit und

Schüchternheit erstickter Stimme. »Aber da er doch hier in deinem Hause als dein Gast ist, und einen so – so liebenswürdigen Eindruck macht, dachte ich, um es ihm ein bißchen leichter zu machen . . .«
Massimo richtete sich in seinem Liegestuhl auf.
»Ich dachte«, stammelte Anna Carla, »daß es ihm vielleicht unangenehm ist, selbst – den Stier bei den Hörnern zu packen.«
»Was für einen Stier? Was für Hörner?« fragte Massimo, bereits in seiner Ruhe aufgescheucht. »Was sagst du da?«
»Also nur, daß wir beide verdächtig sind, nicht wahr? Daß er uns schließlich doch fragen muß, ob wir für den fraglichen Abend ein Alibi haben. Ist das nicht Ihr wahres Problem, Herr Kommissar?«

Was fiel ihr ein, war sie verrückt geworden? Bis zu einem bestimmten Augenblick hatte sie sich großartig benommen; alles hatte darauf hingedeutet, daß sie das Spiel augenblicklich begriffen hatte. Statt dessen stellte sich nun heraus, daß sie überhaupt nichts begriffen hatte. Wen glaubte sie mit solchen kindischen Unverschämtheiten beeindrucken zu können? Da war schon etwas mehr nötig, um jemanden wie Santamaria ein Bein zu stellen.
Der sich jetzt übrigens gegen die Unterstellung wehrte, mit der vollendeten Kunst dessen, der ohnehin weiß, daß der andere die Rechnung zahlt.
»Um Himmels willen, ich bitte Sie! Ich versichere Ihnen . . . Ich bitte Sie, mir zu glauben . . . Signor Campi hatte die Liebenswürdigkeit . . . Eine allgemeine Orientierung – einige freundschaftliche Hinweise . . . Zwei intelligente Menschen – eine Konsultation, wenn ich so sagen darf.«
Und ihre Antwort, unnachgiebig: »Dann erst recht: Ein Berater muß über jeden Verdacht erhaben sein. Das ist die Voraussetzung. Ich habe zwar keine Erfahrung in polizeilichen Untersuchungen, aber ich denke doch . . .«
Jetzt brachte sie ihm bei, was Polizeiarbeit hieß! Massimo sprang auf und stieß mit der Stirn gegen den Rand des Sonnenschirms.
»Wohin willst du?« fragte sie drohend.
»Ich verdrücke mich«, sagte Massimo. »Auf dieser Terrasse wird es mir allmählich zu heiß.« An den Kommissar gewandt: »Ent-

schuldigen Sie mich einen Augenblick. Ich muß einmal hinuntergehen und sehen, was Rosa für uns zaubert.«

Rosa, seine Haushälterin und Köchin, war die Tüchtigkeit und Pünktlichkeit in Person, und in der Küche verlor sie auch in den schwierigsten Situationen nicht den Kopf. Aber wenn ich jetzt nicht aufgestanden wäre, dachte Massimo, als er ins Bad ging, um sich ein wenig zu erfrischen, hätte ich ihr am Ende den Hintern versohlt. Er war an Anna Carlas Überschwang, an ihre plötzlichen Begeisterungsausbrüche und sonstigen Übertreibungen gewöhnt, ja, er liebte sie. Aber alles hatte eine Grenze. Dem ersten Polizisten, der ihr in ihrem Leben begegnet war, sprang sie sozusagen rittlings auf die Knie und schrie: Ich auch, ich auch! Es war schon pathologisch, ein klarer Fall von infantiler Regression. Dieser Mann war hierhergekommen mit seinem eigenen Rhythmus (dem Rhythmus des Süditalieners), mit seiner eigenen Methode, einer Verhörtechnik, die »von weitem« operierte, und war zufrieden, daß man ihn mit De Quincey oder der Theorie des motivlosen Verbrechens gelassen unterhielt (und hinhielt), während er seinen Campari Soda trank, und da zog ihn unvermittelt diese Fanatikerin im kurzen Rock an den Ohren und wollte ihn dazu bringen, FBI zu spielen.

Es sei denn, dachte er, sich die Stirn trocknend, daß sich hinter ihrem Interesse für die Arbeit der Polizei ein Interesse für den Polizisten verbarg. Der Spiegel zeigte ihm den Anflug eines mitleidlosen Grinsens. Wir werden noch erleben, dachte er, daß ihr dieser Santamaria gefällt. Er sah rasch zu Rosa hinein und ging dann wieder auf die Terrasse.

»In ein paar Minuten ist es soweit«, sagte er. »Entschuldigen Sie.«

Er setzte sich und wartete.

»Durchaus nicht«, erklärte sie gerade und warf stürmisch den Kopf nach hinten, »ich finde, Sie sind zu beneiden. In der Welt, in der Sie leben, ist eine Sache weiß oder schwarz, wahr oder falsch.«

»Ach Gott . . .« versuchte Santamaria zu bremsen.

»Entweder hat der und der den Tankwart beraubt, oder er hat es nicht getan. Es ist doch wenigstens eine reale Welt, eine Welt der *Tatsachen.*«

Und ob er ihr gefiel! Ein solider Mann, positiv und konkret, der es mit Fakten zu tun hatte, und noch nie von De Quincey oder ähnlichem Unsinn etwas gehört hatte. Ein richtiger Mann mit rich-

tigem Schnurrbart, der nur heute (da er obendrein wohlerzogen war) seinen Colt und den blanken Sheriff-Stern zu Hause gelassen hatte ... Einen Augenblick rührten ihn die Naivität, die grenzenlose Harmlosigkeit Anna Carlas. Aber dann dachte er an die möglichen Folgen, an die Gefahren dieser lächerlichen Vernarrtheit, und beschloß, diesen *Western* zu unterbrechen.
»Apropos Wahrheit«, begann er in einem Ton, mit dem er genau den Ton eines dozierenden Gymnasiallehrers traf, »ich erinnere mich da an ein reizendes Paradoxon Oscar Wildes ...«
Bei der bloßen Erwähnung dieses dekadenten, effeminierten und obendrein aus der Mode gekommenen Schriftstellers drehte sich Anna Carla um, als habe sie zwischen den Kakteen eine Klapperschlange gehört.
»›Wer hartnäckig die Wahrheit sagt, muß früher oder später mit seiner Entdeckung rechnen‹«, zitierte Massimo.
Der Kommissar brach in ein fröhliches Gelächter aus. Anna Carla stürzte vom hohen Roß ihres Schwarz und Weiß und fand sich plötzlich wieder in den Niederungen der Realität mit all ihrer Zweideutigkeit und ihrem Schillern. Sie warf den beiden einen Blick voller Haß zu.
»Hast du denn«, zischte sie, »die Wahrheit gesagt?«
»Worüber?«
»Über dein Alibi.«
Schon wieder das Alibi!
»Das nenne ich Freundschaft! Nimm mal an, ich hätte nun wirklich etwas damit zu tun ...«
»Aber Signor Campi hat sein Alibi«, unterbrach Santamaria. »Er hat es mir sogar gleich am Anfang angegeben.«
Verblüfft sah ihn Massimo an.
»Ich?«
»Ja. Als allererstes sagten Sie mir gestern, daß Sie den Abend bei Ihren Eltern draußen vor der Stadt verbrachten und daß es abends auf der Terrasse zu kühl war.«
Massimo pfiff leise vor sich hin.
»Siehst du«, wandte er sich an Anna Carla, »wie leicht wir, die wir unschuldig sind, uns kompromittieren können? Ich habe ihm das so erzählt, ohne mir dabei etwas zu denken – ganz gewiß nicht als Alibi.«

»Ich weiß«, sagte der Kommissar bekümmert. »Leider ist das so etwas wie eine Berufskrankheit bei uns ...«
Und will uns weismachen, daß er darüber unglücklich ist, dachte Massimo.
»Aber nein«, sagte er. »Bei Ihnen muß man gut aufpassen. Denn angenommen, Sie gehen jetzt in das Haus meiner Eltern, falls sie es nicht schon getan haben, um sich mit der gebührenden Diskretion beim Hauspersonal zu erkundigen. Dann werden Sie erfahren, daß es stimmt, daß ich an dem Abend tatsächlich zum Essen dort gewesen bin. Aber Sie werden auch entdecken, daß ich noch vor zehn Uhr wieder fortgegangen bin. Also würde sich mein Alibi – wenn ich Ihnen mit meiner Geschichte ein Alibi hätte liefern wollen – nur gegen mich wenden. Es würde mich nur noch verdächtiger machen.«
»Nicht, wenn Sie ein weiteres Alibi bis Mitternacht hätten, könnte ich Ihnen darauf sagen. Aber ich sage es Ihnen nicht. Und zwar aus Berechnung, wohlgemerkt.«
Stoisch trank er den letzten Schluck seines Campari Soda, der mittlerweile widerlich lau geworden sein mußte. Dann fuhr er mit dem liebenswürdigsten Ernst fort:
»Auch ich will Ihnen die Wahrheit sagen, Signor Campi. Es ist mir ganz und gar nicht daran gelegen, ein Alibi aus Ihnen herauszuholen, das ich im übrigen für völlig überflüssig halte, wenn der Preis, den ich dafür zu zahlen hätte, die Atmosphäre von Herzlichkeit und gegenseitigem Vertrauen zerstören würde, die wir zwischen uns hergestellt haben und die mir in dieser Phase der Untersuchungen mehr als alles andere nützt. Würde ich da nicht ein sehr schlechtes Geschäft machen?«
Es fehlte nicht viel, daß er sich die Hand aufs Herz legte, der Komödiant. Und wie gebannt hatte Anna Carla die Augen auf ihren rauhen und ehrlichen Helden gerichtet und glaubte jedes Wort, das er sagte.
»Ich verstehe Sie sehr gut, mein lieber Kommissar. Aber Sie können mir glauben, daß es für mich keineswegs ...«
»Aber nein, nichts mehr davon! Ich will nichts weiter hören von Ihrem Alibi. Im Ernst. Und von Ihrem ebensowenig, Signora. Sprechen wir nicht mehr davon.«
Darauf Anna Carlas silbriges Lachen.

»Also, soweit ich in Frage komme, ich sagte es schon, außerdem dürften es Ihnen die beiden sinistren Gestalten erklärt haben, die ich entlassen habe: Mein Mann war unterwegs, zu einem Essen mit seinen Schweden, und ich bin nach der dramatischen Entlassungsszene – es muß noch vor neun gewesen sein – zu Mulassano gegangen und habe dort ein paar Brötchen gegessen. Dann ins Kino. Allein. Ich habe niemanden getroffen und bin von niemandem gesehen worden. Wie Sie sehen, mich deckt kein Alibi.«

Jedenfalls, dachte der Kommissar, während er unwillkürlich den Blick über den sehr reduzierten Umfang ihres Sommerkleids gleiten ließ, deckte sie so wenig, daß es einen Mann verlegen und nachdenklich machen mußte. Nicht immer kamen die Geschenke der Götter gelegen. Da lag vor ihm, ausgestreckt fast wie am Strand, eine sehr schöne und sehr sympathische Frau, die ihm lebhaftes Interesse entgegenbrachte. Dennoch mußte sich der Kommissar gestehen, daß ihm all diese mit eleganter Unbefangenheit dargebotene Nacktheit – die er bei anderer Gelegenheit ebenso unbefangen zu schätzen gewußt hätte – hier und heute gar kein Vergnügen bereitete. Vielleicht weil sie in seine Untersuchung ein störendes Element brachte, eine schwer aufzulösende Dissonanz. Oder einfach, weil trotz der vielen Jahre, die er schon im Norden lebte, seine Vorstellung von dem, was man in Gegenwart einer »Dame« zu empfinden hatte, unverändert die des Süditalieners geblieben war. In diesen langen, von der Sonne (oder einer Tönungscreme?) leicht gebräunten Beinen war keine Spur von Schamlosigkeit, nicht der Schatten einer Herausforderung. Doch gerade das komplizierte die Sache. Es verwirrte ihn, es brachte ihn in Konflikt mit seinen Vorurteilen. Und Konflikte dieser Art konnte er nicht gebrauchen; ihm genügten die, die ihm seine Arbeit bereitete.
»In welchem Kino warst du?« fragte Massimo, nicht ohne Schärfe. »Was für einen Film gab es?«
»Im *Le Arti*. Und der Film hieß *Die Peitsche*«, antwortete sie prompt, wie eine Schülerin, die sich ihrer Sache sicher ist. Massimo zog eine Grimasse.
Auch hier gab es Konflikte. Das war deutlich. Nur waren sie von anderer Art. Diesen Campi ließ das gewagte Kleid seiner Freundin

völlig kalt; es mußte sich bei den beiden um eine rein intellektuelle Freundschaft handeln. Natürlich kannten sie sich auch schon lange. Außerdem ... Zum zweitenmal seit gestern abend tauchte in seinem Gedächtnis plötzlich das Bild von Campi auf, wie er vor dem Polizeipräsidium die jungen muskulösen Arbeiter in dem Graben beobachtete. Also. Das erklärte auch sein Widerstreben zu sagen, was er an dem fraglichen Abend nach zehn Uhr gemacht hatte, wie auch seine Erleichterung, mit der er seinen, Santamarias, Exkurs über die Atmosphäre von Herzlichkeit und Vertrauen aufgenommen hatte. Natürlich konnte der Ärmste sich nicht auf die Diskretion gegenüber einer Dame berufen, wenn es sich in Wirklichkeit um einen »Herrn« gehandelt hatte. Freilich glaubte er, einen Burschen der Sorte, die sich am Dora-Ufer, am Lungodora, herumtrieb, ausschließen zu dürfen. Allenfalls sein Freund mit dem Paß, Riviera, Ravera oder so ähnlich . . . In jedem Fall würde es ein leichtes sein, von dem Taxichauffeur, den er vermutlich für die Rückfahrt genommen hatte, zu erfahren, wo sein Fahrgast ausgestiegen war. Das war eine einfache und unauffällige Kontrolle, die er, um nur ja nichts zu vernachlässigen, vornehmen konnte. Er merkte es sich in Gedanken vor. Und da er gerade dabei war, ließe sich wohl auch eine Möglichkeit finden, dem Geometer Bauchiero die Dosio vorzuführen. (Daß er wieder so kühle Überlegungen anstellen konnte, beruhigte ihn.) Blond und groß war sie, wenn auch damit, um ehrlich zu sein, jede weitere Übereinstimmung endete. Aber auffällig geschminkt und vermummt in einen Plastikmantel, wer weiß . . . Plötzlich fiel ihm das lastende Schweigen auf, das sich der beiden bemächtigt hatte. Aber gerade schickte sich Anna Carla an, es zu brechen.

»Und wo wollen Sie Ihre Ferien verbringen, Herr Kommissar? Oder gibt es in Ihrem Beruf so etwas wie Ferien nicht?«

»Doch, die gibt es. Nur heißen sie ›Urlaub‹, und aus dem einen oder anderen Grund habe ich noch nie mehr als die Hälfte davon ausnützen können.«

»Und wohin wollen Sie? Nach Sizilien?« fragte mit Selbstüberwindung Massimo.

Nein, so verdrossen, so uneins miteinander, nutzten sie ihm nichts. Im Grunde hatte er die Wahrheit gesagt; er brauchte sie entspannt, lebhaft, gesprächig.

»Wenn ich so eine Terrasse hätte«, sagte er, »würde ich mich nicht fortrühren von Turin. Hier läßt sich leben. Man hört so gut wie nichts vom Verkehr.«
Er stand auf und ging unter der glühenden Sonne langsam bis zur Brüstung. In regelmäßigen Abständen trat er in den spärlichen Schatten irgendwelcher Zierbäume mit kugelförmig geschnittener Krone. In Holztöpfe gepflanzt, standen sie in einer schräg verlaufenden Reihe. Massimo ging ihm nach.
»So habe ich es hier vorgefunden, und so habe ich's gelassen, mit Bäumen und allem«, sagte er mit spöttischer Grimasse. »Es waren auch Geranien da, aber glücklicherweise sind sie sofort eingegangen.«
»Dann wohnen Sie hier zur Miete?«
»Ja, das ist viel besser. Grundbesitz bringt soviel Unannehmlichkeiten mit sich, wissen Sie . . .«
Alles in der Schweiz, und natürlich nicht einen Knopf auf den eigenen Namen eingetragen . . .
»Früher einmal hat er sogar im Hotel gewohnt«, sagte die Dosio, die sich ihnen zugesellt hatte. »Und wenn ich es könnte, täte ich es auch, ehrlich gesagt.«
»Es ist doch eine schöne große Terrasse«, sagte der Kommissar und blickte rundum. Wenigstens sechshundert Quadratmeter rote Fliesen, nur unterbrochen durch den Aufbau über dem Treppenhaus, über den sich kaskadengleich wildwachsender Wein rankte.
»Es hat etwas Trauriges«, sagte Campi nach einer Minute nachdenklicher Betrachtung. »Es erinnert mich an ein Dancing in der toten Saison.«
»Warum versuchen Sie nicht, auf der Terrasse Weizen anzubauen?« fragte der Kommissar, in dem Versuch, ihn ein wenig aufzuheitern.
Massimo reagierte mit einem höflichen Lächeln, aber Anna Carla war gleich Feuer und Flamme.
»Eine phantastische Idee! Ein genialer Einfall! Massimo, das mußt du unbedingt tun, es würde alles von Grund auf ändern. Stell dir vor, wie wunderbar: das goldgelbe Ährenfeld, über das der Wind streicht, der rote Mohn, und die Lieder der Schnitterinnen . . .«
»Mit dir?«

»Ich in der ersten Reihe! Gib zu, es ist die Idee des Jahrhunderts: statt hängender Gärten das Getreidefeld auf der Terrasse! Wenn du da an die lächerlichen kleinen Einfälle unserer Architekten und Innenarchitekten denkst ... Die Getreidezone! Das ist doch etwas anderes als die ›Unterhaltungszone‹ oder die ›Arbeitsecke‹, Herr Kommissar. Sie entkommen mir nicht mehr, ich ernenne Sie zu meinem ständigen Berater!«

Sie scherzte natürlich, dachte melancholisch der Kommissar, aber gar so scherzhaft meinte sie es auch wieder nicht. Sie wäre durchaus imstande, alle ihre Freundinnen anzurufen und wenigstens drei Wochen lang von ihrem »phantastischen Polizisten«, ihrem »goldigen Schupo«, ihrem »engelhaften Santamaria« zu schwärmen, ohne den man einfach keinen Aschbecher verrücken oder eine Blume kaufen konnte. Oder einen dieser »lächerlichen Architekten« umzubringen?

Massimo sah auf die Uhr. »Besser, wir gehen jetzt hinunter. Sonst wird Rosa nervös.«

»Warum läßt du dir nicht eine Klingel legen?«

»Es ist eine da, aber sie funktioniert nicht mehr. Und ich lasse sie bestimmt nicht reparieren, da ich ja nie hier bin.«

»Es würde dir aber gar nicht schaden, wenn du hin und wieder ein bißchen an die Sonne kämst. Du siehst aus wie ein wandelnder Leichnam.«

Hinter dieser Kränkung, erkannte der Kommissar, verbarg sich die Versöhnung, was auch immer der Grund ihres kurzen Zerwürfnisses gewesen war.

»Niemand ist vollkommen«, sagte Massimo und gab sich alle Mühe, recht vampirhaft zu grinsen, wozu er den Mund gräßlich verzog.

Gott sei Dank, der Friede war geschlossen.

Die Dosio stieß einen Schrei gespielten Entsetzens aus. »Weißt du, wem du ähnlich siehst?« fragte sie lachend. »Der Signora Tabusso!«

»Wir sind uns noch nicht begegnet. In welchem Grab haust sie?«

»Sie lächelt genau wie du, ich schwör's.« Und zum Kommissar gewandt: »Sie ist ein bißchen ein Drachen, aber gar nicht unsympathisch. Sie werden es selbst sehen.«

»Wie! Ich?« fragte der Kommissar und führte die Hand an den Hals. »Und wird sie mich fressen?«

»Ich glaube schon, sie kann die Polizei auf den Tod nicht ausstehen. Aber Sie werden verstehen, sie ist so nett zu mir gewesen, und um mich zu revanchieren, habe ich in der Eile . . .«
Während sie die Treppen hinunterstiegen, erklärte sie ihm – nicht ohne alle drei Stufen von neuem um Vergebung zu bitten –, was Schreckliches sie angestellt habe: diese »unglaubliche Indiskretion, diese schändliche Tölpelei«, die sie begangen habe, ohne ihn überhaupt zu kennen – womit sie die kleine, aber unbestreitbare Schererei meinte, die sie ihm eingehandelt hatte.

4

»Ach, Palmira«, begann Signora Tabusso, während sie sich den Teller ordentlich mit Safranreis füllte, »da wäre noch ein Strafmandat zurückzunehmen.«
Die alte Magd, deren Schwiegersohn bei der städtischen Polizei war, setzte eine spöttisch-vorwurfsvolle Miene auf.
»*Avanti Savoia!*« rief sie, wie immer bei solchen Gelegenheiten. »Und wo haben Sie sich das geholt?«
»Es ist nicht für mich, es ist für Signora Dosio, du kennst sie nicht. Sie hat an verbotener Stelle geparkt.«
»Hast du die Dosio getroffen, Ines?« fragte Virginia, die Schwester der Signora Tabusso, mit schüchternem Interesse. Sie kannte »die Dosio« noch flüchtiger als Ines; und Ines hatte sie zufällig bei den Campis kennengelernt – vier Villen und hundert Meter weiter unten –, als sie eines Tages dort war, um auch sie um ihre Unterschrift unter eines ihrer zornigen Gesuche an die Stadt zu bitten. Aber es hatte Virginia genügt, sie ein paarmal beim Friseur zu sehen (wenn sie ihre Schwester begleitete) oder bei Baratti oder Mulassano, um voll tiefer Bewunderung zu ihr aufzublicken, in einer unschuldigen Verehrung von der Art, wie man sie einem Illustriertenidol entgegenbringt.
Zögernd hielt sie ihre Gabel, als fürchte sie, damit den kleinen Reisberg auf ihrem Teller anzugreifen, und Palmira nahm das Zögern zum Anlaß, ihr noch einmal den Aluminiumtopf hinzuhalten.

»Nehmen Sie doch noch etwas, Signorina. Sehen Sie doch, wieviel übrigbleibt!«
»Und du brauchst nicht immer wie für ein ganzes Regiment zu kochen«, mahnte Signora Tabusso mit vollem Munde. »Wo wir nur zu dritt sind.«
Palmira zuckte die Achseln. Sie machte ein paar unbeholfene Schritte, wobei sie das rechte Bein nachzog, und nach einer ganzen Reihe von mühseligen Verrenkungen gelang es auch ihr, sich zu setzen. Wegen ihres Ischias aßen sie seit zwei Jahren alle drei in der Küche. Nur saßen die Signora und ihre Schwester an dem großen Marmortisch und sie, Palmira, an einem kleinen behelfsmäßigen Tisch, der zwischen Spültisch und Fenster stand.
»Was hat das damit zu tun? Wenn ein Rest bleibt, kann man daraus immer noch Pfannkuchen backen«, erklärte sie, während sie sich reichlich bediente. »Ich sagte es nur, weil die Signorina soviel ißt wie ein Spatz. Aber man muß sich bei Kräften halten, meine Lieben, jetzt wo die große Hitze gekommen ist.«
»Für dich ist jedes Wetter ein guter Grund, dich bei Kräften zu halten, ob heiß, ob kalt, ob feucht. Stimmt's?« Und Signora Tabusso klatschte sich dabei auf den Bauch, der übrigens kaum weniger stattlich war als der ihrer alten Haushälterin.
»Immer noch so schön und elegant?« fragte Virginia.
»Wer?«
»Die Dosio.«
»Ach so.« Signora Tabusso dachte nach. »Ja«, gab sie dann sachlichen Tons zu, »halbnackt, aber das ist heute modern. Doch elegant. Natürlich gehört, mit ihrem Geld, nicht viel dazu.«
»Das ist nicht wahr. Außerdem ist sie auch fein, von einer feinen Art, und das will etwas heißen.«
»Fein, fein«, brummte Signora Tabusso ungeduldig, indes sie drei gelbe Reiskörner von dem ovalen gestickten Läufer (ein Werk Virginias) entfernte. »Möglich.«
Ihre Schwester strich sich eine graue Strähne aus dem Gesicht und blickte träumerisch zur Decke hinauf. »Immer wenn ich sie gesehen habe, hatte sie so einen Ausdruck von ... Schwerelosigkeit«, sagte sie mit einer kleinen Bewegung ihres mit Armbändern behängten Handgelenks.
»Von Hürchen, meinst du wohl?« fragte Signora Tabusso.

»Aber Signora!« entrüstete sich Palmira. »Das ist doch keine Art!«
Auch Palmira war wie Signora Tabusso Witwe und kannte die weniger poetischen Seiten und Ausdrücke des Lebens; aber mit der Signorina Virginia war es etwas anderes, vor ihr durfte man gewisse Ausdrücke nicht gebrauchen.
»Was denn?« wehrte sich Signora Tabusso. »Ich wollte sie nicht kritisieren, das sind ihre Angelegenheiten. Du kannst dir doch denken, wie schnuppe mir das ist!« Sie schenkte sich ein Glas Wein aus der Kristallkaraffe ein. »Mich interessiert nur, ob sie es erreichen kann, daß die Huren von meiner Wiese vertrieben werden. Sie sagt, daß sie einen Polizeikommissar kennt.«
Palmira ließ aus ihrem Winkel ein kurzes spöttisches Lachen hören.
»Die gehen doch selber alle zu diesen – diesen Frauen, da können Sie nicht erwarten, daß sie sie mit der grünen Minna abholen!«
»Der hier soll aber sehr tüchtig sein, sagt sie«, erklärte schon etwas unsicher geworden die Tabusso. »Es ist derselbe, der damals den Einbruch in der Villa Campi, hier unter uns, untersucht hat. Santamaria heißt er. Kriminalkommissar Santamaria.«
»Nie gehört«, sagte Palmira im Ton der Verachtung. Sie verfolgte die Polizeiberichte in der Zeitung mit größter Aufmerksamkeit seit jenem Tage, an dem ihr Schwiegersohn in der *Stampa Sera* mit vollem Namen genannt worden war, nachdem er in einem Handgemenge mit zwei Betrunkenen an der Porta Palazzo Verletzungen davongetragen hatte.
»Wenigstens wird er sich hier draußen auskennen.«
»Aber ich bitte Sie! Jemand, der so heißt, kann doch auch nur aus dem Süden sein. Wahrscheinlich kann er nicht mal Italienisch!«
»Süden oder nicht Süden, mir genügt es, wenn er mir das *Capriccio* zumacht. Dann stifte ich ihm ein Denkmal.«
»Und nach einem Monat wird es dann neueröffnet. Die Kerle stecken doch alle unter einer Decke. Das einzig Richtige wäre, daß die Stadtpolizei die Sache in die Hand nimmt. Da haben sie nur ausgewählte Leute, nicht diese Ignoranten!«
Denn Palmira vergaß nie, daß man, um Stadtpolizist zu werden, mindestens ein Meter siebzig groß sein mußte.

»Gewiß, sie sehen besser aus«, räumte Virginia ein, »aber wann wir sie auch gerufen haben, hier oben haben wir sie noch nie zu Gesicht bekommen.«

»Das glaube ich gern! Weil ihnen die Hände gebunden sind!« ereiferte sich Palmira. »Weil sie ihnen alle Knüppel zwischen die Beine werfen – die Carabinieri, die vom Polizeipräsidium und sogar die vom Zoll! Eine Schande, diese Eifersucht!«

Wütend kratzte sie den Kochtopf aus.

»Ich begreife nicht, warum ihr euch deswegen so aufregen könnt«, sagte Virginia. »Mich stören mehr die, die uns die Maiglöckchen hinter den Haselnußsträuchern stehlen.«

»Hast du das gehört?« Signora Tabusso schlug mit der Faust auf den Tisch. »Da kommen sie hier herauf und machen ihre Schweinereien schon fast in unseren eigenen Betten, und sie zählt die Maiglöckchen nach!«

»Weil die Signorina so ein reines Herz hat«, sagte Palmira. »Gewisse Dinge sieht sie einfach nicht, sie hat es gut. Es ist die Unschuld –«

»Was heißt hier Unschuld? Das grenzt an Verantwortungslosigkeit!«

»Auch mein Schwiegersohn sagt immer: Wenn wir ihnen, der Polizei, nicht ein bißchen helfen – zaubern können die auch nicht.« Seufzend machte sie Anstalten aufzustehen. »Natürlich gibt es da auch einiges großmäuliges Pack, aber wenn sie es dann zum Beispiel mit so einem zu tun haben wie mit dem Goldschmied vom Corso Giulio Cesare . . .«

»Was für ein Goldschmied?«

»Haben Sie es denn nicht heute morgen in der *Stampa* gelesen? Dem haben sie Waren im Wert von vierzig Millionen Lire gestohlen. Und er hat es nicht mal geschafft, ihnen ins Gesicht zu sehen, er sagt, er kann sich an nichts erinnern.«

»Aber wenn sie maskiert waren!« sagte Ines.

»Na schön, sie waren maskiert, aber alles, was recht ist, er braucht ja auch nicht wie ein Stockfisch dabeizustehen . . .«

Sie hatte sich inzwischen völlig aufgerichtet. Sie ließ die Arme baumeln und nahm, Mund und Augen aufgesperrt, die mutmaßliche Haltung der Stockfische ein.

»Und diese halben Portionen, die ihm mit einer blitzschnellen Be-

wegung die Tasche entrissen«, fuhr sie fort, während sie auf die Pfanne mit den Kalbsschnitzeln in Marsala zusteuerte, »meinetwegen waren sie blitzschnell, aber das sollten sie mal bei mir probieren . . .«
Mit drohender Miene unterbrach sie sich und versuchte, eine Fliege im Flug zu fangen, die sich träge von der Soße erhoben hatte; dann nahm sie die Pfanne vom Herd und ging damit an den großen Tisch. »Nein, es liegt daran, daß die Leute nur noch ihre Schlagermusik im Kopf haben. Das schwebt nur noch in den Wolken und hat die Ohren mit Salami verstopft. Und das macht sich die Unterwelt zunutze, meine liebe Signorina. Da ist schon jemand wie dieser Bauchiero . . .«
»Bauchiero?« fragte Signora Tabusso – und bediente sich mit einem großen und einem etwas kleineren Schnitzel, »meinen Sie den Tischler?«
»Nein, den aus der Via Mazzini, der den Toten gefunden hat, Sie wissen doch.«
»Ach so.«
»Nun, der hat seine Pflicht getan, genauso, wie ich sie getan hätte. Er hätte sich ja auch die Hände in Unschuld waschen können, wie man so sagt, so tun, als hätte er nichts gesehen, und Veilchen pflücken gehen . . .«
»Oder Maiglöckchen«, sagte Signora Tabusso mit einem Blick auf ihre Schwester.
»Er dagegen, man denke, wie geistesgegenwärtig, bei seinem Alter: er findet den Toten, ruft sofort die Polizei und erinnert sich noch an die blonde Frau, die aus der Haustür kam. Damit ist er jetzt der einzige Zeuge«, schloß sie voller Neid.
»Den Mörder hat er ihnen aber nicht liefern können?«
»Er ist nicht der liebe Gott! Aber immerhin hat er sie auf eine Spur gebracht, mit dem Eisenrohr und der Tasche mit dem italienischen Stern drauf.«
»Seestern«, sagte Virginia schüchtern.
»Was heißt Seestern?« fragte Signora Tabusso.
»Der Stern auf der Tasche«, sagte Virginia. »Es war ein Seestern. Ich habe es genau gesehen.«

5

Auf dem leeren Teller des Kommissars – er hatte mit Behagen sein Pfeffersteak gegessen – lagen Messer und Gabel in der rechten Weise: nebeneinander und im rechten Winkel zum Tischrand, doch ohne jene skrupulöse Genauigkeit, die stets eine geheime Unsicherheit verriet. Mit einem flüchtigen Blick hatte Anna Carla auch diese Kleinigkeit aufgenommen, und sie fühlte, schlicht gesagt, Erleichterung.

Denn selbst der bestaussehende, der untadeligste, der tapferste, der gescheiteste Mann – ein Mann, mit dem eine Frau schlafen oder für den sie Millionen flottmachen konnte, um eins seiner Bilder zu kaufen, oder für den sie, seinen Namen auf den Lippen, auf den Barrikaden zu sterben bereit war –, wenn er nicht gute Tischmanieren hatte, sondern zum Beispiel Messer und Gabel links und rechts an den Tellerrand lehnte wie die Riemen eines Ruderboots, nun, dann war da wenig zu machen: einen solchen Mann konnte sie ernstlich nie als ihresgleichen akzeptieren. Das waren die wahren Klassenvorurteile. Es war leichter, einen großen Grundbesitz unter hungrigen Landarbeitern aufzuteilen – dachte sie großzügig –, oder sein Silberzeug den Leprakranken zu schenken oder Molotowcocktails gegen den Rolls-Royce eines Vetters aus der Großindustrie zu schleudern, als sich von solchen formalen Kleinigkeiten freizumachen, die so hartnäckig und so unlöslich waren wie Nierensteine. Wären die Revolutionäre nicht von jeher so naiv gewesen, hätten sie sich in ihren politischen Prozessen auf solche Merkmale berufen: »Er faßt den Löffel nicht wie eine Schaufel an: Siebenundzwanzig Jahre Sibirien!« »Er schneidet ein Omelett nicht mit dem Messer: Tod durch Erschießen.« »Er trinkt den Kaffee, ohne den kleinen Finger zu spreizen: Tod durch Erhängen.« Sie hätte jedenfalls gegen Urteile dieser Art nichts einzuwenden gehabt.

»In der Erklärung der Menschenrechte«, sagte gerade Massimo, »müßte es auch das geben.«

»Jetzt seid ihr bei der Revolution angelangt?«

»Du hörst doch nie zu, wenn von ernsten Dingen die Rede ist. Wir sprechen von dem unveräußerlichen Recht, *kein* Weinkenner zu sein.«

»Denn dann«, bekannte Santamaria, »ist mir noch der Advokat lieber, der etwas von Frauen und Numismatik verstehen will.«
»Aber bei weitem! Unbedingt!«
Dies war keine beliebige Unterhaltung, glaubte Anna Carla zu erraten. (Sie dankte, als Rosa ihr die Käseplatte reichte.) Dies war eine Begegnung von Glaubensgenossen, das begeisterte Sicherkennen von politisch Verfolgten. Warum mußten Männer immer alles in diesem Licht sehen?
»Übrigens nehmen jetzt«, sagte Santamaria, während er vom Gorgonzola nahm, »die Käsekenner bedenklich zu.«
»Eine noch gefährlichere Subkultur«, stimmte ihm Massimo voller Wärme zu. »Der Typ, der Ziegenkäse aus den Pyrenäen von Ziegenkäse aus dem Gâtinais unterscheiden kann! Diese Leute haben nichts Menschliches mehr.«
»Farrabino!« rief Anna Carla.
»Farrabino, stimmt. Und Salengo, und Giancarlo und, wenn du nichts dagegen hast, deine Cousine Elisabetta«, sagte Massimo. »Und vergessen wir nicht Garrone.«
»O nein, Garrone nicht! Er ist tot und begraben, er spielt nicht mehr mit. Außerdem, was weißt du davon? Hast du einmal mit ihm zusammen gegessen?«
»Nein, aber ich schließe es aus uns bekannten Elementen. Durch Extrapolation.«
»Was für bekannte Elemente? Wir wissen rein gar nichts über das Verhältnis Garrones zum Emmentaler. Sie sehen die Technik, Herr Kommissar. Er ›schließt‹ auf gut Glück, was er will, und schlägt es einem dann als verbürgte Tatsache um die Ohren. Etwa: Ach, das ist deine Meinung? Genau das sagt auch Garrone, oder Bonetto, oder Farrabino. Und schon ist man unwiderruflich verurteilt. Nein, mein Lieber, du machst es dir zu leicht mit deinen Rückschlüssen aus bekannten Elementen. Du mußt Beweise haben!«
»Gib zu, daß ich dir stets die Möglichkeit der Nachprüfung lasse.«
»In der Theorie. Aber praktisch habe ich es noch nicht erlebt. Zum Beispiel im Fall ›Boston‹. Du hast mir gesagt, also schön, ich gehe mit dir zu Garrone, und irgendwie bringen wir das Gespräch auf Amerika, und dann passen wir auf, wie er Boston ausspricht.

In Wirklichkeit wußtest du genau, daß ich mich nicht einmal tot von dir zu Garrone schleppen lassen würde. Mir genügten die ›bekannten Elemente‹.«

»In diesem besonderen Fall ist ja nun Garrone leider vor jeder möglichen Verifizierung gestorben«, bemerkte Massimo.

»Ja, das ist richtig«, pflichtete Anna Carla ihm wie verwundert bei. »Wir werden nie erfahren, wie er Boston aussprach, der arme Teufel.«

Der Kommissar räusperte sich.

»Aber wenn wir vielleicht einen Augenblick«, begann er mit einem zaghaften Lächeln, »diese bekannten Elemente einmal etwas näher ...«

Rot vor Beschämung sah Anna Carla ihn an. Das Lunch war vorbei, das Kochgeschirr war leer, und der Polizist ging an die Arbeit. Er war nicht gekommen, um sich beliebig lange Zeit ihre Albernheiten anzuhören.

»Jetzt hören wir mit dem Unsinn auf«, versicherte sie dem Kommissar. »Wir sagen Ihnen jetzt im Ernst alles, was wir über den Architekten Garrone wissen.«

Aber Massimo lachte. »Du hast es noch nicht begriffen. Mit unserem Ernst weiß der Kommissar nicht viel anzufangen. Was ihn interessiert, sind gerade unsere leichtsinnigen Späße.«

Auch der Kommissar lachte, sagte jedoch nichts.

»Also gut«, sagte Anna Carla ärgerlich, »dann wollen wir den Kommissar in die Lage versetzen, zu beurteilen, ob sich auf Grund der bekannten Elemente wirklich behaupten läßt, daß Garrone *Baast'n* sagte und Käsefeinschmecker war.«

6

»*Kalì órexi*«, sagten im Chor die beiden Botta, als sie hinter Lello und Signorina Fogliato standen; Lello verzehrte gerade eine der »Früchte der Jahreszeit«, die Fogliato ein hausgemachtes Törtchen.

»*Efcharistò*«, sagte prompt die Fogliato; auch sie war in Griechenland gewesen, im Sommer vor zwei Jahren.

Lello, mit dem leicht melancholischen Lächeln des Ausgeschlossenen, sagte nichts.
»Welchem Umstand verdanken wir das Vergnügen?« fragte die Fogliato, ihren Goldzahn entblößend. Für gewöhnlich ging das Ehepaar Botta in der Mittagspause zum Essen nach Hause, wo ihnen eine alte Mutter ländliche Köstlichkeiten kochte.
»Der Arbeit«, sagte Botta und suchte den Blick des Kellners Dante aufzufangen, der sich am anderen Ende der Trattoria befand. »Eine Plackerei. Um zwei Uhr fangen wir heute wieder an, und wann wir am Abend nach Hause kommen, das weiß der liebe Gott ...«
Er zog sich die Jacke aus, hängte sie über die Stuhllehne und setzte sich schwerfällig. Auch seine Frau setzte sich, nachdem sie ihre Handtasche über die Lehne des vierten Stuhls gehängt hatte.
»Und wie geht es bei euch?« erkundigte sie sich.
»Danke, schlecht«, antwortete die Fogliato, verzweifelt gutgelaunt. »Rinaldi ist vorzeitig in den Urlaub gefahren, Colantuoni und Chiodi haben sich krank schreiben lassen, und die Marazzini ist der Abwechslung halber ...«
»Könnte man nicht, wenigstens bei Tisch, von etwas anderem sprechen?« unterbrach Botta sie. »Es nimmt mir den Appetit, wenn über Kollegen gesprochen wird. Anwesende natürlich ausgenommen.«
Seine Frau lachte.
»Wir sprachen eigentlich von der Blonden«, sagte die Fogliato. »Riviera hat eine neue Theorie, nämlich ...«
»Was für eine Blonde?« fragte Botta laut und unternehmungslustig. »Gebt mir sofort die Adresse!«
Seine Frau lachte.
»Begeistere dich nicht zu früh«, sagte die Fogliato, »die Blonde, von der wir reden, ist die aus der Via Mazzini. Und Riviera behauptet, daß sie nicht nur nichts mit dem Verbrechen zu tun hat, sondern überhaupt nicht existiert und nie existiert hat.«
»Ach, das sind ja alte Kamellen, davon habt ihr gestern schon bis zum Erbrechen gesprochen. Ihr müßt aber mehr *up to date* sein, Leute!«
»Was heißt das?« fragte Lello. »Der Fall ist schließlich noch nicht aufgeklärt.«

»Und wird es auch nie werden. Punkt. Basta.«

»Aber wenn das Motiv vielleicht . . .« begann die Fogliato.

»Hört mal zu, auch ich verfolge die Polizeiberichte und die Skandalchronik und nehme sie ernst als ein objektives Phänomen unserer Zeit. Aber sobald das Interesse für diese Dinge zum Selbstzweck wird, mißfällt es mir. Es ist für mich etwas Negatives. Sagen wir ruhig, etwas Krankhaftes.«

Entschlossen griff er zu einem Stück Brot und ließ es mit raschen Bissen zwischen den Zähnen verschwinden. Die Fogliato sah einen Augenblick zu Lello, dann überließ sie ihn seinem Schicksal.

»Mich interessiert es in Maßen«, sagte sie. »Aber da Riviera . . .«

Lello unterbrach sie, indem er sich direkt an Botta wandte.

»Wer hat denn gestern von Garrone angefangen? Du doch. Du hast auf uns eingeredet: ja, seht doch mal, aber stellt euch doch vor, was für ein Zufall, den habe ich ja gekannt, mit dem habe ich als Kind zusammen gespielt . . .«

»Verzeihung, Riviera«, entgegnete Botta kühl. »Du weißt, daß ich mich noch nie vor einer Verantwortung gedrückt habe, im großen wie im kleinen. Und darum lege ich Wert auf die folgende Feststellung: Der Endunterfertigte schlägt gestern früh die Zeitung auf und sieht das Bild eines Bekannten . . .«

»Bekannt woher?«

»Ich habe es dir schon gesagt, Triberti hat ihn mir einmal vorgestellt.«

»Eben, eben!«

Botta gab seinem Gesicht einen möglichst dümmlichen Ausdruck.

»Nix verstehen«, sagte er. »Ich sein armes dummes Neger.«

Seine Frau lachte.

»Es geht nur darum«, mischte sich die Fogliati vorsichtig wieder ein, »daß nach Meinung Rivieras Garrone . . .«

»Ich möchte nur das eine wissen«, sagte Lello. »Woher kannte Triberti diesen Architekten?«

»Aber Triberti kennt Dutzende von Architekten«, sagte Botta. »Die schwirren wie die Fliegen um ihn herum. Versteh mich recht, das ist ein Kuchen, auf den eine Menge Leute Appetit haben.«

»Genau das sage ich. Und nicht nur Architekten. Jedenfalls glaube ich nicht, daß man Architekt sein muß für Bauten dieser Art.«

»Nein. Da genügt der Titel eines Geometers. Dazu kommen die Bildhauer, Dekorateure, eine ganze . . .«
»Halt!« rief Lello und hob die Hand. »Hast du etwas dagegen, mir ein Wort zu wiederholen?«
Botta schloß die Augen und griff sich mit tragischem Ausdruck an die Stirn.
»Hör mal, Riviera«, begann er mit versagender Stimme, »ich bin müde, es hämmert nur so in meinem Kopf, und wenn du jetzt . . .«
»Was war das für ein Wort, das du eben sagtest?«
»Geometer!« rief die Fogliato, die nicht mehr an sich halten konnte. »Der Geometer!«
»Was für ein Geometer?«
»Der Landvermesser Bauchiero, der die Leiche gefunden hat!« sagte Lello. »Der ist ein Geometer!«
»Na und?« fragte Botta.
Lello machte sich daran, die dritte und letzte seiner Mispeln zu schälen. »Ich sehe, du willst nicht verstehen«, sagte er. »Dann wollen wir nicht mehr darüber sprechen. Der Fall ist erledigt. Dante, ich möchte zahlen!«
Ruckartig drehte sich Botta nach dem Kellner um, der für einen Augenblick zwei Tische weit von ihnen entfernt erschienen war, flüchtig, wie sich eine Möwe auf dem Wasser niederläßt.
»Dante!« donnerte er. »Willst du uns aushungern?«
»Komme sofort, komme gleich!« schrie Dante mit einem Lächeln der Verzweiflung und entfernte sich wieder, auf andere Tische zueilend, wo sich ihm Arme fordernd entgegenstreckten.
»Na los, Riviera, sei kein kleines Kind«, sagte Botta seufzend. »Erzähl mir alles.«
Lello spie den Kern der Mispel aus, die Augen starr auf den Teller gerichtet.
»Nun lassen Sie schon Ihre Theorie hören, Riviera!«
»Ein Architekt wurde ermordet«, begann Lello, »und wer findet ihn? Ein Geometer. Schon das ist, nach meiner bescheidenen Meinung, ein recht merkwürdiger Zufall. Oder nicht?«
»Ich weiß nicht . . .«
»Aber damit nicht genug. Nach dem, was wir erfahren haben, war er einer der Architekten, mit denen es soweit gekommen ist, daß

sie sich ihre Auftraggeber im Büro von Triberti suchen. Und wer sind dort die ärgsten Konkurrenten? Die Geometer, die Landvermesser! Vor allem die ohne ein eigenes Büro, die Stellungslosen, die Pensionisten ...«

»Wie Bauchiero!« ergänzte die Fogliato, die es in dieser Sache ganz mit Lello hielt.

Botta betrachtete beide mit einem nachdenklichen Blick.

»Das sollte also das Motiv gewesen sein?« fragte er.

»Aber ja, endlich verstanden«, jubelte die Fogliato. »Riviera hat das Motiv gefunden!«

»Sachte, Schwesterchen«, sagte Botta. »Der Geheimagent Riviera hat *ein* mögliches Motiv gefunden. Denn meinem Gefühl nach handelt es sich hier um ein typisches Verbrechen mit sexuellem Hintergrund, oder wo zumindest das Element Sex ...«

»Aber wer hat denn das Element Sex aufgebracht?« fragte Lello. »Denk doch einmal vernünftig nach: da sucht die Polizei eine Prostituierte ...«

»Oder auch nicht Prostituierte«, sagte Botta.

»Kurz und gut, sie sucht eine blonde Frau, von der sie eine sehr genaue Beschreibung besitzt. Aber wer hat ihr diese Beschreibung gegeben? Bauchiero. Das heißt, eine Person, die erstens die effektive Möglichkeit hatte, das Verbrechen zu begehen; zweitens ein Motiv, das, zugegeben, noch nachzuprüfen, aber mehr als plausibel wäre; und drittens jedes Interesse, die Untersuchung auf ein falsches Gleis zu lenken, das des Gelegenheitsverbrechens und Sexualdeliktes, wobei er wissen muß, daß diese Untersuchung im allgemeinen nach kurzer Zeit eingestellt und das Ganze vergessen wird.«

Botta schlug Lello auf die Schulter.

»Mac-Riviera, Sie haben gute Arbeit geleistet. Das FBI ist stolz auf Sie.«

Der Goldzahn der Fogliato blitzte.

»Es ist nur eins dabei zu bemerken«, fuhr Botta mit schneidender Schärfe fort, »daß dieser Bauchiero niemals im Rathaus gesehen wurde.«

Lello verlor die Geduld.

»Wie kannst du das wissen? Du erwartest doch nicht, daß er in sämtlichen Büros erscheint und sich vorstellt: ›Mein Name ist Bauchiero.‹?«

Signora Botta begann zu lachen, besann sich aber eines Besseren und brach kurz ab. Einen Augenblick herrschte Schweigen. Die beiden Männer vermieden es, einander ins Gesicht zu sehen.
»Übrigens«, bemerkte die Fogliato voller Takt, »übrigens läßt sich das leicht feststellen. Man braucht nur Triberti zu fragen.«
»Genau das hatte ich vor«, erklärte Lello kurz und bestimmt.
»Aber vergiß nicht, uns deine Information mitzuteilen«, sagte Botta. »Ah, endlich! Was gibt es denn Gutes heute, Dante Alighieri?«
Der Kellner legte Lello die Rechnung auf den Tisch und gab Botta eine fast unlesbare Kopie der Speisekarte, auf der seit drei Jahren stets die gleichen Gerichte verzeichnet standen.

7

»Und jetzt, nachdem Sie alles wissen, sagen Sie mir, Herr Kommissar, wer recht hat.«
»Ich glaube, daß Sie recht haben, Signora. Aus den ›bekannten Elementen‹ läßt sich nicht mit Sicherheit schließen, daß Garrone *Baast'n* gesagt, noch daß er sich gerühmt hätte, ein besonderer Wein- und Käsekenner zu sein.«
In dem großen Sessel, in den sie ihn komplimentiert hatten (»auf der Terrasse kommt man jetzt vor Hitze um«), hörte sich der Kommissar in diesem Zustand nachmittäglicher Trägheit sprechen, und er hatte dabei das Gefühl völliger Absurdität. Was sagte er da eigentlich? Was tat er in diesem Haus, bei diesen fremden Leuten? Was war mit ihm geschehen?
»Danke! Ich danke Ihnen!« rief die junge Frau begeistert. »Sie sind ein Engel, Sie retten mir das Leben! Und wissen Sie, was wir von nun an tun? Wenn sich der da wieder einmal etwas gegen mich ausdenkt, irgendeinen grundlosen Vorwurf erhebt, kommen wir zu Ihnen und bitten Sie um Ihr unparteiisches Urteil. Sie werden unser Schiedsrichter, einverstanden?«
Schiedsrichter? Aber in dieser hypnotisierenden Pingpongpartie war er vielmehr so etwas wie der verirrte Ball – so kam es ihm plötzlich vor. Boston . . . Käse . . . Wieso hatte er sich hierher verstiegen,

so hoch und so sinnlos? Unten wartete noch immer ein Toter, mit eingeschlagenem Schädel, und eine Mutter, die still um ihn weinte, und die Schwester, verblüht, altjüngferlich. Und wo waren De Palma und Lopresti geblieben? Und wo war der Polizeipräsident, streng und finster blickend? Wo die demonstrierenden Studenten, die Extremisten, die gebückt durch die Rauchwolke liefen? Wo war der Rest der Welt?

Es waren ferne Schatten, winzige Phantome, milchstraßenweit verbannt von Farrabino, Salengo, von Onkel Emanuel, von Bona, Bonetto, Vollero, Parella, Monné und von unzähligen andern ... Der Kommissar empfand fast physischen Schwindel. Sie haben mir etwas eingegeben, dachte er für den winzigen Bruchteil einer Sekunde, sie haben mich hier herausgelockt und mich betäubt, weil sie die Mörder sind. Und jetzt werde ich einen Schlag auf den Schädel bekommen ...

»Fühlen Sie sich nicht wohl?« fragte der Mann. »Wenn Sie sich drüben einen Augenblick ausruhen wollen, machen Sie keine Umstände ...«

»Danke, nicht nötig, nur ein Anflug von Kopfschmerzen.«

»Vielleicht noch einen Kaffee?« fragte die Frau.

»Danke, ja. Ein Kaffee wäre vielleicht gut. Es muß an der Hitze liegen ...«

Allerdings. Die Hitze in Verbindung mit dem schweren Wein. Aber wahrscheinlich war er, der hier heraufgekommen war, um die beiden »zum Reden zu bringen«, nur das Opfer seiner eigenen List geworden. Er hatte eine Kraft ausgelöst, die bald jeder Kontrolle entglitten war. Die beiden hatten ihn mit ihren Salengo, Bonetto, Farrabino, Parella und so weiter vollkommen benebelt ... Wieso konnte die Legende entstehen, die Turiner seien schweigsame und verschlossene Leute?

»Nein, nein, vielen Dank, es macht nichts, wenn er lauwarm ist«, sagte er automatisch. Er trank den Kaffee und nahm die dargebotene Zigarette. Das große Tischfeuerzeug flammte auf, zuvorkommend hielt man ihm die Flamme entgegen.

Natürlich war es durchaus denkbar, daß ihn Campi und die Dosio tatsächlich berauscht oder betäubt hatten, überlegte er, aber, wohlverstanden, auf ihre Weise. Das hieß: sie hatten ihn an der Nase herumgeführt mit ihrem scheinbar so nichtigen und kapriziösen

Geplauder, das jedoch in Wirklichkeit nur darauf angelegt war, ihn in die Irre zu führen.

»Möchten Sie vielleicht eine Tablette haben, Herr Kommissar? Ein Aspirin?«

Die Dosio beugte sich in ihren Sessel vor, aufrichtig besorgt.

»Danke, es ist wirklich nicht nötig.«

Nein, es war lächerlich. Hier war nichts vorbedacht, hier gab es kein Komplicentum. Sie hatten ihn umgarnt, vielleicht, aber mit einer anderen legendären Eigenschaft der Turiner – mit ihrem Charme, der nicht zu definieren war und der sich gern unter einer Kruste von Empfindlichkeit und Reizbarkeit verbarg und der um so unwiderstehlicher war, je überraschender er zum Vorschein kam. Es half nicht, man kam am Ende immer wieder auf die volkstümlichen Redensarten und Gemeinplätze zurück, die im übrigen Italien über Turin verbreitet waren: die Turiner, das ist eine Rasse für sich, schmeichlerisch und treulos. Und wenn ihn Campi und die Dosio wirklich verhext hatten, dann – und er schenkte seinen Gastgebern ein strahlendes Lächeln, zu dem ihm sein wiedergefundenes Wohlbehagen befähigte – dann hatten sie es nicht mit Absicht getan. Es war, wie üblich, das *Ambiente* gewesen.

»Allmählich wird es Zeit, daß ich mich verabschiede«, sagte er mit einem Seufzer.

Die Dosio runzelte die Stirn.

»Sind wir Ihnen wenigstens von Nutzen gewesen? Ich glaube, wir haben Ihnen alles gesagt. Aber ich fürchte . . .«

»Außerordentlich von Nutzen«, beteuerte er.

In Wahrheit wußte er genausoviel wie vorher. Sie hatte nur die Schilderung bestätigt, die ihm gestern Campi gegeben hatte und nach der Garrone eine Art von symbolischer Figur gewesen war, die sie beide Stück für Stück aufgebaut hatten. Aufgebaut auf Grund von nur ganz wenigen tatsächlichen Begegnungen, die sie mit ihm gehabt hatten, Begegnungen übrigens bei bedeutungslosen Gelegenheiten. Auch sie, die Dosio, hatte vom Privattheater und von dem Zwielicht Turiner Randexistenzen gesprochen, hatte die Monné, Farrabino und Bonetto erwähnt . . . Aber was Fakten anging – so gut wie nichts.

Sie hatten sich nicht einmal darüber einigen können, wann Garrone »zum erstenmal in ihr Leben getreten« war. Campi meinte,

es müsse vor drei oder vier Jahren gewesen sein, bei einer »unwahrscheinlichen« Veranstaltung, einer von der Stadt organisierten Kunstausstellung, die er, Campi, besucht habe, um sich persönlich zu informieren »wie über einen Horror-Film«. Also zog er nicht immer vor, »etwas nicht zu wissen«.
»Sie werden verstehen«, hatte er denn auch erklärt, »gewisse Dinge darf man nicht versäumen, denn in ihnen hört man das Herz der Stadt schlagen.«
Das war richtig, und als er jetzt daran zurückdachte, schöpfte der Kommissar wieder Mut. Langsam rückte alles wieder an seinen Platz. Im Grunde war es gar nicht so kompliziert: Der alte provinzielle Kern von Turin widerstand allen Angriffen – mit seinen kleinen Riten, seinen Wunderlichkeiten, seinem Klatsch, seiner Bosheit, mit seiner Gesellschaft, den Farrabino, Garrone, Campi, seinem »Amerikanisten Bonetto«, den Damen Tabusso und Dosio. Durfte man sie aber alle in einen Topf werfen?
Der Kommissar zögerte.
»Wer weiß, wie oft man in Ihrem Beruf einen Schlag ins Wasser tut«, sagte die Dosio. »Mich würde es verrückt machen.«
Ja, ein Teich, ein stehendes Wasser, alles in allem, deutlich abgegrenzt und durchsichtig, von der Art, wie man sie dutzendweise in Italien finden konnte. Nur daß er, wie alle »Experten«, schließlich mehr hineinsah, als drin war. Die Szene, die ihm Campi geschildert hatte, war reines Klischee: ein Festsaal, mehr oder weniger offiziell, mit Gold, Samt und Stuck, alles brüchig, abgenutzt und vornehm. Und in diesem Saal bewegten sich zwischen den Bildern und Skulpturen langsam hundert oder zweihundert Personen, die Herren in Blau oder Dunkelgrau, die Damen mit Hüten, wie sie – dies mußte man Turin lassen – in keiner anderen Stadt Italiens zu sehen waren. Und plötzlich trat eine dieser Damen an Campi heran, eine weitentfernte Verwandte, eine vergessene Bekannte, und stellte ihm mit animiertem Zwitschern den Architekten Garrone vor. Zehn Minuten blieb Campi, das Sektglas in der Hand, eingezwängt mit Garrone, und in diesen zehn Minuten eines »reinen Horrors« hatte Garrone Gelegenheit gefunden: 1. sich, wahrscheinlich ohne jede Berechtigung, als Mitglied des Organisationskomitees der Ausstellung auszugeben; 2. eine obszöne Bemerkung über ein in der Nähe hängendes Bild,

das Auberginen darstellte, anzubringen; 3. Campi um Geld anzugehen, angeblich für caritative Zwecke; 4. ihn um ein Einführungsschreiben an den Generaldirektor der *Campi & Baratta Immobiliare* zu bitten und 5. ein Wortspiel mit den Malernamen Picasso und Cassinari zu machen. Und Campi hatte unter all diesen hundert oder zweihundert anwesenden »Monstren« der Turiner Fauna ihm, Garrone, den *Goldenen Frankenstein* verliehen. In Gedanken.

»Den *Goldenen Wurm*«, hatte die Dosio ihn verbessert. Wenn man ihr glauben durfte, hatte sie als erste – wenn auch indirekt – Kenntnis von der Existenz Garrones gehabt; ihre Freundin Bona habe ihn nämlich bei einem von der Stadt veranstalteten Kursus über die Sexualerziehung des Kindes kennengelernt. Auch hier war es zu einer ganz typischen Szene gekommen: Die beiden Damen gehen durch die Arkaden der Via Pietro Micca, als plötzlich aus einer Apotheke Garrone herausstürzt und ihnen gegenübersteht. Es folgt die unvermeidliche Vorstellung. Und von diesem Augenblick an verfolgt er sie.

Der Kommissar lächelte; er hatte seine Selbstbeherrschung wieder.

»Ich versichere Ihnen, Signora, daß mir unsere Begegnung nicht nur ein Vergnügen, sondern auch von größtem Nutzen war«, beteuerte er. »Mir ist ganz so, als hätte ich ihn persönlich gekannt, den Architekten Garrone.«

Er hatte den Faden wiedergefunden. Oder, besser gesagt, den unmerklichen Knoten, den er in dem Faden suchte. Verfolgung – die Dosio hatte von Verfolgung gesprochen. Aber nichts in alldem, was sie von ihren späteren zufälligen Begegnungen mit Garrone erzählt hatte, konnte einen so starken Ausdruck rechtfertigen. Die schöne Signora hatte ihm – darüber war sich der Kommissar im klaren – keineswegs »alles gesagt«.

8

Tschuu-ik – tschuu-ik – tschuu-ik . . .

Nach weiteren zehn Minuten Rudern hielt der Amerikanist Bonetto inne, die Knie an die Brust gezogen, verzagt und besorgt.

Er stand noch immer am selben Punkt: das vernichtende Wort, das seinen Kollegen Marpioli tödlich träfe, stellte sich nicht ein. Oder, besser gesagt, es stellten sich zehn, zwanzig, fünfzig ein, aber keines, das sich, sachlich vertretbar, in seinen Vortragstext für den Kulturbund einfügen ließe. »Frisches Wasser: das Fluß-Thema in Amerika, von Mark Twain bis zur Gewässerverschmutzung« – darüber sollte Bonetto morgen um 18.30 Uhr sprechen. Der Text war schon seit zwei Tagen fix und fertig getippt, als ausgerechnet heute früh die neueste Nummer der halbjährlich erscheinenden *Kritischen Hefte* gekommen war, die er regelmäßig als Freiexemplar erhielt. Und dort hatte er auf Seite 227, in einer kurzen Besprechung Marpiolis über die von Riccobono besorgte Auswahl aus dem Briefwechsel Hart Cranes, den niederträchtigen Ausfall gefunden, diesen Tiefschlag gegen ihn.

Wütend ruderte Bonetto wieder. Tschu-ik, tschu-ik, tschu-ik ... Die Räder müßten einmal geölt werden. Das quietschende Geräusch ging ihm nicht nur auf die Nerven und machte ihm jede Konzentration unmöglich, sondern durch die Reibung wurde auch das Rudern viel mühevoller. Schweißbedeckt machte er wieder eine Pause. Die Hitze war erstickend und klebrig, nicht gar so verschieden, mutatis mutandis, von der bleiernen Hitzeglocke damals, als er auf dem Mississippi gefahren war. Er zog das Taschentuch aus der Tasche seiner großgeblümten Bermudashorts und wischte sich Hals und Gesicht damit ab. Dann zog er sich plötzlich – obwohl man gerade bei dieser Temperatur gegen Erkältungen besonders anfällig war (und er hatte einmal, nach einem Ausflug auf den Potomac, ein denkwürdiges Beispiel dafür erlebt) – das naßgeschwitzte Unterhemd aus und blieb mit nacktem Oberkörper sitzen, den Blick starr ins Leere gerichtet.

Ein Einschub, ein schlichter, unschuldiger Schaltsatz, der die Bosheit nur um so brillanter und giftiger machte (»– und nicht, wie man uns glauben machen möchte, schon das Ziel«). Ein Tiefschlag, mit raffinierter Arglist versetzt. Ohne Namensnennung, ohne sich die Hände schmutzig zu machen: ein perfektes Alibi. Aber ganz Italien, und leider auch ganz Amerika, von einer Küste zur anderen, dürfte sogleich begriffen haben, wer »man« war, das da so perfide in einen Nebensatz gesteckt worden war. Er war es, Felice Bonetto, und kein anderer! Er, der für Marpioli ...

Er erschauerte. Der Ärger oder ein Luftzug hatten den Schweiß auf seinem Rücken so kalt werden lassen wie damals bei seiner Fahrt den Hudson River hinauf. Er faßte die beiden Riemen am Gummigriff und begann von neuem, auf dem kreischenden Rollsitz vorwärts und rückwärts zu rutschen. Tschuu-ik – tschuu-ik ...

»Wie man uns glauben machen möchte.« Ein so niederträchtiger, so verächtlicher Angriff mußte auf der Stelle zurückgewiesen werden. Marpioli würde morgen bei seinem Vortrag nicht anwesend sein, da er – Inhaber eines Lehrstuhls in Ancona – in Neapel wohnte. Aber sein würdiger Protegé und Gefolgsmann durch dick und dünn, der junge, servile Darbesio würde da sein und nichts Eiligeres zu tun haben, als seinem Meister Wort für Wort wiederzugeben, was »man« in Turin gesagt hatte.

Die Frage war nur: Was sollte »man« sagen?

Bonetto kratzte sich am Knöchel. Einem Impuls folgend, zog er sich die Basketballschuhe aus (in Cambridge, Massachusetts, gekauft) sowie die dicken weißen Socken (aus Chicago, Illinois). Dann schob er die bloßen Füße in die Gurte und bewegte genußvoll die kurzen, gedrungenen Zehen. Er stellte fest, daß ihm der eingewachsene Nagel so viel weniger zu schaffen machte.

»Freund Marpioli«, schrieb er im Geiste, »der nicht immer ...« Nein, das war nicht sarkastisch genug. »Mit der gütigen Erlaubnis unseres Freundes Marpioli, dessen ...«, oder versteckter: »Freund Marpioli wird mir, so hoffe ich, erlauben ...« Oder, noch besser: »Wenn Marpioli nichts dagegen hat ...« Das war's, ein kurzer Nebensatz, mit dem er auf den Nebensatz des andern reagierte. Knapp, schneidend. »Wenn Marpioli nichts dagegen hat.« Vollkommen. Er lachte zufrieden und begann wieder, mit langen regelmäßigen Stößen zu rudern. Tschuuu-ik – tschuuu-ik ...

Aber wogegen nichts hat? Da lag die Schwierigkeit. Denn Marpioli hatte sich noch nie auch nur im geringsten mit dem Thema der amerikanischen Flüsse beschäftigt. In seiner gesamten Bibliographie, die er den ganzen Vormittag über durchgeackert hatte, war nicht ein einziger Berührungspunkt zwischen dieser kläglichen Figur, diesem mediokren Gelehrten, und irgendeinem der Flüsse der Vereinigten Staaten zu finden gewesen. Über den Teich Thoreaus, über die Sümpfe Faulkners und die Meere Danas und Melvilles – über all diese Gewässer hatte Marpioli – es schien unvermeidlich – etwas zu sagen gehabt. Und er hatte sich nicht entblödet, irgendwelche Bezüge zum Roten Meer und zum See Genezareth herzustellen, wie plump auch immer. Aber Flüsse: nicht einen! Kein Gießbach und kein gewöhnlicher Bach ließen sich in seinen so banalen Schriften entdecken. Nicht der kleinste Wasserlauf.

Entkräftet und erbittert hörte er auf zu rudern. Er war nicht weitergekommen, er hielt noch immer am selben Punkt ...

»Kannst du nicht wenigstens die Tür zumachen?« schrie er seine Mutter an. »Merkst du nicht, wie es zieht?«

Ohne zu antworten, trat seine Mutter in das halbdunkle Zimmer; sie trug das Tablett mit beiden Händen und stellte es neben dem Ruderer ab. Dann ging sie zurück, um die Tür zu schließen.

»Ich habe dir auch ein Ei geschlagen«, sagte sie schüchtern.

»Nein! Nein! Nein!« brüllte, völlig außer sich, der Amerikanist. Er sprang vom Rudersitz auf, nahm die geblümte Tasse, die zwischen dem Glas kalter Milch und dem Drei-Schichten-Sandwich stand, und drückte sie seiner Mutter in die Hand. »Bring das raus, mach damit, was du willst, schütte es ins Klo!«

Als seine Mutter hinausgegangen war, betrachtete er einen Augenblick das Tablett. Er hatte auf nichts Appetit, nicht einmal auf das von ihm selbst bestellte Schnell- und Diät-Lunch. »Man«, murmelte er vor sich hin. »Wie man uns glauben machen möchte ...«

Er schwang sich auf das Trimmrad und begann wie wild auf die Pedale zu treten, den Blick starr auf die blauen Spielzeugzüge der alten Tapete gerichtet.

9

Jetzt, da Santamaria sich von seinem plötzlichen Unwohlsein erholt hatte, betrachtete ihn Anna Carla mit einer Besorgnis anderer Art. Denn ihr Impuls war, wie sie sachlich feststellte, so unabweisbar wie eindeutig gewesen: diesen Mann zu pflegen, ihn zu zwingen, sich soundsoviel Injektionen geben zu lassen, mit ihm ins Kino zu gehen und ins Gebirge zu fahren, mit anderen Worten, ihm Urlaub zu verordnen von einem Leben in Streß und Überbürdung. Es war wie eine Aufwallung beschützerischer Zärtlichkeit, und sie kam so unvermittelt, daß sie ihr nicht die Zeit ließ zu der Frage, ob es nicht vielleicht schon eine andere Frau gab mit mehr Recht als sie, so energisch in sein Leben einzugreifen. Er trug keinen Trauring, aber das bedeutete noch nicht, daß er wirklich unverheiratet war; vielleicht trug man bei der Polizei keinen Ring, um beim Hantieren mit Pistole und Handschellen freier zu sein. Wie auch immer, eine Weile einmal richtig ausruhen und sogar eine gründliche Überholung in der Schweiz würden ihm bestimmt nicht schaden. Einmal aufhören mit diesem Leben in ständiger Spannung, voller Ungewißheit und immer wieder neu zu beginnender Untersuchungen ...

Ja, eine nicht abreißende Reihe von Schlägen ins Wasser. Das mußte es wohl sein, sein Beruf, der ihn aufrieb. Verhaftungen, Amnestien, Kontrollen und wieder Kontrollen, Gegenüberstellungen und Nachforschungen, die zu nichts führten, Verhöre, die im Sande verliefen, zwecklose oder falsche Zeugenaussagen ... Übrigens war sie selbst, als es darauf angekommen wäre, von abscheulich dünkelhafter Verschwiegenheit gewesen. Schuldbewußt machte sie es sich klar. Mit der Ausrede vor sich selbst, es könne für ihn keine Bedeutung haben, hatte sie über den wahrhaft peinlichen Punkt in ihrer Beziehung zu Garrone geschwiegen. Aber wer war sie, daß sie über das, was für ihn Bedeutung hatte, urteilen konnte? Wie konnte sie sich erlauben, ihn in der Arbeit zu behindern? Ganz abgesehen davon, daß er fortgehen könnte mit der Meinung, sie sei eine frivole und eitle Person, die in ihrer Einbildung überall Anbeter, Verehrer oder Verfolger sah ...

»Die Onanie des Kleinkindes«, begann sie mit gesenktem Kopf. »Aus falsch verstandenem Schamgefühl habe ich Ihnen nichts von der ›Onanie des Kleinkindes‹ gesagt, Herr Kommissar.«

Er zuckte nicht mit der Wimper, aber Massimo ruinierte wieder alles.

»Ich überlegte mir gerade, warum du diesen wichtigen Punkt unterschlagen hast«, sagte er.

»Mein Gott«, sagte Anna Carla und fühlte, wie sie rot wurde.

Verflixt! Jetzt würde Santamaria glauben, sie erröte, weil sie sich ertappt fühlte, und Massimo, weil sie sich schämte, darüber zu sprechen. Wie konnte man diesen Dickköpfen klarmachen, daß es auch ein Erröten vor Zorn gab?

»Es konnte nicht meine Sache sein, über diesen Punkt zu sprechen«, erklärte Massimo, indem er begierig die Gelegenheit ergriff, die Doppelrolle des Gentlemans und weisen Opas zu spielen, »es hätte sonst so ausgesehen, als wollte ich die pädagogischen Irrtümer dieser fortschrittlichen Mutter anprangern, die sich allerdings inzwischen glücklicherweise gebessert hat.«

»Wie lästig er sein kann!« sagte Anna Carla zu Santamaria, in einem Ton, als sei der Besprochene nicht anwesend. »Jetzt stellt er die Dinge auf den Kopf. Ich war die erste, die die fixen Ideen meiner Freundin Bona über Kindererziehung satt hatte, und an dem Kursus über die sexuelle Erziehung des Kleinkindes habe ich nicht ein einziges Mal teilgenommen.«

»Zu deinem Bedauern, gib es zu. Jedenfalls warst du in Versuchung, diese Dinge ernst zu nehmen.«

»Na und? Es hätte ja auch interessant sein können. Man kann nicht grundsätzlich alles von vornherein ablehnen.«

»Und was meinen Sie dazu, Herr Kommissar? Kann man es oder kann man es nicht?«

Santamaria war nicht so töricht, sich auf das Gebiet grundsätzlicher Erörterungen verlocken zu lassen.

»Über die sexuelle Erziehung des Kleinkindes weiß ich so gut wie nichts«, wehrte er ab. »Ist das nicht ein Fach, in dem man es – mit Affen oder Schmetterlingen zu tun hat?«

»Das war einmal. Das hat sich geändert!« rief Massimo. »Jetzt fängt es damit an, daß man zu Hause nackt vor den Kindern herumläuft, und am Ende . . .«

»Ich gebe es zu«, unterbrach Anna Carla rasch, »am Ende kann es vorkommen, daß man sich auf der Via Pietro Micca mit Garrone angeregt über die Onanie des Kleinkindes unterhält. Aber Bona . . .«

»Aus Bösem kann nur Böses kommen, das habe ich dir schon immer gesagt.«

». . . Bona kann sich das sehr gut leisten; sie hat eine Art von Unverletzlichkeit. Wenn sie von einer Idee besessen ist, sieht und

hört sie nichts anderes mehr. Für sie bedeutet es überhaupt keinen Unterschied, ob sie mit Garrone oder dem Ordensgeneral der Dominikaner diskutiert. Verstehen Sie?«
»Ja«, sagte er. »Es ist ein Glück, wenn man so ist. Jedenfalls in gewissen Situationen.«
»Natürlich. Ich armes Ding dagegen, die damit nichts zu tun hatte und nichts zu tun haben wollte, hielt mich in einem gewissen Abstand, um nicht in ihre auf so hohem wissenschaftlichen Niveau geführte Unterhaltung hineingezogen zu werden.«
Sie unterbrach sich. Recht besehen, war es ein Nichts. Sie hatte in ihrem Leben schlimmere Geschichten gehört und erzählt, und stets mit der größten Unbefangenheit. Aber diesmal fiel es ihr so schwer wie einer Klosterschülerin.
»Es ist wirklich ganz lächerlich. Aber für mich . . .« Sie unterbrach sich von neuem, um sich eine Zigarette anzuzünden. »Also kurz und gut, plötzlich kommt ein Krankenwagen mit heulender Sirene vorbei, und Bona dreht sich unwillkürlich um. Und als hätte er nur auf diesen Augenblick gewartet, sieht mich Garrone an, mit einem unflätigen, anzüglichen Grinsen. Und dabei macht er eine bestimmte Bewegung, blitzschnell, aber – aber . . .«
»Unmißverständlich«, half ihr Massimo freundlich weiter.
Von allem, was er jetzt sagen oder tun konnte, tat Santamaria wie durch ein Wunder das Richtige. Er bedeckte sein Gesicht mit den Händen.
In Gedanken umarmte ihn Anna Carla. »Von dem Tage an«, fuhr sie fort, »fand er immer, wenn ich ihm begegnete, eine Möglichkeit, mich in dieser Weise anzusehen und dabei diese gewisse Geste zu machen. Oder zumindest eine wenn auch noch so minimale Andeutung dieser Geste.«
»Sie Arme«, sagte Santamaria.
»Wenn du mich fragst, hast du dir das nur eingebildet«, sagte Massimo, der Verräter.
»Und wo ist der Unterschied? Es war trotzdem eine Verfolgung! Übrigens war es nicht einmal sosehr die Geste an und für sich, die so furchtbar war, sondern dieser niederträchtige Ausdruck von Vertraulichkeit, so als ob zwischen uns ›etwas gewesen‹ wäre. Ich weiß, auch das läßt sich vor Gericht nicht beweisen; möglich, daß ich mir auch das nur eingebildet habe. Aber Sie, Herr Kommis-

sar, begreifen, was ich sagen will. Meiner Meinung nach hat Garrone gesehen . . . Ich weiß, es ist sehr kompliziert, aber ich bin fest überzeugt, daß Garrone . . . Ich meine, er hat nicht . . .«

»Die Verfolgung war eingebildet«, sagte Santamaria, »aber Garrone war sich darüber im klaren, daß es ihm gelungen war, Ihnen diese Idee in den Kopf zu setzen.«

»Sie sagen es! Und deshalb war tatsächlich in einem gewissen Sinne etwas zwischen uns, verstehen Sie? Es war *wirklich* eine Verfolgung!«

»Die bekannte Komplicenschaft zwischen dem Opfer und dem Henker«, sagte Massimo. »Etwas an den Haaren herbeigezogen, als Motiv, aber doch ganz suggestiv: Die untadelige Dame entdeckt das geheime Band, das sie an dieses zwielichtige Individuum knüpft, und von Grauen gepackt tötet sie ihn.«

»Dummkopf. Du und Vittorio, ihr habt es nie begriffen. Für eine Frau ist so etwas sehr peinlich.«

»Und was hätte der gute Vittorio wohl tun sollen? Garrone zum Duell fordern?«

»Wenigstens hätte er sich nicht hinter meinem Rücken über mich lustig zu machen brauchen«, wandte sich Anna Carla an Santamaria, wobei sie vorwurfsvoll auf Massimo wies. »Er ging damit sofort zu meinem Mann; es wäre ja auch undenkbar gewesen, daß er auf diesen Leckerbissen einer Commis-voyageur-Geschichte verzichtet hätte. Und beide hörten keinen Augenblick auf, mich damit zu verfolgen. Schlimmer als Garrone!«

Zum erstenmal in drei Stunden stellte der Kommissar eine Frage in seiner Eigenschaft als Kommissar.

»Auch Ihr Gatte kannte Garrone?«

»O nein, er hat ihn nie gesehen. Aber es war genauso, als hätte er. Weil er so viel über ihn hörte . . .«

»Ich verstehe.«

»Wenn überhaupt jemand Garrone hätte ›zurechtweisen‹ können, wie man das nennt, wäre es mein Onkel gewesen. Er ist der einzige, der noch ritterliche Reflexe hat, und er hätte die Geschichte durchaus nicht amüsant gefunden.«

»Aber der hätte nie Gewalt angewendet! Nein, unter allen deinen Männern ist der Junge am verdächtigsten, der für deinen Onkel arbeitet.«

»Was hat denn der damit zu tun?«
»Er wußte doch auch von der Verfolgung, nicht wahr?«
»Ich weiß nicht, möglich wäre es, mit zwei solchen Klatschweibern wie du und Vittorio . . . Aber warum, um Himmels willen, hätte er Garrone umbringen sollen?«
»Weil er dich liebt«, sagte Massimo mit leiser, vor Leidenschaft vibrierender Stimme.
»Aber ich bitte dich! Der sieht mich doch nicht mal an.«
Massimo stand auf und schritt auf und ab, wie ein Anwalt im Gerichtssaal.
»Haben Sie es gehört, Herr Kommissar? Sehen Sie, wie weit diese Frau die Heuchelei treiben kann?« Er streckte den Arm aus und richtete anklagend den Finger auf sie. »Du hast bemerkt, daß er dich nicht einmal anschaut, und du weißt genau, daß dies bei einem Jungen in seinem Alter das untrügliche Zeichen einer heimlichen großen Liebe ist!«
»Also, was sein Alter anbetrifft, so kann man heutzutage froh sein, wenn man von ihnen nicht auf dem Treppenabsatz vergewaltigt wird«, sagte Anna Carla.
»Aber doch nicht er! Seine Liebe ist rein, ätherisch, mystisch. Für ihn bist du ein Traumgeschöpf, eine Göttin, eine Heilige. Sein höchstes Sehnen geht dahin, dir den Saum deines Gewandes zu küssen. Und da taucht nun dieser ruchlose Garrone auf, dieses Asphaltprodukt der Großstadt, und wagt, den Blick zu dir zu erheben und dich mit seinem Geifer zu besudeln. Wagt es, zu dir über Onanie auf der infantilen Stufe zu sprechen und dich mit unsagbaren Gesten zu belästigen . . . Und in der Seele deines sonst sanftmütigen Verehrers flammt auf einmal die ganze Wut des religiösen Fanatikers auf.« Mit halbgeschlossenen Augen sah er zur Zimmerdecke empor, als empfange er von dort seine Inspiration. »Ich sehe ihn: Er irrt durch die Stadt wie ein ruheloses Gespenst, wie von einer unwiderstehlichen Kraft getrieben, wie von einem feurigen Finger, der ihn an seine Pflicht mahnt, an die Pflicht, Rache zu nehmen. Seine Gestalt, von Haß und Liebe beseelt, wächst und wirft ihren gigantischen Schatten auf die Mauern . . .« Mit aufgerissenen Augen sah er Anna Carla an und langsam hob er die gekrümmten Hände. »Jetzt hat er die Via Mazzini erreicht, tritt in den dunklen Hausflur und steht plötzlich

vor der Tür des frevlerischen Architekten: der Erzengel des Herrn, der Scharfrichter, Jack the Ripper!«
Wie töricht es auch war: ein Schauer überlief sie. Sie mochte Massimo nicht, wenn er so war. Aber der Kommissar klatschte in die Hände.
»Ich meine es im Ernst«, versicherte Massimo. »Es handelt sich hier zweifellos um ein religiöses Verbrechen! Übrigens«, schloß er, die Arme trotzig verschränkt, »ist dies die einzige Theorie, die das Mordinstrument hinlänglich erklärt: Wer das Schwert nimmt, der soll durchs Schwert umkommen ...«

Alle drei lachten, und bei diesem freimütigen Gelächter vergaß der Kommissar alles Mißtrauen. Das gehörte zum *Ambiente:* diese plötzlichen Umkehrungen. Ein Zwinkern, ein Scherz, und auf einmal hatte man das Gefühl, sie seit jeher zu kennen, ihr Freund, ja einer von ihnen zu sein, Teilhaber der Wahrheit, die sich entwaffnend rein und harmlos hinter dem vermeintlichen Rätsel dieser Stadt verbarg. Der ermordete Architekt? Ein ungewöhnlicher Schmutzfink, der – wie konnte er daran zweifeln? – in die Zuständigkeit De Palmas fiel. Campi und die Dosio? Zwei hochkultivierte und geistreiche Menschen, die er nun schon nur allzu lange aufgehalten hatte. Er sah auf die Uhr.
»Jetzt muß ich aber wirklich gehen. Sonst glauben auch Sie noch, die Polizei habe zuviel Zeit – und raube sie den Bürgern.«
Als er aufstand, knisterte in seiner Tasche der Briefumschlag mit den Aufnahmen, die der Erkennungsdienst gemacht hatte.
»Übrigens, was die erwähnte Waffe angeht«, wandte er sich an Campi, »könnten Sie mir da vielleicht einen praktischen Wink geben. Wissen Sie, mehr oder weniger sind wir überzeugt, daß – der Gegenstand Garrone gehörte, aber es besteht immerhin die Möglichkeit, daß ihn der Mörder dort zurückgelassen hat, aus religiösen« – hier lächelte er – »oder sonstwelchen Motiven. In jedem Fall wäre es interessant, genau zu erfahren, worum es sich handelt.«
Campi zog fragend die Brauen hoch.
»Ich meine, woher der Gegenstand kommt. Sieht er nicht aus, als gehöre er in irgendeine Sammlung? Ich mußte an eine Vitrine im Museum denken, mit einem Schild am unteren Rand, auf dem ›Fidschiinseln‹ oder etwas Ähnliches steht.«

»Exotische Kunst?«
»Daran dachte ich. Aber es kann auch ebensogut von einem Händler aus dem Balùn stammen.«
»Das sollte mich wundern«, sagte Campi mit einem Lachen. »Es gehen zwar immer noch Leute mit der geheimen Hoffnung zum Balùn, dort einen van Gogh zu entdecken. Aber das einzig Echte, was man da heute finden kann, sind allenfalls ein paar alte Kuhglocken aus dem Aostatal.«
Auch Anna Carla war aufgestanden, und mit dem, was sie jetzt sagte, strich sie, ohne es zu ahnen, rund fünfundzwanzig Jahre aus dem Leben des Kommissars.
»Was meinst du? Soll ich mit meiner Bostonerin am Samstag zum Balùn gehen – oder ihr lieber die *Superga* zeigen?«
Und so ging alles zu Ende. Kaum war man aufgestanden, als jeder sich wieder um die Achse des eigenen Lebens drehte. Die kleine Verabredung für den Samstag, dieses kleine Problem aus dem Alltagsleben – es hatte genügt, um sie ihm, mit der Endgültigkeit des Todes, wieder zu entführen. Fassungslos fand sich der Kommissar wieder in der Melancholie seiner sechzehn Jahre.
»Mit Balùn gehst du sicher. Wenn sie nämlich der Typ mit künstlerischen Interessen ist, dann hat sie schon dreihundert Basiliken gesehen, und ein bißchen Folklore wird sie amüsieren. Und wenn sie es nicht ist . . .«
»Los, komm doch auch. Einmal könntest du mir doch einen Gefallen tun . . .«
»Also hör, bitte mich um was du willst, aber nicht darum . . .«
Sie verabredeten sich, sie stritten sich, sie telefonierten miteinander und sahen sich alle Augenblicke . . . Und er – nichts, ausgeschaltet, mit den Pickeln des Halbwüchsigen und abgekauten Fingernägeln, sozusagen. Verwundert schüttelte er die jugendliche Befangenheit ab und zog aus der Tasche den orangefarbenen Umschlag mit den Aufnahmen, die der Erkennungsdienst von dem steinernen Phallus gemacht hatte.
»Wenn er nicht von einem der Trödler im Balùn kommt, werde ich ein bißchen bei den Antiquitätenhändlern herumhören müssen oder mich bei jemandem zu informieren suchen, der sich auf diese Dinge versteht, einem Sammler vielleicht oder einem Professor . . .« Er wendete den Umschlag hin und her, doch ohne ihn

zu öffnen. »Nur, ehrlich gesagt, damit herumgehen und es überall zeigen wie das Foto eines gesuchten Verbrechers...«

»Ich verstehe«, sagte Campi, »es wäre ziemlich lästig. Warten Sie, lassen Sie mich überlegen...«

Anna Carla hob brüsk die Hand.

»Vielleicht kann ich...« begann sie.

Ihre Hand kam nicht bis zur Schläfe. Ihre Augen waren auf den Kommissar gerichtet, aber es war ein ferner, gedankenverlorener Blick.

»Hast du auch an Monsignore Passalacqua gedacht?« fragte Campi sie.

»Nein, nein. Ich glaubte, mich an etwas zu erinnern. Aber es war nichts, wahrscheinlich eine meiner üblichen Verwechslungen. Doch, du hast recht, Monsignor Passalacqua ist genau richtig. Vielleicht hat er sogar selbst so ein Ding.«

Der Kommissar stellte sich sogleich einen dieser modernen Priester in Pullover und mit Gitarre vor, der aus Freude an der Polemik zur Idolatrie übergegangen war. Man durfte sich heute über nichts mehr wundern.

»Gehört er auch zu Ihrem ›Privattheater‹?«

»Um Gottes willen, nein. Er war als Missionar vierzig Jahre in Ozeanien, China, Afrika und überall«, sagte Campi. »Hochgelehrt, ein entzückender Mensch.«

Aber wenn er zur alten Schule gehörte, würde er vielleicht an seiner Frage Anstoß nehmen?«

»Keine Gefahr«, versicherte Campi. »Er ist durchaus Wissenschaftler, durch nichts zu erschüttern. Wenn Sie wollen, bringe ich Sie zu ihm. Ich sehe ihn gern einmal wieder, den alten Passalacqua.«

»Sie würden mir damit einen Gefallen tun.«

»Dann will ich ihn gleich anrufen. Würde Ihnen morgen früh passen?«

»Ausgezeichnet.«

Schon ein gerührtes Lächeln im Gesicht, öffnete Campi eine Tür und verschwand auf einem kurzen Korridor. Hatte er ein »Studio«, oder stand das Telefon im Schlafzimmer? Behutsam steckte der Kommissar den Umschlag wieder in die Tasche. Dann musterte er eingehend einen Winkel des Teppichs, ein altes Bild mit einem sehr blauen Himmel und eine weiße Vase mit Ranunkeln. Zum erstenmal seit zwanzig Jahren wußte er nicht, was er einer Frau sagen sollte. Aber konnte nicht auch sie, in Gottes Namen, sich ein bißchen Mühe geben, mit ihrer Begabung fürs Plaudern! Als koste es ihn eine Anstrengung, wandte er den Kopf nach ihr um.

Sie sahen sich für ein paar Sekunden schweigend an. Durch die großen, von Hanfvorhängen verdunkelten Fenster kamen, wie kleine Marmeln aufschlagend, winzige, isolierte Geräusche: ein Autofahrer wechselte den Gang, ein anderer drückte leicht auf die Hupe; ein Kind schrie; ein Arbeiter schüttete eine Schaufel voll Kies auf den Asphalt. Der Kommissar fühlte sich wie gelähmt. Das Herz klopfte ihm bis zum Hals. Zugleich Adler und Maulwurf, sah er, daß sie sich während dieser unvorhergesehenen Zäsur leicht einer dem andern in die Arme hätten werfen können, und ermaß andererseits den Berg von Schwierigkeiten, den er erst hätte abtragen müssen.

Sechs Stockwerke tiefer bellte ein Hund, ein Motorrad fuhr knatternd vorbei; dann ging alles wieder unter im allgemeinen Rauschen des Verkehrs. So war aus dieser allzu einfachen Lösung nichts geworden. Das Leben war nicht so, es bot keine Abkürzungen. Am Samstag würde sie mit ihrem Besuch aus Boston ins Balùn-Viertel gehen – und er nach Novara, zu seiner Freundin Jole, einer in getrennter Ehe lebenden Frau, die eine Boutique besaß und mit der er seit Jahren glücklich liiert war. Er nahm sich vor, ihr ein kleines Geschenk mitzubringen.

»Was stimmt Sie so heiter?« fragte Anna Carla.

»Nichts. Es ist nur ein etwas ungewöhnlicher Tag für mich. Alles etwas seltsam.«

»Auch für mich.«

Jetzt lächelten sie sich zu, ohne Verlegenheit, aber zwischen sich den trennenden Strom. Um sich zu retten, waren sie jeder am entgegengesetzten Ufer hinaufgeklettert.

»Wenn Ihnen Monsignor Passalacqua zufällig nicht helfen kann, dann sagen Sie es mir. Es ist nur eine Idee, die mir gerade kam, aber vielleicht könnte jemand anders . . .«

»Also morgen früh um zehn«, meldete Campi, zurück vom Telefon. »Er freut sich sehr auf Ihren Besuch.«

Sie traten auf die Diele und machten eine Verabredung für den nächsten Morgen aus.
»Es ist scheußlich«, beklagte sich Anna Carla. »Was gäbe ich darum, wenn ich dabeisein könnte.«
»Er wäre natürlich selig. Aber ich glaube nicht, daß er gern vor dir über den Phalluskult spräche. Du bist schließlich immer noch eine Frau.«
»In bescheidenen Grenzen. Aber ruf mich an und erzähle, wie es ausgegangen ist, ja?«
In diesem Augenblick kam dem Kommissar zu Bewußtsein, daß die junge Frau nicht bei Campi zurückblieb, sondern sich ebenfalls anschickte zu gehen, und er empfand eine geradezu unvernünftige Freude darüber. Er sah einen Nachmittag vor sich von unbeschwerter und unmöglicher Vollkommenheit, wo sie gemeinsam unter den Kastanien mit ihren flaumigen Kerzen spazierengingen, ein Boot bestiegen und den Fluß hinauffuhren, schließlich ein kühles, fast leeres Kino aufsuchten ...
»Sie sind ohne Wagen, Herr Kommissar. Wollen Sie, daß ich Sie ins Büro bringe?«
»Danke, ich gehe jetzt nicht ins Büro, sondern in ein Restaurant in der Via Maria Vittoria. Wir wollen den gesamten Tagesablauf rekonstruieren – Garrones letzten Tag. Und wir wissen, daß er am Abend dort gegessen hat.«
Nein, es gab keine Abkürzungen, und nichts bot sich je dem unmittelbaren Zugriff. Aber mit einem plötzlichen Gefühl der Nachsicht – zum erstenmal während seiner langen Laufbahn bei der Polizei – begriff er, daß es eben dies war, wogegen sich die Verbrecher jeder Sorte so verzweifelt wehrten: die Diebe, die Räuber, die Prostituierten, die Rauschgiftsüchtigen, die Fälscher, die Erpresser, die Sprengstoffattentäter, die Mörder. Es war hart, den grauen Alltag anzunehmen, den plattfüßigen Gang der Wirklichkeit, wie sie war.
»Die Via Maria Vittoria ist ganz in meiner Nähe«, sagte Anna Carla.
»Wenn Sie in die Via Maria Vittoria müssen, dann könnten Sie es doch einmal bei Vollero versuchen«, schlug Campi vor. »Da hat er seine Galerie.«
Auf einer Konsole lag in einem Zinnteller ein Haufen von Kar-

ten und Papieren; in ihn griff Campi und zog nach einigem Suchen eine elegante Einladung heraus, die er dem Kommissar reichte.

»Da. Sehen Sie? Gerade am Dienstag ist dort eine Ausstellung eröffnet worden.«

Unter der Überschrift *Malerei und Mythologie* war eine farbige Reproduktion von einem *Raub der Europa* zu sehen.

»Wie ich Ihnen sagte, war Garrone der typische Besucher von Eröffnungen und Vernissagen. Einer von denen, die ihre ›Kontakte pflegen‹, mit anderen Worten, die Leute belästigen und gern ein paar Martinis umsonst trinken. Durchaus möglich, daß er auch bei dieser Gelegenheit dabei war.«

»Eine sehr gute Idee. Danke«, sagte der Kommissar.

An der Tür drückte er ihm die Hand und dankte ihm noch einmal, mit Wärme und Nervosität. Nervös war er, weil auf ihn die Fahrt in den Abgrund wartete, im Fahrstuhl, in einem Würfel also, der keine Ablenkung bot – allein mit ihr, von Angesicht zu Angesicht. Als er ihn nach dreißig schwierigen Sekunden verließ, in denen er völlig bewegungslos verharrt hatte, seufzte er tief und trocknete sich die Stirn mit dem Taschentuch ab. Anna Carla lächelte. Er sah es nicht.

6. Die Ausstellungsräume der Galerie (Donnerstag nachmittag, abend und nacht)

1

Die Ausstellungsräume der Galerie Vollero hatten ursprünglich zu einer weitläufigen Wohnung im Erdgeschoß eines alten Mietshauses gehört. Es stammte aus dem vorigen Jahrhundert und war noch nach den tristen Regeln gebaut, nach denen ein Haus vor allem weiträumig und für die Dauer bestimmt zu sein hatte. Später hatte man, indem man innen ein paar Türen zumauerte und an der Via Maria Vittoria einen zweiten Eingang (in Verbindung mit einem Schaufenster) schuf, die heutige Anordnung von drei zusammenhängenden Räumen erreicht. In ihnen waren nacheinander, in Perioden von unterschiedlicher Länge, folgende Geschäfte untergebracht gewesen: ein düsterer Kolonialwarenladen, ein düsteres Stoffgeschäft und ein düsterer Knopfladen. Aber diese Dunkelheit in Verbindung mit den hohen Decken und den massiven Mauern, die zu jeder Jahreszeit künstliche Beleuchtung erforderlich machte – es hatte, alles zusammen genommen, im Juni auch seine Vorteile.

Angesichts der plötzlich hereingebrochenen Hitze (die ihm zweifellos auch seine besten Kunden fernhielt) hatte Signor Vollero, der müßig hinter der Glasscheibe der Tür stand, wenigstens den Trost, die an eine Kirche gemahnende Kühle hinter ihm mit dem glühenden Asphalt zu vergleichen, den er vor Augen hatte. Er zuckte zusammen bei einem kurzen zweimaligen Hupen, das wie ein hysterischer Aufschrei klang.

Einer der Wagen, die hier – es war eine Einbahnstraße – auf die Piazza Carlina zurollten, hatte (anscheinend plötzlich) gehalten. Er stand nur wenige Meter entfernt, auf der anderen Straßenseite. Wie üblich eine Frau. Signor Vollero beobachtete, wie sie sich mit Unschuldsmiene nach dem empörten Fahrer des Autos umwandte, der nahe daran gewesen war, auf sie aufzufahren, und er erkannte Signora Dosio. Schön wie immer. Aber weder sie noch vor allem ihr Onkel hatten sich bisher seine Ausstellung angesehen. Ob sie es jetzt tun wollten?
Nein. Ein Mann, der weder ihr Onkel noch ihr Mann war, ging um den Wagen herum, um sich noch einmal am Fenster zu verabschieden. Ein Freund also, den sie mitgenommen hatte und dem sie jetzt . . .
Obgleich ihn in seiner länglichen Höhle die Dunkelheit für jeden, der von draußen hereinsah, unsichtbar machte, trat er instinktiv einen Schritt zurück. Die Dosio sah ihm gerade in die Augen – jedenfalls schien es ihm so – und zeigte gleichzeitig auf die Galerie Vollero (er hatte sich standhaft geweigert, sie mit einem auffälligen und »vulgären« Ladenschild zu kennzeichnen). Gut, da schickte sie ihm also einen Kunden. Korrekter dunkler Anzug, dezente Krawatte, groß, um die Vierzig, Schnurrbart. Seinem Ausdruck nach ein Mann, der weiß, was er will. Wahrscheinlich ein Industrieller der mittleren Klasse, wenn nicht leitender Angestellter einer Bank. Um so besser. Denn die Rechtsanwälte und Zahnärzte, die Chefärzte der Krankenhäuser und die Diplomkaufleute in den Aufsichtsräten – sie alle waren zur sogenannten »modernen Kunst« übergegangen, das heißt, zur internationalen Blech- und Kanisterkunst. Sie stellten oder legten sich – und zahlten Millionen Lire dafür – Zementrohre und Benzinkanister, kaputte Stühle und rostige Leitungshähne, Reisigbesen, Staubtücher und gelblackierte Schnuller ins Haus. Es wäre zum Lachen, wenn es nicht zum Weinen wäre. Selbst die leitenden Herren von Fiat, die sich noch im vergangenen Jahr keine Wand ohne ein Schlachtengemälde aus dem siebzehnten Jahrhundert (Format 140 mal 75 Zentimeter) vorstellen konnten und dafür fast zwanzig Jahre lang den Spott der leitenden Herren von Olivetti, der Pioniere des Tand- und Trödelsnobismus, mit Gleichmut ertrugen – sogar sie ließen Anzeichen eines schwankenden Sinnes

erkennen. Sie kamen zwar noch, sahen sich bei ihm um und informierten sich. Aber – man sah es nur zu gut – sie waren nicht mehr mit dem Herzen dabei.

Signor Vollero trat drei weitere Schritte auf dem maulwurfsfarbenen Teppichboden zurück; der Kunde hatte schräg die Straße überquert und ging jetzt auf das Schaufenster zu, in dem ein *Flug des Ikarus* (68 mal 42) ausgestellt war. Als Vollero sah, daß er draußen stehenblieb, um das Bild zu betrachten, zog er sich diskret hinter die Staffelei in der Mitte des ersten und längsten Saals zurück, auf der er dem *Raub der Europa* (80 mal 134) den Ehrenplatz gegeben hatte. Dort wartete er auf das Geräusch der sich öffnenden Tür.

In den nächsten paar Minuten aber ereignete sich nichts. Nun, um so besser. Dieser *Flug des Ikarus*, den er auf einer Auktion in München für zwölftausend Mark gekauft hatte, war gewiß kein Meisterwerk, aber es war das dekorativste, das für einen zufälligen Passanten und einen ganz und gar unkritischen Kunden ansprechendste seiner Ausstellungsstücke. Weshalb er es denn auch – schweren Herzens – ins Schaufenster gestellt hatte. Wenn nun aber der Freund der Dosio so lange das Bild bewunderte, bevor er die Klinke niederdrückte, hieß das wohl, daß es sich um einen Mann von einigermaßen schlichtem Geschmack handelte, der vielleicht erst kürzlich zu Geld gekommen war. Zum Beispiel einer dieser Bauunternehmer, die in den Außenvierteln der Stadt im Rahmen des sozialen Wohnungsbaus ihre Siedlungen bauten, oder einfach ein großer Milch- oder auch Tabakhändler. Vielleicht gar ein Mailänder! Unwillkürlich zog er ein Gesicht. Aber was half's, man mußte sich mit der Entwicklung abfinden. Hier lag das neue Käuferreservoir. Und man mußte obendrein noch dankbar sein.

Mit einem Seufzer lugte er hinter dem *Raub der Europa* hervor. Vor dem Schaufenster stand niemand, der Mann war fortgegangen. Signor Vollero eilte auf dem weichen Velours zur Tür und sah den Mann, wie er sich, nun wieder auf der anderen Straßenseite, langsam entfernte, bis er vor dem Restaurant *Maria Vittoria* stehenblieb. Er sah nach oben, als suche er den Namen, worauf er nach kurzem Zögern das Lokal betrat. Was zum Teufel suchte ein solcher Mann in einem Restaurant dieser Art? Noch dazu zu dieser Stunde!

Die beiden Kellnerinnen waren wie im siebten Himmel.
»Nehmen Sie doch wenigstens ein bißchen Obst, Herr Kommissar«, sagte die aus Colle Val d'Elsa und schob ihm den aus braunem Stroh geflochtenen Korb hin.
»Ein paar Kirschen!« zwitscherte die aus Altopascio und bot ihm kokett den eigenen Teller dar.
»Einen Kaffee?« schlug die Inhaberin vor und erhob sich von dem runden Tisch, an dem sie gerade, als der Kommissar hereingekommen war, ihr gemeinsames Mahl mit den Kellnerinnen beendet hatte.
»Danke, gern«, sagte er und nahm gleichzeitig eine Kirsche von dem dargebotenen Teller.
Der Brigadiere, den De Palma hierher geschickt hatte (es mußte Nicosia gewesen sein), hatte im Ristoro *Maria Vittoria* offenbar keinen guten Eindruck hinterlassen. Wahrscheinlich hatte er die Vernehmung der Frauen in einem Ton verhüllter Drohung geführt, so als ob es von ihm abhinge, auf Grund ihrer Antworten das Lokal schließen zu lassen. Die Folge war gewesen, daß diese ihrer Natur nach gesprächigen und mitteilsamen Toskanerinnen ihm so wenig wie möglich gesagt hatten, nämlich nur, daß Garrone an dem fraglichen Abend allein gekommen sei.
»Denken Sie an einen Film, an einen Krimi«, erklärte er der hinter der Espressomaschine hantierenden Wirtin. »Sie sollten mir jetzt alle drei haargenau erzählen, was der Architekt alles gesagt und getan hat, von dem Augenblick an, wo er hier hereingekommen ist, bis zu seinem Weggang. Sie verstehen, wir müssen uns ein allgemeines Bild von dem Opfer machen, das möglichst genau ist...«
In Wahrheit hatte er, als er soeben das Restaurant erkannte, nicht wegen dieses »allgemeinen Bildes« den Besuch der Galerie Vollero auf später verschoben. Das »goldene Telefon« von heute morgen hatte ihm die Verfolgung einer wenn auch nur vagen Spur nahegelegt, und er wollte nachprüfen, ob die großartigen Aussichten, von denen Garrone bei seiner Mutter gesprochen hatte, vielleicht auch hier ein Echo gefunden hatten, zum Beispiel in der Wahl des Menüs. Freilich machte das Restaurant nicht den Eindruck eines Schlemmerlokals.

Aber schon nach den ersten Worten der Altopascio mußte er die Hypothese fallenlassen. Garrone hatte das übliche »Touristen-Menü« für tausendeinhundert Lire und dazu ein Bier genommen.
»Also alles in allem, er kam Ihnen etwas fröhlicher als gewöhnlich vor, aber im übrigen normal.«
»Ja, normal«, sagte Colle Val d'Elsa, »bis auf den Umstand, daß er es sehr eilig haben mußte, weil er ...«
»Ach ja, richtig!« erinnerte sich jetzt auch die Altopascio. »Die Sache mit dem Trinkgeld! Aber eilig war er gar nicht. Ich hatte sogar geglaubt, stellen Sie sich das vor, Herr Kommissar ...«
Sie erröteten, warfen kokette Blicke, fielen sich gegenseitig ins Wort und lachten wie toll: so erklärten sie beide dem Kommissar, was für schlüpfrige Vermutungen ihnen gekommen waren.
»Sie müssen verstehen, Herr Kommissar, zu einem so üppigen Trinkgeld hatte er sich noch nie aufgeschwungen. Das Höchste waren zwanzig oder dreißig Lire an Feiertagen. Deshalb lag es wohl nahe ...«
»Kinder, ich bitte euch!« mahnte die Chefin, die den Kaffee brachte.
Anscheinend wollte es sein Schicksal, dachte der Kommissar, daß er sich heute durch eine provozierende Entfaltung weiblichen Charmes hindurchlavieren mußte, die mehr oder weniger bewußt und absichtsvoll war. Denn auch die Dosio war, wenn er sich die Sache einmal mit kühlem Verstand überlegte, auf ihre Weise von einer ungeheuerlichen Koketterie gewesen. Sie hatte es sogar zuwege gebracht, daß er vorübergehend ihre Unerreichbarkeit vergaß, indem sie ihm (der alte Trick!) den Blick freigab auf die Schatzinsel, auf das Schloß in den Wolken, auf die geheimnishaft vollkommene Welt, die er nur zu betreten brauchte. Die reinste Demagogie – nichts da von Sex-Appeal! Es war die gleiche Verführung wie die der großen Diktatoren; das Schmeicheln und Schöntun hatte den gleichen triebhaften, magnetischen Charakter wie das Gebrüll von der Rednertribüne. Streckte man die Hand aus, fand man sich von Hitler umarmt. Streckte man sie nicht aus, blieb einem ein kleines Unbehagen und Mißvergnügen, das zumindest zeitweilig auftretende Gefühl, die entscheidende Probe nicht bestanden, etwas Wichtiges nicht gesagt oder getan zu haben ...
»Womit haben sie ihn denn umgebracht? Doch nicht mit dem Messer?«

Der Kommissar vergaß seine Reflexionen.
»Nein, mit einem – Gegenstand, mit einer Figur.«
»Siehst du? Dann kann er es nicht gewesen sein. Ganz abgesehen davon, daß . . .«
»Wer kann es nicht gewesen sein?«
»Jemand, der an demselben Abend hier war.«
»Zusammen mit Garrone?«
»Nein, er war auch allein. War aber schon früher ein paarmal hiergewesen. Er hat sich in Tina verliebt, aber die nimmt von ihm überhaupt keine Notiz.«
»Tina?«
»Eigentlich Umberta«, verbesserte Altopascio. »Das bin ich. Aber der Ärmste ist ja so häßlich, und das stört mich, nicht etwa, daß er ein *Terrone* ist.«
In Turin waren dem Kommissar Leute aus Apulien und Kalabrien begegnet, die von oben herab von *Terroni* sprachen, den »Bauern« aus dem Süden. Es war wie eine endemische Krankheit, der man nicht entging, wie die Malaria, wie das gelbe Fieber. Kaum waren sie aus dem Süden hergekommen, suchten sie schon jemand, der noch »südlicherer« Herkunft war als sie selbst, und wenn es nur ein halber Kilometer war.
»Was hat er denn gemacht, der *Terrone?*«
»Wir unterhielten uns über den Architekten und seine etwas plumpen Scherze, die er gern mit uns machte, aber nur so, ohne böse Absicht. Und das hatte der andere in seiner Ecke alles mit angehört. Und auf einmal mischt er sich ein. Dabei hatte ihn niemand nach seiner Meinung gefragt, aber trotzdem springt er auf und sagt, wenn er der Verlobte von Tina wäre, dann würde er wissen, was er mit dem Architekten zu machen hätte. Und dazu ein Gesicht . . .«
»Und ich habe gar keinen Verlobten«, erklärte Tina, wobei sie dem Kommissar fest in die Augen sah, »aber das habe ich ihm natürlich nicht gesagt.«
Napoleon, dachte der Kommissar, Fidel Castro, Robespierre . . . Er wandte die Augen von dem Mädchen ab.
»Wann ist er fortgegangen? Gleich nach Garrone?«
»Eigentlich nicht. Er ist noch eine Weile hiergeblieben.«
»Was für ein Typ ist er?«

»So ein Schwarzer, eher klein, jung.«
»Ein bißchen – sonderbar?«
»Meinen Sie verrückt? Nun, ich weiß nicht. Wie kann man das bei denen wissen? Die haben immer das Messer in der Tasche. Die Ehre. Sich Achtung verschaffen. Mir kommen sie alle komisch vor.«
»Jedenfalls«, warf die andere ein, »kannte er den Architekten nicht. Er konnte nicht wissen, wo er wohnte.«
»Wenn er aber auch aus der Via Mazzini ist, konnte er es doch wissen«, gab die Wirtin zu bedenken. »Da wimmelt es von *Terroni.*«
Der Kommissar stand auf.
»Besten Dank für alles. Ich lasse Ihnen für alle Fälle meine Telefonnummer hier. Und sollte der Verlobungsaspirant einmal wiederkommen, rufen Sie mich vielleicht am besten gleich an. Man kann nie wissen.«
Tina lehnte sich auf ihrem Stuhl weit zurück und legte mit einer trägen Bewegung die Hände hinter dem Kopf zusammen, was ihren Busen gut zur Geltung brachte.
»Ist das nun Ihre Dienst- oder Privatnummer?« fragte sie ihn und zwinkerte bedeutungsvoll.

3

Signor Vollero hatte sich inzwischen von seiner Enttäuschung erholt. Zudem war es gerade in seinem Beruf nützlich, gute Beziehungen zum Polizeipräsidium zu haben. Je mehr, desto besser. Schließlich konnte jeder einmal wegen eines unvorsichtigen Ankaufs in Schwierigkeiten geraten, auch wenn man, wie er, in der Regel nur Stücke von gesicherter Herkunft erwarb. Nicht, daß er sich dem Kommissar Santamaria als besonders hilfreich erweisen konnte! An den fraglichen Abend, an dem das Verbrechen geschah, erinnerte er sich allerdings nur allzu gut. Daß dieser Unglücksmensch den Verkauf seiner *»Leda«* gefährdet hatte – das hatte er noch nicht verwunden. Und darin bestand für ihn das wahre »Verbrechen« jenes Abends, über das er sich denn auch soeben aus-

führlich vor dem Kommissar ausgelassen hatte. Der hatte übrigens die höchst kultivierte und letzten Endes keusche Sinnlichkeit des Bildes (es hing noch immer da) zu schätzen gewußt. Jetzt wandte er sich, offensichtlich interessiert, den anderen Bildern zu. Der *Raub der Europa* hatte ihn – zu Recht – nicht besonders beeindruckt, über die beiden Dianen war er kommentarlos hinweggegangen, doch bei *Venus und Mars* hatte er die hübschen Blumen im linken Vordergrund bemerkt. Jetzt ließ er sogar Herrn Vollero einfach stehen und ging stracks auf das beste Stück der Ausstellung zu, einen erlesenen kleinen Poelenburgh (14 mal 16) in der blauen Manier, signiert, mit Ruinen und einer Nymphe.
»Zauberhaft«, sagte er.
»Nicht wahr?« Das Lächeln Volleros war um so aufrichtiger, als es hier nicht um Geschäfte ging.
»Aber dieser Maler«, sagte der Kommissar, »erinnert mich – warten Sie, Florenz, Palazzo Pitti, wenn ich mich nicht irre. Da gibt es einen kleinen Saal mit ungefähr zwanzig Bildern von dieser Art und diesem Format. Sind sie am Ende von demselben Maler?«
»Aber selbstverständlich!« rief Signor Vollero begeistert. »Selbstverständlich.«
Er war glücklich. Gewiß, Geschäft ist Geschäft, und man mußte natürlich Geld verdienen, aber ganz im Grunde war es ihm nicht so furchtbar wichtig, ob er die Bilder, die er ausstellte, auch verkaufte. Für ihn bestand das Vergnügen zur Hälfte in dem Aufspüren der einzelnen Stücke in ganz Europa und zur anderen Hälfte in dem Gefühl von ein bißchen Anerkennung und Interesse für seine Bemühungen. Aber wer zollte ihm diese Anerkennung – in einer Stadt, in der die wahren Herren so gut wie ausgestorben waren oder kein Geld hatten, und die, die sich »etwas leisten konnten«, eine halbe Stunde vor drei Kunststoffwürfeln standen, nachdenklich das Kinn in die Hand gestützt, Würfeln, in denen ein Lämpchen brannte, wie man es für Weihnachtskrippen verwendete – von wem kam diese Anerkennung? Von einem Polizeikommissar, der obendrein aus dem Süden stammte! Zugegeben, sie hatten Übung im Herstellen von Zusammenhängen, in Gegenüberstellungen und im Verzeichnen von Einzelheiten. Sie müßten eigentlich großartige Zuschreibungsspezialisten abgeben. Nun, es war in jedem Fall ein Trost.

»Daß ich Ihnen nicht helfen kann, tut mir so leid«, sagte er in einer Aufwallung von Dankbarkeit und Sympathie. »Glauben Sie mir, ich habe fast ein schlechtes Gewissen deswegen.«
Der Kommissar betrachtete ihn verwundert.
»Das fehlte noch! Außerdem ist es nicht mal richtig. Sie haben mir wenigstens sagen können, daß Garrone an dem Nachmittag hier war, und schon das nutzt uns etwas. Vorher haben wir es nicht gewußt.«
»Wir wollen es noch einmal versuchen, lassen Sie mich nachdenken . . .«
Sie standen jetzt zusammen vor einer üppigen Juno.
»Er kam allein und ist auch allein fortgegangen, das weiß ich genau. Hier habe ich ihn in der Viertelstunde, die er wohl blieb, wie gesagt, mit niemandem im besonderen im Gespräch gesehen. Ich meine, nicht in irgendwie verdächtiger Weise.«
»Und fiel Ihnen vielleicht auf, daß er an diesem Tag besonders in Form war oder besonders fröhlich? Hat er vielleicht, von der Leda abgesehen, noch irgendeine andere witzige Bemerkung gemacht, irgendeine Anspielung?«
»Garrone spielte immer auf dasselbe an«, sagte Vollero mit einem Achselzucken.
Er warf einen wütenden Blick auf die Leda, die jetzt im hinteren Saal, der zu Ehren des Kommissars festlich erleuchtet war, deutlich zu erkennen war. Friede seiner Asche, einverstanden, aber solange er lebte . . .
Mit einer peinlichen Klarheit sah er Garrone wieder vor sich, wie er dort im mittleren Saal stand: sein ungebügeltes Jackett, die ausgefransten Manschetten, sein ekelhaftes Grinsen, das immer zugleich etwas Einschmeichelndes und Freches hatte, dann der schlaff erhobene Arm, als wolle er auf etwas zeigen . . . Auf was? Und wem?
»Professor Bonetto!« rief er plötzlich laut. »Er stand mit dem Professor Bonetto zusammen und sagte ihm . . .«
Er schüttelte den Kopf.
»Es wird eine seiner üblichen Schweinereien gewesen sein.«
»Aber was denn?«
»Also ich stand hier, ungefähr an der gleichen Stelle wie jetzt, mit der Marchese Viotto, die ihre Schwägerin mitgebracht hatte,

wissen Sie, die mit Capellano, dem Neurologen, verheiratet ist . . .«

»Hmhm«, machte der Kommissar.

»Aber ich hörte nur mit einem Ohr zu, denn wenn man eine Ausstellung eröffnet, muß man sozusagen an allen Fronten zugleich sein. Garrone stand da drüben mit Professor Bonetto, und er schien auf eines der dort aufgehängten Bilder zu zeigen, während er sagte: ›Die da – das bin ich.‹ «

»Die?«

»Ja, *die*. Und an dieser Wand hängen nur zwei Bilder. Sehen Sie?« Er ging voraus. »Dort sehen Sie *Zeus mit Ganymed*, und das ist das andere.«

Das andere aber war eine *Danae*, aus der Schule Correggios, mit dem Goldregen, der ihr vom Himmel zwischen die Beine prasselte, während zwei Brautwerber-Putten zu ihren Häupten schwebten.

4

In der engen Lichtung ertönte das majestätische Trompeten eines Elefanten; sogleich antwortete vom Dickicht der Bäume her, wie eine Explosion, der Chor der Papageien in ausgelassenem Spott. Der Fluß hatte die faulige Farbe halbausgetrockneter Wasserläufe, und in der trägen Strömung hatten sich kleine Inseln aus Schlamm und Schutt gebildet, die die Sonne zu Kalk gebrannt hatte. Am sumpfigen Ufer ragten in starren Büscheln allerlei Gewächse aus dem wässerigen Schlamm, grau oder gelblich und rötlich blühend; andere standen kaum über dem dunklen fauligen Wasser, hin und her gezerrt von einem trüben Strudel. Ein Gestank von Tod und Verwesung vielfacher Herkunft – pflanzlich, tierisch, industriell – lag in der unbewegten Luft, vom Zoologischen Garten bis zum Lungopò Machiavelli am anderen Ufer des Flusses, wo jetzt der Advokat Arlorio und der Richter Mazza Marengo spazierengingen. Sie gingen mit den kleinen, zögernden Schritten der Kindermädchen, der Carabinieri in großer Uniform – und der alten Leute.

»Ehrlich gesagt, ich weiß nicht, was ich tun soll«, bemerkte verdrießlich der Advokat Arlorio. »Und ich hätte nun gern einmal von dir gehört, ob du es in diesem Augenblick für angezeigt hältst, daß ich die Initiative ergreife oder aber meine Hände in Unschuld waschen soll.«

Sein Freund Mazza Marengo schwieg. Es war das gleiche Schweigen, mit dem er während seiner ganzen Laufbahn, vom Amtsrichter bis zum Präsidenten des Appellationsgerichts, Anwälte, Gerichtsschreiber, Angeklagte, Zeugen, Schöffen, Nebenkläger und Gerichtsdiener versteinert beziehungsweise zur Verzweiflung gebracht hatte. Freilich war er inzwischen seit zwei Jahren in Pension und hätte es einem gewöhnlichen Sterblichen etwas leichter machen können, dachte Arlorio, mit einem verstohlenen Blick auf das scharfgeschnittene Profil, aber wahrscheinlich konnte man von ihm in seinem Alter nicht mehr erwarten, daß er sich änderte. Er wich einem roten Ball aus, den ein Kind in seine Richtung geworfen hatte, und tat das, was noch alle in solchen Fällen bei Mazza Marengo getan hatten: er fing noch einmal von vorn an.

»In einem gewissen Sinne darf ich sagen, daß ich meine Pflicht getan habe. Ich habe den Damen Piovano nachdrücklichst ans Herz gelegt, die Polizei zu informieren, daß Garrone an dem fraglichen Tag bei ihnen gewesen ist; ich habe ihnen klargemacht, daß sämtliche Schritte des Opfers vor der Tat Gegenstand der ›indirekten Nachforschungen‹ sind, wie sie Ottolenghi definiert hat. Ich habe ihnen sogar zu verstehen gegeben, daß ihr Schweigen letzten Endes als Begünstigung ausgelegt werden könnte ...«

Mazza Marengo blieb, von einem Plastikpfeil in der Leistengegend getroffen, stehen und legte seinen Spazierstock wie ein Gewehr an, mit dem er auf eine Horde von flüchtenden Rothäuten zielte, die Hals über Kopf die steile Uferböschung hinunterstürmte, zwischen künstlichen Felsengrotten und gelb gewordenen Grasbüscheln. Aber er schwieg noch immer.

»Aber da kann man reden, soviel man will«, fuhr Arlorio fort, nachdem die schrillen Rufe der Indianer verhallt waren, »es ist nichts zu machen. Du weißt, wie halsstarrig die Damen Piovano sind, besonders die liebe Clotilde; sie stellten sich auf den Standpunkt, daß ihre Mitteilung ohne Bedeutung wäre, daß sie nur Scherereien davon hätten, daß sie die Reporter fürchteten, den Skandal und was noch alles. Nun bestreite ich natürlich nicht im geringsten, daß diese ganze Angelegenheit höchst delikater Natur ist und daß es für zwei Damen wie die Gräfinnen Piovano nicht gerade angenehm ist, nun wohl oder übel sich in einen obendrein recht zwielichtigen Mordfall verwickelt zu sehen – und das in einem Moment, wo wegen der Exzesse einiger weniger Degenerierter eine Verleumdungskampagne gegen den gesamten Adel ohne Unterschied entfesselt wird . . .«

Ein merkwürdiges nasales Gebell kam von den Platanen des Zoologischen Gartens, wurde von dem flachen Wasser des Flusses zurückgeworfen und schnitt dem Advokaten Arlorio brüsk das Wort ab. Ein kleiner Junge fütterte da drüben die Seelöwen mit Fischen. Mazza Marengo blieb wieder stehen, und voller Hoffnung wandte sich der Advokat seinem alten Freund zu; vielleicht war er jetzt bereit, ihm zu raten, vielleicht würde jetzt dieser schmallippige lakonische Mund sein Gutachten verkünden.

Mazza Marengo hatte, wie es schien, seine ganze Aufmerksamkeit auf einen Angler konzentriert, der mit einer ungewöhnlich langen Angelrute bewaffnet war und sich bemühte, den Haken an einer Stelle in den Po zu werfen, wo der Fluß noch, statt Steinen und Müll, ein wenig Wasser führte. Es glückte ihm, und einen Augenblick hielt er die Angelschnur in eine bescheidene Pfütze, aber schon im nächsten Augenblick zog er sie leer wieder zurück.

Mazza Marengo legte sich die Krücke seines Spazierstocks um den Nacken und setzte schweigend den Spaziergang fort. Der Advokat stieß einen Seufzer aus.

»Es handelt sich hier übrigens nicht allein um eine Prinzipienfrage«, erklärte er. »Es gibt da vielmehr ein bestimmtes Indiz, das sich, wer weiß, als wertvoll für die Untersuchung erweisen könnte.« Er machte eine Pause, als bereite er sich vor, das folgende zu diktieren: »Beim Abschied bot Gräfin Clotilde – in meiner Anwesenheit, wie ich betonen möchte – dem Opfer eine Freikarte für die Blumenausstellung im Schloßgarten an, welche die Schwestern Piovano selbst noch an jenem Abend zu besuchen gedachten. Doch Garrone lehnte mit dem Ausdruck des Bedauerns die Karte ab. Wie aber motivierte er diese Ablehnung? Er sagte wörtlich: ›Blumen? Danke, nein, ich beschäftige mich heute abend mit Steinen.‹«

Mazza Marengo hob den Blick zu einer riesigen Magnolie, die, mit ihren unzähligen Blüten und ihrem intensiven Duft, in einem der höherliegenden Gärten über dem Lungopò stand.

»Was wollte das Opfer mit dieser sibyllinischen Wendung sagen?« fragte sich laut der Advokat, indem er mit der eigenen Beredsamkeit die Schweigsamkeit des andern automatisch ausglich. »Auf was für Steine spielte er da an? Auf Edelsteine? Es wäre die einleuchtendste Hypothese. Doch über die Bedeutung dieses Punktes zu urteilen, ist niemand befugter als die untersuchende Behörde. Die Frage stellt sich jetzt ganz einfach folgendermaßen dar: Darf ich, soll ich, *muß* ich – ungeachtet der alten und herzlichen Freundschaft, die mich mit den Gräfinnen Piovano verbindet, und trotz, um auch diesen Punkt nicht zu vergessen, trotz der selbstverständlichen Diskretion, zu der der Gast seinem Gastgeber gegenüber verpflichtet ist – muß ich, im Interesse der Allgemeinheit, *pro bono publico* . . .«

Mazza Marengo nahm die Krücke seines Spazierstocks vom Nacken. Er ergriff den Stock mit beiden Händen, und seine lange, hagere Gestalt straffte sich zu der eleganten Bogenform des Golfspielers: Ein bläulicher, fast runder Kiesel sprang beim ersten Schlag über die Hecke und flog in hoher Kurve gegen den Fluß. Endlich sprach der Richter.

»Und jetzt du«, sagte er.

5

Nach kaum zehn Minuten, die ihm die Tabusso an seinem Schreibtisch gegenübersaß, war sich der Kommissar darüber klar, daß sie zu den Menschen gehörte, von denen man sagt, daß sie einen Raum mit ihrer Gegenwart erfüllen. Das lag nicht an ihrer lauten Stimme, ihrer Korpulenz oder ihrem lebhaften Gebärdenspiel allein; all das spielte natürlich eine Rolle, aber das Rätselhafte war, daß man bei dieser Frau nach knappen zehn Minuten den Eindruck hatte, sie säße bereits seit einer Stunde dort. Dabei war nichts von einer Schwätzerin oder Querulantin an ihr. Sie hatte schon auf ihn gewartet, als er in sein Büro zurückkam. Sie stellte sich (die Dinge etwas forcierend) als »Freundin« der Signora Dosio vor und kam dann ohne weitere Umschweife zur Sache. Die einzige Erklärung für ihre Wirkung war also diese geheimnisvolle Gabe so mancher Sängerin oder Schauspielerin, die oft sogar dürftig, häßlich, unbedeutend aussehen konnten, aber, wenn sie allein mitten auf der Bühne standen, sie ganz auszufüllen schienen. Er verstand jetzt, warum die Dosio sie als eine trotz allem sympathische Frau beschrieben hatte. Amüsiert überlegte er, ob die Dosio nicht eine ähnliche Gabe besaß. Er stellte – ein boshaftes Experiment – blondes und graues (aber makellos frisiertes) Haar gegenüber, die Nase, das Knie, das Kleid . . . Worin bestand eigentlich, wenn man alles Äußere abzog, der weibliche Zauber?

Beschämt über die Richtung, die seine Gedanken nahmen, stand er auf.

»Wollen Sie einen Augenblick auf mich warten?«

Signora Tabusso begnügte sich mit einem Kopfnicken und nahm aus ihrer Handtasche ein Päckchen Zigaretten. Es waren geschmuggelte.

Der Kommissar ging bis zum Büro De Palmas, und da die Tür halb offen stand, steckte er, ohne anzuklopfen, den Kopf herein.

»Ach, bist du wieder zurück?«

De Palma, in Hemdsärmeln, war im Begriff, sich eine Zigarette derselben Marke anzustecken, die Signora Tabusso rauchte. Ebenfalls geschmuggelt.

»Bei mir sitzt eine Frau, die deine Blonde gesehen hat«, sagte der Kommissar.

De Palma zündete sich die Zigarette an und stieß den Rauch aus.

»Ich habe schon sechs vernommen, die sie alle gesehen haben. Eine ist überzeugt, daß es die Freundin ihres Mannes ist. Ein anderer schwört, daß die Beschreibung haargenau auf seine Hauswirtin zutrifft . . .«

Der Kommissar zuckte die Achseln.

»Ich will dir nichts vormachen, weißt du. Es ist eine Geschichte aus zweiter Hand, weil nicht sie selbst die Blonde gesehen hat, sondern ihre Schwester. Außerdem handelt es sich um eine Wiese, ihren Besitz im Hügelland vor der Stadt, die von den Huren widerrechtlich benutzt wird – und daß wir nicht imstande sind, dort Ordnung zu schaffen . . .«

»Hat sie sie da gesehen?«

»Das behauptet sie. Aber du begreifst, das könnte natürlich ein Vorwand sein, um uns hinaufzulocken, damit wir ihren Besitz von der Schande der Prostitution befreien.«

»Warum ziehen sie keinen Zaun herum?«

»Was weiß ich! Aber es gibt da doch einen Punkt, der interessant sein könnte, nämlich eine gewisse Abweichung von der Beschreibung, die Bauchiero gegeben hat und die in der Presse zu lesen war.«

»Gut, ich komme mit«, sagte De Palma. »Muß ich mir die Jacke anziehen?«

»Besser ja.«

Signora Tabusso saß ruhig da und rauchte ihre Zigarette.

»Doktor De Palma«, stellte der Kommissar vor. »Er hat mit den Nachforschungen unmittelbarer zu tun als ich.«

»Sehr angenehm«, sagte Signora Tabusso. Es klang nicht besonders enthusiastisch.

»Würden Sie wohl so freundlich sein und auch ihm erzählen, was Sie mir bereits gesagt haben?«

Signora Tabusso musterte die beiden kritisch.

»Das fängt ja gut an«, stellte sie fest. »Oder ist das vielleicht eine Methode, um zu sehen, ob ich mich in Widersprüche verwickele?«

Der Kommissar fing nicht den Blick auf, den ihm De Palma zuwarf. Er nahm wieder an seinem Schreibtisch Platz.

»Aber nicht doch, Signora«, versicherte De Palma und zog sich einen Stuhl heran. »Es ist nur einfach so . . .«

»Schon gut, ich habe verstanden. Nur möchte ich wissen, was bekommen wir dafür? Ich habe nämlich nichts dagegen, die Geschichte auch dreißigmal zu erzählen, meinetwegen auch dem Heiligen Vater, wenn Sie es verlangen, aber dann müssen auch Sie hier Ihre Pflicht tun und mit den leeren Versprechungen einmal aufhören.«

»Da können Sie ganz ruhig sein, Signora«, sagte De Palma, in einem Ton, bei dem selbst einem Killer in Chicago sich die Haare sträuben würden.

»Recht so!« lobte die Tabusso, keineswegs aus der Fassung gebracht. »Denn wenn Sie sich nicht bald tummeln, werden Sie uns eines Tages alle drei als Leichen finden, abgeschlachtet in unseren Betten, wie in Hollywood! Dann werden wir allerdings ruhig sein!«

De Palma hatte inzwischen begriffen, mit was für einem Typ er es zu tun hatte. Entwaffnet lächelte er.

»Ich habe schon immer gesagt: diese Wiese ist noch einmal mein Tod«, verkündete die Tabusso, den Blick zur Zimmerdecke gewandt. »Früher, da war es etwas anderes. Wir hatten unsere Pächter dort. Als Kinder waren wir in den großen Ferien da, manchmal auch zu Allerheiligen und zu Weihnachten. Dann starb mein Vater. Ich wurde Witwe. Meine Schwester – besser so für sie – hat sich nicht verheiratet. Also, was war zu tun? Wir haben uns ohne große Umstände mit Palmira da oben eingerichtet – auch Palmira schon verwitwet...«

Von dieser erstaunlichen Beschwörung der Vergangenheit (als kleines Mädchen mit Zöpfen, das mit dem Reifen über die Wiese läuft) stieg Signora Tabusso in die rauhe Gegenwart herab.

»Wer hätte je gedacht, daß es einmal ein solches Ende nähme?« fragte sie drohend De Palma. »Daß wir im eigenen Haus die Mörder haben?«

De Palma, in die Defensive gedrängt, machte eine beschwörende Geste, wagte es aber nicht, eine Antwort zu geben.

»Glauben Sie, daß meine Schwester einen derartigen Schrecken bekommen hat, daß sie fast der Schlag gerührt hätte? Das arme Ding, sie ist noch das reinste Kind. Der Schreck ist ihr so in die Glieder gefahren, daß sie uns bis heute kein Wort gesagt hat. Der bloße Gedanke daran machte ihr Angst.«

»Ist sie herzkrank?« fragte De Palma besorgt.

»Nein«, antwortete Signora Tabusso, »aber von zarter Gesundheit. Immer gewesen.«

»Und was tat sie dann neulich nachts auf der Wiese?« fragte De Palma mit strenger Miene.

»Wenn ich Ihnen doch sage, daß sie von delikater Gesundheit ist! Sie hatte Verdauungsbeschwerden und konnte nicht einschlafen! Sie ißt wie ein Spatz, aber an dem Abend hatte sie zwei Stangen Spargel zuviel gegessen, Sie wissen ja, wie schwer verdaulich Spargel ist, er hat ihr wie Blei im Magen gelegen. Während wir schliefen, ist sie also aufgestanden und...«

»Wie spät war es?«

»Halb elf, elf.«

»Haben Sie keinen Fernseher?« Die Frage kam wie aus der Pistole geschossen.

Signora Tabusso beugte sich vor und starrte ihn mit halbgeschlossenen Augen an wie ein Jahrmarktswunder.
»Doch, den haben wir«, sagte sie langsam. »Warum? Sehen Sie sich das Programm an?«
Unter dem Vorwand, seine Zigarette in dem Aschbecher auf dem Schreibtisch auszudrücken, wandte sich De Palma ab.
»Wir machen uns nicht viel daraus«, erklärte sie. »Gerade mal das Schlagerfestival von San Remo, weil es Palmira interessiert. Sonst, gleich nach dem *Sandmännchen* Schluß und ins Bett. Wissen Sie«, erklärte sie stolz, »wir sind richtige Bauern. Mit den Hühnern zu Bett, mit dem ersten Hahnenschrei auf.«
»Und schlafen wie die Engel«, führte De Palma den Satz zu Ende. Er fing an, das Ganze amüsant zu finden.
»Stutzen Sie die Flügel und sagen Sie ruhig: wie die Hühner«, sagte Signora Tabusso, die ihm nichts schuldig blieb.
Der Kommissar und De Palma lachten, aber Signora Tabusso hatte, außer ihrem Akzent, noch andere Turiner Eigenarten. Sie kümmerte sich nicht um die Wirkung ihrer schlagfertigen Antworten, als stünde sie selbst außerhalb der Dimension des Humors (aber wie oft kam einem dann wieder der Zweifel, ob sich nicht im Gegenteil die ganze Stadt stets innerhalb dieser Dimension befand!). Sie setzte also, vom Lachen der beiden unberührt, ihren Bericht fort, bei dem sie allmählich in Eifer geriet.
»Sie hat ihr Zimmer am anderen Ende des Korridors, weil sie sagt, ich schnarche so laut, daß man es noch durch den Mont Cenis hindurchhört. Eine Übertreibung. In einem bestimmten Augenblick also steht sie auf, geht nach unten und promeniert im Garten. Wir haben nämlich um das Haus herum einen schönen Garten; dafür habe ich immer gesorgt. Und dann, wer weiß, was in ihrem Kopf vorging, aber Tatsache ist, daß sie, ganz langsam und ohne es zu merken, zum Tal der Huren hinunterstieg.«
»Was für ein Tal?«
»Früher einmal, vor langer Zeit, war da ein Wasserlauf. Jetzt ist er ausgetrocknet, ein schöner breiter Kanal, wie eine Straße, aber tief gelegen und versteckt durch die Akazien. Deswegen die Beliebtheit, es ist der Punkt des stärksten Verkehrs. Im Winter parken sie ihre Wagen auf dem freien Platz neben dem alten Gartentor und lassen den Motor laufen. Aber im Sommer überschreiten sie

die Grenze, kommen mit ihren Reisedecken und allem Drum und Dran ins Tal und dann – allez hopp! – an die Arbeit!«
»Und wie ging es nun weiter?« erlaubte sich De Palma sie zu drängen.
»Wenn ich Ihnen nicht die Beschaffenheit des Terrains erkläre, wie können Sie dann verstehen, was geschah?« fragte Signora Tabusso. »Machen wir's kurz: meine Schwester war bis zu dem Lorbeerbaum gekommen, der am Ende der alten Bocciabahn steht ...«
»War sie denn nicht unten, im Tal?«
»Das Tal liegt tiefer«, erklärte Signora Tabusso und hielt ihre Hände so, daß sie einen steilen Abhang und darüber eine Bocciabahn andeuteten, »und von dem Lorbeergesträuch aus kann man gut den Eingang ins Tal beobachten, das Kommen und Gehen dort, mit anderen Worten das ganze Schauspiel.«
»Und Ihre Schwester stand oben in der Balkonloge, um es zu genießen?« fragte De Palma, sie bewußt provozierend.
Aber die Reaktionen der Signora Tabusso waren (wie die Campis – oder der Dosio – oder der Schwester Garrones?) nicht so leicht vorauszusehen, wie De Palma glauben mochte. Oder war sie zu intelligent? Jedenfalls zeigte sie gegenüber dieser Vermutung nicht Entrüstung, sondern nur Verwunderung. Sie prüfte sie mit aller Ruhe (war es bäuerliche Lebensvertrautheit – Cavourscher Realismus – der Zynismus des Hauses Savoyen?), um sie schließlich zu verwerfen.
»Nein«, sagte sie, »Sie müssen bedenken, daß sie praktisch noch unschuldig ist. Gewisse Dinge versteht sie kaum. Sie wird wahrscheinlich den Grillen und Nachtigallen zugehört haben und den Glühwürmchen zugesehen. Sie war schon immer fürs Poetische. Und während sie da oben steht, schaltet eins von den unten parkenden Autos die Scheinwerfer ein, um fortzufahren.«
»Wie groß ist die Entfernung?«
»Dreißig, vierzig Meter. Meine Schwester hörte also plötzlich lautes Rascheln im Gebüsch unter ihr, und auf einmal sah sie die Frau, die wie ein wildes Tier durch die Zweige brach. Sie blickte nach oben und muß sofort meine Schwester gesehen haben, denn sie kam rasch auf sie zu, mit erhobenem Stock – der aber in Wirklichkeit das Rohr war.«

»Aber wenn es da eine Böschung gibt, wie konnte sie dann auf ihre Schwester losgehen?«
»Sie kletterte den Hang hinauf. Wie ein Affe, sagt sie. Meiner Schwester waren die Knie weich geworden, begreiflich. Deshalb hatte sie die Zeit, die Frau genau sehen zu können.«
»Auch das Gesicht?«
»Es war eine Hexe, sagt sie, ein Scheusal, wie man es sonst nur im Alptraum sieht. Blond. Vielleicht verwechselte sie meine Schwester mit einer Konkurrentin, oder sie war einfach in einem Blutrausch, das heißt, wenn sie die Mörderin war.«
»Und was geschah dann?«
»Nichts, glücklicherweise. Als sie sie nur noch drei Meter entfernt vor sich sah, riß meine Schwester in panischer Angst aus. Sie schloß die Haustür hinter sich ab, und der Schock war so groß, daß sie mit niemandem darüber sprach. Sie hat dann die Frau nach dem Zeitungsbericht wiedererkannt, und das hat sie nur noch mehr erschreckt. Sie begreifen: diese Frau hatte eine halbe Stunde zuvor einen Mann erschlagen, und es gehörte nicht viel dazu, auch meine Schwester umzubringen, mit dem Rohr, das sie bei sich trug. Und wenn Sie, meine Herren vom Amt für Sicherheit und öffentliche Ordnung, sich nicht darüber klarwerden, was Sie . . .«
»Aber mein Kollege sagte mir«, unterbrach De Palma sie, »daß Ihre Schwester an einem bestimmten Punkt der Beschreibung in der Zeitung widersprach . . .«
»Ja, der Stern. Sie hatte sich inzwischen entschlossen, die Sache nicht länger für sich zu behalten. Zufällig sprachen wir heute bei Tisch von all den Verbrechen und Raubüberfällen, so daß eine Frau sich in Turin allein nicht mehr auf die Straße wagen kann, und dabei kam die Rede auch auf diesen Bauchiero und die Tasche mit dem Stern darauf. Da sagt sie plötzlich ›Seestern‹. – ›Was für ein Seestern?‹ frage ich sie. Und da sagte sie mir, daß es eine Strandtasche war mit einer Schnalle in Form eines Seesterns.«
»Hmhm«, sagte De Palma.
Signora Tabusso schlug sich klatschend an die Stirn.
»Da!« schrie sie. »Da drinnen hat es sich ihr für immer eingeprägt, so klar wie eine Fotografie! Das sind Dinge, die man nicht wieder vergißt, meine Herren, auch wenn sie nur die Zeit dauern, die einer braucht, um Amen zu sagen – und viel fehlte nicht, daß sie es

wirklich gesagt hätte. Wenn Sie mir nicht glauben wollen ...«

»Warum ist eigentlich nicht Ihre Schwester gekommen?« fragte der Kommissar.

»Seien Sie froh, daß wenigstens ich gekommen bin!« ereiferte sich die Tabusso. »Weil meine Schwester absolut nicht wollte! Sie hat Angst, es käme in die Zeitung, und die bewußte Person wäre imstande, noch einmal heraufzukommen, um sich an uns zu rächen. Wir setzen unser Leben aufs Spiel, werte Herren, das Rohr des Damokles schwebt über uns, wenn Sie verstehen, was ich meine.«

»Da können Sie ganz ruhig sein, Signora«, sagte De Palma zum zweitenmal während dieses Gesprächs, nur diesmal mit mehr Überzeugung. »Wir werden keinem Reporter etwas sagen.«

»Und wegen der Wiese?«

»Wir wollen sehen, was sich da tun läßt. Wissen Sie, das sind Angelegenheiten, bei denen wir nicht allein zu entscheiden haben.«

Er notierte sich die Adresse und die Telefonnummer der Tabusso, dann brachten sie sie bis an die Tür, dankten ihr, drückten ihr die Hand, beruhigten sie noch einmal und sahen sie, mit einer gewissen Erleichterung, gehen. De Palma beugte den Kopf und fuhr sich mit dem kleinen Finger ins Ohr, als ob er es voll Wasser habe.

»Donnerwetter«, sagte er.

»Wahrscheinlich lebt sie mit einer Schwerhörigen zusammen«. sagte der Kommissar. »Vielleicht ihre alte Hausbesorgerin.«

»Wenn sie sie nicht erst schwerhörig gemacht hat!«

»Ein bißchen umwerfend, aber sympathisch, nicht wahr?«

»Doch, doch ... Aber, sag mal, glaubst du an die Bauchschmerzen ihrer Schwester?«

»Ich weiß nicht. Man müßte sie einmal sehen.«

»Hmhm.«

Beide dachten dasselbe. Langsam gingen sie den Korridor hinunter, wo sich an einem der Fenster ein Beamter mit einem unter den Achseln schweißdunklen Hemd bemühte, eine Jalousie, die sich verklemmt hatte, herunterzuziehen.

»Aber im großen und ganzen, was hältst du von der Geschichte?«

»Sie kann natürlich tatsächlich eine Prostituierte gesehen und sich dann, nachdem sie die Zeitung gelesen hatte, alles übrige eingebildet haben. Aber es bleibt die Geschichte mit dem Stern. Warum sollte sie ihn anders beschrieben haben?«

»Eben das frage ich mich«, sagte der Kommissar.

»Also gut, sobald ich Zeit habe, gehe ich auf einen Sprung zu ihnen hinauf. So wie es jetzt steht, würde ich sogar mit Schneewittchen und den sieben Zwergen sprechen.«

»Wollen wir Bauchiero noch mal kommen lassen?«

»Es kann nichts schaden«, sagte De Palma seufzend, mit einem Blick auf die Uhr.

Er öffnete eine Tür und befahl dem Brigadiere Nicosia – der im Ristoro *Maria Vittoria* gewesen war –, den Geometer Bauchiero zu holen und ihn, falls er ihn nicht zu Hause anträfe, in den Cavour-Anlagen zu suchen. Nicosia schlüpfte in seine Jacke und brach eilig auf.

»Aber ein bißchen liebenswürdig«, trug ihm der Kommissar auf. »Er hat keinen umgebracht.«

De Palma betrat vor Santamaria sein Büro. Beide zogen das Jackett wieder aus.

»Und was hast du bei deinem Mittagessen erreicht?«

Der Kommissar wußte es selbst nicht.

»Wir haben über De Quincey gesprochen«, sagte er.

»Aha. Also nichts.«

Der Mord als eine schöne Kunst betrachtet war vor zwei Jahren in Fortsetzungen in der überaus langweiligen Zeitschrift der Polizei erschienen, und gerade De Palma hatte ihn damals darauf aufmerksam gemacht – als auf eine Kuriosität, die ihn interessieren könnte, auch abgesehen von dem Vorwort und den Fußnoten des ehemaligen Polizeipräsidenten Luidelli.

»Absolut nichts auch nicht«, sagte der Kommissar.

Er trat vor den Wandkalender der Alitalia, auf dem noch der Mai (Farbfoto von Marrakesch) zuoberst hing. Er nahm das Blatt ab und drehte es herum, hauptsächlich, um zu sehen, was für ein Bild der Juni brachte (Farbfoto von Tahiti). Er sah auch beim Juli nach (Farbfoto von Riccione); dann hängte er den Kalender wieder an den Nagel und berichtete De Palma von seinem mittäglichen Treffen, soweit es, professionell gesehen, berichtenswert war.

Campi und die Dosio waren also Menschen, die zu einer paradoxen Art von Witz neigten und, wie es schien, in der Tat zu Garrone keine engeren Beziehungen unterhielten und ebensowenig ein Motiv hatten, ihn umzubringen. Am plausibelsten blieb noch immer die Hypothese, daß es sich um einen reinen Zufall handelte, wenn auch, strenggenommen, keiner der beiden ein Alibi für den fraglichen Abend hatte. Die Dosio war allein ins Kino gegangen, und Campi war bei seinen Eltern in ihrer Villa, draußen in den Hügeln, gewesen. Das heißt, er war bis zehn Uhr dort; über seine späteren Unternehmungen wußte man nichts. Dann gab es noch zwei oder drei andere schwache Möglichkeiten, die noch weniger Wahrscheinlichkeit hatten: ein junger Sekretär ihres Onkels, und ihr Mann, der aber an dem fraglichen Abend mit ausländischen Gästen zum Essen in den Hügeln war . . .

»An dem fraglichen Abend«, unterbrach ihn De Palma, »waren anscheinend eine Menge Leute in den Hügeln.«

Gewiß, auch da konnte es einen verborgenen Faden geben. Ihm kam ein Gedanke.

»Ist es ganz sicher, daß Garrone in der Via Mazzini ermordet und nicht nach der Tat dorthin gebracht wurde?«

»Ganz sicher.«

Aber das hatte nichts zu sagen; das Turiner Hügelland konnte dennoch den gemeinsamen Nenner abgeben; ebenso wie das Geschlechtliche, die Onanie des Kleinkindes, der steinerne Phallus, der obszöne Scherz über Leda; oder das goldene Telefon, das Trinkgeld im Ristoro *Maria Vittoria*, die Danae bei Vollero . . .

»Könnte eine Erpressung dahinterstehen, wie?« fragte De Palma. »An dem Abend glaubte er Gold einzunehmen und erhielt einen Schlag auf den Schädel.«

»Erpressung, ja. Oder irgendein anrüchiges Geschäft, bei dem er seinen Anteil erwartete oder forderte . . .«

»Ich werde mir den Rheumatismus holen«, sagte De Palma, nachdem sie eine Viertelstunde lang den Fall nach allen Seiten durchgesprochen hatten, »aber ich komme hier drinnen vor Hitze um.«

Entschlossen öffnete er einen Schrank und entnahm ihm einen alten, schwarzen Ventilator, der wie eine Sonnenblume vor seinem Stiel hing. Er stellte ihn auf den Schreibtisch und bückte sich, auf der Suche nach der Steckdose.

»Ich würde mich aber sehr wundern«, erklärte er in dieser Stellung,

»wenn bei einem Typ dieser Art nicht irgendeine sexuelle Schweinerei eine Rolle spielte.«
Bei dieser Gelegenheit erwähnte der Kommissar, daß er am nächsten Morgen zusammen mit Campi Monsignor Passalacqua aufsuchen wollte, um etwas mehr über die Mordwaffe zu erfahren.
»Gut.«
Der Ventilator begann endlich zu summen. De Palma richtete sich wieder auf, setzte sich und bog dann den verstellbaren Apparat nach oben, so daß er den vollen Luftstrahl ins Gesicht bekam. Seine Haare flogen nach allen Richtungen.
»Aaah!« stöhnte er vor Behagen. »Und bist du dahintergekommen, ob Campi mit dieser Dosio das Vögeln als eine schöne Kunst betreibt?«
Der Kommissar formte bereits mit den Lippen ein entschiedenes Nein, aber die Stimme versagte sich ihm. Woran lag es? War es seine Mutter, seine Schwester, die es nicht hören konnten, wenn man davon in dieser Weise sprach?
»Das habe ich zunächst auch gedacht«, sagte er lauter als notwendig, »und theoretisch wäre es ja auch durchaus möglich.«
So! Jetzt hatte er sie auf ihren Platz verwiesen.
»Nur daß Campi ...« fuhr er eilig fort, um jeder weiteren inquisitorischen Frage zuvorzukommen.
De Palma verstand augenblicklich.
»Himmel, nein!« sagte er und schlug die Hände vors Gesicht. Seine Haare standen wie ein Strahlenkranz um seinen Kopf und gaben ihm etwas von einer Furie. Natürlich dachte er jetzt an die Hunderte von Homosexuellen, Transvestiten und männlichen Prostituierten, die er unter diesem neuen Gesichtspunkt möglicherweise zu überprüfen hatte. Doch der Kommissar beruhigte ihn. Er erklärte ihm, daß Campi kaum eine Vorliebe für die Unterwelt haben dürfte und man in seinem Falle sich eher über einen gewissen Ravera oder Riviera informieren müßte, einen Freund Campis, über den Ajello von der Paßabteilung die hauptsächlichsten Auskünfte besorgen konnte. Jedenfalls war eine derartige Verbindung zwischen Garrone und Campi auszuschließen.
»Schon gut, aber wenn er ihn erpreßt hat?«
Sie gingen daran, das Motiv der Erpressung unter jedem Gesichtspunkt in Erwägung zu ziehen: an Campi, da er homosexuell ist;

an Campi, da er insgeheim nicht homosexuell ist; an der Dosio (der Kommissar stand auf, um auf dem Wandkalender nachzusehen, was für Landschaften den Monaten August, September, Oktober vorbehalten waren) wegen Untreue, Homosexualität, Nymphomanie oder Exhibitionismus mit den entsprechenden Fotos, die sie in der jeweiligen Situation zeigte (November, Dezember, und wieder Januar, Februar ...); an dem Ehemann der Dosio, weil Liebhaber des Campi; am Onkel der Dosio, weil Liebhaber des jungen Sekretärs oder seiner Nichte oder des Gatten seiner Nichte. Oder nichts von alledem. Eine ganz andere Geschichte, zum Beispiel etwas mit Rauschgift, in die alle verwickelt waren. Der Onkel war der Kopf, das Hirn der Organisation, er hatte die Kontakte auf höchster internationaler Ebene; der Gatte der Dosio ließ sich die Ware schicken, wobei ihm die Fabrik als bequemes Aushängeschild diente, und dort, an Ort und Stelle, in einem scheinbar harmlosen Laboratorium ...

De Palma hatte sich das Hemd bis zum Nabel aufgeknöpft und wandte, mit erhobenen Armen, abwechselnd die eine oder die andere Hälfte der Brust dem Ventilator zu.

»Aaah!« stöhnte er, wie in Ekstase.

Es klopfte an der Tür.

»Herein!« rief der Kommissar, da De Palma das Klopfen nicht gehört hatte.

Es war Nicosia.

»Schon zurück?« sagte De Palma. »Bravo. Hast du ihn gefunden?«

»Ja, er ging gerade aus dem Haus.«

»Wunderbar. Laß ihn hereinkommen.«

Nicosia schien in Verlegenheit zu sein.

»Was hast du denn?«

»Er hat seinen Hund mitgebracht, Herr Doktor. Er hatte ihn gerade bei sich, und um keine Zeit zu verlieren, hat er ihn mitgenommen. Aber er stört nicht – das arme Tier«, fügte er optimistisch hinzu, »im Wagen hat er sich nicht gerührt.«

»Himmelherrgott«, sagte De Palma und begann, sich das Hemd wieder zuzuknöpfen.

Magliano kam eilig herein. »Hast du einen Augenblick Zeit?«

»Ist es etwas Wichtiges?« fragte De Palma. »Wir haben schon Bauchiero hier.«

»Ich kann es nicht sagen, aber alles kann von Nutzen sein.«
Er reichte De Palma eine Visitenkarte.
»Advokat Giuseppe Arlorio«, las De Palma. »Wer ist das? Was will er?«
»Er hat Garrone am Tattag gesehen, er war mit ihm bei irgendwelchen Gräfinnen zum Tee.«
De Palma pfiff durch die Zähne.
»Was hat sich dieser Garrone nur alles zu schaffen gemacht! Es ist immer dasselbe: je weniger sie arbeiten, desto mehr haben sie zu tun. Also, wir müssen jetzt Bauchiero hören. Danke du dem Advokaten und frage ihn, ob er sich an etwas Besonderes erinnern kann.«
»Aber darum geht es ja«, erklärte Magliano mit einer gewissen Gereiztheit. »Deswegen ist er gekommen.«
»Aha. Und woran erinnert er sich?«
»Beim Abschied hörte er, wie die Gräfinnen Garrone fragten, ob er sie nach dem Abendessen auf die Blumenausstellung begleiten wolle, aber er lehnte ab. ›Blumen?‹ soll er gesagt haben, ›nein, heute abend beschäftige ich mich mit Steinen.‹«
»Was für Steine?«
»Das kann er uns auch nicht sagen! Immerhin fand er die Antwort merkwürdig, und nach einigem Nachdenken entschloß er sich, uns seine Information zu überlassen.«
»Steine ...« brummte De Palma. »Jetzt kommen auch noch die Steine.«
»Ich möchte an Edelsteine denken«, sagte Magliano. »Es könnte sich am Ende um einen Fall von Hehlerei handeln.«
»Auch der Phallus war aus Stein«, bemerkte der Kommissar, während er sein Jackett wieder anzog.
De Palma tat, mit unglücklichem Gesicht, das gleiche und stellte den Ventilator ab.
»Ich glaube eher, daß es Feuerzeugsteine waren«, sagte er. »Oder könnt ihr euch vorstellen, daß ausgerechnet der etwas mit gestohlenem Schmuck zu tun hatte? Na schön, laß dir alles noch einmal ordentlich erzählen, laß ein Protokoll aufnehmen und erkundige dich, wer sonst noch bei diesen Gräfinnen war.« Er überlegte einen Augenblick. »Sind es übrigens echte Gräfinnen?« fragte er.
»Ich glaube ja. Es war auch ein General dabei.«

»Was die eigentlich an Garrone fanden, die feinen Leute, das möchte ich gern einmal wissen!«
»Wenn ich recht verstanden habe«, erklärte Magliano, »handelt es sich um alte Menschen. Der Advokat selbst zum Beispiel ist mindestens zwischen fünfundsiebzig und achtzig. Und wenn ich daraus schließen darf, müssen auch die anderen mehr oder weniger dieser Altersklasse angehören. Und du verstehst, wenn man schon mit einem Fuß im Grabe steht . . .«
»Jetzt hab ich's!« verkündete De Palma grinsend. »Er hat das Vertrauen unzurechnungsfähiger alter Leute mißbraucht! Morgen lassen wir alle Turiner, die über siebzig sind, samt ihren präsumtiven Erben herkommen. Und dann fangen wir an, richtig zu arbeiten. Nur Mut, meine Herren, der Kreis wird enger!«

6

Abteilung Friedhof las Lello über dem Pfeil, gerade als er endgültig überzeugt war, sich verlaufen zu haben. Denn sogar jemand wie er, der seit Jahren im Rathaus arbeitete, kannte nur zu einem sehr kleinen Teil die Gänge und Übergänge, die schroffen Biegungen, die unvermuteten Flure und Vorräume, die Seitengänge, die dunklen Treppen und Treppchen und all die unerklärlichen Unebenheiten und Windungen dieses aus dem siebzehnten Jahrhundert stammenden Gebäudes. Er kam sich, sozusagen, wie die Bleistiftspitze Bottas vor, mit der dieser nach der Lösung aller anderen Aufgaben aus der *Rätsel-Woche* voller Geringschätzung durch die konzentrischen Irrgänge eines Labyrinths fuhr.
Er erwiderte den Gruß eines Kollegen, an dessen Namen er sich nicht erinnerte, und gelangte flinkfüßig an eine neue Gabelung des Ganges, mit einem neuen Wegweiser zur Friedhofsabteilung, der mit rostigen Reißnägeln an der gekalkten Wand befestigt war. Botta, der Rebus-Magier, der König der Kreuzworträtsel, der regelmäßig die richtigen Lösungen an die Zeitschrift sandte und sogar hin und wieder einen Preis gewann, ein Buch oder eine unbedeutende Summe, womit er sich jedoch, von seiner Frau sekundiert, vor seinen Kollegen dermaßen aufspielte, als sei es

der Nobelpreis. Diesmal aber, dachte Lello, mit sich selbst zufrieden, diesmal wollte er ihm zeigen, was für einen Rebus er gelöst hatte!
An einer Biegung des Korridors stieß er beinahe mit zwei Männern zusammen, die, gestikulierend und im lauten Gespräch, auf ihn zukamen. »... meine Mutter niemals«, sagte der eine, und von dem anderen hörte Lello, während er, wie durch ein Wunder statt mit ihnen zusammenzustoßen zwischen ihnen hindurchging, die Worte: »Nehmen wir einmal an, daß zufällig ...«
Er befand sich nun in einer Art Vorzimmer, winklig verbaut, der Fußboden teils aus Holz, teils mit roten Fliesen belegt, zwei Bänke an der Wand, mit Rillen im Holz, und der Rand wie abgenagt. Auf der einen saß ein alter Mann, der gerade damit beschäftigt war, einen Mentholbonbon auszuwickeln.
»Ist hier das Büro des Landvermessers Triberti?« fragte Lello.
Mit einem raubtierhaften Zuschnappen ließ der Alte den Bonbon im Munde verschwinden. Dann wies er mit dem Kinn auf eine breite, hinter einem Mauervorsprung halbverborgene Tür mit Milchglasscheiben. Lello ging darauf zu und klopfte bescheiden an. Die Antwort war eine tiefe Stille.
Die Gänge, die Tunnels, die Zellen und die windungsreichen, oft im Zickzack verlaufenden Gräben dieses Ameisenhaufens – es war, als seien sie auf einmal leer. Als ob alle Ameisen, vor einer Katastrophe, einer drohenden Invasion gewarnt, den Bau verlassen hätten, bis auf ihn, Lello, der nichts davon gewußt hatte. Mit einem Ruck wandte er den Kopf, aber der Alte war noch da. Die borstigen Wangen hohl dank der Intensität, mit der er seinen Bonbon lutschte, machte er ihm mit der Hand ein Zeichen, die Klinke niederzudrücken. Nach einem Augenblick des Zögerns öffnete Lello die Tür.
Vor ihm lag, nur drei Stufen tiefer, ein anderer Gang, von Kugellampen gelblich erhellt. Nirgends waren Fenster zu sehen, nur kleinere Türen mit Milchglasscheiben auf beiden Seiten. Und ganz am Ende ein Gedränge von Männern und Frauen um den Landvermesser Triberti, der gerade sein Büro verlassen hatte.
»Weg, weg!« rief Triberti, einen Rechenschieber schwingend. »Jetzt ist keine Sprechstunde.«
Klein und hager von Gestalt, ging er durch die Menge hindurch,

in der es nicht an Männern fehlte, die sehniger und kräftiger waren als er – ging mit der Sicherheit eines Passanten inmitten eines Taubenschwarms, von dem er sich nicht sonderlich belästigt fühlte. Während er sich auf Lello zubewegte, liefen die andern rückwärts vor ihm her, eine lebende Barriere. Sie sprachen alle gleichzeitig; es war ein verworrener Lärm, aber unverkennbar mit der Intonation eines Bitt- und Klagechorals.

Lello stieg die drei steinernen Stufen hinab und ging unsicher auf die Prozession zu. Seine Initiative erschien ihm im Augenblick ziemlich nutzlos und töricht. Triberti würde ihn gewiß mitsamt seiner Theorie zum Teufel schicken; wie kam er überhaupt dazu, sich an einen solchen Typ zu wenden? Nur um Botta zu ärgern? Bei dem bloßen Gedanken an Botta kam er in Wut, denn nur er hatte ihn mit seiner kränkenden Skepsis und seinem mitleidig-herablassenden Lächeln in diese dumme Situation gebracht. Aber auch auf Massimo war er wütend, der ihn im Grunde genauso behandelte. Warum nur war er umgeben von Menschen, die ihm stets einen Dämpfer aufsetzten? Warum gab es niemanden, der sich einmal für seine Ideen ein bißchen begeistern konnte? Schließlich war er ja auch nicht gerade der letzte Kretin! Er biß sich auf die Lippen, ballte die Fäuste und eilte dem Landvermesser Triberti entgegen.

Aber im selben Moment sprang Triberti zur Seite, schlängelte sich zwischen drei oder vier Bittstellern hindurch, öffnete eine Tür im Gang und verschwand. Lello, nur noch ein paar Meter von der Stelle entfernt, hörte deutlich, wie der Schlüssel von innen umgedreht wurde. Da hatte er sich also auf der Toilette eingeschlossen! Um so besser. Was ging ihn im Grunde Bauchiero an, oder Garrone und Botta, die Fogliato oder Massimo? Er war auf niemandes Beifall angewiesen. Er hatte sein Leben, seine hübsche Wohnung, sichere Arbeit, nicht besonders gut bezahlt, aber etwas Sicheres. Und Ruhiges. Beifall konnte er sich selbst spenden, unabhängig von der Meinung anderer.

Er stellte fest, daß ihn die andern mißtrauisch musterten. Sie waren vor der Tür der Toilette stehengeblieben, stumm und aufgeregt wie eine Meute Hunde, die sich nicht damit abfinden will, vom Fuchs geprellt zu sein, und voller Mißtrauen gegen das neu hinzugekommene, noch nie gesehene Tier ist.

»Gestatten Sie«, sagte Lello mit fester Stimme und hochgerecktem Kinn. Widerstrebend traten sie beiseite; aber als er seinen Weg zum Ende des Korridors hin fortsetzte, hörte er, wie sich ihre Stimmen, nun zu einem Chor des Vorwurfs vereint, in Richtung der Glastür entfernten.

Nach Griechenland würde er also allein reisen. Eines schönen Morgens wollte er, ohne irgend jemandem etwas zu sagen – und am allerwenigsten Massimo – seinen Fiat 500, der erst noch eingefahren wurde, vollpacken und dann losfahren. Immer in kleinen Etappen reisen. Wo ist nur Riviera, würde es heißen, wo ist Lello abgeblieben? Ein Rätsel. Einen Schlafsack würde er sich kaufen und ein kleines Zelt, und dann wollte er drei Wochen lang auf seine Weise leben, ganz wie Cavagna und Pettinati, die im vorigen Jahr mit dieser Methode bis zum Bosporus gekommen waren. Er konnte natürlich auch, um nicht ganz allein zu sein, einmal fragen, wohin sie in diesem Jahr reisten, und sich ihnen dann allenfalls anschließen. Sie waren zwar Kommunisten und sprachen immer von Frauen, während er sozialistisch wählte und mehr für die allmählichen Reformen war ...

Der Gang schien zu Ende an dem mächtigen eisernen Gitter vor einem hohen Fenster. Aber als er davorstand und schon im Begriff war umzukehren, sah er linker Hand einen Mauerbogen und dahinter ein paar Stufen, die zu einem dunklen schrägen Gang hinaufführten. Er betrat die erste Stufe – und fand den Rechenschieber des Landvermessers Triberti auf sich gerichtet.

Ihm entfuhr ein entsetztes »Oh!«, worauf Triberti mit einem überraschten »Ach, Sie sind es!« antwortete.

Er lächelte ihm freundlich zu. Sie hatten sich auf einer Gesellschaftsreise im Bus kennengelernt (Como und Lugano: viertausendfünfhundert Lire, alles inbegriffen), bei der Triberti auch seine Frau und seine sechzehnjährige Tochter mitgebracht hatte.

»Ich habe Sie vorhin auf dem Gang gesehen«, sagte Lello, ein wenig verlegen.

»Ich habe über meinen Geheimgang verschwinden müssen«, erklärte Triberti mit heiterer Überlegenheit. »Die Toilette hat einen zweiten Ausgang zur Treppe. Wollen Sie zu Gazzera hinauf?«

Lello wußte nicht, wer Gazzera war, und noch weniger, was er da oben, am Ende dieser merkwürdigen Treppe, tat.

»Eigentlich wollte ich zu Ihnen«, sagte er.
»Ja, großartig, wunderbar. Kommen Sie, bitte!«
Sie kehrten auf den Gang zurück, jetzt menschenleer, nur erfüllt von vagem Widerhall, von fernen dumpfen Geräuschen. Ohne einen bestimmten Grund mußte Lello wieder an den hageren und gierigen Alten denken, mit den weißen Borsten auf den abgezehrten Wangen und dem grünen Kügelchen im Dunkel der Mundhöhle – wie ein Frosch in einer offenen Grube. Ob es vielleicht Bauchiero war? Ein Schauder überfiel ihn. Friedhof und Tote hatten ihm immer bange gemacht, und dieser Korridor hatte bestimmt etwas ... vielleicht war es nur eine Idee, aber er hatte entschieden etwas Unheimliches ...
»So, da wären wir«, sagte Triberti und blieb vor der Tür zur Toilette stehen. Er zog den Schlüssel aus der Tasche, öffnete und schloß dann von innen wieder ab.
»Die Leute vorhin waren alle heimlich, außerhalb der Zeit, hereingekommen«, erläuterte er, während er Lello in sein Büro führte. »Sie sollten mal sehen, wieviel es erst am Vormittag sind, wenn wir für den Parteienverkehr geöffnet haben.«
Durch dieses Büro – es war nicht besonders groß, aber peinlich in Ordnung gehalten – gingen, im Eingang wie im Ausgang, alle Akten über die Zuweisung der Grabstellen des Allgemeinen Städtischen Friedhofs sowie alle Projekte über ihre bauliche Ausgestaltung. Und wenn man sah, was die Leute anstellten, nur um sich das Recht zu sichern, in die Grube zu fahren, dann konnte man sich nur wünschen, niemals sterben zu müssen. Ein Scherz, den der Landvermesser Triberti immer wieder machte. Nicht weniger bekannt als dieser Ausspruch war seine unbedingte Unbestechlichkeit. Nichtsdestoweniger fuhren seine Besucher fort, ihn mit ihren Bitten, Beschwörungen, Versprechungen, Drohungen, Lokkungen aller Art beinflussen zu wollen. Sie versuchten, sein Schachbrett der Reservierungen und Disponibilitäten, der Fristen und Termine, der Vermessungen, der Verpachtungen von Plätzen auf zehn Jahre, dreißig Jahre oder auf ewig, in Unordnung zu bringen, mit anderen Worten, in seine komplizierte und pedantisch genaue Gräberbuchhaltung einzugreifen. Aber der Landvermesser Triberti verteidigte sie. Er verteidigte sie ohne Anmaßung und ohne Fanatismus, vor allem ohne je seine gute Laune zu verlieren.

Er bewahrte seinen Belagerern gegenüber eine Haltung resignierender Nachsicht; es waren Reiche und Arme darunter, Leute ohne jeden Rechtsanspruch, Angeber, Schieber, Schwarzhändler, Vermittler, Spekulanten von unterschiedlichem Einfluß und von unterschiedlicher Aggressivität, und er nahm sie hin wie etwas, was unweigerlich zu seiner Arbeit gehörte.

»Den Architekten Garrone?« fragte er, wie ein Lehrer, der sich an einen ehemaligen Schüler erinnert. »Und ob ich den kenne! Es hat mir wirklich leid getan, als ich es in der Zeitung las. Daß er einmal so enden mußte, der arme Teufel ...«

»Und hier«, fragte Lello und beschrieb mit der Hand einen Kreis, »hat er gearbeitet?«

»Arbeiten! Was wollen Sie, auch er versuchte, wie alle andern, einen kleinen Auftrag zu ergattern, eine Miniaturkapelle, einen dorischen Tempel im Kleinformat, ein Tabernakel aus Porphyr oder auch nur eine kleine Restaurierung. Jedenfalls alles nur Kleinkram. Pläne und Entwürfe brachte auch er mit; das wird Ihnen Signora Ripamonti bestätigen können, falls es Sie interessiert; aber irgend etwas Bedeutenderes habe ich von ihm in der Kommission nicht zu sehen bekommen.«

»Was für eine Kommission?«

»Die Architekten, die die Entwürfe für alle neuen Bauten auf dem Friedhof zu prüfen haben. Sie treten einmal im Monat zusammen, im Büro des Standesamts, ausgerechnet ...«

Er lächelte, aber so, als wolle er Lello damit zu verstehen geben, er könne sich über einen so grotesken Kontrast gern auch schieflachen, wenn ihm danach zumute sei. Aber Lello blieb ernst.

»Ist die Konkurrenz groß?«

»Reden wir lieber nicht davon«, sagte Triberti kopfschüttelnd. »Sie leben in Illusionen und träumen nur von einer Sache: dem großen Familiengrab mit Krypta. Aber machen sie sich denn gar nicht klar, daß die Zeit dafür abgelaufen ist, daß es an Platz fehlt, daß es mit dem Friedhof unserer Großeltern aus und vorbei ist und wir endlich einen Schlußstrich darunter ziehen müssen? Es gibt keinen Ausweg. Entweder Dezentralisierung und raumsparende Rationalisierung oder ... Wissen Sie, was ich in der *Domenica del Corriere* gelesen habe? Daß man in Amerika auf den Friedhöfen der großen Städte bereits Computer eingesetzt hat?

Das paßt schlecht zu dem betenden Engel und der weinenden Witwe in carrarischem Marmor. Machen wir uns doch nicht lächerlich! Und glauben Sie, meiner Meinung nach ist auch die Grabnische überholt, sie ist keine Lösung.«
»Wirklich nicht?« fragte Lello. Er war zwar nicht abergläubisch, umklammerte aber für alle Fälle die Autoschlüssel in seiner Hosentasche mit der Hand.
»Es gibt keinen Ausweg«, wiederholte Triberti. »Die Zukunft gehört der Verbrennung. Wissen Sie, was in kaum fünfundzwanzig Jahren das Ende sein wird?«
»Nnnein«, stotterte Lello, der an das Schlimmste dachte.
»Man wird uns eine hübsche kleine Plastikschachtel ins Haus schicken, mit der Asche unserer Lieben darin, aber mit der Maschine zu einem Plättchen zusammengepreßt, so groß wie eine Vitamin-C-Tablette.«
Lello schluckte. Er bemühte sich zu lächeln, begriff aber, daß Triberti es ernst meinte.
»Und lassen Sie mich es sagen: wir hier in Turin sollten ein Beispiel geben! Wir sollten auch hier zur Vorhut gehören, wie auf so vielen anderen Gebieten. An den Mitteln fehlt es nicht«, fügte er vieldeutig hinzu, »was fehlt, ist die geistige Aufgeschlossenheit, die Fähigkeit, ans Morgen zu denken. Wenn nicht, dann werden wir einen Friedhof haben, der von hier bis Racconigi reicht und Schluß. Wir Ärmsten!«
Lello wollte diesem Ausruf gerade von ganzem Herzen zustimmen, als er sah, daß der Blick Tribertis auf etwas hinter seinem Rücken gerichtet war. Ängstlich wandte er sich um und erkannte hinter den Glasscheiben der Tür den bewegungslosen Schatten eines Mannes in der ein wenig vorgebeugten Haltung des Lauschers.
»Sie sind schon wieder da«, flüsterte Triberti.
»Was wollen sie denn?« fragte Lello im gleichen Flüsterton.
»Sie hoffen und warten. Sie möchten von mir herauskriegen, welche Plätze freigeworden und wem sie zugewiesen sind, um sofort zu dem neuen Inhaber zu laufen und sich einen Auftrag geben zu lassen – auf ein Grabmal, eine Tafel oder sonst was. Sie stellen sich dem Kunden als die akkreditierten Vertreter eines Beerdigungsinstituts vor und als Leute, die bei Triberti eingeführt sind; dann ziehen sie einen Rohentwurf aus der Tasche und be-

haupten, daß er bereits geprüft und genehmigt sei. Sie verstehen, die versprechen Ihnen goldene Berge und erzählen den größten Unsinn. Der reinste Jahrmarkt.«

»Ist darunter zufällig auch ein gewisser Bauchiero?« fragte Lello flüsternd. »Landvermesser Bauchiero? Kennen Sie ihn?«

Triberti dachte eine Weile nach.

»Ich glaube nicht«, sagte er schließlich. »Der Name sagt mir nichts. Aber das will nichts heißen bei den vielen Menschen hier. Außerdem kommt es ja, Gott sei Dank, gelegentlich auch mal vor, daß einer aufgibt. Oder stirbt ... Hat dieser Bauchiero kürzlich ein Projekt eingereicht?«

»Ich weiß nicht«, sagte Lello. »Es könnte vielleicht auch eine Sache älteren Datums sein.«

»Aha. Nun, für den Fall haben wir unsere gute Ripamonti. Nach einer gewissen Zeit schiebe ich alles an sie ab, sonst käme ich hier überhaupt nicht zur Arbeit. Ich sage es nicht, um mich zu rühmen, aber einen Betrieb wie hier gibt es nicht einmal im Einwohnermeldeamt. Höchstens noch im Büro Schilder und Schaufenster. Da, sehen Sie!« murmelte er. »Sehen Sie sich das an!« Hinter den Glasscheiben hatten sich noch mehr schweigende Gestalten angesammelt; Lello fühlte bei ihrem Anblick eine dunkle Drohung.

»Kommen Sie«, sagte Triberti, »wir gehen jetzt zur Ripamonti. Die Leute da draußen bringe ich nachher zur Räson.«

Er ging ihm voran durch eine Seitentür, die in einen kleinen Raum voll verstaubter Regale führte, darauf durch eine zweite Tür in das Büro der Ripamonti. Die Ripamonti war eine dicke Person mit Mopsgesicht und Schürze; Lello erinnerte sich, sie schon gesehen zu haben.

»Auf Wiedersehen, Riviera«, sagte Triberti vergnügt. »Jetzt mache ich mich an die gewohnte Reinigung des Tempels. Was für Geschichten wegen ein paar Knochen und Steinen!«

Es war sofort zu erkennen, daß es Signora Ripamonti wenig Freude machte, in diesem speziellen Sektor der städtischen Verwaltung zu arbeiten. Auf der Federschale befand sich zwischen Bleistiften, Filzstiften, Büroklammern, Gummibändern und Kugelschreibern auch ein Talisman in Gestalt eines langen roten Horns, und auf einem Aktenstapel lag ein Hufeisen. Gewiß handelte es sich dabei um scherzhaft gemeinte Geschenke von Kollegen, aber Signora Ripamonti hatte sie weder weggeworfen noch in die Schublade gelegt. Und um ganz sicherzugehen, hatte sie in ihrem Ausschnitt eine kleine geweihte Medaille an einem goldenen Kettchen hängen.

Aber auch sie kannte Bauchiero nicht. Doch stand sie auf und öffnete einen Schrank, halb voll von orangefarbenen Aktendeckeln. Sie könnte, dachte Lello, der neben ihr stand, gut ein Desodorans gebrauchen.

»Erst versuchen sie es bei ihm«, sagte die Ripamonti und zeigte in die Richtung, in der das Büro Tribertis lag, »und dann kommen sie zu mir. Und ich habe nicht das Herz, ihnen zu sagen, daß es zwecklos ist. Wir können nämlich nur Projekte für bereits zugewiesene Parzellen annehmen, und auch dann nur, wenn sie die Zustimmung des Besitzers gefunden haben. Aber das wollen die Herren nicht begreifen, da heißt es Signora hier, Signora dort . . .«

Sie zog einen großen Stapel von Aktendeckeln aus dem Schrank und knallte ihn auf einen Tisch an der Wand. Eine Staubwolke stieg auf, und ein kleiner weißer Gegenstand wurde aus dem Packen geschleudert und glitt über den Tischrand. Lello bückte sich, um ihn aufzuheben: es war eine kleine Hand aus falschem Elfenbein, die die bösen Geister bannen sollte.

»Sie erwarten von mir, daß ich für sie Reklame mache und den Kunden empfehle. ›Sie in Ihrer Stellung‹, sagen sie, ›könnten doch ein gutes Wort für mich einlegen: Sehen Sie nur das stilvolle Grabmal hier . . .‹ Aber ich habe meine Methode gefunden, um sie mir vom Hals zu halten. Ich nehme einfach alles und lege es in einen Aktendeckel, auf den ich ihren Namen schreibe. Wenn sie das sehen, sind sie zufrieden, und nach ein paar Jahren, wenn der Schrank wieder voll ist, werfe ich den ganzen Kram weg . . . Jetzt schauen Sie bitte einmal selbst nach. Wenn Ihr Bauchiero dabei ist, müssen Sie ihn hier finden.«

Sie kehrte an ihre Schreibmaschine zurück und wandte ihm den Rücken. Mit zwei Fingern, um sich nicht zu staubig zu machen, drehte Lello die Aktendeckel um: Alliotti, Altamura, Attanasio, Barbini, Bastianengo, Bazza . . . Dann blätterte er zur Kontrolle noch einmal zurück – und auch etwas weiter, bis zu Curci. Nein,

Bauchiero war nicht dabei. Es war also wieder mal schiefgegangen. Aber er blieb noch stehen und dachte erbittert an die triumphierende Miene Bottas. Natürlich konnte er ihm weismachen, daß er die ganze Sache aufgegeben hätte, aber wenn der mit seinem sprichwörtlichen Glück zufällig Triberti traf, und Triberti ihm alles erzählte, nun dann wäre er, Lello, gleich zweimal blamiert. Als Kretin und Lügner stünde er da. Und natürlich auch als infantil.

»Haben Sie gefunden, was Sie suchten?« fragte hinter ihm die Ripamonti, die gerade einen neuen Bogen einspannte.

»Nein, noch nicht.«

Gewiß, er konnte noch in die Akte Garrone sehen, aber wozu hätte das jetzt noch gedient? Ein Kribbeln stieg von seinem Nacken auf und breitete sich über den ganzen Kopf aus, als er plötzlich das Gefühl hatte, nun endgültig in eine tödliche Falle gegangen zu sein, die von jeher am Ende einer langen Reihe scheinbar harmloser kleiner Demütigungen auf ihn gelauert hatte. So spielte das Schicksal mit den Menschen. Aus Güte, aus Freundlichkeit, aus christlicher Nächstenliebe, aus Verständnis für den andern, aus Anhänglichkeit oder aus Liebe hatte er so vieles auf sich beruhen lassen, hatte immer so getan, als sehe und merke er nichts, und die andere Backe dargeboten; er hatte gelitten und so manches heruntergeschluckt, nicht aus Schwäche oder Gleichgültigkeit, sondern fast aus einem Gefühl der Pflicht gegenüber dem Nächsten. Und nun hatte ihn die tägliche Anstrengung, die er sich abverlangte, diese geduldige Mühe der Sublimierung bis hierher gebracht, zu diesem Martyrium der Scham. Er war ein armer Irrer, der es sich, Gott weiß warum, gerade heute in den Kopf gesetzt hatte, den schlauen Fuchs zu spielen. Und nun hatte sein kleiner Einfall zu einer Blamage geführt, die ihm sein ganzes Leben lang anhaften würde.

Um sich zu beruhigen und nicht den Argwohn der Ripamonti zu wecken, wühlte er weiter mit zitternden Händen und aufs Geratewohl in den Akten: Paracchi, Piodi, Pratellini, Ubaldi, Ungaro, Macchia, Marletti, Lucchesi, Landra, Garrone, Gancia, Galimberti . . .

Um Zeit zu gewinnen, zog er den Aktendeckel mit der Aufschrift »Garrone« aus dem Stapel und öffnete ihn. Er fand darin ein halbes Dutzend vergilbter Projekte, darunter einen Würfel, auf dem eine Pyramide stand, einen runden Tempel, eine komplizierte Konstruktion mit vielen Bogen und drei Kuppeln, etwas Ähnliches wie eine Pagode. Und auf allen stand oben links mit chinesischer Tusche geschrieben: »Entwurf Architekt Dr. Lamberto Garrone«; und auf einem, dem von der Pagode, stand außerdem der violette Stempel einer Firma: »Gebrüder Zavattaro, Arbeiten in Marmor, Stein und Granit, Bauarbeiten, Grabmalkunst. Corso Regio Parco 225.«

»Verzeihung, was bedeutet es, wenn auf einem Entwurf der Stempel einer Firma steht?«

»Eigentlich nichts«, sagte die Ripamonti und wandte sich auf ihrem Stuhl nach ihm um. »Es bedeutet, daß er mit einer Werkstatt für Grabdenkmäler in Verbindung steht. Aber auch das ist nicht immer gesagt. Denn meistens treibt der Architekt ein doppeltes Spiel. Dem Steinmetzen erzählt er, daß er den Kunden schon hat. Dann kommt er hierher, zeigt dem Kunden den Stempel der Firma und erklärt ihm, daß er für ihn einen Rabatt auf den Preis erwirken könnte, daß er einen Exklusivvertrag mit dieser Werkstatt habe und so weiter und so fort.«

Mit kleinen Schritten, fast auf Zehenspitzen, näherte sich Lello ihr. Vielleicht hatte ihn das Schicksal noch einmal übersehen, der schwarze Vogel flog davon. Daß es diese Firma Zavattaro gab, eröffnete ihm noch einmal alle Möglichkeiten.

»Ist auch da die Konkurrenz groß?« fragte er, und seine Stimme bebte ein wenig, aus Furcht vor einer neuen Enttäuschung.

»Ich weiß nicht, aber ich denke es mir. Die Steinmetzen und Marmorarbeiter aus der Via Catania und dem Corso Regio Parco bekommen wir hier kaum je zu sehen; sie haben es im allgemeinen nicht nötig, sich ihre Arbeit zu suchen. Die Kundschaft kommt zu ihnen. Also wird es wahrscheinlich auch da dasselbe Gedränge geben . . .«

»Mit anderen Worten, sie wünschen sich gegenseitig alles Böse, genau wie hier!« sagte Lello erleichtert, ja triumphierend, und blickte beglückt auf seine Informantin herab.

»Es ist eine häßliche Arbeit«, sagte sie, »mit dem Modergeruch von welken Blumen und all den Vasen und Grabsteinen . . . Wenn ich da einmal mit dem Auto vorbeikomme, schwöre ich Ihnen, daß ich . . .«

Sie hob den Blick zu Lello empor und mißverstand den Ausdruck leidenschaftlicher Dankbarkeit in seinen Augen. Sie fuhr mit der Hand an den Ausschnitt ihres Kittels, aber nicht schnell genug, als daß Lello nicht zuvor, knapp über dem Rand ihres Büstenhalters, ein goldenes vierblättriges Kleeblatt erkannt hätte, das am goldenen Kettchen hing.

Fast im Laufschritt eilte Lello nun in umgekehrter Richtung über den Korridor, und er hatte dabei das Gefühl, als laufe er barfuß über einen Rasen mit Blumen und bunten Insekten. Er liebte alle Welt, und alle waren ihm sympathisch. Er blickte auf die Uhr. Nein, unmöglich, er mußte jetzt zurück in sein Büro; bei der Firma Zavattaro wollte er dann morgen vorbeigehen. Er versetzte einem gedachten Stein auf einem imaginären Pfad einen Fußtritt und sprang über die Phantasiewurzel eines Märchenbaums. Das Leben war schön und voll unbegrenzter Möglichkeiten. Massimo, der liebe Massimo hatte ihn vor kurzem angerufen, sehr freundlich, er wollte ihn nach Dienstschluß abholen, und dann würden sie zusammen irgendwo essen, außerhalb der Stadt, vielleicht draußen im Hügelland, unter einer Laube von Geißblatt und Glyzinien . . .
Er sprang die drei Stufen hinauf und riß ungeduldig die Glastür auf, ohne Rücksicht auf den Lärm, den er dabei machte. Plötzlich hatte er ein Gefühl, als stülpe sich ihm der Magen um: Auf der Bank saß derselbe Alte in derselben Haltung wie vorher und steckte sich den gleichen grünen Bonbon in den Mund. Für einen Moment des Entsetzens war ihm, als sei nichts geschehen, und er müsse alles von vorn beginnen. Aber es dauerte nur einen kurzen Augenblick. Er ging weiter und grüßte im Vorbeigehen den Alten mit einer freundlichen Geste. Aber dann drehte er sich noch einmal um und fragte scherzend:
»Sie heißen nicht zufällig Bauchiero?«
Der alte Mann hatte die Wangen unter den Backenknochen eingesogen; er beschränkte sich darauf, den Frager mit seinen wässerigen Augen starr anzusehen. Leise vor sich hin trällernd, verließ Lello die Falle.

7

Aber nein, gar keine Störung, er hatte ja doch nie etwas zu tun, er hatte gerade nur ein bißchen frische Luft schöpfen wollen, wenn auch bei der Hitze heute ... Und dann entschuldigte er sich noch, so gekommen zu sein, wie er gerade war, in Hemdsärmeln und mit seinem Hund.

Das Polohemd, das der Landvermesser Bauchiero trug, hatte dunkelgrüne und dunkelbraune Karos, und wahrscheinlich war es, bevor die Manschetten durchgescheuert waren, ein Hemd mit langen Ärmeln gewesen. Der Hund lag nahe an der Tür, alle viere von sich gestreckt, so weit es ging; wie um möglichst viel von der Kühle anzunehmen, die die Fliesen spendeten.

Kommissar Santamaria betrachtete Hund und Herrn mit einer Art archäologischer Rührung. Denn dies mußte wohl der älteste »friedliche Bürger« sein, der bescheidene, ehrliche ruhige »Niemand«, für dessen Schutz die Polizei da war und den, so schien es, unzählige Schichten sozialer Umwälzungen unwiederbringlich unter sich begraben hatten. Er sah einen stark hervortretenden Adamsapfel, spitze weiße Ellenbogen, die aus den halben Ärmeln hervorsahen, die Leinenhosen ohne Falte und die gestreiften Socken in den alten durchbrochenen schwarzen Schuhen. Und ein Gesicht von sanfter Anonymität, ein unverdächtiges Allerweltsgesicht. Und Menschen, die diesem hier vollkommen ähnlich waren, überlegte unwillkürlich der Kommissar, hatten Taschendiebe gelyncht, Familienmütter vergewaltigt, Sechsjährige in den Keller gelockt und Nachbarn wegen eines Blumentopfes umgebracht.

»Wollen Sie Ihren Hut hier ablegen?« fragte Kommissar De Palma. »Geben Sie ihn nur her.«

»Danke.«

So wanderte der braune Strohhut von den Knien Bauchieros auf den Schreibtisch De Palmas.

»Also, wir haben Sie kommen lassen, weil wir noch einmal gewisse Einzelheiten bezüglich der blonden Passantin überprüfen wollten.«

»Haben Sie sie gefunden?« fragte Bauchiero und richtete sich auf seinem Stuhl auf.

Der Hund hob in seiner Ecke müde den Kopf und ließ ihn mit einem tiefen Seufzer alsbald wieder sinken.
»Nein«, sagte De Palma, »noch nicht. Aber wir haben eine erste Spur, und deshalb müssen wir hinsichtlich ihrer Kleidung in gewissen Punkten absolute Sicherheit haben. Zum Beispiel, was ihre Tasche betrifft.«
Bauchiero ließ sich Zeit. Er gehörte offenbar nicht zu den Zeugen, die, statt sich die Sache noch einmal zu überlegen, gleich wiederholten, was sie schon einmal gesagt hatten.
»Nun«, sagte er nachdenklich, »es war eine dieser großen Umhängetaschen mit Riemen, ähnlich wie eine Jagdtasche. Aber ohne Fransen. Orangefarben oder rot, so genau weiß ich das nicht.«
»Mit Klappe, oder war es eine offene Tasche in der Form eines kleinen Eimers?«
»Mit Klappe.«
»Können Sie sich genau erinnern, was auf der Klappe war? Sie sagten uns ...«
Bauchiero hob die rechte Hand und spreizte die kurzen, gedrungenen Finger.
»Ein Stern, ich habe ihn genau gesehen. Weiß. Der italienische Wappenstern. Armer Stern Italiens, wohin bist du gekommen! Auf die Taschen der – Damen von der Straße.«
»Aber können Sie sich noch erinnern, wie der Stern war? Aufgenäht? Gedruckt? Oder aus Kunststoff?«
»Aus Kunststoff oder aus Metall wohl nicht. Er leuchtete nicht. Aber gedruckt war er auch nicht. Er muß aus Stoff gewesen sein und auf den Stoff der Tasche aufgenäht, denn an den Rändern war er ein bißchen aufgerauht. Aber, wissen Sie, ich habe vor allem auf die Form geachtet, und da bin ich mir ganz sicher. Alles andere ...«
»Könnten Sie uns diese Form vielleicht aufzeichnen?« fragte De Palma liebenswürdig.
Bauchiero benahm sich, als habe man ihn gebeten, eine Arie aus dem *Rigoletto* zu singen.
»Warum?« fragte er mit einem leisen Lachen, in dem eine Spur von Nachsicht und Mitleid war. Mitleid mit wem? fragte sich Santamaria. Mit sich selbst, weil man ihm ein so sonderbares Ansinnen stellte? Oder mit der Polizei, die solche Bitten hatte?

»Es ist sehr wichtig«, sagte De Palma, nun in einem ernsten und vertraulichen Ton. »Wir können Ihnen noch nicht sagen, warum, aber ich versichere Ihnen, daß von diesem Punkt die weitere Entwicklung unserer Nachforschungen abhängt. Wir stehen an einer Wende.«
Als guter Staatsbürger folgte Bauchiero bereitwillig der Aufforderung.
»Gut«, sagte er, »ich will's versuchen. Aber seit gut zehn Jahren habe ich keinen Bleistift mehr in der Hand gehalten. Abgesehen davon, daß ich als Zeichner . . .«
»Aber es handelt sich doch um eine rein geometrische Form, nicht wahr?« fragte De Palma, um ihm Mut zu machen. »Und da Sie ja Geometer sind . . .«
»Also versuchen wir's!«
Bauchiero schob seinen Stuhl an den Schreibtisch heran und nahm das Blatt Papier und den Kugelschreiber, die De Palma ihm reichte. Probeweise zeichnete er ein paar Schnörkel auf das Papier. »Übrigens war der Stern auch kein Meisterwerk«, sagte er.
De Palma schwieg.
»Zu unserer Zeit wurde in der Schule noch absolute Genauigkeit verlangt. Wehe, wenn man einen Fehler machte! Aber heutzutage arbeitet jeder so, wie es gerade trifft, keiner macht sich mehr die Mühe, eine gerade Linie zu ziehen. Haben Sie zufällig ein Lineal da?«
»Leider nein«, sagte De Palma. »Ich kann Ihnen aber einen zweiten Kugelschreiber geben. Oder, warten Sie, da muß doch irgendwo ein Brieföffner sein.«
»Lassen Sie nur, es geht auch so.«
Mit einer zögernden Beflissenheit machte er sich an die Zeichnung, aber man sah, daß er allmählich Gefallen daran fand.
»Warum? War er schlecht gemacht, der Stern?« fragte De Palma. »Ein bißchen krumm geraten?«
»Allerdings. Ich weiß nicht, manchmal glaube ich, daß es ihnen geradezu Spaß macht, alles zu verzerren und die einfachsten Dinge zu verpatzen. Sonst sind sie nicht glücklich.« Die Spitze des Kugelschreibers bewegte sich auf dem Blatt Papier langsam auf und nieder. »Es waren fünf Spitzen, nicht sechs wie beim Davidsstern. Aber länger als die von unserem Wappenstern.«

De Palma zog eine Schublade auf und entnahm ihr einen amtlichen Briefbogen, der am Kopf das Wappen der italienischen Republik zeigte. »Nicht so?«
»Nein, dünner, mehr in die Länge gezogen«, sagte Bauchiero nach einem prüfenden Blick auf das Wappen.
Er versuchte, seine Skizze abzuändern, entschloß sich aber dann, sie durchzustreichen. »Besser noch einmal von vorn anfangen, wenn Sie sich ein bißchen gedulden wollen.«
Mit größerer Sicherheit als zuvor zeichnete er jetzt einen anderen Stern, mit länger ausgezogenen Spitzen; mit gestrecktem Arm hielt er das fertige Blatt vor sich, um die Wirkung zu prüfen.
»Das wär's. Mehr oder weniger jedenfalls. Nur daß ...«
Er beugte sich über den Tisch und begann von neuem zu zeichnen. Mechanisch legte er den linken Arm halbkreisförmig vor das Blatt – die schützende Gebärde des Schülers auf der Schulbank.
»Er war nicht ganz regelmäßig«, sagte er, leise und gedankenverloren, »die Spitzen waren nicht alle von gleicher Länge. Die hier oben – und auch die ...«
De Palma war aufgestanden und sah ihm über die Schulter.
»Sie sagten, daß die Ränder vom Anheften etwas aufgerauht waren ...«
»Das ist richtig.«
Mit ein paar geschwinden leichten Strichen fügte Bauchiero an den Rändern des Sterns eine Andeutung von körniger Rauheit hinzu und hielt dann die Zeichnung noch einmal auf Armeslänge von sich fort. Und fast im selben Augenblick malte sich auf seinem Gesicht äußerste Verblüffung.
»Nein, wie dumm ich war!« entfuhr es ihm, gepreßt und beschämt. »Nein, so etwas!«
Er hatte den Mund noch offen, als er zu den beiden Kommissaren aufblickte; es war der gleiche Blick, den sein Hund hatte.
»Was sagen Sie nun?« fragte De Palma und legte ihm väterlich die Hand auf die Schulter. »Sehen Sie immer noch den italienischen Stern darin?«
»O nein, nein!«
Er hatte plötzlich eine dünne Greisenstimme bekommen, und auch als er sich jetzt mit der Hand auf den Schenkel schlug, war es eine kraftlose Gebärde.

»Daß ich Ihnen solchen Unsinn erzählt habe! Wo hatte ich meine Gedanken, daß ich nicht gleich darauf gekommen bin! Da habe ich Ihnen einen schönen Dienst geleistet!«

Er war so beschämt und unglücklich, daß sein Hund beim Klang dieser Stimme aufstand, sich schüttelte und zu ihm kam, um seine Schnauze am Bein seines Herrn zu reiben.

»Natürlich war ich in gutem Glauben«, beteuerte Bauchiero, »aber ich muß ja blind gewesen sein ...«

De Palma sprach ihm Mut zu und gab sich alle Mühe, Entschuldigungsgründe für ihn zu finden und die Bedeutung seines Versehens zu bagatellisieren.

»Im Gegenteil, Sie haben uns eine sehr genaue Bestätigung gegeben. Es gibt noch jemand, der uns von einem Seestern gesprochen hat. Aber das ist, wie soll ich sagen, kein sehr glaubwürdiger Zeuge, auf den wir uns so verlassen können wie auf Sie.«

»Aber nein, der andere hat recht gehabt, es war wirklich ein Seestern. Ich begreife nicht, wieso ich nicht gleich darauf gekommen bin.«

Er schüttelte den Kopf, er konnte es nicht fassen, er hörte nicht auf, sich zu entschuldigen. Aber während ihn De Palma zur Tür begleitete und ihn mit seinem Hund wieder dem Brigadiere Nicosia anvertraute, mußte Santamaria denken, daß auch Bauchiero – abgesehen von seinem Polohemd, dem klagenden Tonfall und manch anderem – daß auch Bauchiero Turiner war und daß seine herzbewegende Klage sich nicht gar sosehr von den spöttischen Entschuldigungsexzessen Campis unterschied.

»Na also«, sagte De Palma, der an seinen Schreibtisch zurückkehrte, wie sich ein Hungernder zu Tische setzt. Er sackte auf seinem Stuhl zusammen und stellte mit versagender Stimme fest: »Jetzt bleibt uns wirklich nichts anderes übrig, als der bewußten Wiese einen Besuch abzustatten.«

»Eine Razzia?«

»Wenn es ihr Revier ist ...«

»Wer weiß, wo die sich um diese Stunde aufhält.«

»Hör zu, in der Stadt ist sie nicht aufgetaucht. Aber da sie mit einem Rohr bewaffnet sein soll, nehme ich an, daß sie irgendwo in den Wäldern am Stadtrand arbeitet. Deswegen habe ich die Carabinieri von San Mauro, Chivasso, Stupinigi, Borgaretto,

Nonne, kurz der Hälfte aller Vororte um ihre Mitarbeit ersucht. Aber was willst du? Groß und blond – schön; Umhängetasche – auch schön, ebenso die orangefarbenen Hosen; aber am Stadtrand auf den Strich gehen, davon gibt es, knapp gerechnet, fünf- bis sechstausend. Hier können wir nun wenigstens das Feld etwas einengen. Und auch wenn sie schon verschwunden ist, sind immer noch ihre Kolleginnen da, nicht wahr?«

»Und wann willst du dahin?«

»Heute abend«, erklärte De Palma mit belegter Stimme und hob den Hörer mit zwei Fingern ab. »Operation Seestern. Machst du mit?«

»Heute abend hatte ich eigentlich vor, auf einen Sprung nach Novara zu fahren«, log der Kommissar, dem erst in diesem Augenblick der Gedanke gekommen war.

»Recht hast du«, stimmte ihm De Palma bei. »Erst die Pflicht und dann das Vergnügen.«

Er wußte von Jole, ohne sie je kennengelernt zu haben. Von dieser »Intercity«-Beziehung sah er nur – und mit Bedauern – die Verkehrsprobleme, die »Tyrannei des Fahrplans«, wie er sich ausdrückte.

Er begann zu telefonieren. Eine Sache im großen Stil konnte man in so kurzer Zeit nicht organisieren, aber mit Hilfe Rappas von der Sittenpolizei gelang es ihm doch, etwa fünfzehn Mann auf die Beine zu bringen. Leider kannte Rappa die Zone nicht gut, und sein Spezialist für die »Hügel«, Brigadiere Macaluso, lag mit Verletzungen, die er sich bei einer Demonstration zugezogen hatte, seit fünf Tagen im Krankenhaus. Übrigens hielt es Rappa für möglich, daß der Besitz der Tabusso nicht auf dem Boden der Gemeinde Turin lag. Während De Palma sich um die Klärung dieser Zuständigkeitsfrage bemühte, ließ sich Santamaria von Scaglia eine Generalstabskarte des Hügellands besorgen und machte sich daran, sie sorgfältig zu studieren.

Täler, kleine Täler, große Täler, tiefe Täler. Man machte es sich nicht klar, wie labyrinthisch der grüne Hintergrund war, wenn man ihn vom Parterre der Stadt aus sah. Es dauerte ein Weilchen, bis er die *Cascina Le Buone Pere* fand, zwischen der *Vigna della Malabaila* und der *Cascina Galaverna* und unter einem geheimnisvollen *Bric del Bottino*. Hier entdeckte er eine Welt alter Dialektnamen, die für ihn mehr einen exotischen als komischen Klang hatten, und wie er allmählich den gewundenen Straßen und Pfaden folgte, die diese Punkte miteinander verbanden, und dann weiter in das Gewirr der zahllosen grauschraffierten Reliefs vordrang, war wieder etwas von dem kindlichen Staunen in ihm, mit dem er die Landschaften im Märchenbuch betrachtet hatte. Er träumte von Damen mit weißer Perücke und Spielzeugsoldaten mit dem Dreispitz, und er sagte sich, daß er ja eigentlich in Novara nicht erwartet wurde; er hatte noch nicht angerufen, und er konnte ebensogut bis Samstag warten wie sonst. Und er fragte sich, wieso ihm überhaupt der Gedanke gekommen war, heute nach Novara zu fahren. Aber er wußte es in Wahrheit ganz genau und nannte sich – nicht ohne Nachsicht mit sich selbst – einen alten Esel . . .

Lopresti erschien, um mitzuteilen, daß er endlich in Via Verdi den Friseur gefunden habe, den Garrone am Tag seiner Ermordung aufgesucht hatte (die Spurensicherung hatte winzige graue Haarteilchen am Hemdkragen und in den Ohren des Toten festgestellt); aber der Friseur wußte nichts Interessantes zu berichten, außer daß der Architekt – übrigens einer seiner Stammkunden – die Absicht geäußert hatte, sich in *Le Arti* den Film *Die Peitsche* anzusehen. Mit der Fotografie des Ermordeten war Lopresti dann zu der Kassiererin des Kinos gegangen; sie bestätigte ihm, daß Garrone allein gekommen und allein wieder gegangen war. Das war alles.

Santamaria ging noch einmal zu De Palma, um ihn auch über dieses Detail zu informieren, das – falls nichts Unvorhergesehenes eintrat – die Rekonstruktion der letzten Stunden Garrones abschloß; und De Palma, wieder aus nächster Nähe dem Luftzug des Ventilators ausgesetzt, zählte mit ihm zusammen noch einmal jedes Glied in der Kette auf: Friseur, Kino, Besuch bei den Gräfinnen, dann in der Galerie Vollero, im Ristoro *Maria Vittoria,* Tod infolge Bruchs der Schädeldecke.

»Und heute nacht finden wir vielleicht auch den, der sie ihm eingeschlagen hat.«

»Wann gehen Sie rauf?«

»Um elf.«

Er erklärte ihm, daß der Besitz *Le Buone Pere* erst seit ein paar

Jahren zum Gebiet der Gemeinde Turin gehörte; zuvor war es ein Teil des Gemeindegebietes von Moncalieri gewesen. Zwei, vielleicht auch drei Carabinieri des dortigen Postens waren mit dem Gelände bestens vertraut, und De Palma war es auch diesmal gelungen, sich die »enge Zusammenarbeit« mit ihnen zu sichern.
»Und du verschwindest also nach Novara?«
»Nein«, sagte der Kommissar, »ich komme mit euch.«
»Ein guter Entschluß«, sagte De Palma ohne ein Zeichen der Verwunderung. »Du wirst sehen, wir verleben einen wunderbaren Abend auf den Hügeln, mit hübschen Mädchen, in frischer Luft unter dem Sternenhimmel. Es wird dir an nichts fehlen.«
»Hast du die Damen Tabusso benachrichtigt?«
»Nein, lieber nicht. Stell dir vor, wenn sie herauskämen und uns nicht mehr in Ruhe ließen! Um auf ihr Grundstück zu kommen, brauchen wir uns von ihnen keinen Schlüssel geben zu lassen. Soviel ist sicher. Und schließlich haben sie uns doch um diese Razzia gebeten, nicht wahr? Wir tun dabei noch ein gutes Werk.«

8

Auf einer Ausstellung von Bildern geisteskranker Kinder, in die Massimo zufällig einmal geraten war – in Monte Carlo, an einem langweiligen Vormittag –, war dies das häufigste Motiv gewesen: die riesigen unerbittlichen Klauen an irgendwelchen Ungeheuern, aber auch an Bäumen, menschlichen Figuren oder sogar an der Sonne.
Mit einem wütenden Ruck setzte der gelbe Bagger zurück, hob noch einmal den segmentierten Hals und schlug damit auf den Bürgersteig; die großen blanken, gekrümmten Zähne bohrten sich unter die Asphaltschicht, die sie aufzureißen und hochzuheben suchten. Erste Risse wurden sichtbar, und hier und da löste sich am Rande ein Brocken, doch im ganzen schien der Bissen zu zäh für die Kiefer des Ungeheuers. Aber plötzlich, nach einem zornigen Knurren des Motors, wurde ein unvermutet großes Stück der grauen Asphaltkruste nach oben geschleudert, das dann in spitzen Stücken auf den erdigen Grund zurückfiel.

Massimo ging die etwa zwanzig Meter lange Strecke des Bürgersteigs entlang, die von dem Bagger schon aufgebrochen war, und überlegte dabei, wie wenig doch dazu gehörte, einen Menschen in einen totalen Zwiespalt der Gefühle zu stürzen. Da war auf der einen Seite das »zivilisierte« Ressentiment gegen einen solchen Höllenlärm – und gegen die wahrscheinliche Vergeudung öffentlicher Gelder; auf der anderen aber die »primitive« Faszination, die von der Zerstörung an sich ausging, die mit einer Art heiligen Grauens und zugleich heimlicher Billigung einhergehende Götzenanbetung angesichts des bestialischen Ungeheuers. Und Gott allein wußte, in wieviel anderen Straßen der Stadt, in denen Bauarbeiten im Gang waren, Tausende von Turinern in ebendiesem Augenblick die Schizophrenie von Dr. Jekyll und Mr. Hyde, von Kain und Abel erlebten – ohne es zu wissen.

Übrigens, niemand wußte je etwas, niemand merkte etwas, selbst wenn es sich um Dinge handelte, die ganz offen zutage lagen. Zum Beispiel seine Freunde Maurizio und Joan fanden ihr mongoloides Kind wunderschön und zeigten es stolz jedem Besucher; seine Cousine Nini lebte in Paris, in einem luxuriösen Atelier, wo sie die albernsten Bilder malte, und beklagte sich über eine internationale Verschwörung des Kunsthandels gegen sie; oder der gerissenste der Anwälte seines Vaters, Della Valle, der sich seit acht Jahren darauf versteifte, Golf zu spielen, und noch nicht den geringsten Fortschritt gemacht hatte. Alles Blinde, alles Menschen, die nichts merkten, so gingen sie erhobenen und leeren Hauptes durch ihr Leben, ein Leben ohne Spiegel.

Er überquerte die Via Po und gelangte zu den düsteren Bogengängen der Präfektur, von der Farbe geronnenen Blutes, und erreichte dann das weite kompakte Feld parkender Autos vor der kompakten Fassade des königlichen Schlosses. Ein doppeltes Sinnbild geordneter Langeweile, als habe – wie Onkel Emanuel einmal bemerkt hatte – die Dynastie der Savoyer mit der geometrischen Anlage ihrer Plätze, mit ihren sich zum Verwechseln ähnlichen Alleen schon die Dynastie der Agnelli vorausgeahnt, ja als habe sie, mit der typischen Hellsichtigkeit der Armen im Geiste, die nicht stillstehenden Fließbänder der Fiatwerke vorausgesehen: die große Tradition des Vorauszusehenden.

Aber sobald man den Platz vor der Kathedrale betrat, begriff

man, wie wenig man sich noch auf diese beruhigenden Automatismen verlassen konnte. Das moderne Gebäude der Technischen Abteilung der Stadtverwaltung, in dem Lello gewiß viel lieber gearbeitet hätte als in dem aus dem siebzehnten Jahrhundert stammenden Rathaus, zeigte bereits die ganze Dürftigkeit der dahinter stehenden geistigen Anstrengung; der Beton und die Ziegelsteine sprachen sichtbar von dem Anspruch, mit den grauen Steinen der Kirche gegenüber und den roten Ruinen der Backsteintürme der nahen Porta Palatina zu »verschmelzen«. Kein Wunder, daß dabei eines der provozierendsten öffentlichen Gebäude der Stadt entstanden war, ein wahrer Auswuchs selbstgefälliger Geschmacksverwirrung, der unvermeidlich weitere nach sich ziehen würde. Das Turin des alten Stils – statisch, naiv, gedrängt, so daß Vittorio Alfieri dort zu ersticken meinte – zeigte immer breitere Lücken. Im Turin von heute wäre Alfieri ein munterer Gründer avantgardistischer Theater in der Vorstadt gewesen, ein integrierter und verehrter Dichter des Abbruchs. Heute spürte man überall eine künstliche Vitalität und – wie einen schlechten Geruch, der alles durchdrang – die Anpassung an das Neue.
Plötzlich erheitert, betrat Massimo die Altstadt mit ihren Gassen voller Modergeruch und Grabeskühle: da schlich sich also er, der anderen ihre Blindheit vorwarf, heimlich wie in ein verrufenes Haus, hier in die Romantik der guten alten Zeit hinein, voller Heimweh nach der Beharrung, zur sentimentalen Feier einer Ordnung und eines Stils, die es wahrscheinlich wirklich nie gegeben hatte. Der Toilettenspiegel – nachgemachtes achtzehntes Jahrhundert – in dem verstaubten Schaufenster eines Trödlers enthüllte ihm eine so banale Wahrheit, daß sie unweigerlich komisch wurde: ein Turiner, der wehmütig an das alte Turin zurückdachte und der so exzentrisch war, daß er auf der Straße allein laut lachte.
Vollkommen glücklich ging er weiter, an all den aufregenden kleinen Läden vorbei, die er noch nie betreten hatte: Kurzwarengeschäfte, Vervielfältigungsbüros, Lederwaren, Geflügelhandlungen, Delikatessenläden und andere Höhlen, deren Bestimmung weniger leicht zu erkennen war. Aus jedem Hausflur, jedem vergammelten Hinterhof kam der Modergeruch, sprangen Hunde und kleine Kinder, drangen der Lärm und das Gehämmer von Handwerkern (um die man sich heute riß und auf die man endlos warten mußte).

Wie durch Zauber stellte sich um ihn herum die alte Welt wieder her: Drogisten im grauen Kittel, Gesellen mit der in der Taille aufgerollten Schürze, resolute Hausfrauen mit der Markttasche, lispelnde Nonnen und alte Betschwestern, Pensionisten mit einer halben Zigarre im Mund und Mütter, die aus dem Fenster laut nach ihren Kindern riefen. Und an jeder Straßenecke eine dicke Hure. Was er hier sah, war kein »Proletariat«, es waren die »kleinen Leute«, und Massimo, der sein »anderes Ich« wie eine Verkleidung genoß, ging zwischen ihnen wie auf einem zur Abwechslung einmal gelungenen Maskenball herum. Er ließ sich dabei auch nicht stören durch die Abgase von Autos und Motorrädern oder den Lärm der Musikautomaten und die südlichen Dialekte, die ab und zu die Komposition des Ganzen beeinträchtigten. Schließlich hatte der Arrangeur des Festes auch nicht an alles denken können! Und als er nun die edlen, aber wie verarmter Adel heruntergekommenen Bogengänge um das Rathaus erreichte und Lello sah, der bereits das Büro verlassen hatte und sich draußen angeregt mit einigen Kollegen unterhielt, da erkannte er ihn in einem Augenblick gesteigerter geistiger Klarheit, erkannte er, wer er in Wahrheit war. Lello, mit seiner ephebischen Gestalt, seinem zarten, schlanken Hals und den schwarzen Samtaugen, Lello war nichtsdestoweniger von Kopf bis Fuß *Monsù Travet**.
Der Liebe, der Gute, dachte er. Er fühlte Rührung von der Art, wie sie der Veteran empfinden mochte, wenn er die Fahne seines alten Regiments flattern sah. Beinahe ehrfürchtig ging er ihm entgegen. Auch Lello hatte ihn gesehen. Er löste sich aus seiner Gruppe, und vor dem Denkmal Amadeus VI., des »Grünen Grafen« (Jahrhunderte Turiner Geschichte sahen auf sie herab) trafen sie sich. Massimo, der ihn am liebsten umarmt hätte, mußte sich darauf beschränken, ihm fest den Unterarm zu drücken.
»Mein Lieber«, flüsterte Lello, überrascht von dieser ungewohnten Sympathiebekundung. Er wandte den Kopf zur Seite und bemerkte, mit dem Blick koketten Vorwurfs auf ihn: »Sie können uns sehen.«
Aber hinter dem zimperlichen Getue verbarg sich der solide, geduldige, ameisenhaft fleißige und gewissenhafte Bürokrat, der

* Der komische Held des in piemontesischem Dialekt geschriebenen Lustspiels von Vittorio Bersezio: der brave Beamte, dem seine Rechtschaffenheit schlecht gelohnt wird. (Anm. d. Ü.)

heroisch jede Demütigung schluckte, der ergreifende, unsterbliche, kleine Turiner Beamte. Und darin – endlich machte er es sich klar – bestand der Zauber, den Lello von jeher auf ihn ausgeübt hatte.

»Weißt du«, vertraute Lello ihm zärtlich an, während sie auf seinen gelben Fiat 500 zugingen, »daß ich heute sehr böse Dinge von dir gedacht habe?«

»Tatsächlich?«

»Ja. Ich habe mir eingebildet, daß du mich verachtest.«

»Und dabei bewundere ich dich«, erklärte Massimo in aller Aufrichtigkeit, doch ohne auf Einzelheiten einzugehen. »Du bist ein phantastischer Mensch!«

»Und du sagst das nicht nur, weil ich dir gefalle?«

»Aber nein! Was mir an dir gefällt, ist das, was du machst, was du *bist*!«

Lello errötete vor Vergnügen.

»Du hältst mich also nicht für einen Kretin?«

»Ich halte dich für vollkommen«, erklärte Massimo im Ton feierlicher Überzeugung. »Für ein ganz kostbares Menschenexemplar.«

Lello nahm Massimos kleinen Finger in die Hand und schwenkte seinen Arm ein paarmal hin und her.

»Du bist so lieb«, sagte er, »ich weiß nicht, wie ich ohne dich leben könnte. Denn leider«, fuhr er mit einem Seufzer fort, »leider ist es mein wirklicher Fehler gerade, daß ich kein Selbstvertrauen habe. Jeder Botta kann mich aus meinem Gleichgewicht bringen.«

»Was hat man dir getan?« fragte Massimo. Seine Augen blitzten vor Entrüstung.

Der Gedanke an alles, was dieser grundanständige Mensch täglich herunterschlucken mußte, drückte ihm fast das Herz ab. Wenn er Viktor Emanuel II. gewesen wäre, hätte er ihm, dem Ragionier Riviera, das Ritterkreuz verliehen oder den zivilen Tapferkeitsorden. Und zwar motu proprio.

»Ach, nichts Besonderes«, sagte Lello und machte sich von ihm los, um den Schlüssel in das mit der Hupe verbundene Sicherheitsschloß zu stecken. »Aber ist das eine Art und Weise? Heute morgen hätte nicht viel gefehlt, daß Botta und ich mit den Fäusten aufeinander losgegangen wären.«

»Wirklich?«

Lello öffnete die Tür mit einem zweiten Schlüssel und stieg in den Wagen, um die Sicherung an der Tür zu lösen, durch die Massimo einstieg.

»Man kann es ihnen im Grunde nicht einmal übelnehmen«, fuhr er fort, während er einen dritten Schlüssel in das Schloß am Steuerrad steckte. »Es sind kleine Geister, von beschränktem Horizont, borniert . . .«

»Habt ihr – von uns gesprochen?«

»Nein. Warum?« fragte Lello verwundert. Dann begriff er. Er nahm den kleinen Finger Massimos in die Hand und führte ihn zart an die Lippen. »In der Beziehung, das muß ich zugeben, sind sie immer sehr großzügig gewesen. Nein, wir sprachen von diesem Verbrechen . . . Da fällt mir ein, hast du nun deinen Kommissar gesehen? Weißt du, ob sie etwas entdeckt haben?«

»Nein. Bisher haben sie noch keine Ahnung.«

»Aha! Siehst du?«

Mit einem besserwisserischen leisen Lachen steckte er den vierten Schlüssel – es war der Zündschlüssel – ins Zündschloß und ließ den Motor an.

»Ich dagegen habe schon so etwas wie eine Idee gehabt«, sagte er. »Und da es eine ziemlich gute Idee war, haben sie mich denn auch prompt als einen Schwachkopf hinstellen wollen. Ich kann dir sagen, ich hatte heute bei einer kleinen Nachforschung, die ich anstellte, einen Augenblick, wo es wirklich böse für mich aussah . . .«

»Du wirst dich doch nicht in irgendwelche Unannehmlichkeiten bringen?«

»Aber wo denkst du hin?« Lello lachte. »Nein, ich hatte nur Angst, das Gesicht zu verlieren. Ich weiß, das sind Albernheiten, aber in diesem Milieu, mußt du wissen, darf man nie das Gesicht verlieren. Aber dann kam es glücklicherweise ganz anders . . .«

Mit einer Reihe heftiger Stöße setzte sich das Fahrzeug in Bewegung. Massimo stemmte die Hände gegen die Windschutzscheibe.

»Was sind das für Nachforschungen? Hast du eine Spur entdeckt? Wenn du willst, kann ich unter Umständen meinem Kommissar darüber berichten.«

»Nein, das wäre verfrüht. Ich sagte dir doch, daß Botta den Garrone gekannt hat, den Ermordeten. Also ich habe da eine Möglichkeit gesehen, aber es kann auch sein, daß wieder einmal nichts dabei herauskommt. Morgen muß ich ...« Er bremste unvermittelt. »Da, schau!«

»Was ist denn?«

»Da! Der Alte!«

Massimo sah auf die Menge, die sich auf den Bürgersteigen der Via Garibaldi vor den Schaufenstern mit ihren Sommerauslagen drängte.

»Was für ein Alter?«

»Ach nichts, ich dachte nur. Vielleicht ist er es nicht einmal gewesen. Ein alter Mann, dem ich heute begegnet bin, als ich wegen meines Verdachts zu Triberti ging. Er lutschte Mentholbonbons.«

»Und das kam dir verdächtig vor?«

»Mach dich bitte nicht über mich lustig, Massimo«, sagte Lello mit beunruhigendem Ernst. »Es tut mir weh, weißt du?«

»Aber ich habe doch nicht gesagt ...«

»Ich weiß, ich weiß, du sagst nie etwas, worauf man dich später festnageln kann. Du bist kein Botta, du bist viel, viel schlauer.«

Mit Lello war ein geheimnisvoller Stimmungsumschwung vor sich gegangen.

»Entschuldige bitte«, sagte Massimo vorsichtig. »Ich habe wirklich nicht ...«

»Schon gut, schon gut, ich bin wahrscheinlich überempfindlich, nicht wahr? Habe einen Komplex. Tut mir leid, du mußt mich nehmen, wie ich bin.«

Er wechselte jäh vom zweiten in den dritten Gang, und das Getriebe reagierte mit einem gequälten Röcheln. Und hier beging Massimo einen kleinen, aber verhängnisvollen Fehler: er schloß instinktiv die Augen.

»Nur heraus mit der Sprache!« sagte Lello wütend. »Hab doch wenigstens den Mut, mir ins Gesicht zu sagen, daß ich nicht Auto fahren kann!«

»Aber ich ...«

Das kleine gelbe Auto schoß auf die Piazza Statuto, als sei es auf der Rennbahn von Indianapolis; wie durch ein Wunder wichen ihm fünf bis sechs Autos aus, eine Straßenbahn bremste; dann fuhr es mit knirschenden Reifen hart an den Rand des Bürgersteigs und hielt.

»Was hast du vor?«
»Fahr du, da du es so gut kannst.«
Damit stieg er aus und knallte die Tür zu.
So endete ein schöner Traum. Massimo, der sich nicht von seinem Platz rührte, bemühte sich, alle möglichen mildernden Umstände für Lello zu finden: Er war jung und hatte das Auto erst seit kurzem; die Hitze hatte ihm zugesetzt und die unfreundliche Büroarbeit an seinen Nerven gezehrt; er war gereizt gegen Kollegen und Vorgesetzte. Alles richtig. Aber die so trostreiche und herzergreifende Illusion, neben sich Monsù Travet zu haben, war ihm genommen worden. Meine Schuld, dachte er resignierend, wenn ich ihn mit den Augen der Liebe gesehen habe. Und um sich den Abend nicht ganz verderben zu lassen, mußte er nun auch noch diesen kleinen übelnehmerischen und ungezogenen Lümmel besänftigen. Er stieg aus dem kleinen Wagen wie aus einer Schublade voll getrockneter Blumen.
»Warum hast du mich überhaupt angerufen, wenn du mich dann so behandelst?« attackierte ihn Lello sofort, bebend vor Streitlust. »Dann brauchen wir uns ja gleich gar nicht mehr zu sehen, findest du nicht?«
Wenn sie in diesem Zustand waren, reizte sie nichts so sehr wie Schweigen oder, noch schlimmer, ein versöhnlich gemeinter Wechsel des Themas. Die einzige Taktik mit gewissen Erfolgsaussichten war der Gegenangriff des blutenden Herzens.
»Ich habe dich sehen wollen«, sagte er mit einer meisterlichen Darbietung sanfter Trauer, »weil ich morgen wegen des Hauses ins Monferrato fahren möchte. Und da wollte ich vorher alles mit dir über dein Zimmer besprechen.«
»Über *mein* Zimmer?«
Massimo hätte sich am liebsten die Zunge abgebissen. Er hatte nicht rechtzeitig begriffen, daß dies bereits eine Situation war, in der alles, was er sagte, falsch war.
»Ein Zimmer mit Blick aufs Tal«, fuhr er überflüssigerweise fort, schon in den Teufelskreis gebannt. »Und genau vor dem Fenster steht eine gewaltige Zeder. Und im Zimmer ein Himmelbett, aber ich weiß nicht, ob du . . .«
»Einschläferig natürlich«, fauchte Lello.
»Vielleicht, ich kann mich nicht genau erinnern.«

»Denn vom Ehebett, versteht sich, wird gar nicht erst gesprochen. Getrennte Zimmer und jeder für sich!«
»Mein Zimmer liegt direkt gegenüber, auf demselben Gang«, sagte Massimo, mit dem Gefühl, ohnmächtig in den Abgrund zu gleiten.
Lello machte vor ihm eine tiefe Verbeugung.
»Dank, hoher Herr!« sagte er höhnisch. »Ich möchte untertänigst bitten, in der Dachkammer schlafen zu dürfen. Oder, besser noch, wie es meinem Rang entspricht, im Keller!«
»Lello, nun hör aber auf . . .«
»Aber ja! Wo bliebe denn sonst die persönliche Freiheit? Die *privacy*, die Intimsphäre? Um Himmels willen, daß man ja nicht an seine noblen Prärogativen rühre! An die goldenen Regeln des Savoir-vivre! Der Gast ist heilig, deshalb schafft ihn mir vom Halse, wenn er schlafen will! Komm auf mein Schloß mit mir, Aschenbrödel, aber denke daran, wenn es Mitternacht schlägt, wirst du wieder das Küchenmädchen, das Kind der Magd! Und, mein lieber Massimo, das Kind der Magd sagt dir nun ganz einfach . . .«
Mit der kühlen Berechnung eines Clausewitz fragte sich Massimo, was ihn eigentlich hindere, diesen Burschen zum Teufel zu schikken. Die Antwort: die noch weit schrecklichere Versöhnungsszene, die er dann über sich ergehen lassen mußte. Ein paar Sekunden widerstand er dem Impuls. Aber dann hob er – Clausewitz hin, Clausewitz her – mit einer sprechenden Gebärde höchster Ratlosigkeit beide Hände. »Also weißt du . . .« sagte er. Darauf ging er mit großen Schritten davon.
Diesen Fehler mußte er teuer bezahlen.
Lello lief ihm nach und holte ihn, ein unartikuliertes Gewinsel von sich gebend, ein. Er zog ihn am Jackett und versuchte, ihm die Hände zu küssen. Er nannte ihn Max und zwang ihn, mit ziemlich lauter Stimme den Satz »Ich verzeihe dir!« auszusprechen, und er bewog ihn dazu, die Versöhnung mit einem Viertel mittelmäßigen eisgekühlten Pommery zu feiern (den unbedingt er, Lello, zahlen wollte). Es war in einem Café mit den Tischen draußen, auf der Piazza, und dort blieben sie, in idyllischem Frieden, bis nach acht Uhr sitzen und besprachen die letzten noch notwendigen Instandsetzungsarbeiten an dem »Wochenendhaus«

im Monferrato. Die gnadenlose Logik des Mitleids brachte ihn schließlich dazu, bereitwillig auf den Vorschlag Lellos einzugehen, am Samstagmorgen im Balùn zusammen nach altem bäuerlichen Hausrat zu fahnden, ferner, noch am selben Abend gemeinsam in einem Restaurant in den Hügeln zu essen und dorthin in Lellos Wagen mit zurückgeschobenem Verdeck zu fahren, um die abendliche Brise zu genießen.

Es herrschte starker Verkehr. Der Himmel war noch ganz hell, aber der Fluß zeigte bereits dunkle metallische Reflexe, und drüben, auf der anderen Seite, lag unten ein Streifen der Nacht und wuchs langsam nach oben und löschte nach und nach die grüne Wand der Hügel aus. Hier und da brach sich in den Fensterscheiben der höhergelegenen Villen prismatisch die untergehende Sonne. Der warme Wind wühlte in Lellos Haar. Bei jeder Ampel, die Rot zeigte, wandte er den Kopf und lächelte Massimo zu, wobei er ihm schüchtern übers Knie strich. Zwischen dem einen und anderen Lächeln fiel Massimo der Ausspruch eines anderen militärischen Genies ein: »Nichts außer einer verlorenen Schlacht kann so traurig sein wie eine gewonnene Schlacht.« Aber wer an diesem Abend die Schlacht gewonnen und wer sie verloren hatte, das hätte auch Wellington nicht sagen können. Das summende Geräusch des kleinen, mit offenem Verdeck fahrenden Wagens gab einem das Gefühl, auf einer Nähmaschine zu reisen.

9

»Aus dem Scheichtum in Rom eingetroffene Reisende bestätigen, daß die Unruhen der vergangenen Tage zahlreiche Opfer gefordert haben. In einer von dem Landessender heute ausgestrahlten amtlichen Verlautbarung wird versichert, daß sich die Lage normalisiert. Gleichzeitig werden darin alle Gerüchte dementiert, nach denen der Scheich das Land verlassen habe. Der Sohn des Scheichs hat in Oxford in einem Interview bestritten, die britische Polizei um Schutz ersucht zu haben, und seine Zuversicht betont, daß . . .«

»Dummkopf«, brummte Signora Tabusso.

»Wieso?« fragte ihre Schwester. »Was hat der Ärmste denn verbrochen?«
»Wer?« fragte Signora Tabusso.
»Der Sohn des Scheichs«, sagte ihre Schwester und wies auf einen jungen Mann – braunes, scharf geschnittenes Gesicht, englischer Schnurrbart –, der auf dem Fernsehschirm die Lippen bewegte, ohne daß man ein Wort hörte.
»Wen interessiert denn der?« fragte Signora Tabusso mit einem Achselzucken. »An den habe ich überhaupt nicht gedacht.«
»Was ist los?« schrie die alte Palmira, die plötzlich aus ihrem Schlaf aufgeschreckt war. »Ach so, sie sind noch bei der Politik.«
Sogleich fiel ihr das Kinn wieder auf die Brust.
In der Küche war es fast dunkel; eine mit Kastanienbäumen bestandene Anhöhe verdeckte für die *Cascina Le Buone Pere* das letzte Abendrot. Die drei Frauen hatten ihre Mahlzeit beendet und saßen nun, drei schwarze Gestalten, vor der milchigen rechteckigen Scheibe des Fernsehapparats, der auf einer hohen Konsole über ihnen wuchtete.
Signora Tabusso ging mit dem Hund hinaus, damit er draußen sein Bedürfnis verrichtete, und argwöhnisch zog sie beim Gehen die Luft ein. Von dem großen quadratisch angelegten Rosenbeet neben dem Haus wehte ein intensiver Duft herüber; auch die Petunienrabatten verbreiteten einen angenehmen Geruch; doch von weiter unten, wo die große »Wiese« mit den dunklen Massen der Bäume und Sträucher begann, kam ein Hauch von Feuchtigkeit und Unterholz herauf.
»Los, beeil dich, du Faulpelz«, mahnte Signora Tabusso in einem Ton barscher Zärtlichkeit.
Der Hund gehorchte.
Im Tal, das sich trichterförmig zur Stadt hin öffnete, gingen in einer langen Schlangenlinie die Lichter an. Oben, auf der Höhe, leuchteten die Neonbuchstaben des *Capriccio* nur um so blauer vor dem nächtlich dunklen Himmel.
Auf dem Bildschirm jagten sich zwei Liebesleute am Strand, während eine süße flötende Stimme eine bestimmte Marke von Fruchtsäften empfahl.
»Na, dann wollen wir mal schlafen gehen«, sagte Signora Tabusso

von der Schwelle der Küche aus. Sie schaltete das Licht ein und musterte mit einem Ausdruck der Ratlosigkeit ihre Schwester.
»Und tu du mir den einen Gefallen«, fügte sie hinzu, »nachts nicht mehr spazierenzugehen. Verstanden?«

Auf der entgegengesetzten Seite des Tals, nur tiefer und näher zum Ausgang gelegen, stand die *Vigna La Drularia* mit ihrer klassizistischen Fassade; zwischen den riesigen Roßkastanien hindurch sah man schräg gegenüber das Lichtermeer der Stadt. Signor Campi rückte, ohne aufzustehen, mit dem weißen Gartensessel ein wenig zur Seite, so daß er nicht die Leuchtschrift des *Capriccio* links über dem Haus sehen mußte. Aber die Folge war, daß er nun drei andere Leuchtschriften vor sich hatte, zwei rote und eine grüne, die sich zwar in größerer Entfernung befanden, deshalb aber nicht weniger unangenehm waren und zu seiner Rechten den samtenen Nachthimmel über Turin entweihten.
»Am Tag der Smog«, sagte er, »und nachts das da. Mehr kann man uns wirklich nicht bieten.«
Seine Frau griff gelassen nach ihrem Whisky sour.
»Weißt du schon, daß sich die Monné entschlossen haben, zu verkaufen?« sagte sie. »Ich habe heute Elena getroffen.«
»So. Dann werden wir ja bald noch so einen Komplex von Eigentumswohnungen hier haben, mit dazugehörigem Tennisplatz und Swimming-pool. Aber viel zu verderben gab es ja nicht mehr.«
Die vier, fünf großen Parks in Privatbesitz, die einmal sein eigenes Grundstück umgeben und geschützt hatten, waren nacheinander verschwunden. Jahrhundertealte Buchen, Zedern und Ulmen hatten Luxusappartements Platz gemacht, wo sich die Frauen von Kinderärzten nicht entblödeten, auf ihren kleinen Balkons Steaks über der Aschenglut zu grillen.
»Das Ende wird sein, daß ich auch verkaufe«, seufzte Signor Campi. Die *Vigna La Drularia* war seit hundertachtundzwanzig Jahren im Besitz seiner Familie.
Daß dieser Tag bald kommen möge, war seit wenigstens drei Jahren der geheime Wunsch seiner Frau. Sie konnte dem Personal soviel Autos zur Verfügung stellen, wie sie wollte, keiner hielt es hier oben lange aus. Nach einer Weile wollten alle wieder in die Stadt zurück, mit all den »Annehmlichkeiten« und der »Ab-

wechslung«, die sie bot. Nein, die Situation war unhaltbar geworden. Aber bei ihrem Mann war es das beste, wenn sie ihm jetzt wenigstens gelinde widersprach.

»Es wäre wirklich zu schade«, sagte sie mit einer vagen Gebärde, die das alles umfaßte: die ockerfarbene Fassade, die Roßkastanien, die weite Terrasse voller Blumen und die Alleen und Wege, die hinunter zum Parktor führten.

Ihr Mann zündete sich eine Zigarre an und warf das rosafarbene Streichholz achtlos auf den Kies. Morgen früh würde sich Teresa bücken müssen und es, mit bitterbösem Gesicht, aufheben.

»Ja, es ist schade«, meinte auch Signor Campi, eingehüllt in eine blaue, duftende Wolke. »Aber praktisch wohnen wir ja hier schon wie am Stadtrand.«

Seine Frau ließ eine halbe Minute verstreichen, bevor sie laut meditierte: »Und wer weiß, ob in fünftausend Jahren die Archäologen überhaupt einen Unterschied finden zwischen den Ruinen unseres Hauses und den Resten einer Siedlung des sozialen Wohnungsbaus. Es wird alles das gleiche sein.«

»Goldene Worte«, bemerkte sarkastisch Signor Campi. »Wenn sich die Kommunisten diesen Standpunkt zu eigen machen, können wir ruhiger leben.«

Mit ihrer schlaff herabhängenden Hand ergriff Signora Campi ein Häufchen Kieselsteine und ließ sie wie eine Handvoll von Jahrhunderten durch die Finger rinnen.

Zwischen Silberreihern, die die Feuchtigkeit vom Fluß gelockt hatte und die mit zögernden Schritten an ihm vorbeistolzierten, saß Bauchiero auf einer Bank am Ufer und betrachtete die wie von der Nacht plattgedrückten Hügel mit ihren zahllosen Lichtern in jeder Höhe und von jedem Helligkeitsgrad; auch das Wasser war voll farbiger Reflexe, es war das Licht aus Ballsälen, aus Ruder- oder Bocciaklubs, von Restaurants und Eisdielen. Aber der Landvermesser Bauchiero sah nichts von alledem.

Eine Weile hatte der Hund versucht, ihn mit seinen Freudensprüngen zum Mitgehen zu bewegen. Schließlich sah er die Vergeblichkeit ein und machte sich allein auf den Weg, schnüffelte an den Leihbooten, die aneinandergebunden am Ufer festgemacht waren, wandte sich dann einem Liebespaar zu, das auf einer an-

deren Bank in der Nähe saß, und schließlich einem eiligen Passanten, der offenbar erschreckt mit einem Fluch weiterlief.
»Komm her!« rief im knappen Befehlston sein Herr.
Mit hängendem Kopf gehorchte der Hund. Die schwache Strömung brach sich mit leisem Gemurmel an den Booten, und ab und zu schlugen sie mit einem dumpfen Laut oder einem geheimnisvollen Quietschen aneinander. Hier am Wasser hatte sich, wie eingegraben in den Lärm der Stadt, eine seltsame Zone der Stille gebildet. Und eingeschlossen in diese Stille dachte Bauchiero an seinen unverzeihlichen Irrtum.

Auch Ingenieur Fontana dachte, während er seinen Kaffee bei den Dosios trank, an den unverzeihlichen Irrtum, den er vor drei Minuten begangen hatte. Gewiß, er konnte mildernde Umstände geltend machen. Als das Gespräch auf die Restaurants in den Hügeln kam und auf die Gefahren, die sie für einen empfindlichen Magen mit sich brachten, hatte er im Scherz und ohne an Böses zu denken Vittorio vorgeworfen, daß er ihn kürzlich mit diesen Schweden hatte sitzenlassen, um weiß Gott wohin zu verschwinden. »Schon bei den Horsd'œuvres hat er sich aus dem Staub gemacht«, vertraute er (Gott strafe seine lose Zunge!) Anna Carla an. Und erst ihr pikiertes Erblassen und sein verlegenes Erröten hatten ihn darüber aufgeklärt, daß er soeben einen denkwürdigen Schnitzer gemacht hatte.
»Nein, wirklich nicht«, sagte Anna Carla in diesem Augenblick mit einer geradezu tödlichen Duldsamkeit, »ich will ganz und gar nicht wissen, was du gemacht hast. Das ist deine Angelegenheit. Sicher bist du wie ich ins Kino gegangen. Am Ende haben wir sogar denselben Film gesehen.«
»Aha!« hakte Vittorio ein. »Du bist also ins Kino gegangen. Davon hattest du mir aber nichts erzählt.«
»Nicht nur das. Aber mein Alibi ist auch nicht nachzuprüfen. Wohingegen deins vielleicht . . .«
»Was für ein Alibi? Erkläre mir das bitte etwas genauer.«
»Das will ich tun, sobald du mir deine Erklärungen gegeben hast.«
Ingenieur Fontana litt Höllenqualen. Dieses mit süßsaurer Miene geführte Wortgeplänkel, das er allein verschuldet hatte, lastete auf seinem Gewissen wie eine Todsünde.

»Aber um auf unser Thema zurückzukommen«, sagte er mit einem verzweifelten Versuch zu Fröhlichkeit und Unbefangenheit, »du hättest nichts Besseres tun können, als dich zu drücken. Es war ein sehr schweres Essen.«
Vittorio warf ihm einen fürchterlichen Blick zu. O weh, wieder ins Fettnäpfchen getreten.
»Da wir schon von ›unbekömmlichen‹ Dingen reden«, sagte Anna Carla mit einem Lächeln, das einer Barmherzigen Schwester angestanden hätte, »möchte ich Sie, mein lieber Fontana, um eine ein wenig spezielle Information bitten.«
Fontana wäre bereit gewesen, ihr die Geheimnisse des Pentagon zu enthüllen, nur um das Thema zu wechseln.
»Aber gern! Sagen Sie, was Sie wissen wollen!«
»Sie haben da einmal – es muß schon ein paar Monate her sein – Vittorio eine kleine Geschichte erzählt, die mir ein bißchen gewagt vorkam ...«
»Das ist schon möglich«, räumte Fontana widerstrebend ein und fühlte von neuem, wie er den Boden unter den Füßen verlor.
»Schweden kamen auch darin vor und ein gewisser – obszöner Gegenstand. Damals habe ich es nicht ganz verstanden, weil Sie in dem Augenblick aufhörten, als Sie mich kommen sahen. Erinnern Sie sich?«
»Ja, wenn ich mich nicht irre ...« Ingenieur Fontana wand sich vor Verlegenheit. Welche Gefahren barg diese Konversation noch?
»Worum hat es sich damals eigentlich gehandelt? Um einen Witz?«
»Nein, kein Witz. Und es waren auch keine Schweden, sondern Holländer.«
»Wäre es ihnen unangenehm, wenn Sie mir die Geschichte erzählen würden?«
Verlegen, aber zugleich erleichtert, faßte sich Fontana ein Herz und erzählte die Geschichte.

»Zuerst geht er zur Polizei, und dann hat er die Güte, uns das mitzuteilen«, bemerkte die jüngere Piovano voller Bitterkeit. »Das hätte ich von Arlorio nicht erwartet, daß er uns einen solchen Streich spielt. Zumal ich ihm klipp und klar gesagt habe, daß wir uns da nicht einmischen wollen.«

Der General senkte diplomatisch den Kopf, um damit seine Zustimmung auszudrücken, zugleich aber auch die Lippen dem Glas Mandelmilch zu nähern, das er in der Hand hielt. Ihm stand nicht der Sinn danach, sich wegen der Indiskretion zu ereifern, die der Advokat Arlorio seinen Freundinnen gegenüber begangen hatte. Es war ein heißer, schwüler Tag gewesen, und hier, auf der Terrasse der Damen Piovano, hatte er endlich eine erquickende Kühle gefunden. Hauptsächlich aus diesem Grunde war er überhaupt gekommen.
»Und außerdem«, fuhr sie fort, »als ob nun die Sache mit Garrones Steinen wunder was für ein ›Sesam, öffne dich!‹ wäre! Garrone hat sich gern reden hören, und wenn ich der Polizei all die Dummheiten wiedererzählen wollte, die ich von ihm gehört habe, würde eine Woche nicht ausreichen – abgesehen davon, daß ich mich nicht mehr an sie erinnern kann.«
Die Terrasse (das Dach über den alten Stallungen des Palastes) stieß an der einen Seite auf einen mit schwarzen und weißen Rauten gepflasterten Hof und auf einen in üppiger Blüte stehenden Garten auf der anderen. Vom Hof drang das Geschwätz der Portierfrauen herauf, die unten saßen und frische Luft schöpften, und vom Garten kam der süße Duft der Lindenblüte. Warum wohl dieser Duft immer an verlorene Paradiese erinnerte, fragte sich der General. Er dachte an Berlin, wo er 1928 im diplomatischen Dienst gewesen war: jetzt standen an Stelle der berühmten Linden gewiß amerikanische (oder russische) Panzer, und die blonde, grauäugige Trude war vermutlich schon lange tot.
»Und da werden wir morgen das ganze Überfallkommando im Hause haben, um etwas zu suchen, was es nicht gibt«, sagte die Piovano, »und um unsere Privatangelegenheiten an die große Glocke zu hängen. Aber das werde ich ihm nie verzeihen, diesem alten Klatschweib von Arlorio. Es ist furchtbar bequem, auf unsere Kosten den redlichen Staatsbürger zu spielen!«
Grau? Nein, eher blau. Von einem Blau, das ins Weiß ging. Ihre Zähne waren ein bißchen groß, aber regelmäßig und blendendweiß. Der Mund vielleicht ein wenig zu groß.
»Ich erinnere mich, daß ich mich in Berlin einmal in einem ganz ähnlichen Dilemma befunden habe«, sagte der General, »in einem Konflikt zwischen meiner Pflicht als Soldat und der als Gentle-

man.« Er lächelte mit einem Ausdruck unsagbarer Rührung. »Ich war Hauptmann damals und war vom Generalstab beauftragt ...«

Er fühlte sich plötzlich seiner Erinnerung nicht mehr sicher, als ihn ein Windhauch mit dem Geruch vom Fluß streifte. Vielleicht war es nicht Berlin gewesen, und vielleicht hatte sie nicht Trude geheißen.

Sein Blick suchte die Hügel, die jetzt mit ihren abendlichen Lichtern über den Dächern der Stadt auftauchten. Vielleicht, überlegte er, waren es die Hügel am Rhein gewesen, und sie hatte Laura geheißen. Lachend hielt sie in der Hand ein Glas »Kalte Ente« mit Erdbeeren, die darin schwammen. Die Hälfte Sekt, die andere Hälfte Rheinwein. Oder ein Drittel Sekt und zwei Drittel Rheinwein?

Der General sah in die Nacht und konnte sich nicht mehr erinnern. So, meinte er, war sein Leben von jeher gewesen: voll stummer Konflikte, einander widersprechender Empfindungen, der Unwiederbringlichkeit.

10

Der Polizeibeamte Scaglia, der sich Winston Churchills *Erinnerungen an den Zweiten Weltkrieg* auf Raten gekauft hatte und sie mit Nutzen las, hatte es insgeheim kommen sehen: wie fast alle »kombinierten Operationen« war auch die Operation Seestern gescheitert. Niemand hatte schuld daran, oder besser gesagt, jeder trug sein Teil Verantwortung.

Die Carabinieri von Moncalieri, die mit dem Gelände vertraut waren, hatten den Grund vergessen, warum man sie um ihre Mitwirkung gebeten hatte, nämlich deshalb, weil ihre Verbündeten von der Polizei das Gelände *nicht* kannten. Beim Licht von Taschenlampen gaben sie zu wenige Anweisungen zu eilig, als ob es für einen halbwegs normalen Menschen unmöglich sein müßte, selbst in stockfinsterer Nacht nicht den *Bric del Bottino* von dem *Bric della Macia* zu unterscheiden oder die *Strada Superiore Valgelso* von der *Antica Strada del Polacco*. Die Einkreisung der

Zone – an sich schon ein problematisches Unterfangen angesichts ihrer zu geringen Zahl – gelang denn auch nur sehr ungefähr. Es kam hinzu – aber auch das behielt Scaglia für sich –, daß die Verbündeten die Aktion begannen, ohne eine genaue Vorstellung von den gegnerischen Kräften zu haben (einer behauptete zehn, ein anderer zwanzig und ein dritter dreißig Prostituierte), und daß sie den noch verhängnisvolleren Fehler begingen, die Kampfbereitschaft und die taktischen Reserven des Gegners zu unterschätzen.

Jedenfalls war es Tatsache, daß sich bereits bei Beginn der Aktion mehrere der Männer am falschen Platz befanden oder auf ein falsches Ziel zusteuerten. Auf die Pfiffe und die Leuchtsignale antworteten andere Pfiffe, die von irgendwoher kamen, und andere Leuchtsignale. Denn auch die Mädchen waren, wie man später feststellen sollte, mit Trillerpfeifen und Taschenlampen versehen. Die Folge war ein allgemeines Durcheinander. So trat zum Beispiel Scaglia hinter einem Gebüsch dem Kollegen Robilotto in den Weg, nachdem sich Robilotto seinerseits zuvor an den Carabinieri-Gefreiten Squillace von Moncalieri herangepirscht hatte. Zwei Polizisten und ein Carabiniere trugen Kratz- und Bißwunden an den Händen davon, abgesehen von Tritten ans Schienbein, Hautabschürfungen durch Brombeersträucher und Verstauchungen, verursacht durch Unebenheit des Geländes oder aus dem Boden ragende Steine. Übrigens bewahrten nicht alle der an den drei Zugängen zum Tal der *Buone Pere*, der »Guten Birnen«, postierten Männer ruhig Blut. Sie ließen sich durch die Ablenkungsmanöver flüchtender Freier und Zuhälter täuschen und ermöglichten es einer unbekannten Zahl von Prostituierten, aus dem Kessel zu entweichen. Dort waren, wie sich am Ende herausstellte, nur sieben Frauen zurückgeblieben, zusammen mit drei Kunden, einem Zuhälter und einem Individuum mit nicht ganz klaren Absichten.

Der Polizeibeamte Scaglia hatte übrigens die Genugtuung, einen vierten Zugang zum Tal zu entdecken, den selbst die Carabinieri nicht kannten, die sich doch einbildeten, alles über diese Zone zu wissen. Als er den ausgetrockneten Gießbach aufwärts ging und an eine Stelle kam, wo die wuchernde Vegetation den Weg vollends zu versperren schien; da gab er nicht auf, sondern suchte dieses undurchdringliche Labyrinth zu ergründen, ohne sich um die Hautabschürfungen an seinen Händen zu kümmern. Und siehe da, auf der anderen Seite des Gestrüpps erkannte er im Schein seiner Taschenlampe einen niedrigen, aus Ziegelsteinen gemauerten Gang – die Steine von Moos bedeckt – und den Bogen einer kleinen Brücke, hinter der das ausgetrocknete Bachbett steil anstieg. Hier also waren viele der Frauen geflüchtet, wie ein violetter Schuh bewies, den Scaglia in dem modernden, nach Pilzen riechenden Laub fand. Er stieg wieder ab, oft einen waghalsigen Sprung nicht scheuend, und überbrachte seinen Vorgesetzten diese Trophäe zugleich mit der Nachricht von dem geheimen Gang. Aber sein Triumph war von kurzer Dauer. Weiter unten nämlich, dort wo sich das Tal kreisförmig weitete und wo sich, nach manchen Anzeichen zu urteilen, das meiste abspielte, hatte inzwischen der Carabinieri-Gefreite Squillace einen Fund gemacht. Was er unter einem großen Stein im Bachbett versteckt gefunden hatte, war ein Bündel aus durchsichtigem Kunststoff (ein Regenmantel), und es enthielt ein Paar orangefarbene Hosen, daneben eine große Leinentasche, ebenfalls orangefarben, auf der ein weißer Seestern aufgenäht war.

11

»Es ist mehr, als ich erhofft hatte«, sagte De Palma.

Aber es klang, vielleicht nur weil er müde war, nicht sehr überzeugend. Drüben wurden trotz der späten Stunde die Vernehmungen eifrig fortgesetzt. Nachdem die fieberhafte Erregung über die erste Spur in dem Fall abgeklungen war, hatte Resignation um sich gegriffen. Von den sieben Prostituierten, die man auf den *Buone Pere* festgenommen hatte, war eine minderjährig; eine andere wurde seit einem halben Jahr wegen einer Schlägerei mit Körperverletzung polizeilich gesucht, und für eine dritte lag der Ausweisungsbescheid vor; aber keine von ihnen entsprach der Beschreibung, die Bauchiero gegeben hatte. Wohl waren zwei Blonde dabei; aber die eine war von kleiner, schmächtiger Gestalt, mit einem nichtssagenden Gesicht, und der Regenmantel hätte ihr bis auf die Knöchel gereicht; die andere aber, von dreisterem Auftreten, fluchte und schwor, beweisen zu können, daß sie an dem fraglichen Abend mit drei Kunden in Bra gewesen wäre. Auch die übrigen vier hatten ihre Alibis bereit und zeigten sie wie die Katze die Krallen.

Das alles blieb zu überprüfen; auf dem Regenmantel und der (übrigens leeren) Tasche war nach Fingerabdrücken zu suchen, und es war die Herkunft der Kleidungsstücke sowie der Tasche festzustellen. Aber De Palma hatte bei alledem das Gefühl – und mehr als die Müdigkeit vertiefte dies die Falten in seinem Gesicht –, daß man wieder da stand, wo man angefangen hatte.

Rappa und Scaglia kamen herein, mit drei Pappbechern *Chinotti**.

De Palma sah auf seine Uhr.

»Bald kannst du uns den Frühstückskaffee bringen«, sagte er heiser zu Scaglia. Es war halb vier Uhr früh.

Sie tranken schweigend, und wortlos zündeten sie sich ihre Zigaretten an.

»Und was sagst du?«

Rappa, der in seinem Leben schon Tausende von Prostituierten vernommen und wie ein Elektronengehirn ihr gesamtes mimisches und akustisches Repertoire gespeichert hatte, ließ sich nur ein flaues »Was soll man da sagen?« entlocken.

»Möglich«, fügte er dann hinzu, »daß die sieben tatsächlich nichts von der Blonden wissen, sie weder kennen noch je gesehen haben. Aber ebenso möglich ist auch, daß sie zuviel von ihr wissen, mehr als ihnen selbst lieb ist. Und in dem Fall wird sie niemand zum Reden bringen können.«

Was das Mädchen betraf, das an dem fraglichen Abend in Bra gewesen sein wollte, so habe er den Eindruck gehabt, daß sie ihr Alibi im selben Augenblick erfunden hätte. Was aber, wie er hinzufügte, auch nicht viel besagen wollte.

»Ob wir nochmal Bauchiero kommen lassen?« fragte der Kommissar.

»Du meinst zur Gegenüberstellung?« De Palma fuhr sich mit der Hand übers Gesicht. »Ja, das könnte man immerhin tun. Aber nicht jetzt! Der arme Kerl! Zumal wir die Mädchen sowieso bis morgen hierbehalten.«

* Chininhaltiger Aperitif

»Dann ist da noch die Schwester der Tabusso ...«
»Richtig. Wir können die sieben auch ihr vorführen.«
Aber er hielt nichts davon. Er erwartete sich von dieser Gegenüberstellung kein entscheidendes Wiedererkennen, keinen spontan ausgestreckten Zeigefinger. Aber jetzt, nach einem solchen Tag, bestand die größte Schwierigkeit darin, ein wenig Optimismus zu bewahren.
»Wenn schon nichts weiter, so wissen wir jetzt wenigstens, daß es die blonde Frau tatsächlich gibt«, sagte Santamaria.
»Und daß sie wahrscheinlich eine Prostituierte ist. Schön. Und wahrscheinlich in das Verbrechen verwickelt. Auch gut. Und daß demnach Garrone wahrscheinlich wegen irgendeiner Unterweltaffäre umgebracht wurde. Vorzüglich. Und weiter?«
Für eine Weile herrschte Schweigen.
»Wenn es eine von außerhalb ist«, begann schließlich Rappa, mit einem Gesicht wie jemand, der zum zwanzigsten Mal sein letztes Kleingeld zählte, »und sie erst seit kurzem hier ist, wie kommt es dann, daß sie die Gegend so gut kannte? Das ist nicht möglich.«
»Aber es könnte ja auch eine Turinerin sein, die in die Schweiz emigriert ist, oder eine, die vor fünf oder zehn Jahren hier gearbeitet hat! Vielleicht hatte sie mit Garrone eine alte Rechnung zu begleichen. Möglich ist alles, und da liegt die Schwierigkeit.«
De Palma war enttäuscht. Genauer gesagt, die unverhoffte Auffindung der Kleidungsstücke und der Tasche mußte ihm das Gefühl geben, daß er nur um ein Haar die Gelegenheit, den Fall noch heute nacht aufzuklären, verpaßt hatte.
»Aber hätte sie nicht den Regenmantel und das andere auch in den Po werfen können«, begann Rappa von neuem. »Warum ist sie nach dem Mord wieder da hinaufstiegen? Das frage ich mich.«
»Sicher nicht, um da zu arbeiten. Jemand wird sie erwartet haben, oder sie sind beide nach der Tat zusammen hinaufgegangen. Wenn es ihr altes Revier war, wäre das ganz normal.«
Rappa nickte.
»Größere Gewohnheitsmenschen gibt es nicht, höchstens die Nonnen im Kloster. Aber was wollte sie nun da oben tun?«
»Wie soll ich das wissen?« ereiferte sich De Palma. »Ihr Schatzkästlein vergraben!«

»Vergessen wir nicht, daß immer noch das *Capriccio* da ist«, sagte Santamaria.
»Richtig. Das *Capriccio.* Wir haben es schon zwei- oder dreimal geschlossen. Ich sehe es mir morgen einmal an. Vielleicht hatte sie dort ihr Standquartier.«
Morgen, morgen ... Der Tag hatte allen dreien die letzten Kräfte abverlangt, mehr konnte man nicht von ihnen fordern. Sie hüllten sich in ein Schweigen, das sich noch als ein konzentriertes Nachdenken ausgab, in Wirklichkeit aber schon ein Nachgeben vor der Müdigkeit war.
»Man müßte eine Idee haben«, sagte De Palma.
Sie taten so, als dächten sie nach; dann reckte und streckte sich De Palma, knöpfte sich mit einem Erschauern das Hemd bis zum letzten Knopf zu und rückte die Krawatte zurecht.
»Ein bißchen kühl geworden, wie?«
Er stand auf und holte sich sein Jackett, das er über einen Stuhl in der Ecke geworfen hatte.
»Tut mir leid für dich«, sagte er zu Santamaria, während er sein Jackett anzog. »Du hättest besser daran getan, nach Novara zu fahren. Schau nur, wie du dich zugerichtet hast.«
Der Kommissar sah an sich herunter. Schuhe und Hosenumschläge waren teils weiß von Staub, teils von feuchter Erde fleckig.
»Was kann man machen«, sagte er geduldig.
Wie hätte er De Palma beichten können, daß es ihm trotz allem lieber so war?

12

Hoch über der nächtlichen Stadt, die Füße gegen das schmiedeeiserne Balkongitter gestemmt, faßte der Amerikanist Bonetto gelassen seinen Selbstmord ins Auge. Hinter dem Sessel, den er bis hierher gezogen hatte, stand die Balkontür offen, lag sein Zimmer, mit der brennenden Lampe auf dem Tisch, mit der Remington-Schreibmaschine und dem Papierkorb, der bis oben hin angefüllt war mit wild zusammengeknüllten Blättern.
War das die Welt? War so das Leben? Okay, okay. Dann blieb

ihm nichts anderes übrig, als die logischen Konsequenzen zu ziehen. Ohne viel Umstände wollte er verschwinden, wie es vor ihm Hart Crane, Hemingway, Pavese gemacht hatten. Schluß, basta! Genug von diesem Thema! Gewiß, seiner Mutter würde es schmerzlich sein, auch Tante Natalina, die ihn über die Taufe gehalten hatte. Aber für Gefühle und Betrachtungen dieser Art war es bereits zu spät. Der *point of no return,* er hatte ihn längst überschritten.

Gleichmütig folgte er mit den Blicken einem einsamen Auto, das fünf Stockwerke unter ihm mit atemberaubender Geschwindigkeit direkt auf dem Corso Regina Margherita in der Richtung auf den Fluß und die Hügel raste, die Hügel mit der thronenden Basilika der *Superga.* An einer entfernteren Kreuzung, wo kleine schwarze Gestalten die Straßenbahngeleise ausbesserten, blitzte in Abständen der spektrale Glanz auf.

Nur wenige wirkliche Freunde würden ihn eine Zeitlang vermissen: John in El Paso, Henry in Berkeley und Mario in Trofarello. Und zwei oder drei Mädchen würden an ihn mit einer oberflächlichen Rührung zurückdenken. Was den Rest betraf, so würden die gewohnten Nachrufredner von »einem schweren Verlust für unsere Kultur« sprechen, von einer »Lücke, die sich so bald nicht wieder schließen« würde, von seiner »kristallklaren Intelligenz« und von »dieser seltenen, um nicht zu sagen, einzigartigen Fähigkeit, in einen Text einzudringen und ihn zugleich kritisch aufzuarbeiten«. Und so weiter und so fort.

Ein dünnes ironisches Lächeln spielte um seinen Mund.

Was bedeuteten ihm schon diese armseligen postumen Lobeserhebungen, diese bei solchen Anlässen üblichen Übertreibungen von der Lücke, die er im kulturellen Leben Italiens zurückließ (ach, recht klein in Wahrheit!). Gewiß, seinen bescheidenen Beitrag hätte er noch leisten können, ein paar nicht gänzlich nutzlose Dinge hätte er noch zustande gebracht. Aber das ganze System seiner Werte hatte sich heute morgen gründlich geändert; in seinem Innern war der radikale und feierliche Frieden der Nacht eingekehrt.

Ohne Furcht blickte er in die stummen Abgründe des Raums, suchte die kosmische Bruderschaft der Gestirne. Aber der Himmel mußte sich wohl bezogen haben, denn kein einziger Stern war zu sehen; außerdem, stellte er fest, wehte ein Lüftchen, das man nicht leichtnehmen sollte. Die roten Lichter der Funktürme auf der *Collina dell'Eremo* leuchteten klar in der Nacht, und weiter weg, hoch oben auf dem *Colle della Maddalena,* drehte sich der Leuchtturm der Siegesgöttin, der *Faro della Vittoria,* in alle Ewigkeit um sich selbst. An der Straßenkreuzung schoß eine blaue Flamme empor, sehr hoch und ganz ohne Geräusch.

Der Amerikanist Bonetto erhob sich. Im Augenblick des Abschieds fühlte er sich in Gemeinschaft mit den geringsten Einzelheiten des Universums. Sogar mit den Pflanzen, die seine Mutter in mindestens zwanzig beschädigten Töpfen auf dem Balkon hielt, obwohl sie sie noch nie zum Blühen gebracht hatte. Ja, sogar – in seiner grenzenlosen Nachsicht – mit diesem winzigen Staubkörnchen, dieser Belanglosigkeit von einem Atom, das aber doch auch zum Ganzen gehörte: seinem Kollegen Marpioli.

Er lachte still vor sich hin und konnte nicht mehr begreifen, daß er noch heute morgen und auch noch den Nachmittag und dann den ganzen Abend bis tief in die Nacht hinein fast den Verstand verloren hätte – wie absurd! – bei dem Versuch, eine gebührende Antwort zu finden auf . . . Worauf?

Er erinnerte sich nicht mehr. Was da gewesen war, hatte er innerlich so vollkommen bewältigt, daß nichts zurückgeblieben war, keine Schlacken, keine Narben. Marpioli war ein winziger Punkt am anderen Ende des Teleskops, unschädlich, absolut machtlos. Sein insektenhafter Haß, sein schlangenhafter Neid – es berührte ihn nicht mehr. Im Gegenteil, der Mann tat ihm leid.

Er zuckte die Achseln. »Man«, dachte er, kristallklar. »Wie man uns glauben machen möchte . . .«

Er schlug mit der Faust auf das Balkongeländer. Dann eilte er an den Schreibtisch und spannte einen neuen Bogen in die Remington. Noch war das letzte Wort nicht gesprochen.

7. Eine Stunde vor dem Läuten des Weckers (Freitag)

1

Eine Stunde vor dem Läuten des Weckers durchzuckte ihn plötzlich ein unerträglicher Schmerz in der linken Wade. Lello fuhr hoch und setzte sich im Bett auf. Keuchend und kalten Schweiß auf der Stirn, begann er verzweifelt die verkrampfte Stelle zu massieren. Das Wetter mußte während der Nacht umgeschlagen sein, und nun hatte er, der in den Sommermonaten nur mit einem Slip bekleidet bei offenem Fenster schlief, einen Wadenkrampf bekommen, und seine Muskeln waren steif wie nasses Leder. Allmählich ließ der Schmerz nach, aber Lello blieb, den Mund voll Speichel und noch immer verwirrt und erschrocken, im Bett sitzen. Das Licht, das durch die Jalousien drang, war das kalte Licht einer Hinrichtung.

Er stellte die Füße auf den Bettvorleger aus geflochtenem Stroh, stand vorsichtig auf und ging dann, das linke Beine nach sich ziehend, ins Badezimmer. Hier war Eau de Cologne das gegebene Mittel. Er setzte sich auf den Hocker und goß sich eine tüchtige Portion *Arden for Men* in die hohle Hand; dann begann er, methodisch langsam mit der Hand über die Wade zu streichen, immer von unten nach oben, wie er es bei den Masseuren von Sportlern gesehen hatte.

Aber diese irgendwie sportlich anmutende Tätigkeit vermochte sowenig wie sein ziegelroter Mini-Slip das beklemmende Gefühl zurückzudrängen, das sich mehr und mehr seiner bemächtigte. Unvermittelt wurde ihm seine Lage klar: nie konnte er für einen Notfall mit der helfenden Hand einer Mutter, einer Schwester oder eines wahren Freundes rechnen. Ein Herzanfall, eine Bauchfellentzündung oder auch nur ein Ausgleiten auf dem glatten Porzellan des Duschbeckens – und wer würde ihn tot am nächsten Morgen auffinden? Die Apulierin, die täglich eine halbe Stunde zum Aufräumen kam und ihm die kleinen Käsestücke stahl. Er hatte keinen Menschen, auf den er sich verlassen konnte, er war ganz sich selbst überlassen, allein wie ein Hund. Der Rhythmus seiner Hand verlangsamte sich, bis er sie auf seinem Knie ruhen ließ. Ein Schauer überlief ihn.

Jetzt mache ich mir einen starken Kaffee, dachte er, entschlossen, sich nicht gehenzulassen, dann ziehe ich mich an und gehe auf den Markt hier unten und kaufe mir Obst.

Er stand wieder auf, schlüpfte in den japanischen Bademantel und ging in die kleine Küche. Im Kühlschrank, fiel ihm ein, standen noch halbverschimmelte Kirschen, und allein die Vorstellung all der Bewegungen und Handgriffe, die er jetzt machen mußte, um sich seinen Kaffee zu bereiten, hatte für ihn etwas unendlich Trostloses. Er setzte sich ans Fenster und betrachtete den bewölkten Himmel; es war ein fahldüsterer Märzhimmel. Vielleicht könnte er heute das grüne Tweedjackett anziehen, oder den sandfarbenen Kordanzug? Aber selbst der Gedanke an seine Kleidung vermochte ihn nicht aufzuheitern, nichts konnte ihn heute froh stimmen. Er versuchte zu pfeifen, gab es aber sogleich wieder auf.

Was hatte er? War denn nicht alles in Ordnung?

Mit Massimo hatte er sich ausgesöhnt. Sie hatten sich gestern zeitig getrennt, und Massimo hatte ihn nicht mehr in seine Wohnung mitnehmen wollen; aber das wollte nichts besagen. Er war müde gewesen, und heute mußte er ins Monferrato fahren und sich um das Haus kümmern. War es also das Büro, das so auf seine Stimmung drückte? Die Arbeit? Nein, nicht besonders; jetzt brauchte er nur noch ein paar Wochen durchzuhalten bis zum Urlaub. Ärgerte er sich über Botta und seine Wichtigtuerei? Er dachte ohne besonderes Interesse an Triberti, an den Bonbons lutschenden Alten und an die Firma Gebrüder Zavattaro. Die wollte er in der Mittagspause aufsuchen, wie er schon gestern beschlossen hatte, und dann würde man weitersehen. Gewiß bestand immer die Gefahr, daß sich das

alles endgültig als ein Schlag ins Wasser erwies, aber das allein konnte nicht sein Gefühl erklären, statt aus Zellen aus Bleikügelchen zu bestehen.
Bin ich vielleicht krank? fragte er sich. Könnte es das erste Symptom einer unheilbaren Krankheit sein?
Er verjagte schnell diese hypochondrischen Phantasien, aber das Gefühl der Schwere und der Mattigkeit in allen Gliedern blieb. Vielleicht hatte er nur schlecht geschlafen, das passierte jedem einmal. Oder etwas Unverdauliches in dem Restaurant in den Hügeln gegessen.
Er tastete sich Magen und Leber ab: nein, nichts.
Trotzdem ging er ins Bad und löste für alle Fälle ein Alka-Seltzer in einem Glas Wasser auf, das er dann mit einer Grimasse austrank. Alles war bitter, alles war feindselig heute morgen. Er sah den Kamm, und sofort kämmte er sich mit eitler Sorgfalt; aber sein Gesicht gefiel ihm nicht, er fand es häßlich und gewöhnlich.
»Welchen Sinn hat mein Leben?« fragte er sich.
Aber sein Kummer war ja so unbedeutend, niemand hätte einen Film darüber machen können oder ein Buch schreiben.
Er warf sich wieder aufs Bett, obwohl er überzeugt war, nicht mehr schlafen zu können. Er kam sich vor wie ein an den Strand geschwemmter Baumstamm, den die Brandung zurückholte und wiederbrachte, in einer monotonen, gleichgültigen Pendelbewegung, die nichts unterbrechen konnte. Und doch hatte er Massimo. Massimo war der feste Punkt in seinem Leben. Aber warum war er so weit fort?
Als er wieder erwachte, mit einem bitteren Geschmack im Munde und zu spät für den Dienst, da hatte er geträumt, daß Massimo eigens aus dem Monferrato bei Botta angerufen habe, er solle es ihm, Lello, nicht sagen. Aber Botta erzählte es ihm dann doch, weil der Junge ein Neffe des Bürgermeisters war und im Rathaus sowieso schon alle Bescheid wußten; außerdem sollte in Kürze das Aufgebot ausgehängt werden. Übrigens bestanden die Fogliato und die Ripamonti darauf, daß er, Lello, sich an der Sammlung für ein Geschenk beteiligte. »Ihr seid doch gute Freunde geblieben, nicht wahr? Und sagen Sie selbst, Riviera, da das Kind nun einmal unterwegs ist, bleibt ihnen ja nichts anderes übrig, als ihre Beziehung zu legalisieren.«

Während er sich in aller Eile rasierte und auch noch während er die Treppen hinunterlief, mußte er voller Bitterkeit an den Traum denken. Ein idiotischer Traum.
Und – er war wütend auf sich selbst: Eine noch albernere Idee wollte ihm nicht aus dem Kopf, als er sich mit seinem Fiat 500 durch den beängstigenden Verkehr wand, der morgens um Viertel vor neun herrschte. Aber er kam nicht los davon, denn im Grunde war es trotz allem die Wahrheit. Nämlich daß alles zwischen ihnen beiden ganz anders wäre, wenn sie ein Kind haben könnten.

2

Ein lebhafter und fröhlicher Mensch, dieser Monsignor Passalacqua.
Er hatte seinen ehemaligen Schüler mit einer herzlichen Umarmung begrüßt und ihm volle Absolution erteilt von der Sünde, nicht mehr an seinen Sanskrit-Lektionen teilgenommen zu haben, denn wem hätte es schon genutzt, wenn es noch einen langweiligen Fachgelehrten mehr gab? Dann hatte er lange und mit respektvollem Überschwang dem »Herrn Kommissar« die Hand gedrückt.
Er führte seine Besucher in sein Arbeitszimmer, in dem sich die Bücher und Manuskripte sogar auf den Fensterbrettern stapelten, und entschuldigte sich vergnügt wegen dieser Unordnung. Lachend sich die Hände reibend, erklärte er ihnen, er fröne der Eitelkeit, seine Erinnerungen an seine Missionarszeit aufzuschreiben.
Doch beim Anblick der Aufnahmen wurde er sofort ernst. Mit krausgezogener Stirn stand er jetzt in einem Winkel des Zimmers und blätterte in einem aus dem Leim gegangenen Band, den er einem der Regale entnommen hatte.
Ohne den Kommissar oder Massimo anzusehen, kam er an den Schreibtisch zurück. Die Fotografien schob er mit einer Gebärde äußersten Widerwillens beiseite, und wie um ganz sicherzugehen, bedeckte er sie noch mit einem Notizbuch.
»Es handelt sich um einen Ithyphallos«, erklärte er.
Das Wort schien auf ihn eine befreiende Wirkung zu haben, denn er wiederholte es.

»Ja, ein Ithyphallos. Genau das. Und wie Sie natürlich wissen«, fuhr er fort, nun wieder mit einem Gefühl der Sicherheit, wie jemand, der, in einen Sumpf geraten, wieder festen Boden unter den Füßen spürt, »ein Ithyphallos ist, geschnitzt oder gemalt, das Bild des aufgereckten männlichen Glieds. *Ithis* gleich ›aufgerichtet‹ «, erklärte er und hob den Zeigefinger, »und *phallòs* gleich ›männliches Glied‹. Aber männliches Glied, wohlgemerkt, als religiöses Symbol der heidnischen Gottheit! Als Symbol der Fruchtbarkeit und des Lebens! Nun ...«

Er schneuzte sich und nahm am Schreibtisch Platz.

»Nun findet sich dieses Symbol, man kann sagen, in allen ältesten Religionen; und es findet sich noch heute bei vielen primitiven Stämmen von Insulinde bis Ozeanien, vom schwarzen Afrika bis Zentral-Südamerika. Aber was«, für einen Augenblick verdüsterte sich wieder seine Miene, »was unseren Fall betrifft, so können wir uns auf das Altertum und, räumlich, auf das Mittelmeerbecken beschränken, wo der Phalluskult von Anbeginn an eng verbunden ist mit dem Kult der Bäume, zumal des Feigenbaumes, *ficus religiosa.* So daß noch in der klassischen Periode das Material, aus dem Phallen und Priapen geformt wurden, nicht der Stein, sondern das Holz ist. Und zwar vorzugsweise das Holz vom Feigenbaum. Erinnern Sie sich an Horaz? *Olim truncus eram ficulnus, inutile lignum ...*«

Er machte eine Pause, wie um sich zu sammeln; dann schüttelte er den Kopf, als wollte er einen lästigen Gedanken vertreiben.

»Mit anderen Worten«, erklärte er, »die animalische Fruchtbarkeit und die der Erde werden im mediterranen Phallus als zwei Aspekte ein und derselben kosmischen schöpferischen und im weiteren Sinne zeugenden Kraft symbolisiert. Da liegt die menschliche und die religiöse Bedeutung der Phallophorien oder Phallagogien, die mit dem Bacchuskult von Griechenland nach Rom kamen, ursprünglich aber mit den Mysterien der ägyptischen Isis verbunden waren, der Göttin, ›die aus dem Nil den schamlosen Phallos barg‹, wie es bei Parini heißt.«

Er lächelte gutmütig.

»Was daran so schamlos oder unflätig war, weiß Gott allein. Man könnte allenfalls über manche besonderen Formen der Anwendung diskutieren, die der Ithyphallos bald im Volksglauben fand: als

fascinum, als ein Amulett sozusagen, gegen den bösen Blick, oder als Gartengott Priapus. Aber, du lieber Gott, man hat doch den kleinen Kindern nicht nur wegen des bösen Blicks einen kleinen Phallus aus Elfenbein, Koralle oder Glas um den Hals gehängt! Sondern als einen Schutz vor Krankheiten und Mißgeschick im allgemeinen. Denn das *fascinum* bedeutete für die schlichten Gemüter der damaligen Zeit etwa dasselbe wie heute die kleine Medaille mit dem Bild der Madonna. Daran wollen wir doch nicht ernstlich Ärgernis nehmen? Es sei denn«, fügte er hinzu, mit einem schwer zu deutenden Blick auf das Bild von Paul VI., das an der Wand hing, »es sei denn, wir nehmen an der Madonnenmedaille Anstoß! In dem Fall ...«
Er schwieg und ließ den Blick von dem Papstporträt zum darüberhängenden Kruzifix wandern. Dann senkte er den Kopf und betrachtete einen Augenblick seine Hände.
»Aber zurück zu unserem Thema«, fuhr er mit heiterer Gelassenheit fort, »das heißt, zum Priapus ... Was ist der Priapus? Nun, da haben wir ihn.«
Er schlug das Buch auf, das er von einem Regal genommen hatte, und blätterte darin, bis er auf eine Illustration stieß. Er legte ein Zeichen zwischen die Seiten und blätterte weiter bis zu einer anderen Illustration, die er dem Kommissar und Massimo zeigte.
»Sehen Sie? Die Figur ist vielleicht nicht besonders deutlich, außerdem handelt es sich um eine Rekonstruktion und nicht um eine Reproduktion nach einem unbeschädigten Original, denn eine vollständige Darstellung des Priapus ist nicht erhalten geblieben. Aber, im ganzen, schauen Sie sich die Figur gut an und sagen Sie mir, ob die Funktion dieser subalternen, häuslichen und bescheidenen Gottheit nicht sofort in die Augen springt!«
Durch das Schweigen seiner beiden Besucher keineswegs aus der Fassung gebracht, fuhr er mit seiner Erklärung fort:
»Achten Sie auf den grotesken Ausdruck des Gesichts und auf die Zipfel des plumpen offenen Mantels, die wie die Flügel einer Fledermaus wirken. Sehen Sie das Rohrbündel auf seinem Kopf und den knorrigen Stock, den er drohend hoch in der Rechten hält, und betrachten Sie ohne vorgefaßte Meinung den gewaltigen Penis, der nicht weniger drohend aus dem haarigen Schoß aufragt. Denken Sie schließlich daran, daß diese Bildnisse in Gärten und

auf Feldern aufgestellt wurden. Und sagen Sie mir nun: was war ein Priapus in Wirklichkeit?«
Ihr Lächeln sagte ihm, daß sie verstanden hatten, und ohne ihnen Zeit zu einer Antwort zu lassen, fuhr er lachend fort:
»Aber ja, natürlich! Eine Vogelscheuche! Und damit«, hier wurde er wieder ernst, »damit in einem gewissen Sinne eine Degradierung, wenn Sie an die kosmische Bedeutung des ursprünglichen Symbols denken. Aber andererseits auch eine klare Rückkehr zu den landwirtschaftlichen Ursprüngen des Kults. Nicht zufällig habe ich Ihnen vorhin die achte Satire des Horaz zitiert, wo sich Priapus selbst daran erinnert, daß seine Bildnisse für gewöhnlich aus Feigenholz geschnitzt wurden: *Truncus eram ficulnus!* Ich war der Stamm eines Feigenbaums!«
Er rieb sich zufrieden die Hände.
»Und jetzt werfen Sie bitte einen Blick auf das andere Bild. Da, wo ich das Lesezeichen hineingelegt habe. Da ist es. Was sagen Sie dazu?«
Vergnügt beobachtete er die Reaktion der beiden, die gleichzeitig ruckartig den Kopf hoben, wartete aber nicht darauf, was sie dazu zu sagen hatten.
»Es handelt sich hier um den bekannten ›Friedhofs-Phallus aus Gubbio‹, so nach dem Ort seiner Auffindung genannt, aber, wie Sie sehen, im Wiener Kunsthistorischen Museum aufbewahrt. Übrigens, um es gleich zu sagen, die Herkunft des Fundes aus Gubbio ist völlig belanglos, und es wäre einfach absurd, in diesem Phallus aus dem ersten oder zweiten nachchristlichen Jahrhundert die Elemente einer besonderen oskisch-umbrischen Religiosität erkennen zu wollen, und noch weniger einer Picentiner. Allein wichtig ist, daß der Gegenstand aus Stein ist und daß man ihn auf einem Friedhof gefunden hat und schließlich, wie aus der Bruchlinie eindeutig ersichtlich, daß es sich nicht um einen Phallus allein vom Typ *fascinum* handelt, sondern um das Bruchstück eines komplexeren Bildnisses. Mit anderen Worten, es besteht kein Zweifel, daß diese heute im Wiener Kunsthistorischen Museum . . .«
Er unterbrach sich, da er den Blick des Kommissars bemerkte, der hin und her ging zwischen der Illustration und den Aufnahmen des Erkennungsdienstes, die halb versteckt unter dem Notizbuch lagen.

»Nein, es gibt einen Unterschied«, sagte er sibyllinisch, »und deswegen halte ich mich so lange mit der Vorrede auf, Herr Kommissar. Nämlich . . .«
Nach einigem Nachdenken fuhr er fort:
»In der Regel sind die phallischen Symbole der archaischen Zeit entschieden stilisiert; dasselbe trifft auf die heute noch bei den primitiven Völkern üblichen Phallen zu. Darum stellt sich die Frage nach einer möglichen Beziehung zu dem Objekt, das Sie interessiert, überhaupt nicht. Dagegen verhält es sich ganz anders mit dem Phallus aus Gubbio, der, wie gesagt, aus dem ersten oder zweiten Jahrhundert unserer Zeitrechnung stammt. Da ist keine Spur von archaischer Auffassung mehr; der Realismus der Darstellung ist unleugbar. Daher denn auch, leider«, er breitete die Arme aus, »der Grad seiner Bekanntheit. Daher die Neigung, ihn in allen möglichen ethnographischen Veröffentlichungen ohne zwingende Notwendigkeit zu reproduzieren. Sie werden ihn im pseudowissenschaftlichen Lexikon finden ebenso wie in der populären Illustrierten. Aber lassen Sie sich nicht vom Schein täuschen, Herr Kommissar! Sehen wir uns diesen Fund in seinem brutalen Naturalismus an und denken wir daran, daß er Teil eines steinernen Priapus ist, der gleichsam als Wache auf einem Friehof stand.«
Er stand auf und holte, vor den Augen des erschreckten Kommissars, noch ein Buch vom Regal. Er schlug es auf und las:
»Custos Sepulcri, Pene Destricto Deus
Priapus Ego Sum. Mortis Et Vitae Locus.«
Und begeistert übersetzte er:
»Der Wächter dieses Grabmals bin ich,
der Gott Priapus,
der Gott mit dem gezückten Penis.
Der Ort des Todes und des Lebens.
Hier spricht allerdings nicht der Priapus aus Gubbio«, erläuterte er seinen Zuhörern, »sondern der Wächter eines *Columbariums* in der Nähe der Via Appia, von dem überdies nur der Sockel mit dieser Widmungsinschrift erhalten geblieben ist. Aber die Symbolik ist die gleiche, wie auch das Material das gleiche ist – nicht mehr das Holz, nicht mehr der Feigenbaum, das Sinnbild der Fruchtbarkeit, sondern das eigentliche Material des Todes und der Bestattung: der Stein!«

Der Kommissar schien verblüfft, zwischen seinen Brauen stand eine steile Falte. Monsignor Passalacqua deutete sie auf seine Weise.
»Ich weiß«, sagte er, »Sie wollen mir sagen, daß dieser Übergang von einem Kult der Vegetation zu einem Gräberkult, die Verwandlung, wenn ich so sagen darf, von Holz in Stein, nichts Besonderes ist. Ganz Ihrer Meinung! Wie sollte ich wohl die Überschneidungen und Verflechtungen zwischen diesen beiden kultischen Bereichen verkennen! Aber in unserem Fall geht es noch um etwas mehr. Um den Phallus von Gubbio in seiner rechten Bedeutung zu sehen, um die Sehnsucht nach Erneuerung zu begreifen, von der er zeugt, müssen wir uns das höchst eigentümliche religiöse Klima vergegenwärtigen, in dem die Symbolik des Priapus in seiner steinernen, der Friedhofsform, wiederersteht. Und was ist nun das Eigentümliche an diesem ›Klima‹, in dem ja dann auch das Christentum entsteht und sich ausbreitet? Lassen Sie mich in diesem Zusammenhang den Kommentar Fayets zu der eben gelesenen Inschrift zitieren:
Zu Beginn der Kaiserzeit wurde aus der überlieferten Mythologie der bloß ästhetische Besitz einer Elite. Aber die grobgefertigten Bildnisse dieser Mythenwelt behielten ihren Zauber für die niederen Klassen, die ihnen mehr Glauben als Verständnis entgegenbrachten; ja, sie erschienen ihnen um so verehrungswürdiger, je dunkler ihnen ihre Symbolik blieb. Und plötzlich gewinnen nun diese Bildnisse in den Heilsreligionen ein neues Leben, finden eine neue Bedeutung zugleich mit einem neuen Gefühl vom Göttlichen und Heiligen; sie verbinden sich jetzt mit den Mythen von der Wiederauferstehung, um die große eschatologische Hoffnung, die sich da abzeichnet, zu bekräftigen. Und das erklärt, warum gerade die brutalsten naturalistischen Symbole der Volksreligiosität jener Zeit so ergreifend deutlich das Verlangen nach Regeneration, eine so verzehrende Sehnsucht nach Reinheit erkennen lassen.«
Er klappte das Buch zu.
»Haben Sie begriffen?« fragte er seine Besucher. »Solcher Art ist das Symbol, das Sie dort vor Augen haben, und das verrät Ihnen jeder einzelne Stich des schlichten, uralten Meißels, der es geformt hat! Und nun«, hier erhob sich seine Stimme fast zum Schreien, »und nun vergleichen Sie es mit dieser Abscheulichkeit! Mit diesem namenlosen Greuel!«

Mit einem Ruck zog er die Fotos von dem Phallus von Via Mazzini unter dem Notizbuch hervor und legte sie neben das Bild von dem Fund aus Gubbio. Neben dem Stuhl des Kommissars stehend, beugte er sich über die Bilder.
»Gewiß«, sagte er und streckte einen vor Entrüstung bebenden Zeigefinger aus, »auf den ersten Blick möchte man meinen, sie wären ganz gleich ... Und ich kann Ihnen nicht einmal erklären, Herr Kommissar, woher eine so große äußerliche Ähnlichkeit kommt. Zufall? Eine Kopie aus dem achtzehnten Jahrhundert, von der Hand eines Libertins? Ich weiß es nicht, und ich will es gar nicht wissen. Nur etwas kann ich mit Sicherheit ausschließen, nämlich, daß die beiden Objekte aus einundderselben Welt und Epoche stammen. Ja, ich möchte behaupten«, fuhr er nach einer Weile fort, »die Zeit und die Welt, aus der dieser schamlose Dreck nur kommen konnte, sie erinnern an keine der bisher bekannt gewordenen Zeiten und Welten.«
Mit einem letzten widerwilligen Blick auf den »Phallus Garrone« richtete er sich langsam wieder auf.
»Ein Stück aus der Hölle«, murmelte er, wie von Entsetzen gepackt. »Es gibt keine andere Definition.«

»Es tut mir leid«, sagte Massimo auf der Treppe. »Eine sehr instruktive Sitzung, aber man kann nicht sagen, daß sie uns viel weitergebracht hätte.«
»Ich weiß nicht«, antwortete der Kommissar. »In einem gewissen Sinne nicht. In einem anderen sogar weiter, als zu erwarten war.«
»Wirklich? Ach ja. All diese Riten. Der Ort des Todes und des Lebens. Die unbekannte Welt, aus der die Mordwaffe kommt. Man könnte geradezu an eine neue Sekte denken, voller Sehnsucht nach Reinheit wie einst die alte, aber neuerstanden zu dem einzigen Zweck, an Garrone einen Ritualmord zu begehen. Dann ließe sich auch der Unterschied zwischen den beiden Ithyphallen sehr leicht erklären. Und Anna Carlas Brief wäre das Hauptindiz. Da kann von Zufall dann keine Rede mehr sein!«
»Daran habe ich nicht gedacht«, erklärte der Kommissar in aller Aufrichtigkeit. Sie waren auf dem Weg ins nächste Café, um zu telefonieren. »Sondern an diese aufregenden Erläuterungen über

die Bedeutung des Steins. Denn auch hier – was Sie nicht wissen – gibt es ein sehr merkwürdiges Zusammentreffen.«

»Und was weiß ich nicht?«

»Daß auch Garrone an dem bewußten Abend mit Steinen zu tun hatte. Jedenfalls sagte er das jemandem, der es uns wiedergesagt hat.«

3

Eine kleine Geste der Fogliato gab den Ausschlag, in wenigen Sekunden. Seit einer Stunde arbeitete Lello über der Statistik des Straßenbaureferats, er arbeitete konzentriert, befand sich aber gleichzeitig in einem Zustand, der dem einer völligen Willenlosigkeit nahekam. Dabei war er nicht eigentlich müde, und eine oder zwei Tassen Kaffee hätten nichts an seinem Zustand geändert. Seine Blicke gingen hin und her von einer Tabelle zu einem Prozentsatz, von einem Übertrag zu einem Endergebnis, und das alles geschah mit dem für einen anderen unverständlichen, durch nichts zu beirrenden Eifer einer Ameise. Er hatte keinen anderen Gedanken, weder zurück- noch vorwärtsgerichtet. Seit heute früh, seitdem ihn der Wadenkrampf geweckt hatte und ihm danach durch seinen verrückten Traum vollends die Laune verdorben worden war, lebte er wie unter einer Glocke aus trübem Glas, und so würde es wahrscheinlich bis zur Mittagspause, wenn nicht bis zum Abend weitergegangen sein.

Doch um zehn Uhr ging die Bürotür auf (Lello hob nicht den Kopf). Jemand machte ein paar Schritte ins Zimmer hinein (Lello hob noch immer nicht den Kopf) und blieb dann, ohne ein Wort zu sagen, stehen. Jetzt hob Lello den Kopf und erkannte den Amtsdiener Aghemo. Der Mann wiegte unschlüssig einen Stoß Akten in der Hand, und die Fogliato machte ihm ein Zeichen, sie ihr zu geben, das heißt, sie hob den Ellbogen über Schulterhöhe und machte mit ihrer weißen rundlichen Hand eine Bewegung zu ihrer Brust hin. Blitzartig erkannte Lello die Bedeutung dieser Gebärde: schweigende, anmaßende Besitzergreifung. Ebenso blitzartig wurde ihm bewußt, daß heute Freitag war, der Tag, an dem die abgezeichneten Schriftstücke in das Gebäude der Technischen Verwaltung gebracht wurden, und daß die Fogliato die Absicht hatte, ebendiese Aufgabe an sich zu reißen, die Lello jedoch bereits sich selbst zugedacht hatte.

Es handelte sich um folgendes: Der Weg zu der Technischen Verwaltung dauerte hin und zurück eine halbe Stunde; aber es war eine alte Gepflogenheit bei ihnen, daß derjenige, der am Freitag die Dokumente zur Piazza San Giovanni brachte, gegen elf Uhr fortging und erst nach der Mittagspause ins Büro zurückkam. Eine reichliche Stunde war so gewonnen, die sich für persönliche Besorgungen nutzen ließ oder auch nur zum Herumschlendern und Schaufensteransehen. Was würden nun zwei wohlerzogene, zivilisierte Personen angesichts einer so vorteilhaften Möglichkeit tun? Sie würden sich den Vorteil redlich teilen und ihn als gute Kollegen abwechselnd genießen.

Nur hatte die Fogliato eine merkwürdige Vorstellung von Gerechtigkeit. Vor drei Wochen, als er an der Reihe war, hatte sie ihn gebeten, mit ihr zu wechseln, da sie beim Zahnarzt angemeldet sei; höflich hatte er eingewilligt. Am nächsten Freitag hatte sie ihm eine Geschichte von einer kranken Schwester erzählt und von den Kindern, um die sich niemand kümmerte. Wieder hatte er die Sache auf sich beruhen lassen. Am vergangenen Freitag war ihre Begründung für die neuerliche Bitte schon etwas dreister gewesen: die Friseuse. Aber da er eine dringende Arbeit fertigzumachen hatte, war er großzügig gewesen. Und das war ein Fehler gewesen. Offensichtlich hatte die Fogliato seine Anständigkeit und gute Erziehung mit Schwäche und gutmütiger Dummheit verwechselt und versuchte jetzt, ihm endgültig den Fuß auf den Nacken zu setzen und ein für allemal ihr alleiniges Recht auf die freie Stunde am Freitag zu behaupten. Es war das klassische Manöver der Eskalation, das mit den vollendeten Tatsachen schloß. Aber da hatte sie sich geirrt. Für wen hielt sie ihn wohl? Für blindgeboren?

Abgesehen davon, daß er, wie ihm gerade einfiel, heute vormittag einen ganz bestimmten Grund hatte, vorzeitig das Büro zu verlassen: seinen Besuch bei der Firma Zavattaro.

Drei oder vier Sekunden verstrichen. Dann kam sein Gegenangriff.

»Sind das die Papiere für die Technische Verwaltung?« fragte er mit unschuldiger Miene den Amtsdiener.
»Ja.«
»Dann legen Sie sie nur hierher, ich bringe sie hin.«
Der Amtsdiener blickte, immer noch die Akten in der Hand, zur Fogliato hinüber. Offenbar erwartete er ihren Widerspruch. Aber da er sie wieder über ihre Arbeit gebeugt sah, gehorchte er achselzuckend Lello und ging. Lello legte mit einer besitzergreifenden Gebärde die Hand auf den Stapel.
»Oder wollten zufällig Sie gehen?« fragte er, als ob er sich die Sache nochmal überlegte.
Die Fogliato tat so (nicht sehr überzeugend), als fiele sie aus allen Wolken.
»Wieso? Ach so, ob ich? Nein, wie kommen Sie darauf?«
Dabei war ihr Hals blaurot vor Wut über die erlittene Schmach. Und recht war ihr geschehen. Wenn sie ihn, statt sich auf diese arrogante Geste zu beschränken, freimütig und ehrlich auch diesmal gebeten hätte, statt seiner gehen zu dürfen, er hätte, ohne lange zu überlegen, ja gesagt. Er hatte ja sogar, kaum zu glauben, die Firma Zavattaro vergessen. Aber nein, die wollte den Schlaumeier spielen und ihn ausnutzen. Und wenn er etwas nicht leiden konnte, dann war es Anmaßung. Anmaßung und Heuchelei.
Widerwillig machte er sich wieder an seine Statistiken. Er hatte die Glocke verlassen, und die Welt – der Tag – interessierte ihn wieder, mit den kleinen Prüfungen, die es zu bestehen galt, und den Siegen, die zu erringen waren.

4

Das Taxi hielt. Der Kommissar fuhr auf, blickte hinaus und sah, daß er angekommen war. Es war die Hausnummer, die Campi ihm gegeben hatte; sie stand über einer großen halbovalen Haustür aus glänzendem Nußbaumholz, deren beide Flügel zum Hausflur hin geöffnet waren. Ein paar Meter weiter stand ihr Wagen, mit der Nase fast im rechten Winkel zum Bürgersteig. Der Umstand, daß sie ihn so ungeschickt geparkt hatte, erfüllte ihn mit einer Art zärtlicher Rührung. Als er sein Portemonnaie (ein Geschenk von Jole) aus der Tasche zog, bemerkte er, daß seine Finger auf dem glatten Leder Schweißspuren hinterließen. Beim umständlichen Suchen nach Kleingeld schließlich fielen ihm einige Geldstücke auf den Sitz und auf den Boden des Taxis. All diese Zeichen von Nervosität, die er bei sich feststellen mußte, waren ihm ungewohnt und etwas unheimlich.

Dabei war es ihm wie die natürlichste Sache der Welt vorgekommen, als Campi eben von dem Café aus mit ihr telefoniert hatte. Passalacqua war ein Reinfall gewesen? Sie dagegen hatte gestern abend eine Entdeckung gemacht, die den Kommissar interessieren könnte. Nein, sie wollte das nur dem Kommissar allein sagen, und ganz gewiß nicht am Telefon. Sie müßte ihn dazu schon persönlich sprechen. Ob er wohl Zeit habe, sie in, sagen wir, zehn, zwanzig Minuten abzuholen? Sie wollte dann mit ihm an einen gewissen Punkt fahren, das Ganze sei eine Angelegenheit von höchstens einer Stunde. Nein, das Ziel wollte sie nicht nennen, aber es war jedenfalls ziemlich unwahrscheinlich. Etwas, worauf man nicht kam. Wieso man nicht darauf kam? Ja, verstand er, Campi, sie denn nicht: sie wollte es nicht sagen. Aber er könne ja mitkommen, wenn er es so gern wissen wollte.

Aber Campi wurde im Monferrato erwartet und konnte nicht kommen. Er hatte jedoch der Dosio die durch Zeichen ausgedrückte Zustimmung des Kommissars übermittelt, der seiner »krankhaften« Neugier (er zitiere nur ihn selbst) nicht widerstehen könne. Sie hatten sich an einer Taxihaltestelle verabschiedet, jeder war seiner Wege gegangen, und der Kommissar hatte während der Fahrt mit einem nur mäßigen beruflichen Interesse an seine Verabredung gedacht. Mit einer ganz und gar nicht »krankhaften« Neugier hatte er sich zum Beispiel gefragt, wohin ihn die Dosio wohl führen wollte und ob ihre Entdeckung (oder vermeintliche Entdeckung) mit Garrone in Verbindung stand oder mit einer anderen Figur aus ihrem kleinen Privattheater oder wem sonst. Kurz, er hatte sich schon auf irgendeine völlig aus der Luft gegriffene Phantasie der sympathischen Dame gefaßt gemacht. Aber als er jetzt in dem elfenbeinfarbenen Hausflur stand, fiel sein Phlegma, fiel sein Behagen an müßigen Spekulationen von ihm ab, wie man im Traum die Kleider verliert.

»Suchen Sie jemand?«
Er zuckte zusammen und schämte sich im gleichen Moment seines Erschreckens. Die Pförtnerin, die da vor ihm stand, mit dieser geheimnisvollen Gabe jeder tüchtigen Portiersfrau, aus dem Nichts aufzutauchen, musterte ihn kühl.
»Dosio«, sagte er, nur mit Mühe ihrem Blick standhaltend.
»Zweiter Stock.«
Mit einem Gefühl, als seien zwei Pistolen auf seinen Rücken gerichtet, öffnete der Kommissar eine Glastür und betrat eine Halle, von der aus die Treppe und ein Fahrstuhl nach oben führten. Vor dem Fahrstuhl hing allerdings ein Schild: »Wegen Reparaturarbeiten außer Betrieb«, und so stieg er denn langsam die flachen Stufen hinauf, die zur »Beletage« führten; das Messing und das Holz glänzten, und kein Stäubchen war auf den Voluten des schmiedeeisernen Geländers zu sehen; es war still, und in der Luft hing ein Wachsgeruch, der an Kirche erinnerte. Zwei in der Erinnerung weit zurückliegende Angstvorstellungen überfielen ihn mit einer unziemlichen Simultaneität: das Treppenhaus eines berühmten Zahnarztes und das Treppenhaus in einem Luxusbordell. Die zweite Treppe stieg er noch langsamer, um oben nicht außer Atem anzukommen. Es war doch erstaunlich, wie gewisse Erinnerungen, die mit Scham und gekränkter Eitelkeit zusammenhingen und die seit zwanzig Jahren begraben waren, plötzlich wieder herauskamen wie Ratten, gegen die kein Gift half. Erstaunlich und nicht gerade erfreulich.
Die eine der beiden Türen zeigte ein Schild mit den Worten: »Dosio. Eingang für Dienstboten.« Die andere Tür hatte kein Schild. Der Kommissar holte tief Atem, unterdrückte den Impuls, den Knoten seiner Krawatte zurechtzurücken, und läutete. Sie öffnete selbst, nach zwei Sekunden; sie hatte schon auf der Diele gewartet, fertig, in der einen Hand fest die Handschuhe und die Tasche haltend, während von der anderen die Schlüssel pendelnd herabhingen. Ihr Lächeln war strahlend, als freue sie sich wirklich, ihn zu sehen, ihre Gesten lebhaft, geschäftig; mit ein paar langen Schritten kehrte sie noch mal um und holte ihre Sonnenbrille und ein zweites Schlüsselbund. Ein zartgliedriges kleines Mädchen, das ihr sehr ähnlich sah, kam aus einem der Zimmer gelaufen, hielt jäh an und blieb mit offenem Munde stehen. Rasch strich sie ihr

über den Kopf (»Ciao, Francesca, sei ganz lieb und artig!«). Die Tür fiel hinter ihnen ins Schloß, sie jagte vor ihm die Treppen Hals über Kopf hinunter und suchte dann den Wagen in der falschen Richtung (»Ach ja, da steht er ja!«). Mit einem Schwung zog sie die Wagentür zu, ließ den Motor an, schaltete den Rückwärtsgang ein und machte mit dem Wagen einen jähen Sprung zurück, um dann sehr langsam und mit schwankendem Kurs vorwärtszufahren, während sie sich verzweifelt mühte, ihre Handschuhe anzuziehen.

Übrigens, was das »sympathisch« betraf – das war sie, meinte der Kommissar sachlich. Fast ganz ohne Worte hatte sie ihn befreit von aller Verlegenheit und Unsicherheit, hatte ihn emporgehoben und auf den fliegenden Teppich gesetzt. Aber eine Frau war deswegen nicht weniger eine Zauberin (und weniger gefährlich), weil sie statt Männer in Schweine, Schweine in Männer verwandeln konnte.

»Erzählen Sie von Passalacqua.«

Er berichtete ausführlich über Passalacqua und bat um Entschuldigung, nicht Wort für Wort die Stelle aus dem Buch von Fayet wiedergeben zu können.

»Der Ithyphallos von Gubbio«, sagte sie. »Aber das ist doch phantastisch.«

»Von Gubbio? Der eugubinische oder gar der iguvinische«, verbesserte er sie.

Sie lachten laut heraus wie zwei Schulkameraden.

»Darf ich erfahren, wohin die Reise geht?«

»Sie werden schon sehen.«

»Aber bei Rot fährt man besser nicht.«

»Es war Gelb, und außerdem sind wir doch im Dienst.«

»Sicher. Aber die andern wissen es nicht.«

»Es genügt doch, daß Sie sich ausweisen können.«

»Wenn möglich, soll man es lieber vermeiden.«

Ein langer Trauerzug vor dem Friedhof zwang sie zu halten.

»Ist es außerhalb der Stadt?«

»Nein, wir sind gleich da. Und seien Sie unbesorgt. Nach dem, was Sie mir gesagt haben, sind wir hier auf der richtigen Spur.«

»Wie sind Sie darauf gekommen?«

»Durch einen Freund meines Mannes. Heute früh hat er mir durch

einen Boten die Unterlagen geschickt. Er hat sich meinetwegen die größte Mühe gegeben, der Gute.«
»Und was für eine Spur ist das?«
»Die Spur des Ithyphallos!« verkündete sie mit Bühnenflüstern. Sie öffnete ihre Handtasche und begann, darin zu suchen. Aber ein großer Lastwagen, unmittelbar hinter ihnen, hupte. Der Trauerzug war vorüber, und der Weg war frei.
»Suchen *Sie*; es ist eine gelbe Karte.«
Damit warf sie ihm die Handtasche auf die Knie und fuhr weiter.
Nicht gefaßt auf soviel Unbefangenheit (eine übertriebene? kameradschaftliche? kindliche? königliche?), griff der Kommissar in die Handtasche und hatte dabei ein wenig ein Gefühl, als gelte es, eine Mine zu entschärfen. Behutsam berührte er nacheinander ein zusammengeknülltes seidenes Tuch, die Sonnenbrille, Schlüssel, die Zigaretten, ein Feuerzeug und noch verschiedene andere alltägliche und explosive Gegenstände. Endlich aber entdeckte er eine gelbe Karte, die aus einem Fach der Tasche hervorsah.
»Ist es das da?«
Sie warf einen Blick darauf.
»Ja.«
»Gebrüder Zavattaro«, las er. »Arbeiten in Marmor, Stein, Granit. Bauarbeiten, Grabmalkunst. Corso Regio Parco 225.« Und darunter, in kleinerem Druck: »Man spricht deutsch.«
»Was bedeutet das?«
Sie antwortete nicht. Das Tempo herabsetzend, las sie die Hausnummern:
»Zweihundertsiebzehn – neunzehn – einundzwanzig . . . Da! Da muß es sein.«
Tatsächlich war an einem der beiden Pfeiler des Gittertors eine Marmortafel angebracht mit der bronzenen Inschrift: Gebrüder Zavattaro. Den einen Pfeiler krönte eine bauchige Urne und den anderen ein Hund in Stein, auf den Hinterpfoten sitzend.
»Und Sie glauben, daß der Phallos der Friedhöfe . . .?«
»Sagen Sie da drinnen nicht, wer Sie sind«, forderte sie lachend, während sie das Steuer brüsk nach links riß und durch das Gartentor fuhr. »Und wundern Sie sich nicht, wenn Sie hören, was ich sage.«

Auf dem großen, unregelmäßig verlaufenden Grundstück befanden sich drei Wellblechhütten und ein großer Schuppen, in dem einige Männer bei der Arbeit waren; der Straße zugewandt stand ein zweistöckiges, grüngestrichenes Haus, von dem der Verputz bröckelte. Hinter einem der Fenster sah man Geranien. Hier also mußten die Brüder Zavattaro wohnen, jeder in einem Stock für sich.
»Jetzt wollen wir uns verkleiden«, sagte sie.
Einen Augenblick musterte sie den Kommissar; mit der Miene eines Sachverständigen prüfte sie Gesicht und Anzug. Dann zuckte sie mit den Schultern.
»Mit Ihnen läßt sich nichts machen.«
Sie zog aus ihrer Tasche das seidene Tuch und legte es sich so über den Kopf, daß eine lange blonde Haarsträhne darunter hervorlugte. Sie band es unter dem Kinn fest und setzte die Sonnenbrille auf.
»So. Sehe ich wie eine Ausländerin aus?«
»Und ob! Aber . . .«
»Schön, dann los.«
Vielerlei Geräusche drangen auf sie ein, alles übertönend das Kreischen der Säge vor dem Klang von Meißel und Hammer und dem Brummen und Fauchen kleinerer Maschinen. Ein großer Hund (er hatte keine Ähnlichkeit mit dem steinernen vom Portal) bellte sie wütend an, doch ohne den Spielraum der Kette, an der er lag, ganz auszunutzen.
»Steindiebstahl muß ein schwieriges Geschäft sein«, sagte sie.
»Nicht, wenn die Diebe einen tüchtigen Hehler haben.«
Rundherum sahen sie Grabsteine, hochkant aneinandergelehnt, wie ein Spiel Karten. Da waren schwarze, weiße, gelbliche, grüne und graue Spiele, und jedes hatte ein anderes Format; und Mengen von Vasen, Urnen, Kreuzen und marmornen Kränzen und Scharen von steinernen Engeln, von verschleierten knienden Frauen, von Cherubim, von betend gefalteten Händen, Herzen, Lämmchen, Lilien und Tauben. Der Kommissar erkannte unter anderem ein Neugeborenes in einer Wiege, eine Feluke und einen Hubschrauber. Und er konnte nicht umhin, an den Phallus zu denken.
Waren das also die »Steine« Garrones? Gerade die ungeheure Düsterkeit dieser Gegenstände, ihre triste Kläglichkeit, ließen es glauben. Und in diesem Fall . . .

Der Kommissar vergaß sein Lächeln. Der Phallus aus der Via Mazzini hatte vor jeder archäologischen, obszönen, religiösen oder komischen Bedeutung eine kriminelle. Eine Faust hatte ihn ergriffen, voller Kraft oder voller Verzweiflung, und ihn einem Mann auf den Schädel geschlagen; er war mit Blut und Gehirnmasse beschmiert gewesen; er war als Waffe benutzt worden. Und die Firma Zavattaro, wie zufällig der Zusammenhang auch sein mochte, brachte ihm wieder in erster Linie das brutale Verbrechen zum Bewußtsein, von dem die Untersuchung ausgegangen war. Und die Gewohnheit sagte ihm, der plötzlich wieder ganz Polizist war, daß er für jede Eventualität bereit sein müsse. Sie sagte ihm auch – und vielleicht war das eine Übertreibung –, daß es besser wäre, die »sympathische Dame« fortzuschicken, mit der er hier war. Mechanisch sah er sich um. Was gab es hinter der Ecke des grünen Hauses? Einen zweiten Ausgang? Jedenfalls war der Zaun an mehreren Stellen gelockert und leicht zu übersteigen. Er bemerkte herumliegende große Marmorblöcke, einen Lieferwagen in einem Winkel des Hofs, einen kleinen Kran und ein Wetterdach, unter dem die Mopeds der Arbeiter abgestellt waren. Wenn die Sache eine andere Wendung . . .

»Was machen Sie denn für ein Gesicht? Was ist passiert?«

»Nichts.«

Nichts würde geschehen, und jedenfalls konnte er gar nichts unternehmen, solange sie dabei war. Er vergaß seine Beretta, die er in der Gesäßtasche trug. Nein, er würde nicht sagen, »wer er war«.

»Ich werde mich nicht ausweisen«, sagte er, »aber Sie dürfen sich auch nicht wundern über das, was ich sage.«

Sie zog – ganz »altes Mütterchen« – die Brille auf die Nasenspitze herunter und sah ihn über den Rand der Gläser an.

»Wittern sie Unrat?« fragte sie.

»Möglich.«

»Den Mörder?«

»Man kann nie wissen . . . Aber jetzt wollen wir uns einmal die Brüder ansehen.«

Als sie auf dem Weg zu der großen Werkhalle waren, kamen aus dem grünen Haus ein Mann und ein etwa zehnjähriger Junge, die offenbar das gleiche Ziel hatten wie sie. Der Mann war klein und vierschrötig und trug ein Sporthemd, ähnlich wie Bauchiero, doch dazu gutgebügelte helle Flanellhosen. Beim Näherkommen bemerkte der Kommissar die dicke goldene Armbanduhr, die der Mann trug, mit einem Armband, das gleichfalls aus massivem Gold war. Übrigens war er beinahe kahl, sonst aber stark behaart, an den Armen ebenso wie auf der Brust, von der das offene Hemd einen dreieckigen Ausschnitt freigab.

»Guten Tag«, grüßte der Mann aus einer Entfernung von einigen Metern, während er energisch auf die Halle zusteuerte. »Haben Sie einen Wunsch?«

Die rauhe Stimme klang geschäftlich-nüchtern, und das Lächeln war reine Konvention.

»Sind Sie der Inhaber?« fragte die Fremde, mit einem nicht genau definierbaren, aber überzeugend ausländischen Akzent. »Herr ...«, sie blickte auf die gelbe Karte, »Zavattaro?«

»Der bin ich«, sagte der Mann. Er war stehengeblieben und musterte die beiden unter seinen dichten schwarzen Brauen hervor. Er gab dem Kleinen einen leichten Stoß. »Lauf und hol Beppe.«

»Ihre Adresse«, begann die Fremde in einem etwas mühsamen, doch korrekten Italienisch, »haben mir meine holländischen Freunde gegeben ...«

Der Mann griff sich mit der Hand (einer derben, schwieligen Hand) an den sonnengebräunten Schädel und blickte auf seine Fußspitzen.

»Ja?« fragte er erwartungsvoll.

»Sie machen viele schöne und interessante Dinge.«

»Ja?« wiederholte der Mann, den Kopf noch immer ganz aufmerksame Erwartung.

»Wir würden gern diese Kunstgegenstände sehen.«

Jetzt nahm Zavattaro langsam die Hand von seinem Kopf und richtete sich auf. Er hatte kleine schwarze Augen.

»*Ich sprech nix deutsch*«, erklärte er. »Gleich kommt Beppe, mein Arbeiter. Sechs Jahre Volkswagenwerk.« Er zeigte ihr die fünf Finger einer Hand – plumpe, gedrungene Finger – plus den Daumen der anderen Hand. »Sechs Jahre. Spricht gut deutsch.«

»Aber ich bin Italiener«, sagte der Kommissar. »Und die Signora spricht ausgezeichnet Italienisch.«

Zavattaro sah ihn an, dann die blonde Ausländerin, und schließlich verzog sich sein Gesicht zu einem halb verschmitzten, halb

neidischen Grinsen. Es war ein Grinsen, das dem Kommissar äußerstes Unbehagen bereitete, obwohl er sich sagte, daß er nicht verantwortlich war für das, was sich Zavattaro dachte.
»Hören Sie«, sagte er, »wir wollen nicht so viele Umstände machen. Ich habe zu tun, und ich kann mir denken, daß auch Sie . . .«
»Wem sagen Sie das!«
Er griff sich wieder an den Schädel, und sein Ausdruck verdüsterte sich. Gewiß war er ein früherer Steinmetz, der sich aus dem Nichts hochgearbeitet hatte und jetzt ein Unternehmen leitete, das ihm vielleicht über den Kopf gewachsen war.
»Gut, dann kommen Sie bitte mit mir.«
Der Junge erschien wieder am Eingang der Werkhalle, gefolgt von einem jungen Mann, bei dem es sich offenbar um Beppe vom Volkswagenwerk handelte. Er war nicht viel größer als das Kind und von Kopf bis Fuß wie mit einem Schleier von weißem Staub bedeckt. Mit einer Handbewegung veranlaßte Zavattaro die beiden zum Rückzug in die Halle, während er mit seinen beiden Besuchern auf das grüne Haus zuging. Sie bogen um die Ecke (auch hier Geranien und weiß bestaubter Efeu) und standen dann vor einer Art niedriger und langer Schachtel aus Zementziegeln mit einem violetten Plastikdeckel. Zavattaro schob einen halb herabgelassenen Rolladen hoch.
»Ich bin's!« rief er hinein.
Aber es war niemand drinnen. Der große Raum war in der Mitte durch eine Wand unterteilt, die nicht ganz bis zu der violetten Decke hinaufreichte. Zwei Neonröhren, die jetzt nicht brannten, hingen an der Decke. Das Licht im Raum war kärglich und unnatürlich, die Luft war schwer von Staub, trotz eines kleinen offenen Fensters.
»Das ist unser Kunstpavillon«, sagte Zavattaro; es klang nicht besonders überzeugend.
Gewiß hatten sie es einmal für einen großartigen Einfall gehalten, als er oder sein Bruder oder seine Frau diesen Bau so getauft hatten. Noch sah man überall die Spuren der ehrgeizigen Träume, die sie an die Hochkonjunktur des italienischen Kunsthandwerks geheftet hatten, spürte den Traum von einer internationalen Expansion, mit Scharen von Besuchern, mit prachtvollen Prospekten und vielleicht auch einer polyglotten Hosteß. An einen roten Wand-

behang waren die vergilbten Fotos des David von Michelangelo und des Laokoon angeheftet, und einen Meter weiter sah man farbige Reiseprospekte von Pisa und Turin, mit dem Schiefen Turm und dem Reiterstandbild Emanuel Philiberts von Savoyen. Auf staubigen Travertin-Konsolen, die in vier übereinander angeordneten Reihen um den ganzen Raum liefen, waren die künstlerischen Produkte der Gebrüder Zavattaro ausgestellt. Der Kommissar bemerkte eine reichhaltige Auswahl nationaler Monumente, ferner Mörserkeulen jeder Dimension, Brote aus strohfarbenem Marmor, Salamiwürste aus rötlichem Porphyr, Sportwagen, eine Unzahl von Hunden, Katzen und Vögeln, ein Service von Mokkatassen aus Granit, kleine Schädel, Makkaroni, eine Wanne für Puppen aus Stein, eine einsame Insel mit einer Palme in der Mitte, Leuchter, Pilze und Rosen.
»Wenn Sie etwas davon interessiert«, sagte Zavattaro und zündete sich eine Zigarette an.
In dem trüben Licht hatte sein Schädel die gleiche vulgäre Glätte der ausgestellten Gegenstände, und der Kommissar hatte keinen Zweifel mehr, daß der Phallus aus der Via Mazzini aus diesem Museum läppischen Kitsches stammte, dieser Sammlung alberner Äffereien, der Kontaminationen, die (wie recht hatte Monsignor Passalacqua gehabt!) ein edles und ewiges Material verdarben, indem sie es in ephemere Formen gossen. Mehr als von all den Grabsteinen und Urnen im Hof kam aus diesem Pavillon ein beklemmender Hauch des Todes.
Die Schritte Zavattaros hallten auf dem wer weiß wie lange nicht mehr gekehrten Zementboden. Der Kommissar folgte ihm; er glaubte zu wissen, was er hinter der Wand finden würde. Anna Carla zog ihn leicht am Ärmel.
»Was für ein schauriger Ort!« sagte sie leise.
Sie nahm die Brille ab und zündete sich ebenfalls eine Zigarette an. Der Kommissar lächelte ihr beruhigend zu und drückte ihr, ohne darüber nachzudenken, ein wenig oberhalb des Ellbogens den Arm. Als ihm bewußt wurde, was er tat, zog er die Hand zurück. Zavattaro hatte indessen eine kleine Tür geöffnet und erwartete sie, eine Zigarette rauchend, in der anderen Hälfte des Pavillons.
»Das ist unsere Werkstatt«, sagte er.

Ein Rotschopf mit schweißnassen Locken war über eine niedrige Werkbank gebeugt; der Platz war hell beleuchtet von einer konisch geformten Lampe, die an einem Arm aus der Wand ragte. An die rauhe Wand gelehnt, saß der Mann auf einem alten Autositz; seine kurzen krummen Beine und die Füße in schwarzen Sandalen ragten unter der Bank hervor, die er bis an den Bauch herangezogen hatte. Die linke Hand aber umklammerte einen steinernen Phallus, der ganz und gar dem glich, mit dem der Architekt Garrone erschlagen worden war. Instinktiv steckte der Kommissar beide Hände in seine Gesäßtaschen.

»Das ist Osvaldo, unser Künstler«, erklärte Zavattaro, immer in dem gleichen mechanischen, unüberzeugenden Ton eines müden Werberedners.

Der Rotschopf hob den Kopf und zeigte ein längliches sommersprossiges Gesicht mit wässerigen Augen und einem dünnen Schnurrbart. Er setzte den Phallus nieder und griff nach einer Flasche Coca-Cola, die er neben sich auf dem Fußboden stehen hatte. Nachdem er einen großen Schluck daraus genommen hatte, wischte er sich den Mund mit dem ganzen Arm ab. Darauf beugte er sich auf die andere Seite, wo neben einem japanischen Transistorgerät ein zerknittertes Päckchen Nazionali und eine Schachtel Streichhölzer auf dem Boden lagen. Aber das Zigarettenpäckchen war leer, und er zeigte es der schönen Ausländerin, die er rauchen sah.

»*Cigaret?*« fragte er, mit einer Grimasse grauenhafter Vertraulichkeit. »*Please? Bitte?*«

Zavattaro lachte, wie um damit die Dreistigkeit des »Künstlers« zu entschuldigen, und der Kommissar warf dem Mann sein eigenes Zigarettenpäckchen zu.

»Behalt sie«, sagte er, und der andere fing sie im Fluge auf, mit einer so geschwinden Bewegung, daß sie an das Züngeln der Schlange erinnerte.

»Sie müssen wissen, wir haben hauptsächlich ausländische Kundschaft«, erklärte Zavattaro. »Es ist ein Artikel, der im Ausland großen Anklang findet, besonders im Norden, bei Schweden, Deutschen oder Dänen. Nicht so bei den Franzosen. Der Franzose hat lieber – wie soll ich sagen – pikantere Dinge. Für diese Skulptur hat er kein Verständnis.«

Die bring ich alle beide aufs Präsidium und überlasse sie De Palma, dachte der Kommissar.
Statt dessen zwang er sich zu der Frage:
»Aber Sie haben doch sicher ein Verkaufsnetz organisiert?«
»Nein, nein, kein Netz«, versicherte Zavattaro, »kein Zwischenhandel.« Er machte mit dem haarigen Arm eine abwehrende Bewegung. »Alles direkt vom Hersteller an den Verbraucher. Man kommt her, um die Automobilausstellung zu besuchen, die Technik-, die Modeausstellung, und einer sagt's dem andern. Dann denken Sie an all die Wirtschaftsdelegationen, die zu Fiat oder den anderen großen Firmen kommen; es reißt nicht ab. Sogar Russen haben wir hier gehabt, aber die haben nichts gekauft. Der Artikel war ihnen zu schwer. Sie kommen sowieso wie die Packesel nach Hause. Die haben ja nicht mal Kugelschreiber!« Er lachte höhnisch.
Allmählich war er munter geworden. Offenbar war der bewußte »Artikel« im Unterschied zu anderen ein einträgliches Geschäft.
»Osvaldo hat auch versucht, sie kleiner zu machen, Typ Souvenir. Aber es ist nicht mehr dasselbe, verstehen Sie? Sie fallen nicht gut aus.«
Er wies auf ein Regal mit mehreren Fächern, auf denen verschiedene »Versuchs«-Phallen nebeneinander standen; einige waren nur ein paar Zentimeter groß, andere, auf den unteren Brettern, dagegen fast doppelt so groß wie das Original von Gubbio.
»Das hier ist das klassische Format«, sagte Zavattaro. Er ließ sich von dem Rotschopf das Stück geben, an dem er arbeitete, und zeigte es dem Kommissar. »Es ist die genaue Reproduktion einer römischen Skulptur. Uralt. Wären wir nicht eine seriöse Firma, könnten wir es als Ausgrabungsfund verkaufen«, bemerkte er mit einem gewissen Bedauern. »In diesem Format erfüllt das Stück außerdem einen doppelten Zweck. Es macht sich gut in einer Bibliothek, in einer Vitrine, als Briefbeschwerer auf dem Schreibtisch. Aber in Schweden zum Beispiel stellt man es auch, als Gartenskultpur, auf den Rasen vorm Haus. Ein Kunde aus Stockholm hat mir ein Foto geschickt: im Vordergrund ist das – Monument zu sehen und im Hintergrund das Chalet, Birken und spielende Kinder. Er war wirklich zufrieden mit seinem Kauf.«
»Und in Italien?« fragte der Kommissar.

Zavattaro vertraute den Phallus wieder den sommersprossigen Händen Osvaldos an und griff nach einer neuen Zigarette.
»Was wollen Sie, in dieser Hinsicht sind wir noch etwas zurück«, gestand er. »Allerdings hat sich die Mentalität schon sehr geändert, und ein paar Stücke verkaufe ich auch hier. Neulich hat ein Kunde zwei für seine Villa in Bardonecchia gekauft. Kurz, der Markt kommt allmählich in Bewegung, aber es ist eine Art von Kunst, die immer noch Anstoß erregt. Der Italiener, die italienische Frau, sieht darin nur das Böse.« Er wandte sich mit Märtyrermiene an die »Ausländerin«: »Begreifen Sie, Signora, seit zweitausend Jahren gebieten die Priester bei uns.«
Osvaldo, der gerade daranging, der Spitze des Phallus den letzten Schliff zu geben, brach in ein glucksendes Gelächter aus, und aus der Tiefe seines Agnostizismus fühlte der Kommissar Dankbarkeit aufsteigen für die weltliche Macht der Päpste, für die Gegenreformation, die heilige Inquisition, Dogmen, Index, Exkommunikationen, für alles, was Schuld daran war, daß der italienische Markt so wenig aufnahmebereit für den Phallus Marke Zavattaro war.
»Was nun unsere Preise betrifft«, begann Zavattaro, »so ist es natürlich ein Unterschied, ob Sie sozusagen als Privatperson gekommen sind, oder aber irgendeine Gruppe oder Gesellschaft vertreten . . .«
»Ich vertrete die Familie des Architekten Garrone«, erklärte der Kommissar. »Ich bin Rechtsanwalt.«
Mit äußerster Langsamkeit – die brennende Zigarette zwischen Zeige- und Mittelfinger – legte sich Zavattaro die rechte Hand auf den kahlen Schädel. Seine Augen waren zwei kleine schwarze glänzende Perlen.
»Verzeihung, was haben Sie gesagt?«
Sein Ton war mit einemmal sehr aggressiv. Auch Osvaldo blickte, plötzlich erstarrt, von unten her zu ihnen herauf.
»Der Architekt Garrone ist am vergangenen Dienstag ermordet worden. Ist Ihnen das bekannt?«
Zavattaro bejahte mit einem unmerklichen Nicken.
»Nach unserer Information haben Sie ihn gekannt.«
Wieder ein kaum merkliches Nicken.
»Seine Familie hat in Erfahrung gebracht, daß er mit Ihrer Firma geschäftlich zu tun hatte. Sie hat mich deshalb damit beauftragt,

festzustellen, ob es zwischen Ihnen und dem Verstorbenen – ein unausgeglichenes Konto gibt.«
Ein gerader Rauchfaden stieg – ein groteskes Bild – wie aus dem Kopf Zavattaros auf, der langsam wieder den Blick gesenkt hatte und angelegentlich seine Schuhe betrachtete.
»Sie wollen also ein Rechtsanwalt sein? Sieh mal an ...«
Er sprach mit sarkastischer, schleppender Stimme, ohne daß ganz klar war, ob er nur Zeit gewinnen wollte oder die Überraschung und die Wut, daß man ihn hereingelegt hatte, erst verwinden mußte.
»Ich bin Rechtsanwalt Giuseppe Arlorio«, sagte der Kommissar.
Zavattaro hob wieder den Blick. Seine Augen waren noch kleiner und noch böser geworden.
»Und die da, wer ist sie? Die Freundin von Garrone?«
Dem Kommissar gelang es, seine Reaktion auf die bloße Phantasie zu beschränken: er sah sich selbst ganz deutlich den Phallus von der Werkbank nehmen, ihn hochheben und dann, in einer zwanghaften Wiederholung des Verbrechens in der Via Mazzani, auf den Schädel Zavattaros niedersausen lassen.
»Die Dame ist eine Verwandte«, sagte er ruhig. »Sie ist gestern aus Holland eingetroffen. Und selbstverständlich ist sie daran interessiert, daß der gute Name der Familie nicht durch irgendwelche finanziellen Nachlässigkeiten leidet. Wenn es also noch eine unbeglichene Schuld, einen nicht eingelösten Wechsel geben sollte, wären wir bereit ...«
»Das fehlte noch!« sagte Zavattaro, das heißt, er schrie es fast, und aus seiner Stimme klang Erleichterung so gut wie Hohn.
»Also alles in Ordnung«, sagte der Kommissar und lächelte, »keine Schulden.«
»Ja, glauben Sie denn, daß ich einem ...«, Zavattaro erinnerte sich noch im letzten Moment an die »Verwandte«, »einem Architekten Geld geliehen hätte? Ich bin ein armer Handwerker und kein Bankier. Und auch kein Wucherer.«
»Vielleicht Ihr Bruder?«
»Mein Bruder ist vor sechs Jahren gestorben, ich bin der alleinige Inhaber. Nein, ich habe mit dem Architekten nie Auseinandersetzungen über Geldangelegenheiten gehabt. Er hat ein paar Entwürfe für mich gemacht, aber nur so, weil er es wollte, ich

habe nie etwas von ihm verlangt. Ich habe dann auch nichts mehr davon gehört. Wissen Sie, er hatte immer so viele Ideen und Projekte im Kopf . . .«

»Ich glaube es«, sagte der Kommissar zerstreut.

Er sah sich in der Werkstatt um, unter den Dutzenden von kaum begonnenen Skulpturen, die hier auf dem Boden lagen, zusammen mit den Pyramiden kleinerer Steinblöcke, die schon in etwa die Maße des Phallus von Gubbio zeigten. Die fertigen und für den Verkauf bereitgestellten Stücke standen unter einer großen transparenten Schutzhülle an der Rückwand des Raumes. Mit der Fußspitze lüftete der Kommissar ein wenig die Hülle.

»Und die Forderungen«, fragte er, sich umwendend.

Zavattaro schien wie vom Blitz getroffen.

»Was für Forderungen?«

Der Kommissar bückte sich und hob einen der Phallen auf; ihn in der Hand wägend, kehrte er langsam zur Werkbank zurück.

»Wer hat Sie auf die Idee gebracht, diese Skulptur nachzubilden? Wer hat Ihnen dieses Geschäft vorgeschlagen?«

Zavattaro wich sofort zurück, wenn auch mit allen Zeichen wütender Empörung.

»Und wer hat das Kapital gestellt?« brüllte er. »Wer die Arbeitskräfte? Wer hat das Risiko getragen, wer alles erst in Gang gesetzt? Was hat denn dieser Hungerleider mehr getan als ein Foto von diesem Dingsda in einer pornographischen Zeitschrift zu entdecken und es mir zu bringen? Gut, er hat die Idee gehabt, Ehre, wem Ehre gebührt. Aber sprechen wir bitte nicht von Forderungen, mein verehrter Herr Rechtsanwalt, sprechen wir hier nicht von Rechten! Ich habe ihm gesagt, daß ich ihm für jedes von ihm oder durch seine Vermittlung verkaufte Stück zwanzig Prozent zahle, was schon fünf Prozent mehr ist, als was ich meinen Vertretern oder Vermittlern zahle. Und ich habe stets mein Wort gehalten, weil ich ein Mann von Wort bin, da können Sie fragen, wen Sie wollen. Aber wissen Sie, wieviel er mir in einem Jahr verkauft hat? Noch nicht einmal zwei Dutzend! Wenn man ihn hörte, konnte man glauben, daß er mir ganz Turin hierher gebracht hätte! Ich sollte ein Propagandabüro, ein Pressebüro eröffnen, mit ihm als Direktor! Ein schöner Direktor . . .«

Er vermied vor der »Verwandten« ein gewisses unflätiges Wort.

Statt dessen warf er den Zigarettenstummel, der ihm bereits die Finger verbrannte, auf den Boden und trat ihn mit dem Absatz aus, worauf er sich eine neue Zigarette ansteckte. Die Hände zitterten ihm.
»Das war die Abmachung, und ich schulde ihm nicht eine Lira, weder ihm noch seiner verehrlichen Verwandtschaft. Außerdem«, fügte er hinzu, wobei er den Unterkiefer vorschob und kriegerisch den Rauch ausstieß, »es gibt nichts Schriftliches zwischen uns, ich habe nichts unterschrieben, keine Verpflichtung. Da soll mal erst einer kommen und mir einen Vertrag zeigen!«
»Wann haben Sie ihn das letzte Mal gesehen?« fragte der Kommissar.
»Wenn ich das wüßte! Er hat sich seit Monaten hier nicht mehr sehen lassen! Gott sei Dank!« Er ballte die Fäuste, die Zigarette im Mundwinkel. »Übrigens, um einmal offen zu sprechen, was geht das alles Sie an? Wie kommen Sie dazu, Ihre Nase in meine Geschäfte zu stecken? Das ist hier immer noch – bis zum Beweis des Gegenteils – mein Haus, und wenn ich auch kein Rechtsanwalt bin und bloß die Volksschule besucht habe, lasse ich mich noch lange nicht ins Bockshorn jagen von Leuten, die hierherkommen und mir Unsinn erzählen. Und ich bin sehr wohl imstande, Sie alle beide hier hinauszuwerfen mit ...«
Ein heftiger Hustenanfall – der Rauch war ihm bei seinem Zornesausbruch in die falsche Kehle gekommen – unterbrach seine Drohung. Er krümmte sich, blau im Gesicht, mit tränenden Augen. Als der Kommissar an ihm vorbeiging – er schob die »Verwandte« vor sich her, zur Tür hin –, konnte er es sich nicht versagen, ihm hilfreich den Rücken zu klopfen. Er gab ihm zwei, drei kräftige knappe Schläge.
»Hände weg!« brüllte Zavattaro zwischen zwei Hustenanfällen.
»Bleiben Sie ruhig«, sagte der Kommissar. »Es ist gleich alles vorbei.«
Draußen, auf dem Hof, nahm er Anna Carla am Arm und führte sie, nicht gerade in fluchtartiger Eile, aber auch nicht besonders langsam, zum Auto. Die Szene war, wie er fand, schon lebhaft genug gewesen.
»Soll ich fahren?«
Sie ließ ihn ans Steuer, ohne zu antworten. Offenbar war sie tief

erschrocken. Am Gartentor hielt der Kommissar, um einem gelben Fiat 500 die Vorfahrt zu lassen, der gerade hereinkam. Da sie rechts saß, konnte sie den Fahrer nicht sehen.
»Warum haben Sie sie nicht verhaftet?« fragte sie, als sie auf dem Corso waren.
»Weil es keinen Grund dafür gibt. Ich hätte sie höchstens bitten können, mit mir aufs Polizeipräsidium zu kommen.«
»Und warum haben Sie es nicht getan?«
»Weil Sie dabei waren.«
»Habe ich Sie gestört?«
»Aber ich bitte Sie! Hätte ich sie ohne Sie gefunden?«
Sie steckte sich eine Zigarette an und rauchte eine Weile schweigend.
»Sind sie es gewesen?« fragte sie schließlich.
»Ich weiß nicht, ich glaube nicht.«
»Warum?«
»Sie hätten das Instrument nicht in der Via Mazzini liegengelassen, da sie die Hersteller sind.«
»Trotzdem hoffe ich, daß sie es sind. Sie waren furchtbar.«
Sie schauderte. Dann nahm sie das Tuch vom Kopf und schüttelte ihr Haar.
»Wie sind Sie darauf gekommen, daß die Idee dazu von Garrone stammte?«
»Nach der Schilderung, die Sie mir gestern von ihm gegeben haben, lag es auf der Hand. Auch nach allem, was Monsignor Passalacqua gesagt hat.«
»Dann sind wir Ihnen also nützlich gewesen?«
»Und ob! Jetzt wissen wir zum Beispiel, daß die Mordwaffe Garrone gehört hat. Ermordet mit dem eigenen Warenmuster.«
»Und ich sage, es war der Rote. Der kann einem angst und bange machen, so wie er aussieht.«
»Zwei vollkommen harmlose ›arme Handwerker‹.«
»Sehen Sie die Menschen immer so?«
»Ich sehe immer Menschen«, sagte der Kommissar.
Darüber dachte sie nach.
»In einem gewissen Sinne wäre es schlimmer, wenn sie nicht wenigstens Mörder sind«, sagte sie schließlich.
»Warten wir ab.«

»Und was tun Sie jetzt? Ich meine die Polizei.«
»Meine Kollegen werden sie fragen, wo sie an dem fraglichen Abend waren. Fragen dieser Art.«
»Haben Sie ihn gesehen?«
»Wen?«
»Den toten Garrone.«
»Nur die Bilder.«
»Kein sehr erfreulicher Anblick, wie?«
»Nein«, sagte der Kommissar. Er fuhr langsamer, da er die Telefonzelle auf dem Platz vor dem Friedhof ansteuerte. »Aus der Nähe gesehen, ist kein Mord ein erfreulicher Anblick, Anna Carla.«

5

Noch völlig erschüttert, schaltete Lello den Rückwärtsgang ein, beschrieb rückwärtsfahrend einen Halbkreis (indes sich nun auch dieses Untier von einem Hund bellend auf das Auto stürzte) und fuhr dann zwischen den beiden Pfeilern durch das Gartentor der Firma Gebrüder Zavattaro auf den Corso.
Was für ein ungehobelter Patron! Ein Grobian, ein rasender Narr.
Zugegeben, es war ein Irrtum gewesen. Gewissen Leuten mußte man die Stirn bieten, mit gleicher Münze heimzahlen, einfach zurückbrüllen und sich nicht hemmen lassen durch die kleinliche Sorge um korrektes Benehmen und gute Manieren. Schon bei seiner ersten Frage nach Bauchiero hatte ihn dieser Höhlenmensch so komisch angesehen und entsprechend geantwortet – nie gehört diesen Namen, nie gesehen, nie kennengelernt – mit Ausdrücken der Gosse, wozu ja wirklich kein Anlaß bestand. Und als er dann noch, so ganz beiläufig, nur um einmal auf den Busch zu klopfen, den Architekten Garrone erwähnte – Himmel, tu dich auf! Der haarige Affe schien einem Herzinfarkt nahe. Fluchend beschuldigte er ihn, Lello, ein Spitzel und Gauner zu sein, ein Erpresser und Lügner, ein *Mafioso* und dreckiger Intrigant. Und dann dieses irre Gewäsch von Verkleidungen, von Holland und Rechtsanwälten

und von der Familie Garrone, von dem er rein gar nichts verstanden hatte oder doch nur soviel, daß dieser Rasende dem Garrone weder eine Lira schuldete noch ihm je eine gegeben hatte. Aber wer hatte ihn denn danach gefragt, diesen Steinklopfer und Analphabeten? Und was war das für eine Tantieme, von der er gefaselt hatte?

Und dann, zum würdigen Abschluß der Unterhaltung, hatte der Unhold die Frechheit gehabt, ihn zu bedrohen und ihm die Faust unter die Nase zu halten (was für eine Pranke!), ihm, der doch nur wegen einer Information gekommen war. Primitiv wie Höhlenmenschen. Pack. Nein, er beneidete nicht den Landvermesser Triberti, wenn es Menschen dieser Art waren, die ihn umlagerten ...

Ein paar Minuten fuhr er rein automatisch, ohne Ziel; aber sein Zorn verrauchte, seine Angst wich. Er kam erst hinter dem Friedhof wieder zu sich, dort, wo die alte Tabakmanufaktur aus dem Korso eine enge Gasse machte. Gleich danach kam ein kleiner Platz. Hier hielt er, um einen Kaffee zu trinken. Er hatte ihn nötig.

Er hatte schon ein paar Schritte auf das Café zu gemacht, als er noch einmal umkehrte, um die Mappe mit den für die Technische Verwaltung bestimmten Papieren an sich zu nehmen. Das wäre was gewesen, wenn man ihm die aus dem Auto heraus gestohlen hätte!

Nachdenklich rührte er den Zucker in der Tasse um. Sein Besuch bei Zavattaro hatte ihm, wie er sich eingestand, nichts Konkretes eingebracht; aber gerade die scheußliche Szene, die er dort erlebt hatte, und die vagen Anspielungen auf Geldgeschichten und Tantiemen bewiesen ihm, daß im großen und ganzen seine Intuition richtig gewesen war. Hier handelte es sich um ein Milieu, in dem Korruption, Gewalttätigkeit und sogar Mord an der Tagesordnung waren. Was sollte er nun, so wie die Dinge jetzt standen, tun? War es nicht das beste, alles auf sich beruhen zu lassen? Um so mehr, als er sich allem Anschein nach in eine Sackgasse verrannt hatte. Bauchiero blieb ungreifbarer denn je.

Die Tasse in der Hand, trat er an die Glastür des Cafés und musterte verzagt die dürftigen kleinen Läden an der Piazza. Hier und jetzt war es, daß vielleicht eine unbewußte Assoziation oder die Scham wegen der eben erlebten Angst und ein Bedürfnis nach Wiedergutmachung und Selbstbestätigung oder auch nur der uralte Turiner Imperativ, nichts halb getan zu lassen, Lello einen Satz ins Gedächtnis brachte, den er gestern von dem Geometer Triberti gehört hatte.

Warum sollte er nicht einen letzten Versuch in dieser Richtung unternehmen? In die Piazza San Giovanni mußte er in jedem Fall, und einmal dort, würde es ihm ein leichtes sein, noch ein paar ergänzende Nachforschungen anzustellen – bei anständigen Menschen, bei Kollegen, die nicht wie ein wütender Stier auf einen losgingen. Er zahlte, setzte sich ans Steuer seines Wagens, stellte den linken Blinker ein und wartete geduldig, bis ein Tankwagen der Shell schwankend vorbeigefahren war. Dann fuhr er zur Stadtmitte zurück.

6

Der bedeckte Himmel und die fast herbstliche Luft verliehen den bunten Blumen an den Ständen das schickliche Maß von Melancholie; trotzdem wunderte sich Anna Carla über die Menge von Menschen, die stehenblieben, um einen großen oder kleinen Blumenstrauß für den Friedhof zu kaufen. Ein liebenswürdiger Brauch, selbstverständlich, aber ihr erschien er genauso absurd wie der Kult des Ithyphallos. Ob sie selbst einmal, wenn Vittorio oder Francesca oder Onkel Emanuel gestorben war, ihnen auch Nelken oder Anemonen bringen würde? Sie konnte es sich nicht richtig vorstellen. Ihrem Vater und ihrer Mutter, die hier auch begraben lagen, im Familiengrab, brachte sie nie Blumen; es gab genug Tanten, die an diese Dinge dachten. Außerdem waren sie schon so lange tot. Aber wie würde sie sich verhalten, wenn einer, der ihr sehr nahestand und ihrem Herzen teuer war, von einem Tag zum andern dahinging? Man konnte so etwas nie im voraus sagen. Da glaubte man, so oder so zu sein, bestimmte Grundsätze zu haben, einen bestimmten Charakter und einen bestimmten eingewurzelten Stil – und dann kamen bei der ersten wirklichen Prüfung ganz andere, verblüffende Reaktionen. Onkel Emanuel

nannte da immer als Beispiel ihre Verwandten d'Escoubleau, die ihren einzigen Sohn bei einem Flugzeugunglück verloren hatten: der Vater, ein Atheist, war fromm geworden, die Mutter, eine höchst religiöse Frau, Atheistin. Niemand kannte sich selbst, und niemand wußte, wozu er fähig und wozu er nicht fähig war.
Sie betrachtete den Kommissar, der noch immer in der Telefonzelle stand. Der dagegen mußte wohl zu den »Wissenden« gehören. Er schien ihr sehr weit fort zu sein, wenn auch nicht eigentlich fremd; ein bißchen so wie ein Priester. Bei Federico oder Giuliano, bei allen anderen Männern, die ihr mehr oder weniger ernsthaft den Hof machten, hatte sie noch nie diesen Eindruck gehabt. Ob es an ihnen lag, an dem, was sie waren? Wahrscheinlich; wie sollte man einen Industriellen als »ferngerückt« empfinden, oder einen Rechtsanwalt, einen Finanzier, einen Polospieler, avantgardistischen Maler, Gutsbesitzer, revolutionären Studenten oder Schauspieler? Es waren alles Menschen, die keine Überraschungen boten.
Sie freute sich, daß ihr als Vergleich ein Priester eingefallen war und nicht etwa ein romantischer Paladin, was sogar ganz natürlich gewesen wäre, wenn man bedachte, daß er ihr in dieser Räuberhöhle, der Werkstatt des furchtbaren Zavattaro, auch in den kritischsten Momenten ein Gefühl absoluter Sicherheit gegeben hatte. Ob er wohl auch unter dem Arm eine Pistole trug, wie im Film?
Als sie ihn aus der Zelle treten und auf den Wagen zukommen sah, suchte sie nach irgendeiner verräterischen Ausbuchtung seines Jacketts, fand aber keine.
»Ich bitte um Entschuldigung«, sagte er, »es hat ein bißchen lange gedauert.«
»Und werden die beiden jetzt abgeholt?«
»Ja, bald. Sie entschlüpfen uns ja sowieso nicht.«
»Aber wenn sie es waren, werden sie dann nicht jetzt argwöhnisch geworden sein?«
»In dem Fall wäre Weglaufen das dümmste: sie würden sich damit selbst schuldig erklären.«
»Sind Verbrecher eigentlich schlau?«
»Die meisten sind viel dümmer als wir.«
»Wie kommt es dann, daß ihr nicht alle erwischt?«

»Weil wir zuwenig sind. Aber jetzt wollen wir uns von diesem traulichen Winkel trennen. Die dankbare Polizei lädt Sie zu einem Aperitif ein.«
Er setzte sich wieder ans Steuer – gewiß nur, um ihr nicht mit einem neuerlichen Platzwechsel vor Augen zu führen, daß sie soeben, auf dem Grundstück Zavattaros, zu erregt gewesen war, um selbst fahren zu können. Er war von einem unglaublichen Takt.
»Wissen Sie, daß Sie mich an einen Priester erinnert haben?«
Verblüfft drehte er sich nach ihr um.
»Wann?« fragte er, die Augen wieder auf die Straße gerichtet.
»Als Sie telefonierten. Ich weiß nicht, warum.«
»Vielleicht hat Sie die Telefonzelle an einen Beichtstuhl erinnert.«
»Nein, im Ernst: woran liegt es?«
»Ich weiß nicht. Ich glaube nicht, daß ich etwas, wie sagt man, etwas Pfäffisches an mir habe. Oder doch?«
»Um Gottes willen, nein. Es hatte nichts mit Ihrer Person zu tun. Es war eher so, als ob Sie nur halb hier waren und halb weiß der Himmel wo. Eben wie bei einem Priester.«
»Sind Sie religiös?«
»Nein, aber ich besuche die Messe und so weiter, meinem Mann und Massimo zuliebe.«
»Sind die so religiös?«
»Nicht im Traum. Bei ihnen ist es konformistische Imagepflege. Und Sie?«
»Ich habe nicht mal die Zeit, darüber nachzudenken.«
»Also ein Arbeiterpriester.«
»Wenn Sie damit sagen wollen, daß die Arbeit der Polizei eine Mission ist, muß ich Sie darauf aufmerksam machen, daß genau das uns alle Jahre der Innenminister sagt.«
»Jetzt hab' ich's gefunden: es ist deshalb, weil Sie es mit Gut und Böse zu tun haben.«
»Wir haben, offen gesagt, eher den Eindruck, es nur mit dem Bösen zu tun zu haben.«
»Aber ab und zu wird es doch ein paar Unschuldige geben?«
»Mit denen beschäftigen wir uns nicht. Wir werden dafür bezahlt, daß wir uns mit den anderen beschäftigen.«

»Sind Sie darüber zum Zyniker geworden? Finden Sie einfach alles widerlich?«
»Wenn einer die Anlage zum Zyniker hat, wird er es auch als Lebensmittelhändler oder Elektriker. Nein, ich bin der geborene Optimist, der an allem die gute Seite findet.«
»Habe ich es nicht gesagt? Wie die Priester.«
Er antwortete nicht, vielleicht fühlte er sich gekränkt.
»Ärgern Sie sich?«
»Nein. Ich habe nur ein Café gesucht, wo man draußen sitzen kann.«
Er hatte sich doch geärgert; denn sie waren mindestens schon an zwanzig Cafés vorbeigekommen, die die Stühle und Tische nach draußen gestellt hatten. Jetzt, vor diesem, fuhr er langsamer, parkte und stieg aus, um ihr die Tür zu öffnen. Sie legte ihm die Hand auf den Arm.
»Finden Sie ein paar gute Seiten auch an mir.«
Überrascht blickte er sie an.
»Mein Problem ist, eine schlechte an Ihnen zu finden.«

7

Scheitern auch hier. Man sieht, es ist Bestimmung, dachte Lello. Aber noch zögerte er, die Abteilung für Schaufenster und Firmenschilder zu verlassen, wo er noch einmal – vergeblich – einen verdächtigen Zusammenhang zwischen Bauchiero und Garrone gesucht hatte. Und doch, je mehr sich dieser Zusammenhang ihm entzog, desto fester war er überzeugt, daß er existieren mußte. Es war wie im Kino, wenn einen das Gesicht eines Schauspielers, der eine Nebenrolle spielte, für einen Augenblick an jemanden erinnerte; man brauchte Stunden, wenn nicht Tage, bis man dahinterkam, an wen er einen erinnert hatte. Aber am Ende kam man immer dahinter. Die Ähnlichkeit (und wenn nur mit dem Tabakhändler von der Ecke) war nie bloß eingebildet gewesen.
Er ließ den Blick über die Fassade des Doms gleiten, vor dem eine Gruppe von Touristen gestikulierend Aufnahmen machte, und dann über die bescheidene römische Ruine daneben, die von einem

etwas zu gewaltigen Gitter umgeben war. Er dachte an den Parthenon, an die Bottas, während in dem großen L-förmigen Büro die Mädchen ihre Schreibmaschinen zudeckten, Schubläden schlossen und sich anschickten, das Büro zur Mittagspause zu verlassen. Sie waren nett gewesen, die Kollegen, sie hatten ihm gesagt, was sie wußten, mit anderen Worten: nichts. Bauchiero – nie gesehen. Garrone – gelegentlich gesehen, jedenfalls zwei oder drei glaubten, sich vage zu erinnern.

Lello seufzte. Es war Schicksal, man mußte sich damit abfinden. Auf der Piazza stiegen die Touristen wieder in ihren roten Reisebus, angeregt, heiter gestimmt. Auch Lello machte sich auf den Weg, langsam, Schritt für Schritt, überzeugt von seinem Scheitern, aber immer noch zögernd, es endgültig anzunehmen. Er war mit gesenktem Kopf bis zur Tür gekommen, als sich eine Hand, leicht und schüchtern, auf seine Schulter legte.

8

Von welchem Standpunkt aus man es auch betrachtete, fand der Kommissar, der Corso Belgio gehörte zu den trostlosesten Straßen von Turin. Vielleicht die trostloseste überhaupt. Heute war natürlich die bleierne Farbe des Himmels nicht gerade hilfreich, aber selbst unter der Sonne Capris oder Taorminas wäre der Corso Belgio noch immer eins der abschreckendsten Beispiele einer deprimierenden Großstadtszene. Und er, mit seinem seltenen Sinn fürs Opportune, hatte für diese freie halbe Stunde diese Szene gewählt.

»Woran denken Sie? Noch immer an die beiden?«

»Nein, ich dachte an den Corso Belgio.«

»Ach ja. Was macht ihn eigentlich so grauenhaft?«

Gemeinsam musterten sie die Straße: die Lastwagen, die durch sie hindurchfuhren und sie mit ihrem Lärm zwangen zu schreien, um sich verständlich zu machen; die abgezehrten alten Bäume am Rand, die wie durch ein Wunder seit Jahrzehnten die gleiche Gestalt bewahrten, und die Häuser, hohe und niedrige, alte und neue, wie von einem Kind aus dem Baukasten halb aufgebaut und von dem kleineren Bruder wieder durcheinandergeworfen.

»Wie gefällt es Ihnen in Turin?«
»Gut.«
»Warum?«
Vielleicht hätte er sagen sollen: »Wegen der schönen Turinerinnen« oder eine ähnliche harmlose Albernheit, um ihrem Gespräch die Schwere zu nehmen. Statt dessen sagte er nur wahrheitsgemäß: »Wenn ich das wüßte.«
Dieser Frau konnte man nur die Wahrheit sagen, sie holte sie aus einem heraus, schlimmer als De Palma. Und die Wahrheit war, daß sie, nachdem sie einmal auf den unbequemen Stühlen dieses verdammten Cafés Platz genommen, ihren Aperitif bestellt und sich eine Zigarette angesteckt hatten, plötzlich und zum erstenmal in einem Augenblick tiefer Vertrautheit miteinander allein waren. Und Angst hatten, irgend etwas falsch zu machen.
»Sie sind nicht verheiratet?«
»Nein.«
»Aus Absicht oder Zufall?«
»Zufall.«
»Und bedauern Sie das nicht?«
»Ich denke nie darüber nach. Ich habe mich daran gewöhnt, wie die alten Jungfern.«
Sie sagte etwas, aber es blieb unhörbar im Lärm eines langen doppelstöckigen Lastzuges, voll von fabrikneuen Fiats. Eine Möglichkeit gab es wohl, sich dieser Qual und Verlegenheit zu entledigen; es genügte der einfache Entschluß, so zu tun, als ob nichts wäre, und sich kopfüber in die Beziehung Dame–zuvorkommender Beamter zu flüchten und nicht weiter daran zu denken. Zehn Minuten lang eine gewandte Konversation führen, dann aufstehen und jeder seiner Wege gehen, sie nach Hause, zu Kind und Mann, und er in irgendeine Snackbar in der Nähe des Polizeipräsidiums.
»Sie sehen ganz erschöpft aus. Macht Ihnen dieses Verbrechen so viel zu schaffen?«
»Ich habe nur beschränkt damit zu tun. Die Nachforschungen leitet ein Kollege.«
»Aber Sie sind immer damit beschäftigt, auch nachts?«
»Gestern nacht ja. Wir haben eine Razzia auf die Prostituierten in den Hügeln gemacht.«

»Wie sind Prostituierte?«
»Wie alle Kriminellen, langweilig.«
»Sind sie zu berechenbar?«
»Nein, zu unberechenbar. Ihre Stimmung wechselt unaufhörlich, von einem Augenblick zum andern. Sie sind sehr emotional, wie man heute sagt.«
»Am Ende kommt es auf dasselbe hinaus.«
»Genau das.«
Sie wartete, bis ein ganzes Rudel von Autos mit ohrenbetäubendem Gehupe vorbei war.
»Dann sind Sie wohl mehr für die berechenbaren Frauen?«
Wenn ich sie jetzt zum Essen einlüde – wie würde sie reagieren? überlegte der Kommissar.
»Nehmen wir zum Beispiel unseren Fall an«, begann er.
»Ja, tun wir das«, sagte sie interessiert.
»Es ist mir vollkommen unmöglich, vorauszusehen, ob . . .«
Aber hier unterbrach ihn der Corso Belgio mit einem neuen polyphonen Lärmausbruch, der nicht enden wollte.

9

Neben dem Fiat 500 Lellos parkte jetzt ein völlig identischer Wagen. Welcher von den beiden war der seine? Er hatte sich die eigene Autonummer noch nicht eingeprägt und mußte deshalb in beide Wagen hineinsehen, um zu erkennen, welcher es war: der andere hatte kein Lenkradschloß. Er stieg in seinen Wagen und dachte über seine Entdeckung nach. Vor allem war er verwundert. Nicht, daß die Sache an und für sich so seltsam wäre, im Gegenteil, sie war normal, um nicht zu sagen selbstverständlich. Nur war er nicht darauf gefaßt gewesen. Hätte es nicht diesen Zufall in der letzten Minute gegeben – er hätte nie in dieser Richtung gesucht.
Er steckte den Zündschlüssel ins Schloß. Gut. Nur, wenn es so aussah, war es recht zweifelhaft, ob es die Mühe lohnte, da hinaufzufahren und sich ein bißchen umzuschauen. Bauchiero hatte also wahrscheinlich wirklich nichts mit der Sache zu tun. Es handelte

sich da nur um einen Zufall ohne Bedeutung, der mit dem Mord in keinem Zusammenhang stand. Er gab Gas und fuhr los. Er wollte zunächst nach Hause und dort in Ruhe seinen Joghurt verzehren (das war so gut für den Teint), des weiteren ein Stückchen Käse und ein wenig Obst. Dazu wollte er in Muße und Behagen die *Stampa* lesen – und im *Espresso* den Artikel über den avantgardistischen Film in der Schweiz.

Aber als er sich in den langsamen, zähflüssigen Strom all der Autos eingekeilt fand, die auf dem Weg nach Hause waren (»die geräuschvolle Mehrheit«, wie Botta zu sagen pflegte, worüber er dann regelmäßig allein lachte), stellte er sich den zu kalten Joghurt vor und den Dreieckskäse, den er nie richtig aus dem Papier herausbekam, und er sagte sich, daß ein Toast und ein Tomatensaft in der erstbesten Bar das Problem seines Hungers, der übrigens heute nicht sehr groß war, besser lösen würden. Er war eine labile Natur, und eine Szene wie die, die ihm dieser unqualifizierbare Steinmetz gemacht hatte, war genug gewesen, um seinen Stoffwechsel durcheinanderzubringen.

In diesem Augenblick stürzte die schwere Wolkenmasse ein, die auf die Hügel hinter dem Corso Vittorio Emanuele drückte, und ein funkelnder Streifen Licht, mit schwarzen und grauen Fransen am Rand, erfaßte zuerst das grüne Profil der Gipfel und drang dann weiter nach unten vor. Auch dieses zufällige Spiel der Wolken trug dazu bei, daß sich Lello entschloß, über den Po und auf der kurvenreichen Straße weiter hügelan zu fahren. Sein kleines Mahl könnte er auch da oben einnehmen, und wenn er schon einmal dort war, würde er die Gelegenheit benutzen, »sich ein bißchen umzuschauen«.

10

Aber wenn er sie zum Essen einladen wollte, warum entschloß er sich dann nicht endlich zu sprechen, verflixt noch mal? Sie müßte in dem Fall doch zu Hause Nachricht geben, und viel Zeit war nicht mehr; Vittorio war pünktlich wie ein Astronaut, und Warten machte ihn nervös. Er hielt sehr viel von der Regelmäßigkeit der

Nahrungsaufnahme und machte aus allen Verdauungsvorgängen ein Drama. Sie beugte sich wieder vor, um nicht von der zu niedrigen Rückenlehne des Stuhls zerschnitten zu werden: eine wahre Guillotine.
»Ja, ich verstehe«, sagte sie, »aber wenn es nicht ein gewisses Maß an Unberechenbarkeit gäbe . . .«
Dieses Gespräch war inzwischen sehr langweilig geworden, man mußte es wie einen Fels vor sich herwälzen. Und auch er – soviel war zu sehen – dachte an etwas ganz anderes; indessen kam er zu keinem Entschluß. Ob er am Ende einfach schüchtern war?
Anna Carla bebte innerlich. Für sie war ein Mann, der, älter als fünfundzwanzig Jahre, noch schüchtern war, ein unheilbarer Kretin. Nichts konnte sie so erbittern wie diese Schafsgesichter, die mit einem selbstgefälligen Lächeln sagten: »Wissen Sie, ich bin schüchtern«, wie man sagt: »Ich bin Pakistani« oder »Ich bin Deutscher«.
Den Fels mit einem weiteren kleinen Stoß vor sich herwälzend, musterte sie seine Züge. Nein, nichts vom Schaf. Vielmehr tauchte in ihr der Verdacht auf, das Gegenteil dessen, was sie vermutet hatte, könnte die Wahrheit sein: Vielleicht wollte er sie gar nicht einladen, vielleicht hatte er zu tun, mußte seinen Verbrechern nachlaufen und wußte nur nicht, wie er sie sich vom Halse schaffen sollte, ohne unhöflich zu scheinen. Er war der vom Amateur belästigte Fachmann, der von der Sonntagsdichterin heimgesuchte Schriftsteller. Anna Carla hatte ein schlechtes Gewissen.
»Ich nehme an, Sie werden zu tun haben«, sagte sie und erhob sich einen Zentimeter vom Stuhl.
Ritterlich gab er vor, aufs äußerste überrascht zu sein.
»Ich? Wie kommen Sie darauf?«
»Ach, ich weiß nicht, wenn Sie sich um die beiden kümmern müssen . . .«
»Das besorgen meine Kollegen. Ich hab's nicht eilig.«
Sehr liebenswürdig. Nur allzu sehr. Es sei denn, daß es bei der Polizei keinen festen Stundenplan gab, daß man aß und schlief, wie es sich gerade traf, und deshalb gar kein Zeitgefühl hatte. Vielleicht war es das: er war sich gar nicht bewußt, daß es schon über halb eins war. Sie sah auf ihre Uhr, und diesmal nicht verstohlen.

»O Gott, schon so spät!«
Wie beschämt erhob er sich sofort.
»O Verzeihung, ich habe ganz vergessen, daß Sie eine Familie haben.«
»Also, Francesca schläft um diese Zeit, jedenfalls sollte sie es. Und mein Mann kann sehr gut auch ohne mich auskommen. Es fehlt zwar im Augenblick an Personal, aber es ist jemand da, der sich um ihn kümmert. Und wie kommen Sie so zurecht, als Alleinstehender? Mit einer Putzfrau, die stundenweise kommt?«
»Ja.«
»Wenigstens werden sie bei Ihnen Angst haben zu stehlen.«
»Bei mir gäbe es nicht viel zu stehlen. Gerade die paar Vorräte, um auch mal zu Hause etwas essen zu können.«
Der Wirt war an ihren Tisch gekommen, und er zahlte. Dann fragte er sie, wie aus einer Gedankenverbindung heraus:
»Warum essen Sie nicht eine Kleinigkeit mit mir, wenn Sie nicht erwartet werden?«
Alles andere als schüchtern! Der lud sie ja praktisch ins Bett ein, und das mitten auf dem Corso Belgio. Schade. Sie hatte ihn gar nicht für den Typ gehalten, der sich falsche Vorstellungen über die Hemmungslosigkeit der Frauen aus dem Norden machte. Wirklich schade, weil er eigentlich sympathisch war. Und, von allem anderen abgesehen, hatte sie inzwischen tatsächlich Hunger bekommen, und die Aussicht auf ein hartgekochtes Ei im Hause eines Junggesellen hatte nichts Verlockendes für sie. Nichts konnte trübseliger sein. Sie schaltete für ihn ein strahlendes Lächeln ein und war gerade im Begriff, die Geschichte endgültig abzuschließen, als er, sich den Kopf kratzend, erklärte:
»Ich wäre nämlich sowieso gern noch mit Ihnen ein bißchen zusammen geblieben.«
Diese engelhafte Schlichtheit, der reinste Johannes der Dreiundzwanzigste! Man könnte ihm geradezu den Mokassin küssen.
»Sie wollten mich nicht in Ihr Haus locken?« fragte sie mit gespielter Ehrerbietung. »Das war doch kein unschicklicher Antrag?«
Er errötete über und über.
»Was haben Sie denn verstanden?«
»Verzeihung. Ich habe Sie mißverstanden.«
Er lachte laut heraus.

»Der leidenschaftliche Sizilianer, nicht wahr?«
Diesmal war es an ihr zu erröten. Aber dann sahen sie sich an wie alte Freunde, und Anna Carla lief ins Café, um zu Hause anzurufen.

11

Lello setzte sich ins Gras, stand aber gleich wieder auf. Bei diesen beigefarbenen Hosen riskierte er, grüne Flecke vom Gras zu bekommen. Er sah sich um und entdeckte ganz in der Nähe einen gefällten Baumstamm; auf ihn setzte er sich, die Hände auf die alte rissige Borke gestützt. Es war ein schöner Platz, man hörte die Vögel singen. Etwas weiter unten war der gelbe Fleck des Fiat 500, und in der Ferne, in Ruß und Lärm, die Stadt. Hier atmete man eine andere Luft, hier gab es Bäume und Hecken, Blumen und Sträucher mit ihrem Duft und das Brummen der Insekten wie mitten auf dem Lande. Da und dort hatte man den Durchblick auf Dächer und Terrassen von kleinen Villen oder Eigentumswohnungen, sah man Gartengitter und Sonnenschirme. Es müßte wie im Paradies sein, hier zu wohnen, und nicht etwa aus Gründen des Snobismus, des Status, nein, einfach um diese Sonne, dieses Gefühl von Freiheit, von Ruhe und Frieden zu genießen. Lello warf den Kopf nach hinten und schloß die Augen; er war froh, daß er seiner kleinen Neugierde nachgegeben hatte, wenn auch die Besichtigung als solche zwecklos gewesen war, doch andererseits ... Hier konnte man in wenigen Tagen braun wie ein Mulatte werden, ohne an die See zu reisen. Und war dabei, hoch gerechnet, nur zehn Minuten vom Zentrum entfernt. Wäre Massimo nicht so voll bürgerlicher (jawohl: bürgerlicher!) Vorurteile gewesen, was einen gemeinsamen Haushalt betraf, so hätte man sich solch ein Fleckchen Erde auch suchen können: mit Blumen und einem smaragdgrünen englischen Rasen, den er gern mit dem Rasenmäher schneiden wollte, wenn er abends aus dem Büro kam ...
In Gedanken versunken, hörte er nicht das Rascheln von Schritten, die hinter ihm näherkamen.

Dem Kommissar war zumute, als ob er eine Schlagerschnulze am eigenen Leibe erlebte; aber aus einem Grund, über den er vorzog, nicht weiter nachzudenken, erschien ihm dieser Schlager im Gegensatz zu der Abgeschmacktheit und Langeweile anderer von melodischen Einfällen nur so zu sprühen. Zufall oder nicht, die Sonne war herausgekommen und hatte den Corso Belgio und die Hügel auf der anderen Seite des Flusses vergoldet, so daß Anna Carla, die sich jetzt wieder ans Steuer setzte, ihm ein Restaurant fünfzehn Kilometer außerhalb der Stadt vorschlug – und er begeistert zustimmte.
»Ich warne Sie, es ist eins dieser Lokale, die sich ein bißchen auf *vieille auberge* stilisieren.«
»Das macht doch nichts.«
»Aber es ist ein schöner Park dabei.«
»Großartig.«
Die Kastanienallee, die zu dem Restaurant führte, war in der Tat eines kleinen Schlosses würdig, und auf dem kiesbestreuten Platz warfen vier riesige Platanen ihren gleichförmigen Schatten. Es war eine erst kürzlich restaurierte Villa aus dem achtzehnten Jahrhundert, die hellgelbe Fassade niedrig und langgestreckt. Dem Kommissar gefiel sie. Man betrat sie durch eine kleine Tür an der Rückseite und gelangte in einen kleinen Vorraum; der Boden war mit dunkelrotem Velours ausgelegt, die Wände getäfelt und mit alten Stichen von Pferden geschmückt. Dem Kommissar gefiel alles, auch der Herr im blauen Anzug, der (hatte er ihn nicht schon mal irgendwo gesehen?) sie gewandt und zuvorkommend fragte, ob sie einen Tisch drinnen oder draußen haben wollten.
»Selbstverständlich draußen.«
Und »draußen« gefiel ihm noch besser: man saß auf der weiten Terrasse vor der Villa und hatte den Blick auf die Silberpappeln an beiden Ufern des Po und auf die Ebene bis zu den Alpen.
»Ich komme mir wie ein Tourist vor«, sagte er, mit dem Blick das Panorama in sich aufnehmend.
»Ich auch.«
Sie hatten die gleichen Reaktionen, und sie dachten im gleichen Moment dasselbe, und so hätten sie in diesem Geist abenteuerlicher

Entdeckerfreude sämtliche Piemonteser Spezialitäten bestellt, wenn sie nicht ein weißhaariger Oberkellner väterlich über die Bräuche des Hauses aufgeklärt hätte, das seine berühmten Spezialitäten nur für den Abend reservierte, während es die mittägliche Speisenkarte auf wenige einfache Gerichte beschränkt hielt.
Es störte sie nicht im geringsten (ein Wurstbrot auf dem grünen Rasen hätte es auch getan), führte sie aber zu im Flüsterton angestellten Überlegungen, wie sich eine solche Strategie für den Wirt auszahle. Bis ihnen auffiel, daß an den anderen sechs oder sieben Tischen nur Pärchen saßen, was sie vermuten ließ, daß es im ersten Stock Zimmer gab für die Pflege »unerlaubter Beziehungen« – ein Ausdruck, der eine unwiderstehliche Komik für sie beide hatte.
Freilich, meinte sie, verdienten solche Beziehungen heute entschieden eine Aufwertung – nämlich wegen ihrer Diskretion. Oder hielt es der Kommissar mehr in der offenen und totalen Promiskuität, mit Naturkult und Nacktkultur, mit Schweden und Zavattaro?
Der Kommissar verneinte energisch.
Glaube er vielleicht, daß etwas Ernstzunehmendes hinter diesem Neuheidentum zu Diskontpreisen stecke?
Weit entfernt sei er davon, dergleichen zu glauben, bekannte er.
Aber wie erkläre er sich dann, daß es in der ganzen Welt ernst genommen wurde und daß sogar in einer so nüchtern denkenden und mißtrauischen Stadt wie Turin eine Industrie von Ithyphallen entstehen konnte?
Der Kommissar konnte es sich nicht erklären.
»Massimo hat seine eigene Theorie darüber«, sagte sie. »Er behauptet, daß Turin eine gefährliche Maske trägt. Daß es in Wirklichkeit nicht nüchtern denkend und mißtrauisch ist: ganz im Gegenteil. Keine Stadt neigt mehr dazu, das Übel von allen Ecken und Enden der Welt aufzufangen, und seine Funktion ist es, das Übel auf der übrigen Halbinsel zu verbreiten. Er behauptet, daß hinter jeder neuen Geißel, die unser Land bedrückt, immer Turin steckt. Man brauchte nur genau hinzusehen.«
»Angefangen mit der nationalen Einigung?«
»Natürlich. Dann das erste Automobil, die ersten Betriebsräte, der

Film, der erste Rundfunksender, Fernsehen, die Linksintellektuellen, die Soziologen, die ersten Pralinés, die außerparlamentarische Opposition, einfach alles.«

»Eine Stadt von Verschwörern?«

»Nicht einmal das! Er meint, daß nicht nur die wahren Italiener, sondern sogar die Turiner sich darüber gar nicht klar sind. Wie die Krebszellen, wissen Sie? Sie glauben, Pioniere zu sein, sie handeln in guter Absicht.«

»Und was tut er, der es besser weiß?«

»Er betrachtet sich als den Augenzeugen. Er könne Babylon nicht allein zerstören. Er sammelt Beweise, unternimmt nur hier und da etwas, in kleinem Maßstab.«

»Dann wird er sich freuen, wenn Sie ihm von dem ›Kunst-Pavillon‹ erzählen.«

»Er wird vor Neid platzen. Übrigens, so Wichtiges hatte er nicht zu tun, daß er nicht sehr gut hätte mitkommen können.«

»Sie sind sehr befreundet?« fragte der Kommissar.

»Ja, sehr«, sagte sie. »Er bringt mich so oft zum Lachen.«

Der Kommissar fand sich selbst so unterhaltend wie einen Totengräber.

»Aber manchmal hasse ich ihn, ich könnte ihn umbringen, er läßt mich nicht atmen.«

Nun atmete der Kommissar wieder auf.

»Da heißt es: das darfst du nicht tun, dieses Buch darfst du nicht lesen, diesen Film darfst du nicht sehen, wehe, wenn du den Fuß auf diese Insel setzt, und wenn ich dich einmal auf einem Motorrad sehe, ist es aus zwischen uns. Es ist die reinste Manie, glauben Sie mir.«

»Fahren Sie denn Motorrad?«

»Ich täte es gern, aber er hat es mir verboten. Wie er mir verboten hat, mich für Joga zu interessieren, Haschisch zu probieren, Segelfliegen zu lernen und mit meinen Freunden nach Kuba zu reisen. Er ist ein schrecklicher Moralist.«

Ohne auf Campi eifersüchtig zu sein, fand er seinen Schatten in diesem Gespräch etwas störend, wenn er sich auch eingestand, daß sein Moralismus auch seine guten Seiten hatte.

»Und was sollten Sie nach seiner Meinung tun?«

»Mutter sein. Ehefrau. Bridge spielen. Wohltätigkeit üben. Pariser

Kleider tragen. Die bürgerliche Dame, kurz und gut. Er hat eine Theorie . . .«

So erfuhr der Kommissar von der Theorie einer stoischen Wohlanständigkeit, einer Art von Antisnobismus, mit der die Theorie von den unzulässigen Sportarten verbunden war, darunter die Unterwasserjagd, Wasserski wie Schneeski für alle Personen älter als fünfzehn Jahre, Reiten außer in Notfällen wie in sonst unzugänglichen Regionen Nordargentiniens zum Beispiel; zulässig dagegen waren Spaziergänge.

»Jetzt zeige ich Ihnen den Park. Kommen Sie.«

Aber als sie bis zu dem Platz mit den Platanen gekommen waren, sah sie eine Bocciabahn und wollte, auch auf die Gefahr hin, es handele es sich um eine der unzulässigen Sportarten, mit ihm eine Partie spielen. Es wurden drei, und der Kommissar, dem das Spiel so gut wie unbekannt war, gewann die mittlere Partie und verteidigte sich nicht schlecht in den beiden anderen. Dann führte sie ihn kreuz und quer durch den Park, er war üppig und abwechslungsreich, dabei sehr gepflegt, mit dem einzigen Schönheitsfehler der rustikal gemeinten Bänke aus Baumstämmen. Bei einem Gärtner, der einen Busch beschnitt, fragte sie nach dem Namen einer bestimmten roten Blume, die sie dort sah, und der Gärtner nannte ihr den Namen und gab ihr eine der Blumen. Sie bot ihm dafür eine Zigarette an, roch an der Blume und steckte sie sich ins Haar.

»Nur für einen Augenblick«, entschuldigte sie sich mit leiser Stimme bei dem Kommissar. »Das Tropische ist nicht mein Genre.«

Hinter dem ersten Gebüsch nahm sie die Blume aus dem Haar und warf sie fort, und es fehlte nicht viel, daß der Kommissar sie aufgehoben hätte. Es fehlte nicht viel, daß er sie an mehreren Punkten des Parks, unter verschiedenen Schattierungen von Grün, geküßt hätte; und es fehlte auch nicht viel, daß er sie an manchen Stellen ihrer zugleich ganz erfüllten und ganz leeren Unterhaltung geduzt hätte.

Als sie auf den Platz mit den Platanen zurückkamen, beobachteten sie die Ankunft eines großen grauen BMW, dem, wie vorauszusehen, ein Paar entstieg: sie (eine Blonde) sehr selbstsicher, die Nase hoch, er dagegen etwas verstohlen. In diesem Augenblick erschien der Inhaber oder Geschäftsführer des Restaurants in der Tür und strich glättend über sein Haar im Nacken; der Kommissar ließ unvorsichtigerweise einen Ausruf der Überraschung vernehmen.

»Was ist los? Kennen Sie die beiden?«

»Nein, den Besitzer – wenn es der Besitzer ist, was ich nicht glaube.«

»Wer ist es?«

»Ein alter Bekannter, wie man das bei uns nennt. Vor zwei Jahren leitete er als Geschäftsführer einen Night Club. Drogen, verschiedene Fälle von Begünstigung und so weiter.«

»Sieh mal an!«

Und das war das Ende. Aus ihrem Gesicht war alle Heiterkeit verschwunden. Kurz entschlossen stieg sie ins Auto und entführte ihn aus dem Zaubergarten.

Genau die Art von Haus, wohin Vittorio mit seinen Mädchen gehen würde, dachte Anna Carla, während sie sich vorsichtig an die Fahrt bergab machte mit all ihren Kehren und Kurven. Denn irgendwelche Mädchen oder Miezen mußte es geben, auch wenn sie fünfzig- oder hunderttausend Lire für die Nacht nahmen. Ein festes Verhältnis mit kleinem Appartement war nicht sein Stil, und eine Herzensgeliebte war nichts für einen Mann, der an der Stelle des Herzens den Zwölffingerdarm, die Leber und die Milz hatte. Außerdem wäre so eine halboffizielle Beziehung für sie eine Kränkung und Demütigung gewesen, und man konnte von Vittorio sagen, was man wollte, nur nicht, daß er nicht ein in jeder Beziehung rücksichts- und taktvoller Ehegatte wäre. Selbstverständlich, auch die Miezen waren nicht gerade ein Vergnügen für sie, und gestern abend nach dem Schnitzer des armen Fontana war auf der Stelle vor ihrem geistigen Auge eine rasche Sequenz mit Augenauskratzen und Den-Schädel-an-die-Wand-Schlagen abgerollt. Aber das waren automatische Reaktionen ohne wahre Bedeutung. Vittorio blieb ein vortrefflicher Ehemann, der sie wahrhaft liebte und bewunderte und mit dem sie sich großartig vertrug. Wenn sie nun an Massimos Theorie über den Ehebruch dachte . . . Sie warf einen verstohlenen Blick auf den Kommissar und stellte fest, daß er ein klein wenig vergrämt wirkte. Der aalglatte Geschäftsführer hatte ihm vermutlich seine beruflichen Pflichten und

Sorgen wieder nahegebracht; es konnte aber auch sein, daß er das Fazit des Ausflugs zog und sich dabei ausrechnete, wie groß der Anteil, in Prozenten ausgerechnet, war, der in der Unterhaltung auf Massimo entfallen war. Glatt achtzig Prozent. Sie hatte zuviel von ihm gesprochen und, wie sie sich vorwarf, mit zu großer Wärme. Kein Mann auf der Welt hörte gern das Lob eines anderen von einer Frau, wenn es auch noch so verdient war. Wie sehr mochte wohl Maria Magdalena nach ihrer Bekehrung ihren Freunden auf die Nerven gegangen sein. Übrigens, um gerecht zu sein, was hätte sie selbst empfunden, wenn der Kommissar mit der gleichen Begeisterung von einer lieben Freundin gesprochen hätte, selbst wenn sie praktizierende Lesbierin wäre? Und wenn er vielleicht über Massimo nicht Bescheid wußte? Aber nein, so einfältig konnte er nicht sein; Blick und Lächeln waren freundlich und liebenswürdig, aber nicht die eines Mannes ohne jede Lebenserfahrung. Wer weiß, wie es mit ihm in puncto Bett (oder Couch, da er vermutlich ein Einzimmer-Appartement bewohnte) bestellt war? Das Wahrscheinliche war ein ausruhsames Verhältnis mit einer mehr oder weniger gleichaltrigen Frau, verheiratet oder von ihrem Mann getrennt lebend, die ihn mütterlich umsorgte, ihm Cremetörtchen backte und zum Geburts- oder Namenstag »jugendliche« Krawatten schenkte.
»Wie heißen Sie mit Vornamen?«
»Francesco.«
»Wie meine Tochter.«
»Ja.«
Jetzt begann er wieder mit seinen einsilbigen Antworten. Er war gewiß todmüde, und da hatte sie ihn gezwungen, stundenlang mit ihr Boccia zu spielen. Aber natürlich zog sich das Spiel in die Länge, wenn man jemanden wenigstens eine Partie gewinnen lassen wollte, der niemals mehr als einen Punkt schaffte . . .
»Wann sehen wir uns wieder?« fragte er zwischen den Zähnen.
Anna Carla bremste nicht, aber es war genauso, wie wenn ihr ein Kind vor den Wagen lief. Ein Tiefschlag. Der Tiefschlag des Kommissars Santamaria. Das klang wie der Titel eines Films. Was sollte sie Unglückselige antworten, fragte sie sich in tiefster Verwirrung. Daß man diese Frage lieber dem Schicksal überlassen sollte? Aber das Schicksal war, jedenfalls in seiner Turiner Filiale,

von einer Banalität, die zum Weinen war. Es pflegte im allgemeinen nicht Polizeikommissare und Damen der Bourgeoisie wie sie zusammenzuführen, und man konnte billigerweise nicht mehr von ihm verlangen, als es bereits gewährt hatte.

Mit jeder Sekunde, die verging, wurde es schwieriger, sich mit einem passenden Witz aus der Affäre zu ziehen. Nichts erhöhte die Spannung zwischen ihnen mehr als ihr Schweigen. Wenn sie noch länger wartete, mußte sie am Ende ernsthaft auf seine Frage eingehen.

»Warum?« fragte Anna Carla und trat die Flucht nach vorn an. »Was habe ich Ihnen getan?«

Er gab keine Antwort.

»Ich meine«, fuhr sie fort, während sie ganz unnötigerweise ein paarmal hupte, nur so, um Unbefangenheit zu demonstrieren, »habe ich mich schlecht benommen? War ich zu einladend?«

Und er schwieg.

»Wir haben zusammen gegessen, etwas vollkommen Normales. Wir haben ein paar angenehme Stunden verbracht, mit Gesprächen und Spaziergängen, und auch das ist vollkommen normal.«

Zerknirschtes Schweigen.

»Ich weiß Ihre Gesellschaft sehr zu schätzen, und ich muß annehmen, daß auch Sie die meine schätzen. Dabei ist nichts Schlimmes, im Gegenteil, es ist ein Glücksfall, und ich bin die erste, sich darüber zu freuen. Aber damit . . .«

Und da brach er in ein Gelächter aus wie jemand, der nicht ganz normal ist.

»Warum lachen Sie? Was gibt es dabei zu lachen?«

»Sie erinnern mich an die jugendlichen Autoknacker.«

»Was haben die damit zu tun? Da sehe ich wirklich keinen Zusammenhang.«

»Sie haben dieselbe Technik: ›Ich bin vorbeigekommen, und da stand der Mercedes mit offener Tür. Weil ich so müde war, bin ich eingestiegen, bloß um mich fünf Minuten auszuruhen. Aber auf dem Sitz lag die Leica für eine halbe Million Lire, aber ich habe sie nur angefaßt, um sie beiseitezuschieben. In dem Augenblick kam der Besitzer zurück‹ und so weiter . . .«

»Darin finde ich gar nichts Unwahrscheinliches. So etwas könnte mir sehr gut passieren.«

»Das glaube ich Ihnen, aber Sie würden die größten Schwierigkeiten haben, die Polizei davon zu überzeugen. Alle Umstände sprächen gegen Sie.«

»Was stellen Sie mit mir an, ein Verhör dritten Grades? Wollen Sie mir Verführung vorwerfen?« Jetzt lachte sie, es war ein wundervoll sarkastisches Lachen. »Wissen Sie, woran Sie mich erinnern? An die Nonnen in der Klosterschule: ›Hütet euch vor den Männern, Kinder. Ihr eßt ein Filetsteak mit einem Mann, und ihr bekommt ein Kind.‹«

»Erst Priester, jetzt Nonne. Ich mache Fortschritte bei Ihnen.«

Er war sympathisch. Er fand immer eine Antwort. Man mußte ihn einmal zum Schweigen bringen.

»Also mir gefallen diese Fortschritte gar nicht: ich bin schließlich nicht der Mount Everest. Außerdem haben Sie mich enttäuscht.«

Das mit der Enttäuschung zog immer. Er senkte denn auch den Kopf und stieß einen Seufzer aus, der zum Steinerweichen war.

»Also schön«, sagte er betrübt, »dann erläutern Sie mir die Theorie der ›guten Freunde‹.«

Nicht mal berührt. Im Gegenteil, er machte einen Gegenzug.

»Ich verstehe nicht, warum mich alle immer auf meine Verantwortlichkeiten festlegen wollen. Ich muß mich immer verteidigen. Was ich auch sage oder tue, man findet immer wer weiß was für eine geheime Bedeutung darin. Kann mich denn nie jemand einfach beim Wort nehmen? Sie habe ich gerade so sympathisch gefunden, weil . . .«

»Ich Sie doch auch! Wissen Sie, was ich dachte, als ich heute morgen zu Ihnen kam?«

»Nein.«

»Daß Sie ›eine sympathische Dame‹ sind.«

»Na also. Bravo. Was verlange ich denn mehr?«

»Und, Verzeihung, was habe ich denn gesagt? Daß ich Sie wiedersehen wollte. Weiter nichts.«

»Auf Basis der Sympathie?«

»Selbstverständlich.«

»Ach so, dann natürlich . . . Man mußte es nur einmal klären.«

»Sagen Sie selbst: Habe ich Ihnen auch nur eine einzige Minute heute den Hof gemacht?«

»Nein«, sagte sie.

»Also: sehen Sie?«
Ja, sie sah. Sie hatten die Stadt erreicht, und sie sah, daß eben das der Haken war, daß gerade hier die Gefahr lag. Aber jetzt war es zu spät, den Rückzug anzutreten. Sie hatte sich selbst die Falle gestellt, in die sie gegangen war.
»Abgemacht. Wir werden uns wiedersehen.«
»Wann?«
»Ich weiß nicht ...«
»Eventuell morgen?«
»Dann aber nur nachmittags. Morgens ...«
»Ich weiß, da müssen Sie mit der Amerikanerin ins Balùn-Viertel. Also morgen nachmittag um vier. Wo?«
»In dem Café am Corso Belgio«, sagte sie, um nicht sagen zu müssen: vor dem Friedhof. Er war einverstanden, und sein Ja klang, als sei es ihm Jacke wie Hose, aber darauf fiel sie nicht herein. Wer weiß, was für eine abgeschmackte sentimentale Bedeutung er bereits ihrer Wahl gab. Bis zum Polizeipräsidium sprachen sie von anderem.

13

»Auf Wiedersehen, Riviera. Ein schönes Wochenende!«
Die Fogliato hob grüßend die Hand und klappte sie zwei-, dreimal zusammen wie ein Augenlid, das sich schloß und wieder öffnete. Dann entfernte sie sich mit raschen kleinen Schritten in Richtung der Via Garibaldi. Eine brave Frau, im Grunde, dachte Lello, während er mit dem Blick dem Rhythmus ihrer zylindrischen Beine folgte. Zu Beginn des Nachmittags hatte sie ihn freilich mit einem langen Gesicht empfangen, das als vorbeugende Maßnahme gedacht sein mochte. Aber als er ihr dann ein wirklich ganz einfaches Buchungsproblem gelöst hatte, da hatte sich ihre Miene wieder aufgehellt. Wer weiß, was für ein leeres Leben sie führte. Armes Mädchen. Völlige Entfremdung, ein perfekter Roboter des spätkapitalistischen Überbaus. Um sie wegen der verlängerten Mittagspause nicht neidisch zu machen, aber auch um schon jetzt späteren Unterstellungen und übler Nachrede entgegenzutreten (die

Vermassung führte zur individuellen Niedertracht), hatte er es sich angelegen sein lassen, ihr, wenn auch nur in allgemeinen Zügen, über seine kleinen Nachforschungen mit ihrem Wechsel von Hoch und Tief zu berichten. Nachforschungen, die, nachdem sie ein paarmal ins Stocken geraten waren, nun für den Montag eine interessante Entwicklung versprachen. Und die Fogliato, ganz Neugier, Teilnahme, Solidarisierung (was nicht ausschloß, daß sie ihn drei Tage später hinter seinem Rücken einen armen Narren nennen konnte), die Fogliato also fühlte sich nahezu von neuem durch seine Zurückhaltung beleidigt. Aber wenn er doch selbst nichts mehr begriff! Wenn er doch selbst, wenigstens bis zum Montag, keine Hypothese vertreten und keine ausschließen konnte!

Achselzuckend machte sich Lello auf den Weg zu seinem Auto. Zwecklos, weiter darüber nachzudenken. Bauchiero oder nicht – es würde sich herausstellen. Übrigens, von allem andern abgesehen, der kleine Ausflug in die Hügel war ein Geschenk der Vorsehung gewesen; er fühlte sich wieder gut, in Hochform. Während des Tages mußte wohl der Anteil von Schwefeldioxyd in der Luft abgenommen haben, aber er fragte sich auch sehr offen, ob nicht die Abwesenheit Massimos mit seiner guten Laune zu tun habe, ob nicht trotz seiner Angstgefühle heute morgen und gestern und vorgestern in Wahrheit er, Lello, dieser Beziehung ein wenig überdrüssig geworden war. Sie liebten sich, gewiß, aber Liebe war nicht alles und löste nicht gewisse Grundkonflikte. Massimo zum Beispiel war »konditioniert« durch die privilegierte, parasitäre Schicht, der er (übrigens nicht durch eigene Schuld) angehörte, und gegenüber den Problemen der Unterdrückten nahm er die typische Haltung der Ausbeuterklasse ein. Sobald das Gespräch auf Vietnam, die arabischen Länder oder Südamerika kam, wechselte er das Thema oder täuschte ein Gähnen vor; wenn von Streiks, sozialen Reformen oder Friedenskundgebungen die Rede war, heuchelte er Langeweile und Gleichgültigkeit, hinter denen man freilich unschwer ein unbewußtes Schuldgefühl erriet. Nicht, daß sie sich wegen solcher Meinungsverschiedenheiten stritten (Lello liebte, und der Liebende »versteht« den anderen), aber ihre persönliche Beziehung wurde objektiv durch sie beeinflußt.

Er fand seinen Wagen eingekeilt, jemand hatte neben ihn eine vergammelte weiße Giulietta gestellt und war einfach wegge-

gangen. Unmöglich, auf dem ohnehin zu engen Raum zwischen den beiden Wagen, die vor und hinter seinem Fiat parkten, zu wenden. Gereizt blickte er sich um. Wußten die nicht, daß das Parken in der zweiten Reihe verboten war? Natürlich wußten sie es, aber sie scherten sich den Teufel darum. So was waren die reinsten Wilden, für die die andern gar nicht existierten. Leute, die gestern noch in Kalabrien im Wald gelebt hatten oder in den Höhlen Siziliens und die sich heute mit dem Auto schmückten wie die Wilden mit dem Wecker um den Hals. Wütend griff er durch das offene Fenster und drückte energisch auf die Hupe, fünf- bis sechsmal. Nichts. Wahrscheinlich saß der in irgendeiner Kellerwohnung, wo er die zwölf Kinder seiner Schwester abküßte. Er beobachtete, wie ein anderer Wagen sich die gleiche Übertretung der Verkehrsvorschriften zuschulden kommen ließ: langsam fuhr er auf der gegenüberliegenden Straßenseite, etwa dreißig Meter weiter, an die Reihe der parkenden Wagen heran und stellte sich daneben. Ein blauer Fiat 124. Der rechte Kotflügel war von einem grauen Fleck verunstaltet, der die Gummilösung verriet. Natürlich! Zu alledem verursachten sie alle Verkehrsunfälle: glattgefahrene Reifen, abgenutzte Bremsen, keine Ahnung von Stopplicht und Blinker und von einem prahlerischen Leichtsinn. Und das Schönste (das Schlimmste!) war bei alledem, daß in der Regel ihnen nichts passierte. Peng! Und schon sprangen sie aus dem Schrott, flink wie die Grillen. Es waren immer die andern, die dran glauben mußten.
»Entschuldigen Sie, tut mir leid«, sagte da, noch atemlos vom Lauf, ein Riese von Mann mit unverkennbar Piemonteser Akzent. Er sprang in die Giulietta und fuhr los.
Endlich konnte auch Lello aufbrechen. Er fuhr zum Palazzo Carignano, wo heute Professor Bonetto (derselbe, der in der *Stampa* schrieb) einen Vortrag über die Umweltverschmutzung in Amerika hielt – ein Thema von brennender Aktualität – in Verbindung mit der Vorführung eines Dokumentarfilms, der für Turin neu war. Leider konnte Lello, obwohl abonniert, nicht so oft, wie er gewollt hätte, die Veranstaltungen der *Unione Culturale* und verwandter Vereinigungen besuchen. Aus einer Art snobistischen Nicht-Engagements lehnte Massimo es ab, den aktuellen Entwicklungen zu folgen, nicht nur auf dem Gebiet der Politik, son-

dern ebenso auf dem der Kunst, des Films, des Theaters und der Literatur. In der ersten Zeit hatte er die größten Versuche unternommen, ihn aus seinem Elfenbeinturm herauszulocken, und eines Tages hatte er, ohne ihm vorher etwas zu sagen, ein Abonnement für sie beide (und das bedeutete, mit Rabatt) für die »Woche des kanadischen Films« genommen. Nun, er konnte nur soviel sagen, daß er etwas Ähnliches nie wieder machen würde. Besser, nicht mehr daran zu denken. Und so hatte er in zwei Jahren eine ganze Menge hochinteressanter Veranstaltungen versäumt. Selbstverständlich gab es die Wochenblätter und das Fernsehen, um auf dem laufenden zu bleiben, aber das konnte doch nie das lebendige Sehen und Hören ersetzen.
Als er an der Verkehrsampel der Piazza Castello halten mußte, bemerkte er im Rückspiegel den Fiat 124 mit dem grauen Fleck hinter fünf oder sechs Wagen. Ja, das Problem war immer das gleiche: bilden, den Horizont erweitern, Kultur und Zivilisation auf allen Ebenen und auf allen Gebieten verbreiten. Man konnte nicht ein sozial verantwortliches Verhalten von Menschen erwarten, denen jedes Bewußtsein von den Dingen fehlte. Aber Massimo als Angehöriger des Establishments hielt sich, metaphorisch gesprochen, jedesmal die Ohren zu (und nicht immer nur bildlich gemeint), wenn er, Lello, auf das unbequeme Thema kam. Es war die Vogel-Strauß-Politik, die ihn früher oder später einmal teuer zu stehen kommen würde. Denn die Geschichte schritt unerbittlich über Gruppenegoismen und aristokratische Verblendung hinweg.
Als er am Carlo-Alberto-Denkmal parkte, dachte er, daß Massimo, wenn sich die politischen Verhältnisse einmal zuspitzen würden, immer auf ihn und seine bescheidene Wohnung unterm Dach rechnen konnte. Er würde ihn verstecken, würde seinen Hunger stillen und ihn vor der Wut der Revolution schützen, die in ihrer Besessenheit vom Absoluten leider nicht jedem einzelnen Gerechtigkeit widerfahren lassen konnte. Und wer weiß, ob Massimo nicht, wenn er sich erst einmal die neue Realität bewußt gemacht hatte, seine große Intelligenz und seine hervorragenden Gaben in den Dienst der – und so weiter gestellt hätte.
Der blaue Fiat 124 stand in der zweiten Reihe in einem Winkel des Platzes. Lello versuchte zu erkennen, wer am Steuer saß, aber die schräg auf den Platz einfallenden Sonnenstrahlen blendeten

ihn. Vielleicht jemand, der auch in den Vortrag ging, sagte er sich; er suchte nach der Karte in seiner Tasche und schritt auf das Gebäude der *Unione Culturale* zu.

14

Der erste, dem der Kommissar auf dem Flur begegnete, war Zavattaro, der gerade aus dem Büro De Palmas kam. Er trug diesmal ein Jackett, und sein Hemd war bis oben zugeknöpft. Im nächsten Augenblick erkannte Zavattaro ihn, und blitzartig wechselte der Ausdruck der Verblüffung bei ihm zu dem eines blutrünstigen Hasses. Zähnefletschend, die Faust erhoben, trat er auf den Kommissar zu.

»Sie werde ich verklagen, verstehen Sie! Von Ihnen verlange ich Schadenersatz!« schrie er. »So eine Verleumdung! Aber auch ich werde mir einen Rechtsanwalt nehmen, und einen, der noch schlauer ist als Sie, das können Sie mir glauben!«

Aber die Faust blieb erhoben. Trotzdem packte Nicosia von hinten den erhobenen Arm und »schloß« den andern Arm im Ringergriff.

»Was ist denn mit Ihnen?« fragte Nicosia.

»Das ist er doch, der Schuft!« schrie Zavattaro und suchte sich verzweifelt zu befreien, aber nur um sich nach Nicosia umzudrehen. »Der hat mir euch auf den Hals geschickt, zusammen mit dem andern Schnüffler, jetzt weiß ich's genau!«

»Herr Kommissar«, sagte Nicosia schnaufend, »der ist übergeschnappt.«

Zavattaro klappte zusammen wie eine Marionette, und seine Haut, auch auf dem Schädel, wurde erdfahl. Auf die doppelte Täuschung reagierte er mit einem unzusammenhängenden Stammeln.

»Nun geben Sie mir mal eine Zigarette«, sagte der Kommissar.

Nicosia ließ Zavattaro los. Der versuchte zu lächeln, suchte in der Tasche seine Zigaretten und hielt dem Kommissar verbindlich lächelnd das Päckchen hin.

»Ich habe nichts verbrochen, Herr Doktor«, stammelte er, »ich habe mit der Sache nichts zu tun, wie ich Ihnen ja schon heute morgen gesagt habe. Ich hab' Garrone überhaupt nicht mehr gesehen, da können Sie alle meine Angestellten fragen. Wenn Sie mir gleich gesagt hätten, wer Sie sind, hätte ich dafür gesorgt, daß Sie mit allen meinen Leuten sprechen konnten. Ich weiß von der ganzen Sache nichts . . .«

»Um so besser, um so besser«, sagte der Kommissar und ging weiter. Zavattaro folgte ihm ein paar Schritte weit, ständig seine Unschuld beteuernd, dann blieb er zurück. Aber als der Kommissar bei De Palma eintrat, hatte er noch das Gefühl, daß ihn diese bösen schwarzen Augen verfolgten, Augen, die nicht verziehen.

»Was ist das?« fragte er. »Bei Zavattaro haben sich noch mehr Besucher gemeldet?«

»Allerdings«, sagte Magliano, der sich gerade bei De Palma befand, »wir waren sein dritter Besuch, deswegen hat er uns auch so unfreundlich empfangen. Anscheinend ist unmittelbar, nachdem du mit der ›Verwandten‹ Garrones gegangen warst, noch jemand gekommen, der ihn nach dem Architekten gefragt hat.«

»Wer?«

»Das weiß er nicht. Er sagt, er hätte ihn noch nie gesehen. Ein blonder junger Mann, gut gekleidet, mit einem gelben Fiat 500.«

»Und was wollte er von ihm?«

»Er hat ihn ebenfalls gefragt, ob er mit Garrone in Geschäftsbeziehungen gestanden hätte.«

Der Kommissar setzte sich rittlings auf einen Stuhl.

»Autonummer?« fragte er.

»Nichts, er war zu wütend, um darauf zu achten«, erklärte De Palma. »Aber da ist noch etwas Unangenehmes. Verdammt noch mal . . .« Er verzog das Gesicht vor Schmerz und lehnte sich vorsichtig an die Rückenlehne des Stuhls.

»Hast du dir einen Rheumatismus geholt?«

Ohne zu antworten, betastete De Palma seine Rippen mit dem Ausdruck eines lauschenden Indianers; unter dem Jackett trug er einen grauen Pullover.

»Dieser junge Mann«, sagte er, »der Blonde, hat Zavattaro noch nach einem andern gefragt. Er wollte wissen, ob er den kenne.«

»Was für ein anderer?«

»Dieser Idiot erinnert sich nicht mehr an den Namen. Es war unmöglich, ihn ihm ins Gedächtnis zu rufen.«

»Was ihn eigentlich wurmte, war dieser Rechtsanwalt Arlorio«, sagte Magliano. »Als dann der Blonde kam, hatte er seinen Ärger noch nicht verdaut, und da habe er, wie er sagt, seinem Herzen Luft gemacht und sich ein bißchen ausgetobt.«
»Und wie steht es mit dem Alibi?«
»Soweit es den Roten betrifft, ist es in Ordnung. Magliano hat es überprüft. Zavattaro erklärt, daß er am Dienstagabend in einem Klub in der Barriera di Milano Boccia gespielt und dafür mindestens zwanzig Zeugen hat.«
»Kurz, Sie sehen keinen Grund ...«
De Palma verschob um Millimeter sein Gewicht auf dem Stuhl und fluchte vor Schmerz.
»Schade, daß wir sie laufen lassen müssen«, meinte Magliano. »Jetzt, wo wir die berühmten Steine gefunden haben.«
»Es werden andere Steine gewesen sein«, sagte De Palma.
»Oder dieselben, die nur in einer ganz anderen Weise mit der Sache zu tun haben«, sagte der Kommissar.
»Und in welcher Weise?«
»Ich weiß es nicht. Möglich, daß Garrone an ein Geschäft dachte, mit dem er schließlich zu Zavattaro gekommen wäre, ohne daß der einstweilen etwas davon wußte.«
»Ein Lager von gebrauchten Grabsteinen?« fragte Magliano.
»Wenn es sich vielleicht um ein Geschäft mit gefälschten Ausgrabungsfunden handeln sollte, würde ich mich nicht besonders wundern«, sagte der Kommissar, der sich an eine Äußerung Zavattaros erinnerte.
De Palma überlegte es. »Nur«, gab er dann zu bedenken, »daß der große Markt für solche Fälschungen Rom und Sizilien ist.«
»Ist Garrone viel gereist?« fragte Magliano.
»In den letzten Wochen hat er jedenfalls nach dem, was seine Schwester sagt, immer in der Via Peyron geschlafen. Was vorher war, wissen wir nicht. Von Zeit zu Zeit verschwand er auf ein paar Tage, aber vielleicht verzog er sich nur mit irgendeinem blonden Mädchen in die Via Mazzini.«
»Und was haben die Gegenüberstellungen ergeben?« fragte der Kommissar.
»Ich habe darauf verzichtet«, sagte De Palma. »Weder Bauchiero noch die Tabusso habe ich kommen lassen, und die andern habe

ich wieder auf die Straße gesetzt. Ach ja, die Tasche kann man im Warenhaus Sigma kaufen, von dem es in Turin vierzehn Filialen gibt. Sie haben Ende April sechshundert von diesen Taschen bekommen, und sie sind weggegangen wie die warmen Semmeln.«

»Fingerabdrücke?«

»Auf dem Leinen natürlich nicht«, sagte Magliano. »Und im Innern der Tasche, das aus Plastik ist, ebenfalls nichts. Auch nicht auf dem Regenmantel. Wir sind noch einmal draußen gewesen, um zu sehen, ob vielleicht bei Tageslicht etwas anderes zu entdecken wäre – vielleicht das Bleirohr –, aber man hat nichts anderes als Kippen und Präservative, als Kämme und Kugelschreiber gefunden.«

»Hör mal zu«, begann De Palma. Plötzlich biß er sich auf die Lippe und schlug mit der Faust auf den Tisch, aber sein Gesicht zeigte statt Erleichterung die Zeichen eines unerträglichen Schmerzes. »Hör mal zu«, wiederholte er, mit einer Stimme, die leise war wie aus Respekt vor diesem grausamen Schmerz, »hast du gewußt, daß in dieser Gegend auch die Villa deines Campi steht?«

»Seine Eltern wohnen da.«

»Hast du mir nicht gesagt, daß er an dem fraglichen Abend in den Hügeln war?«

»Bis zehn Uhr war er bei seinen Eltern. Was später war, weiß ich nicht. Ich kann Nachforschungen anstellen, wenn er dir verdächtig vorkommt.«

»Nein, nein. Es ist nur so, daß mir dieser ganze verdammte Hügel verdächtig ist.«

Der Kommissar dachte daran, wie er den Nachmittag verbracht hatte, und senkte den Blick.

»Ich war mit Rappa auch im *Capriccio*«, sagte Magliano. »Garrone hat nach unseren Feststellungen nie ein Zimmer dort genommen, und Blondinen sieht man dort zwei Dutzend am Tage, sie sind in der absoluten Mehrheit.«

»Was ist das *Capriccio*?« fragte der Kommissar, ein wenig mit dem Gefühl, im Dunkeln tappend gleich gegen einen Stuhl zu stoßen. »Ein Hotel-Restaurant?«

»Ein Night-Club-Hotel. Aber wie sie uns selbst sagen, zu kontrollieren ist nur die Vermietung der Zimmer, nicht das, was draußen, im Park, geschieht.«

»Gehört ein Park dazu?«
»So etwas Ähnliches. Es ist das übliche Pariser Tanzparkett unter den Bäumen, und der Rest ist ein Terrain mehr oder weniger so wie das der Tabusso. Jeder erledigt da seine kleinen Affären.«
Der Mann im blauen Anzug, der sich glättend über das Haar im Nacken strich, tauchte vor dem inneren Auge des Kommissars wieder auf. War hier der Stuhl, gegen den er zu stoßen fürchtete? Und lohnte sich die Mühe, sich auch an diesen Strohhalm zu klammern?
»Bist du bei den Schwestern Tabusso gewesen?« fragte er.
»Ich bin zu ihnen gegangen«, sagte De Palma. »Ich wollte einmal ein bißchen Dankbarkeit genießen. Man kann nicht von Beschimpfungen allein leben.«
Magliano lachte boshaft.
»Aber es wurde eine Enttäuschung«, fuhr De Palma fort. »Diese Frau möchte am liebsten militärischen Schutz für ihre Wiese haben.«
»Und ihre Schwester?«
»Sie ist mit mir zu der Stelle gegangen, wo sie die Blonde gesehen hat. Eine etwas ängstliche alte Jungfer, aber sie macht mir nicht den Eindruck von Hysterie oder Überspanntheit.«
»Aber die Leibschmerzen?«
»Was soll ich dir sagen? Ich will nicht ausschließen, daß bei ihr eine gewisse Neugier auf das, was auf ihrer Wiese geschieht, mit im Spiele sein könnte, aber wie ein Voyeur kommt sie mir nicht vor.«
»Wird die Gegend von Voyeurs besucht?« fragte Magliano.
»Wenn man Rappa hört, wird jede Gegend von Voyeurs unsicher gemacht«, sagte De Palma. »Übrigens ist ihm das nur recht. Er sagt, wenn es so weitergeht, werden wir das Problem der Übervölkerung gelöst haben.«
»Und wie lösen wir das Problem Garrone?«
De Palma schloß die Augen, als wollte er seinen Rheumatismus davon überzeugen, daß er schlafen gegangen sei. Aber dann schob er mit zögernder Umsicht die Hand bis zu einer Schublade, öffnete sie vorsichtig und zog blindlings eine der Vergrößerungen heraus, die der Erkennungsdienst angefertigt hatte. Er legte sie behutsam auf die Schreibtischplatte und musterte aufmerksam das von Falten

durchfurchte Gesicht des ermordeten Architekten mit dem verzerrten Mund und den aufgerissenen Augen, in denen noch die Verblüffung zu lesen war.
»Ich weiß nicht«, sagte er. »Man müßte einen Einfall haben.«

15

Der Saal war dunkel, der Projektionsapparat surrte. Der Amerikanist Bonetto saß so, daß er die Leinwand für seinen 16-mm-Film sehen konnte, die zwischen zwei Stangen vor die Wand gespannt war; eine kleine Lampe über dem Tisch warf Licht auf das Manuskript seines Vortrags.
»Die Flußgemeinde von Fathead Ridge«, las er, »stellt also ein extremes, wenn auch keineswegs atypisches Beispiel dar für diese neue amerikanische Kenntnisnahme von der mythischen, historischen und ökologischen Gleichung: Strom gleich Leben.«
Auf der Leinwand erschienen malerisch bewaldete Hügel vor einem Hintergrund von schneebedeckten Gipfeln. Die Kamera war auf einem fahrenden Jeep postiert (im Vordergrund erkannte man ein Stück der Motorhaube), der sich auf einer nichtasphaltierten Straße, zwischen Felsen und grünen Lichtungen, fortbewegte. Der Film war ohne Ton.
Bonetto blickte, auf der Suche nach dem jungen Darbesio, verstohlen ins Publikum. Während der ersten vierzig Minuten seines Vortrags hatte Marpiolis Trabant in der dritten Reihe gesessen, die Augen in beleidigender Weise halb geschlossen. Aber in dem Halbdunkel verschwammen die Gestalten, und die Köpfe erschienen ihm jetzt als eine Art von Sonnenblumenfeld.
»Die Gemeinschaft von Fathead Ridge«, fuhr er fort, »ist – gerade weil sie nicht nur mit dem ›System‹ bricht, sondern auch mit den traditionellen Formen des Kampfes gegen das System – so gut wie ganz von den Medien wie auch von den Gegnern des Systems ignoriert worden. Es handelt sich hier um ein stolzes und einsames Unikum, das jegliche billige Proselytenmacherei ablehnt, und das daher sogar in den Vereinigten Staaten selbst praktisch unbekannt geblieben ist.«

Auf der Leinwand erschien wieder die kleine Zeltstadt in der Dämmerung. Um ein offenes Feuer saßen Männer und Frauen, aßen Fisch, tranken und plauderten.
»›Alles für den Fluß, alles vom Fluß.‹ Das ist das Anliegen, die Botschaft von Fathead Ridge, auf ihre letzte Essenz gebracht. Allmählich wird die Droge verdrängt durch das rituelle Spiel mit dem flachen Kieselstein, der nicht zufällig gerade siebenmal auf der Wasserfläche aufprallen muß. Auch die Ernährung aus dem Wasser gewinnt eine überzeugende ideologische Sinnfälligkeit: der Fisch, dessen mannigfache symbolische Bedeutungen hier nicht erst unterstrichen werden müssen, der Fisch wird im wachsenden Maße zu dem einzigen, unangetasteten Mittel unseres Überlebens. Aber darüber hinaus: es wird – und das ist die entscheidende Entwicklung, die in Fathead Ridge ihren Anfang nimmt – ausschließlich Flußfisch sein müssen, Fisch, der durchaus nicht immer im Überfluß von den Mitgliedern der Gemeinschaft selbst im Fluß gefangen wird, bis hinunter zu Lachs in Dosen und tiefgefrorener Forelle.«
Auf der Leinwand sah man ein Mädchen Gitarre spielen und den Mund auf- und zumachen, während ein Mann im karierten Hemd rhythmisch den Kopf dazu wiegte. Die Kamera wich zurück und zeigte nun auch den fast schwarzen Himmel und die Mondsichel, die hinter den Bergen heraufkam. Der Film war zu Ende, und im Saal gingen die Lichter wieder an.
Bonetto schaltete die kleine Leselampe aus und wandte sich seinem Publikum zu. Darbesio, mit Augen wie ein gekochter Fisch, saß noch immer auf demselben Platz in der dritten Reihe. Bonetto atmete auf. Wenn der sich während der Filmvorführung unter dem Schutz der Dunkelheit auf- und davongemacht hätte, wäre alles umsonst gewesen. Denn jetzt, genau an diesem Punkt seines Vortrags, sollte die für Marpioli bestimmte Sprengladung gezündet werden.
»Nichts«, so las er mit eisiger Kühle, »nichts kann es dem unvorbereiteten oder auch interessierten Beobachter verwehren, in der Gemeinde von Fathead Ridge ein beliebiges Zeltlager von Angelsportlern zu sehen. Aus dem Zusammenhang gerissen, kann der revolutionäre Vorgang von Mimese, der täglich in Fathead Ridge stattfindet, auch durch eine immerhin sympathisierende filmische

Vermittlung gesehen, leicht seinen eigentlichen Charakter verlieren, nämlich den einer drastischen Wendung gegen die Technologie.«

Professor Bonetto machte eine Pause und ließ den Blick über seine rund achtzig Personen zählende Zuhörerschaft gleiten. Darbesio, weit entfernt von jedem Verdacht, verharrte in seiner Pose müder, doch vorsätzlicher Teilnahmslosigkeit.

»Wer noch nie die ent-schei-den-de Bedeutung des Stroms als Strom in der amerikanischen Tradition gewürdigt hat«, las Professor Bonetto, jedes Wort betonend, »wer den Strom in seiner Eigenschaft als Nährboden – konkret und bildlich verstanden – der gesamten, jawohl der gesamten amerikanischen Literatur völlig übersehen hat, ist selbstverständlich nicht in der Lage, die provozierende Lektion zu verstehen, die uns Fathead Ridge erteilt. Schmerzlich zu sagen, daß in den Vereinigten Staaten solche Blindheit, ob nun in gutem Glauben oder aus Bosheit, nicht selten ist. *Und leider könnten wir dafür auch in Italien einige mit Händen zu greifende Beispiele anführen.* Tatsache bleibt, daß ...«

Der Hieb hatte gesessen: Darbesio fuhr auf seinem Sitz hoch, wie getroffen von einer ferngelenkten Rakete. Die rhetorische Pause ausdehnend, beobachtete Professor Bonetto, wie der kleine Streber die Augen jetzt weit aufgerissen hatte und mit der Hand in die Innentasche seines Jacketts fuhr. Der Kriecher war imstande, sich eine Notiz zu machen. Bitte sehr, möge er doch! Je genauer der Bericht, desto größer der Ärger seines Herrn und Meisters.

Es war schon ein glänzender Einfall gewesen, Marpioli eben dies zum Vorwurf zu machen, daß er sich noch nie mit der amerikanischen Flußthematik beschäftigt habe. Professor Bonetto bedauerte nicht die vierundzwanzig Stunden, die er gebraucht hatte, um eine so einfache und eine so tödliche Antwort zu finden. Er bemerkte, daß er schweißbedeckt war, leicht und leer wie nach einem Liebesakt. Er goß sich ein Glas Mineralwasser ein und trank es aus, jedes Bläschen des sprudelnden Wassers genießend. Dann setzte er seinen Vortrag fort.

Gab es im Monferrato überhaupt Flüsse? Vor einem Schaufenster mit Jagd- und Angelsportgerät stehend, wurde Lello klar, daß er so gut wie nichts über diese alte Piemonteser Mark wußte. Es gab einen hügeligen Teil, und dort hatte mit Sicherheit Massimo seine Villa, aber soviel er zu wissen glaubte, gab es auch einen ebenen Teil, durch den der Tanaro oder die Dora floß. In jedem Fall würde sich irgendein Wasserlauf finden, der mit dem Auto leicht erreichbar war.

Hinter der Scheibe standen sich zwei Schaufensterpuppen mit ihrem künstlichen Lächeln gegenüber. Die rechts präsentierte den schwarzen Overall des Unterwasserjägers mit Tauchflossen und mit den Sauerstoffflaschen auf dem Rücken; die Puppe links trug einen grünen Leinenanzug, Gummischaftstiefel und hielt in der Hand eine stählerne Angelrute. In einer Ecke lehnte ein ganzes Bündel von Angelruten, und am Boden lagen aneinandergereiht Angelhaken, Nylonschnüre, winzige bunte Kreisel und eine Menge kleiner, mit Kurbeln versehener Geräte; die Kurbeln dienten vermutlich dazu, die Angelschnur zurückzuziehen, sobald der Fisch angebissen hatte. Lello hatte sich noch nie für den Angelsport interessiert, aber heute wurde ihm klar, daß es sich dabei um eine Tätigkeit handelte, die auch ein gewisses inneres Engagement erforderte. Und ebendas wollte Massimo nicht zugeben, daß ein Vortrag wie der heutige neue Perspektiven aufriß, daß er einen stimulierte und provozierte, kurz, daß er eine Bereicherung war.

Freilich war da noch das Problem der Zubereitung, überlegte er im Weitergehen. Wenn es sich nur darum handelte, kleine Fische im ganzen zu braten, so fühlte er sich dieser Aufgabe vollauf gewachsen: in Mehl wenden und in eine Pfanne mit siedendem Öl werfen. Doch wenn sie große Brocken von einem oder gar drei Kilo fingen? Die mußten ausgenommen werden, mit den bloßen Händen mußte man die Eingeweide herausholen – alles Dinge, für die ein sensibler Mensch wie er wenig geeignet war, der schon in Ohnmacht fiel, wenn er nur ein wenig Blut sah.

Er wollte mit Massimo darüber sprechen; wahrscheinlich gab es irgendeine alte Bäuerin, die sich um diese widerwärtigen Einzelheiten kümmern konnte. Danach wurde der Fisch über der offenen

Glut gegrillt, während ihm Massimo vielleicht beim Tischdecken half . . .
Plötzlich bekam er Hunger; kein Wunder, da er am Mittag nur ein Wurstbrötchen gegessen hatte. Eilig strebte er dem Restaurant zu, dessen schmiedeeisernes Schild *Il badile* bereits zu sehen war.

17

Anna Carla fühlte sich sanft und abgeklärt, und diese Sanftmut bewirkte, daß alle ihre Bewegungen träger wurden. Sie spürte es selbst, und es machte sie glücklich – auch dies auf eine gleichsam gedämpfte Weise, so als läge eine leichte Schneeschicht über allem. Wie durch einen Filter drangen Worte und die Laute der äußeren Welt zu ihr, das Klingen silberner Bestecke, das Geräusch von Wasser, das in ein Kristallglas gegossen wurde, und die Stimme Vittorios, der von Frankfurt sprach.
»Ist Frankfurt eigentlich wirklich so scheußlich?« fragte sie und dachte dabei an den Corso Belgio. Sie konnte sich nicht vorstellen, daß es wirklich häßliche Städte, böse Menschen, Kriege und Revolutionen gab.
»Es ist eine Stadt, die niemand besuchen würde, wenn er dort nicht geschäftlich zu tun hätte.«
Aber auch Geschäfte, dachte Anna Carla, mußten doch nicht unbedingt etwas Häßliches oder Nüchternes sein. Große Maler, Venezianer, Toskaner und Holländer, hatten doch in denkwürdiger Weise Farben und Lichter, Gesichter und Hände herauszuholen gewußt aus Menschen, Waren und Schätzen bei ihrem Weg von Land zu Land. Was war an einem Scheckbuch »häßlich«? Oder an einer Zusammenkunft in einem Frankfurter oder New Yorker Hotel? Es hing immer von einem selbst ab, wie man die Dinge sah; das hatten schon viele Philosophen gesagt und bewiesen. Sie nahm sich vor, wieder einmal in einer Geschichte der Philosophie zu blättern; in der Bibliothek mußte sich etwas dieser Art finden.
»Und wann fährst du nach Frankfurt?«
»Dienstag«, sagte Vittorio. »Ich bleibe drei oder vier Tage weg.«
Wenn er ein Mädchen hatte (es war noch hübsch und sympathisch,

fand sie, daß ihr spontan dieses Wort eingefallen war statt des anderen, »Geliebte«), also, wenn er ein Mädchen hatte, dann würde er die Gelegenheit benutzen, es mitzunehmen. Vielleicht buchte er vor allen seinen Reisen – bis auf die mit Fontana und die gelegentlichen mit ihr – die Kabine neben der seinen gleich mit, den Platz im Flugzeug zwei Reihen hinter seinem Platz, für diese unbekannte Gefährtin, die ihm etwas gab, was ihm seine Frau nicht gab. Anna Carla empfand keine Feindseligkeit, nicht einmal Neugier, nur überströmendes Mitleid mit diesem Mädchen, mit Vittorio, mit Massimo, Zavattaro, Garrone, mit allen Menschen, dazu verurteilt, ihr empfindliches Spinnengewebe von einem Winkel ihres Lebens zum andern zu knüpfen und wieder zu knüpfen.
»Ich fürchte nur, daß ich auch morgen den ganzen Tag mit Fontana zu tun haben werde«, sagte Vittorio mit einem Seufzer. »Wir haben noch manches vorzubereiten.«
»Wie lästig!«
»Kommt es dir ungelegen? Wolltest du nach Stresa fahren?«
»Nein, ich war nur halb und halb verabredet. Ich rufe die Pucci an, daß wir es eventuell aufs nächste Wochenende verschieben. Übrigens wäre ich selbst morgen nicht frei; ich habe doch Federicos Amerikanerin am Hals.«
»Bringst du sie zum Lunch hierher?«
»Nein, ich verlasse mich auf das unvermeidliche Restaurant in den Hügeln.«
Es waren keine Lügen. Es waren »Korrekturen«, ein Wischen mit dem Daumen an der Skizze, am Entwurf von ihrem Samstag. Vielleicht traf Vittorio morgen sein Mädchen und fuhr tatsächlich allein nach Frankfurt. So standen sie sich gegenüber, an den entgegengesetzten Seiten des Schachbretts, und bewegten voller Umsicht ihre Figuren. Sollten wir am Ende gemeine Heuchler sein? fragte sich Anna Carla plötzlich, verblüfft. Das verderbte bürgerliche Paar, dem Abscheu der Allgemeinheit preisgegeben?
Und doch war an ihrer Zuneigung zu Vittorio nichts Fragwürdiges oder Unechtes; dessen war sie ganz sicher. Ihre Ehe befand sich in keiner »Krise«, und keiner von ihnen beiden war vom andern »enttäuscht«. Also?
Sie stand gleichzeitig mit ihm auf und nahm seinen Arm. Als sie

durch die Tür ins andere Zimmer gingen, stieß sie mit der Hüfte an den Türpfosten.

»Entschuldige. Hast du dir weh getan?«

»Meine Schuld. Ich bin so ungeschickt.«

Sie schaltete das Licht ein, und die vierundzwanzig Rosen, die sie vor einer Stunde gekauft hatte (wunderschön und zu einem lächerlichen Preis, aber ohne Duft), boten ihr ihre eigene Lösung für alle Probleme an. *Les roses de la vie* ... Ein Ronsard mußte in der Bibliothek stehen. Als Studentin hatte ihr jeder dritte ihrer Freunde, sobald er mit ihr allein war, die berühmte Einladung zitiert. Aber vielleicht steckte hinter den Versen des alten Dichters etwas anderes als bloße Galanterie. Die Fußballfans, die sonntags ins Stadion, die alten Mütterchen, die in die Kirche liefen, die Angestellten, die um zehn von ihrem Schreibtisch aufstanden, um einen Kaffee zu trinken, die jungen Burschen, die auf ihren dröhnenden Motorrädern durch die Gegend rasten – was taten sie anderes, als die Rosen des Lebens zu pflücken? Alle Menschen, die moralischen und die frivolsten, die reichsten und die ärmsten – sie alle verfolgten in Wirklichkeit, ob bewußt oder nicht, nur dieses Ziel. Auch Kant? Gewiß, auch Kant, heimlich. Auch Lenin? Wenn man nur gut suchte, würde man es auch bei ihm finden. Vielleicht war überhaupt für Menschen wie ihn die Revolution die Rose des Lebens. Sie sah Lenin vor sich, mit seiner komischen kleinen Mütze, wie er der Menge zurief (französisch, denn in Rußland sprachen alle französisch): *Vivez, si m'en croyez, n'attendez à demain!* Wenn man vom Jargon des Volksführers absah, war es doch derselbe Gedanke, oder nicht?

Sie dachte daran, Massimo anzurufen und ihn zu fragen, ob ihre Theorie haltbar war, entdeckte dann aber, daß sie keine Lust hatte, ihn zu sehen oder mit ihm zu sprechen, und daß sie es vorzog, ihre Theorie selbst zu überprüfen.

»Hast du etwas dagegen, wenn wir in die Bibliothek hinübergehen?«

»Aber nein, ich bitte dich!«

So wollte sie diesen Abend verbringen, lesend und in stiller Sammlung. Und auch morgen früh, wenn sie ein wenig mit Francesca gespielt hatte ...

»Wie lästig, dieser Federico!« sagte sie ärgerlich, als sie plötzlich

wieder an das langsame und sinnlose Herumlaufen zwischen den Trödelbuden des Balùn dachte. Vittorio brummte etwas vor sich hin, was offenbar sein Mitgefühl mit ihr ausdrücken sollte, und setzte sich in einen der Sessel. Er streckte die Beine weit von sich und ließ die Arme zu beiden Seiten über die Lehne baumeln.
»Du siehst müde aus.«
»Ich bin tatsächlich müde.«
Sie zögerte ein wenig.
»Soll ich dir etwas vorlesen?«
»Was denn?«
»Ich weiß nicht. Lenin.«
»Um Gottes willen! Du auch?«
Sie beugte sich über die Rückenlehne seines Sessels und nahm seinen Kopf in beide Arme. Noch nie hatte sie ihn so liebgehabt, ihn und die drei Milliarden Menschen, die diese Erde bevölkerten.

18

Als Lello auf sein Auto zuging, kam er an dem blauen Fiat 124 vorbei, der noch immer an einer Ecke der Piazza Carlo Alberto stand. Es war niemand darin, der Besitzer mußte also hier in der Gegend, in einer dieser Straßen, wohnen. Außer dem grauen Fleck auf dem Kotflügel zeigte der Wagen auch eine Beule in der Stoßstange, ebenfalls auf der rechten Seite. Vorfahrt nicht beachtet und seitlicher Zusammenstoß. Lello, der, seit er ein Auto hatte, täglich die Chronik der Verkehrsunfälle las, hatte das düstere Gefühl, das früher oder später auch ihm so etwas passieren würde.
Er fuhr langsam los, obwohl er wußte, daß auch vorsichtiges Fahren leider keine Garantie gegen Unfälle war. Man mußte immer mit den Fehlern der andern rechnen. An der dritten Ampel der Via Roma erkannte er den Fiat 124 unter den ihm folgenden Wagen; es kam ihm ein Verdacht, den er aber sofort als absurd von sich wies. Es konnte sich nur um einen Zufall handeln. Als er jedoch auf die Piazza Carlo Felice kam, bog er statt links, um nach Hause zu fahren, rechts ein, in die Via Sacchi. Er wollte doch mal sehen.

Und wirklich, er sah . . .
Haarsträubend, dachte er, zugleich amüsiert und empört. In Turin war es mittlerweile so weit gekommen, daß ein anständiger Junge nach Sonnenuntergang nicht mehr allein in seinem Auto durch die Stadt fahren konnte, ohne verfolgt und belästigt zu werden. Da wurde man mit einem dieser Strichjungen, wenn nicht noch Schlimmerem verwechselt! Die Zeitungen hatten wirklich recht, es war eine Schande und ein Skandal, von der Gefahr, in der man sich befand, ganz zu schweigen! Was tat eigentlich die Polizei?
Aber gerade weil das Ganze so ungeheuerlich war, fragte er sich, als er bis zum Ende der Via Sacchi gekommen war, ob er nicht doch Gespenster sehe. Er bog auf den Corso Sommeiller ein und fuhr durch dieses Viertel mit seinen starren schwarzen Blöcken, über dem die Stille und Dunkelheit wie Watte lag. Mit ein wenig Herzklopfen bog er einmal rechts, dann links und wieder rechts ein, in einem Zickzack von Einbahnstraßen. Er gab Gas, nahm das Gas weg, wartete und fuhr weiter. Und bei jedem Mal leuchteten an der letzten Kreuzung die beiden Scheinwerfer auf; der schattenhafte Fiat 124 hielt einen Augenblick an, um dann mit bedrohlicher Langsamkeit in seiner Richtung weiterzufahren. Dies konnte kein Zufall sein. Jemand folgte ihm.
Lello lachte nervös. Was sollte er tun? Anhalten, aussteigen und dem Verfolger die Stirn bieten? Das war eine Möglichkeit, aber auf keinen Fall hier, in diesen dunklen, menschenleeren Straßen. Besser ins Zentrum zurückzufahren, zumal er auch damit rechnen mußte, daß in dem Wagen hinter ihm drei oder vier Personen saßen. Er hatte nicht die geringste Lust, sich zusammenschlagen und ausplündern zu lassen. In seiner Brieftasche steckten neuntausend Lire, und am Handgelenk trug er die goldene Omega, die ihm Rino geschenkt hatte . . .
Er öffnete den Mund, und der Name fiel ihm gleichsam wie ein Stein bis in den Magen. Rino war's, der Ingenieur Costamagna, der ihn verfolgte! Es konnte nur er sein. Wie dumm von ihm, nicht gleich darauf zu kommen! Wo hatte er den Wagen das erste Mal gesehen? In der Nähe des Büros, dort wo Rino ihn zur Zeit ihrer Freundschaft vor drei Jahren allabendlich erwartet hatte. Ein Mann in reiferen Jahren, aber schüchtern, verschlossen, introvertiert; besitzergreifend infolgedessen, um nicht zu sagen: eine

Klette. Übrigens gab es in jeder Liebe einen, der mehr litt, als daß er leiden machte, und in ihrem Fall hatte der Ingenieur das Kreuz getragen. Nicht, daß er ihn je mit berechneter Grausamkeit behandelt hätte: er hatte ihn aufrichtig gern gehabt und manch glückliche Stunde mit ihm verlebt, aber als dann Massimo gekommen war...

Beruhigt fuhr Lello jetzt nach Hause, ohne sich länger um seinen Verfolger zu kümmern. Es war ein Gefühl, als ob er ihn an der Leine habe. Armer Rino! Er war vor Kummer krank geworden, damals, und es hatte Monate gedauert und endlose Gespräche gebraucht, um ihn zu überzeugen, daß es wirklich zwischen ihnen aus war. Er versuchte es immer wieder, rief an, schrieb ihm Briefe, schickte kleine Aufmerksamkeiten. Und als er, Lello, schließlich ein bißchen die Geduld verlor und es ihm zeigte, hatte darum der Ingenieur Costamagna keineswegs die Hoffnung aufgegeben. Wie oft hatte er damals, wenn er nach Dienstschluß Massimo entgegenging, den Wagen Rinos (damals einen türkisfarbenen Fiat 1300) in der Nähe, offenbar in geduldiger Erwartung, gesehen? Öffentliche Szenen hatte es, dem Himmel sei Dank, nie gegeben, weil der Ingenieur Costamagna sehr zurückhaltend war, ein Herr; und Massimo hatte menschliches Verständnis für die Situation aufgebracht und sich nicht weiter aufgeregt. Aber natürlich war es eine schwierige Zeit gewesen, und es hatte erbitternde Momente gegeben. Wenn das nur nicht von vorn anfing...

Er stieg in der Via Berthollet aus, ließ den Wagen stehen und ging, ohne sich umzusehen, bis zur Haustür. Rino war von Natur schweigsam und scheu; er hatte etwas von einer Schildkröte: er ließ sich sehen, ja er *wollte* gesehen werden, aber im letzten Augenblick zog er den Kopf ein. Ein Verliebter alten Schlages. Es bestand keine Gefahr, daß er aus dem Auto sprang, um ihm zu folgen; sein armseliges Ziel hatte er für heute abend jedenfalls erreicht.

Als er die dunklen Treppen hinaufging, fiel ihm ein, daß sie sich in einem Juni kennengelernt hatten, auf einer Ausstellung balkanischer Plakatkunst; Costamagna aber war, wie alle ein wenig frustrierten und in sich gekehrten Menschen, durchaus imstande, sich das genaue Datum notiert zu haben. Vielleicht war gerade heute der Jahrestag ihrer Bekanntschaft, und vielleicht dankte er diesem Umstand die heimliche Verfolgung. Lello wünschte sich nur, daß hier nicht eine schon erloschene Flamme von neuem aufloderte, sondern es sich allein um eine kleine, rührende Gedenkfeier handelte. Denn andernfalls ...

Oben, in seiner Wohnung, ging er sofort, ohne Licht zu machen, an das Fenster, das auf die Piazza Madama Cristina ging. Der Fiat 124 war nicht zu sehen. Auf die Fensterbank gestützt, blieb Lello stehen, trotz allem ergriffen. Er konnte den Ingenieur nicht als eine bloße Episode in seinem Leben abtun; es war eine lebendige, intensive Beziehung gewesen, ein zwischenmenschlicher Austausch, ein Dialog (in einem tieferen Sinne des Wortes, denn viel geredet hatte Rino nie), der für beide Teile von Nutzen gewesen war. Er richtete sich auf. Melancholisch lächelnd tappte er bis zum Plattenschrank, schaltete die Beleuchtung ein und suchte die Sechste Symphonie von Beethoven. Wie oft hatte er sie gehört, mit dem Kopf auf den Knien des Ingenieurs!

Er stellte den Plattenspieler an und legte sich bäuchlings auf den Teppich, das Kinn in die Hände gestützt. Rino war ein enthusiastischer Liebhaber symphonischer Musik. Er kannte Dutzende von Stücken auswendig. Satz für Satz, Note für Note, und »dirigierte« das Orchester mit weit ausholenden Gebärden, zumal wenn es ein *Largo* war. Was er am meisten bedauerte, war – wie er immer sagte –, daß er kein Instrument spielen konnte; als Kind hatte er es gerade dazu gebracht, einigermaßen ordentlich die *Campagnola bella* zu klimpern, später aber nicht mehr die Zeit gehabt, sich weiter dem Klavierspiel zu widmen. Der arme Rino!

Ein kurzer metallischer Klang brach in das Wogen der Streicher. Aber er kam nicht vom Orchester Toscaninis, sondern vom Türklopfer. Lello richtete sich auf dem Ellbogen auf, zu Tode erschrocken.

So etwas passierte einem, wenn man seinem Gefühl nachgab (und außerdem in einer Bruchbude wohnte, wo die Haustür stets offen war), dachte er voller Entsetzen. Der war die Treppe heraufgestiegen, hatte an der Tür gehorcht – und bei den ersten Takten der »Sechsten« an ein Nachgeben, an eine Einladung geglaubt. Schon streckte er den Arm aus, um die Platte abzustellen, als er begriff, daß er es damit nur schlimmer machte. Im Gegenteil, jetzt könnte man eher die Lautstärke aufdrehen, damit der Ingenieur glaubte, er hätte sein Klopfen nicht gehört. Doch in diesem Fall hätte er nur lauter geklopft.

»Verdammt«, sagte Lello zwischen den Zähnen, »verdammter Mist!«

Er erhob sich und schlich sich wie eine Katze an die Tür. Gerade als er das Ohr an das Holz preßte, klopfte es wieder, leise, aber zuversichtlich. Lellos Herz begann stürmisch zu schlagen. Von hinter der Tür kam kein Hauch; Rino mußte vor Spannung und Hoffnung wie erstarrt sein. Gewiß, er tat ihm leid, aber mit welchem Recht war er hier . . .

Er enschloß sich zu öffnen. Diese Szene: sie beide mit dem Ohr an der Tür, jeder auf seiner Seite, nur zwanzig Zentimeter von einander entfernt, war eine Farce, unwürdig ihrer alten Liebe. Er würde ihn also mit freundlicher Nachsicht empfangen, ihm aber sehr klar zu verstehen geben, daß es keinen Zweck habe, wieder anzufangen. Einen Whisky, ein bißchen Musik, wenn es ihm Freude machte, aber dann einen Händedruck und ein endgültiges, ein letztes Lebewohl. Seine Finger fuhren schon über das Schloß, als er ein leises, unheimliches Geräusch hörte.

Es klang, wie wenn ein Nagel kratzend über das Holz glitt, aber aus irgendeinem Grunde lief es Lello kalt über den Rücken. Das Kratzen oder Scharren hatte nichts von Ungeduld oder gar von Flehen. Eher konnte man an die zerstreute, unwillkürliche Bewegung eines Menschen denken, der überzeugt ist, daß man ihm früher oder später die Tür aufmacht. Lello hatte auf einmal das Gefühl, daß hinter der Tür nicht der Ingenieur Costamagna stand, sondern ein Hund. Richtig, das war es: das Scharren eines Tieres.

Er hielt den Atem an, das Geräusch hörte auf. Mit äußerster Behutsamkeit zog Lello die Hand zurück, aus Furcht, ein Knacken des Gelenks könnte ihn verraten. Ein neuer Schlag gegen die Tür hatte fast die Wirkung, daß er in die Knie brach. Ohne daß er es sich erklären konnte, hatte die Szene etwas von einem Alptraum bekommen. Bewegungslos wartete er im Halbdunkel der Diele, während drüben die Musik Beethovens endlos wogte. Wann wird er endlich fortgehen, dachte er. Wann entschließt er sich dazu, mich in Ruhe zu lassen?

Endlich hörte er, wie sich seine Schritte – schwere, unverwechselbare Schritte – entfernten – und wiederkamen.

Scher dich fort! dachte Lello mit aller Willensanspannung. Verschwinde!
Eine Minute verging, zwei Minuten. Dann entfernten sich die Schritte wieder und diesmal endgültig. Sie verhallten, in einem traurigen, resignierenden Rhythmus, auf der Treppe. Zwei Stockwerke tiefer schlug die Tür des Fahrstuhls. Lello lief zum Plattenspieler und stellte den verflixten Toscanini ab; er schaltete die Beleuchtung aus und stellte sich in die Fensterecke. Aber vom Dachgeschoß aus konnte man die Haustür nicht sehen, und jedenfalls überquerte niemand den Platz.
Er wartete zehn Minuten. Dann ging er in die Küche, tat zwei Eiswürfel in ein Glas und goß einen ordentlichen Schuß Whisky darüber. Nach einem kräftigen Schluck steckte er sich eine Zigarette an und rief Massimo an.
Es meldete sich niemand. Er wählte noch einmal. Nichts. Er war also noch nicht nach Hause gekommen. Oder, falls er doch zurückgekommen war, weiß der Himmel, wo er jetzt war. Aber wenn man einen Rat von ihm brauchte, seinem Herzen einmal Luft machen wollte oder auch nur ein freundschaftliches Wort von ihm hören, dann war er unerreichbar. Von allem anderen abgesehen, waren sie nicht einmal für den Gang zum Balùn richtig verabredet.
So stand er, das Glas in der Hand, im Zimmer und fühlte sich völlig erschöpft. Ein schwarzer Tag, der schlecht begonnen und übler geendet hatte. Er ging ins Badezimmer und nahm eine Beruhigungstablette, stellte sich wieder ans Fenster, setzte sich auf die Couch, stand wieder auf und rief noch einmal bei Massimo an. Nichts. Er schaltete den Fernseher ein: auf dem einen Kanal gab es alberne Lieder, auf dem andern eine Untersuchung über die Korkkrise auf Sardinien. Um lesen zu können, war er zu aufgeregt. Spazierengehen wäre das ideale Beruhigungsmittel gewesen, aber er mußte damit rechnen, daß der Ingenieur Costamagna noch in der Nähe lauerte; wenn den die Sehnsucht gepackt hatte, war er imstande, die ganze Nacht im Auto zu bleiben und sein Fenster und die Haustür zu beobachten.
Und morgen früh, fiel ihm plötzlich ein, wie komme ich morgen hier heraus?
Die einzige Möglichkeit war, daß Massimo kam und ihn abholte. Er drehte noch einmal seine Nummer. Nichts, er war nicht da.

Ein maßloser Zorn packte ihn, den er doch an niemandem auslassen konnte. Er war wie in einem Käfig gefangen, allein. Der Gedanke durchzuckte ihn, einfach hinunterzugehen, mit den Fäusten auf den Ingenieur loszugehen und dann auf Massimo vor seinem Haus zu warten, um ihn ebenfalls zu verprügeln. Aber er bedachte, daß er sich in seinem ganzen Leben noch nie mit jemandem gerauft hatte, und mit einer Gebärde unbeherrschter Wut goß er das noch halbvolle Glas Whisky über ein dunkelrotes Wollkissen. Fluchend lief er ins Bad und befeuchtete das Taschentuch mit kochend heißem Wasser, um das Kissen damit zu bearbeiten: und in dem Maße, in dem der Fleck zu verschwinden begann, legte sich auch seine Wut.

Es war ausgeschlossen, daß Rino die ganze Nacht da unten blieb. Im schlimmsten Fall würde er morgen früh gegen neun Uhr wiederkommen, weil er wußte, daß er, Lello, an Samstagen nie vor zehn Uhr aus dem Hause ging. Aber er wollte sich schon um acht Uhr aus dem Staube machen und für Massimo einen Zettel an die Tür heften, und zwar so, daß er ihn nicht übersehen konnte. So würde Massimo – für den Fall, daß sie ihre Verabredung nicht telefonisch noch einmal festmachen konnten –, wenn er herkam, erfahren, wo er ihn im Balùn genau treffen konnte. Aber, was noch wichtiger war: wenn der Ingenieur zurückkam und ebenfalls den Zettel las (und davon war er überzeugt), würde er begreifen, was die Glocke geschlagen hatte, und sich endgültig zurückziehen. Er brauchte dazu seine Mitteilung nur in einem vertraulichen Ton abzufassen, der über die herzlichen Beziehungen zum Adressaten keinen Zweifel ließ.

Glücklich über seinen guten Einfall, griff Lello nach Papier und Bleistift.

8. This, sagte Professor Bonetto (Samstag morgen)

1

»This«, sagte Professor Bonetto und wies mit einer weiten umfassenden Gebärde auf den holperigen, unregelmäßig geformten kleinen Platz, auf den sie sich soeben durch die Menge mühsam hindurchgedrängt hatten, wies aber auch auf einen Fächer enger Gassen mit ihren alten, baufälligen Häusern, vergammelten Läden, halb verfallenen Magazinen, Baracken und Marktständen, die auf zwei größere Plätze mündeten, wies auf diese Anhäufung von Lumpen und altem Trödel, der hier seine Käufer suchte, »this«, sagte er, »is the Balloon.«
»Fascinating!« erklärte Federicos amerikanische Freundin begeistert.
»Faszinierend«, übersetzte Professor Bonetto für Federico und Anna Carla.
Sie wurden durch die Menge getrennt. Die Amerikanerin und der Amerikanist wurden dabei gegen einen Karren mit alten Schuhen abgedrängt, die beiden andern gegen ein Brettergerüst, über dem ein Schild angebracht war: *Schöne Dinge*.
»Übrigens: herzlichen Dank!« sagte Anna Carla zwischen den Zähnen.
Federico machte sich den Lärm zunutze, der aus einem Grammophon drang, das als Probe ein Stück aus einer Oper zum besten gab, und tat, als habe er ihre Bemerkung nicht gehört.
»Wie amüsant«, sagte er statt dessen rasch und zeigte auf das erst-

beste Stück – einen abgestoßenen Nachttopf mit Blumenmuster –, das ihm diese Bezeichnung zu verdienen schien. Anschließend zeigte er nacheinander auf ein Schneewittchen aus Gips, auf einen Farbendruck von der Begegnung von Teano und auf Kuhglocken aus dem Aostatal. Aber schließlich gab er es unter ihrem feindseligen Blick auf.

»Entschuldige, aber ich habe ihn nicht aufgefordert zu kommen«, sagte er.

»Von wem sprichst du?«

»Von Bonetto. Es war Sheila ...«

»Es handelt sich nicht speziell um Bonetto, der mir auf die Nerven geht. Auch nicht um Sheila, wenn ich das sagen darf.«

»Also gut, dann sag schon, daß ich es bin.«

»Natürlich sage ich es. Findest du das vielleicht anständig? Erst beschwörst du mich, deiner Touristin Turin zu zeigen, weil du beim besten Willen nicht könntest. Und dann rückt ihr gleich zu dritt bei mir an und schleppt mich hierher, als wär's eine fröhliche Gesellschaftsreise, wo doch ... Laß das!« sagte sie laut und entriß ihm die Kuhglocke, die er aus Verlegenheit in die Hand genommen hatte und nun pendeln ließ, wobei sie einen klagenden und schrillen Ton gab. »Wo doch«, fuhr sie fort, »wenn ich etwas hasse, es die gemeinsamen Unternehmungen sind, ganz besonders fröhliche, und ich außerdem heute morgen tausend Dinge zu erledigen gehabt hätte!«

»Was für tausend Dinge denn, ich bitte dich ... Aber wenn du mir ein Wort gesagt hättest –«

»Jetzt hör mal zu«, unterbrach sie ihn energisch. »Sieh zu, wie du fertig wirst. Denk dir irgendeine Ausrede für mich aus, sag meinetwegen, du hättest mich in der Menge verloren.«

Sie sah zu dem Schuhkarren hinüber, um festzustellen, ob die beiden andern noch da waren. Sie sah, daß sie schon ein ganzes Stück weitergegangen waren und jetzt vor einer Art Grotte standen, aus der verrostete Herde und alte Küchenmöbel auf die Straße drängten.

»Du willst doch nicht im Ernst gehen?« fragte Federico kläglich. »Wie steh ich denn da? Ich gebe zu, es war nicht richtig, was ich getan habe, aber wenn ich dir sage ...«

»Sag's nicht.«

»Wieso denn? Ich wollte dir gerade sagen, daß ich es nur gemacht habe, um . . .«

»Eben. Sag's nicht.«

». . . um ein bißchen mit dir zusammenzusein.«

Da. Jetzt hatte er es gesagt. Mit diesem albernen, plump anmaßenden Ton hatte er Worte besudelt, die ihr seit gestern wie Musik klangen. Der Vergleich erfüllte sie mit einer unsäglichen Zärtlichkeit und zugleich mit souveräner Gleichgültigkeit gegen den Wurm, der sich vor ihr krümmte.

»Nun hast du es gesagt. Auf Wiedersehen.«

Aber sie konnte sich nicht umdrehen und sofort gehen, da sie von zwei Frauen bedrängt war, die sich für die Begegnung von Teano interessierten. Federico zog die Brauen hoch.

»Kalt und von oben herab, das ja«, sagte er und betrachtete sie plötzlich neugierig. »Aber eisig bis zu diesem Grade, so bist du noch nie gewesen.«

»Nein?« fragte sie ironisch.

Und noch im selben Augenblick stellte sie erschrocken fest, daß es wahr war und daß Federico etwas gemerkt haben mußte.

»Nein«, antwortete Federico und musterte sie neugieriger, ja, inquisitorischer denn je.

»Weißt du . . .« Sie suchte Zeit zu gewinnen, auf der verzweifelten Suche nach einem Ablenkungsmanöver.

Es war unglaublich. Bestimmt gab es tausend Möglichkeiten, sich hier aus der Affäre zu ziehen, aber sie kam in diesem Augenblick auf keine. Und was noch unglaublicher war: ein bloßer Gelegenheitsverehrer – und auch das für gewöhnlich nur per Telefon – wie Federico, den sie immer nur im Scherz und sozusagen aus einer frivolen Konvention geduldet hatte, dieser Mann hatte eine so kleine Veränderung an ihr bemerken können und sofort einen Verdacht geschöpft.

»Weißt du, ich bin vielleicht nervös, du sollst recht haben, ich habe einen schlechten Tag«, sagte sie ein wenig versöhnlicher, »aber jetzt möchte ich nun mal lieber allein sein. Meinetwegen treffen wir uns nachher im Café. In Ordnung?«

»In was für einem Café?«

»In dem an dem anderen Platz. Dem Platz, wo es ein Café gibt.«

Diesmal schlüpfte sie zwischen den beiden an der Geschichte des

Risorgimento so sichtlich interessierten Frauen hindurch und schaffte es, sich trotz der Menge ziemlich schnell zu entfernen. So schnell, daß sie schon ein gutes Stück in einer der engen Gassen vorwärtsgekommen war, als ihr ein merkwürdiger Umstand bewußt wurde: Sie wollte aus ihrer Tasche, die sie in der linken Hand trug, eine Zigarette nehmen, als sie bemerkte, daß ihre Rechte noch immer fest die Kuhglocke aus dem Aostatal umklammerte.

2

Lello blieb unvermittelt auf der Straße stehen und preßte beide Hände vors Gesicht.
»Das kann doch nicht wahr sein«, seufzte er.
Er war mit einem guten Vorsprung gekommen, da er über den Lungodora gefahren war und so die Verkehrsstauungen bei der Porta Palazzo vermieden hatte, und er hatte seinen Wagen an der äußersten Peripherie des Balùn geparkt, vor dem Gitter des alten Arsenals, wo man immer sicher sein konnte, noch einen Platz zu finden. Er war dann zu Fuß die Geleise entlang und an den verfallenen Lagerschuppen dort vorbei gegangen und hatte sich dabei über seine Umsicht gefreut. Denn schon auf der Höhe des Polizeireviers von Borgo Dora war nirgends mehr ein freier Platz und erst recht nicht weiter in der Straße, die zu dem Platz und dem Café führte, wo er sich mit Massimo verabredet hatte. In dieser Straße standen die Wagen sogar auf der verbotenen Seite in dichter Folge, zuweilen selbst in doppelter Reihe, und viele von ihnen hatten schon den Strafbescheid unter dem Scheibenwischer.
Aber dieses Parkverbot und die Strafzettel waren doch absurd an einem Samstag, da sich ja der normale Verkehr ohnehin im Balùn zu stauen pflegte. Er war entrüstet. Und als er einen Stadtpolizisten eifrig damit beschäftigt sah, seine Zettel unter die Scheibenwischer zu schieben, hatte er nur eine Grimasse des Bedauerns für ihn übrig. Solange die Polizei sich noch um parkende Autos statt um Kriminelle in Freiheit und unterwegs kümmerte, war es unvermeidlich, daß ein Verbrechen wie das in der Via Mazzini ungesühnt blieb. Es sei denn, daß am Montag – und hier erhellte ein

Lächeln des Stolzes und der Hoffnung sein Gesicht – daß am Montag ... Zufällig war sein Blick von dem Polizisten zu dem Wagen gegangen, dem ein Strafmandat zugedacht war. Und da geschah es, daß er wie angewurzelt stehenblieb, die Hände vorm Gesicht.
»Das kann doch nicht wahr sein«, wiederholte er mit einem übertriebenen Ausdruck von Bestürzung, dem freilich eine gewisse frivole Genugtuung nicht ganz abging.
Denn es konnte kein Zweifel bestehen, daß dieser blaue Wagen mit der verbeulten Stoßstange und dem geflickten rechten Kotflügel, der jetzt dort in der Via Borgo Dora stand, derselbe war, der ihm gestern abend mit so großer Beharrlichkeit gefolgt war. Es war der Fiat 124 des Ingenieurs Costamagna.

3

Als Ingenieur Piacenza und seine Frau gegangen waren, kam Signor Vollero aus seinem Versteck. Er wischte sich mit dem Taschentuch den Schweiß von der Stirn. Viel hatte nicht gefehlt, daß sie ihn ausgerechnet hier überraschten, während er wie der letzte Trödler in dieser schmutzigen und kompromittierenden Ware wühlte. Er betrachtete den zwei Meter hohen Schinken – eine Marienkrönung –, hinter dem er Zuflucht gesucht hatte; während er sich ein Spinnengewebe vom Ellbogen zupfte, musterte er die übrigen Gemälde, die, teils gerahmt, teils ungerahmt, an die beiden Seitenwände des Ladens gelehnt standen.
Es war noch eine Marienkrönung darunter, zwischen einer Ecce-homo-Darstellung und einem Christus an der Säule, dann mehrere Marien mit dem Kinde, Heilige Familien, heilige Johannesse, heilige Ritas von Cascia, heilige Katharinen von Siena und von Alexandria, betende Carlo Borromeos neben dem Engel, der den Drachen der Pest durchbohrt ... Es war rustikales Handwerk, stilistisch »zeitlos«, aber ungefähr zwischen 1830 und 1880 entstanden, das die Landpfarrer jetzt tonnenweise ins Balùn brachten.
Und vom Balùn fanden die geeignetsten Stücke den Weg in gewisse Ateliers (falls die Pfarrer sie nicht gleich direkt dorthin brachten), in gewisse spezialisierte »Restaurierungs«-Werkstätten,

die – Vollero wischte sich von neuem den Schweiß von der Stirn – für einige seiner Kollegen arbeiteten. Die Leinwand war schimmelig und wurmstichig, die Oberfläche geschwärzt, die Krakelüre ziemlich fortgeschritten und die Ikonographie unabänderlich siebzehntes Jahrhundert. Wenn dann die Madonnen veredelt oder Carlo Borromeo, unter Hinzufügung eines dicken Buches, in einen heiligen Matthäus mit dem Engel verwandelt, aus dem Laboratorium herauskamen, war es ein leichtes, mit den größten Namen und den kühnsten Datierungen um sich zu werfen.

Das alles wußte natürlich Signor Vollero sehr gut, wenn es ihm auch nie und nimmer in den Sinn gekommen wäre, selbst solche Praktiken anzuwenden. Aber wenn ihn Piacenza oder ein anderer seiner besten Kunden – die ihrerseits ebenfalls über diese Praktiken Bescheid wußten – hier hätten kramen sehen, was für Schlüsse hätten sie daraus gezogen?

Die schlichte und ganz unschuldige Wahrheit war, daß er sich im Balùn nur nach *moulure* umsah. Also nicht eigentlich nach Rahmen (denn hier wirklich alte Rahmen zu suchen wäre genauso töricht wie die Hoffnung, hier einen echten Tiepolo, Zuccarelli oder auch nur Olivero zu finden), aber nach alten anspruchlosen Schablonen, Zier- und Rahmenleisten, ohne einen präzisen Stil, die, zweckmäßig verarbeitet, wenigstens provisorisch anständige Rahmen für die Bilder, die er in seiner Galerie ausstellte, abgaben. Manchmal paßte diese *moulure* gut zu dem Bild, und der Käufer war froh, sie zu haben; wenn nicht, hinderte ihn niemand, sie fortzuwerfen und sich selbst den passenden antiken Rahmen zu suchen.

Es wäre ihm also leicht gewesen, sich zu rechtfertigen. Doch wie konnte man es vermeiden, daß der einmal geweckte Argwohn nicht blieb? Und sich nicht noch ausbreitete? Nein, das Risiko war zu groß, und er war ein Narr gewesen, zu dieser Stunde hierherzukommen, da man hier praktisch jedem begegnete. Er hätte, wie er es für gewöhnlich auch tat, sehr viel früher kommen müssen. Oder aber später, gegen ein Uhr, wenn sich die Gassen und die drei Plätze leerten wie ein Büro zur Mittagspause.

4

»Jetzt haben wir auch noch Bonetto verloren«, sagte Federico.
»Felice!« rief Sheila laut in die Menge.
»I'm coming!« antwortete Felico Bonetto aus einer gewissen Entfernung. Er schwenkte etwas in der Hand. »I'm coming«, rief er noch einmal, nun schon aus größerer Nähe.
Er selbst blieb freilich in der Menge wegen seiner kleinen Statur unsichtbar; nur der Gegenstand, mit dem er so freudig in der erhobenen Hand winkte, wurde allmählich erkennbar. Es war ein ein wenig abgenutzter, mitgenommener Priesterhut, an dem aber golden und intakt die Tressen des Feldkaplans leuchteten.
»Here I am!« verkündete er, als er endlich aus der Masse hervortrat und Sheila den Hut überreichte. »See what I've got? It's for you!«
»For meee!« Sheila brach in einen Schrei des Entzückens aus.
Sie umarmte Felice und probierte ihm unter tausend Scherzen und Schmeicheleien den Hut auf, setzte ihn sich dann selbst auf den Kopf und wandte sich endlich, mit herzlichem Lachen, Federico zu, um den Hut auch auf seinem Kopf zu sehen. Aber Federico wich ihr aus, besorgt um seine Frisur, auf die er heute, im Hinblick auf das Zusammensein mit Anna Carla, noch mehr Sorgfalt als sonst gewandt hatte. Mit einem ungeduldigen Achselzucken gab sie ihm den Hut zu halten, zusammen mit der etwas verkrüppelt wirkenden Puppe, die sie am Stand der *Schönen Dinge* gekauft hatte. Aber er möge den Hut gut in acht nehmen und ja nicht ruinieren, in Amerika seien diese *Padre*-Hüte eine große Seltenheit! Dann wandte sie sich wieder Bonetto zu. Sie nahm seinen Arm und zog ihn strahlend vor Begeisterung an den nächsten Stand.
Dies hier sei viel besser als Portobello Road, besser auch als der Flohmarkt, erklärte sie. »And you are a dear!« fügte sie hinzu und beugte sich zärtlich zu dem Amerikanisten hinab. Er war zwanzig Zentimeter kleiner als sie.
Geschmeichelt, verlegen, verstört, vergaß Bonetto vielleicht zum erstenmal sogar Marpioli. Seine wissenschaftlichen Interessen wurden ihm mit einemmal fragwürdig, oder besser gesagt, sie erwiesen sich plötzlich wie unter einem Blitz als das, was sie insgeheim von jeher gewesen waren. Das, was von Anbeginn hinter all dem ge-

standen hatte, hinter Thoreau und den Großen Seen, hinter Whitman, Mark Twain, dem Mississippi und seinen zahllosen Nebenflüssen, von denen er keinen mehr bei Namen wußte; hinter New England und Mittelwest, den Rocky Mountains, dem Westen und dem tiefen Süden; hinter der Literatur, der Musik, dem Ballett, dem Theater, dem Film, *Underground* oder nicht; hinter den Klassikern des Stummfilms und, seit seiner Kindheit, Mickey Mouse; das, was hinter all dem gestanden hatte – es war nicht Amerika gewesen, sondern der Traum von einer blonden Frau wie dieser.

Blond, von hohem Wuchs, strahlend, mütterlich: ein Traum, den er, klein, wie er war, nie glaubte hegen zu dürfen. Eine Schönheit, deren Existenz er, wie er jetzt begriff, aus Angst geleugnet hatte, geleugnet in seiner Kritik an den künstlichen Normen einer gewissen Filmart; eine Schönheit übrigens, er mußte es gestehen, die er bei seinen langen Aufenthalten in öden Colleges und obskuren Universitäten in Wyoming oder Montana unter all den dicklichen und fadblonden oder den dürren und schwarzen Geschöpfen mit den schrillen Stimmen und großen Brillen nie gefunden hatte.

Spontan kaufte er einer Alten – die sogleich einen enormen Preis verlangte – eine Puppe ab, noch scheeläugiger und zerrissener als die erste. Aber als er Sheila ansah, wurde er ein wenig unsicher. Sie betrachtete ihn amüsiert, aber vielleicht nicht ganz so amüsiert wie zuvor. Durfte er ihr, fragte er schüchtern, auch diese Puppe schenken? Schon fürchtete er, sich seinen Erfolg mit dem Priesterhut wieder zu verderben. Er habe bemerkt, entschuldigte er sich, daß ihr eine Puppe um so besser gefiel, je armseliger sie war.

Aber selbstverständlich durfte er! Sheila war aufs tiefste gerührt. Mit mütterlicher Gebärde nahm sie die Puppe an sich und faßte ihn fest am Arm. So gingen sie die Gasse hinunter. Ganz Balùn könne er ihr schenken, wenn er wollte, sagte sie mit einem Lachen.

Eingekeilt in der Menge, die sie stieß und schob, erhob Bonetto den Kopf und blickte zu Sheila auf: mit Verehrung, Glück, Furcht, Ungläubigkeit und Verwirrung. Er wußte nicht mehr, was er sagen sollte, welche Worte finden. Von einem Augenblick zum andern half ihm auch die vollkommene Beherrschung der Sprache nicht mehr.

»Aber wo ist . . .« stammelte er schwerfällig und drehte sich einen

Augenblick um, »wo ist denn Federico geblieben?«
Sheila preßte seinen Arm fester an sich.
»Never mind Federico. Stick to mama«, sagte sie mit Ausdruck, was Marpioli vermutlich gedankenlos mit »bleib bei Muttern« übersetzt hätte, ohne den idiomatischen Charakter überhaupt zu bemerken.
Marpioli? Aber wer dachte denn an Marpioli? Wer kannte ihn denn, was wollte er denn, *wer war das denn* – Marpioli? Glücklich lachte Felice Bonetto.

5

Das Café, in dem Lello wartete, war, bei einem beständigen Kommen und Gehen von Gästen, laut und überfüllt. Da rief man sich Grüße zu, da zeigte man sich gegenseitig, voller Freude und Genugtuung, was man erstanden hatte. Nach zehn Minuten begann Lello sich zu beunruhigen.
Gewiß, noch war es nicht ganz zwölf. Aber die Verabredung hatte gelautet: *gegen* zwölf Uhr; und das hätte früher einmal für Massimo zehn Minuten vor zwölf oder dreiviertel zwölf bedeutet. Oder gar halb zwölf, *früher einmal.*
Nervös drückte er seine Gitane auf dem Untersatz des Aperitifglases aus.
Und dann diese Geschichte mit Costamagna, die, wenn man einmal einen Augenblick darüber nachdachte, alles andere als amüsant war. Er war, wie man sah, also noch einmal vor seiner Wohnungstür gewesen und hatte dort die Nachricht für Massimo gelesen. Aber warum hatte er dann wieder mit seiner Verfolgung begonnen, anstatt entmutigt aufzugeben? War vielleicht der Ton seiner Mitteilung zu intim gewesen, so daß er den Ingenieur in einem gefährlichen Grad aufgewühlt hatte . . . Erschauernd dachte er an die Ehemänner, die sich nach drei, fünf, ja zehn Jahren der Trennung plötzlich wieder melden, vor dem Haus auf ihre Frau warten und sie im selben Augenblick, in dem sie aus der Tür tritt, umbringen.
Aber nein. Das war undenkbar. Einfach absurd. Der brave treue

Rino war einfach nicht der Typ dazu. Eher war denkbar, daß er den Zettel an der Tür zu kühl im Ton gefunden hatte und nun hierhergekommen war, um an Ort und Stelle herauszubekommen, wie es zwischen ihm, Lello, und Massimo wirklich stand. Er würde versuchen, ihnen in der Menge so nah wie möglich zu folgen, um zu hören, was sie zueinander sagten, um zu sehen, wie sie sich benahmen, und auch das geringste Zeichen zu erhaschen – ein Lächeln oder ein Gähnen, einen zärtlichen Blick oder einen Ausdruck von Ungeduld oder ein gelangweiltes Achselzucken – ein Zeichen also, das das Urteil über ihn bestätigte oder aber ihm erlaubte, weiter zu hoffen.

»Ich werde zu warten wissen.«

Das waren die letzten Worte, die ihm Rino gesagt hatte, und jetzt erinnerte er sich an sie. Der Zorn packte ihn, als er gerade in diesem Augenblick die Kirchenuhr vom nahen Cottolengo-Hospiz zwölf Uhr schlagen hörte. Er war *nicht* Costamagna! Wie lange glaubte Monsieur eigentlich, ihn noch warten lassen zu können?

Er zahlte rasch seinen Aperitif und trat auf den Platz hinaus. Wenn Costamagna hier irgendwo versteckt war, um ihn zu bespitzeln, dann konnte er's auch nicht ändern. Wenigstens sah er dann, daß er nicht geduldig wie ein Trottel auf Massimo wartete. Für alle Fälle sah er sich vorsichtig um, entdeckte aber keinerlei Spuren. Auch Massimo war nirgends zu sehen. Übrigens waren die Bürgersteige praktisch leer; die Menschen drängten sich vielmehr auf dem großen Damm in der Mitte, wo der armseligste Trödel vom ganzen Balùn in Kisten und ausgedienten Koffern stand oder einfach auf Matten, Zeltbahnen und Vorhängen auf dem Pflaster ausgebreitet lag.

Obwohl er sich alle Augenblicke umdrehte, um die Tür zum Café im Auge zu behalten, versuchte Lello sich gleichzeitig für diesen Trödelmarkt zu interessieren. Von einer Ausstellung verbeulten und schadhaften Küchengeschirrs wanderte er weiter zu Gläsern und gesprungenem Steingut, durchquerte alsdann ein Lager voll rostiger Getriebe und Kugellager, von gebrauchtem Schlosserwerkzeug und Zimmermannsgerät, von Schlössern und alten Schlüsselbunden. Nach einem Gang durch Reihen von Installationsmaterial stieß er auf einen Jahrgang der Zeitschrift *Il Foro Italiano*, der von einer Kiste herabgeglitten war. Die Kiste war voll von Jahrgängen dieser und anderer Zeitschriften, wie dem *Kritischen Jahrbuch der praktischen Jurisprudenz* von 1891 bis 1913. Völlig entmutigt landete er schließlich vor einer aufgeschlitzten Schneiderbüste, die auf ihrem Stativ über einem kreisförmigen Arsenal von alten Lumpen, Schrott, Scherben und unbestimmten Gegenständen thronte, das am Rande allmählich in einen immer amorpheren Krimskrams überging, der zuletzt nicht mehr vom einfachen Kehricht zu unterscheiden war.

Wäre er doch wenigstens auf der Piazzetta, dem kleineren Platz, verabredet gewesen, dann hätte er am Stand der *Schönen Dinge* warten können, wo man immer irgend etwas Interessantes fand. Nur gab es dort kein Café, und deshalb hatte er vorgezogen, Massimo mündlich und auch in der schriftlichen Mitteilung . . .

Plötzlich kam ihm ein Zweifel. War es wirklich sicher, daß es auf der Piazzetta kein Café gab? Keine unbedeutende kleine Bar? Vielleicht so eine dunkle, enge Osteria, in der zwar nur Wein ausgeschenkt wird, die aber noch über der Tür das alte Schild *Caffè – Vini* hat?

Gewiß, für einen Stammkunden des Balùn war allein dies hier die Piazza mit dem Café. Der andere kleinere Platz hieß die Piazzetta. Und der große freie Platz, der das Dreieck vervollständigte, hieß die Piazza del Cutu nach dem Cottolengo-Hospiz, das mit zwei seiner Pavillons an den Platz grenzte. Aber Massimo kam nie hierher, und wenn er jetzt zur Piazzetta gegangen war und dort ein *Caffè – Vini* gefunden hatte, dann war es durchaus möglich, daß er dort geblieben war und auf ihn wartete.

Er wandte sich brüsk um und stieß dabei mit jemandem zusammen, der gleich ihm in den Anblick dieses armseligen Trödels versunken war.

»Pardon, ich bitte vielmals um Verzeihung«, sagte er.

»Bitte sehr«, erwiderte Anna Carla und hob den Kopf.

Beide erkannten einander mit einer gewissen Verlegenheit. Jeder wußte genau, wer der andere war, aber persönlich kannten sie sich kaum. Sie waren sich immer nur mehr oder weniger zufällig begegnet, wenn einer von ihnen in Begleitung von Massimo war; und angesichts der eher feindseligen Haltung Lellos und des geringen Interesses Anna Carlas hatte Massimo nichts unternommen, um ihre Beziehung zu fördern.

»Oh«, sagten beide gleichzeitig, »wie geht es Ihnen?«

6

Als jemand Massimo von hinten auf die Schulter schlug und ihn auch noch mit einem »*Ciao*, alter Junge!« begrüßte, blieb Massimo angewidert stehen, ohne sich umzuwenden. Er zog den Kopf ein, und sein Mund verzog sich zu einer Grimasse des Ekels, während er wie geistesabwesend über den Regenmantel strich, den er über dem Arm trug. Wer immer der Kerl war, der ihn mit so abstoßend burschikoser Jovialität begrüßt hatte, er wollte ihn damit strafen, daß er einfach nicht reagierte.

»Na, reg dich nicht auf, ich hab's absichtlich gemacht, um dich ein bißchen zu ärgern«, sagte Federico und trat neben ihn.

»Ach, du bist es«, sagte Massimo, mit einem etwas unsicheren, doch erleichterten Ausdruck.

Vorwärts gestoßen vom Strom der Balùn-Besucher, gingen sie gemeinsam weiter.

»Aber weißt du«, sagte Federico, »ich frage mich, wo das einmal hinführen soll, wenn du so weitermachst. Du wirst immer reizbarer, ablehnender und unnahbarer. Denkst du gar nicht an dein Alter?«

»Nie. Warum?«

»Weil du dadurch, daß du die Menschen von dir weist, eines Tages allein wie ein Hund sein wirst, *mon pauvre*. Alt und allein mit deiner Qual unter lauter gleichgültigen Menschen! Ohne einen einzigen Freund oder auch nur einen alten Bekannten, der dir auf die Schulter schlägt und ›*Ciao*, Alter!‹ sagt.«

»Das glaube ich gern. Ich habe noch nie zwei alte Männer gesehen, die sich auf die Schulter schlagen und ›*Ciao*, Alter!‹ ins Ohr schreien.«

»Da hast du auch recht. Aber jedenfalls kommst du mir etwas niedergeschlagen vor. Hast du irgendeinen Ärger?«

»Nein, nichts Besonderes. Aber wie kommt es, daß du auch hier bist? Sollte nicht Anna Carla deine Bostoner Freundin ausführen?«

»Ja, und sie ist auch hier. Das heißt, sie war hier, ich weiß nicht, wo sie inzwischen geblieben ist. Wir sollen uns später alle im Café an der Piazza treffen.«

»Was ist das für ein Café? Und an welcher Piazza? Lello hat mir auch ... Du weißt, dieser Freund von mir, Lello ...«

»Ja.«
». . . hat mir auch etwas von dem Café gesagt, so als ob es nur ein Café hier gäbe. Darum habe ich eine halbe Stunde in einem finsteren Loch auf dem kleinen Platz dort gewartet, und jetzt höre ich, daß es noch ein Café an einem anderen Platz gibt.«
»Ach ja, die Frauen«, sagte Federico. Er sagte es ohne Bosheit, in Gedanken an Anna Carla. »Hör mal, du bist doch so gut befreundet mit ihr.«
»Mit wem?«
»Mit Anna Carla. Bist du nicht für sie so eine Art Beichtvater?«
»Mehr oder weniger.«
»Kannst du mir da nicht sagen . . . Sie ist mir nämlich heute morgen etwas merkwürdig vorgekommen . . .«
»Tatsächlich? Wieso merkwürdig?«
»Weitweg von hier, oder wie im Traum. Aber mir gegenüber kälter denn je. Deshalb möchte ich dich gern fragen: Könntest du mir nicht sagen, ob . . .«
»Aber nein. Wo bliebe das Beichtgeheimnis?«
»Also es gibt ein Geheimnis.«
»Eins? Tausend. Nein, im Ernst, ich habe keine Ahnung. Aber wo soll nun dieses Café sein? Ob wir hier auf dem richtigen Wege sind?«
»Ich glaube ja.«

7

»Auf der Piazzetta? So eine Art Osteria? Doch, ich glaube ja.«
»Also doch! Dann haben das meine Freunde gewiß verwechselt. Da werde ich gleich einmal nachsehen.«
»Ich muß auch hin«, sagte Anna Carla, ohne zu überlegen, und erklärte ihm die Geschichte mit der Kuhglocke, die sie jetzt zurückbringen wolle.
»Ah so? Sehr gut.« Lellos Lachen klang ein wenig verlegen. »Also dann . . .«
Sie begriff zu spät.
Wie idiotisch von ihr! Sie machte sich Vorwürfe, während sie beide

schon auf dem Wege waren und sich höflich über das Wetter unterhielten, das seit heute früh wieder kühler geworden war. Sie hätte sich doch gleich denken können, daß dieser arme Rivera (oder Riviera? Sie hatte nie genau gewußt, wie er hieß) nur mit Rücksicht auf sie von »Freunden« gesprochen hatte.

»Wenn man bedenkt, daß wir gestern schon Sommer hatten«, sagte Lello.

»Ja, aber in Turin ist man nie sicher.«

»Genau.«

Wenn sie jetzt auf die Piazzetta kamen, würden sie wahrscheinlich gleich Massimo sehen, und die Situation würde für alle drei peinlich sein.

»Wenn es nur nicht regnet. Ich hatte den Regenmantel mitgenommen, ihn aber dann im Wagen gelassen.«

»Ich hätte mich auch etwas wärmer anziehen sollen.«

Sie suchte nach irgendeinem Vorwand, stehenzubleiben und sich zu verabschieden, den andern allein weitergehen zu lassen, aber die enge Straße, auf der sie zusammen gingen, bot keinen Vorwand. Hier gab es nur Matratzen, neue und gebrauchte, zu beiden Seiten der Straße senkrecht an die Mauer gelehnt.

»Kommen Sie oft . . .« begann sie, um wenigstens das Thema zu wechseln.

»Kommen Sie oft . . .« fragte Lello im gleichen Augenblick.

Der zweite Teil ihrer Unterhaltung verhieß nicht mehr Unbefangenheit als der erste.

»Nun, die Frage liegt nahe«, meinte Lello lächelnd, »wenn sich zwei Menschen zum erstenmal an einem Ort treffen. Kommen Sie oft in den Balùn?«

Bravo! Ein guter Junge. Und sie sollte sich die Lektion sofort zu Herzen nehmen. Etwas gelöster sein. Etwas mehr Sanftheit. Wie sollte wohl der Nachmittag werden, wenn sie so weitermachte? Dann könnte sie auch gleich verzichten und ihn anrufen, daß sie . . .

»Nein, nicht sehr oft«, kam sie lächelnd auf seine Frage zurück. »Aber sagen Sie«, fuhr sie fort, in einem Ton freundlicher Vertrautheit, »diese Freunde, von denen Sie . . .«

»Achtung!« sagte Lello.

Sie mußten sich trennen, um zwei Karren mit Matratzen vorbei-

zulassen. Als sie sich wieder trafen, waren sie schon fast an der Piazzetta angelangt.
»Wie meinten Sie?« fragte Lello errötend.
»Ach ja«, sagte sie und suchte dabei in ihrer Handtasche nach den Zigaretten. Dann suchte sie das Feuerzeug.
Was für ein Einfall, warf sie sich bereits reumütig vor. Bisher hatte sie immer vermieden, diese seltsame Signora Campi offiziell zur Kenntnis zu nehmen, obwohl sie glaubte, daß Massimo es gern gesehen hätte. Was war nur in sie gefahren, ausgerechnet jetzt mit Vertraulichkeiten zu beginnen? Massimo hatte ihr letzthin eher den Eindruck des überdrüssigen Ehemanns gemacht.
Lellos Feuerzeug schnappte vor ihrer Nase auf.
»Bitte.«
»Danke.«
Sie zündete sich umständlich die Zigarette an und atmete den Rauch ein. Vielleicht waren ihr nur all die Matratzen in den Kopf gestiegen. Um so schlimmer, dachte sie, oder auch um so besser. Und in diesem Augenblick entschloß sie sich unwiderruflich, mit Santamaria sofort ins Bett zu gehen.
»Ich meinte«, sagte sie, »sollten die Freunde, von denen Sie sprachen, nicht einfach Massimo sein? Sie brauchen bei mir nicht prüde zu sein.«
Gut, sie war zufrieden mit sich. Schon fühlte sie sich freier, gelöster, emanzipierter. *Initiiert*, eingeweiht, das war das Wort. Dabei fiel ihr plötzlich ein Satz ein für den Nachmittag, ein für die Gelegenheit passender Satz, der sie entzückte: Ich stehe ganz zu Ihrer Verfügung, Herr Kommissar . . .
Aber als sie Lello ansah, fand sie nicht, daß er glücklich aussah. Sein Ausdruck gefiel ihr nicht.
»Ja, auch Massimo ist dabei«, sagte er. »Das heißt . . . Eigentlich ist es nur Massimo, um die Wahrheit zu sagen. Ich wollte nur nicht, wie soll ich es ausdrücken, den Eindruck machen, als wollte ich mich aufdrängen . . . Als wollte ich Sie hineinziehen in . . . Und ich bin Ihnen wirklich dankbar, außerordentlich dankbar für . . .«
Seine Worte gingen unter im lärmenden Durcheinander der Piazzetta. Aber was seine Miene anging, täuschte sie sich nicht. Das war nicht eine Miene wie die der früheren Sekretärin und späteren Ehefrau Fontanas, als sie sie zum erstenmal eingeladen hatte. Son-

dern es war in seiner Miene die demütige, verächtliche, furchtsame Dankbarkeit der legitimen Ehefrau, der ihre ganze Legitimität nichts nutzt (sie dachte schaudernd an ihre Freundin Bona vor drei Jahren) und die sich an dich klammert, im Begriff, bittere Tränen an deiner Brust zu weinen, weil du so unvorsichtig warst, ihr deine Sympathie zu zeigen.

Von Massimo war nirgends etwas zu sehen, und Anna Carla hielt es für sehr unwahrscheinlich, daß er in dem düsteren Ausschank (*Caffè – Vini* stand in halbverwischten Lettern über der Tür) saß und wartete, zu dem Lello jetzt in angstvoller Spannung hinübersah.

»Schön«, sagte sie mit dem strahlendsten Lächeln, das sie aufbringen konnte. »Dann grüßen Sie mir Massimo. Und irgendwann müssen wir uns einmal sehen.«

Sie gab ihm die Hand. Dann wies sie auf das Schild *Schöne Dinge.*

»Ich bringe jetzt meinen Raub zurück«, sagte sie mit einem Lachen. »Auf Wiedersehen, mein lieber Rivera.«

»Riviera«, verbesserte Lello demütig.

8

Signor Vollero war doch noch nicht gegangen. Nachdem er diesen Ausschank entdeckt hatte, in dem er gewiß nicht Gefahr lief, einen seiner Kunden zu treffen, war er zu dem Entschluß gekommen, dort abzuwarten, bis es leer im Balùn wurde, und zwar bei einem Viertel Barbera, der ihm – vielleicht etwas kräftig im Geschmack, aber echt – guttun würde nach dem soeben ausgestandenen Schrecken. Aber bevor er hineinging, hatte er glücklicherweise erst einmal hineingesehen und den Mann erkannt, der auf die Tür zukam. Kaum hatte er noch Zeit gefunden, sich zurückzuziehen, während der andere herauskam.

Der kalte Schweiß brach ihm noch in der Erinnerung aus, während er sich das Glas nachfüllte. Gedankenverloren betrachtete er die dunkelviolette Flüssigkeit in dem erhobenen Glas. Nicht, daß Doktor Campi . . .

»Na dann prost!« ermunterte ihn der einzige andere Gast, ein alter Mann, der in seiner Ecke vor einer leeren Karaffe saß.

Nicht, daß Doktor Campi ein großer Kunde war. Das nicht. Er hatte einmal zwei kleine holländische Landschaften bei ihm gekauft und das andere Mal eine Heilige Familie, dem Fra' Paolino (1490 bis 1557) zugeschrieben, die er seiner Mutter geschenkt hatte. Alles in allem nichts Bedeutendes. Aber er kannte *alle*. Und ein Wort von ihm ...

Die Tür öffnete sich quietschend, erschreckt fuhr er auf. Kam vielleicht Doktor Campi zurück? Nein, es war ein blonder junger Mann in gelbem Pullover, von schmächtiger Gestalt, der ihn einen Augenblick ansah, als ob er ihn kannte, und dann seinen Blick im Kreise schweifen ließ, bevor er sich müde und niedergeschlagen setzte und den Kopf in beide Hände nahm. Signor Vollero war sich ganz sicher, daß er ihn noch nie gesehen hatte. Die Sache war ihm auch nicht besonders wichtig. Wahrscheinlich hatte ihn der junge Mann, als er hereinkam, mit einem andern verwechselt.

Dagegen: konnte er wirklich ganz sicher sein, daß ihn Doktor Campi nicht erkannt hatte? Nicht, als er beiseite getreten war, denn er war ziemlich flink gewesen; aber vielleicht, als er durch die Scheiben geguckt hatte? Ausgeschlossen, versicherte er sich zum dritten- oder viertenmal. Er trank und stellte das Glas auf den kleinen wackeligen Tisch. Er sah wieder zur Tür hinüber.

Es stand gerade jemand dahinter, der hereinsah, wie er es vor kurzem selbst getan hatte. Aber er sah gegen das Licht, und die Scheiben waren schmutzig und verräuchert; so konnte er vom Innern des Lokals aus nur eine dunkle Gestalt à la Magnasco hinter der Tür erkennen. Oder, wie er, inzwischen beruhigt, überlegte – obwohl Graphik nicht eigentlich sein Gebiet war –, in der düstersten Goya-Art der *Caprichos*.

Der Neugierige entfernte sich wieder, und bald darauf ging auch der junge Mann im gelben Pullover, ohne etwas zu sich genommen zu haben. Signor Vollero bestellte noch ein Viertel.

»Prost!« sagte der alte Mann in seiner Ecke und hob sein leeres Glas.

9

Der Besitzer der *Schönen Dinge*, ein dicker Mann mit einem derben und fröhlichen Gesicht, wollte ihr die Kuhglocke, wenn sie ihr gefiele, schon für viertausend Lire lassen, ja, sie ihr in Gottes Namen auch schenken, scherzte er. Aber nun wollte er doch wissen, warum sie heute morgen so zerstreut gewesen sei.
Das, sagte Anna Carla lachend, könne sie ihm wirklich nicht sagen.
Nun, er könne es sich gut denken, seufzte der Dicke.
Eine dürre kleine Frau mit Schürze, einen schwarzen Schal über die Schultern gelegt, mischte sich in das Gespräch ein.
»Die Signora hat sich einen kleinen Scherz mit uns erlaubt«, sagte sie trocken, während sie sich von ihrem Schemel erhob, ihrem Mann die Glocke aus der Hand nahm und sie auf ihren Platz stellte.
Der Mann kratzte sich den Schädel und entschuldigte sich bei Anna Carla. Ja, er dankte ihr sogar, da er gar nicht bemerkt habe, daß die Glocke verschwunden war.
Sie schon, bemerkte seine Frau. Sie habe es bemerkt. Ebenso, daß die Mörserkeule fehlte. Wenn die Signora so zerstreut war, scherzte sie säuerlich, habe sie vielleicht auch die Keule mitgenommen.
»Eine Keule?« fragte Anna Carla perplex und sah auf ihre Hände. »Nein, das glaube ich nicht.«
»Von welcher Keule redest du?« fragte der Mann seine Frau.
Es stellte sich heraus, daß aus einem steinernen Mörser, der am andern Ende des Ladentisches stand, die Mörserkeule fehlte. Die Frau hatte es erst vor einer Minute bemerkt.
Ein wirklich schwachsinniger Scherz, meinte die Frau, da die Keule allein wertlos sei, komplette Mörser aber selten waren. Dieser hier war übrigens aus dem achtzehnten Jahrhundert.
Der Mörser mochte gern aus dem achtzehnten Jahrhundert sein, sagte der Mann versöhnlich, aber die Mörserkeule hätten sie selbst anfertigen lassen.
»Vielleicht bei Gebrüder Zavattaro?« fragte Anna Carla interessiert.
Der Mann sah sie verblüfft an.

»Bei wem?« fragte die Frau mit einem argwöhnischen Blick auf die Handtasche Anna Carlas. Dann ging sie mit einem Achselzucken den langen Ladentisch entlang. Wahrscheinlich wollte sie nachsehen, ob noch mehr fehlte.

10

Lello wollte nicht auf die Uhr sehen, aber es mußte schon mindestens Viertel nach zwölf sein. Vielleicht schon bald halb eins. Obwohl noch viele Leute da waren, hatte das Gedränge ein wenig nachgelassen. Und die Gasse mit den Matratzen war, wie er von der Piazzetta aus sah, fast menschenleer.

An der Ecke blieb er stehen. Die Leere, ein Hauch von Kälte und die Aussicht, wieder – und vergeblich – zu warten, entmutigten ihn. Statt durch die Gasse zu gehen, beschloß er, unter Menschen zu bleiben und über die Hauptstraße zu gehen, die ihn mit einem kleinen Umweg auch zum Ziel führte.

Hätte er übrigens nicht den Weg zu seinem Auto machen müssen, wäre er gewiß nicht noch einmal über den »Platz mit dem Café« gegangen. Statt dessen wäre er ohne weiteres nach Hause gefahren – und Gott befohlen! Nachmittags wollte er dann ins Kino gehen. Oder er würde zu Hause bleiben und in Ruhe ein gutes Buch lesen. Ein gutes Buch, wiederholte er mit bebenden Lippen. Wenn Massimo anrief, würde er gar nicht an den Apparat gehen. Die *Göttliche Komödie* zum Beispiel. Seit langem wollte er sie einmal wieder lesen.

Er ging über die Straße, er hatte auf der gegenüberliegenden Seite einen Bücherstand entdeckt.

Aber es müßte ein lebendiger, moderner Kommentar dabei sein, nicht von der Art, wie man ihn auf der Schule las. Oder, noch besser, gar kein Kommentar. Die *Göttliche Komödie* ohne Vermittler. Er nahm ein Buch in die Hand und betrachtete es, ohne es zu sehen. Darauf nahm er ein anderes.

Oder er hätte den Hörer aufgenommen, aber nur um ihm zu sagen, daß jede Erklärung überflüssig sei. Unnötig, die Sache noch in die Länge zu ziehen. Er habe begriffen. *Was begriffen?* Alles. Vielleicht

ein bißchen spät, verzeih mir. Aber weißt du, ich habe auch noch an andere Dinge zu denken. *Ciao!*
Er legte die Bücher zurück und ging weiter. Hier gab es nur Kriminalromane oder Bildgeschichten. Aber weiter vorn würde er finden, was er suchte. Denn ich habe auch noch an anderes zu denken, wenn du erlaubst. An erster Stelle an meine Arbeit. Und in der Zeit, die mir dann noch bleibt, an so viele Sachen, die dich nicht interessieren, die aber für mich wesentlich sind. *Ciao!*
Er überquerte noch ein paarmal die Straße auf dem Weg von einem Bücherstand zum andern, aber eine nichtkommentierte Ausgabe war nicht zu finden. Und von dem Kommentar Scartazzinis – die Ausgabe wurde ihm an zwei Ständen angeboten – hatte er schon genug, als er die erste Seite aufschlug:
»*Der Wald.* Persönlich ein Symbol für . . . Universell genommen, ein Symbol für . . .«
Die unvermeidlichen alten Banalitäten, in denen die Poesie zum Teufel ging.
Er wandte sich, nachdem er den Bücherstand verlassen hatte, um: Er hatte das vage Gefühl, daß ihn jemand gerufen habe. Er sah den Buchhändler an, der den Scartazzini an seinen Platz zurückstellte, und er sah auf die Leute, die sich hinter ihm drängten. Aber niemand achtete auf ihn, und er sah niemanden, den er gekannt hätte. Er setzte seinen Weg fort.
Übrigens war es keine Stimme gewesen, sondern eine Gebärde oder ein rasches Zeichen, von dem er den Eindruck hatte, es gelte ihm. Als ob . . . Übrigens war es, wie er sich plötzlich klar wurde, nicht das erste Mal gewesen. Schon kurz zuvor, als er sich angeschickt hatte, die Straße zu überqueren, und vielleicht sogar schon vorher, auf der Piazzetta, hatte er denselben Eindruck gehabt: wie von einer raschen, verstohlenen Bewegung nicht weit von ihm, als ob ihm jemand mitten in der Menge – ein Zeichen geben wollte? Nein. Im Gegenteil, eher als ob . . .
Rino.
Er hatte Rino vollkommen vergessen. Als er den *Caffè-Vini*-Ausschank betrat, hatte er ihn einen Augenblick lang in dem Mann erkennen wollen, der da allein saß und trank, dann aber nicht mehr daran gedacht. Sein Irrtum hatte ihn beruhigt. Doch Rino mußte irgendwo in der Nähe auf ihn gewartet haben, und als er ihn

allein wieder herauskommen sah, müde und niedergeschlagen, war er ihm nachgegangen, hoffnungsvoller denn je.
Wie eine Hyäne, dachte er, voller Widerwillen und von plötzlichem Grauen angerührt. Er ging schneller.
Noch hatte er nicht den Mut, sich herauszuwagen – die arme treue Hyäne. Noch versteckte er sich, wenn er sich umdrehte. Aber er folgte in immer kürzerem Abstand, er spürte, sein Augenblick war bald gekommen. Er wußte, daß Lello in Kürze am Ende sein würde, vielleicht erwartete er, ihn in Tränen ausbrechen zu sehen ... Denn jetzt hatte er begriffen.
Was begriffen?
Alles. Vielleicht ein bißchen spät. Verzeih mir.
Er wurde sich klar, daß er fast schon rannte und tatsächlich den Tränen nahe war. Aber nur aus Wut, dachte er.
Denn es war nicht wahr, daß er erst spät begriffen hatte. Glaub das bloß nicht, mein Lieber. Ich habe es sofort begriffen, wenn du es genau wissen willst. Sofort. Schon in dem Augenblick, wo du damit anfingst, mir den Griechenlandurlaub kaputtzumachen – mit deinem Ferienhaus als Ausrede.
Wahrscheinlich hatte er gar keins. Er war ihm damit nur gekommen, weil er sich dachte, er, Lello, würde es sich doch nie ansehen wollen. Und gestern ist er nicht im Monferrato gewesen, wer weiß, wo er gestern war, wer weiß, bei wem. Wer weiß, was ...
Rino.
Nein. Der Gedanke war so irre, daß er einen Augenblick lachen mußte. Seine Nachforschungen im Fall Garrone waren ihm anscheinend in den Kopf gestiegen. Jetzt sah er schon überall unsaubere Machenschaften, und sein Mißtrauen kannte praktisch keine Grenzen.
Und doch, überlegte er, es paßte alles zusammen.
Jetzt ging er nicht mehr so schnell, und als er an der Kreuzung angelangt war, von der aus eine Straße auf den großen Platz vor dem Cottolengo-Hospiz führte, blieb er sogar stehen. Er hatte in den Beinen nicht mehr genug Kraft, um den Damm zu überqueren. Er stand und blickte zu der Madonna hinüber, die, ein wenig mitgenommen, von sieben Schwertern durchbohrt, auf dem Bürgersteig gegenüber den wehen Blick nach oben richtete.
Seit gestern morgen war Massimo fort; und seit gestern nach-

mittag folgte ihm Rino. Und wenn er gestern abend sogar den Mut gehabt hatte, die Treppen heraufzukommen und an seiner Tür zu klopfen, dann, weil er *wußte*, daß Massimo nicht wiederkam, weil er *bereits wußte*, daß die Bahn frei war für ihn. Und heute morgen hatte er nicht erst seinen Zettel an der Tür lesen müssen, um zu wissen, wo er ihn fand.

Denn Massimo hatte es ihm gesagt.

Massimo hatte ihn ihm auf die Fersen gesetzt. Damit er ihn zurücknahm. Damit er versuchte, ihn zu trösten. Damit er ihn ihm in jedem Fall vom Halse schaffte.

»Sie täten mir einen großen Gefallen, wenn Sie ihn wieder übernehmen wollten.«

Großer Gott, flüsterte er.

Und während ihn der Ekel würgte, fühlte er, daß Rino auf ihn zutrat. Undeutlich sah er seine ausgestreckte Hand. Aber er konnte sich nicht mehr rühren. Erst als die Hand seinen Arm berührte, zuckte er zusammen, mit einer verzweifelten Gebärde der Demütigung und der Auflehnung. Dann war ihm, als lege sich ein Nebel über die Madonna der Sieben Schmerzen auf der anderen Straßenseite.

»Was hast du?« hörte er die Stimme Massimos. »Habe ich dich erschreckt?«

11

»Nachdem Massimo gegangen war, trat zwischen den beiden jungen Leuten ein verlegenes Schweigen ein«, sagte Federico, als Massimo gegangen war (als läse er aus einem Roman vor).

Anna Carla betrachtete verdutzt den Regenmantel, der zusammengefaltet auf dem Stuhl gegenüber lag.

»Ach nein.« Sie schüttelte sich. »Die junge Frau hat von verlegenem Schweigen genug, wenigstens für heute.«

»Dann kann ich also noch hoffen.«

»Daß du mir ein Mineralwasser spendieren darfst, ja. Aber bitte ohne Eis, dafür mit einer Scheibe Zitrone. Gehört der Regenmantel da dir?«

»Wie? Ach so, nein, den muß Massimo vergessen haben.«
Sie versank wieder in Nachdenken, während Federico an die überfüllte Bar ging, um das Mineralwasser zu holen.
Massimo hatte nicht gerade vor Freude gejauchzt – dies war jedenfalls ihr Eindruck – bei der Nachricht, daß Lello ihn auf der Piazzetta erwarte. Natürlich hätte er ihn lieber in ihrer Gesellschaft getroffen, eventuell auch an einem gemeinsamen Essen in den Hügeln mit Sheila und Bonetto teilgenommen, nur um mit Lello nicht allein zu bleiben. Wahrscheinlich hatte er bereits gehofft, daß bei Lello irgend etwas dazwischengekommen war, eine Verhinderung durch höhere Gewalt. Etwa ein Telegramm der Art »Komme sofort, Tante Amalias Zustand sehr ernst«. Oder auch ein Autounfall, ein Sturz von der Treppe? Wenn sie an das unglückliche Gesicht dachte, mit dem er fortgegangen war, konnte man nicht ausschließen, daß er mit Lello bereits bis zu diesem Punkt gekommen war.
Sie taten ihr leid. Eine so unnatürliche Bahn, so viele Umwege, um zu einem Ende von so grausamer Gewöhnlichkeit zu kommen.
»Danke.« Sie nahm Federico das Glas ab. »Aber was machst du denn? Willst du hier essen?«
Federico hatte sich an der Bar auch ein Bier und ein großes Schinkenbrötchen besorgt. Er setzte sich und legte sich eine Papierserviette über die Knie.
»Was willst du«, sagte er mit vollem Mund, »ich habe Hunger. Es ist fast halb eins. Außerdem ist mir ein Gedanke gekommen.«
»Nämlich?«
»Ich scheide aus. Ich kapituliere. Ich gehe.«
Er biß mit Appetit in sein Brötchen.
»Obwohl nur noch einen Fingerbreit vom Erfolg entfernt«, fuhr er kauend fort, »verzichte ich darauf, dich zu besitzen und dich auf immer zu der Meinen zu machen. Aber dafür tust du mir . . .«
Er unterbrach sich, um zu dem Bissen auch einen kräftigen Schluck Bier zu nehmen.
»Ich tröste mich, wie ich kann«, entschuldigte er sich. »Aber dafür tust du mir einen Gefallen, wollte ich sagen. Wenn Sheila und Bonetto kommen, dann sag ihnen, daß ich aus Ivrea angerufen worden bin und . . .«

»Hier?«
»Nein, das heißt, ich habe in Ivrea angerufen, und da hat man mir gesagt, ich müßte sofort kommen.«
»Am Samstag?«
»Für einen leitenden Angestellten der Olivetti gibt es keinen Samstag. Außerdem wirst du sehen, daß sie keine Schwierigkeiten macht. Sie wird dich nichts weiter fragen.«
»Wieso? Hast du mir nicht gesagt, daß sie der exklusive Typ ist, die Frau, die immer das Maximum will?«
»Nicht das Maximum«, lachte Federico vergnügt. »Nicht Massimo, das fehlte noch! Bonetto!«
»Nein!«
»Doch. Ein unerhörter Glücksfall. Also einverstanden?«
Anna Carla zuckte die Achseln.
»Also offen gesagt, ich hatte schon gehofft, um dieses famose Essen in den Hügeln herumzukommen.«
»Aber so kommst du ganz sicher herum. Du wirst sehen, die beiden wünschen sich nichts mehr, als allein zu bleiben.«
»Hoffen wir's«, sagte sie kleinlaut, mit einem Blick auf den Regenmantel Massimos.
Federico fing ihren Blick auf.
»Ah ja.« Er grinste.
»Was heißt ah ja?«
»Den muß er absichtlich vergessen haben. Um einen Grund zu haben zurückzukommen. Ich glaube, er legte keinen besonders großen Wert darauf, mit seinem Freund allein zu sein.«
»Hör auf, was weißt du davon!«
»Nichts. Aber, jedenfalls: da sind sie.«
Er grüßte mit einer Bewegung zur Tür hin, durch die gerade Massimo und Lello hereinkamen, und stand auf.
»Also abgemacht?« Er schüttelte sich die Krümel von der Hose. »Und wenn du ein gutes Werk tun willst, dann nimm die beiden mit zum Lunch in den Hügeln.«

12

Es war schon leerer geworden, und die plötzlichen Lücken in der Menge schienen von einer Kanonade herzurühren. Aber auch daß so viele und so verschiedene Dinge auf dem Platz verstreut lagen, ließ an eine verlorene Schlacht denken.

Aber so mancher kam jetzt mit dem Auto zurück, um das zu verladen, was er nicht tragen konnte, und darum kam man in den engen Gassen beinahe noch schlechter voran als vorher. Unmöglich, in einer Gruppe zusammenzubleiben. Lello fand sich plötzlich neben Bonetto, Anna Carla plauderte mit Sheila weiter vorn, und von Massimo wußte niemand, ob er noch weiter vorn oder ob er zurückgeblieben war.

»Au!« sagte Bonetto und rieb sich den Ellbogen, an dem er mit einem Sofa zusammengestoßen war.

»Achtung!« sagte der Mann, der das Sofa in die Höhe gehoben hatte, um es auf das Dach eines Volkswagens zu laden.

Bonetto nahm es nicht übel.

»Das ist doch die Geschichte von Cato!« sagte er vergnügt zu Lello. »Sie kennen Sie doch? Ein Mann, der einen Kasten trägt, stößt ihn und sagt dann: ›*Cave!*‹ – ›Wieso, trägst du noch mehr?‹ fragte ihn darauf Cato.«

Lello begriff nicht den Witz, lachte aber höflich. Übrigens hätte er mit einem Mann der Kultur lieber ein profunderes Gespräch geführt.

»Ich muß Ihnen noch danken für Ihren gestrigen Vortrag«, begann er. »Für jemanden wie mich, der sich mit ganz anderen Dingen beschäftigt, ist er eine wahre Offenbarung gewesen. Nie hatte ich geglaubt, daß der Fischfang – ich meine, an die menschlichen Werte des Angelsports hatte ich noch nie gedacht.«

Der Amerikanist warf ihm einen unsicheren Blick zu.

»In welchem Sinne?« fragte er.

»Aber – in dem Sinne, den Sie genannt haben. Nicht buchstäblich, natürlich, sondern in einem weiteren Zusammenhang. Ich weiß nicht – wie ich schon sagte, ich beschäftige mich mit ganz anderen Dingen, aber ich möchte doch meinen . . . Auch in einem symbolischen Sinne, wenn Sie so wollen. Meinen Sie nicht?«

»Symbolisch?«

»Aber symbolisch im modernen Sinne. Ich spreche nicht von den alten persönlichen oder universellen Allegorien und all dem Unsinn. Kennen Sie zum Beispiel den Kommentar Marchettis zur *Göttlichen Komödie*?«
Bonetto beschränkte sich auf ein Kopfschütteln.
»Nein?« fragte Lello, ein wenig aus der Fassung gebracht. »Es war nur ein Beispiel . . .«
»Entschuldigen Sie einen Augenblick«, sagte Bonetto. Er war stehengeblieben, um aus einem Korb einen hölzernen *Pinocchio* zu ziehen.
»Hundert Lire«, sagte die Hökerin. »Er ist neu.«
»Aha«, sagte Bonetto und verlor jedes Interesse.
»Oder nehmen wir Pavese«, fuhr Lello fort. »Es ist ja nicht eigentlich mein Gebiet, aber . . .«
»Verzeihung, was ist denn eigentlich Ihr Gebiet?« fragte der Amerikanist mit einer Spur von Ungeduld, während er den Pinocchio wieder in den Korb warf.
»Fünfzig«, sagte die Hökerin.
»Felice! Lello!« rief Sheila und winkte.
Sie war an der Kreuzung mit Anna Carla und Massimo stehengeblieben, und als die beiden sie einholten, verhandelte sie über den Ankauf der Madonna der Sieben Schmerzen.
»But how much?«
»Aber wieviel?« übersetzte augenblicklich Professor Bonetto.
Der Besitzer, ein alter Mann in dunklem Kittel, der wie ein Mesner aussah, konnte sich nicht entschließen, mit dem Preis herauszukommen.
»Very old«, sagte er. »Hier alles« – und er wies auch auf die übrigen Bilder und auf das dunkle Innere seines Ladens – »very, very old. Antik. Siebzehntes Jahrhundert. Verstehen? Sieb-zehntes.«
Lello übersetzte es schüchtern: »Seventeenth century.«
»But how much?« Sheila lachte bei ihrer Frage.
»Vierzigtausend«, antwortete der Alte. »Fortythousand.«
Sheila betrachtete noch einmal das Bild. »Schön, mit all den Schwertern«, sagte sie lächelnd zu Anna Carla. Sie holte ihr Portemonnaie aus der Handtasche, öffnete es und fragte den Alten: »Zweitausend, ja?«

»Dreitausend«, sagte der Alte.
Sie schüttelte den Kopf, gab ihm die zweitausend Lire, bedeutete ihm durch Zeichen, die Leinwand zu rollen, und wies auf eine Zeitung, damit er das Bild darin einwickele. Sie lächelte Lello zu, der sie sprachlos beobachtete.
»No, seventeenth century«, erklärte sie ihm mütterlich, »rubbish.«
»Nicht siebzehntes Jahrhundert, Schund«, übersetzte Bonetto.
Anna Carla, die das tiefe Erröten Lellos bemerkte, suchte nach einer Ablenkung.
»Was tun wir jetzt?« fragte sie. »Wollt ihr noch weiter herumgehen, oder gehen wir essen?«
»Essen!« erklärte Sheila und nahm wieder den Arm Bonettos. »Dann das Ägyptische Museum.«
Der Amerikanist erklärte etwas verlegen, daß er Sheila versprochen hatte, am Nachmittag mit ihr das Ägyptische Museum zu besuchen. Aber angesichts der Bedeutung dieser Sammlung, die zu den wichtigsten Europas gehörte, wollten sie nicht später als halb drei, drei Uhr dort sein.
»Sehr gut«, sagte Anna Carla – und enthielt sich wohlweislich der Bemerkung, daß das Ägyptische Museum um zwei Uhr nachmittags schloß. Sie müsse selbst gegen drei Uhr aufbrechen.
»Und ihr? Ihr kommt doch mit, nicht wahr?« fragte sie Massimo beiläufig.
Massimo warf einen unsicheren Blick in Richtung Lellos. Tatsächlich hätten er und Lello sich noch gar nichts angesehen, erklärte er. Aber natürlich war es jetzt schon etwas spät geworden dafür. Und da ja auch sie irgendwo essen müßten ...
Lello hatte wieder seine normale Gesichtsfarbe. Aber seine Miene war verschlossen, und er sagte nichts.
»Also, dann schlage ich vor«, sagte Anna Carla, »daß ihr noch einen kleinen Rundgang macht, während ich meinen Wagen hole und auch zu Hause anrufe, daß man nicht auf mich warten soll. Wollen wir uns dann hier alle wieder treffen?«
»Oder am Cottolengo«, sagte Bonetto. »Sheila hat den Platz am Cottolengo noch nicht gesehen.«
»Abgemacht«, sagte Anna Carla mit einem Blick auf ihre Uhr. »Also dann um ein Uhr dort?«

»Einverstanden«, sagte Massimo, ohne Lello anzusehen.
Anna Carla machte sich auf den Weg, Sheila und Bonetto strebten dem Cottolengo-Platz zu, und der Alte trat in seinen Laden zurück. Ein bitteres Lächeln in den Mundwinkeln, blieb Lello noch einen Augenblick, um die alten geschwärzten Bilder zu betrachten.
»Entschuldige«, brach er das Schweigen und wandte sich Massimo zu, »war das nötig?«
Massimo fühlte, wie eine tödliche Müdigkeit ihm den Rücken beugte und die Knie weich machte. Er bemühte sich um ein gleichmütiges Lächeln, aber was dabei herauskam, war eine kalte, fast drohende Grimasse.
»Ob was nötig war?« fragte er trocken.
Lello zögerte. Einen Augenblick hatte eine panische Furcht sein Lächeln ganz ausgelöscht; jetzt kam es wieder als ein zärtliches Schmollen.
»Mit ihnen essen zu gehen«, sagte er, während sie die Straße überquerten. Lello hatte Massimo untergefaßt.
»Ist dir eigentlich klar, daß wir noch nicht eine Minute allein geblieben sind?« fragte er.
Massimo antwortete nicht.

Ruhig bleiben, gebot sich Lello, ein Würgen in der Kehle. Nur keine Tragödie daraus machen. Massimo war nervös und hatte irgendwelche Sorgen, die aber nichts mit ihnen beiden zu tun hatten. Vielleicht war es auch nur das Wetter. Der Wechsel des Wetters. Deswegen – er sah es klar – war er selbst ja heute früh gleich mit schlechter Laune aufgestanden.
»Du hast mir noch gar nichts von gestern erzählt«, sagte er, um einen unbefangenen und munteren Ton bemüht. »Wie geht es mit dem Haus voran?«
»Gott«, sagte Massimo, während er seinen Arm freimachte, um den Regenmantel von einem Arm auf den andern zu legen. »Mehr oder weniger geht es weiter.«
»Aha.«
»Das heißt, im groben ist alles fertig. Aber die Feinarbeiten, das Drum und Dran, du kennst das ja. Der übliche Ärger, die üblichen Verzögerungen. Aber jedenfalls geht es weiter.«

»Das ist gut.«
Er hätte gern gefragt, ob es wohl Ende Juni fertig sein würde. Aber er wollte ihm nicht mit Fragen lästig fallen. Vielleicht waren gerade diese Verzögerungen der Grund seines Kummers.
»Wichtig ist ja nur«, sagte er, wobei er ihn von neuem unterfaßte, »daß es Licht und Wasser gibt. Mit allem übrigen, auch wenn zum Beispiel der Anstrich noch nicht fertig ist, werden wir uns schon abfinden. Nicht wahr?«
»O ja. Sicher. Wasser ist schon da.«
»Das Wasser?«
»Ja. Was nicht fertig wird, sind die elektrischen Leitungen. Du weißt ja, wie es zugeht. Der Elektriker gibt dem Zimmermann die Schuld, der Zimmermann dem Maurer, und der Architekt wäscht seine Hände in Unschuld. Fazit, es wird nie fertig.«
Lello blieb stehen.
»Aber hattest du mir nicht gesagt ...«
Nein. Es war doch nicht so sicher, daß Massimo ihm neulich gesagt hatte, die Elektroinstallation sei fertig. Vielleicht hatte er doch vom Wasser gesprochen.
»Nein, nichts ...« Er wechselte das Thema: »Apropos Architekt: ganz so dumm, wie deine Freunde vielleicht glauben, bin ich denn doch nicht.«
Massimo betrachtete gerade eine Reihe von zum größeren Teil beschädigten Majoliken, die mit allerlei anderen Gegenständen auf einer großen Zeltbahn ausgebreitet waren.
»Wieso? Was für Freunde?« fragte er.
»Dieser Bonetto.«
»Aber den kenne ich doch kaum. Was hat er dir getan?«
»Vor allem ist er mir auf die Nerven gegangen mit seinem Vortrag. Und dabei so eingebildet, so aufgeblasen. Du kannst kein Wort sagen, ohne daß er ... Also auf seinem Gebiet mag er meinetwegen wer sein, aber sonst ... Von italienischer Literatur zum Beispiel weiß er nicht die Bohne.«
»Tatsächlich?«
»Tatsächlich. Aber was hast du? Bist du müde? Sollen wir zum Auto gehen?«
»Nein, nein. Ich sehe mir nur gerade diesen Teller an. Schön.«
»Welcher?«

»Der da mit dem blauen Rand und dem kleinen Hahn. Es scheint ein echter Mondovi zu sein. Schade, daß die Hälfte fehlt.«
»Ja, schade ... Und dann diese Sheila, die so tat, als ob sie mich belehren wollte, als ob ich etwas von siebzehntem Jahrhundert gesagt hätte! Ich behaupte nicht, viel davon zu verstehen, aber so weit reicht es allemal.«
Sie setzten ihren Weg fort, die Gasse hatte sich inzwischen ein wenig geleert.
»Aber apropos Architekt: Kennst du meine Theorie über den Fall Garrone?«
»Über ... Ach ja.«
»Also, es ist keine bloße Theorie. Ich habe Nachforschungen angestellt.«
»Nicht möglich!«
»Doch. Lache nicht. Denn am Montag werdet ihr alle den Mund vor Staunen nicht mehr zubekommen: du, die Bottas, die Fogliato und überhaupt alle.«
»Ach. Und warum am Montag?«
»Das behalte ich für mich. Sag mal, wie spät ist es jetzt?«
Er sah auf seine Uhr und schnitt eine Grimasse.
»Gehen wir bis zur Piazzetta und wieder zurück? Meinen Wagen habe ich da hinten.« Er drehte sich um und zeigte in die Richtung.
»Schön«, sagte Massimo. »Aber was siehst du denn da?«
Lello schien etwas abschütteln zu wollen. Unsicher zuckte er die Achseln.
»Ich glaubte ... Nein, nichts.«
Sie gingen weiter in Richtung der Piazzetta.
»Oh!«
»Was hast du?«
»Eine alte Droschkenlaterne! Komm! Die lass' ich mir nicht entgehen.«
Sie gingen hinüber. Die Laterne, windschief und verrostet, stand unter anderem Alteisen auf der Erde neben einem Verkaufsstand. Lello bückte sich und hob sie mit ostentativer Gleichgültigkeit auf.
»Hübsch, nicht wahr?« sagte er leise. »Man müßte nur die Scheiben wieder einsetzen und mit ein bißchen schwarzem Lack an

das Eisen gehen, und sie wäre wunderschön. Oder was hältst du von einem schönen kräftigen Gelb?«
Er wandte sich an den jungen Mann im roten Pullover, der, finster und uninteressiert, etwas abseits an der Mauer lehnte und rauchte.
»Was kostet das?« fragte er, leicht amüsiert und in einem Ton, als frage er mehr aus Neugierde.
Der junge Mann murmelte etwas Unverständliches.
»Wieviel?« fragte Lello ungläubig.
»Zehn«, sagte Massimo. »Laß es sein. Komm.«
Lello brach in ein Lachen aus. Er setzte die Laterne auf den Verkaufstisch.
»Zehn Lire?« scherzte er. »Nein, sagen Sie mir im Ernst, wieviel Sie dafür haben wollen.«
Der junge Mann näherte sich mit müde latschendem Schritt, nahm die Laterne vom Tisch und warf sie zurück auf den Haufen Alteisen. Dann stellte er sich wieder an die Mauer und rauchte weiter, den Blick ins Leere gerichtet.
»Was ist das für eine Art«, entrüstete sich Lello.
»Laß es gut sein«, sagte Massimo. »Komm schon. Was hättest du außerdem damit anfangen können!«
Lello ließ sich, bleich vor Wut, mitziehen, aber nach ein paar Schritten drehte er sich wieder um.
»Was für Manieren ...«
Er unterbrach sich von neuem und blickte auf einen mit Stühlen beladenen Lastwagen, der nicht weit von der Kreuzung hielt.
»Ist er denn immer noch nicht gegangen?« fragte er verblüfft.
»Wer?«
»Ich war wieder nicht schnell genug, um ihn sehen zu können, aber ich bin überzeugt, daß er uns beobachtet hat. Hinter dem Lastwagen.«
»Wer denn? Von wem sprichst du überhaupt?«
»Unglaublich«, sagte Lello und sah noch einen Augenblick in die gleiche Richtung, bevor er sich achselzuckend umwandte und weiterging. »Von Rino spreche ich«, sagte er. »Seit gestern geht er mir nach.«
»Rino?«
»Ja.«

»Aber das ist doch nicht möglich!«
»Heute kannst du nur immer ›das ist nicht möglich‹ sagen«, stellte Lello trocken fest. »Aber es ist möglich. Stell dir vor, was ich gestern abend . . .«

Sie gingen um die nun fast leere Piazzetta und kehrten dann um.
»In einem gewissen Sinne ist es natürlich rührend«, schloß Lello seinen Bericht.
»Ah ja.«
»Aber auch sehr lästig.«
»O ja.«
»Du scheinst allerdings nicht sehr überzeugt zu sein.«
»Wovon?«
»Daß es gar so lästig ist.« Er begann zu lachen. »Vielleicht wärest du sogar ganz zufrieden, wenn ich wieder zu ihm zurückginge. Sag die Wahrheit!«
Massimo sagte nichts.
Lello schluckte.
»Entschuldige bitte, es war nicht ernst gemeint. Aber du bist heute so – ich weiß nicht . . . Du kommst mir so weit weg vor.«
Er schluckte wieder. Dies Würgen im Hals. Trotzdem lächelte er.
»Du sprichst nicht, du antwortest mir nicht mal«, sagte er mit einem schüchternen Lachen. »Oder wenn du mir antwortest . . .«
Aber seine Stimme brach und das Lachen mißglückte. Er spürte selbst: dies war nicht der richtige Ton. Und, vor allem, nicht der richtige Moment. Er mußte unter allen Umständen jetzt eine Szene vermeiden.
»Also heute bin ich auch nervös«, gestand er mit einem Aufseufzen, das ihm relativ beiläufig und undramatisch gelang. »Es muß an dem Wetterumschlag liegen. So plötzlich.«
»Sicher.«
»Und dann dieser verfluchte Flegel. Man sollte ihm seine Laterne an den Kopf werfen.«
»Da hast du recht.«
Die Laterne war noch immer da, als sie auf dem Rückweg vorbeikamen, aber der Stand war mit einem Plastiktuch bedeckt, und der junge Mann war gegangen. Auch der Mann vom Bücherstand schloß, um zum Essen zu gehen.

»Aber eine Frage, wenn du erlaubst: Warum hast du gesagt, ich könnte mit der Laterne sowieso nichts anfangen? Zugegeben, zehntausend Lire war sie nicht wert. Aber wenn man sie wieder in Ordnung gebracht hätte, wäre sie, nach meiner unmaßgeblichen Meinung, sehr hübsch gewesen.«
»Bestimmt. Dagegen kann man nichts sagen.«
»Also dann . . .«
»Wieso also dann?«
»Also wenn du mir nicht einmal zuhörst . . . Ich frage dich, warum du mich dann gefragt hast, was ich mit der alten Laterne anfangen wollte.«
»Großer Gott«, flüsterte Massimo. »Entschuldige«, sagte er dann, »ich kann mich daran nicht mehr erinnern, und außerdem . . .«
»Du hast gesagt: ›Außerdem, was hättest du damit anfangen können?‹«
»Na schön. Dann habe ich damit sagen wollen: Wozu hätte sie dir gedient? Wo hätte sie bei dir Verwendung gefunden? Denn auf der Diele hast du schon die dänische Glocke, und auf dem Korridor . . .«
»Aber sie sollte ja nicht für mich sein.«
»Nicht für dich? Ja, woher sollte ich denn das wissen?«
»Sie sollte für dein Haus im Monferrato sein!«
»Ach so.«
»Da siehst du es. Deswegen sind wir hierher gekommen, und du erinnerst dich überhaupt nicht mehr daran. Ich dagegen habe mir gleich gesagt, das ist genau das, was fürs Monferrato gebraucht wird. Am Gartentor würde sie sich großartig machen, das war mein Gedanke. Oder über der Eingangstür.«
»Ja, aber . . .«
»Kein Ja und kein Aber in diesem Ton, möchte ich bitten.«
Sie waren wieder an der Kreuzung angelangt und überquerten nun die Straße.
»Hör zu, Lello . . .«
»Ja . . .?« fragte er mit erstickter Stimme.
»Nichts . . . Wir kommen zu spät.«
»Nein! Jetzt mußt du es mir sagen!« forderte Lello ungeduldig. »Wenn ich dir nicht mehr passe und du mich in deiner Ferienvilla nicht haben willst, dann sag es mir lieber gleich!«

»Aber was hat das damit zu tun?«
»Und ob das was damit zu tun hat!«
»Aber nicht doch. Ich wollte nur sagen, daß die Lampen schon da sind. Auch an der Haustür und am Gartentor. Das ist alles.«
Lello blieb stehen. Er betrachtete wieder die alten Bilder vor der jetzt geschlossenen Ladentür. Dann wandte er sich langsam um:
»Aber hast du mir nicht noch gerade gesagt ...«
Er brach plötzlich in Gelächter aus.
»Hast du mir nicht gesagt, daß die Elektroinstallation ...«
Er schüttelte mit vorwurfsvoller Miene den Kopf. Dann begann er wieder so laut zu lachen, daß Signor Vollero, der gerade von der Matratzen-Gasse herkam, erschreckt den Kopf hob und sofort abbog, um sich hinter der Straßenecke zu verbergen.
»Und wenn ich bedenke«, stammelte er, von seinem krampfhaften Lachen geschüttelt, »wenn ich bedenke, daß ich es gleich gemerkt habe!«
Er wand sich geradezu vor Lachen.
»Aber sofort! Weißt du, was das heißt – sofort?«
Endlich beruhigte er sich. Aber als er sich mit dem Taschentuch die Tränen aus den Augen wischte, lachte er noch immer.
»Ich habe es sofort gemerkt, weißt du?« Aus seinen Worten klang jetzt eine Art verzweifelter Milde.
Massimo lehnte an der Mauer neben dem Stapel von Bildern und blickte starr auf den Rand des Bürgersteigs. Mit Mühe hob er den Kopf.
»Was gemerkt?« fragte er flüsternd.
Plötzlich wieder wie von Sinnen, brüllte Lello wütend:
»Alles! Alles!«
Signor Vollero fuhr zusammen. Der Schrei hatte ihn gerade in dem Augenblick erschreckt, als er den Kopf vorgestreckt hatte, um zu sehen, mit wem der junge Mann in dem gelben Pullover stritt. Er zog den Kopf zurück, ohne etwas gesehen zu haben, war aber entschlossen zu warten, bis die beiden gegangen waren. Den jungen Mann mit dem Pullover hatte er schon im Café gesehen. Er war überzeugt, ihn nicht zu kennen. Aber der andere? Der Umstand, daß die beiden gerade vor dem Bilderladen stehengeblieben waren, sagte ihm nichts Gutes.
Er suchte, den Worten des jungen Mannes, der weiter wie ein

Besessener brüllte, irgendeinen Hinweis zu entnehmen, doch viel verstand er nicht von alledem. Anscheinend hatte der andere (der Teilhaber?) behauptet, einen bestimmten Gegenstand (ein Bild?) zu besitzen, den er in Wahrheit aber nicht besaß; und anscheinend hatte er auch behauptet, an einem bestimmten Ort (im Laden eines anderen Kunsthändlers?, im Haus eines Sammlers?) gewesen zu sein, den er aber in der Tat nicht betreten hatte. Anscheinend verhielt es sich so, daß der andere (der Teilhaber) überzeugt war, daß er (der junge Mann) diesen Ort doch nie aufsuchen würde (um zu kontrollieren, ob das Bild tatsächlich existierte, ob es echt, ob es signiert war?). Aber er (immer noch der junge Mann) hatte alles von Anfang an durchschaut; aber da er schließlich auch noch an etwas anderes zu denken habe (also der Experte von den beiden, oder der sich einbildete, einer zu sein, war sein Teilhaber), machte ihm das Ganze nicht viel aus. Also *Ciao* und Gott befohlen! Er solle sich nur nicht einbilden (der gewissenlose Teilhaber nämlich), daß er sich von ihm habe täuschen lassen; er habe ihn im Gegenteil sofort durchschaut, und so weiter und so fort. Von da an wurde das Gezeter des jungen Mannes ein wenig leiser; aber sein Teilhaber schien gar nicht erst den Versuch zu einer Entgegnung zu machen. Er sagte kein einziges Wort, so daß man sich fragen mußte, ob er nicht vielleicht schon fortgegangen sei.

Massimo lehnte noch immer an der Mauer und blickte noch immer auf den Rand des Bürgersteigs. Als Lello aufgehört hatte zu brüllen, schloß er einen Augenblick die Augen.

Das scheinbare Schweigen, das darauf folgte, hatte Vollero getäuscht.

»So ist es nicht«, sagte Massimo und hob den Kopf, aber er bewegte kaum die Lippen und sprach mit fast unhörbarer Stimme.

»Was willst du damit sagen?« fragte Lello ebenso leise.

Er war nicht einmal sicher, richtig gehört zu haben, und Massimo sah düsterer denn je aus. Aber jedenfalls war der Ton zum erstenmal wieder anders, war nicht mehr so fern, so feindselig, so unwahr.

»Was willst du damit sagen?« wiederholte Lello mit einer Spur von Hoffnung.

»Ich will damit sagen, daß ich die Villa besitze und daß ich gestern dort gewesen bin. Aber gerade das ist es ja. Es tut mir leid.«
Die Stimme war noch immer so leise, aber sie klang aufrichtig; nur war es die Aufrichtigkeit der Erschöpfung: gleichgültig, gefühllos, schrecklich. Sein Blick war der Blick eines Fremden.
»Ich verstehe es nicht«, stammelte Lello.
Noch eine kleine Weile verstand er es nicht. Noch meinte er, worauf es ankam, war, daß Massimo die Wahrheit gesagt hatte. Und wenn er ihn nicht belogen hatte, war all seinem Argwohn der Boden entzogen, und was blieb, war nichts als ein schmerzliches Mißverständnis. Wenn er denn tatsächlich in der Villa gewesen war ...
»Aber gerade das ist es ja. Es tut mir leid.«
Oh.
Er wich unter der Wucht des Schlages einen Schritt zurück.
Also so stand es!
Für einen Augenblick verharrte er regungslos, wie tief in Gedanken verloren. Dann drehte er sich um. Er ging, ohne zu achten, wohin er ging, aber er schritt rasch und energisch aus. Als sich Signor Vollero, durch das lange Schweigen beruhigt, hinter seiner Häuserecke hervorwagte, sah er ihn schon weit auf dem Weg zum Cottolengo-Platz.
Von dem andern war weit und breit nichts zu sehen, er mußte also schon vor einer Weile fortgegangen sein. Signor Vollero blickte nach rechts und links und stellte fest, daß die Kreuzung menschenleer war.
Wunderbar. Endlich war der Weg frei. Während er die Straße überquerte, überlegte er, daß er, wenn auch der Bilderladen im Moment geschlossen war, doch unter den großen Bildern, die draußen standen, auswählen könnte. Bereits aus der Entfernung erkannte er eine elegante *moulure,* die, von dieser Seite aus gesehen, in einem vorzüglichen Zustand zu sein schien.
Er ging um den Stapel Bilder herum, um auch die andere Seite zu sehen. Entsetzt blieb er stehen.

13

Von einem intensiven Kältegefühl und einem lästigen Brausen in den Ohren abgesehen, fühlte Lello nichts; er war klar und kühl-überlegen; er schritt weiter rasch aus und hatte nur den einen Gedanken, sich so schnell wie möglich zu entfernen, obwohl er nicht wußte, wohin.

Aber als er den belebten Cottolengo-Platz erreicht hatte, auf dem die Verkaufsbuden noch offen waren, verließ ihn der Mut, weiterzugehen. Um zu seinem Auto zu gelangen, hätte er sich nach rechts wenden müssen, wo jetzt wahrscheinlich schon Anna Carla und die beiden andern warteten. Oder er hätte umkehren und dabei riskieren müssen, plötzlich wieder Massimo gegenüberzustehen.

Nicht, daß es ihm viel ausgemacht hätte, meinte er. Jetzt, wo wirklich und für immer alles vorbei war, schien ihm die Geschichte mit Massimo bereits weit zurückzuliegen, als ob Jahre darüber vergangen wären. Er brauchte nicht mehr daran zu denken. Oder er konnte auch schon wieder daran zurückdenken, aber ruhig und mit der gelassenen Unparteilichkeit eines Dritten. Doch gerade daran störte ihn das Hin und Her zwischen den Ständen, die schlossen, und anderen, die sich mit neuer Ware für den Nachmittag einrichteten: Kurzwaren, Eisenwaren, Konfektion und Schuhwaren.

Es in Ruhe noch einmal überdenken, sagte er sich und blickte zum wolkenbedeckten Himmel auf und dann zu den hohen grauen Fassaden der beiden Cottolengo-Pavillons: Er durfte diese unverhoffte Klarheit seines Geistes, diese überraschende Gelassenheit nicht vorübergehen lassen, ohne sich selbst noch einmal davon zu überzeugen, daß wirklich alles zu Ende war: ein abgeschlossener Fall. Aber dann auch nie mehr daran denken!

Neben den Pavillons befand sich eine verlassene Fabrik, die als Lagerhalle verwendet wurde. Man erkannte auf der Mauer noch die Worte *Balôn – Abbruchmaterialien.* Die eiserne Tür stand offen und ließ auf einen dunklen Hausflur sehen. Aber hinter dem höhlenartigen Gang, der mit zerbrochenen Möbeln vollgepackt war, kam – Lello konnte sich von einer früheren Gelegenheit her erinnern – ein großer Hof unter freiem Himmel, wo unbrauchbar gewordene Möbel, ausgediente Kühlschränke, aus dem Leim gegangene Regale, verfaulende Ladentische und Kisten und Kästen aller Art in langen Reihen unter den verrosteten Wellblechdächern abgestellt waren. Sie warteten dort auf ihre endgültige Vernichtung; doch stand eventuellen Käufern der Eintritt frei.

Lello betrat den Hausflur. In einem Büro mit Glaswänden saß ein Mann mit einem Holzbein, der aus einem Kochgeschirr aß. Kurz darauf traf er auf eine Familie aus dem Süden, die eine schwankende Pyramide von Küchenmöbeln mit leisen Stimmen begutachtete. Andere Kunden stöberten unter hinkenden Sesseln und durchgesessenen Sofas. Doch in dem langen, am Ende von einem Gitter und an den Seiten von einer Mauer begrenzten Hof lagen die Gänge zwischen den gestapelten Möbeln und sonstigen Gegenständen still und verlassen. Lello schlängelte sich zwischen zwei Reihen zerbrochener und türenloser Schränke hindurch, bog in einen Gang zwischen Aktenschränken ein und folgte dann auf gut Glück den plötzlichen Biegungen und dem unvermuteten Zickzack der Gänge.

Er ging langsam, ohne an etwas Bestimmtes zu denken. Er überraschte sich einmal dabei, wie er vor einer Kredenz stand und mit einem vagen Interesse ihre Maserung studierte. Er riß sich zusammen. Er mußte an Massimo denken; die Erinnerung kam wieder. Wenn er wollte, daß seine Ruhe und sein Seelenfrieden andauerten, brauchte er sich nur zu wiederholen, daß es mit Massimo für immer aus und vorbei war. Noch einmal alles überdenken und sich dann ein für allemal mit den Tatsachen abfinden!

Er ging weiter, aber seine Gedanken gehorchten ihm nicht. Er vermochte sich immer nur auf unbedeutende Einzelheiten zu konzentrieren. Zum Beispiel auf den Zettel, den er an die Tür geheftet hatte und den Massimo nicht einmal gelesen hatte. Oder auf den Vortrag von Bonetto gestern abend. Oder auf das sich hinschleppende Gespräch mit Anna Carla:

»Wenn man bedenkt, daß wir gestern schon Sommer hatten.«

»Ja, aber in Turin . . .«

Ein junger Bursche im Overall lenkte ihn ab, der um die Ecke gekommen war und auf ein Blatt Papier blickte, das er in der Hand hielt. Darauf bog er in einen Gang zwischen zwei Reihen von übereinandergestellten Kommoden ein und machte auf einige von ihnen ein Zeichen mit Kreide. Der Ort war also doch nicht so ganz menschenleer. Jemand ging in dem Gang neben dem seinen, und etwas weiter war ein Paar im mittleren Alter damit beschäftigt, irgend etwas auszumessen. Weiter zum Gitter hin traf er auf ein anderes, jüngeres Paar mit einem kleinen Mädchen; und als er umkehrte, sah er wieder den jungen Burschen, auch eine Frau in Trauer, die sich bückte, um in einen Kühlschrank hineinzusehen, ferner einen älteren Mann, der ein Pensionär sein konnte und in die Betrachtung eines massiven Buffets ohne Glasscheiben versunken war.

»Verzeihung!«

Der Mann trat zurück, um Lello vorbeigehen zu lassen, ohne dabei die Augen von den geschnitzten Blatt- und Fruchtgirlanden zu lassen, mit denen das Buffet geschmückt war. Was hatte er davon, fragte sich Lello. Aber vielleicht hatte das Buffet ihm gehört, und nun kam er jeden Samstag her, um es wiederzusehen, so wie man ein Familiengrab besucht.

»Was hättest du außerdem damit anfangen können?«

Die Worte klangen wie aus großer Nähe, und gleich darauf wurde ihm bewußt, daß das Ohrensausen aufgehört hatte. Die Gedanken und Bilder, die er vor einem Augenblick noch nicht festzuhalten vermochte, ordneten sich unversehens von selbst.

»Ich will damit sagen, daß ich die Villa besitze.«

Er stand vor der Mauer und bog ab in einen noch engeren und dunkleren Gang, in dem niemand außer ihm war. Aber jetzt brauchte er sich keine Mühe mehr zu geben, um seine Gedanken zu konzentrieren. Wäre jetzt der junge Bursche mit der Kreide oder der Pensionär in seiner Nähe aufgetaucht oder wäre jemand durch den Gang nebenan geschritten oder wäre das Paar mit dem kleinen Mädchen hinter ihm hergegangen – er hätte sie weder hören noch sehen können. Denn vor seinen Augen stand eine Villa, die er nicht kannte, lag ein Garten, den er nie betreten hatte, und doch sah er alles mit der größten Klarheit.

»Ich bin gestern dort gewesen.«

Massimo war im Garten und sprach mit dem Architekten, der ihm sagte, daß alles in Ordnung sei. Er sah den Zimmermann, den Maler und den Installateur, sah, wie sie gingen. Für einen Augenblick tauchte auch der Elektriker auf, aber nur um zu sagen, daß auch er mit seiner Arbeit fertig sei. Dann war nur noch Massimo dort, der gleichgültig das erneuerte Parkett und die neugestrichenen Wände betrachtete. Im Parterre. Oder wie er durch die Zimmer im oberen Stockwerk ging. Oder wie er mit düsterer Miene aus einem der Fenster in die Landschaft hinaussah.

»Es tut mir leid.«

Es tat ihm wirklich leid, aber er konnte es nicht ändern. Er war aufrichtig gewesen, als er ihm vorgeschlagen hatte, die Ferien dort statt in Griechenland zu verbringen. Oder vielleicht hatte er auch die vage Hoffnung gehabt, daß die Villa bis zu seinem Urlaubsbeginn nicht fertig sein würde. Aber jetzt, da alles fertig und in Ordnung war, machte er sich klar, daß es sich in Wirklichkeit nicht um die Frage Griechenland oder nicht Griechenland handelte. Sondern darum, daß er von Lello genug hatte, schon seit einer ganzen Weile, ja, mehr als genug. Er konnte ihn nicht mehr ausstehen. Und die Aussicht, ihn auch hier draußen am Hals zu haben ...

»Es tut mir leid. Aber gerade das ist es ja.«

Einfach so. Ins Gesicht hinein. Und Gott befohlen!

Schluß.

Schluß, wiederholte er bebend. Aus. Jetzt nicht mehr daran denken! Gehen, fort ... Aber wohin? Und um was zu tun? Er zitterte an allen Gliedern und sah voller Grauen auf das dunkle Ende des Ganges.

Mit seiner Ruhe und Gelassenheit war es wieder vorbei, und sein Vorsatz, nicht mehr daran zu denken, nutzte gar nichts. Woran er auch dachte, das Würgen in der Kehle war wieder da, und sein Herz klopfte zum Zerspringen. Alles machte ihm angst; die Regale zu seiner Rechten erinnerten ihn an sein Büro, an die Fogliato, die Bottas – und die Vorstellung, sie alle wiedersehen zu müssen, deprimierte ihn zutiefst. Eine alte Kühlanlage für Schlächter zu seiner Linken erfüllte ihn mit Entsetzen; sie beschwor vor seinen Augen den Markt auf der Piazza Madama Cristina, die Via Berthollet und die Lebensmittelgeschäfte neben seinem Haus. Dann fiel ihm ein, daß morgen Sonntag war, und gleich fühlte er sich noch elender. Eine unendliche Reihe von leeren Sonntagen lag vor ihm, mit menschenleeren Straßen und herabgelassenen Jalousien, mit brüllenden Stadien und fahlen

Bars, mit Kinos, die am Nachmittag von schrecklichen Familien und am Abend von grimmigen Kerlen aus dem Süden überfüllt waren.

Großer Gott, nein! dachte er.

Er ging jetzt die Mauer entlang, zwischen den hohen Pyramiden, die ihn von beiden Seiten umschlossen. Er ging immer langsamer, um den Augenblick hinauszuzögern, in dem er auch diese Art von Schutz nicht mehr haben würde, diesen letzten Damm vor dem Leben, das ihn draußen erwartete: heute, morgen und alle Tage von heute an. Immer nur weitergehen, dachte er. So weitergehen zu dürfen, sich tragen zu lassen ... Aber da war schon die Mauer zu Ende. Zu Ende. Unter einem niederen Wellblechdach bog der Gang zwischen einer Bretterwand auf der einen und dunklen Abzweigungen auf der anderen Seite nach links und führte damit direkt zum Ausgang.

Großer Gott, noch nicht! dachte er.

Er ging noch ein paar Schritte, über den ersten seitlich abbiegenden Gang hinaus. Dann aber mußte er stehenbleiben. Der Atem war ihm ausgegangen, die Füße trugen ihn nicht weiter. Er lehnte sich an einen Stapel von unbrauchbar gewordenen Sitztruhen, und er maß die wenigen Meter ab, die ihn noch vom Hausflur trennten, wo jetzt die Familie aus dem Süden noch lauter als vorhin diskutierte ... Vom Platz trennten, von dem verworrener Lärm hereindrang ... Von der Stadt, wo nichts aus und zu Ende war, sondern im Gegenteil alles weiterging wie vorher, genauso wie vorher ...

Großer Gott! dachte er voller Verzweiflung. Und jetzt?

Es war das letzte, was er dachte.

14

Anna Carla wartete mitten auf dem Platz neben einem Stand mit Büchern und alten Zeitschriften. Sie hob den Blick von einem *Handbuch der Kriminalpolizei*, herausgegeben von dem Cav. Luigi Valentini (*Befugnisse und Obliegenheiten der Kriminalpolizei. – Modell für Berichte und Protokolle. – Einige Beispiele für die An-*

zeige von einfachsten wie schwersten Verbrechen. – Dritte verbesserte Auflage. Rom, 1935–XIII), das sie soeben für zweihundert Lire gekauft hatte, und blickte suchend über den Platz. Aber von den andern war nirgends etwas zu sehen.
Der Bestohlene hatte übrigens, so las sie, von ihrer Lektüre gefesselt, in dem Handbuch weiter, *keinen bestimmten Verdacht, noch konnte er uns irgendeinen brauchbaren Hinweis geben. Wir begaben uns also in unseren Uniformen zum Bahnhof, um dort die Nachforschungen aufzunehmen.*
Der Bahnsteigschaffner G. M. (volle Personalangaben), dem die Kontrolle der Fahrkarten in der Bahnhofshalle obliegt, erklärte auf Befragen, daß ihm in der Tat ein Mann aufgefallen sei, den er folgendermaßen beschrieb: groß, heller Anzug, brauner Hut, gelbe Schuhe, ziemlich blaß, sehr schwarze Augen und englischer Schnurrbart. Und zwar war er ihm aufgefallen durch seine unruhigen Bewegungen und die Art, wie er verstohlen in alle Richtungen geblickt hatte. Im übrigen erklärte er, daß der Mann, wie er beim Lochen seiner Fahrkarte festgestellt hatte, nach Rom reisen wollte, mit dem Zug, der hier 13.45 Uhr abgeht und um . . . in . . . eintrifft. Da bis zur angegebenen Stunde noch fünfundachtzig Minuten zur Verfügung standen, verloren wir keine Zeit und gaben . . .
Sie unterbrach die Lektüre, um auf die Uhr zu schauen; sie zeigte fast ein Uhr zehn. Ein Uhr acht, genau. Mit einem Lächeln überlegte sie, daß sie sich jetzt vielleicht auch daran gewöhnen mußte zu sagen: dreizehn Uhr null acht. Sich ihrer Schamlosigkeit durchaus bewußt, rechnete sie auch aus, daß bis zu ihrer Nachmittagsverabredung noch zwei Stunden und zweiundfünfzig Minuten fehlten. Aber – um auf den Augenblick zurückzukommen – es war doch merkwürdig, daß sich weder Massimo mit Lello noch Sheila mit Bonetto sehen ließen. Ein Glück, daß sie wenigstens etwas so Spannendes zu lesen gefunden hatte.
. . . verloren wir keine Zeit und gaben, so las sie weiter, *ein Telegramm an die Bahnhofspolizei der Eisenbahnstation von . . . auf, mit dem Ersuchen, das von uns beschriebene Individuum festzunehmen, das unter dem dringenden Verdacht stand . . . und so weiter. Um 19.40 Uhr erhielten wir das folgende Telegramm: Festnahme fraglichen Individuums erfolgt und . . .*

Die schrillen Rufe Sheilas, die außer Atem und ohne Bonetto kam, hinderten sie daran, den Rest des Telegramms zu lesen.
Sie müsse um Entschuldigung bitten, sie allein sei an der Verspätung schuld, erklärte Sheila. Aber sie habe auch noch den Markt an der Porta Palazzo sehen wollen, und dadurch sei es später geworden. Dann hatten sie bemerkt, daß sie den Priesterhut im Café vergessen hatten. Felice sei sofort gegangen, ihn zu holen, sie dagegen sei direkt hergekommen. Wo aber steckten Massimo und Lello?
»Keine Ahnung«, sagte Anna Carla. Sie klappte ihr Buch zu und steckte es in die Tasche. Aber vielleicht waren sie Felice begegnet und hatten ihn begleitet.
Aber der Amerikanist war allein, als er mit dem Hut zurückkam. Die beiden andern habe er nicht gesehen. Vielleicht warteten sie an einer anderen Stelle des Platzes . . .
»O nein, da sind sie ja«, sagte Anna Carla und zeigte auf Massimo. »Das heißt, Massimo ist jedenfalls da.«
»Maximo!« rief Sheila und winkte mit dem ganzen Arm. »We are hungry!«
»Wir haben Hunger«, übersetzte Bonetto zum Scherz, als Massimo näherkam.
Massimo entschuldigte sich. Er habe jemanden getroffen, der ihn nicht mehr losgelassen habe.
Anna Carla fiel seine falsche Unbefangenheit auf. Sie sah seine Blässe und begriff, daß es etwas mit Lello gegeben hatte. Sie wollte ihm vor den beiden andern aus der Verlegenheit helfen.
»Und Lello? Hat er es sich anders überlegt?« fragte sie.
»Ja – das heißt, er mußte telefonieren. Er hat gesagt, wir sollten nicht auf ihn warten, wenn . . .«
»Was ist denn da passiert?« fragte Bonetto und blickte den Platz hinunter.
»Tatsächlich«, sagte Anna Carla. »Was kann das sein?«
»Police«, sagte Sheila und zeigte auf ein Auto, das vor einem hohen offenen Portal hielt, wo sich bereits eine gestikulierende Menge befand.
Der Wagen gehörte zwar zur Stadt- und Verkehrspolizei und nicht der Kriminalpolizei, aber das Getümmel und die Menschenansammlung ließen erkennen, daß es sich hier nicht um einen Verstoß

gegen das Parkverbot handelte. Übrigens trafen auch einen Augenblick später ein Wagen der Kriminalpolizei und ein Sanitätsauto mit heulenden Sirenen ein.
»Was kann da passiert sein?« wiederholte Bonetto, dem man deutlich ansah, daß er am liebsten selbst gegangen wäre, um nachzusehen.
Aus der Ambulanz wurde eine Tragbahre gezogen. Die Menge der Neugierigen wuchs weiter an.
»Jemand muß verletzt sein«, sagte Sheila voll Mitgefühl.
»Natürlich ein *Terrone*, einer aus dem Süden«, sagte der Mann vom Bücherstand hämisch. »Eine Messerstecherei unter *Terroni.*« Er zog eine Plane über seinen Stand und lief dann hinüber, um selbst zu sehen, was es gab. Einige Händler folgten seinem Beispiel, andere blieben an ihren Ständen und beschränkten sich darauf, ihren Kollegen ihre Fragen zuzurufen.
»Was machen wir?« fragte Anna Carla. Sie hatte keine Lust, die Szene einer Bluttat zu sehen. Gewisse Dinge, meinte sie, waren sehr viel angenehmer im Handbuch des Cavaliere Valentini zu lesen.
Aber Bonetto war schon unterwegs und informierte sich an dem Getränkekiosk, der vordersten Nachrichtenetappe. Sie gingen ihm nach.
»Es soll einen Toten geben«, berichtete er und vergaß vor Betroffenheit sogar das Übersetzen.
»Ein junger Mann«, ergänzte jemand, der mit neueren Nachrichten kam.
»Einer aus dem Süden?« fragten mehrere gleichzeitig.
»Nein, ein Selbstmord.«
»Ach so ...«
»Und wie hat er es gemacht?«
»Hat er sich eine Kugel in den Kopf geschossen?«
»Ja, in den Kopf«, bestätigte ein Straßenbahner, der neu hinzukam, »ein Blonder.«
»Aha ...«
»Weiß man schon, wer es ist?«
»Weiß man den Grund?«
Aber das große Interesse hatte bereits nachgelassen, und das letzte Detail, das der Straßenbahner mitzuteilen hatte, nämlich

daß der Tote einen gelben Pullover anhatte, erregte schon niemanden mehr.

»Also?« fragte Anna Carla. »Gehen ...«

Überrascht hielt sie inne, denn Massimo hatte sich plötzlich umgedreht und war rasch davongegangen, ja, er begann zu laufen. Eine ganze Weile wußte sie nicht, was sie denken sollte. Aber dann ließ der Schreck das Blut in ihren Adern erstarren. Mit angehaltenem Atem, eine Hand auf den Mund gepreßt, sah sie ihm nach: er rannte und verschwand schließlich in der Menge vor dem Tor.

»What's the matter?« fragte Sheila verblüfft.

»Ich weiß nicht, ich bin nicht ganz sicher, aber vielleicht denkt er, daß ...«

Voller Angst blickte sie auf den Straßenbahner, der, was er wußte, vor Neuhinzugekommenen wiederholte.

»Ein Blonder, mit ...«

»Hast du ihn selbst gesehen?« fragte der Mann vom Kiosk.

»Nein, sie haben ihn noch nicht herausgebracht. Sie bringen ihn noch nicht weg, weil er sowieso tot ist. Aber es soll ein Blonder sein, mit einem gelben Pullover.«

Jetzt verstand auch Sheila, ohne daß es ihr Bonetto übersetzen mußte.

»My goodness, do you think ...« Sie hatte die Augen aufgerissen.

»Nein, ich weiß nicht, aber ...« sagte Anna Carla verstört. Sie wußte nicht, ob sie warten sollten, wo sie waren, oder Massimo folgen oder was sonst tun.

»Aber wenn er sich erschossen hat, warum kommt dann die *Mobile*, die Funkstreife?« fragte plötzlich jemand.

»Wieso? Das sind nur die Beamten vom Polizeirevier Borgo Dora.«

»Aber jetzt ist auch die *Mobile* gekommen.«

Das Interesse belebte sich von neuem. Die beiden Polizeiwagen, die lautlos aus der Gasse auf den Platz eingebogen waren, betätigten jetzt die Sirene, um sich den Weg bis zum Fabriktor zu bahnen. Leute, die bereits zurückkamen, kehrten daraufhin wieder um, und immer mehr Händler verließen ihren Stand. Immer wieder gellten Rufe über den Platz.

»Hat er sich denn nicht erschossen?« rief der Mann vom Kiosk, indem er sich hinauslehnte, in Richtung eines Stands mit Eisenwaren, der gleichsam als Relaisstation diente.
Man wisse noch nichts Genaues, war die Antwort. Nur, daß er tot aufgefunden wurde.
Indes lösten sich neue Boten vom Rand der Ansammlung und kamen mit den letzten Nachrichten, vielmehr mit der letzten und endgültigen Nachricht, im Laufschritt zurück. Am Eisenwarenstand erhob sich verworrenes Geschrei, aber am Kiosk war bei den vielen Rufen hin- und herüber nichts zu verstehen. Bis ein großer dicker Mann, der geradeaus rannte, zum Kiosk abbog, sich aber nur bis auf Rufweite näherte und von dort aus, ohne stehenzubleiben, atemlos seine böse Nachricht verkündete. *»L'han masàlu!«* rief er im Dialekt, und der Mann vom Kiosk übersetzte:
»Man hat ihn erschlagen.«
Anna Carla fand sich auf einmal am Ende des Platzes wieder, mitten im ärgsten Gedränge, ohne zu wissen, ob sie von allein dorthin gekommen war oder mitgerissen von der immer noch anwachsenden Menge der Neugierigen, die jetzt sogar von der Porta Palazzo aus hinzuströmten. Neben ihr hielt Sheila, die ihrerseits Bonetto mit festem, beschützerischem Griff unter den Arm gefaßt hatte. So arbeiteten sie sich gemeinsam vor und bahnten sich langsam, Stück für Stück, ihren Weg durch die Menge bis zu der polizeilichen Absperrung vor dem eisernen Fabriktor. Von ihrem Platz aus konnten sie jetzt den Hausflur sehen.
»I can't see him«, sagte Sheila, die, sich reckend, über die Köpfe hinwegsah.
»The body?« fragte Bonetto.
Auch Anna Carla glaubte, sie spräche von dem Toten, bis sie begriff, daß Sheila Massimo meinte.
Sie drängten sich bis zur ersten Reihe vor.
»Oh, there he is!« verkündete sie plötzlich. »They are talking to him.«
Sheila hob den Arm und zeigte auf den Glaskasten im Hausflur. Aber ein Polizist drängte sie zurück, und ein herbeieilender Brigadiere forderte brüllend alle auf, weiter zurückzutreten.

»Hieß der junge Mann vielleicht Riviera?« fragte Anna Carla leise den Beamten, der sie zurückdrängte.
»Zurück, zurück!«
Der Brigadiere trat auf sie zu. »Riviera? Und der Vorname?«
»Ich weiß nicht genau«, antwortete Anna Carla verwirrt. »Das heißt doch, ich glaube: Lello . . .«
»Dann kommen Sie mit«, sagte der Brigadiere, »um sich zu überzeugen.« Und mit einem Blick auf Sheila und Bonetto: »Gehören Sie zusammen?«
»Nnnnein – nicht direkt«, sagte Anna Carla, und Bonetto übersetzte es, ebenfalls stammelnd, für Sheila.
»Kommen Sie nur!« forderte der Brigadiere sie freundlich auf.
Er führte sie in den Hausflur und auf das gläserne Büro zu, aber kurz zuvor blieb er stehen. Anna Carla hatte gerade noch Zeit, Massimo zu erkennen, der mit dem Rücken zu ihr stand, und einen großen, hageren Mann mit kahlen Schläfen und glatt nach hinten gekämmten Haaren, der für einen Augenblick den Kopf hob und sie ansah.
»Hier entlang«, sagte der Brigadiere, wobei er zugleich einen vorbeikommenden Polizeibeamten aufforderte, ihnen zu folgen. Er führte sie in eine abgelegene Ecke, die, mit einer Bank und ein paar Küchenstühlen, als eine Art Vorzimmer diente. »Wenn Sie sich bitte setzen wollen und mir Ihre Personalien angeben . . . Vielleicht auch irgendeinen Ausweis zeigen könnten . . .«
»Papers?« fragte Sheila. »I don't know if I have got my passport . . .«
Bonetto war zu aufgeregt, um noch etwas zu übersetzen.
»Paß, Personalausweis, Führerschein, was Sie gerade da haben . . .« erklärte der Beamte.
»Aber wie ist es nur passiert?« fragte Anna Carla, während sie in ihrer Tasche wühlte. »Und was ist passiert? Wir wissen ja noch gar nichts.«
Der Brigadiere streckte die Hand nach den Dokumenten aus. »Sofort«, sagte er. »Wenn ich jetzt . . .«
»Lassen Sie, es ist nicht nötig«, sagte De Palma.
Der Brigadiere und der Beamte grüßten militärisch und zogen sich zurück. Anna Carla erkannte den großen Mann mit den glatt

zurückgekämmten Haaren wieder, den sie im Gespräch mit Massimo gesehen hatte.

»Signora Dosio?« fragte er nach einem höflichen Neigen des Kopfes, mit dem er alle drei grüßte. »Sehr erfreut. Kommissar De Palma. Ich sprach gerade mit Doktor Campi, als ich Sie kommen sah, und er hat mir erklärt, daß Sie zusammen waren. Wenn Sie also« – wobei er auf die Stühle wies – »die Güte hätten, hier noch einen Augenblick zu warten . . .«

»Aber was ist geschehen?« fragte Anna Carla und setzte sich nicht. »Sagen Sie es mir bitte. Wir haben nur gehört . . . Ist es wirklich Riviera? Ist er tot? Wie ist es passiert?«

De Palma zuckte die Achseln.

»Im Augenblick wissen wir selbst noch nichts. Aber tot« – er breitete die Arme aus – »ja, tot ist er.«

»Hat er sich das Leben genommen? Wir haben nämlich zuerst nur von einem Selbstmord gehört, von einem Revolverschuß . . . Dann hieß es wieder . . .«

»Nun, über diesen Punkt besteht kein Zweifel«, sagte De Palma. Er senkte den Kopf und fuhr sich glättend übers Haar.

»Nämlich?« fragte Anna Carla ungeduldig.

De Palma hob den Kopf und sah sie einen Augenblick zögernd an.

»Es handelt sich nicht um Selbstmord«, erklärte er und ließ sie dabei nicht aus dem Auge, »und auch nicht um Revolverschüsse. Riviera ist genau auf die gleiche Art ermordet worden wie der andere.«

Anna Carla griff nach hinten und suchte mit der Hand die Rückenlehne des Stuhls. Sie setzte sich.

»Wie Garrone?«

De Palma nickte.

»Mit einem . . .?«

»Nein, das nicht, aber sehr ähnlich«, sagte De Palma. »Ein steinerner Gegenstand«, fügte er hinzu, immer noch den Blick auf sie richtend. Doch dann entschuldigte er sich. »Aber ich muß jetzt wieder hinübergehen. Wenn Sie so gut wären, noch einen Augenblick hier zu warten . . .«

Anna Carla sah ihm nach, und im selben Moment kristallisierte sich in ihrer Vorstellung eine bestimmte Erinnerung. Nein, die

Gebrüder Zavattaro hatten nichts damit zu tun. Die Erinnerung ging auf diesen Vormittag zurück, sie lag knapp eine Stunde zurück . . .

»Herr Kommissar!« rief sie.

De Palma blieb stehen, aber mit einer Andeutung von Ungeduld wandte er sich nur halb um.

»Ja?«

»Ist dieser Gegenstand«, sie zögerte, »vielleicht eine Mörserkeule?«

Jetzt drehte sich Kommissar De Palma ganz um.

9. Das Gesetz, dachte der Kommissar (Samstag nachmittag)

1

Das Gesetz, dachte der Kommissar, während er die aufgeschlagenen Personalausweise auf dem Schreibtisch überprüfte, ist gleich für jedermann, aber glücklicherweise doch nicht sofort. Bei manchen dauerte es unter Umständen eine Weile, bevor es das gleiche war.

»Wie lange?«

»Bis morgen können wir warten«, sagte De Palma nach einer kleinen Pause. »Vielleicht auch bis Montag.«

»Warten« bedeutete praktisch den Versuch, den Fall zu lösen, bevor die Presse nach weidlicher Ausschlachtung des Lokalkolorits von Balùn, mit allem, was es an pittoresken Reizen zu bieten hatte, ernst machte und von Sherlock Holmes ohne Umweg auf Karl Marx umstieg. »Prominente in das Rätsel von Balùn verwickelt?« »Die Turiner Society zittert.« »Sex und Milliarden hinter dem düsteren Verbrechen mit der Mörserkeule« – der Kommissar meinte, die Überschriften schon zu sehen. Und wenn es soweit war, dann war es vorbei mit ruhiger Arbeit: der Zweite Staatsanwalt, jung, aber aus alter Turiner Familie, würde mehr oder weniger offen einer sträflichen Nachsicht bezichtigt werden; der Polizeipräsident, eine Marionette in den Händen der Fiat zu sein; De Palma und er, Santamaria, in den Gang der Untersuchung einzugreifen, Beweise zu verheimlichen und dafür andere zu erfinden. Und ließ man einmal eine Kleinigkeit verlauten, um die

Journalisten bei guter Laune zu erhalten, gaben sie keine Ruhe und wollten alles wissen, sagte man aber nichts, dann hieß es, man verschanze sich hinter einem verlegenen *No comment*.

Campi, dachte der Kommissar – und empfand so etwas wie Groll dabei –, Campi würde sich natürlich königlich amüsieren. Sie auch. Zwei so geistreiche, witzige Menschen, die so gern lachten und einen Scherz zu schätzen wußten! Aber wohin hatte all ihr Lachen und Scherzen sie nun geführt?

»Na schön«, sagte er. »Dann also!« Aber seine Stimme klang tonlos.

Der Ball war jetzt ihm zugespielt worden. Seine »parallelgeführte« Untersuchung, seine »diskreten Nachforschungen« im Hinblick auf diese beiden geistreichen Personen, die nur ganz »am Rande« in die Affäre Garrone verwickelt waren, nun, das alles war mit einem Schlag das Solideste geworden, was die Polizei in Händen hatte. De Palma hatte ja recht: es konnte kein Zufall sein, daß Campi und die Dosio auch diesmal wieder auf der Szene erschienen waren. Und wenn es seltsamerweise doch ein Zufall war, dann mußte das bis morgen, spätestens aber bis Montag bewiesen werden. Und das Schlimmste daran war, wie sich Kommissar Santamaria zum hundertstenmal wiederholte, daß nun er diesen Beweis zu erbringen hatte. Denn er war der Spezialist für diese Kreise.

»Mit wem willst du anfangen?« fragte De Palma, die Hand schon auf der Türklinke.

Sie waren alle drüben, seit zwei Stunden: der Pförtner des Lagers; die beiden, die den Toten gefunden hatten; der Eigentümer der Mörserkeule, die ihm der Mörder entwendet hatte; Professor Bonetto; die Amerikanerin; Campi und die Dosio. Alle hatten sich »spontan« bereit erklärt mitzukommen und waren in die Polizeiwagen eingestiegen.

De Palma hatte bereits mit ihnen gesprochen, begierig, die ersten wesentlichen Informationen zu haben – über die Mörserkeule, an die sich die Dosio erinnert hatte; den gelben Fiat 500, den man vor dem alten Arsenal gefunden hatte; die Adresse in der Via Berthollet – und von da aus hatten die ersten Recherchen ihren Anfang genommen. Aber der Kommissar Santamaria hatte sie noch nicht gesprochen. De Palma hatte ihn zu Hause angerufen, gerade als er sich allen Ernstes überlegte (jetzt erschien ihm dieses Problem allerdings mehr als lächerlich), ob er nicht Blumen kaufen sollte (Rosen oder Anemonen?) und sie (auf der Diele oder im Schlafzimmer?) in eine Vase stellen, für den Fall, daß sie von dem Café am Corso Belgio aus ...

Er machte eine Bewegung mit der Hand, als wolle er sich ein Spinnengewebe vom Gesicht nehmen. Dann beugte er den Kopf wieder über die Ausweise mit den lächerlich kleinen Fotos. Auf das Format eines Paßbildes reduziert, hätte selbst der Kopf eines römischen Kaisers alle Majestät verloren.

»Mit der Dosio«, antwortete er. »Schick sie mir herein.«

Es war besser, sich einen Ruck zu geben und gleich mit dem Schwierigsten anzufangen.

»Soll ich dabei sein, oder machst du es allein?«

De Palma wußte natürlich nichts vom Corso Belgio, sondern dachte nur an eine möglichst wirkungsvolle Vernehmung der »Verdächtigen« in dieser noch nicht offiziellen Phase der Untersuchung.

»Allein«, sagte der Kommissar, nicht ohne eine kleine Anstrengung. »Aber komm in einer Viertelstunde und ruf mich ab.«

»Einverstanden.«

Eine Vernehmung unterbrechen, den Verhörten im Ungewissen lassen, ihn nervös machen, dann von neuem anfangen, auf das, was er zu sagen hat, mit Gleichgültigkeit reagieren, um ihn ganz unerwartet plötzlich anzugreifen und eine Stunde lang ununterbrochen in die Mangel zu nehmen, und dann alles noch einmal, nach alter, bewährter Praxis: Hatten sich darauf seine Beziehungen zu der »sympathischen Dame« reduziert?

Allein an seinem Schreibtisch, fühlte sich der Kommissar plötzlich alt. Das ganze Leben lag hinter ihm, nichts war mehr rückgängig zu machen, es war wie eine zu Ende gespielte Partie. Mühsam erhob er sich, um sie wenigstens nicht hinter dem Schreibtisch zu empfangen. Als Scaglia die Tür öffnete und sie eintreten ließ, brachte er es fertig, sie für einen Augenblick als eine vollkommen Fremde zu sehen. Aber es dauerte wirklich nur einen Augenblick.

2

Das Bad war der bevorzugte Aufenthalt Zavattaros. Der Boden war aus weißem Marmor, und die Wände waren bis zur Decke abwechselnd mit grauen und roten Marmorplatten ausgelegt. Das Wasser bis zum Kinn, einen synthetischen Schwamm als Stütze im Nacken, lag Zavattaro, wie an jedem Samstagnachmittag, träge in der für ihn zu langen und zu engen Wanne. Bis vor zwanzig Minuten hatte er in seinem Bett geschlafen, und jetzt, in dem lauwarmen Wasser, war er drauf und dran, wieder einzuschlafen, als plötzlich seine Frau hereinkam.

»Walter!« beschwor sie ihn.

»Warte doch einen Augenblick«, brummte er, ohne die Augen zu öffnen.

Sie hatten einen Einkauf vor: ein Gummiboot für ihren kleinen Sohn, der mit den Großeltern nach Laigueglia fahren sollte.

»Walter!« flehte ihn seine Frau an. Sie war den Tränen nahe. »Die beiden sind wieder da.«

Jetzt öffnete Zavattaro die Augen.

»Was sagst du?«

»Die beiden vom Polizeipräsidium. Die dich gestern mitgenommen haben.«

Zavattaro setzte sich in der Wanne auf; die Körperhaare lagen, lang wie Kopfhaar, an seinem ganzen muskulösen Körper glatt an.

»Verdammt«, sagte er und legte die Hand auf den Schädel.

Seine Frau betrachtete ihn voller Angst.

»Was ist los? Was wollen die von dir? Hast du etwas angestellt?«

Ohne zu antworten, stieg Zavattaro triefend aus der Wanne und gab ihr mit einer Geste zu verstehen, sie möge ihm seinen Bademantel reichen.

3

Sie gaben sich schweigend die Hand. Als sich ihre Hände wieder lösten, lächelte sie das traurigste Lächeln, das der Kommissar je gesehen hatte.

Verlegenheit, Furcht, Arroganz, Feindseligkeit, ja selbst eine Nervenkrise – mit allem wäre er leichter fertig geworden als mit diesem Lächeln.
»Na schön«, sagte er mit heiserer Stimme, »wir können uns ebensogut auch setzen.«
Sie setzte sich, mit einer Gefügigkeit, die ihm ins Herz schnitt. Er zog sich einen Stuhl heran und suchte in seiner Tasche.
»Die Regel ist, daß man zunächst einmal eine Zigarette anbietet«, scherzte er.
Sie schüttelte den Kopf. Sie lehnte damit weniger die Zigarette als seinen kläglichen Versuch ab, einen scherzhaften Ton anzuschlagen. Nein, er fühlte es, dies war nicht der richtige Ton.
»Gut, gut«, sagte er.
Er stand wieder auf und begann, die Hände auf dem Rücken verschränkt, auf und ab zu gehen. Wie ein richtiger Polizist. Aber auch, fiel ihm ein, wie der Vater in der Komödie, der mit seiner leichtsinnigen Tochter Ärger hatte, weil sie sich in etwas eingelassen hatte, aus dem sie allein nicht mehr herauskam. Das Gefühl, betrogen worden zu sein, gab seiner Stimme Sarkasmus.
»Ich weiß nicht mehr, was ich sagen soll. Darf man erfahren, was Sie zum Teufel angestellt haben?«
Aber auch das verfing nicht.
»Kommissar«, sagte sie ohne eine Spur von Ironie, »ich bin kein kleines Kind. Sie haben mir Fragen zu stellen. Tun Sie das.«
Der Kommissar setzte sich an seinen Platz hinter dem Schreibtisch. Seine ängstlichen Bemühungen, seine ganze Unsicherheit bei der Suche nach einem persönlichen Stil für den besonderen Fall, wurden überflüssig vor dieser ruhigen Aufforderung; wurden sinnlos gegenüber Generationen von Frauen, die gewohnt waren, Beileid in einer bestimmten Form auszudrücken und anzunehmen, gewohnt, bei gewissen Gelegenheiten das Tafelsilber glänzen zu lassen, gewohnt, die Kinder auf bestimmte Schulen zu schicken und die Ausgaben für den Haushalt in gewissen Grenzen zu halten. Natürlich hatte sie recht. Wenn es schon eine Etikette gab, eine Regel und bestimmte Prozedur, dann waren sie gerade in den kritischen Augenblicken zu befolgen. Darin lag der Nutzen der Tradition.
Resigniert und dankbar zugleich folgte auch er nun der nicht minder strengen Tradition seines Metiers.

»Was können Sie mir über diesen Riviera sagen?«
»Ich habe ihn kaum gekannt. Er war mit Massimo befreundet, aber wir verkehrten nicht miteinander. Bei den seltenen Malen, die ich ihn zufällig zusammen mit Massimo traf, machte er mir einen ordentlichen Eindruck.«
»Eine homosexuelle Freundschaft, nehme ich an.«
»Ich glaube ja. Massimo spricht nicht viel über diese Dinge und immer nur auf unpersönliche Weise. Aber er hat sich auch nie die Mühe gemacht, sie vor mir zu verheimlichen. Ebensowenig übrigens, sie ostentativ zu betonen. Vielleicht war das ein Problem für ihn als Heranwachsender, aber heute hat er sich damit abgefunden. Wie alle andern auch.«
»Gut, es dürfte sich also nicht um einen Fall von Doppelleben handeln, von der Furcht vor einem Skandal, einer Verlobten, die ahnungslos war . . .«
»Nein, das ist ausgeschlossen. Ich verstehe, daß die Position Massimos ihn in Ihren Augen sehr verdächtig erscheinen läßt, aber das Motiv hält nicht stand. Jedermann weiß, daß er homosexuell ist.«
»Wir müssen immer von den nächstliegenden Motiven ausgehen.«
»Ich verstehe. Entschuldigen Sie.«
»Es gibt noch ein anderes, ebenso banales Motiv, die Eifersucht. Wissen Sie, ob Riviera Signor Campi dazu Veranlassung gegeben hat?«
»Ich weiß es nicht. Und wenn es der Fall gewesen wäre, hätte es mir Massimo nicht gesagt.«
Und selbst wenn er es gesagt hätte, dachte der Kommissar, der die Warnung in ihrem Ton herausgehört hatte, in dem mehr Schärfe als Verschwiegenheit war, würde sie das unter keinen Umständen auf dem Polizeipräsidium wiedergeben. Es war, was man in »ihren Kreisen« Zurückhaltung, anderswo das Gesetz des Schweigens nannte, *omertà*. Die Welt war voll von Leuten, die es unter den verschiedensten Bezeichnungen ablehnten, der Polizei etwas zu erzählen. In einem zukünftigen Leben – das schwor er sich – wollte er Psychoanalytiker werden. Die bekamen noch Geld dafür, daß sie zuhörten!
»Ich kann ja nicht behaupten, daß ich ihn kenne«, versuchte er es nun in einem möglichst psychoanalytischen Ton, »aber auf mich

macht Signor Campi den Eindruck einer sehr ausgeglichenen Persönlichkeit.«
»Durchaus!« Sie stimmte ihm sofort zu. »Er hat nichts Egozentrisches, nichts von Herrschsucht. Das liegt nicht in seinem Charakter. Nichts Kleinliches in seinen Beziehungen zu anderen Menschen.«
»Hier aber«, wandte der Kommissar ein – und strich sich über einen nicht vorhandenen Bart –, »hier aber handelte es sich doch um eine, wie soll ich sagen, etwas andere Art von Beziehung. In der wir eine pathologische Komponente nicht ganz ausschließen können, ein Gefühl, das vielleicht stärker und auch komplexer war, als es Ihnen erscheinen mochte. Wir erleben ja derlei alle Tage.«
Sie zuckte die Achseln.
»Ich weiß nicht. Ich habe nicht den Eindruck, daß Massimo der Mann ist, sich von einer solchen Leidenschaft fortreißen zu lassen.«
»Weder für Riviera noch für irgendeinen anderen – vor Riviera?«
»Ich kenne nicht Massimos Privatleben.«
Da hatte sie ihm wieder die Tür vor der Nase zugeschlagen. Er gab die Psychoanalyse auf.
»Wußten Sie, daß Signor Campi heute nach Balùn kam?«
»Nein. Als ich ihn am Donnerstag darum bat, hat er es abgelehnt.«
»Und nach Donnerstag haben Sie ihn nicht mehr gesehen?«
»Nein. Gestern abend wollte ich mit ihm telefonieren, aber ich habe es dann doch nicht getan.«
Sie war rot geworden, weiß der Himmel, warum. Vielleicht hatten sie ein langes Gespräch geführt, in dem Campi seinem Herzen Luft gemacht hatte. Und vielleicht war ihm dabei ein Wort entschlüpft, das heute, nach dem Verbrechen, kompromittierend geworden war.
»Und als Sie sie heute morgen getroffen haben, ist Ihnen da nichts Besonderes aufgefallen, ich meine, im Verhältnis zueinander?«
Der Genauigkeit zuliebe (oder um auszuweichen?) antwortete sie mit einer Präzisierung.
»Sie waren nicht zusammen. Erst habe ich Riviera allein getroffen. Es muß da, wenn ich recht verstanden habe, irgendeine Verwechslung, ein Mißverständnis gegeben haben, denn sie warteten

abwechselnd in dem einen wie dem anderen Café aufeinander.«
»Das heißt, Sie haben Riviera gesehen, bevor er sich mit Campi getroffen hatte?«
»Genau so. Wir sind eine Strecke zusammen gegangen, als ich meine Kuhglocke wieder zurückbrachte.«
»Und was hat er Ihnen gesagt? Was für einen Eindruck hat er auf Sie gemacht?«
Ihre Mundwinkel senkten sich, und ihre Augenbrauen hoben sich in einer Pantomime souveräner Gleichgültigkeit.
»Einen vollkommen normalen Eindruck. Wir haben von allem möglichen gesprochen . . . Wie ich schon sagte, wir kannten uns kaum.«
Nach der kurzen Besichtigung der Wohnung in der Via Berthollet war es dem Kommissar bereits klargeworden, daß Riviera nicht zum *Ambiente* gehörte, nicht einmal auf der Ebene der flüchtigen Laune, der amüsierten und vorübergehenden Adoption, wie sie bei einem Tänzer aus Jamaika, bei einem Bühnenmaler, selbst bei einem kleinen Vorstadthalunken denkbar war. Aber gerade deswegen erschien es ihm seltsam, daß sie ihn mit soviel Hochmut abtat: es war etwas wie Ungeduld in ihrer herablassenden Antwort gewesen.
»Und danach?«
»Nichts. Er ist weitergegangen, um Massimo in dem anderen Café zu suchen.«
»Und als Sie dann beide wiedergesehen haben?«
»Zunächst«, erläuterte sie, »habe ich Massimo in dem einen der beiden Cafés getroffen und ihm gesagt, daß Lello ihn suche. Nach einer Weile sind dann beide zusammen aufgetaucht, weil Massimo seinen Regenmantel liegengelassen hatte.«
»Und dann?«
»Sind wir aufs Geratewohl durch die Straßen gebummelt.«
»Und waren sie dem Anschein nach in gutem Einvernehmen? Oder gab es – eine Spannung zwischen ihnen?«
»Mir ist nichts aufgefallen. Außerdem waren ja auch die andern dabei, die Amerikanerin, Federico Simoni . . .«
»Ich weiß. Wir suchen seiner habhaft zu werden, um auch ihn zu vernehmen.«

»Aber er war nicht mehr dabei, als es passierte. Er war schon vorher gegangen.«
»Immerhin könnte er etwas bemerkt haben, so wie Sie zum Beispiel sich an die Mörserkeule erinnert haben.«
Ihr Gesicht verzog sich zu einem Ausdruck, den der Kommissar in dem Sinne deutete, daß von Federico kein intelligenter oder irgendwie nützlicher Beitrag zu erwarten sei.
»Sind Sie während Ihres Bummels noch einmal mit Lello allein gewesen?«
»Nein, ich habe ihn nicht mehr gesehen. Sie wissen, wie es im Balùn zugeht, mit einemmal ist man allein.«
»Und Signor Campi?«
»Auch nicht mehr.«
»Aber als Sie die beiden zuletzt gesehen haben, da waren sie doch zusammen?«
»Ja.«
»In welche Richtung sind sie gegangen?«
»Sie sahen sich die Bilder an. Nachher, weiß ich nicht; ich bin weitergegangen.«
»Wohin?«
»Hierhin und dorthin. Dann holte ich meinen Wagen, und gegen ein Uhr war ich am Cottolengo-Platz, wo wir alle verabredet waren.«
»Waren die andern schon da?«
»Nein. Ich habe da genau bis ein Uhr acht gewartet. Ich weiß es, weil ich auf die Uhr gesehen habe.«
Wieder dieser Anflug eines Errötens. Aber was war denn so seltsam daran, daß sie auf die Uhr gesehen hatte?
»Wann sind die andern gekommen?«
»Gleich darauf.«
»Alle zusammen?«
»Nein, zuerst die Amerikanerin, dann Bonetto. Und eine Minute darauf auch Massimo.«
»Eine Minute sozusagen?«
»Nein, wörtlich. Allenfalls zwei.«
»Aus welcher Richtung kam er?«
Sie dachte angestrengt nach. Aber er hätte nicht sagen können, wem sie nutzen wollte. Vielleicht rechnete sie sich nur das Risiko

aus, von Bonetto und der Amerikanerin Lügen gestraft zu werden.
»Ich kann es nicht sagen, ich habe nicht darauf geachtet.«
»Kam er von dem Lagerhaus her?«
»Ich kann mich nicht erinnern. Als ich ihn sah, war er schon ziemlich nahe auf uns zugekommen.«
»Was für einen Eindruck hat er auf Sie gemacht?«
»Gott«, begann sie, noch immer mit der angestrengten Miene eines Menschen, der sich bemüht, die Wahrheit zu sagen (oder, praktisch gesprochen, keine Lüge), »ich muß schon sagen, daß er nicht wie jemand aussah, der fünf Minuten vorher einem Freund den Schädel eingeschlagen hat. Aber da ich natürlich ebensowenig weiß, wie ich aussähe, wenn ich ...«
»Mit anderen Worten, er war nicht aufgeregt, nicht völlig durcheinander. Er benahm sich wie gewöhnlich.«
Ihre Bestätigung kam fast zu rasch.
»Absolut. Und es ist einfach grotesk ...«
»Was ist grotesk?«
»Ich begreife, daß die Polizei verpflichtet ist, ihn zu verdächtigen. Aber für mich, die ich ihn von jeher kenne, ist die bloße Vorstellung, daß er eine Gewalttat begehen könnte, einfach unsinnig. Nicht, weil er mein Freund ist, sondern weil es nicht in seiner Natur liegt.«
Der Kommissar ging über ihr Plädoyer hinweg.
»Wie hat er erklärt, daß er allein war?«
»Er sagte, daß Lello telefonieren gegangen sei.«
»Hat er gesagt, wann und wie sie sich getrennt hätten?«
»Nein, es wurde nicht mehr davon gesprochen; denn fast unmittelbar darauf bemerkten wir den Auflauf vor dem Lagerhaus.«
»Wer hat es zuerst bemerkt?«
»Ich weiß nicht mehr. Vielleicht Bonetto. Oder die Amerikanerin. Jedenfalls sind wir dann alle dorthin gegangen.«
»Und Signor Campi war noch immer ganz ruhig, himmelweit entfernt davon, zu ahnen ...?«
»Natürlich.«
Diese unwillige und definitive Antwort – er hatte sie selbst provoziert, überlegte er. Aber eins war bei alldem doch herausgekommen: was Campi betraf, würde er nicht das geringste mehr aus ihr

herausholen. Die Verdächtige gehörte zu jener noblen Kategorie von Menschen, denen es leichter fällt, sich für einen Freund zu opfern, als sich selbst zu verteidigen.

Er begann zu resümieren, mit einer Miene, als sei dies harmlose Routine: »Also Signor Campi erschien ungefähr um ein Uhr zehn auf dem Platz. Wie spät war es, als Sie ihn zuletzt zusammen mit Riviera vor den Bildern gesehen hatten?«

»Ich habe keine Ahnung.«

»War es eine halbe Stunde früher?«

»O nein. Weniger.«

»Eine Viertelstunde?«

»Ja, ich glaube, ja.«

»Ausgezeichnet!« sagte der Kommissar mit einem bösen Lächeln. »Fünf Minuten vor eins ist nach dem, was wir rekonstruieren konnten, der exakte Zeitpunkt, zu dem der Tote gefunden wurde. Damit hat Signor Campi also ein einwandfreies Alibi.«

Auch sie machte Miene zu lächeln, dann aber hatte sie begriffen, und der Zorn löschte das Lächeln aus.

»Also gut, vielleicht war es eine halbe Stunde. Zeit ist im Balùn ein elastischer Begriff.« Um ihn zu übertrumpfen, schlug sie einen Ton mondäner Unbefangenheit an. »Wenn man etwas Interessantes gefunden hat, vergeht sie wie im Fluge, und wenn man ziellos umherirrt, scheint sie stillzustehen.«

»Riviera wurde in der Zeit zwischen zehn vor eins und fünf vor eins ermordet«, konstatierte der Kommissar. »Können Sie mir sagen, wo sich Signor Campi in diesem Zeitraum befunden hat?«

Nach ein paar Sekunden eisigen Schweigens bekannte sie kopfschüttelnd: »Nein, ich kann dem armen Massimo kein Alibi liefern.«

»Das macht nichts. Ebensowenig könnte Herr Campi Ihnen ein Alibi geben, wenn es sich darum handelt.«

Die innere Spannung, die Bemühung, nicht zuviel und nicht zuwenig zu sagen, die physische Anstrengung dieser quälenden Stunden machten aus ihrem Gesicht plötzlich eine verstörte Maske: so würde sie mit fünfzig Jahren aussehen.

»Sie haben recht«, sagte sie, »ich stecke genauso drin, ich könnte es ja auch gewesen sein.« Ihre Stimme klang matt. »Niemand kann Sie zum Beispiel hindern, anzunehmen, daß ich in Massimo verliebt sei. Oder daß wir drei zusammen so eine scheußliche Sexgeschichte hätten. Von solchen Dingen hört man ja heute alle Tage.«

»Wir denken nicht ausschließlich an Sexuelles«, sagte der Kommissar und kam sich dabei wie ein regelrechter Polyp vor, »wenn ich Ihnen auch aus naheliegenden Gründen solche Fragen stellen mußte.«

Er machte eine Pause (die Methode verlangte es), er sah sie fest an (das war seine Pflicht) und sagte dann langsam (nach alter Tradition):

»Sehen Sie, die andere Möglichkeit ist die, daß Riviera etwas über das Verbrechen in der Via Mazzini wußte und daß er deshalb ermordet wurde.«

Sie verharrte eine endlose Weile reglos und schweigend.

»Wenn Sie mir jetzt eine Zigarette geben wollen«, sagte sie endlich, »nehme ich sie gern. Ich habe keine mehr.«

»Uff!« sagte sie dann, und der Kommissar begriff mit einemmal, daß zwischen ihnen beiden alles wieder wie gestern nachmittag war, und das Glücksgefühl riß ihn hoch. Wie ein Betrunkener stand er auf und lachte laut heraus.

»Wieviel man in solchen Situationen raucht, nicht wahr«, sagte er linkisch-kameradschaftlich.

»Seit zwei Stunden zittere ich wie Espenlaub«, gestand sie ihm. Mechanisch öffnete sie ihre Handtasche und suchte ihr Feuerzeug; dabei zog sie ihre Handschuhe heraus, einen Schal, der nicht mehr der von gestern war, und einen dicken, rot gebundenen Band.

»Was ist das? Haben Sie es im Balùn entdeckt?«

Sie bekam ein rotes Gesicht, röter als der Einband des Buches.

»Ja«, sagte sie und reichte es ihm schüchtern.

Der Kommissar öffnete es und las auf dem Titelblatt: *Handbuch der Kriminalpolizei*, herausgegeben von Cav. Luigi Valentini.

De Palma kam gerade rechtzeitig, um ihn wieder auf die Erde zurückzuholen.

4

Zavattaro hatte während der Fahrt nicht auf den Weg geachtet. Auf dem Rücksitz zwischen zwei Polizeibeamten in Zivil sitzend, hatte er geredet und geredet, um die beiden zu überzeugen, daß er am Vormittag bei seinen Arbeitern am Corso Regio Parco gewesen war und sich nicht eine Minute von dort entfernt hätte. Als sie ihn jetzt aufforderten auszusteigen, wunderte er sich, daß er sich nicht im Hof des Polizeipräsidiums befand. Dies war ein sehr viel kleinerer Hof, und er war umgeben von Gebäuden, die er nie gesehen hatte. Keiner der beiden erklärte ihm etwas, vielmehr nahmen sie ihn in die Mitte und betraten mit ihm eins der Häuser. Sie stiegen eine enge Treppe hinauf und traten in einen Raum, der lediglich mit einem leeren Tisch und einer Bank ausgestattet war. Der eine der beiden Polizisten verschwand hinter einer Tür. Es herrschte absolute Stille. Zavattaro glaubte, im Gefängnis zu sein.

»Sind wir hier in den *Nuove?*« fragte er leise, eingeschüchtert von der Stille.

Der andere schüttelte den Kopf, und Zavattaro bot ihm wortlos eine Zigarette an. Aber der Mann schüttelte nur wieder den Kopf und gab ihm mit einer Bewegung des Zeigefingers zu verstehen, daß er hier nicht rauchen durfte. Zavattaro steckte die Zigaretten wieder ein. Bald darauf erschien der erste Polizist in der Tür und winkte ihnen zu kommen.

Sie gingen zu dritt durch einen langen verlassenen Korridor mit hohen Fenstern, stiegen dann wieder eine Treppe höher und kamen durch eine Tür, mit einem Guckloch in beiden Flügeln, auf einen schlauchartigen Gang mit sehr niedriger Decke. Er endete vor einer Tür, die der ersten glich, und hier blieben sie stehen. Es war wie in einer Schachtel. Der erste Polizist sah durch den Spion der zweiten Tür.

»Jetzt«, sagte er nach einem Weilchen.

Zavattaro hörte, wie Schritte von der anderen Seite her näherkamen. Dann öffnete sich die Tür, und ein älterer Mann in einer anonymen dunkelblauen Uniform ließ sie in einen großen eisigen, metallisch wirkenden Raum eintreten. Zavattaro erschauerte. Er glaubte noch immer, im Gefängnis zu sein.

Mit seinen Wächtern zusammen folgte er dem Mann in Uniform quer durch den Saal bis zu einem der breiten grauen Fächer, die rings um die Wände angebracht waren. Übrigens gab es nirgends ein Fenster; das Licht kam von den Neonröhren an der Decke. Es war sehr kalt.

Vor einem dieser Fächer blieb der Uniformierte stehen und zog an einem Griff, worauf eine gewaltige Schublade quietschend aus der Mauer glitt. In dieser Schublade aber lag ein Toter unterm Leichentuch. Man war im Leichenschauhaus, und man wollte ihm Garrone zeigen.

»Verdammt!« brummte Zavattaro vor sich hin.

Der erste Polizist bedeutete dem Alten, das Leichentuch herunterzuziehen, und der zweite packte Zavattaro unterm Arm und schob ihn näher heran an die reglose weiße Gestalt. Die Angst schnürte ihm die Kehle zu.

»Hast du den schon mal gesehen?« fragte der, der ihn am Arm hielt, und verstärkte seinen Griff.

Zavattaro sah hin. Aber das war nicht Garrone. Es war der Blonde mit dem Fiat 500, der gestern vormittag bei ihm gewesen war. Bleich und tot.

»Hast du ihn schon mal gesehen? Kennst du ihn wieder?«

Jedes Wort hallte in seinen Ohren wie ein Donnerschlag. Er wollte ja sagen, aber er konnte nicht mehr sprechen. Doch plötzlich kam ihm die Stimme wieder, laut und voller Verblüffung in der eisigen Geometrie dieses Saals.

»Bauchiero!« Auf einmal fiel ihm der Name ein. »Bauchiero hieß der andere! Der, nach dem er mich gefragt hat.«

5

»Bei mir ist der Trödler«, sagte De Palma auf dem Korridor. »Laß uns in Maglianos Büro gehen; er ist noch wegen Zavattaro unterwegs.«

Der Kommissar suchte das Gefühl abzuschütteln, sich unfair gegen Anna Carla zu verhalten. Sie war drüben mit Scaglia zurückgeblieben, der so tun mußte, als blättere er geschäftig in Akten. Doch sie war kein Kind und würde sofort begreifen, daß man ihn ihr vor die Nase gesetzt hatte, um sie zu beobachten und einen eventuellen Ausbruch, ein Versagen der Nerven, zu registrieren. Auch diese elementaren Maßnahmen gehörten zur Tradition, er wollte es ihr morgen – oder spätestens Montag – erklären. Oft brachten sie Resultate.

»Wie läßt es sich an?« fragte De Palma.

»Sie hat Campi zwischen zwölf Uhr vierzig und ein Uhr zehn nicht gesehen.«

»Und sie selbst? War sie mit jemandem zusammen?«

»Nein, sie war allein.«

»Hm«, machte De Palma. »Hast du auf ihre Tasche geachtet? Zuunterst liegt irgend etwas Schweres.«

»Es ist nur ein Buch. Sie hat es im Balùn gekauft.«

Auch der Mörder – oder die Mörderin – Garrones hatte eine Waffe mitgebracht (ein Rohr oder einen Hammer?) und sich dann im letzten Moment anders besonnen und lieber den steinernen Phallus benutzt, der sich an Ort und Stelle vorfand. Hier mußte wohl dasselbe mit der Mörserkeule geschehen sein.

»Eine merkwürdige Geschichte – mit der Kuhglocke«, sagte De Palma. »Was hat sie dir darüber erzählt?«

»Soweit sind wir noch nicht gekommen, aber ich finde sie nicht so merkwürdig.«

»Sie wird doch nicht Kleptomanin sein?«

»Nein, es war nur Zerstreutheit. Sie dachte an etwas anderes.«

»Woran? Sie muß schon sehr nervös gewesen sein, wenn sie so eine Kuhglocke stibitzt, ohne es zu merken.«

»Hör mal, wenn sie es gewesen wäre, würde sie dir doch nicht die Sache mit der Mörserkeule erzählt haben.«

»Warum nicht? Wenn sie doch wußte, daß wir es auch so erfahren mußten – an dem Verkaufsstand, von dem er fortgenommen worden ist. Sie hätte ihn sogar absichtlich mitnehmen können, um sich dann ein Verdienst daraus zu machen, uns auf die Fährte gebracht zu haben. Du weißt doch, zu was für komplizierten Überlegungen sie manchmal fähig sind.«

»Ja, aber ...« sagte Santamaria. Natürlich wußte auch er, daß viele Kriminelle, große und kleine, zu noch spitzfindigeren Berechnungen fähig waren und ihre Zuflucht zu so raffinierter List nahmen, daß sie ihnen nichts nutzte, sie oft sogar ans Messer lieferte. Sie waren wie die Kinder. Oder wie Verrückte. Aber mit ihr, die so unmittelbar, so offen und impulsiv war, mit ihr war das anders ... »Schön, warten wir ab«, sagte er und gab sich Mühe, kein gar so skeptisches Gesicht zu machen.

»Also, ich erledige jetzt rasch den Professor und die Amerikanerin, bevor du dir Campi vornimmst. Wenn sie in diesen zehn Minuten mit ihm zusammen waren, müssen wir die Situation neu überdenken.«

Sie traten auf den Korridor hinaus, und De Palma ging mit großen Schritten voraus. Er gehörte zu den Menschen, die den Eindruck haben, sie arbeiteten mehr, wenn sie sich schnell bewegten. Aber plötzlich blieb er stehen und wandte sich um.

»Übrigens, wir haben etwas Neues über das Trambahnbillett erfahren.«

Außer der blutbefleckten Mörserkeule und zwei Streichhölzern, einem zertretenen Zigarettenstummel, einer verrosteten Schraube und einem Stück Stanniol von einem Kaugummi hatte man neben dem Toten auch einen Trambahnfahrschein der Turiner Verkehrsbetriebe gefunden. Allerdings zeigte der Schein ein Türkisgrün, das sich unter den heute verwendeten Farben der Verkehrsbetriebe nicht mehr fand.

»Wir mußten schon ein bißchen auf den Tisch hauen, bis wir jemanden gefunden haben, der uns am Samstagnachmittag die alten Serien heraussuchte. Jedenfalls wissen wir jetzt, daß der Fahrschein auf der Linie 12 gelöst worden ist.«

»Und wohin fährt die Linie 12?«

»Nirgendwohin. Die Linie ist eingestellt worden. Aber sie fuhr einmal zum Friedhof. Der Fahrschein ist aus dem Jahre 1953.«

6

Natürlich konnte das Billett auch aus einem alten Buch gefallen sein, überlegte der Kommissar, und das Zünglein an der Waage rückte, wie zögernd auch immer, um ein Geringes. Wie zum Beispiel aus dem *Handbuch* aus dem Jahre 1935, in dem sie gelesen

hatte, während sie auf ihn wartete, und das sie dann wieder in ihrer Handtasche verstaute. War vielleicht auch dies mit besonderer Absicht gekauft, um es als ein raffiniertes Mittel der Bestechung zu gebrauchen? Wieder zitterte das Zünglein unmerklich.
Scaglia verließ unvermittelt und wortlos das Büro. Er hatte von jeher die »unauffälligen« Rollen schlecht gespielt. Jede Rolle, die Wahrheit zu sagen.
»Wollen Sie Ihren Mann benachrichtigen?«
»Ich weiß nicht, ich möchte ihn nicht gern ohne Not beunruhigen. Was meinen Sie denn?«
»Warten wir ab. Vielleicht klären sich die Dinge noch gegen Abend.«
»Von allem anderen abgesehen, wüßte ich nicht einmal, wo ich ihn erreichen könnte. Er hatte heute eine Verabredung . . .«
Den letzten Worten ließ sie ein Schweigen folgen – wie die leuchtende Spur einer Sternschnuppe. War dies ihre Art, ihn an »ihre Verabredung« am Corso Belgio zu erinnern, die ja nun endgültig ins Wasser gefallen war? Er biß die Zähne zusammen.
»Haben Sie Ihrem Mann die Geschichte mit dem Brief, dem Ritualmord und dem steinernen Phallus erzählt?«
»O ja. Er weiß alles. Er hat sich sogar recht amüsiert.« Sie machte eine Pause. »Ich fürchte, wir haben uns alle ein bißchen zu sehr amüsiert.«
Der Kommissar fühlte sich in dieses Reuebekenntnis eingeschlossen und konnte ihr, wenn er ehrlich war, nicht unrecht geben.
»Wissen Sie, ich habe über die Sache nachgedacht. Und da ist etwas, was ich nicht begreife: Hat der Mörder, wer es auch war, nicht sehr viel riskiert, als er seine Tat inmitten einer solchen Menschenmenge beging? Warum hat er sich nicht einen weniger belebten Ort ausgesucht als gerade den Balùn?«
»Warum sollte er? Wo viele Menschen zusammen sind, sieht niemand etwas. Es kann der beste Ort sein, um unbemerkt zu verschwinden. Und«, fügte er hinzu, »der Täter ist ja wirklich unbemerkt verschwunden. Denn keiner von den fünf oder sechs Menschen, die da drinnen waren, hat ihn gesehen.«
»Also wenn zum Beispiel Massimo der Mörder ist, dann glauben Sie, daß er den Jungen absichtlich in den Balùn geholt hat!«
»Das wäre möglich.«

»Und wenn ich es gewesen wäre? Woher konnte ich wissen, daß er im Balùn war?« Der Kommissar schüttelte den Kopf. Es tat ihm leid, sie zu enttäuschen, und es mißfiel ihm, daß sie die Fragen stellte.
»Sie hätten es von Signor Campi hören können oder von Riviera selbst oder auch von irgendeinem andern . . .«
»Aber wenn ich gestern abend gar nicht mit . . .« Sie unterbrach sich mit einem Lächeln. »Natürlich, es genügt nicht, daß ich selbst es sage.«
»Nein, das genügt nicht.«
»Aber Sie glauben mir doch, daß ich es nicht wußte?«
»Was sagen Sie? Soll ich es Ihnen glauben?«
»Verzeihen Sie«, sagte sie gekränkt. »Es ist schwer, in einer solchen Situation unpersönlich zu bleiben.«
Was für eine Situation? Die einer Frau, die wenigstens am Rande in einen Mordfall verwickelt war, oder die Situation, wie sie zwischen ihnen beiden bestand? Allmählich sah und hörte er aus allem Anspielungen heraus und witterte Hintergedanken. Und er wußte, daß ein zu mißtrauischer Polizist ein schlechter Polizist war.
»Es ist ja nichts dabei«, sagte er, mit mehr Ungezwungenheit diesmal, »es ist kein ausschlaggebender Punkt. Praktisch jeder hätte wissen können, daß Riviera heute morgen, und zu welcher Stunde, zum Balùn kam.«
»Wieso?«
»Als er aus dem Hause ging, hat er für Signor Campi einen Zettel hinterlassen, auf dem er Ort und Stunde der Verabredung genau angegeben hatte. Wir haben ihn an der Tür gefunden, als wir vor kurzem dort waren.«
»Ja, aber dann!« Sie straffte sich, ihr Gesicht bekam Farbe, und ihre Augen glänzten. »Das ändert das Bild. Jetzt kann man sich auf alles mögliche gefaßt machen.«
Der Kreis erweiterte sich. Die Welt mit ihren Verbrechen, Skandalen, Streiks, mit all ihrer chronischen und üblichen Unordnung, trat wieder in ihre Rechte ein.
»Zum Beispiel?«
»Ich weiß nicht, ich meine nur, daß es jetzt jeder gewesen sein kann, aus jedem möglichen Grund. Das Motiv der Eifersucht Massimos – oder meiner Eifersucht – wäre nur noch ein Motiv unter vielen möglichen Motiven.«

Ihre schönen leuchtenden Augen wollten der Polizei suggerieren, dort zu beginnen: unter den Papieren des Toten zu suchen, den Brief des verliebten Kellners zu finden, den Schuldschein, das kompromittierende Foto, irgend etwas, was den Abstand zwischen dem kleinen Schwulen und dem *Ambiente* wiederherstellte.

»Gewiß«, sagte der Kommissar, »nur daß es dann gleich wieder ein neues mögliches Motiv gäbe. Wie ich Ihnen schon gesagt habe . . .«

Sie krümmte sich wie in Abwehr.

»Garrone?«

»Ja. Angenommen, Riviera wußte etwas oder hatte etwas über den Mord an Garrone entdeckt: vielleicht ein kleines Indiz, das niemand sonst beachtet hatte. Und er könnte darüber gestern oder heute morgen im Balùn mit dem Mörder Garrones gesprochen haben. Und der Mörder könnte gefürchtet haben – zu Recht oder zu Unrecht –, daß dieses kleine Indiz leicht auf seine Spur führen würde, wenn er Riviera Zeit ließe, mit anderen darüber zu sprechen.«

»Besonders«, sagte sie, ohne das Gesicht zu einem Lächeln zu verziehen, »wenn den Mörder schon ein anderes kleines Indiz belastet. Wie der Brief.«

Das Schweigen lastete drückend auf ihnen, die Schlammflut war wieder zurückgekehrt, umgab Stühle und Schreibtisch.

»Armer Massimo!« sagte sie. Und fügte nach zehn Sekunden hinzu: »Arme Anna Carla!«

»Es ist natürlich nur eine Hypothese unter vielen. Und bedenken Sie, daß auch der Professor und die Amerikanerin heute morgen im Balùn waren, und daß sie ebensowenig ein Alibi für die entscheidenden Minuten haben. Genausowenig wie Ihr Freund aus Ivrea, solange wir ihn noch nicht gefunden haben.«

Sie zuckte die Achseln.

»Wer wird Massimo verhören? Sie oder Ihr Kollege?«

»Ich, notgedrungen.«

»›Der Mord als eine schöne Kunst betrachtet‹«, sagte sie leise und sah aus dem Fenster. »Es ist, als wär es tausend Jahre her.«

So hatte sie das letzte Wort, beschwor das letzte Bild, denn dem Kommissar schien die Szene auf der besonnten Terrasse Campis im Gegenteil noch ganz nahe und von einer intakten Intimität. Plötz-

lich wollte er wieder an ihre absolute Unschuld glauben, war er überzeugt, daß sie nichts mit alldem zu tun hatten und alles nur ein unglückliches Zusammentreffen verschiedener Umstände war.
»Wie hat es Signor Campi aufgenommen?«
»Er hat keine zehn Worte gesprochen. Er muß völlig erschüttert sein.«
Oder erschreckt? Und damit beschäftigt, die Chancen auszurechnen, die er hatte, noch einmal davonzukommen?
»Ich will jetzt sehen, daß ich ihn beruhige. Sie möchte ich indessen bitten« – er erhob sich – »alles, was Sie mir gesagt haben, vor dem Maresciallo Lopresti zu wiederholen. Für das Protokoll. Nein, natürlich nicht alles. Nur soweit es sich um die Frage handelt, wo Sie – und Ihre Freunde – sich heute – und zu welcher Zeit – befanden. Mit näheren Einzelheiten.« Er seufzte. »Ich weiß, unsere Methoden sind vor allem langweilig und lästig.«
»Ich stehe ganz zu Ihrer Verfügung«, sagte sie und erhob sich. Es klang traurig und auch ein wenig maliziös.

7

Nicht ohne Mühe band der Landvermesser Bauchiero seinen Hund ans Balkongitter.
»Wenn ich ihn in der Wohnung frei herumlaufen lasse, bleibt er nur hinter der Tür und kratzt mir die ganze Farbe ab«, erklärte er, mit einem Rest von Hoffnung.
Der Polizist sagte nichts dazu. Er benahm sich ganz anders als vorgestern, als er ihn und den Hund ins Auto gesetzt und den Hund während der Fahrt sogar gestreichelt hatte.
»Er ist nicht gewöhnt, allein zu bleiben«, sagte Bauchiero, als er sich wieder aufrichtete. »Und sei artig, ja? Ich komme gleich zurück.«
Der Hund sah ihn einen Augenblick ungläubig an, dann stürzte er sich auf ihn. Aber die Leine aus geflochtenem Leder, die Bauchiero mit einem Strickende verlängert hatte, straffte sich im Nu und gab nicht nach. Im Sprung gebremst, fiel der Hund mit einem verzweifelten Winseln zurück.

»Dann wollen wir gehen«, sagte Bauchiero.

Als er die Tür hinter sich abschloß, begann der Hund zu bellen.

»Er ist sonst nie allein, er ist es nicht gewöhnt.«

Der Polizist sagte nichts. Sie gingen nebeneinander die Treppe hinab, und schon im Hausflur hörte Bauchiero das schauerliche Gebell, das vom Balkon aus über den ganzen Hof hallte. Das Auto wartete in der Via Mazzini, und der Polizist ließ ihn hinten einsteigen, wo bereits ein kleiner glatzköpfiger Mann saß, den er noch nicht gesehen hatte. Und vorn, neben dem Fahrer, saß einer der Beamten, die ihn am Morgen nach dem Mord vernommen hatten.

»Ah, guten Tag«, sagte Bauchiero herzlich. »Wie geht es denn?«

»Guten Tag«, sagte der andere mit finsterer Miene.

Er gab ihm nicht einmal die Hand. Sie hatten sich alle geändert. Der Wagen fuhr an, inmitten einer Schar von Kindern südlicher Einwanderer. Sie standen mit offenem Mund und großen schwarzen gierigen Augen.

8

»Ich könnte gut einen Dolmetscher gebrauchen«, sagte De Palma. Er war gerade aus seinem Büro gekommen.

»Kommst du nicht zurecht?«

»Ich verstehe nur die Hälfte. Nichts Traurigeres, als wenn man merkt, daß man Jahre seines Lebens sinnlos vertan hat.«

»Ich weiß«, sagte der Kommissar, dem wohl bekannt war, daß De Palma seit Jahren Englisch nach Schallplatten lernte. »Sobald es ernst wird, sprechen sie ganz anders, als man es gelernt hat. Hast du mal bei der Fremdenpolizei angefragt?«

De Palma zog in gespielter Überraschung die Augenbrauen in die Höhe.

»Warum denn die Fremdenpolizei?«

»Entschuldige, aber brauchst du nicht jemanden, der Englisch spricht?«

»Englisch kann ich selbst, und vorzüglich. Was ich nicht verstehe, ist der Turiner Dialekt. Und dabei lebt man seit Jahren hier!«

Wenn De Palma ihm auf die Nerven ging, pflegte sich Santamaria daran zu erinnern, daß seine übrigen Kollegen in ihrer überwiegenden Mehrheit überhaupt keinen Humor hatten.
»Wen hast du denn vor?«.
»Den Professor«, sagte De Palma. »Er spricht halb Englisch und halb Dialekt. Psychologisch sehr interessant: unter der Schockwirkung sucht er Schutz im Schoß der Muttersprache, sozusagen. Hör dir das mal einen Augenblick mit an.«

Professor Bonetto hatte eiserne Nerven. Nach all den Monaten, Tri- und Semestern, die er im amerikanischen Hexenkessel verlebt hatte, konnten ihn gewisse Dinge nicht weiter aufregen; er war das Klima der Gewalt gewohnt. Er hatte zum Beispiel persönlich ein junges Mädchen gekannt, das Augenzeugin des Mordes an Martin Luther King geworden war; er hatte nur zwei Barschemel weg von einem Neger gesessen, den das FBI kurz darauf wegen Sprengstoffbesitzes verhaftete; hatte in Washington den Geruch verbrennender Autos und von Tränengas eingeatmet, den der Wind bis in sein Wohnviertel getragen hatte. Und eines Abends war er mit der Untergrundbahn in New York auf einer Strecke gefahren, auf der knapp eine halbe Stunde zuvor zwei Portorikaner mit dem Messer aufeinander losgegangen waren. Ganz zu schweigen von dem Taxifahrer in Philadelphia, der noch unter den Folgen eines Überfalls litt, den vor einer Woche ein Mann im Drogenrausch auf ihn verübt hatte. Diese Erfahrung der Brutalität hatte ihn abgehärtet, hatte ihn *cool* werden lassen, wie sein Freund Jeff voller Bewunderung feststellte, als er, Bonetto, ihm in einer Nacht der Rassenkrawalle vorgeschlagen hatte, einen kleinen Rundgang durch Harlem zu machen. Es war nichts daraus geworden, dank der schlagfertigen Beredsamkeit, mit der ein Polizeikordon sie davon abhielt. Und dies war übrigens der einzige gemeinsame Punkt zwischen den tragischen Ereignissen von Harlem und dem provinziellen Ereignis von heute morgen im Balùn: die unnötige Nervosität und Aufregung der Polypen, die, sobald es schwierig wurde, den Kopf verloren. Auch hier war die Polizei alles andere als *cool*. Sie stellte Fragen, die nicht zur Sache gehörten, war von nervtötender Zudringlichkeit und so stumpfsinnig, daß es zum Auswachsen war. Und ausgerechnet heute mußte es passieren, an

dem Tag, an dem Sheila, so groß, so blond, so rosig und von so schwellenden Formen, in sein Leben getreten war.
Okay denn, er würde ihnen also zum hundertstenmal die Litanei herunterbeten: Nein, er kannte den Toten nicht, er hatte ihn heute früh zum erstenmal in seinem Leben gesehen, und sie hatten nur ein paar Minuten miteinander gesprochen. Worüber? Na, übers Wasser, verflixt noch mal.
»Der Professor«, erklärte der erste Dickkopf dem zweiten, »hat gestern einen Vortrag über dieses Thema gehalten, und anscheinend hat Riviera diesen Vortrag besucht.«
»Ah so«, sagte der zweite Dickkopf, mit einem Gesicht, als habe er gar nichts kapiert. »Und was für einen Eindruck haben Sie von Riviera gehabt, Professor?«
Überhaupt keinen. Einfach *non-descript*; und als ob er, mit Sheila in der Nähe, überhaupt Eindrücke haben konnte von einem Typ dieser Sorte. Und nun verlor er seine Zeit damit, diesen schwerfälligen Geistern zu erklären, was *non-descript* bedeutete, aber sie verstanden rein gar nichts, Intelligenz-Quotient Null Komma Null. Und dann wieder die Fragerei nach den entscheidenden fünf oder zehn Minuten, und wo waren Sie, Herr Professor, und mit wem, und warum sind Sie in diese Kneipe zurückgekommen, und was ist ein *ciapapuer*?
»Was soll es wohl sein?« fragte der Amerikanist und nahm den Priesterhut vom Schreibtisch auf. »Das hier, klar?«
Er ließ zur anschaulichen Erklärung einen Finger gegen den Hutkopf schnellen, von dem sogleich eine kleine Staubwolke aufstieg. »*Ciapa*«, übersetzte er und ließ dabei den Hut auf dem ausgestreckten Zeigefinger kreisen, »heißt *catch*, fangen. Und *Puer* bedeutet *dust*, Staub. *Staubfänger.* Zusammengesetztes Substantiv.«
»Ein interessantes Stück«, bemerkte der zweite *cop.* »Und als Sie nun in das Café gingen, um den Hut zu holen, da haben Sie bestimmt keinen von den anderen gesehen?«
Aber was sollte denn das? War dies ein Verhör dritten Grades? Mit wem glaubten die es zu tun zu haben? Mit einem Killer von Cosa Nostra? Oder mit Felice Bonetto (*The Professor*)?
»Nein, ich habe niemanden gesehen, *I'm absolutely certain.*«
Sie sollten es nur wagen, ihn als *material witness*, als unentbehrlichen Zeugen, hierzubehalten, diese Groschendetektive! Wollten

sie den *showdown?* Die entscheidende Kraftprobe? Bitte sehr! Es würde was zu lachen geben. Ganz Amerika würde aufstehen, das Amerika, das zählte, natürlich, das, das ihn kannte. Ein Protestbrief in der *New York Times* gegen die Behandlung durch diese Tölpel wäre ihm sicher, unterzeichnet zumindest von Saul Bellow, Noam Chomsky, Joan Baez, Dr. Spock, Rev. Abernathy, von – mindestens hundert Freunden und Freunden der Freunde. Und hier in Europa würden ihn Sartre und Simone de Beauvoir unterschreiben und, als Antwort darauf, auch Moravia, Pasolini, Marpioli ... Das heißt, Marpioli nicht, nach allem, was zwischen ihnen geschehen war.

Er zitterte plötzlich an allen Gliedern.

»Also?« fragte er, bemüht, nicht die mindeste Erregung zu verraten, sondern völlig *cool* zu bleiben, »kann ich jetzt gehen oder muß ich mich als ›festgenommen‹ betrachten?«

Er hielt den Atem an, während die beiden *cops* einen verdutzten Blick tauschten. Vor seinem inneren Auge rollte jetzt eine Sequenz ab, für die es nur das Wort *thrilling* gab: die illegale Verhaftung, Einzelhaft in einem feuchten, ungesunden Loch, und wie die Nachricht allmählich durchsickerte und bald von einem Kontinent zum andern erscholl, dann das »Freedom for Bonetto Committee«, die Rufe »Freiheit für Bonetto!« in allen Sprachen und auf allen Plätzen, schwarz von Menschen ... Oh, boy! Was für ein großer Tag! Da konnte man einmal von Schicksal sprechen: erst die wunderbare Begegnung mit Sheila (die natürlich ein *Sit-in* vor dem Gefängnis organisieren würde) und jetzt und jetzt ...

»Nein, Herr Professor«, sagte der zweite Detektiv, »Sie sind nur für eine Zeugenaussage hier.«

»Eine unentbehrliche?«

»Gott – ja. Aber es handelt sich nur ...«

»Mit anderen Worten, wenn ich jetzt gehen wollte, könnte ich es nicht.«

»Sagen wir so: wir würden Sie bitten zu bleiben. Aber sobald Sie das Protokoll ...«

»Also Sie behalten mich hier.«

»Da Sie dabei waren, als ...«

»Okay, okay, nehmen Sie mich nur fest«, sagte der Amerikanist, und vor seinen leuchtenden Augen stand die Vision von

einem Marpioli, der, krank vor Eifersucht, bereit zum Harakiri war.
»In Wahrheit schien es kein großer Schock für ihn zu sein«, sagte der Kommissar, als sie draußen waren. »Beinahe sieht er glücklich aus.«
»Hältst du es für denkbar, daß er dieses Theater absichtlich aufführt?« fragte De Palma. »Das wollte ich von dir wissen.«
»Es wäre eine Art wie jede andere, uns nicht etwas zu sagen, was er nicht nachher wieder zurücknehmen oder modifizieren kann.«
»*Besser* als jede andere. Wenn er nicht schon jetzt auf verminderte Zurechnungsfähigkeit plädiert. Und vergiß nicht, daß er Garrone gekannt hat.«
»Richtig«, sagte der Kommissar. »Versuch doch festzustellen, ob er für Dienstagabend ein Alibi hat.«
»Ich will dran denken. Aber jetzt lasse ich ihn erst ein bißchen schmoren und gehe zu der Amerikanerin über. Hoffentlich erholt er sich inzwischen von seinem Anfall, sonst sehe ich schwarz für das Protokoll.«
»Es muß so etwas wie ein Rückfall ins Schüleralter sein, wenn ihn seine Lehrer abhörten.«
»Examensneurose. Die habe ich auch gehabt. Also du nimmst jetzt Campi?«
»Ja«, sagte der Kommissar, »auch ein Examen . . .«

9

»Sie brauchen mich nicht zu stützen«, sagte der Geometer Bauchiero. »Vor Toten habe ich keine Angst. Als ich Garrone gefunden habe, war ich allein und bin auch nicht in Ohnmacht gefallen.«
Zögernd ließ der Polizist den Arm Bauchieros los, und der Angestellte des Leichenschauhauses zog das Tuch vom Kopf des Toten.
»Ich weiß nicht, wer das ist«, sagte der Geometer nach eingehender Musterung.
Langsam ging er auf die andere Seite, um auch von dort das bleiche, fast transparente Profil zu betrachten.
»Nein, ich habe ihn nie gesehen. Was hat man mit ihm gemacht?«

Der Regenmantel war weiß, aus leichtem, gummiertem Leinen, und er hing von seiner linken Hand wie ein Lappen, hing wie ein Gespenst, das sich, über die Geisterstunde hinaus, bei den Lebenden verspätet hatte. Campi warf beim Näherkommen einen Blick durchs Fenster.

»Ich weiß. Jetzt scheint die Sonne. Aber heute früh, Sie werden sich erinnern, sah es aus, als ob es Regen geben würde.«

Er hatte zwar ein abgezehrtes, angegriffenes Gesicht, aber seine Reflexe kamen, wie es schien, so schnell wie seit je. Mit einem einzigen Satz hatte er den Kommissar in die Verlegenheit gebracht, sich wieder zwischen dem Gesagten und dem ungesagt Bleibenden zurechtfinden zu müssen und sich wieder einmal zu fragen, ob er es mit einem eiskalt berechnenden, diabolischen Spieler, mit einem unverbesserlichen Komödianten oder einfach einem liebenswürdigen, ironischen und ein klein wenig herablassenden Turiner zu tun hatte.

»Ja, ein etwas wechselhaftes Wetter, für Juni«, sagte er, entschlossen, ein Verhör durchzuführen und nicht Konversation zu machen. »Geben Sie nur her.«

Er streckte ihm die Hand entgegen, um ihm den Regenmantel abzunehmen.

»Lassen Sie, ich werfe ihn einfach hier über den Stuhl.«

»Nein, ich möchte ihn mir gern einmal ansehen, wenn Sie erlauben.«

Campi überließ ihm das »Gespenst« mit einem fast so verzweifelten Lächeln, wie sie es gehabt hatte. War das eine vorher vereinbarte Taktik? Oder eine Angewohnheit im *Ambiente*?

»Sie verstehen«, sagte der Kommissar, während er den Mantel mit ausgestreckten Armen vor sich hielt und so tat, als ob er ihn kontrolliere, »es ist nur wegen der Mörserkeule.«

»Ich verstehe, ich hätte Sie in der Manteltasche verborgen haben können.«

Der Kommissar ließ sich nicht durch den Ton von Niedergeschlagenheit und Resignation in der Stimme des andern rühren.

»Und was ist das hier?«

»Meine Handschuhe. Nehmen Sie sie nur heraus. Und wenn Sie

eine Haussuchung bei mir vornehmen wollen, selbstverständlich . . .«

»Soweit sind wir noch nicht.«

»In jedem Fall würden Sie nichts finden.« Aber in seinem Ton war nichts Herausforderndes. »Ich habe an Lello nie geschrieben, und die paar Briefchen und Postkarten, die ich im Lauf von drei Jahren von ihm bekam, habe ich fortgeworfen. Ich gebe mir Mühe, mich nicht unter einem Berg von Papier begraben zu lassen.«

»Wußten Sie, daß Riviera eine Mitteilung für Sie an seiner Wohnungstür hinterlassen hatte?«

»Ja, er hat es mir gesagt. Er hatte die Neigung, alles zu komplizieren. Plötzlich waren ihm Zweifel gekommen, daß wir uns mißverstanden haben könnten.«

»Aber Sie hatten sich bereits für ein Treffen im Balùn verabredet?«

»Selbstverständlich. Schon am – Donnerstagabend. Lello wollte nach Dingen suchen für mein Haus im Monferrato.«

»Es ist also noch nicht eingerichtet?«

»Doch, zum großen Teil. Aber er hatte eine Schwäche für den Krimskrams vom Balùn. Er ging ziemlich oft dahin, allein oder auch mit irgendeinem Kollegen.«

»Sie dagegen . . .«

»Nein, ich nicht.«

Der Kommissar erinnerte sich. Schon am Donnerstag hatte Campi Gelegenheit gefunden, ihm beiläufig mitzuteilen, daß er das Balùnviertel nie betrete. Wie um damit zu sagen, daß der Plan, heute morgen dorthin zu gehen, nur von Riviera kommen konnte.

»Und seit Donnerstag haben Sie sich vor heute morgen nicht mehr gesehen?«

»Nein. Ich bin aus dem Monferrato wie gerädert zurückgekommen und sofort zu Bett gegangen. Heute morgen hat mir Lello gesagt, daß er mich gestern abend angerufen habe, um unsere Verabredung zu bekräftigen. Aber ich hatte den Stecker herausgezogen, wie ich es oft mache.«

»Sie hatten keine Zweifel wegen Ihrer Verabredung?«

»Wir hatten vereinbart: gegen Mittag im Café. Das schien mir unmißverständlich. Aber er war immer ein bißchen pedantisch und ängstlich in diesen Dingen, zum Teil wohl auch deswegen, weil ich, wie ich zugeben muß, eher etwas zerstreut bin. Er hat gedacht, daß wir uns nicht richtig verstanden hätten, und deshalb den Zettel hinterlassen für den Fall, daß ich in meiner Vergeßlichkeit bei ihm vorbeikommen würde, um ihn abzuholen. Er komplizierte sich immer das Leben, ohne Grund.«

»Aber hätte er Sie nicht heute früh anrufen können?«

»Er ist früh aus dem Haus gegangen und wollte mich nicht stören.«

»Ich verstehe«, sagte der Kommissar.

Er verstand in der Tat, und er bewunderte, wie dieser Campi ihm zwischen den Zeilen – als der Stratege des Indirekten, der er war – sein Bild von einer nunmehr nur noch einseitig bestehenden Liebe entwarf, bei der die Tränen und der Groll, das Sich-Anklammern und die besorgten Briefchen nur bei Riviera waren, bei ihm, Campi, dagegen nur Zerstreutheit und Vergeßlichkeit, aus der Steckdose gezogene Telefone, leidvolles Dulden und Müdigkeit. (Verbrechen aus Leidenschaft? Ich bitte Sie, Herr Kommissar! Wo bleibt die Leidenschaft, nach drei Jahren?)

»Sie kannten Riviera seit drei Jahren, sagten Sie?«

»Ja, ungefähr.«

»Haben Sie sich oft gesehen?«

»Fast täglich. Wenigstens telefonierten wir. Oft verbrachten wir das Wochenende zusammen, und manchmal, wenn er Urlaub hatte oder es ein verlängertes Wochenende gab, reisten wir auch zusammen.«

»Haben Sie ihm Geld gegeben?«

Campi nahm die brutale Direktheit dieser Frage gleichmütig hin.

»Nein, abgesehen von den üblichen Geschenken und gelegentlich einer Flugkarte. Lello war nicht der Typ, er legte großen Wert auf seine Unabhängigkeit.« Er lächelte in der Erinnerung. »Er war sehr – emanzipiert, wenn Sie verstehen, was ich damit sagen will.«

Dem Kommissar, der über diese Dinge bisher nicht nachgedacht hatte, kam zum erstenmal zum Bewußtsein, daß sich dieses Problem auch für die Homosexuellen stellte. Er fragte sich, wieviel Jahre wohl vergehen mochten, bis sich auch hier – bei denen unter ihnen, die die Rolle der Frau spielten – eine kämpferische Emanzipationsbewegung organisieren würde. Vielleicht war Riviera in seinem Verhältnis zu Campi so etwas wie ein Vorläufer gewesen.

»Wie war Ihr Verhältnis zu Riviera? Ich meine, so im allgemeinen. Vertrugen Sie sich gut?«

»O ja.« Wieder kam dies Lächeln der Erinnerung. »Wir waren ein einträchtiges Paar, wie man so sagt. Im großen und ganzen respektierte jeder die Bedürfnisse des andern, auch wenn . . .«

»Auch wenn?«

»Nun, Lello war jünger und begeisterungsfähiger als ich, und mein Mangel an Interesse an diesem oder jenem ärgerte ihn manchmal oder, besser gesagt, betrübte ihn. Außerdem arbeitete und lebte er in einer anderen Umwelt als ich, und auch das – Sie verstehen . . .«

Der Kommissar verstand immer besser. Das Bild rundete sich, mit geschickten, halb verschwiegenen Andeutungen, ab. Da war der kleine Angestellte – die Entsprechung zur Putzmacherin aus dem vorigen Jahrhundert –, der sich hemmungslos an einen Playboy nicht gewöhnlicher Art klammerte, von raffinierter Geistigkeit, bestem Herkommen und bester Erziehung, desillusioniert, und dem diese ganze Geschichte zum Halse heraushing. (Verbrechen aus Leidenschaft? Aber, Herr Kommissar, dann hätte schon er es sein müssen, der mich umbrachte!)

»Neigte Riviera zur Eifersucht?«

Warum sollte er die Vernehmung nicht gleich in die Richtung lenken, in der sie Campi offensichtlich haben wollte? Und die Antwort kam denn auch sofort:

»Ja, er war eifersüchtig, aber nicht nur im engeren Sinne des Wortes. Er war, um Ihnen ein Beispiel zu nennen, auch auf meine Freundschaft mit Anna Carla eifersüchtig. Und er konnte es nicht begreifen, daß ich einmal eine Woche allein in Venedig sein wollte oder daß ich eine Einladung nach Schottland annahm.«

»Klettenhaft?«

»Nein, der arme Lello!« stellte er sofort richtig. »Glauben Sie nicht, daß er mir das Leben zur Hölle gemacht hätte! Hin und wieder eine ordentliche Szene, wie es unumgänglich ist, und ein wenig Schmollen und Trotzen und all die kleinen Empfindlichkeiten, die es in jeder Art von Ehe gibt.«

Er wich zurück. Noch vor dem Kommissar hatte er ein anderes plausibles Motiv entdeckt: nicht die Leidenschaft, sondern die Verbitterung, der Ekel vor sich und dem anderen, der abgrundtiefe

Haß, wie ihn eine allzu ausschließliche Liebe nicht selten im Herzen der geliebten Person weckte. Es konnte mit anderen Worten auch so gewesen sein, daß Campi Riviera ermordet hatte, weil er ihn anders nicht mehr loswerden konnte. Verbrechen aus Leidenschaft, ja, aber im umgekehrten Sinne; und der Glanz dieses Paradoxons wäre für Campi ein zusätzliches Motiv gewesen.

»Waren Sie Riviera – treu?«

»Ja«, sagte Campi und sah ihn mißtrauisch an. »Ich will Ihnen hier keinen Vortrag über die Homosexuellen halten, aber ich möchte nicht, daß Sie in ihnen Leute sehen, die sich ständig erotischen Ausschweifungen hingeben. Viele von ihnen würden sich gern in der Kirche mit weißem Schleier trauen lassen, wenn sie nur dürften. In einigen Ländern ist es Ihnen, wenn ich nicht irre, schon erlaubt.«

»Sie würden aber keinen Gebrauch davon machen, glaube ich.«

»Allerdings nicht. Andererseits bringen die ständig wechselnden Beziehungen, wie Sie bestimmt wissen, allzu viele Unannehmlichkeiten mit sich. Lello bedeutete für mich einen vernünftigen Kompromiß.«

»Und hatte Riviera«, fragte der Kommissar, der plötzlich an seine Samstage bei Jole in Novara dachte – und daran, daß er sie noch vor Abend anrufen müsse –, »hatte Riviera die gleiche Einstellung wie Sie?«

»Sie meinen, ob er treu war? Ja, der arme Junge. Hin und wieder mußte ich den Eifersüchtigen spielen, um ihn glücklich zu machen. Aber einen wirklichen Grund hatte ich nie.«

Der letzte Pinselstrich am Bild. Und die letzte Schaufel voll Erde, um das Motiv Eifersucht zu begraben. Campi hatte vorzügliche Arbeit geleistet. Aber, so fragte sich der Kommissar, warum hatte er es sich so angelegen sein lassen, vor allem andern gerade die Hypothese eines Verbrechens aus Leidenschaft zu entkräften? Er war gerade im Begriff, sich selbst die einzig mögliche Antwort zu geben, als Campi wieder alles über den Haufen warf.

»Noch heute morgen, als er mir wieder mit dem Ingenieur Costamagna kommen wollte«, sagte er mit leiser Rührung in der Stimme.

»Mit wem?«

»Ein Ingenieur. Costamagna. Er war – mein Vorgänger bei Lello. Eine große Liebe.«

»Und heute morgen hat Riviera wieder von ihm gesprochen?«
»Ja. Er scheint sich wieder gemeldet zu haben.«
»Wann?«
»Gestern abend.«
Der Kommissar machte gar nicht erst den Versuch, seine Verblüffung zu verbergen.
»Gestern abend?«
»Ja, und auch heute morgen, im Balùn.«
Wenn es Drüsen der Geduld gibt, dann versagten sie jetzt bei dem Kommissar.
»Ich weiß nicht, ob Sie sich Rechenschaft darüber geben, Signor Campi . . .« begann er.
Campi hob nur die Hand.
»Aber vollkommen, und ich habe selbst daran gedacht. Aber alles recht bedacht, glaube ich doch eher an eine Einbildung Lellos als . . .«
»Überlassen Sie bitte mir, das zu beurteilen. Haben Sie diesen Costamagna heute morgen gesehen?«
»Eben nicht. Und Lello hat ihn ebensowenig gesehen, wenigstens nicht, solange wir zusammen waren. Er hat mir gesagt, daß er seinen Wagen in der Nähe vom Arsenal gesehen hat, einen blauen Fiat 124, den er dort geparkt hatte. Lello war ganz aufgeregt, aber ich habe ihn nicht ernst genommen. Ich will nicht sagen, daß er eine Geschichte einfach *erfand*, aber seine Phantasie war sehr leicht zu beeindrucken. Und wenn sich jemand in den Kopf setzt, daß er verfolgt wird, dann gehört gar nicht viel dazu, daß er hinter jeder Ecke einen drohenden Schatten sieht.«
»Warum hatte er sich denn eingebildet, daß er verfolgt wird?«
»Das hängt wieder mit einer anderen, noch alberneren Geschichte zusammen, die ihm angeblich gestern passiert ist; aber ich habe nur mit einem Ohr zugehört, wenn ich ehrlich sein soll.«
»Würden Sie mir den Gefallen tun, mir diese Geschichte auch zu erzählen, Signor Campi?«
»Aber warum wollen Sie einen armen Teufel da hineinziehen, der bestimmt mit der Sache nichts zu tun hat, nur weil . . .«
»Erzählen Sie mir jetzt alles, was Sie über diesen Costamagna wissen, Signor Campi. *Alles*.«
Massimo machte ein Gesicht wie jemand, der einem Kinde seinen Willen tut.

11

»Die Art und Weise, wie er mit der Geschichte herausgekommen ist, stinkt«, sagte De Palma. »Entweder ist er geistig zurückgeblieben, oder er ist mit allen Wassern gewaschen.«

Der Kommissar trank seine Coca-Cola in einem Schluck. Er hätte gern geglaubt, daß Campi weder das eine noch das andere war, sondern nur ein Mann der guten Gesellschaft, der dem Schein zum Trotz von dem, was geschehen war, tief erschüttert war und der nur die besten Absichten hatte, so verworren und unangebracht sie auch sein mochten.

»Man muß auch Verständnis für ihn haben«, sagte er. »Jemand wie er kann es sich leisten, aber es gibt noch viele Homosexuelle, die sich vor Entdeckung fürchten, und er weiß das sehr gut. Dieser Costamagna riskiert vielleicht, seine Stellung zu verlieren, oder eine Familientragödie, wenn seine Veranlagung bekannt wird.«

»Aber uns ist sie bekanntgeworden. Und durch wen? Durch ihn! Wenn der Mann ihm wirklich leid tat und er ihn heraushalten wollte, brauchte er nur den Mund zu halten. Nein, das ist dummes Zeug. Er hat sich die ganze Geschichte aus den Fingern gesogen, weil er spürt, daß es ihm an den Kragen geht, und weil er hofft, Costamagna an seiner Stelle die Rechnung zahlen zu lassen.«

Der Kommissar widersprach.

»Er ist kein Idiot. Was nützt ihm eine so ausgeklügelte Erfindung, wenn wir sie innerhalb einer halben Stunde nachprüfen können?«

»Wenn einer in der Klemme ist, versucht er es trotzdem. Und nimm mal an, daß dieser Costamagna kein Alibi hat.«

»Aber selbst dann käme immer noch Campi als Täter in Frage. Im Gegenteil, wenn der andere bestätigt, daß er die Beziehung zu Riviera wieder aufgenommen hat, rückt damit das Motiv Eifersucht wieder an die erste Stelle.«

»Jedenfalls ist es ihm jetzt schon gelungen, Verwirrung zu stiften. Ich sage es dir: dein Campi ist ein Filou.«

Natürlich war er ein Filou, dachte der Kommissar. Aber wie sollte er De Palma verständlich machen, daß er gleichzeitig keiner war?

»Und wie geht es mit der Amerikanerin?« fragte er, um das Thema zu wechseln. »Macht sie Schwierigkeiten? Verlangt sie, ihren Konsul zu sprechen?«

»Nein, zunächst amüsiert sie sich nur. Ein Reiseabenteuer unter der Sonne Italiens. Dabei hat sie für die entscheidenden zehn Minuten kein Alibi. Auch sie war allein. Und sie ist blond, ein Meter achtzig groß, und sie hat mir gesagt, daß sie schon zweimal verheiratet war.«
»Was hat das damit zu tun?«
»Nichts. Ich weiß nicht. Aber stell dir vor, daß sie es war.«
»Was du nicht sagst!«
Der Kommissar erinnerte sich, daß das Ganze mit einem Streit über die Aussprache von Boston angefangen hatte und daß die Amerikanerin, ohne dabei einen Finger gerührt zu haben, schuld an all den Schwierigkeiten war, mit denen er es heute zu tun hatte.
»Boston«, brummte er vor sich hin. »Hätte sie nicht auch aus Las Vegas kommen können, zum Beispiel?«
Bald darauf kam Magliano zurück.
»Was für eine angenehme Überraschung«, sagte er, als er sie in seinem Büro fand. »Tun Sie nur so, als ob Sie zu Hause wären.«
»Na und?« fragte De Palma. »Hast du ihn dir geangelt?«
»Ja, und du hattest recht. Der Typ mit dem gelben Fiat 500, der vor kurzem bei ihm war, ist tatsächlich Riviera gewesen. Er hat ihn im Leichenschauhaus wiedererkannt.«
»Donnerwetter!« De Palma sah den Kommissar an. »Jetzt fangen wir wieder bei den Steinen an. Er wird doch nicht auch die Mörserkeule fabriziert haben?«
»Wir können sie ihm ja einmal zeigen. Ist er hier?«
»Ja, ich hab ihn da drüben hingesetzt.«
»Das ist kein Steinmetz mehr, das ist ein Waffenfabrikant!« sagte De Palma. Er nahm seinen Kopf in beide Hände. »Was zum Teufel hat Riviera von ihm gewollt? Sich seinen Grabstein bestellen?« Er sprang auf. »Na los, kommt! Wir müssen seinem Gedächtnis etwas nachhelfen.«
»Nicht mehr nötig«, sagte Magliano. »Sein Gedächtnis sagt ihm, daß Riviera zu ihm gekommen ist, um sich bei ihm über den Geometer Bauchiero zu informieren.«

»Costamagna?« fragte die Portiersfrau in der Via Giacomo Medici.
»Ja, das ist hier. Aber es ist niemand da. Worum handelt es sich?«
»Ich wollte mit ihm sprechen«, sagte der Mann und sah sich in der kleinen Küche um, die zugleich als Wohn- und Speisezimmer für sie, ihren Mann und ihre Tochter diente. »Können Sie mir vielleicht sagen, wo ich ihn antreffen kann?«
»Doch«, sagte sie, »in Brasilien.«
»Er ist nach Brasilien gegangen?« fragte der Mann verdutzt.
»Für drei Monate.«
»Wann?«
»Vierzehn Tage wird es wohl schon her sein, daß er abgereist ist. Wenn Sie seine Adresse haben wollen, können Sie sich an seine Firma wenden. Die hat ihn dahin geschickt.«
Sie hatte sie zwar selbst, die Adresse in São Paulo, aber sie war ja nicht blöd, sie dem ersten besten zu geben. Der Ingenieur war immer sehr zurückhaltend, und seine Privatangelegenheiten gingen niemanden etwas an.
»Hat der Ingenieur seinen Wagen hier gelassen?« fragte der komische Kerl.
»Hmhm«, machte sie. »Aber wieso interessiert Sie das? Kommen Sie von der Versicherung?«
»Nein, von der Polizei«, sagte der Mann und zeigte seinen Ausweis. »Es hat einen Verkehrsunfall gegeben, und dabei wurde eine Autonummer notiert, die die des Ingenieurs sein dürfte.«
»Das ist unmöglich«, sagte die Pförtnerin. »Das Auto steht immer hier in der Garage.« Auf einmal begriff sie, was dieser Mann vielleicht andeuten wollte, und sie bekam Herzklopfen. »Wir haben es nicht benutzt«, erklärte sie voller Würde, doch mit gepreßtem Atem, »wir haben unseren eigenen Wagen, der bestens in Ordnung ist. Meine Tochter hat den Führerschein, aber mein Mann sieht es nicht gern, wenn ...«
»Kann ich ihn mal sehen?«
»Sie hat gerade ihre Gitarrenstunde«, stammelte die erschreckte Frau. »Sie kommt erst um sieben Uhr nach Hause, und mein Mann ...«
»Nein, ich meine den Wagen des Herrn Ingenieur.«

Sie suchte nervös in einer Schublade des Buffets, wo sie schließlich unter mehreren Schlüsseln auch das Bund mit dem Kärtchen Costamagna fand; dann ging sie ihm voran auf den Hof. Verkehrsunfall oder nicht, dachte sie, da sieht man mal wieder, was einem passiert, wenn man an Schwule vermietet. Zugegeben, sie brauchte sich keine Sorgen zu machen, wenn sie mal ihre Tochter zu ihm hinaufschicken mußte, aber sie hatte es ja immer gesagt, früher oder später brachten sie einem die Polizei ins Haus. Man las ja genug davon in der Zeitung, wie das Laster um sich griff.

»Hier ist seine Box«, sagte sie und bückte sich vor der Tür. Sie steckte den Schlüssel ins Schloß, und der Polizist zog den eisernen Rolladen mit einem Ruck hoch. Gott sei Dank, das Auto stand da, gewaschen und abgeschmiert, wie es der Ingenieur vor seinen Reisen zu hinterlassen pflegte. Einen Augenblick lang hatte sie gefürchtet, die Box leer zu finden. Man konnte ja nie wissen, bei all den Verbrechern, die heute ihr Unwesen trieben. Der Mann ging gar nicht erst hinein, er warf nur einen Blick auf den weißen 125 Special, ohne nachzusehen, ob es irgendwo eine Beule gab oder die Reifen schmutzig waren, und hob beide Arme, um den Rolladen wieder herunterzuziehen.

»Da sehen Sie es selbst«, sagte sie. »Niemand hat den Wagen benutzt.«

»Schön«, sagte er.

»Und die Nummer schreiben Sie sich nicht auf?«

Weiß der Himmel, wo der Mann seinen Kopf hatte. Noch immer die Arme in der Höhe, drehte er sich um und sah sie verdutzt an. Darauf zog er das Notizbuch aus der Tasche und notierte die Nummer; aber er schien es ohne Überzeugung zu tun.

»Um die Wahrheit zu sagen«, erklärte er ihr, »wir hatten von einem blauen 124 gehört.«

»Wann soll denn der Unfall passiert sein?« fragte die Frau. »Denn der Ingenieur hatte wirklich einen blauen Fiat 124, genau gesagt, er hatte nacheinander zwei, bevor er den letzten gegen den da getauscht hat.«

»Und wann hat er ihn getauscht?«

»Den da hat er noch kein halbes Jahr. Und den letzten blauen 124 hat er höchstens ein Jahr gefahren. Sie verstehen, sie haben im Werk gewisse Vergünstigungen.«

13

Bauchiero schüttelte den Kopf.
»Nein«, sagte er nachdenklich. »Für gewöhnlich mache ich morgens ein paar Besorgungen und setze mich dann für ein Stündchen in ein Café in der Via Calandra, um die Zeitung zu lesen. Aber heute morgen habe ich das Haus nicht verlassen; ich fühlte mich nicht wohl.«
»Und Sie haben auch keinen Besuch gehabt?« fragte De Palma.
»Nein. Selten kommt jemand zu mir. Mein Sohn wohnt in Borgo San Paolo, und ich besuche sie sonntags. Sie haben zwei Kinder.«
»Und bringt Ihnen niemand Milch oder Brot?«
Hier lächelte der Landvermesser.
»Solange ich noch dazu imstande bin, erledige ich meine Einkäufe selbst. Man kauft günstiger, und außerdem vergeht dabei die Zeit.«
»Und Ihre Nachbarn?«
»Die kenne ich nur vom Sehen, so wie Garrone. Und nicht einmal jeden. Das Haus ist der reinste Taubenschlag geworden.«
»Sind Sie nicht auf dem Balkon gewesen?«
»Doch, auf der Toilette. Die Toilette ist draußen.«
»Wann genau?«
»Gleich nach dem Aufstehen. So gegen acht.«
»Und danach?«
»Danach bin ich die ganze Zeit zu Hause geblieben, weil ich mich so matt fühlte. Ich habe das Radio angestellt und Kreuzworträtsel gelöst. Seit drei Jahren zahlt mir mein Sohn das Abonnement auf die *Rätselwoche*.«
»Kommen Sie gut zurecht?« fragte der Kommissar interessiert.
»Solala. Ich habe kein Lexikon, und vieles weiß ich nicht. Die Bilderrätsel sind für mich leichter.«
Der Kommissar und De Palma wechselten einen Blick der Resignation.
»Darf man erfahren, was eigentlich passiert ist?« fragte Bauchiero. Er wies mit einer Kopfbewegung auf Magliano: »Keiner hat mir etwas erklärt.«
»Also es könnte sein«, begann De Palma, »daß dieser junge Mann, den Sie nicht erkannt haben, der Tote – ebenfalls in die Sache Garrone verwickelt ist.«

»War er der Mörder?«

»Das wissen wir nicht. Aber wir suchen den Kreis enger zu ziehen. Deshalb müssen wir alles überprüfen.«

»Es tut mir sehr leid«, sagte Bauchiero, »aber ich habe für heute morgen kein Alibi. Wo ist er ermordet worden?«

»Im Balùn.«

»Da bin ich auch ab und zu, wenn ich etwas für meine kleinen Reparaturarbeiten zu Hause brauche. Wenn man nur genug Geduld zum Suchen hat, findet man da alles, was man nur will.«

De Palma warf dem Kommissar einen Blick zu, und der zuckte unmerklich mit den Achseln. Was konnte er dafür, daß man hinter jedem Wort, das ein Turiner sprach, eine spöttische Anspielung wittern durfte? De Palma hätte erst einmal sehen müssen, wozu jemand wie Campi auf diesem Gebiet fähig war! Es war eine Turiner Spezialität.

Das Telefon läutete, und Magliano gab den Hörer De Palma, der zwei Minuten zuhörte, mit ein paar knurrenden Lauten und einem »In Ordnung« antwortete und dann auflegte.

»Der Bewußte ist seit vierzehn Tagen in Brasilien, und das Auto stimmt auch nicht«, erklärte er Santamaria.

Der Kommissar erhob sich.

»Auf Wiedersehen!« sagte er zu Bauchiero.

»Muß ich noch lange hierbleiben?« fragte der Landvermesser. »Wenn es sich nur um mich handelte, aber der Hund . . .«

»Machen Sie sich keine Sorgen«, sagte De Palma barsch. »In kurzem bringen wir Sie wieder nach Hause. Und wenn nicht, dann bringen wir dem Hund sein Futter. Einverstanden?«

14

Als der Kommissar bemerkte, wie Campi ein triumphierendes Lächeln unterdrückte, stand es für ihn fest: Dieser Campi hatte niemanden umgebracht. Keiner, der seine fünf Sinne beisammen hatte, würde sonst die Nachricht, daß ein anderer »Verdächtiger« zur Tatzeit in Brasilien war, mit solcher Befriedigung aufgenommen haben.

»In Brasilien?« wiederholte Campi vergnügt. »Ich habe es Ihnen doch gleich gesagt, daß das Unsinn war. Lello hatte zuviel Phantasie. Das heißt, eigentlich zuwenig, und deshalb . . .«
Der Kommissar unterbrach die Theorie Campis über die Einbildungskraft noch im Augenblick ihres Entstehens.
»Hat er sich auch das Auto, das ihm gestern abend gefolgt ist, nur eingebildet?«
»Bestimmt.«
»Und war es auch eine Einbildung, daß er denselben Wagen heute morgen im Balùn wiedererkannte?«
Campi zuckte die Achseln, als sei er der Polizeibeamte, dessen Aufgabe es war, ein Gespinst lächerlicher Lügen zu zerreißen.
»Ein blauer Fiat 124! Davon gibt es Millionen.«
»Aber mit verbogener Stoßstange und geflicktem Kotflügel?«
»Davon wird es Tausende geben.«
»Und das Klopfen an der Tür?«
»Jemand wird sich in der Tür geirrt haben. Oder ein Nachbar wollte sich ein Ei ausleihen.«
Er hatte sich von dem Schock erholt und seine gute Laune wiedergefunden. Der Kommissar, durch alles gereizt und unzufrieden mit sich selbst, schlug einen brüsken Ton an.
»Kommen wir auf heute morgen zurück. Schildern Sie mir Ihren Aufenthalt im Balùn in allen Einzelheiten.«
»Also: am Anfang war da dieses Mißverständnis, aus dem heraus ich in dem Café auf der Piazzetta auf ihn gewartet habe, während er in dem Café auf dem großen Platz wartete. Schließlich haben wir uns aber trotzdem getroffen und sind alle zusammen . . .«
»Einen Augenblick mal«, unterbrach ihn der Kommissar. »Sind Sie allein gewesen, als Sie warteten?«
»Ja. Ich glaube, ich habe eine gute Viertelstunde vor diesem Ausschank gestanden, bis mich Federico Simoni darüber aufklärte, daß es noch ein anderes Café gab.«
In dieser Viertelstunde – überlegte sich der Kommissar – hätte er genügend Zeit gehabt, die Mörserkeule von dem Verkaufsstand der *Schönen Dinge* zu entwenden, der sich auf ebendieser Piazzetta befand.
»Und was haben Sie danach getan, wenn Sie es mir genau sagen wollen?«

»Ich bin mit Federico zum anderen Platz gegangen; Lello aber suchte mich jetzt da, wo ich vorher auf ihn gewartet hatte. Es ist typisch – wenn man nach Balùn in Gesellschaft geht, verbringt man die halbe Zeit damit, sich gegenseitig zu suchen.«
»Und am Schluß haben Sie sich dann gefunden?«
»Ja, die ganze Gruppe.«
»Wo?«
»Auf dem Platz mit dem Café. Dem richtigen Café.«
»Und wie ging es weiter?«
»Wir sind von da an herumgeschlendert.«
»Immer alle zusammen?«
»Ja, mehr oder weniger. Sie wissen doch selbst, wie es im Balùn zugeht. Einer bleibt immer zurück, um sich etwas anzusehen, dann geht er weiter, und nun bleibt ein anderer irgendwo stehen. Es ist ein ewiges Hinundhergezerre.«
Offenbar lag ihm daran, die Zeit, die er in Gesellschaft der anderen, oder wenigstens für sie sichtbar, verbracht hatte, als möglichst lang erscheinen zu lassen und als um so kürzer die Minuten, die er mit Riviera allein geblieben war.
»Und in einem bestimmten Augenblick waren Sie dann mit Riviera allein.«
»Ja«, gab Campi mit düsterer Miene zu.
»Wo?«
»Das weiß ich nicht mehr. Daran erinnere ich mich nicht.«
»Und die Sachen?«
»Was für Sachen?«
»Ich meine die Dinge, die Sie für Ihr Haus im Monferrato kaufen wollten. Waren Sie nicht mit Riviera dazu verabredet?«
»Ah ja, natürlich. Wir hielten unsere Augen offen, während wir so gingen.«
Campis Blick irrte durch das Büro, als suche er dort die Erinnerung an den letzten Spaziergang mit Riviera. Aber vielleicht wollte er auch nur dem Blick des Kommissars ausweichen.
»Worüber haben Sie gesprochen?«
»Von nichts Besonderem. Vom Monferrato.«
Campi sah jetzt zu Boden, als suche er dort eine Nadel, und seine Stimme klang abweisend. Dem Kommissar wurde klar, daß diesem Gang zu zweit eine entscheidende Bedeutung zukam.

»Worüber haben Sie gesprochen, Signor Campi?«

»Ich sagte schon, von allem möglichen ... Lello wollte eine alte Laterne kaufen – und dann hat er mir die Geschichte mit Costamagna erzählt.«

»Hat er Ihnen nicht vielleicht noch etwas anderes erzählt?«

»Es war ein großes Gedränge«, erklärte Campi und hob den Blick. »Dieser Balùn ist kein Salon, und die Unterhaltung geht nur bruchstückweise voran. Es ist sehr anstrengend.«

Mehr zu seiner eigenen Überraschung als der Campis brüllte der Kommissar plötzlich los:

»Wollen Sie mir endlich die Wahrheit sagen? Was hat Ihnen Riviera sonst noch erzählt? Was haben Sie sich gesagt? Verstehen Sie nicht, daß Ihre Lage sehr ernst ist?«

Campi fuhr auf seinem Stuhl auf wie irgendein ertappter Delinquent, der durch brutale Polizeimethoden in Angst und Schrecken versetzt wird. Dennoch verzichtete er nicht auf eine Methode (oder klammerte sich an sie) eines spielerischen Spotts.

»Ihnen kann man auch wirklich nichts verbergen«, sagte er mit einer erbitternden Demut.

Der Kommissar brachte es über sich, ruhig zu bleiben und nicht zu antworten.

»Sehen Sie«, fuhr Campi fort, »Sie dürfen nicht denken, daß ich hier den Schlaukopf spielen will. Ich gebe mir im Gegenteil alle Mühe, gerade diesen Eindruck nicht zu machen.«

Der Kommissar griff ihn jetzt von einer anderen Seite aus an.

»Sie müssen sich eine etwas oberflächliche Vorstellung von unserem Beruf gemacht haben«, sagte er mit einer Spur von Enttäuschung. »Jeder, der hier hereinkommt, will schlauer als die Polizei sein. Es ist stärker als sie. Auch wenn sie gar keinen Grund haben, auch wenn es gegen ihr eigenes Interesse verstößt. Wir sind daran gewöhnt, es macht uns nichts aus. Man muß es von vornherein in Rechnung stellen.«

Er spielte ohne besondere Mühe den alten erfahrenen Routinier, dem der Ausgang seines tausendundersten Feldzugs in Wahrheit nichts mehr bedeutet.

»Die wirkliche Plage sind nicht die«, fuhr der Kommissar in vertraulichem Ton fort, »die uns etwas weismachen wollen, sondern die andern, bei denen es ein Laster ist, wie zum Beispiel bei Ihnen. Denn

am Ende bin ich zu dem Schluß gekommen, daß man es anders nicht nennen kann: Es ist wirklich ein Laster, eine Art Zwang.«
»Was für ein Laster?« fragte Campi beunruhigt.
»Es besteht nicht darin zu lügen, sondern darin, den Eindruck dessen, was man sagt, vorauszuberechnen. Etwa so: ›Wenn ich jetzt das sage, wird er glauben, daß ... Deshalb muß ich etwas anderes sagen, und so weiter ...‹ Ich bin noch nicht dahintergekommen, ob es Anmaßung oder Unsicherheit ist, aber ...«
»Es ist nur gute Erziehung, wenigstens in meinem Fall, wie ich Ihnen versichern kann«, sagte Campi. »Wenn ich Ihnen jetzt noch, nach der Geschichte mit Costamagna, erklärte, daß Lello auch eine Theorie über den Mord an Garrone hatte, und daß er für Montag den geheimnisvollen Anruf einer geheimnisvollen Persönlichkeit erwartete, dann hätten Sie wirklich jeden Grund, sich zu fragen, ob ich Sie nicht für einen Trottel halte.«
Also auch diesmal hatte er es geschafft, dachte der Kommissar mit steigender Bewunderung. Schamhaft, so, als ließe er sich diese Geschichte nur widerwillig entreißen, war es ihm gelungen, ihn nun auf diese neue Spur anzusetzen, ihm wieder einen Knochen hinzuwerfen, an dem er nagen mochte! Ein raffinierter Bursche!
»Sie meinen«, sagte der Kommissar und nahm den Knochen lustlos zwischen die Zähne, in der Erwartung, nur auf Plastik, Gummi oder Sägespäne zu beißen, »Sie meinen, es könnte ein Zusammenhang zwischen den beiden Verbrechen bestehen?«
»Ich meine gar nichts, ich verstehe überhaupt nichts davon. Außerdem hat mir Lello nur sehr wenig gesagt; jedenfalls erinnere ich mich nur an sehr wenig. Ich habe nur mit einem Ohr zugehört, schon weil, wie ich Ihnen sagte ...«
»Ja, ja. Das Gedränge im Balùn. Also kurz und gut, das alles würde bedeuten, daß Riviera den Mörder Garrones entdeckt hätte?«
»Nein, nein, soweit ich verstanden habe, handelte es sich nur um sehr vage Vermutungen. Eine Idee von ihm, eine Art Spur, die er auf eigene Faust verfolgte; er hatte mir schon neulich eine Andeutung gemacht.«
»Was war das für eine Spur?«
»Das weiß ich doch nicht! Es war so eine Idee wie die mit Costamagna. Blauer Dunst. Reine Einbildung. Heute morgen ist er einen

Augenblick darauf zurückgekommen. Er hat mir gesagt, daß er am Montag mit jemand sprechen müßte, der seine ›Intuition‹ bestätigen sollte. Oder auch Lügen strafen würde, ich weiß nicht mehr genau.«
»Hat er keine Namen genannt?«
»Nein, was denken Sie! Wahrscheinlich gibt es gar keinen Namen.«
»Hat er auch Garrone gekannt?«
»Nein, aber einige seiner Kollegen haben ihn gekannt, und anscheinend sprach man in seinem Büro von nichts anderem mehr. Sie wissen doch, wie es in einem Büro zugeht. Die Leute konnten es kaum fassen, daß sie irgendwie mit einer Sache zu tun hatten, die in der Zeitung stand. Und bei einem dieser Gespräche hat es sich Lello in den Kopf gesetzt – ob zum Spaß oder aus einer fixen Idee heraus oder ...«
»Haben diese Kollegen Rivieras keine Namen?«
Campi schien beleidigt zu sein.
»Ich bin skeptischer als Sie. Es ist nicht meine Schuld, wenn ...«
»Die Namen, Signor Campi. Lassen Sie mich die Namen hören.«
»Da gibt es eine Signorina Fogliato. Und ein Ehepaar Botta.«
»Kennen Sie sie?«
»Nein. Aber diese drei Namen hörte ich ihn am häufigsten nennen; und ich glaube, daß einer von den dreien der war, der Garrone gekannt hat.«
»Gut, das können wir ja immerhin überprüfen.«
Er telefonierte mit De Palma und sprach in einem bewußt schleppenden und nicht sehr überzeugt klingenden Ton: »Hör mal, da wären ein paar Kollegen von Riviera zu einem gewissen Punkt zu vernehmen. Da wir sie früher oder später doch alle hören müssen, könnte man eigentlich gleich ... Ich weiß, es ist Samstag, aber ... Nein, die Adressen habe ich nicht. Man müßte im Rathaus anrufen ... Botta, Mann und Frau. Und Fogliato, Signorina Fogliato ... Gut, einverstanden.«
Er legte den Hörer auf. Campi verhehlte nicht seine Mißbilligung.
»Sie verlieren Ihre Zeit«, bemerkte er, als ob nicht er selbst den Stein ins Rollen gebracht hätte. »Das sind die reinsten Kinder, sie reden sich irgendwelche Dinge ein, regen sich künstlich auf und

fallen auf jeden Unsinn herein. Ihr Problem ist, daß sie sich einfach langweilen und jeder Vorwand gut ist ...«

»Der Vorteil ist hier, daß die drei nicht in Brasilien sind«, unterbrach ihn der Kommissar. »Aber zurück zum Balùn! Was taten Sie, nachdem Sie mit einem Ohr die Geschichte mit Costamagna und mit dem andern die Theorie über den Mord an Garrone gehört hatten?«

»Ich bin mit Lello weiter herumgelaufen, hierhin und dorthin. Irgendwo sind wir dann getrennt worden, und ich habe ihn nicht wiedergesehen bis – bis ...«

»Vielleicht können Sie etwas genauer sein. Wie spät war es, als Sie Riviera aus dem Auge verloren?«

»Das ist schwer zu sagen. Jedenfalls nach halb eins.«

»Das heißt, eine Viertelstunde oder zwanzig Minuten, bevor man ihn in dem Lagerhaus gefunden hat?«

»Ja, ungefähr.«

»Und was haben Sie in dieser Viertelstunde getan?«

»Ich bin allein herumgegangen.«

»In der Nähe des Speichers oder ganz anderswo?«

»Das weiß ich wirklich nicht genau. Ich dachte an andere Dinge.«

»Sie sind noch nie in dem Lagerhaus gewesen?«

»Nein, nie.«

»Hat Riviera heute morgen mit Ihnen darüber gesprochen? Hat er Ihnen gesagt, daß er dahin gehen wollte? Daß er eine Verabredung dort hätte?«

»Nein.«

»Haben Sie ihn hineingehen sehen? Oder daß er in diese Richtung ging?«

»Nein. Wie ich Ihnen schon sagte: wir wurden von der Menge getrennt, und ich konnte nicht sehen, in welche Richtung er ging. Aber jedenfalls wußte auch er, daß wir alle zusammen auf dem Cottolengo-Platz verabredet waren. Man hatte davon gesprochen, irgendwo zusammen zu essen.«

»Demnach könnte er dort hineingegangen sein, um die Wartezeit auszufüllen.«

»Ja, das ist das Wahrscheinlichste.«

»Und Sie sind in dieser letzten Viertelstunde bei Ihrem Herumgehen keinem von Ihren Bekannten begegnet?«

»Ja, das ist merkwürdig«, sagte Campi nachdenklich. »Wir waren alle mehr oder weniger an demselben Punkt und haben alle dasselbe getan – außer Federico natürlich –, und doch ist der einzige Mensch, den ich gesehen habe, Vollero gewesen.«
»Wann war das?«
Nachdem er dieses neue Kaninchen aus dem Hut gezaubert hatte, beeilte sich Campi, den Wert seines Kunststücks herabzusetzen.
»Das könnte ich nicht auf die Minute sagen. Und hier kommt es doch auf die Minute an, nicht wahr?«
»Aber hat Vollero Sie gesehen?«
»Allerdings, wir haben ein paar Worte miteinander gesprochen.«
»Und wo hat dieses kleine Gespräch stattgefunden?«
»Vor einem Laden mit alten Kitschbildern, und der arme Vollero war natürlich . . .«
»Sie haben doch nichts dagegen«, fragte der Kommissar, »wenn wir ihn herkommen lassen?«
Campi, unempfänglich für Sarkasmus, zeigte Skepsis und Mißbilligung.
»Wenn es Ihnen nötig erscheint, bitte! Sie verderben ihm natürlich den Samstagnachmittag. Es ist immer der beste Tag für seine Galerie. Außerdem . . .«
»Außerdem?«
»Nun ja, der Ärmste war sehr verlegen. Es wird ihn nicht besonders freuen, wenn es sich herumspricht, daß er im Balùn verkehrt. Es könnte ihn in ein etwas – zweifelhaftes Licht rücken.«
»Signor Campi!« beschwor ihn der Kommissar.
»Was ist denn? Was habe ich gesagt?«
Vielleicht begriff er seine Lage wirklich nicht?
»Denken Sie denn gar nicht an das Licht, in das Sie sich selbst gestellt haben, um Himmels willen?«
»Wo ist da der Zusammenhang? Ich habe niemanden umgebracht.«
Der Kommissar ließ buchstäblich die Arme sinken; sie hingen schlaff zu beiden Seiten des Stuhls herab. Der da glaubte wohl wirklich und wahrhaftig an die Gerechtigkeit, an die Wahrheit und den unaufhaltsamen Triumph der Unschuld! Nichts da von De Quincey! Das war schon eher De Amicis.
»Signor Campi, ich gehe jetzt zu Vollero. Aber sagen Sie mir

zuvor noch folgendes: Als Sie an dem Abend, an dem Garrone ermordet wurde, die Villa ihrer Eltern verließen – gingen Sie da zu Riviera?«
»Ja. Ich habe den Abend mit ihm verbracht.«
»Und wer«, fragte ihn der Kommissar, »kann Ihnen jetzt noch dieses Alibi bestätigen?«

15

Der kleine Junge öffnete behutsam die Tür zum Wohnzimmer und steckte den Kopf hinein, begegnete aber sogleich dem strafenden Blick seiner Mutter. Er lief in die Küche zurück und verkündete mit lautem Geschrei:
»Die Tante weint, die Tante weint!«
Das kleine Mädchen nahm den Refrain auf, und die beiden Kinder marschierten im Gänsemarsch um den Tisch und stampften kräftig mit den Füßen auf:
»Die Tante weint, die Tante weint!«
Für ein paar Augenblicke versuchte die Schwägerin der Signorina Fogliato, den Radau zu überhören, in der Hoffnung, er würde von selbst aufhören. Aber dann verließ sie das Zimmer mit einem gemurmelten »Pardon!«, um die beiden energisch zur Ruhe zu weisen. Man hörte das Klatschen von zwei Ohrfeigen. Die Fogliato schneuzte sich.
»Entschuldigen Sie«, sagte sie zu dem Polizisten, der von seinem Stuhl am Fenster aus auf den Corso Sebastopoli blickte. »Ich kann es immer noch nicht begreifen. Der arme Junge, er war so nett ... Wenn ich denke, daß er noch gestern ...« Sie hörte plötzlich auf, als habe sie endlich begriffen, daß es der weinerliche Ton ihrer eigenen Stimme war, der den Mechanismus ihrer Rührung ausgelöst hatte. »Wenn Sie erlauben, ich bin in einem Augenblick fertig.«
Der Polizist schwieg. Er stand auf, offenbar in Eile, und blickte auf die Uhr.
Auf der Diele stieß sie mit ihrer Schwägerin zusammen, die gerade aus der Küche kam. Hinter der Tür hörte man ein verzweifeltes Schluchzen.

»Ich muß jetzt gehen, Marcella. Es tut mir leid, daß ich dir nicht einmal diesen Gefallen tun kann!«
»Da kann man nichts machen«, sagte die Schwägerin. Sie hatte ihr die Kinder gebracht, um einen freien Nachmittag zu haben und Besorgungen in der Stadt machen zu können. »Ein Glück, daß ich noch hier war; ich weiß nicht, was du sonst gemacht hättest, mit den beiden Banditen in der Wohnung. Wer weiß« – sie unterdrückte ein Lachen – »vielleicht hätte die Polizei sie gleich mitgenommen. Das hätte ihnen einmal gutgetan!«
»Sag nicht so etwas!« widersprach die Fogliato. »Die armen Kleinen. In was für einer bösen Welt müssen sie leben!«
Sie fühlte, wie ihr eine dicke Träne über die Wange rollte; sie ging ins Bad, um sich das Gesicht zu waschen und die Frisur zu richten.

16

Der Carabiniere war schon einmal an Botta vorbeigegangen, der in einem Korbsessel auf dem Rasen vor seinem Einfamilienhaus saß. Jetzt kam er zurück, und schwer hallte sein militärischer Schritt auf dem harten Boden der Allee. Botta hielt den Kopf über das Buch gebeugt, in dem er seit einer Stunde sich zu lesen mühte. Es war ein Essay über das Problem der Macht in der modernen Gesellschaft, von dem er viel Rühmliches gehört hatte. Er verstand kein Wort.
Die Schritte stockten, und Botta blickte verstohlen auf. Der Carabiniere war vor dem Nebenhaus stehengeblieben, das seinem und den weiteren elf Einfamilienhäusern der Siedlung »Traumtal« aufs Haar glich. Das Traumtal und das im Prospekt gerühmte Panorama lagen hinter dem Haus, wo sich Botta nie aufhielt. Als er vor zwei Jahren die Baustelle das erstemal besuchte, hatte er zwar geglaubt, daß er in Zukunft seine Wochenenden angesichts des Panoramas verbringen würde, Pfeife rauchend, ein Glas Bier trinkend und mit einem guten Buch zur Lektüre. Von vorn sah man freilich nur Baustellen, die Straße nach Giaveno, die bis zur Gabelung mit der Allee asphaltiert war, und die Tankstelle

der Agip, wo der Carabiniere seinen alten Fiat 600 abgestellt hatte.

»Da ist niemand zu Hause!« rief er dem Carabiniere zu, der unschlüssig vor dem Haus der Canavesios stand. »Sie kommen später.«

Der Carabiniere drehte sich nach ihm um. Er war in Schweiß gebadet, und seine Khakiuniform war zerknittert. Wie konnten die nur Respekt vom Bürger verlangen, wenn sie derart zugerichtet herumliefen!

»Danke!« sagte der Carabiniere und machte langsam die paar Schritte, die es bis zu dem Haus Bottas war. Er stützte sich auf eins der beiden rotangestrichenen Wagenräder, die die Gartentür zierten. »Ich finde mich hier mit all den neuen Häusern nicht mehr zurecht. Kennen Sie die Leute?«

»Ja«, sagte Botta. »Sie kommen immer erst gegen acht. Sonst treffen Sie sie in jedem Fall morgen früh an.«

»Aber sie wohnen doch hier?«

»Nein, sie kommen nur zum Wochenende. Ist es etwas Dringendes?«

Der Carabiniere trocknete sich das Gesicht mit einem karierten Taschentuch ab. »Ich weiß nicht. Aber ich denke doch. Der Maresciallo hat mir aufgetragen, diese Bottas abzuholen und zu ihm zu bringen.«

»Entschuldigen Sie«, sagte Botta, »wen suchen Sie eigentlich? Canavesio oder Botta?«

»Botta Luigi und Botta Silvana. Traumtal.«

Botta legte sein Buch auf den Korbtisch neben das Glas Bier und stand auf. Die Knie schlotterten ihm.

»Das bin ich«, sagte er. »Das sind wir. Was ist passiert?«

17

Im dritten und letzten Saal der Galerie Vollero befand sich in der linken Ecke der hinteren Wand eine schmale Tür: sie war nur ein Meter fünfundsiebzig hoch und aus dunklem, wurmstichigem Nußbaum. Man konnte an einen Wandschrank denken, und tatsächlich hatte sie zu einem Kleiderschrank im Stil des »Piemonteser Barock« gehört, den Signor Vollero vor einigen Jahren für ein paar tausend Lire von einem Bauern gekauft hatte. Und einen Flügel der Schranktür hatte er dann als Tür für sein kleines Büro verwendet.

»Gehen wir herein, aber stoßen Sie sich nicht den Kopf!«

Kommissar Santamaria folgte ihm in den winzigen Raum, in dem zwei Stühle und ein kleiner Klapptisch mit Papieren standen, ferner ein Karteischrank aus grauem Metall und ein Regal mit Kunstbüchern und Katalogen.

»Bitte, nehmen Sie Platz. Hier haben wir Ruhe.« Er ging noch einmal zurück zur Tür und rief seinen Neffen, der ihm am Samstag zu helfen pflegte.

»Renzo, ich bin für niemanden da!«

Im Augenblick war die Galerie leer, die Kunden kamen meistens später, gegen sechs, wenn sie überhaupt kamen. Aber gerade weil sie in dieser Jahreszeit so selten waren, hatte Vollero sofort den Vorschlag des Kommissars angenommen, hier miteinander zu sprechen statt im Polizeipräsidium.

»Ich muß Sie um Nachsicht bitten, wir sind etwas beengt hier. Aber ein Büro brauchte ich nun einmal und konnte andererseits keinen der Säle dafür opfern.«

»Ich verstehe.«

»Handelt es sich immer noch um Garrone? Gibt es inzwischen etwas Neues?«

»Ja und nein«, sagte Santamaria. Er zog aus der inneren Jackett-tasche einen Führerschein, musterte ihn einen Augenblick und zeigte ihn Vollero. »Kennen Sie den Mann?«

Signor Vollero sah einen blonden jungen Mann, ein bißchen im Stil von Andrea del Sarto, nur etwas manieristischer, so in der Richtung Pontormo Rosso, École de Fontainebleau. Übrigens ziemlich verwaschen, wegen der schlechten Qualität der Reproduktion.

»Ich habe ihn schon mal gesehen«, sagte er. Er schloß halb die Augen und lehnte den Kopf zurück. »Ich bin überzeugt, daß ich ihn einmal gesehen habe. Helfen Sie mir auf die richtige Spur . . .«

»Sie könnten ihn heute morgen im Balùn gesehen haben.«

Signor Vollero erinnerte sich plötzlich an alles, und er hatte auf einmal das Gefühl, als ob sich ein Igel in seinem Magen zusammenrollte.

»Ach ja, doch. Ja, ich habe ihn bemerkt. Er hatte einen gelben Pullover an, nur hier in Schwarzweiß . . . Aber ich glaube trotzdem, daß er es ist . . .« Den Führerschein in der Hand, sah er den Kommissar erwartungsvoll an.

»Uns interessiert, wo er sich heute morgen aufgehalten hat, was er tat, wo er war. Können Sie uns dabei helfen?«

Der Igel wälzte sich jetzt in alle Richtungen, sämtliche Stacheln aufgerichtet.

»Aber gern«, sagte Vollero, »soweit ich dazu imstande bin.«

»Wo haben Sie ihn gesehen?«

Vielleicht gab es eine Möglichkeit, sich aus der Affäre zu ziehen, ohne daß er Namen nannte und ohne daß er einem Polizeikommissar ausgesprochene Lügen erzählte. Und wenn ihm das gelang, wenn er es zum Beispiel fertigbrachte, Signor Campi nicht da hineinzuziehen, dann wollte er nie wieder in seinem Leben in den Balùn gehen. Nie wieder, er schwor es beim Haupte des Magnasco.

»Ich habe ihn in einem Café gesehen. Ich war hineingegangen, um etwas zu trinken. Und bald danach war auch er gekommen.«

»Was für ein Café?«

»Eigentlich ist es kein Café, eher eine Osteria, ein Weinausschank. Auf der Piazzetta.«

»Wie spät war es?«

»Kurz nach zwölf.«

»War er allein?«

»Ja!« sagte Signor Vollero lebhaft. »Allein. Sehr allein.«

»Ist er geblieben?«

»Nein, er hat sich nur umgesehen . . .«

Da war es ihm also doch entschlüpft! Verräter, der er war!

»Als ob er jemand suchte?« ergänzte der Kommissar.

»Ja«, stammelte Vollero. »Vielleicht . . . Jedenfalls . . .«

»Und haben Sie ihn nicht mehr wiedergesehen?«

Das Zimmer war eng, niedrig, fensterlos, und die Mauern waren sechzig Zentimeter dick. Es war eine Falle, eine Folterkammer der Inquisition. Wie gebannt betrachtete er das Stilleben eines Unbekannten hinter dem Kopf des Kommissars. Spanische Schule, wenn es nicht neapolitanisch war.

»Doch. Wenn ich jetzt darüber nachdenke, glaube ich schon, daß ich ihn noch einmal gesehen habe.«

»Wo?«

»Gott, so . . . Draußen, unterwegs.«

»Immer allein, oder in Gesellschaft?«

»Sie wissen doch, wie es im Balùn zugeht.« Er breitete die Arme aus. »Es sind . . .«

»Ich weiß«, sagte der Kommissar mit einem Lächeln. »Es sind so viele Leute unterwegs, ein ewiges Kommen und Gehen . . .«

»Genau! Deshalb könnte ich, ehrlich gesagt, nicht schwören . . .«

»Aber wenn Sie ihn nicht direkt *zusammen* mit jemandem gesehen haben, können Sie den jungen Mann mit dem gelben Pullover doch wenigstens in der Nähe von jemandem gesehen haben?«

»Wie meinen Sie das?« fragte Vollero. Er nahm seine Brille ab und begann, sie sorgfältig zu putzen. »Ich kann ja schließlich nicht wissen, ob . . .«

»Natürlich nicht. Ich meinte nur, ob Sie ihn nicht zufällig neben jemandem gesehen haben, den auch Sie kennen. Verstehen Sie mich?«

»Ah so!« lachte Signor Vollero. »In diesem Sinne meinen Sie!«

»Ja.«

»Also, in diesem Sinne, ja.«

Wenn er die Unverfrorenheit einiger seiner Kollegen besessen hätte, die gewöhnt waren zu lügen, wie andere ein- und ausatmen, und die Übungen von Akademieschülern als Zeichnungen von Guercino ausgaben, dann wäre er nicht nur ein reicher Mann, sondern wüßte auch, wie er ungeschoren aus dieser Klemme wieder herauskäme. Er nicht. Er war schon immer in puncto Wahrheit der reinste Trottel gewesen. Ein reiner Tor. Ihm fehlten für eine solche Situation einfach Praxis und Erfahrung, und der Kommissar hatte so eine Art, ihn forschend anzusehen, daß man an einen Kardinal der Gegenreformation denken konnte. Nichts zu machen: zwischen den beiden Übeln mußte er das größere wählen.

»Also«, begann er, während er auf ein Spinnengewebe sah, das sich übereck von der Wand bis zur Kante des Regals spannte, »wenn ich es mir jetzt so überlege, dann war es, als ich mir ein

paar alte Rahmen ansah – ich gehe nämlich allein wegen der Rahmen in den Balùn, das heißt, die seltenen Male, die ich überhaupt dorthin gehe . . .«
»Und was geschah, als Sie die Rahmen betrachteten?«
»Wohlgemerkt, es kann sich um einen puren Zufall handeln . . . Man trifft ja im Balùn alle möglichen Leute.«
»Ich weiß.«
»Kurz und gut, als ich einmal aufsah, meinte ich, auf der einen Seite diesen jungen Mann zu sehen, der sich entfernte und auf der anderen . . .«
»Ja?«
Signor Vollero überschlug im Geiste, wie viele Kunden er durch diese Indiskretion verlieren würde und wie viele dazu dank den Details, die dieser Santamaria eins nach dem andern noch aus ihm herausbekommen würde; dann faltete er die Hände und sprang ins Wasser:
». . . und auf der anderen sah ich plötzlich Signor Campi vor mir.«

18

»›Ich habe es sofort gemerkt?‹«
»›Ich habe es sofort gemerkt – alles, alles!‹«
De Palma fuhr sich mit der Hand über die Augen, dann schüttelte er heftig den Kopf, als tauche er nach einem Kopfsprung aus dem Schwimmbecken wieder auf.
»Meingottmeingottmeingott«, flüsterte er, »das nenne ich eine Bescherung!« Er hob die Stimme. »Dieses Durcheinander! Schlechthin chaotisch! Hilf, Muttergottes, hilf!«
Der Kommissar wartete auf das Ende der Vorstellung.
»Es ist zuviel«, fuhr De Palma fort. »Es ist eine Inflation. Eine Sintflut. Sie macht mir angst und bange. Ja, ich zittere an allen Gliedern. Weißt du, wie solche Fälle für gewöhnlich ausgehen? Sie platzen. Und was bleibt, ist eine Anzeige wegen Hühnerdiebstahl. So wird es enden.«
Er zog eine Schublade aus dem Schreibtisch und legte seine Beine darüber.

»Schuld daran ist allein dein Campi. Ich verstehe ihn nicht, und ich verstehe nicht, was du an ihm so sympathisch findest. Du bist doch nicht am Ende auch . . .?«
Der Kommissar hatte keine Lust zu scherzen, weder auf die Art Campis, noch auf die De Palmas. Aber es war doch merkwürdig, daß bei Schwierigkeiten beide mit mehr oder weniger komischen Hanswurstiaden reagierten.
»Aber glaubst du nicht«, beschwor ihn De Palma, »daß dieser Vollero vielleicht einen Pik auf Campi hat? Daß er nur übertrieben hat, um Campi Schwierigkeiten zu machen?«
»Wenn du wüßtest, wie ich mich bei ihm anstrengen mußte! Er hat so wenig gesagt, wie er nur konnte.«
»Wenn du das wenig nennst!«
»Er war da. Er hat sie gesehen. Er hat sie gehört.«
»Wer von den beiden war heftiger?«
»Riviera. Campi blieb still.«
»Und Riviera hat ihn bedroht.«
»Gott, es hängt alles an dem einen Satz.«
»›Ich habe es sofort gemerkt, alles!‹« wiederholte De Palma. »Das hat er hinausgeschrien? Mit diesen Worten?«
»Ja, das beschwört er. Davon nimmt er nichts zurück. Es hat ihm einen mächtigen Eindruck gemacht, Campi in dieser Situation auf einem öffentlichen Platz zu sehen. Und er hat mir das alles zu einem Zeitpunkt gesagt, als er noch nicht wußte, daß Riviera ermordet wurde.«
»Du hast ihn vernommen, ohne ihm das mitzuteilen?«
»Ja. Weil die Gefahr bestand, daß er sonst Angst bekommen und nicht mehr sprechen würde. Ich habe es ihm danach gesagt.«
»Und wie reagierte er?«
»Er sagte immer nur: ›Wie furchtbar!‹ Ich glaube, fünfzigmal. Es war wie eine Schallplatte.«
»Furchtbar für wen? Für Campi?«
»Nein, für ihn selbst. Campi ist für ihn ein wichtiger Kunde mit vielen Beziehungen.«
»Das wird er ihm wohl nicht verzeihen. Er erwartet von ihm ein Alibi, und statt dessen stellt ihn dieser Vollero nur bloß. Aber dieses Alibi existiert gar nicht, nicht wahr?«
»Nein. Er erklärt nur, daß er mit Campi nach der Szene gesprochen

hat, aber nicht länger als zwei Minuten. Dann ist er nach Hause gegangen und hat nichts mehr gesehen.«

»›Ich habe es sofort gemerkt, alles!‹« wiederholte De Palma. »Das ist sehr viel und zugleich zuwenig. Es kann nichts bedeuten, und es kann der Mord an Garrone sein.«

Er nahm die Füße von der Schublade und schob sie mit einem Fußtritt in den Schreibtisch zurück.

»Dein Campi ist der Durchtriebenste von allen. Warum geht er nicht in die Politik? Wieso ist er eigentlich nicht Minister?«

Mehr für sich selbst als für De Palma sprach der Kommissar das aus, was er gegen Campi auf dem Herzen hatte, nachdem er seine Unaufrichtigkeit entdeckt hatte.

»Diesmal sind wir ihm jedenfalls auf die Schliche gekommen: Von seinem Streit mit Riviera hat er mir nichts erzählt.«

»Er hat dich wohl enttäuscht?« fragte De Palma mit einem Grinsen. »Aber wenn du wüßtest, wie sehr er erst mich enttäuscht hat!«

»Wieso?«

»Weil er damit, daß Riviera den Amateurdetektiv spielte und sich eine Theorie über den Mord in der Via Mazzini gebildet hatte, die reine Wahrheit gesagt hat.«

»Habt ihr seine Kollegen gefunden?«

»Einstweilen die Fogliato. Sie bestätigt alles.«

»Ah«, sagte der Kommissar.

»Und wirft unsere Theorien über den Haufen.«

»Warum?«

»Weil Riviera nicht den geringsten Verdacht gegen Campi hatte. Er hielt Bauchiero für den Mörder.«

»Mein Gott!« stöhnte der Kommissar. »Meingottmeingottmeingott!«

19

Von nun an trat alles in ein Stadium der äußersten Beschleunigung; jedenfalls war dies der Eindruck, den der Kommissar für immer von den letzten Stunden dieses Juninachmittags in seinem

Gedächtnis bewahren sollte. Dazu gehörte ein ständiges Laufen hierhin und dorthin, Öffnen und Schließen von Autotüren, Zimmertüren, Haustüren, von Schränken, Schubladen, Fahrstühlen; ein verworrenes Geräusch von Telefonen, Sprechanlagen, Hupen, Bremsen, Reifen, von Worten, den eigenen und denen der anderen, eilig und in rascher Folge ausgestoßen, doch gleich darauf verloren und vergeblich gewesen wie Regen auf Wasser. Dazu gehörte seine Unzufriedenheit mit dem Gang der Dinge, sein mangelndes Vertrauen, der Zwang zur Eile und dabei das Gefühl, immer weiter ins Dunkel gestoßen zu werden. Und die Müdigkeit, die Schwere der Glieder, die heisere Stimme und auch dies, wie all seine Bemühungen um Konzentration in Frage gestellt wurden durch den Anblick eines im Abend verschwimmenden Palazzos, eines schwerelos schwebenden Platzes, einer sich im leuchtenden Staub entziehenden Allee und die Hingabe einer ganzen Stadt an ihre alten melancholischen Spiele der Dämmerung.
Die Stimme der Fogliato, bestürzt und näselnd, die immer nur sagte: »Triberti, der Landvermesser Triberti«, und dann die Stimme des Landvermessers Triberti, der ebenfalls alles bestätigte und einen soliden, jovialen Eindruck machte.
»Aber selbstverständlich, ich erinnere mich genau. Er suchte eine Akte, ein Gesuch dieses Bauchiero, ich weiß nicht, zu welchem Zweck. Ich habe ihn nach drüben gebracht, zur Ripamonti, und ihn ihrer Obhut anvertraut.«
»Und ist sie da?«
»Ach nein, mein lieber Herr! Nicht am Samstagnachmittag! Am Samstagnachmittag macht nur Triberti Überstunden. Aber keine Angst. Kommen Sie nur mit!«
Und in dem menschenleeren Korridor (durch den schon mit der gleichen Hoffnung Riviera gelaufen war) der Arm Tribertis in einer Bewegung, als zeige er im Halbkreis auf ein Gebirgsmassiv, auf einen Sonnenuntergang:
»Keine Menschen! Allein, frei und unabhängig! Der Samstag ist der ideale Tag fürs Büro!«
Schließlich das andere Büro mit seinen Stapeln von Aktendeckeln, grün und orange unter dem Staub; sie waren alphabetisch geordnet, aber der Name Bauchiero kam nicht vor; dann die Idee (auf die auch schon Riviera gekommen war), unter dem Buch-

staben G nachzusehen; endlich das Grabmalprojekt mit dem violetten Stempel der Gebrüder Zavattaro.

Auf der Stelle wollte De Palma den Fall als geklärt betrachten, wollte schleunigst Vollero mit seinem inkriminierenden Satz holen lassen und es mit der überraschenden Konfrontierung versuchen, sozusagen mit dem Keulenschlag, der den Schuldigen niederstreckt. Aber damit war es nicht getan, es genügte nicht.

»Wir kennen jetzt nur den Weg, auf dem Riviera auf Zavattaro gestoßen ist.«

»Wir wissen, daß er sich etwas überlegt hat. Daß er etwas über Garrone entdeckt haben mußte. Das hat er heute morgen im Balùn Campi gesagt, und Campi hat ihn umgebracht.«

»Möglich. Aber das genügt nicht bei jemandem wie Campi. Es ist noch zu früh.«

Keine Fallen, keine Tricks und billigen Mittelchen. Wenn es Campi war, mußte man ihm sein kriminelles Meisterwerk Stück für Stück vor ihm aufbauen, das heißt, ihm eine ärmliche Kopie davon liefern, reduziert auf das Maß eines Nicosia, eines Lopresti, eines einfachen Polizeikommissars; man mußte ihn zur Aufgabe bewegen, indem man ihn durch Banalität demütigte.

Eine Tür. Und zu Campi gesagt: *»Wissen Sie, daß Ihr Freund gar nicht so dumm war?«*

Verwirrt, gekränkt, fragte Campi: *»Nein? Das freut mich von Ihnen zu hören.«*

Aber Bauchiero. Was hatte ihn mit Zavattaro und Garrone verbinden können?

Wieder eine Tür. Zavattaro: *»Aber nein, Herr Kommissar, ich schwöre Ihnen, ich habe ihn heute zum erstenmal in meinem Leben gesehen! Ehrenwort!«*

Und noch eine Tür. Bauchiero: *»Nein, nein, Herr Kommissar, es ist das erstemal in meinem Leben, daß ich ihn gesehen habe. Und mein Hund, Herr Kommissar? Was wird aus meinem Hund?«*

Er hatte mit seinem Hund den Leichnam des Architekten entdeckt. Und beim Essen im Restaurant hatte Riviera nur auf Grund seines Titels (die Fogliato und die beiden Botta: *»Sehen Sie, Herr Kommissar, Bauchiero war Geometer, Landvermesser, und Riviera meinte ...«)* den lächerlichen und frivolen Verdacht geäußert, daß Bauchiero der Mörder Garrones war – ein Rivale und Konkurrent des Architekten im Friedhofsracket. (Und draußen, auf dem Korridor, De Palma: *»Friedhofsracket? Sind die denn wahnsinnig?«*) Absurd, zugegeben. Keine Spur von einem Beweis für den Verdacht. Trotzdem, Riviera hatte etwas entdeckt. Etwas, was Bauchiero belastete?

Zu De Palma gesagt: *»Für heute morgen hat er kein Alibi. Und wenn du es dir richtig überlegst, für den Abend, an dem Garrone ermordet wurde, auch nicht.«*

De Palma: *»Ich weiß. Er hat die Leiche entdeckt. Aber was ist mit der Blonden und mit der Tasche, die wir in den Hügeln gefunden haben?«*

»Soll ich dir mal etwas sagen? Mir gefällt dieser Bauchiero nicht.«

»Und mir gefällt sein Hund nicht. Trotzdem . . .«

Sie traten auf der Stelle. Die Schraube drehte und drehte sich, aber ohne zu greifen (ich muß Jole anrufen). Was hatte Riviera sonst noch im Büro Tribertis entdeckt? Oder der Ripamonti?

Und noch einmal der Wagenschlag des Alfa, die Fahrt zur Ripamonti und unterwegs das weite Geviert des Exerzierplatzes in seiner dörflichen Unschuld, farbig belebt von den bunten Trikots der Fußballspieler, bevor die Dunkelheit ihn in einen Schauplatz verdächtiger Schatten verwandelte; die Ripamonti, die sich zwischen den Pfiffen eines Dampfkochtopfes *(»Entschuldigen Sie mich bitte einen Augenblick, Herr Kommissar«)* nicht erinnern konnte, nein, sie glaube wirklich nicht, und sie hatte Riviera keinen Tip gegeben, und er hatte ihr auch nichts enthüllt. Allerdings hatte er sie zufrieden verlassen, er hatte wohl gefunden, was er gesucht hatte *(»Zavattaro? Nur seine Adresse?«)*

Eine Tür, und die Frage, an die Fogliato gerichtet: *»Hat er Ihnen nichts von Zavattaro erzählt?«*

Die Fogliato: *»Nein, er hat keine Namen genannt.«*

Botta: *»Eine ganz und gar introvertierte Persönlichkeit, Herr Kommissar. Ein Charakter, der offenbar unter dem Trauma des Andersseins, der Nichtnormalität . . .«*

Aber wohin war er von Zavattaro aus gegangen? Was anderes konnte er entdeckt haben als den Phallus (die Fremde, die schöne blonde Fremde hinter seiner Tür mit dem *Handbuch der Kriminalpolizei*), oder eine Beziehung zwischen dem Phallus und einem der Verdächtigen?

Und noch eine Tür. Die Frage an Zavattaro: *»Hat er nur mit Ihnen gesprochen? Wissen Sie das genau?«*

»Ganz genau. Wir sind fünf Minuten auf dem Hof geblieben. Darauf ist er in seinen Fiat 500 gestiegen und losgefahren.«

»Kann er nicht Ihren Gehilfen mit den roten Haaren gesehen haben?«

»Osvaldo? Nein, den hat er nicht gesehen. Dafür bürge ich Ihnen.«

»Falls es nötig wäre, wo könnten wir Ihren Osvaldo finden? Haben Sie seine Adresse?«

»Ja, er wohnt in Venaria. Aber sie haben sich nicht gesprochen. Osvaldo hat damit nichts zu tun.«

»Woher wissen Sie das? Was hat Ihnen Riviera genau gesagt? Versuchen Sie, es genau zu wiederholen. Strengen Sie mal Ihr Gedächtnis etwas an . . .«

»Ich habe Ihnen doch alles gesagt, Herr Kommissar. Alles, alles!«

De Palma erinnerte sich plötzlich an die Steine (und reihte sie aneinander), die rätselhaften Steine Garrones, den Stein, mit dem er ermordet wurde (*»Vom Holz zum Stein«*, hatte Monsignor Passalacqua gesagt), den Stein, der Riviera getötet hatte, und die Steine der Grabmäler und der Urnen Zavattaros.

»Es muß da einen Zusammenhang geben, irgendeinen Sinn. Man müßte nur eine Idee haben.«

»Und der Rechtsanwalt? Lohnt es sich, ihn noch einmal zu hören?«

»Und die Gräfinnen? Vielleicht kannten auch sie Riviera.«

»Und die Schwestern Tabusso? Bei ihnen haben wir die Tasche, den Regenmantel und die orangefarbene Hose gefunden.«

»Und wie steht es mit dem Sizilianer – oder woher er war – aus dem Restaurant?«

»Und mit der Schwester Garrones? Und seiner Mutter? Lassen wir sie kommen?«

Aber es genügte eine Pause in ihrem Gespräch, ein kurzes Nachdenken, und schon erschien ihnen die Verbindung zwischen den beiden Verbrechen doch recht schwach, ja bald als unbegründet und ganz unhaltbar: Garrone von einer Prostituierten im Verlauf einer Auseinandersetzung um tausend Lire erschlagen; Riviera von Campi im Verlauf einer Auseinandersetzung unter Invertierten; und die Steine ein Schnörkel des Zufalls. In den letzten Stunden

eines Menschen, der vom Tod überrascht wurde, findet man immer irgendeinen Umstand, der, rückblickend gesehen, merkwürdig und bedeutsam erscheint. (Ich muß Jole anrufen.)
Frage an die Fogliato: »*Hat er Ihnen nicht gesagt, was er in den Stunden zwischen elf und drei Uhr gemacht hat, wohin er gegangen ist und mit wem er gesprochen hat? Auch keine Andeutung? Denken Sie genau nach!*«
Die Fogliato, nahe der Hysterie: »*Nein! Nein!*«
»*Denken Sie noch einmal gut nach! Versuchen Sie es bitte noch einmal!*«
»*Nein. Er ist um elf gegangen und hat die Akten zur Technischen Verwaltung gebracht. Was nachher war, weiß ich nicht. Er hat mir nicht gesagt, wohin er wollte, er hat es mir nicht gesagt!*«
»*Am Montag sollte er jemanden treffen. War es ein Mann? Eine Frau?*«
»*Er hat es mir nicht gesagt! Auch nicht, worum es sich handelte!*«
»*Aber es stand in Beziehung zu dem Fall Garrone? Zu dem Mord?*«
»*Ich glaube, ja, aber ich weiß es nicht! Ich weiß es nicht! Mein Gott, mir wird schlecht, ich ersticke!*«
Botta: »*Herr Kommissar, als Staatsbürger und als Beamter mache ich Sie darauf aufmerksam ...*«
Die Antwort: »*Seien Sie doch still!*«
De Palma dagegen brachte mit ungewohnter Sanftheit Botta zum Reden und entlockte ihm Informationen über die Routine des Dienstes (ein Nichts, am Anfang, eine Kleinigkeit, eine zusätzliche kleine Erläuterung), über die Technische Verwaltung und den Aktentransport an jedem Freitag, und wer da eigentlich zu wem ging. Und wen demnach Riviera in dem Haus an der Piazza San Giovanni gesehen hatte? Nun, wahrscheinlich doch Cavagna.
Botta zur Fogliato: »*Es ist immer Cavagna, nicht wahr?*«
Ihre Antwort, unter Schluchzen gegeben: »*Ja, immer Cavagna.*«
Und nun Cavagna, der nicht zu Hause war (auch das mußte versucht werden, in der beginnenden Dämmerung, bei diesem rasenden Wochenendverkehr), sondern in seinem Judo-Klub (telefonischer Anruf: »*Bleiben Sie da, wir kommen*«), und der sie, bereits angezogen, erwartete; es war in einem Vorraum, in dem es nach Schweiß und Kaserne roch, und er hatte eine Tasche mit der Aufschrift TWA in der Hand.

Er erinnerte sich ohne weiteres: »*Er ist ein bißchen spät gekommen. Dann hat er mich noch gefragt, ob ich jemanden in der Abteilung Schilder und Schaufenster kannte. Warum, hat er mir nicht gesagt, und ich weiß nicht, ob er wirklich hingegangen ist, ich habe ihn nicht mehr gesehen.*«
»*Und zu wem haben Sie ihn geschickt?*«
»*Zu Piva. Er ist der einzige, den ich in der Abteilung kenne.*«
»*Also zu Piva*«, seufzte De Palma und ließ sich auf seinen Sitz im Alfa fallen. Aber als die Wagentür zuschlug und der Motor, von einer Straßenkreuzung zur anderen frustriert, grollend immer wieder einen Anlauf nahm *(»Wollen wir die Sirene anstellen, Herr Kommissar?«)*, meinte der Kommissar, daß dieser Piva (Via Assarotti 24) sehr wohl der Schlüssel zu allem sein konnte. Oder der Inhaber des Schlüssels, der Mann, der Riviera das verhängnisvolle Wort gesagt hatte, als der ahnungslose Bote des Todes. Und die Wohnung, dunkel und düster mit all ihrem Plüsch, erstickte denn auch keineswegs alle Hoffnung, und auch Piva, trotz Pantoffeln und kupferigem Hautausschlag, enttäuschte sie nicht von vornherein.
»*Ja, er ist gestern vormittag vorbeigekommen, er wollte von mir wissen, ob der Architekt, der neulich ermordet worden ist, irgendwann einmal bei uns gewesen wäre und ob er vielleicht mit der Einrichtung von Schaufenstern zu tun gehabt hätte.*«
Da hatte man ein paar Minuten aufgeatmet und heimlich schon an die Lösung geglaubt; aber es war ein Trugbild gewesen, Garrone richtete keine Schaufenster ein, ein Schlag ins Leere, eine der vielen Hypothesen, Riviera hatte sich wieder einmal geirrt.
»*Auch nicht Bauchiero?*«
»*Wer?*«
»*Der Geometer Bauchiero.*«
»*Nie gehört.*«
Weder er noch De Palma konnten sich entschließen, wieder zu gehen, obwohl es bereits die Zeit des Abendessens war. So kam es zu einer letzten Frage, an der ihre Enttäuschung und Hartnäckigkeit, ihre Müdigkeit, aber auch die automatisch arbeitende professionelle Gewissenhaftigkeit beteiligt waren.
»*Hat Riviera nur mit Ihnen gesprochen? Wissen Sie, ob er danach noch ein anderes Büro aufgesucht hat?*«

»Ich habe ihn auch mit Turco und Barberis bekannt gemacht, die den Architekten vom Sehen her kannten.«
»Haben Sie das Gespräch mit angehört?«
»Ja. Sie haben ihm dasselbe gesagt wie ich.«
»Ist das sicher?«
»Ja, da gab es nicht viel zu sagen. Außerdem war es kurz vor der Mittagspause.«
»Ist Riviera mit Ihnen zusammen aus dem Haus gegangen? Haben Sie sehen können, wohin er ging?«
»Nein, ich habe ihn mit der Miroglio zusammen weggehen sehen. Das heißt, genau gesagt, ich habe sie zusammen am Ausgang gesehen.«
»Haben Sie miteinander gesprochen?«
»Ich glaube, ja.«
»Kannten sie sich?«
»Ich weiß nicht, es ist möglich.«
»Wer ist diese Miroglio?«
»Sie ist seit drei Jahren bei uns. Als Stenotypistin. Eine ausgezeichnete Kraft.«
Darauf der Sprung De Palmas zum Telefon; und die Mutter der ausgezeichneten Kraft, die nein sagte, Patrizia war nicht in der Stadt, ein Ausflug mit ihrem Verlobten *(»Ihre Schwester ist auch dabei, sie wollen am Meer zelten ...«)* unauffindbar an den ligurischen Steilhängen, auf irgendeinem schmalen Erdstreifen im Silbergrau der Olivenbäume, ahnungslos bis Sonntag nacht, bis Montag früh, daß sie den Schlüssel besaß, die Lösung des Problems (aber besaß sie ihn?).
Doch De Palma resignierte nicht so schnell. Wohin hätte die Miroglio Riviera schicken können? Was für Büros gab es noch in dem Haus an der Piazza San Giovanni?
Piva breitete lächelnd die Arme aus und begann mit der Aufzählung.
Dutzende. Aber was tat man am Sonntag, mit Beamten und Sekretärinnen am Meer, im Gebirge, im Monferrato (wie Campi) oder in der Messe, am Fernsehapparat, bei der Geburtstagsfeier, im Bett, beim Hobby? Morgen war nichts zu machen. Man mußte bis Montag warten (wie Riviera).
»Besten Dank; und entschuldigen Sie die Störung!«

»Keine Ursache. Tut mir leid . . .«
»Nun, vielleicht am Montag.«
In jedem Fall, erklärte De Palma, hatte es keine große Bedeutung. Riviera (*»So dumm war Ihr Freund gar nicht, Signor Campi«*) hatte sich wahrscheinlich entmutigen lassen oder hatte die Spur verloren, die Garrone in einem der zwanzig Büros (aber in welchem?) gelassen haben mochte, oder gab es noch eine vage Möglichkeit, daß er ein anderes Zeichen (aber welches?) auf seinem rattenhaften Weg (Ratte, so hatte ihn – es schien tausend Jahre her – Campi definiert) als betriebsamer Nichtstuer hinterlassen hatte?
»Paß auf, am Montag wird uns diese Miroglio erklären, daß sie Riviera aufgefordert hatte, mit ihnen am Meer zu zelten.«
»Vielleicht. Aber dumm war er nicht, der Riviera.«
Wenn man bedachte, daß er, mit seinen geringen Möglichkeiten als kleiner Angestellter, Garrone, den er nicht einmal kannte, richtig einzuschätzen wußte und ihn – ohne Hilfe von Monsignor Passalacqua oder Ingenieur Fontana – mit Recht zwischen Grabsteinen gesucht hatte, freilich auch zwischen Schaufenstern und . . . Und? Wo konnte sich der Architekt noch um Zuwendungen, um kleine Aufträge aus öffentlichen Mitteln bemüht haben? Bei welchen vergessenen Instituten, kleinen Bühnen, dahinvegetierenden kulturellen Clubs, die vielleicht in irgendeiner Weise (in welcher?) mit Bauchiero oder Campi oder Bonetto oder Zavattaro in Beziehung standen?
»Montag werden wir weitersehen. Jetzt schicken wir alle nach Hause. Wir können nichts weiter tun.«
»Da wird sich Bauchiero freuen, mit seinem verdammten Hund.«
Und Zavattaro und das amerikanische Riesenweib (Boston, du verhängnisvolle Stadt!). Sie freuten sich. Nur Bonetto war offensichtlich enttäuscht.
De Palma, mit giftigem Spott: *»All is well that ends well, Herr Professor.«*
Und Campi, der einfach aufstand, ohne eine Frage zu stellen, wie gefangen in seiner Ohnmacht und Einsamkeit, als Witwer – oder als der Schuldige, dessen Stunden gezählt sind.
»Wenn wir Sie noch brauchen sollten . . .«
»Seien Sie unbesorgt, ich bleibe in Turin.«

»Ja, das wäre besser.«

Und zuletzt sie, die ihren Stuhl ans Fenster gerückt hatte und nun im letzten schrägen Abendlicht den Kopf von ihrem Buch hob: zeitlose Dame, vor der das Ehepaar Botta und die Fogliato (daß man die drei nicht anderswo untergebracht hatte!) mit Möbeln und Wänden dieses Raums zur nichtigen Staffage wurden. Und noch immer, als er sie bis zur Treppe brachte, ihr vollendeter Tonfall – höflich bekümmert – und diese Sicherheit, die auf Generationen zurückging.

»Gibt es etwas Neues? Oder stehen wir noch immer alle in Verdacht?«

»Ich weiß nicht. Wir müssen noch einiges überprüfen und ein paar Leute vernehmen.«

»Hat man die Familie benachrichtigt?«

»Rivieras? Ja, er hat eine verheiratete Schwester in Neapel. Aber sie will von der Sache nichts wissen.«

»Armer Junge.«

»Bleiben Sie in den nächsten Tagen in Turin?«

»Ja, natürlich. Ich nehme an, wir werden uns sehen?«

Und im Gedanken an dieses Lächeln, das alle Möglichkeiten eröffnete, hörte der Kommissar endlich auf, sich ruhelos im Bett zu wälzen, und schlief ein.

10. Die Idee kam dem Kommissar am Sonntag

1

Die Idee kam dem Kommissar am Sonntag früh, kurz vor neun, während er zu Fuß ins Büro ging. Auch nach zwei Tassen Kaffee hatte er noch einen dumpfen Kopf. Gleich nach dem Aufwachen war er darangegangen, in seinen Gedanken die Scherben der gestrigen Untersuchung zu sammeln. Auch auf seinem Weg ins Büro prüfte er die einzelnen Bruchstücke eins nach dem andern und verwarf sie. Eines davon war soviel wert wie das andere, und keins sagte ihm etwas.
Was ihm zu Hilfe kam, war vielleicht, auf ihre übliche negative, indirekte Art, die Stadt, die entvölkert und verbarrikadiert war wie in Erwartung der Barbaren. Aber die Barbaren waren nur ihre eigenen Bürger, die sich vorübergehend, auf der Flucht zu ihren Feiertagsparadiesen, in alle Richtungen zerstreut hatten. Die mathematische Regelmäßigkeit der leeren Straßen und Plätze teilte sich vielleicht dem Kommissar mit und ließ in ihm, zumal in seiner gegenwärtigen Stimmung, das Gefühl einer gewissen Affinität zu dieser Stadt aufkommen. Es gab Städte, die dem Empfänglichen ihren Glanz und Zauber schenkten, begeisternde Perspektiven auf die Vergangenheit oder die Zukunft, eine erregende Belebung, erlesene Anregungen und Ablenkungen; und wieder andere boten Zuflucht, Trost und bereitwillige Gastfreundschaft. Aber wenn jemand wie er ein Leben in der Nüchternheit liebte, ohne alle Flausen, dann war, er mußte es anerkennen, Turin die passende

Stadt für ihn. Hier war niemandem erlaubt, sich Illusionen hinzugeben; hier befand man sich immer, wie es in der kruden Bildersprache der Einheimischen hieß, *al pian dii babi*, auf der Ebene der Kröte. Er wiederholte sich mehrmals die Wendung und empfand eine Art bitteren Vergnügens dabei; nie zu vergessen, daß man auf der Ebene der Kröte lebte – mehr verlangte, im Grunde, diese Stadt nicht von dir, die dir übrigens, sobald du das rechte Verhältnis zum Ganzen und die eigene Bedeutung realistisch einzuschätzen gelernt hattest, die phantastischsten Perspektiven bot. So mußte wohl Campi leben, bewußt wechselnd zwischen gesundem Menschenverstand und einer Art von flackerndem Wahnsinn, zwischen Fiat und Cottolengo; und so lebte gewiß (falls es nicht Campi war) der Mörder Garrones und Rivieras, die ihrerseits, ohne es zu wissen, ebenso gelebt hatten.
Auf diese Weise war vielleicht die Idee entstanden – die eigentlich gar keine Idee war und schon gar nicht eine Erleuchtung, sondern die achselzuckende Hinnahme einer vagen Regung; jedenfalls eine zufällige Entscheidung. Ebensogut kann ich auch da anfangen, sagte sich der Kommissar und kehrte um.

Das Haus hatte, wie tausend andere in Turin, die rechtschaffene Würde der Armen im Sonntagsstaat, von mehr loyalen als begüterten Untertanen, die längs der unendlichen Allee Spalier bildeten und so den Einzug des Königs erwarteten. Aber kein König zog je hier ein (war dies das bittere Geheimnis der Stadt?); in letzter Minute hatte man den Verlauf des feierlichen Zuges geändert. Die königliche Kutsche, die Helmbüsche und Fanfaren würden immer dort drüben vorbeiziehen, hinter den Dächern, hinter der Kreuzung. Vom Hauptbalkon jeden Stockwerks in einer Linie über dem Haustor ragten rostige Halter für die Fahne an den nationalen Feiertagen, und zwischen den Stäben der Balkongitter hindurch zwängte sich üppiges Laub. Neben der Haustür befand sich ein kleines Café mit den Stühlen draußen; es hätte ein Zwilling des Cafés am Corso Belgio sein können. Der Kommissar trat ein und ließ sich zehn Telefonmünzen geben, um Jole in Novara anzurufen. Aber als er die erste Münze eingeworfen hatte, suchte er im Telefonbuch die Nummer von Anna Carla und rief statt dessen sie an.

Eine weibliche Stimme mit ausländischem Akzent – wahrscheinlich das Kindermädchen – bat ihn, einen Augenblick zu warten, und einen Moment darauf war sie schon am Apparat und fragte ihn in angstvoller Erwartung, ob es etwas Neues gäbe.
»Noch nicht. Wir haben noch mehrere Einzelheiten zu überprüfen. Und ich wollte Sie gerade um eine Information bitten. Wissen Sie zufällig, ob Garrone und . . .«, er unterbrach sich, als er den Blick der Frau bemerkte, die hinter der Theke Gläser spülte, »ob der Architekt und der Professor, der gestern mit Ihnen im Balùn war . . .«
»Sie meinen Bonetto?«
»Ja, richtig. Wissen Sie, ob sich die beiden gut kannten, ob sie miteinander befreundet waren?«
»Ich habe wirklich keine Ahnung. Es kann sein, aber leider bin ich mit Bonetto noch nie . . .«
»Ich verstehe.«
»Es tut mir leid. Ist es wichtig?«
»Nein, nur so eine Idee.« Er schaltete eine Pause von ein paar Sekunden ein. »Sind Sie den ganzen Tag über zu Hause?«
»Nein, ich gehe mit Massimo zum Mittagessen in die Villa Campi.«
»Im Monferrato?«
»Nein, vor der Stadt, in den Hügeln. Seine Eltern sind verreist, mein Mann hat den ganzen Tag zu arbeiten, und Massimo . . . Was wollen Sie, er ist ziemlich *down*, und er wäre nicht gern den ganzen Sonntag allein im Haus. Wir dachten daran, Sie zu benachrichtigen.«
»Gut. Gegebenenfalls werde ich Sie dort anrufen.«
»Besteht Hoffnung, daß noch heute alles aufgeklärt werden kann? Ich muß Ihnen gestehen, daß wir beide, Massimo ebenso wie ich, recht . . .«
»Ich kann es mir denken«, unterbrach er sie und wurde sich gleich darauf seiner Barschheit bewußt. »Aber heute ist Sonntag, und das kompliziert die Sache für uns ganz beträchtlich.«
»Ich verstehe«, sagte sie ebenso kurz angebunden wie er. »Jedenfalls wissen Sie, wo Sie uns erreichen können.«
In diesem kühlen Ton beendeten sie das Gespräch, als ob sein Anruf – der Gedanke kam ihm, als er die Treppen in diesem alten

Haus ohne Fahrstuhl hinaufstieg – als ob sein Anruf ein Vorwand gewesen wäre, sie zu kontrollieren, ein so durchsichtiger Vorwand, daß es sie beleidigen mußte. Und bei genauerem Nachdenken war er gar nicht so sicher, ob es nicht tatsächlich ein Vorwand gewesen war, was er ihr am Telefon gesagt hatte. Aber Vorwand wofür? War er auch *down*, und hatte er sich mit dem Klang dieser Stimme trösten wollen? Oder war über Nacht während seines Schlafes ein kleines, verborgenes Räderwerk in seinem Innern ausgelöst worden und begann jetzt, die ersten einwandfreien Verdacht-Impulse zu übermitteln? Der Kommissar, der nicht viel vom Unbewußten als Arbeitsinstrument hielt, drückte im fünften Stock mit überflüssiger Energie auf den Klingelknopf.

Das Herz des Amerikanisten Bonetto machte einen Sprung bis zum Hals, blieb dort für den Bruchteil einer Sekunde, um alsbald wieder an seinen Platz zu rutschen. Wer konnte wohl um diese Stunde am Sonntagmorgen bei ihm läuten? Nur seine Eltern, die aus irgendeinem Grunde früher als vorhergesehen vom Lande heimgekehrt waren und in deren Ehebett – Nußbaum mit Schnitzereien von Blumen und Früchten – der Amerikanist die Nacht verbracht hatte. Mit beiden Füßen zugleich sprang er aus dem Bett, ergriff im Eilschritt seine Hose, die er am Abend drei Meter weit fortgeschleudert hatte und unter der jetzt ein großer durchbrochener Büstenhalter zum Vorschein kam.
Bonetto fluchte leise vor sich hin.
Er hob das intime Wäschestück auf und musterte es mit tiefem Verdruß: die beiden Körbchen hätten gut für ein Kamel gepaßt. Und sie seit einer halben Stunde im Bad! Was zum Teufel machte sie da bloß? Wenn sie jetzt schon angezogen wäre, hätte sie ihm helfen können, rasch das Bett zu machen (vorausgesetzt, sie war zu solcher Arbeit imstande), sich darauf in sein Arbeitszimmer stürzen, ein Buch in die Hand nehmen und als gewöhnliche Besucherin durchgehen, als eine alte amerikanische Freundin, die soeben ganz unangemeldet in Turin eingetroffen war. Seine Eltern, brave und einfache Menschen, hätten sie schüchtern, aber ohne Argwohn aufgenommen, und seine Mutter wäre sofort in die Küche gegangen, um ...
Es läutete von neuem, drängend, drohend.

»Damn«, fluchte Bonetto, krampfhaft bemüht, in die Hose zu kommen. *»Damn! Damn!«*
Als er in sinnloser Eile ein Kissen aufschüttelte, fand er darunter ihren Slip. Gelähmt von Panik und Gewissensbissen starrte er ihn an. Nein, das hatten sie nicht verdient, mit all den Opfern, die sie für sein Studium gebracht hatten; einen solchen Schmerz hätte er ihnen nie zufügen dürfen. Okay, sie waren konservativ und voll von Vorurteilen, und das Ehebett hatte für sie eine übertriebene, fast sakrale Bedeutung. Aber aus Piossasco heimkommen und die privateste Sphäre derart entweiht zu finden . . . Wie sollte er ihnen gegenübertreten? Wie vor der Klage seiner Mutter: »Madonna, womit habe ich das verdient!« bestehen? Oder vor dem genierten Blick seines Vaters, der ihm ja nicht mehr die Hosen strammziehen konnte?
Er ließ den Slip fallen wie ein welkes Blatt, und in demselben Augenblick wurde ihm bewußt, daß er sich ganz umsonst aufgeregt hatte: ein überflüssiger *stress.* Es konnten nicht seine Eltern sein. Sie hatten ja den Wohnungsschlüssel und wären, ohne zu läuten, hereingekommen. Es war wie üblich seine zu starke Einbildungskraft gewesen . . .
Leicht, beschwingten Schrittes und ohne in seine Mokassins zu schlüpfen, lief er auf die Diele. Wer konnte es aber dann sein? Wer unterstand sich, mit einer so unverschämten Insistenz zu läuten, und das an einem Sonntagmorgen?
Ein Telegramm.
Von Marpioli.
Natürlich hatte ihn der junge Darbesio pflichtgemäß über seinen Vortrag vom Freitag unterrichtet, und nun kam eine Botschaft von ihm, vielleicht von niedriger Kriecherei eingegeben, vielleicht aber auch von trotziger Grobheit. In beiden Fällen jedoch war sein Vergnügen gesichert.
Ungeduldig riß Bonetto die Tür auf und sah vor sich nicht einen Mann, sondern eine Leuchtschrift, die im Dunkel des Treppenhauses aufblitzte und erlosch: POLICE, POLICE, POLICE . . .
Wie geblendet wich er zurück, und der Polizist von gestern, der mit dem Schnurrbart, trat ein.
»Guten Morgen, Herr Professor. Verzeihen Sie die Störung zu dieser Stunde, aber ich bin zufällig hier vorbeigekommen, und da

fiel mir ein, ich sollte vielleicht auf einen Augenblick heraufkommen. Ich hatte sosehr gehofft, Sie anzutreffen.«
Zufällig, was du nicht sagst, dachte der Amerikanist und setzte sein gezwungenstes Lächeln auf. Diese Frechheit, diese Dreistigkeit. Er war natürlich absichtlich gekommen, um ihn zu überraschen, ihn bei einem Fehler zu ertappen, ihn einzuschüchtern, der verdammte Scherge! Sie waren in der ganzen Welt gleich, die verdammten *pigs*! Und der, mit seiner honigsüßen Art, hatte ihn schon wieder in einen Zustand der Unterlegenheit versetzt, indem er einen spöttischen Blick auf sein durchschwitztes Trikot warf und seine bloßen Füße, die unter der unvollständig zugeknöpften Hose hervorsahen.
»Bitte, nehmen Sie Platz.«
Niemand – er sah es mit plötzlicher, röntgenscharfer Klarheit – würde auch nur einen Finger für ihn rühren, in keiner Zeitung würde ein offener Brief erscheinen, keine Sammlung von Unterschriften, keine internationale Protestbewegung, nirgendwo ein Echo, nirgendwo auch nur Interesse. Und das, weil er ein Niemand war, ein armer Teufel, in irgendeine häßliche Affäre verwickelt, um die man sich besser nicht kümmerte. So würde die Wirklichkeit aussehen: sein Paßfoto in der Polizeichronik der Zeitung, seine weinende Familie, Anwaltskosten, und der bösartige Tratsch von Studenten und Kollegen . . . Und Marpioli hätte seine Rolle genossen und Schmerz und ungläubige Bestürzung geheuchelt. Was? Bonetto? Aber was sagen Sie da? Das ist doch unmöglich! Für mich ist er unschuldig! Wir müssen etwas unternehmen!
Aber niemand würde etwas unternehmen, niemand sich aus der Ruhe bringen lassen, sich kompromittieren. Alle würden nur am Fenster stehen und zuschauen. Gewiß, unschuldig; aber konnte man wissen? Wo Rauch ist, da ist auch Feuer. Und auch später, selbst wenn die Polizei ihn wieder entließ, ein Schatten von Verdacht würde immer auf ihm ruhen, würde ihm folgen, wohin er auch ging . . . Bonetto, der vom Balùn. Bonetto? Ach ja, der damals in Verbindung mit einem Mordfall verhaftet wurde . . .
»Ich habe Sie gestört, weil ich gern einen bestimmten Punkt überprüft hätte, wenn Sie einen Augenblick Zeit haben«, erklärte der Bulle.
Bestimmten Punkt überprüfen! Daß ich nicht lache! Dem Professor wurde bewußt, daß sich in seinem Munde eine unwahrscheinliche

Menge Speichel gesammelt hatte. Nicht ohne Mühe schluckte er ihn herunter.

»Aber selbstverständlich, gern«, brachte er heraus. »Ohne weiteres. Wenn wir in mein Arbeitszimmer gehen wollen ...«

Er ließ ihn in dem einzigen Sessel Platz nehmen und suchte ihm einen Aschenbecher, während er etwas über seine Hast, das nicht angezogene Hemd und das erwartete Telegramm murmelte; aber wenn der Kommissar ihm erlauben wolle ...

»Aber bemühen Sie sich nicht, Herr Professor, es handelt sich nur um eine Kleinigkeit«, sagte der andere mit einem schlauen Lächeln. »Außerdem ist es meine Schuld. Aber Sie wissen wohl, daß uns unsere Arbeit leider oft zu einem Verstoß gegen die Gesetze der Höflichkeit zwingt.«

Die Höflichkeit der SS. Natürlich wollte er nicht auf die Überlegenheit verzichten, sondern sie sadistisch auskosten, in der sich der Angekleidete gegenüber dem armen Juden, Neger, Portorikaner, Drogensüchtigen, Protestmarschierer und so weiter befand, den man mit der Hose in der Hand aufgelesen hatte.

»Kannten Sie den Architekten Garrone, Herr Professor?«

Der Amerikanist glaubte nicht, daß sich seine Position noch verschlechtern könnte; und da kam nun, völlig unerwartet, dieser zweite Schlag.

»Ja«, stammelte er, viel zu erschreckt, um sich zu wehren oder auf Zeitgewinn zu spekulieren, »ja, ich habe ihn gekannt.«

»Gut?«

Zwei Leichen. *Zwei* Anschuldigungen. Da sie die wahren Mörder nicht finden konnten, brachten sie willkürlich die beiden Verbrechen miteinander in Zusammenhang und suchten sich einen Sündenbock, den sie zunächst einmal für ein halbes Jahr ins Gefängnis warfen, in der Erwartung, daß die öffentliche Meinung in dieser Zeit allmählich das Interesse an dem Fall verlor. So wurde es gemacht. »Bekannter Professor in den Doppelmord von Turin verwickelt.« Und »Nachforschungen über die amerikanische Vergangenheit Felice Bonettos«.

»Verzeihung, wie meinten Sie?«

»Haben Sie ihn gut gekannt?«

»Nein, nein, nicht gut. Ich habe ihn von Zeit zu Zeit rein zufällig getroffen.«

Der andere glaubte ihm nicht, denn er ließ die typische Frage folgen:
»Wann haben Sie ihn das letzte Mal gesehen?«
Woher sollte er das wissen! Daran hätte er sich nicht einmal unter gewöhnlichen Umständen erinnert, geschweige denn jetzt!
»Vielleicht bei einem Vortrag, oder auf einer Kunstausstellung?«
»Richtig!« rief Bonetto erleichtert. »Da haben wir's.«
Eine Sekunde zu spät begriff er, daß es der andere bereits gewußt, daß ihn jemand auf die Spur gebracht hatte. Sie hatten bereits eine Akte über ihn angelegt und wußten über jeden seiner Schritte Bescheid; sie kontrollierten sein Telefon, und geheime Späher informierten ständig die Polizei über sein Tun und Lassen. Herrgott, dachte er, was geht hier vor? Warum haben sie es ausgerechnet auf mich abgesehen? Die Gitter des Alpdrucks schlossen sich um ihn, während er mechanisch die einstweilen noch vorbereitenden, nur den Rand berührenden Fragen des Bullen beantwortete. Ja, er war am vergangenen Dienstag in der Galerie Vollero gewesen. Nein, er war nur gekommen, um mit Professor Meda über etwas zu sprechen, diese Art Malerei hatte für ihn kein Interesse. Mit Garrone hatte er zwar gesprochen, konnte sich aber an nichts Genaues mehr erinnern; zwei- oder dreimal habe er in seiner Nähe gestanden, und sie hatten, wie es in solchen Fällen üblich ist, ein paar Worte miteinander gewechselt. Nein, er erinnerte sich nicht an irgendein besonderes Bild, ihm sagte diese Art Malerei nichts ... Eine *Danae*? Möglich, aber er erinnerte sich nicht daran. Eine Bemerkung Garrones über diese *Danae*? Nein, er bedauere sehr, aber er könne sich wirklich nicht daran erinnern ...
Er schloß sich mit eigener Hand im Gefängnis ein, denn ein so kurzes Gedächtnis, eine solche Serie von »nein«, darüber gab er sich keiner Täuschung hin, machten ihn höchst verdächtig, als habe er in seiner Verstocktheit von Anfang an beschlossen, einfach alles zu leugnen. Und wenn der Kommissar schließlich zu dem eigentlichen Zweck dieses Verhörs kam, zu den wahrhaft heißen Fragen, dann würde er ...
Die Tür zum Studio ging weit auf, und in ihrem Rahmen erschienen, begleitet vom Duft des überkochenden Kaffees, der aus der Küche kam, in strahlender Nacktheit acht Myriagramm, anders ausgedrückt, einhundertsechzig Pfund weiblichen Fleisches.

»*Coff* . . .« begann Sheila, laut, im Tonfall eines Straßenhändlers, unterbrach sich aber beim Anblick des Kommissars mit einem »Oh!«

Darauf grüßte sie mit einem »*Ciao!*«, brach in Lachen aus und zog sich ohne übertriebene Eile zurück.

Vollkommen nackt.

Bonetto schloß die Augen, um nicht den ersten Zeugen seines Ruins sehen zu müssen. Denn das verdammte Frauenzimmer (obendrein stammte sie gar nicht aus Boston, sondern kam aus dem Staat Oregon) hatte ihn ruiniert, daran gab es keinen Zweifel. »Frau und Rinder hol dir aus deinem Dorf«, hatte seine Mutter schon immer gesagt. Nicht eine Spur von Scham hatte sie, nicht die geringste Rücksicht auf ihn, kein Gedanke daran, in welche Lage sie ihn brachte. Ein außerordentlich belastender Umstand, auf den sich jeder begierig stürzen würde. »Angesehener Professor mit nackter junonischer Blondine verhaftet« – »Professor unter Mordverdacht spezialisierte sich auf amerikanische Anatomie . . .« Eine vulgäre Lynchjustiz, die an einem einzigen Tag das Werk von vielen Jahren zerstörte.

Der Kommissar erhob sich. Das Ende war gekommen. Professor Bonetto überlegte, ob er nicht noch ein paar Zeilen für seine Eltern hinterlassen müßte, und was er ihnen schreiben sollte.

»Also, Herr Professor, ich bitte nochmals, die Störung zu entschuldigen . . .«

»Wieso?« Bonetto sprang auf.

»Sie denken gewiß, daß ich Ihnen diese Unannehmlichkeit hätte ersparen können. Aber wir müssen auch den geringsten Einzelheiten nachgehen.«

Er war indessen auf die Tür zugegangen, ganz wie jemand, der im Begriff ist zu gehen, der tatsächlich geht . . .

»Oh!« Sein Ausruf klang Bonetto selbst wie ein Kanonenschuß. »Oh!« wiederholte er. »Aber ich bitte Sie, es war mir ein Vergnügen. Ein ausgesprochenes Vergnügen!«

Er hatte einfach zuviel Phantasie, das war schon immer sein Fehler gewesen. Er lachte. Er lachte über die ausgestandene Angst, aber auch, damit der Plattfuß sich nicht einbildete, er habe ihn ins Bockshorn jagen können. Unbefangen stellte er ihm Fragen über den Fall Garrone. Ob die Polizei schon den Täter kenne, ob man einen bestimmten Verdacht habe, ob es Indizien gebe, und in welcher Richtung die Nachforschungen gingen. Alles sehr höflich, im Plauderton und sehr *cool*. Der arme Garrone! Er habe sich sehr wundern müssen, als er las, auf welche Weise er umgebracht worden war. Er hatte ihm immer einen recht harmlosen Eindruck gemacht, obwohl ein bißchen aus der Reihe. Aus der Reihe, in welchem Sinne? Nun, er hat seine eigene Art; wenn Sie so wollen, hatte er etwas von einem Nassauer, einem Parasiten, aber durchaus nicht ohne eine gewisse Intelligenz, die ihm freilich nicht viel genutzt hatte in seinem Leben – die typische *cativa lavandera*, kurz gesagt, ohne damit schlecht von einem Toten sprechen zu wollen. Was das bedeute? Diese Sizilianer, oder woher sie nun kamen, verstanden doch wirklich nichts. Er buchstabierte dem Kommissar das vollständige Sprichwort, übersetzte es ihm aus dem Piemontesischen und erklärte ihm den Sinn.

»*La cativa lavandera*, die schlechte Wäscherin?« wiederholte der andere, mit einer merkwürdigen Miene, einem noch merkwürdigeren Ton und einem barbarischen Akzent.

Eine sonderbare Rasse, diese *Terroni*, lauter Neurotiker und labile Gemüter. Eben noch stehen sie da, ganz Verbeugungen und Süßholzraspeln, bitte um Verzeihung hier, bitte um Vergebung dort, und einen Augenblick danach rennen sie aus dem Haus, ohne dir auch nur die Hand zu geben, stürzen die Treppe hinunter, immer gleich vier Stufen auf einmal . . . Verstehe sie, wer kann!

2

So erklärte sich alles – oder fast alles, dachte der Kommissar auf der Fahrt im Taxi zum Polizeipräsidium. Er wagte noch kaum daran zu glauben. Wenn das Sprichwort nicht nur wieder eine Falle war, wenn diese »Wäscherin« tatsächlich das erste Glied der Kette war, dann wurde es nicht gerade leicht, aber möglich, alle anderen Glieder anzufügen. So bekamen die wütenden Worte Garrones, die er seiner Mutter von der Treppe her zugerufen hatte, endlich einen konkreten Sinn; und das goldene Telefon verband sich aufs beste mit dem, was der alte Advokat Arlorio bezeugt hatte, auch mit der *Danae* in der Galerie Vollero und mit dem Trinkgeld für die beiden Kellnerinnen im Restaurant *Maria Vittoria.* Ja, es harmonierte sogar, wie er in dem Rausch der Assoziationen zu erkennen meinte, der bei ihm stets auf die Gewißheit (oder Fast-Gewißheit), auf der richtigen Spur zu sein, folgte – es harmonierte sogar mit einigen Bemerkungen Monsignor Passalacquas, die jetzt einen feierlich bedeutungsvollen Klang annahmen und die, auf einer tieferen Ebene, einen Zusammenhang mit den Geschäften des ermordeten Architekten, dem steinernen Phallus und Zavattaro ergaben. Ja, so erklärte sich alles: die Blondine im Regenmantel, mit der Tasche und dem Rohr, war keine Prostituierte, und der Tod hatte Garrone nicht wegen ein paar tausend Lire geholt. Und zu dem gleichen Schluß war offenbar auch Riviera gelangt, auf dem entmutigenden (und doch nicht ganz vergeblichen oder absurden) Weg, der ihn über Bauchiero und Triberti bis zu den Grabmälern und Schaufenstern geführt hatte. Und dann hatte auch er seine »Offenbarung« gehabt, hatte »verstanden«.

Das Taxi hielt vor dem Eingang zum Polizeipräsidium; der Kommissar zahlte, blieb aber noch eine Weile stehen, um den Zickzackweg des Wagens zwischen den Absperrungen zu verfolgen.

In Wahrheit hatte Riviera freilich gar nichts »verstanden«, was allein der Umstand bewies, daß er sich hatte umbringen lassen. Er war vielmehr über die Wahrheit gestolpert, ohne sich über ihre Bedeutung klarzuwerden, und er hatte ausgerechnet mit der Person darüber gesprochen, mit der er es zuallerletzt hätte tun dürfen. Und ebendiese Person hatte es unternommen, auch ihn aus dem Wege zu räumen. Ja, dann war alles klar. Oder fast alles. Es blieb nur noch, herauszubekommen, wer nun diese Person war, und warum sie Garrone ermordet hatte.

Der Kommissar lief rasch die Treppe hinauf und trat bei De Palma ein. Sein Kollege saß am Schreibtisch und las mit grämlicher Miene den Lokalteil der *Stampa.* Als er die Augen hob und Santamaria erkannte, hellte sich sein Gesicht auf.

»Du hast die Idee gehabt«, sagte er.

»Ja, ich habe sie gehabt.«

»Wie ist es gekommen?«

»Ganz zufällig, bei Professor Bonetto.«

»Die Krise der Universität«, deklamierte De Palma. »Die Radikalisierung der Studenten, die Professoren als Mörder! Wo soll das einmal enden?«
»Er ist es nicht gewesen.«
»Wer ist es denn gewesen?«
»Ich weiß noch nicht, aber ich habe den Faden gefunden. Und paß auf: wenn ich mich geirrt habe, verkaufe ich ab morgen Waschpulver.«
Punkt für Punkt erklärte er ihm seine Rekonstruktion; De Palma hörte ihm wortlos zu. Am Ende lachte er, es klang bitter.
»Da siehst du, was es heißt, in einer fremden Stadt zu arbeiten. Wären wir nicht *Terroni*, hätten wir früher begriffen.«
Dem Kommissar fiel Campis Theorie über Turin ein. Es war ein weiteres kleines Detail, das sich harmonisch ins Ganze fügte, dachte er mit der Genugtuung des Perfektionisten.
»Ich gehe jetzt zur Technischen Verwaltung«, sagte er. »Ungefähr kann ich mir denken, wo Riviera nach den ›Schildern und Schaufenstern‹ gewesen ist.«
»Sicher. Aber es wird schwierig werden am Sonntag. Wer ist da der Oberste? Kennst du ihn?«
»Nein, und er würde mir auch nichts nützen. Ich brauche jemanden, der mir sagen kann, wo ich suchen muß, einen alten Bürohasen.«
De Palma kratzte sich nachdenklich das Kinn. »Was meinst du, wenn man diesen Botta fragen würde? Er ist zwar eine Null, aber eine Orientierung kann er uns geben.«
»Nein, dann lieber Triberti, wenn er zu Hause ist.«
Er war zu Hause und sagte bravo, Sie haben gut getan, zu mir zu kommen, wir müssen zusammenarbeiten, wir sind ja alle Diener des Volkes, und er erbot sich, ihn zu Professor Pellegrini zu bringen, einem sehr anständigen Menschen und Freund, der da drinnen praktisch alles machte und alles wußte. Er könne auch bei ihm anrufen und ihm den Kommissar ans Herz legen. Nein? Nun, der Kommissar könne sich auch direkt an ihn wenden, unter Berufung auf ihn, Triberti. Pellegrini werde für seine Lage Verständnis haben und alle Hebel in Bewegung setzen, er gehöre nicht zu den Drückebergern von heute, die nur ihren Urlaub und verlängerte Wochenenden im Kopf haben und sich wegen Kopfschmerzen krank melden.

»Ist er fromm?« fragte der Kommissar.
»Wieso?« fragte Triberti. »Warum?«
»Ich wollte nur wissen, ob er sonntags zur Messe geht.«
»Das weiß ich nicht«, antwortete Triberti lachend. »Ich habe ihn nie danach gefragt.«
Dies war ein Punkt, den der Kommissar nie klären würde. Als er Pellegrini anrief, war er zu Hause. Er konnte die Messe schon vorher besucht haben oder auch erst am Nachmittag an ihr teilnehmen. Es konnte aber auch sein, daß er sie überhaupt nicht hörte. Er holte ihn mit dem Auto ab und fand ihn bereits vor der Haustür in der Via Lamarmora: ein großer, zart und gebrechlich wirkender Mann, gebückt, mit kleinem Kopf, der wie vom Wind gebeugt war, sehr blaß von einem Leben im Büro oder auch infolge eines langsamen, aber hartnäckigen Leidens. Mit leiser Stimme brachte er sein Beileid zum Tode Rivieras zum Ausdruck, den er übrigens persönlich nicht gekannt habe, und unwillkürlich antwortete der Kommissar im Ton eines trauernden Hinterbliebenen. Aber mit dem gleichen Friedhofsernst sprach er auch im Wagen von Triberti, und bald darauf, vor dem palastartigen Gebäude an der Piazza San Giovanni, richtete er auch an den Pförtner, der in Hemdsärmeln am Eingang erschienen war, das Wort in halblaut gedämpften Ton wie bei einer Leichenfeier. Und vor der großen schwarzen Tafel, auf der Dutzende und Aberdutzende von Büros mit genauer Angabe ihres Stockwerks und der Zimmernummern angegeben waren, und mit dem langen schwarzen Korridor in ihrem Rücken, schien er endgültig sein sakrales Gewand anzulegen.
»Also? Worum handelt es sich?«
Er war der Priester auf der Schwelle seines Tempels, der von der Höhe seiner jahrtausendealten Erfahrung wohlwollend den Erklärungen des Kommissars über den Verdacht Rivieras und seine vergeblichen Nachforschungen in den Büros von Triberti und Piva lauschte.
»Piva ist in der Abteilung ›Schilder und Schaufenster‹, nicht wahr?«
»Ja. Und jetzt wüßte ich gern von Ihnen, ob auch in Ihrem Sektor nach dem gleichen Verfahren gearbeitet wird wie – wenn auch natürlich auf einer höheren Ebene und in einem bedeutenderen Rah-

men – in den Abteilungen ›Friedhof‹ und ›Schilder und Schaufenster‹.«
Pellegrini nickte. »Ich verstehe. Das werden wir gleich haben.«
Er ging ihm auf einem Korridor voran, der zunächst etwas von keimfreier Modernität hatte, die aber bald nur noch verwahrlost war, und führte ihn in einen Raum, der riesig war, ohne so zu wirken, da ihn die langen parallelen Reihen fast mannshoher metallischer Karteikästen mit einem System von engen Gängen durchzogen.
»Wenn ich nicht irre, sind Sie auf der Suche nach einem Vorentwurf, nach einem ›Sondierungsversuch‹, wie ich das zu nennen pflege.«
»Ja, so wie die Entwürfe, die Triberti in seinem Aktenschrank aufbewahrt.«
Hier erlaubte sich Pellegrini denn doch die Andeutung eines überlegenen Stirnrunzelns, während er auf das Labyrinth der Karteien wies.
»Bei uns«, bekannte er murmelnd, »ist es etwas anders.«
Dem Kommissar kam zum Bewußtsein, daß man ihm offenbar sein Erschrecken ansah, denn Pellegrini fuhr sogleich, wie um ihn zu beruhigen, fort: »Aber vielleicht ist es so auch einfacher. Das Projekt kann nach dem Alphabet unter dem Namen des Urhebers oder unter seinem eventuellen Verwendungszweck eingeordnet werden. Was ist Ihre Meinung?«
»Ich habe keine«, sagte der Kommissar. »Aber wir sind zu zweit, und wenn Sie mir erklären, wie . . .«
»Kommen Sie mit«, sagte Pellegrini.
Mit der Sicherheit eines Blinden führte er ihn durch die Gänge zwischen den grauen Registerschränken. Nach fünf oder sechs Biegungen blieb er stehen und zog ohne Anstrengung einen der großen Karteikästen heraus. »Da«, sagte er und schob den Kasten mit einem bloßen Druck des Zeigefingers zurück.
»Ist da etwas, was in Frage kommt?«
»In diesen dreien«, sagte Pellegrini und fuhr mit der Hand über drei Aktendeckel wie über die Rücken dreier gezähmter Raubtiere. »Ich fange mit den Namen der Projekteure an. Sie können es inzwischen, wenn Sie wollen, mit dem Sachregister versuchen.« Er zog einen anderen Kasten heraus. »Industrielle Anlagen«, las er

vor, »sportliche, öffentliche, saisonale, subventionierte . . . Sehen Sie selbst.«

»Gut.«

Er tat so, als denke er nach, öffnete dann auf gut Glück ein drittes Fach und stellte sich, als mustere er sorgfältig jeden der großen aufeinanderliegenden Bogen. Es war klar, Pellegrini hatte ihm diesen gänzlich überflüssigen Auftrag gegeben, um selbst ungestört die wirkliche Arbeit zu tun: aus Takt, aber auch aus bürokratischer Selbstherrlichkeit, zu der sich hier der Ehrgeiz des Archäologen gesellte. Es blieb ihm nichts übrig, als Takt mit Takt zu erwidern und abzuwarten, ob und was für Funde die Ausgrabungen zutage brachten. Nach einer angemessenen Weile schob der Kommissar die gleitende Schublade ins Fach zurück und zog dafür die untere heraus.

»Da haben wir ihn«, murmelte ohne jede Gemütsbewegung Pellegrini. Seine Ordnung hatte sich bewährt.

Der Kommissar trat hinzu, und plötzlich mußte er an die Miroglio denken (blond? brünett? hübsch?), die in diesem Augenblick zweihundert Kilometer von hier entfernt ins Meer tauchte, wenn sie sich nicht gerade den Rücken mit Öl einrieb, und die achtundvierzig Stunden zuvor, ebenso ahnungslos wie hilfsbereit, Riviera vor ebendiesen Karteikasten geführt und damit dem Tode übergeben hatte.

Er betrachtete den großen Bogen, den ihm Pellegrini zeigte. Oben links war über dem Namen des Projekteurs, des Architekten Lamberto Garrone, sorgfältig mit chinesischer Tusche gezogen, die Bestätigung des Sprichworts von der Wäscherin zu lesen.

»Vorgelegt am 19. September vergangenen Jahres. Haben Sie gesehen?« fragte Pellegrini.

»Ich danke Ihnen sehr. Und wo können wir das zweite finden?«

»Meinen Sie das Duplikat?«

»Nein, aber es muß doch ein zweites Projekt geben. Riviera hat, wie schon gesagt, an eine Rivalität zwischen Garrone und dem Geometer Bauchiero geglaubt, an ein konkurrierendes Projekt, mit anderen Worten.«

»Ausgeschlossen«, erklärte Pellegrini und kreuzte die Arme. »Hier gibt es keine Geometer, so kann sich der Fall nicht darstellen.«

Er sprach mit einer dogmatischen Bestimmtheit, unbeirrbar vor dem Hintergrund der grauen Reihen von Registerschränken.

»Der Urheber des Entwurfs«, fuhr Pellegrini fort, »der – ich wiederhole – ein Architekt zu sein hat und nicht Geometer, unterbreitet uns seine Arbeit oder, besser gesagt, bittet uns um ein inoffizielles und uns in keinem Fall bindendes Gutachten, bevor er den Entwurf – mit den eventuellen, von uns vorgeschlagenen, ich betone, in dieser Phase *vorgeschlagenen* Veränderungen – der kompetenten Stelle zur formellen Annahme auf dem regulären Instanzenweg vorlegt.«

»Aber Ihr Gutachten ist doch, praktisch gesprochen, eine Unbedenklichkeitserklärung und soviel wie die Genehmigung, die Sache voranzutreiben?«

Entsetzt runzelte Pellegrini die Brauen.

»Um Himmels willen! Es ist eine *Gefälligkeit*, die wir dem Architekten erweisen, eine Art präventiver und kostenloser Beratung, die ihm oft unangenehme Überraschungen oder grobe Fehler in seiner Konzeption erspart.«

»Eine Orientierungshilfe.«

»Genau. Unser Gutachten hat ausschließlich orientierenden Wert. Der Architekt reicht seinen Probeentwurf in doppelter Ausfertigung ein. Das eine Exemplar bleibt hier, das andere geben wir ihm mit einem Stempel zurück, der die Vorlage bestätigt. Das ist alles.«

»Dann müßte Garrone also das zweite Exemplar gehabt haben.«

»Ja.«

»Nur daß wir es nicht gefunden haben«, sagte der Kommissar. »Weder in seiner Wohnung noch in seinem Büro.«

Pellegrini zuckte die Achseln. Die Unordnung anderer Leute ging ihn nichts an.

»Und wieso ist dieser Entwurf hier vom September?« fragte der Kommissar. »Ist das normal?«

»Vollkommen, wenn der Betreffende noch nicht den formellen Antrag auf Genehmigung gestellt hat.«

»Ich verstehe. Aber angenommen, das andere Projekt, das hypothetische Projekt eines Konkurrenten, ist genehmigt und befindet sich nicht mehr hier im Wartestand, wenn ich es so nennen darf – wo könnten wir es finden? An welch anderer Stelle könnte es liegen?«

»Sie meinen, wenn es bereits auf dem Instanzenweg ist?«

»Ja. Wo müßte es dann sein?«
Pellegrini maß mit einem gleichmütigen Blick die Mauern aus Stahlschränken, die überall um ihn aufragten. Dann fiel sein Blick wieder auf das Projekt, das aufgeschlagen auf dem herausgezogenen Fach lag.
»Es wäre nicht unter dem Namen des Projekteurs, sondern unter dem des Klienten abgelegt. – Wir können einmal nachsehen. Ist das da der Name?«
»Ja.«
»Gut, dann kommen Sie bitte.«
Er war im Begriff, das Schubfach zu schließen, aber der Kommissar hielt ihn zurück.
»Ich würde dieses Projekt gern mitnehmen, wenn es möglich ist.«
»Bitte«, sagte Pellegrini. Er rollte das große Blatt sorgfältig zusammen und reichte es dem Kommissar. »Übrigens«, fügte er betrübt hinzu, »glaube ich nicht, daß es jetzt noch den Instanzenweg gehen wird.«
Auch ein Gleichnis für den Tod Garrones, dachte der Kommissar. Eine Schublade, geschlossen mit dem Geräusch eines heruntergeleierten Rosenkranzes, und der Architekt verschwand für immer auch für die Welt der Büros. Pellegrini bewegte sich jetzt leicht und gewandt zwischen den Zementpfeilern seiner Kathedrale, zwischen Kanten und Griffen und farbigen Etiketts, die mit geheimnisvollen Hieroglyphen bedeckt waren. Jetzt war er mehr der Sakristan als der Priester seiner Kirche.
Er bückte sich und zog einen Karteikasten heraus, den er aber alsbald ungeniert mit einem Stoß des Knies wieder zurückschob. Darauf öffnete er das Fach darüber und verkündete nach wenigen Sekunden:
»Stimmt. Ein Projekt von Tresso & Campana.«
»Wer ist das?«
Pellegrini hob die Hände empor und ging vorübergehend zum Latein über.
»*Parce sepulto*«, murmelte er. »Aber nach allem, was Sie mir sagen, hatte der Architekt Garrone nicht die Statur – professionell und moralisch verstanden –, um der Kanzlei Tresso & Campana ernste Sorgen zu bereiten.«

»Also seriöse Leute?«
»Nicht nur, sondern auch mit Aufträgen überschüttet. Eine ›Rivalität‹ mit diesem Garrone ist undenkbar, glauben Sie mir. Ich kann Ihnen dazu noch sagen, daß – wie ich aus vertrauenswürdiger Quelle weiß – Tresso & Campana wegen Überlastung Projekte an weniger eingeführte Kollegen abgeben.«
Das bedeutete gar nichts. An diesem Punkt mußte man gerade in der Richtung des »Undenkbaren« weitersuchen. Er selbst wie De Palma und überhaupt alle, die in irgendeiner Weise mit dem Fall zu tun gehabt hatten, von Campi bis zur Dosio, von Zavattaro bis Bonetto und von Vollero bis Riviera – sie alle hatten sich schon einmal gröblichst geirrt in der Beurteilung dessen, was in Zusammenhang mit Garrone »denkbar« war oder nicht.
»Darf ich das Projekt mal sehen?« fragte der Kommissar, mit dem Hintergedanken, bei der Gelegenheit die Adresse der über jeden Verdacht erhabenen Kanzlei Tresso & Campana zu notieren.
»Das Projekt ist nicht hier«, sagte Pellegrini mit dem Ausdruck eines Engels. »Wir haben nur die Karteikarte hier. Das Projekt ist auf seinem Instanzenweg.«
»Und bis wo ist es da gekommen?«
Pellegrini nahm das Blatt in die Hand. Es war ein Formular mit einer langen Spalte mit Gedrucktem, mit Stempeln, punktierten Linien sowie Anmerkungen am Rande.
»Es liegt fest bei der Abteilung ›Bauvorschriften‹. Und das ist«, sagte er langsam und sah dabei den Kommissar bestürzt an, »nicht normal.«
»Wieso?«
»Alle Projekte passieren die ›Bauvorschriften‹, natürlich, aber daß dieses dort schon über ein Jahr nach seinem Eingang festliegt, das ist nicht normal. Sehen Sie . . .«
Mit dem Zeigefinger unterstrich er ein gestempeltes Datum. Es war, wie der Kommissar feststellte, vom Mai des vergangenen Jahres und lag damit vier Monate länger zurück als das Datum auf dem Projekt Garrones.
»Sehr ungewöhnlich«, flüsterte Pellegrini besorgt. »Eine Anomalie, möchte ich sagen. Selbst wenn die ›Bauvorschriften‹ leider . . .«
Aus seinen bekümmerten Erklärungen ging hervor, daß die schismatische Kirche der »Bauvorschriften« mit den Jahren in einer

Weise wucherte und sich ausbreitete, daß es alle Grenzen der Rationalität und Überschaubarkeit hinter sich ließ. Sie war zu einem Dschungel geworden, in dem selbst Tresso & Campana nicht mehr ihr Projekt aufspüren könnten, vorausgesetzt, daß dies ihr Wunsch sei. Unnötig, dort eine Information zu suchen, bedeutete er dem Kommissar. Sie konnten nicht wissen, was mit dem Projekt geschehen war. Ja, nicht einmal *er*, Pellegrini, konnte es wissen. In die »Bauvorschriften« trat man ein und kam auch wieder heraus, was aber zwischen Ein- und Ausgang geschah, das . . .

»Erlauben Sie?« fragte der Kommissar und rollte das Projekt Garrones auf dem herausgezogenen Karteikasten auf. Der andere begriff sofort, wehrte aber ab.

»Es ist zwecklos, ich bin da nicht zuständig. Die Zahl der Möglichkeiten ist unbegrenzt. Es ist ein wahrer Turmbau zu Babel, ohne damit Freund Oggero beleidigen zu wollen, der tut, was er nur kann . . .«

Aber in seinen Augen begann es, wie der Kommissar gehofft hatte, aufzuleuchten vor unwiderstehlicher Neugier. Denn nichts ist für den Strenggläubigen faszinierender als die Häresie.

»Auf den ersten Blick gesehen«, flüsterte Pellegrini, als betrachtete er den Entwurf durch ein Schlüsselloch, »finde ich eigentlich nichts, was automatisch . . .« Er hob den Kopf und richtete einen warnenden Blick auf den Kommissar. »Aber wer kann das sagen? Das ist ja die große Stärke, oder sagen wir lieber, die große Schwäche der ›Bauvorschriften‹, daß immer eine Bestimmung zutrifft, an die man vorher nicht gedacht hat. Ich werde Ihnen ein Beispiel nennen.«

Der Kommissar hörte sich mit gebührendem Interesse die Geschichte von zwei bestimmten Fensterbänken an einem Haus am Corso Massimo d'Azeglio an.

»Hier nun«, erklärte Pellegrini weiter und fuhr mit den Knöcheln über den Entwurf Garrones, »könnte beispielsweise die Vorschrift 37/A wenigstens theoretisch eine Rolle gespielt haben. Aber selbstverständlich können sie nicht einen Entwurf nur auf Grund von Artikel 37/A ein ganzes Jahr blockieren.«

»Was ist das für ein Artikel?«

»Ich glaube, wohlgemerkt: ich *glaube*, er fällt, technisch gesprochen, unter die Gruppe der hydrogeologischen Vorschriften. Aber

ich kenne auch Fälle, wo man ihn in Zusammenhang mit dem historischen oder dem sanitären Komplex angewandt hat. Das sind selbstverständlich Grenzfälle ...«
»Sie müssen wissen, daß mich gerade die Grenzfälle interessieren.«
»In diesem Fall hätte es sich aber um eine Spitzfindigkeit, um eine nicht zu rechtfertigende Schikane gehandelt. Können Sie sehen?« Sein blutleerer Finger glitt in einer gewundenen Linie diagonal über das Blatt. »Ich möchte mich ohne gründliche Kenntnis aller Punkte des Problems jetzt nicht auslassen, aber nach der ganzen Anlage habe ich mir schon ein Bild gemacht. Und ich bin sehr skeptisch, was die Anwendbarkeit des Artikels 37/A in dem gegebenen Zusammenhang angeht.«
»Könnten wir den Fall nicht überprüfen, da wir schon einmal hier sind?« fragte der Kommissar.
Pellegrini sah ihn an, als habe er eine Blasphemie geäußert.
»Die Abteilung ›Bauvorschriften‹ befindet sich nicht hier!« erklärte er. »Sie ist mehr oder weniger überallhin verstreut. Allein in Turin gibt es mindestens zehn Unterabteilungen und Unter-Unterabteilungen. Ganz zu schweigen von den Dienststellen in der näheren Umgebung und in der Provinz ... Seit Jahren – und ich meine *Jahre* – kämpft Oggero um ein Mindestmaß von Zentralisierung, denn Sie werden verstehen, wenn all diese Stellen an einem einzigen und ordentlich ausgestatteten Platz zusammengefaßt wären, etwa nach dem Muster unserer Abteilung hier, um nur ein Beispiel zu nennen ...«
»Und wissen Sie, wo das Büro für 37/A ist?«
Pellegrini verzog das Gesicht zu einer schmerzlichen Grimasse. »In einer alten Wohnung in der Via delle Orfane, wohin es 1947 *vorübergehend* verlegt wurde ...«
»Können wir es aufsuchen? Haben Sie Zeit, mich zu begleiten?«
»Mit Vergnügen.«
Aber das bittere Vergnügen Pellegrinis bestand, wie der Kommissar während der Fahrt feststellte, nur darin, daß er ihm an immer weiteren Beispielen die rückständigen und unausrottbaren Absurditäten und Widersprüche der Bauvorschriften schildern konnte, die schlechthin kabbalistische Beziehungen herstellten zwischen horizontalen und vertikalen Flächen, Bäumen und Dachrinnen, Fassa-

den und Bürgersteigen, gemauerten Rauchabzügen und Fabriken, die seit einem halben Jahrhundert abgerissen waren. Der Kommissar lachte, wunderte sich, zeigte Entrüstung, schlug sich des öfteren aufs Knie, aber bei alledem fragte er sich nur, ob ihn die Vorschrift 37/A über die Via delle Orfane hinausführen würde und wie seine Aussichten waren, am Sonntag die Inhaber der Kanzlei Tresso & Campana zu erreichen.

Pellegrini ließ sich vom Pförtner den Schlüsselbund geben – der Mann begrüßte ihn ehrerbietig mit »Herr Professor« –, und im dritten Stock blieb er vor einer kleinen dunklen Tür stehen, die den Kommissar an die Wohnungstür Rivieras erinnerte. Auch das Haus und die Treppe waren vom gleichen Typ und ungefähr aus der gleichen Zeit, seit Generationen vollgesogen mit schlechten Gerüchen, aber noch nicht ganz ins Proletarische abgesunken.

»So, da wären wir«, seufzte Pellegrini. Er drehte einen altmodischen braunen Schalter, der laut knackte, worauf eine gelbe Birne spärliches Licht verbreitete. Pellegrinis sichtbare Mißbilligung wurde übrigens nicht von dem Kommissar geteilt, der sich im Gegenteil sofort wohl fühlte in den ärmlichen Räumen mit ihren verschlissenen, abgenützten Möbeln von der öffentlichen Verwaltung. Die Tür zur Toilette stand offen, und man konnte im Waschbecken schmutzige Kaffeetassen stehen sehen. Entrüstet schloß Pellegrini die Tür. Erst dann öffnete er die nächste und betrat mit dem Kommissar das Büro. Die Wände waren schwarz von den Ausdünstungen einer alten Zentralheizung.

»Wenigstens die Spinnengewebe könnten sie einmal wegnehmen«, sagte Pellegrini, als er die Fensterläden weit aufstieß.

Angewidert wischte er sich den Staub von den Händen. Der Glasschrank war schief und aus dem Leim gegangen, das Holz hatte die Farbe verloren. So auch der Aktenschrank, der wohl ein Überbleibsel aus der Zeit der Befreiungskriege war. Hinter dem Schreibtisch standen an der Wand zwei große, mit einem Blechstreifen eingefaßte Kartons, die mit langen, senkrecht aufgestellten Rollen gefüllt waren. AUSGANG war mit schwarzen Druckbuchstaben auf den einen Karton gemalt, während offenbar eine andere Hand in Kursiv mit Blaustift das Wort *Eingang* auf den anderen Karton geschrieben hatte.

In dem geringschätzigen Blick Pellegrinis meinte der Kommissar

den Vergleich mit den eleganten, auf Kugellager laufenden Karteikästen von der Piazza San Giovanni zu erraten. Doch dann zuckte der Professor die Achseln und wandte sich resigniert dem Schrank zu.
»Und hier gibt es nur 37/A-Fälle?« erkundigte sich der Kommissar nach einigen Minuten.
Pellegrini suchte weiter unter den im Schrank aufgestapelten Rollen und antwortete, ohne sich umzudrehen. Es geschah mit einem Bild.
»Wenn Sie *nur* sagen, dann machen Sie sich nicht klar, daß die Vorschrift 37/A – wie übrigens jede andere Vorschrift auch – als ein Fluß zu sehen ist, der viele, oft sehr ferne, ja zweifelhafte Quellen hat, dazu ein komplexes System von Nebenflüssen und am Ende eine so verzweigte Mündung, daß es unmöglich ist, noch den Hauptarm zu erkennen.«
»Was Sie nicht sagen!« Der Kommissar zündete sich eine Zigarette an.
»Da gibt es Wasserfälle, Stromschnellen, Untiefen und Treibsand ... Würden Sie es zum Beispiel erwartet haben, daß auch Tankstellen unter die Vorschrift 37/A fallen?«
»Nein«, bestätigte der Kommissar höflich.
»Und doch«, erklärte Pellegrini, noch immer, ohne sich umzusehen, vielmehr weiter sich als erfahrener Schwimmer in seinem schwierigen Fluß tummelnd, »und doch gibt es keine Tankstelle, die nicht von 37/A mitgestaltet wurde. Und wenn Sie sich einen artesischen Brunnen ausschachten ließen, er würde – auch wenn Ihnen das lächerlich scheint – unter die Vorschrift 37/A fallen. Es ist ein sehr weiter Fächer, und er überschneidet sich mit anderen Fächern, und was kommt dabei zu Schaden?«
»Was denn?« fragte gehorsam der Kommissar.
»Die gerade Linie des Instanzenwegs. Die ja ohnehin, wie wir alle wissen, schon durch andere Kompetenzstreitigkeiten und Interpretationsunterschiede oft genug in Frage gestellt wird.«
Er setzte die Arbeit fort. Nur ab und zu unterbrochen von einem zornigen Ausruf, dem alsbald die Preisgabe eines weiteren Beispiels heilloser Konfusion folgte. Der Kommissar reagierte automatisch mit Ausrufen der Bestürzung, während er aus dem Fenster sah, auf den Hof hinunter, in dem wie Girlanden die Wäsche zum

Trocknen hing, oder zur Dachrinne hinauf, auf der sich die Tauben drängten. Schließlich setzte er sich an den Schreibtisch, stützte die Ellbogen auf die abgenutzte Schreibunterlage und wartete ab. Spielerisch öffnete er eine Mappe und betrachtete die Kritzeleien einer müßigen Hand. Wer versteckte sich hinter 37/A? Ein Mann? Eine Frau? Auf einem der Blätter – das dann wie die andern dem Spiel mit dem Kugelschreiber in leeren Stunden gedient hatte – stand am oberen Rand in einer sägeförmigen Handschrift ein Briefanfang: »Liebe Ginetta, die tragische Nachricht vom . . .« Hier endete bereits der Entwurf, ohne die tragische Nachricht zu nennen. Ein schwieriger Kondolenzbrief.

Er sah in eine halb aufgezogene Schublade, erkannte ein Röhrchen mit Veramontabletten, eine Schachtel Pfefferminzpastillen, ein Fernglas aus Plastik für Kinder und ein in gelbes Papier eingeschlagenes Buch. Er schlug es auf und las den Titel, *Véronique,* von einer gewissen Carol Wood; er blätterte ohne Argwohn und ohne besonderes Interesse darin, bis sein Blick auf einen Absatz fiel, der mit den Worten begann: *»Weiter! Weiter!« flehte die Alte.*

Jetzt sah er genauer hin.

»Weiter! Weiter!« flehte die Alte, der die erzwungene Unbequemlichkeit einen zusätzlichen Reiz von unsagbarer Wollust zu gewähren schien. Aber das Huhn, das bis jetzt gierig nach den Raupen gepickt hatte, die über das nackte welke Gesäß seiner Herrin krochen, brach in ein Gegacker tödlicher Lust aus und sank flügelschlagend auf sie nieder. Der Mulatte hatte der Henne sein monströses Glied bis zum . . .

Der Kommissar blätterte zurück bis zur Titelseite, um festzustellen, wo das Buch erschienen war: in einem unbekannten Mailänder Verlag *La Spirale.* Er bemerkte die schlechte Qualität des Drucks und des Papiers und nahm, auf der Suche nach weiteren Angaben, den Umschlag ab, fand aber weder auf dem Deckel noch auf dem Rücken der armseligen Broschur irgendeinen Hinweis.

»Wer ist eigentlich der Vorsteher dieses Büros?«

»Regis.«

»Ein Mann oder eine Frau?«

Pellegrini wandte sich nach ihm um.

»Ragionier Regis. Warum?«

Der Kommissar legte das Buch in die Schublade zurück.
»Ach, nur so. Wie geht es mit unseren Recherchen weiter?«
»Ich fürchte, ich habe Sie vergebens hierher gebracht, wenn Sie auch zugeben müssen, daß ich von Anfang an starke Zweifel hatte, das Projekt hier zu finden . . . Außerdem muß ich sagen, daß hier eine ganz schöne Unordnung herrscht, falls es nicht daran liegen sollte, daß ich nicht das Prinzip verstehe, nach dem Regis die Entwürfe ablegt« – doch sein Ton verriet, wie lächerlich eine solche Vermutung war. »Und aus Unordnung – aber wem sage ich das – kommt immer wieder Unordnung.«
Der Kommissar stimmte ihm zu, während er mit der Hand zwischen die Rollen in dem Eingangs-Karton griff und sie wie prüfend hin- und herbewegte – es waren etwa dreißig Entwürfe –, um sich darauf dem Ausgangs-Karton zuzuwenden, der eine weit geringere Anzahl von Rollen enthielt.
»Es ist tatsächlich nicht da«, sagte Pellegrini, enttäuscht und zugleich doch befriedigt, seine trüben Ahnungen bestätigt zu finden und damit indirekt die Richtigkeit seiner organisatorischen Prinzipien.
»Ich habe so eine Ahnung, daß es hier ist«, sagte der Kommissar.
Pellegrini drehte sich um und kniete einen Augenblick darauf vor dem Karton mit den für den »Ausgang« bereitgelegten Entwürfen. Fieberhaft begann er unter den Rollen zu wühlen, von denen jede mit einem Gummiband zusammengehalten wurde, das aber auch ein graues Formular umschloß. Diese Formulare zog Pellegrini – in einem knisternden, rauschenden Crescendo – aus einer Rolle nach der andern heraus, prüfte sie mit einem raschen Blick und steckte sie wieder hinein. Sein Phlegma war plötzlich von ihm abgefallen.
»Sie haben recht!«
Erregt richtete er sich auf und breitete vor dem Kommissar eins der grauen Formulare mit dem dazugehörigen Entwurf auf dem Schreibtisch aus.
»Hier ist es! Planung: Tresso & Campana. Es hat die Unbedenklichkeitsbescheinigung bekommen – am Freitag. Sehen Sie, da ist es von Regis abgezeichnet mit O. R.«
Der Kommissar blickte nachdenklich auf das Namenszeichen.
»Was für eine Art Mensch ist dieser Regis?«

»Ich kann nicht verstehen, warum er das Projekt so lange zurückgehalten hat«, überlegte Pellegrini laut. »Sogar wenn er eine Besichtigung des Objekts für nötig gehalten hätte – was nach meiner Meinung Übereifer, wenn nicht eine Kompetenzüberschreitung gewesen wäre –, würde auch das nicht eine solche Verzögerung erklären.«

»Was für eine Art Mensch ist dieser Regis?« wiederholte der Kommissar seine Frage.

In Pellegrinis Blick leuchtete ein erster Funke von Verständnis auf.

»Er ist seit fast zwanzig Jahren hier«, antwortete er nachdenklich, »und soweit ich weiß, ist er absolut vertrauenswürdig. Oggero hat immer mit Achtung von ihm gesprochen. Er hat keine große Karriere gemacht, aber das kann in manchen Fällen eher ein gutes Zeichen sein.«

»Verheiratet?«

»Ich weiß nicht, ich glaube, nicht. Das können wir morgen im Personalbüro erfahren.«

»Wo wohnt er?«

»Ich glaube, in der Gegend von Santa Rita. Sie finden die Adresse im Telefonbuch. Regis Oreste. Wollen Sie sofort zu ihm?«

»Es scheint mir doch angebracht, meinen Sie nicht?«

Pellegrini senkte die Stimme wie im Beichtstuhl.

»Sie denken, daß er Garrone gekannt hat? Daß zwischen den beiden eine gewisse« – es machte ihm Mühe, das Wort über die Lippen zu bringen – »Komplicenschaft bestand?«

»Ich weiß nicht. Aber ich weiß, daß Garrone am vergangenen Dienstag ermordet worden ist und daß drei Tage darauf dieser Entwurf genehmigt worden ist. Und dann finde ich es merkwürdig, daß die beiden Entwürfe so ähnlich sind.«

Pellegrini war ihm behilflich, die beiden Pläne nebeneinander auszubreiten.

»Sie haben recht, sie sind sich sehr ähnlich.«

»Sagen wir lieber, der Entwurf von Garrone ist dem von Tresso & Campana sehr ähnlich.«

»Kopiert, wie? Sie glauben nicht, daß Garrone beruflich ganz auf der Höhe war?«

»Nein, das glaube ich wirklich nicht.«

Pellegrini schluckte seinen Speichel herunter, taumelnd vor einem Abgrund von Möglichkeiten, von denen eine so erschreckend wie die andere war.
»Glauben Sie an einen Fall von unlauterem Wettbewerb, schlicht gesprochen, von Plagiat? Daß Garrone auf irgendeine Weise Regis das Konkurrenzprojekt entwendet hat? Oder Regis dazu gebracht, ihm . . .? Korruption – ja, – ein Fall von Korruption. Es sei denn, daß Regis selbst mit Garrone Kontakt aufgenommen hätte . . . Oder daß ein Dritter Regis benutzt hat, auch das ist denkbar. Regis scheint jedenfalls im Mittelpunkt eines dilatorischen Manövers zu stehen, scheint die direkte Ursache der Unterbrechung des Instanzenweges zu sein. Aber wem zum Nutzen? Und von wem angestiftet?«
»Genau danach will ich ihn fragen«, sagte der Kommissar und rollte den Plan Garrones zusammen, während Pellegrini das gleiche mit dem Entwurf von Tresso & Campana tat.
»Ich kann auf die Korrektheit von Regis keinen Eid leisten. Ich werde mich so bald wie möglich erkundigen, aber in diesem Augenblick könnte ich nicht für ihn bürgen. Ich kann nicht ausschließen, daß er sich tatsächlich zu einer, gelinde gesagt, sehr irregulären Operation hergegeben hat. Aber wir sind hier nicht in Palermo oder in Rom, und Affären dieser Art . . .« Er hielt inne, von einem neuen Gedanken wie vom Blitz getroffen. »Glauben Sie, Regis könnte der Mörder Garrones sein?«
»Einstweilen weiß ich noch nicht, was ich glauben soll«, sagte der Kommissar und streckte die Hand aus. »Können Sie mir auch den zweiten Entwurf geben?«
»Bitte sehr!«
Der Kommissar steckte die zweite Rolle in die erste, und Pellegrini ging daran, sorgfältig alles zu schließen, den noch offenen Aktenschrank, das Fenster und die Fensterläden.
»Man muß der Sache auf den Grund gehen. Zuallererst werde ich Oggero unterrichten und dann entscheiden, was für Maßnahmen... Es könnte sich auch um Gedankenlosigkeit, um bloßen Leichtsinn handeln, wenn nicht gar – und ich wünsche es ihm – um ein Versehen infolge dieser schändlichen Unordnung. Hoffen wir es wirklich . . . Freilich, die Millionen sind nicht wegzuwischen«, gab er im selben Atem zu.

O nein, so wenig wie die Steine und zwei Leichen. Der Kommissar saß auf der Kante des Schreibtisches und trommelte mit seiner Doppelrolle auf das von einer Schmutzkruste überzogene Holz des alten Möbels. Bei jedem Schlag gab die Rolle zugleich mit dem Aufprall einen hallenden Ton von sich: tang – tang – tang . . .
Auf einmal hörte das Trommeln auf, seine Hand rührte sich nicht mehr. Bestürzt und verblüfft wie mit einem völlig neuen Blick starrte der Kommissar auf die Rolle in seiner Hand. Er glitt vom Schreibtisch und sah sich suchend um.
»Wo ist ein Telefon?« fragte er.
Er wußte jetzt genau, wer Garrone und Riviera ermordet hatte – und warum.

3

»Regis, Oreste. Santa Rita«, wiederholte De Palma am anderen Ende der Leitung. »Geht in Ordnung. Ich schicke Nicosia.«
»Und wenn er ihn antrifft, soll er ihn mit der Meinungsbefragung über Grünflächen im Stadtgebiet oder irgendeinem anderen Schnickschnack festhalten. Wenn er Geschichten macht, auch mit Gewalt. Die Hauptsache ist, daß er ihn in seiner Wohnung festhält und sofort im Büro anruft.«
»Kann er bewaffnet sein?«
»Ich glaube nicht. Es ist nicht der Typ. Ich bin in zwei Minuten da.«
Als der Kommissar kam, hatte Nicosia noch nicht angerufen.
»Was hast du da?« fragte De Palma.
»Siehst du es nicht?«
De Palma warf einen Blick auf die zusammengerollten Entwürfe. Dann bemerkte er kühl: »Der, der ab morgen Waschpulver verkauft, bin ich.«
»Tröste dich, es war nicht so einfach, wie es jetzt erscheint.«
Er gab ihm die Blätter und begann zu erklären, was vor dem Verbrechen geschehen sein mußte, was in der Via Mazzini und was danach. Und als er die zur Beschreibung dieser Umstände nötigen Worte aneinanderreihte und aussprach, wurde ihm mehr und mehr

bewußt, daß er nur wenige brauchte und daß es abgenutzte Worte waren, die schon jetzt nach Archiv rochen und die nach einem Untersuchungsbericht in dreifacher Ausfertigung klangen. Sich an die Tatsachen halten, das gehörte zum Wesen seines Berufs, war die Quintessenz seiner Pflicht. Das Publikum erwartete – und wußte es manchmal auch zu schätzen –, daß man diese Tatsachen bloßlegte und sie aus ihren Schlupfwinkeln ans Tageslicht zerrte, daß man es mit seiner Halsstarrigkeit schließlich schaffte, das Streichholz zu finden, mit dem der Waldbrand gelegt worden war, den Stein, der die Geröllawine ausgelöst hatte. Die Aufrechterhaltung der öffentlichen Ordnung, der Schutz von Gut und Leben, das waren nur sehr rudimentäre Umschreibungen der wahren Aufgabe der Polizei: dem Staatsbürger die Gewißheit zu geben, daß es in einer sonst grauenhaft unverständlichen Welt »die Tatsachen« trotz allem gab. Nur, daß man dann am Schluß, wenn alles zu Ende und bewiesen war, mit seinem Streichholz oder seinem Kieselstein in der Hand dastand und dabei das Gefühl von einem schreienden Mißverhältnis und von der Eitelkeit aller Dinge hatte. Aha, so war es gelaufen. Gut. Das waren also die Zusammenhänge, das die Motive. Gut, gut. Man hatte seine Pflicht erfüllt. Bravo. Indes war man der einzige, der dazu verurteilt war zu wissen, daß die Tatsachen allein in Wirklichkeit gar nichts erklärten, daß vielmehr unter ihrer blanken Oberfläche auf immer alles zu erklären, zu motivieren, zu verknüpfen blieb ...

»Was ist los? Bist du nicht zufrieden, daß es zu Ende ist?«

»Es ist nicht zu Ende«, parierte der Kommissar die Frage.

»Ich weiß. Als erstes würde ich vorschlagen, Lopresti hinzuschicken, damit er sich dort umsieht und aufpaßt, daß niemand verschwindet. Die haben so einen sechsten Sinn ...«

Es war kein sechster Sinn, sondern dies, daß sie nicht ruhig bleiben konnten. Ihre Angst und Unruhe lösten in ihnen unvermutet den animalischen Fluchtreflex aus.

»Dann ist der Fiat 124 zu überwachen.«

»Er könnte geliehen sein.«

»Jedenfalls sag Lopresti, daß er daran denkt, wenn er schon da ist. Inzwischen ...«

Das Telefon läutete. Es war Nicosia.

»Ich bin hier bei Signor Regis, Herr Doktor. Wir erwarten Sie.«

Es war also auf gütlichem Wege gegangen. Um so besser. Der Kommissar nahm die Rollen und die Unbedenklichkeitsbescheinigung und ging zur Tür. »Du kannst inzwischen wegen des Autos in der Zulassungskartei nachsehen.«
»Abgemacht. Und ich werde den Staatsanwalt informieren, meine ich.«
»Ja, wir werden Haftbefehle brauchen.«
»Apropos Auto«, sagte De Palma, als er ihm auf den Korridor folgte, »weißt du noch, wo wir den Fiat 500 Rivieras gefunden haben?«
»Im Balùn?«
»Gewiß, aber mehr in der Nähe des Polizeireviers von Borgo Dora. Und da ist mir der Gedanke gekommen, daß, wenn er sofort den Fiat 124 bemerkt hat, der doch auch in seiner Nähe geparkt sein mußte.«
»Na und?«
»Man könnte beim Revier fragen, ob sie den Wagen gesehen und zufällig irgend etwas beobachtet haben – jetzt, wo wir wissen, was wir suchen.«
»Ja, das ist eine Idee. Ich rufe dich an, sobald ich mit diesem Regis fertig bin.«
Der Kommissar war schon bis zur Treppe gekommen, als er plötzlich umkehrte und noch einmal in sein Büro ging. Dort zog er ein Schubfach aus seinem Schreibtisch, und De Palma beobachtete, wie er aus einem Aktendeckel das Trambahnbillett nahm, das man am Ort des zweiten Verbrechens gefunden hatte, und es sorgfältig in seine Brieftasche steckte.
»Was hast du damit vor? Glaubst du, daß es auch eine Bedeutung hat?«
»Man kann nie wissen«, sagte der Kommissar lächelnd. »Besser, man hat alles in der Hand.«
Die Doppelrolle ergreifend, verließ er eilig das Büro.

Nicosia hatte gut gearbeitet. Sein von Natur finsterer Ausdruck – seine Augenbrauen waren so gewachsen, als ob man zwischen ihnen einen Nagel in seine Stirn geschlagen habe – kam ihm zustatten, wenn es darum ging, die Rollen eines Marketingexperten, Versicherungsinspektors oder des nüchtern-strengen Vertreters irgendeines

imaginären Verbandes zu verkörpern. Regis sah ihn mit Bedauern scheiden.
»Sie bleiben nicht hier?«
»Jetzt, wo Doktor Santamaria da ist . . .« sagte Nicosia, in einem Ton, als habe er noch ein Dutzend Verabredungen zu erledigen, und schloß die Tür hinter sich. Darauf wandte sich Regis mit einem Lächeln, das zugleich respektvoll-höflich und geschmeichelt war, an den Kommissar.
»Bitte, treten Sie näher«, sagte er und ging ihm voran in ein kleines Zimmer mit drei blauen Wänden, einer roten Wand und einer weißen Decke. In der Mitte der roten Wand hing eine Reproduktion des *Déjeuner sur l'herbe* von Manet im Originalformat. Der Kommissar nahm in dem Sessel Platz, auf den Regis wies. Er stand neben einem kleinen Tisch mit Glasplatte, und unter der Platte sah man Schmetterlingsflügel, ein paar gelbbraune Blätter und den schwarzen Schattenriß einer tanzenden nackten Frau mit im Winde flatterndem Haar.
»Nehmen Sie einen Vermouth?«
»Nein, danke.«
»Ihr – Mitarbeiter hat mir schon in großen Zügen das Problem der innerstädtischen Grünflächen auseinandergesetzt, und, wie ich ihm schon sagte, Ihre Initiative findet meine volle Zustimmung. Ich habe keine Kinder, ich bin nicht verheiratet, aber ich kann Ihnen versichern, daß ich nicht erst über die Wichtigkeit des Binoms Stadt + Natur aufgeklärt werden muß.«
Er lächelte bescheiden.
»Es war schon immer mein Hobby, auch schon, bevor . . . Aber darf ich Ihnen eine kleine Kostprobe zeigen?«
Er trat ans Fenster und deutete auf den gigantischen Langwürfel unmittelbar gegenüber dem, in dem er selbst wohnte.
»Ich weiß nicht, wo Sie wohnen . . .«
»In der alten Innenstadt«, sagte der Kommissar.
»Oh!« rief Regis und hob wie abwehrend die Hand, »da haben Sie ja auch Ihre Probleme! Hier sind wir jedenfalls an einen Punkt gekommen, wo es nicht mehr länger angeht, daß diese monströsen Hochhauskasernen alle Möglichkeiten eines gesunden, schönen und harmonischen Lebens ersticken! Sie sehen es selbst, dies ist nicht mehr eine Straße, es ist ein Tunnel, ein unterirdischer Gang, es sind

zweitausendvierhundert Schritte, ich habe mir den Spaß gemacht, sie zu zählen. Und es hört nicht auf. Die machen einfach so weiter, unbeirrt, ohne auf irgendwen Rücksicht zu nehmen. Kommen Sie, sehen Sie sich einmal diese Scheußlichkeit an!«

Er gestikulierte in alle Richtungen und verfluchte schließlich das ganze Viertel, von dem man rundherum nur die großen, unerbittlich in Reihen gestaffelten Wohnblöcke sah. Als der Kommissar den Kopf vorstreckte, bemerkte er links, zum Greifen nahe, einen winzigen trapezförmigen Balkon, der sich in einen Rücksprung der Fassade fügte; er bot knapp Platz für einen Klappstuhl und einen kleinen Korbtisch.

»Ist das Ihr Balkon?«

»Ja, er geht vom Schlafzimmer aus, das ursprünglich das Wohnzimmer war. Aber ich habe sie miteinander vertauscht. Ich versuche, das bißchen Sonne zu genießen, das uns die urbanistische Entwicklung noch konzediert.«

»Darf ich einmal hineinsehen?«

»Aber bitte!«

Das Schlafzimmer lag im Halbdunkel.

»Entschuldigen Sie die Unordnung«, sagte Regis und wies auf das ungemachte Bett. Dann zog er mit beiden Händen die Jalousie hoch.

Auch hier waren Zimmerdecke und Wände von verschiedenen Farben, oder, besser gesagt, sie wiesen verschiedene Tönungen von Gelb auf, von Zitronengelb bis Ockergelb, und die unsauberen Stellen verrieten, daß Regis Wände und Decke selbst gestrichen – »gerollt« – hatte. Die auf den Balkon führende Glastür war seitlich von schmalen orangefarbenen Regalen gerahmt, auf denen Bücher standen und mit Bindfaden zusammengebundene Zeitschriftenjahrgänge und Plattenalben lagen. Zwei Dinge fielen dem Kommissar auf: daß man nirgends einen Plattenspieler sah (auch nicht im Wohnzimmer), daß aber auf dem unteren Fach des Nachttischs ein großes Fernrohr lag.

Regis trat auf den Balkon. »Wir sind hier im neunten Stock«, erklärte er. »Als ich vor drei Jahren hier eingezogen bin, habe ich noch das Gebirge, Pappeln und sogar weidende Kühe gesehen! Weit weg, aber ich habe sie gesehen! Und nun sehen Sie jetzt! Wohin ich blicke, ich sehe immer nur Beton, Beton, Beton! Man nennt diese Häuser gern menschliche Bienenstöcke«, deklamierte er mit bitterem Spott, »aber sie tun den Bienen unrecht! Wenn die Bienen ihren Stock verlassen, dann gibt es wenigstens Blüten für sie, auf die sie sich setzen. Hier ist im Umkreis von Kilometern keine Margerite und kein Grashalm stehengeblieben. Dieses Viertel« – hier atmete er tief und streckte die Brust heraus – »dieses Viertel hat eine grüne Lunge dringend nötig, einen Platz, wo Kinder und alte Leute und – warum nicht? – auch die jungen Leute, die Liebespaare, wieder mit der großen Mutter in Berührung kommen können, wo sie sich auf dem Gras wälzen, Ball spielen oder meinetwegen sich auch hinter einem Busch verstecken können . . .«

Er lachte väterlich, ganz im Banne seiner naturverbundenen Schwärmerei; aber seine Begeisterung hob seine Häßlichkeit noch hervor, statt sie abzumindern. Er war knapp vierzig Jahre alt, hatte ein fliehendes Kinn und dicke fahle Lippen. Wenn er schwieg, stand sein Mund bei herabhängendem Kinn halb offen, was ihm Ähnlichkeit mit einem Pelikan gab. Seine Stirn war sehr hoch und steil, der Kopf schmal und an den Schläfen wie eingedrückt, nur der Nacken sprang vor wie das Heck eines Segelschiffs. Einer der vielen, die ohne Zukunft geboren werden und nur als statistische Größe existieren, bei Grippeepidemien, Meinungsumfragen und Analysen des Wählerverhaltens. Und doch hatte er zwei Tote auf dem Gewissen und gehörte mit Fug und Recht in die Statistik über Kriminalität.

»Wenn ich es in aller Bescheidenheit erwähnen darf«, fuhr Regis fort, »die Urbanistik ist ein wenig mein Fach angesichts der Position, die ich in der Stadtverwaltung einnehme und die Ihnen zweifellos bekannt ist. Wenn wir wieder nach drüben gehen wollen, Herr Doktor, werden wir dort Ihren Plan mit mehr Bequemlichkeit zusammen studieren.« Er zeigte auf die Rolle in der Hand des Kommissars.

»Warum setzen wir uns denn nicht hier hin?« fragte der Kommissar, als er ins Schlafzimmer zurückging und sich in dem Raum umsah. »Auf dem Teppich geht es sehr gut, da haben wir mehr Platz.«

Regis lachte, halb verlegen, halb schockiert. »Ich weiß aber nicht, ob . . .«

Doch dann beugte er sich dem Geist antikonformistischer Improvisation.
»Also gut, wir arbeiten hier. Aber lassen Sie mich wenigstens erst das Bett zudecken.«
Er zog, so gut er es konnte, Laken und Kopfkissen zurecht und legte dann eine leichte buntgestreifte Baumwolldecke darüber.
»So, das wär's«, sagte er energisch. »Jetzt an die Arbeit!«
Sie setzten sich beide auf das Bett, das quietschte und knarrte, bevor es dem Gewicht der beiden Männer nachgab. Regis griff nach der Rolle.
»Nun, wie weit ist der Plan gediehen? Ich nehme an, er steckt noch im Versuchsstadium. Oder ist er schon mehr oder weniger ausgearbeitet?«
»Warten Sie«, sagte der Kommissar. »Es sind zwei Pläne.« Und er ließ den Entwurf Garrones aus der Rolle gleiten.
»Ausgezeichnet. Es ist immer besser, eine Alternativlösung gleich dabeizuhaben«, sagte Regis und nahm ihm den Entwurf ab.
Er rollte ihn auf, hielt ihn mit ausgestreckten Armen vor sich und wurde leichenblaß. Der Kommissar beobachtete, wie er einen unendlich scheinenden Augenblick den Atem anhielt, bis er ihm gewaltsam aus dem Mund entwich wie Luft aus einem geplatzten Schlauch.
»Was bedeutet das? Soll das ein Scherz sein?«
»Es bedeutet«, sagte der Kommissar, »daß ich Kriminalkommissar bin und daß Sie, Signor Regis, sich in eine sehr unangenehme Lage gebracht haben.«
Regis sprang auf und ließ den Entwurf auf den Bettvorleger fallen.
»Zeigen Sie mir Ihren Ausweis!« forderte er mit unvermuteter Heftigkeit.
Der Kommissar reichte ihm die Karte, die ihm Regis erst nach aufmerksamer Musterung zurückgab.
»Es ist doch der Gipfel«, entrüstete er sich. »Solche Methoden sind in einem Rechtsstaat einfach unmöglich! Ich dulde nicht . . .«
»Lassen Sie das auf sich beruhen, Signor Regis«, unterbrach ihn der Kommissar. »Sie sind in einer argen Klemme.«
»Was für eine Klemme? Ich habe mir nichts vorzuwerfen, und wenn Sie glauben . . .«

»Signor Regis, was können Sie mir über diesen Entwurf hier sagen? Und über die von Ihnen abgezeichnete Unbedenklichkeitserklärung?«

Regis nahm wortlos die Bescheinigung entgegen; er wurde von neuem das Opfer seiner Atembeschwerden.

»Wer hat Ihnen das gegeben?« brachte er endlich mit schnaubendem Atem hervor.

»Ich war den ganzen Vormittag über in Ihrem Büro. Mit Professor Pellegrini.«

»Pellegrini?« Regis riß die Augen auf.

Wie durch einen Türspalt sah der Kommissar jahrelange Bürofehden, Übergriffe von Vorgesetzten, Intrigen, Schikanen und Schurigeleien, und er zögerte nicht, seinen Fuß in diesen Spalt zu setzen.

»Der Professor ist sehr besorgt wegen dieser – Unregelmäßigkeit, sehr verstimmt. Aber noch hat er sich nicht entschieden, wie er sie aufnehmen soll, er verläßt sich da ein wenig auf das, was ich ihm sagen werde. Verstehen Sie mich? Er weiß von dieser durch nichts zu rechtfertigenden Verzögerung um ein Jahr, und er weiß sehr wohl, daß die Hypothese von Bestechung und Erpressung nicht von der Hand zu weisen ist. Aber gewisse Aspekte der Angelegenheit sind ihm noch nicht klar. Zum Beispiel weiß er *noch* nichts über Ihre Lektüre, Signor Regis . . .« Er beugte sich vor und griff nach dem Fernrohr. »Er weiß noch nichts von Ihrem privaten Zeitvertreib . . .«

Mit einer blitzschnellen Bewegung entriß ihm Regis das Fernglas.

»Das, was Sie meinen privaten Zeitvertreib nennen«, begann er brüllend. Aber da versagte ihm die Stimme. »Das, was Sie . . .« versuchte er noch einmal, aber es wurde nur ein heiseres Flüstern.

Er wurde plötzlich noch bleicher und brach auf dem Bett zusammen. Seine Finger klammerten sich noch zwei- oder dreimal um das Fernglas, spinnenhaft, kraftlos, dann ließen sie los. Der Kommissar wartete etwa eine halbe Minute darauf, daß dieser gespielte Schwächeanfall, diese Ohnmacht oder was es sonst war, von selbst aufhörte. Dann stand er seufzend auf, legte Regis ordentlich aufs Bett und schob ihm das Kopfkissen unter den Kopf. Dies getan, machte er sich auf die Suche nach einem Likör und einem Glas Wasser.

Als er zurückkam, hatte Regis die Augen halb offen und gab stöhnende Laute von sich. Er war noch immer leichenblaß.

»Paola«, sagte er. »Paola.«

Der Kommissar faßte ihn an den Schultern, stützte ihn und gab ihm ein stärkendes chininhaltiges Mittel zu trinken. Regis hustete, es klang tief und hohl, und er spie dabei die Hälfte des stärkenden Tranks auf sein Hemd, aber auch auf die Hosen des Kommissars.

»Wie geht's? Ist es vorüber?«

Langsam den Kopf hebend, richtete Regis die Augen auf ihn – grau, wässerig und fast kugelförmig.

»Was ist passiert?« fragte er mit dünner Stimme. »Habe ich einen Unfall gehabt?«

»Sie sind nur ohnmächtig geworden, Signor Regis. Sie sind in Ihrer Wohnung.«

Jetzt erkannte ihn Regis, und sofort füllten sich die grauen Kugeln mit Tränen.

»Herr Kommissar«, sagte er in so flehentlichem Ton wie kurz zuvor, als er Paola gerufen hatte. »Herr Kommissar . . .«

»Nun, Kopf hoch, Signor Regis, lassen Sie den Mut nicht sinken. Sagen Sie mir alles, und Sie werden sehen, wie gut Sie sich danach fühlen.«

»Herr Kommissar, mein Leben . . .«

»Ich weiß, ich weiß«, sagte eilig der Kommissar, der aus langer Erfahrung wußte, daß die Beichte, die auf einen Tränenausbruch folgte, in beträchtlichem Umfang Kindheitserinnerungen einschloß. Aber Regis packte ihn am Ärmel und richtete sich halb auf.

»Mein Leben ist immer der Suche nach dem Schönen geweiht gewesen. Verstehen Sie mich? Nur darum handelt es sich! Um die Schönheit in allen ihren Formen!«

Wie erschöpft von seinem Glaubensbekenntnis, sank er aufs Bett zurück. Der Kommissar überlegte eine Weile, ob er ihm gestatten sollte, sich weiter über ästhetische Probleme zu verbreiten, oder ob er ihn lieber gleich auf den Punkt führen sollte, wo er ihn hin haben wollte. Er entschloß sich zu einem Kompromiß.

»Und Garrone teilte Ihre Ideen? Er war Ihr Freund?«

»Der einzige«, flüsterte Regis mit geschlossenen Augen. »Der einzige Mensch, den ich in meinem Leben meinen Freund nennen durfte. Sie wissen nicht . . . Sie können nicht wissen . . .«

Aber der Kommissar wußte etwas ganz genau: daß es charakteristisch für alle Anomalen, Perversen, Verrückten, Leute mit fixen Ideen war, daß sie sich einbildeten, nur sie allein wüßten, wie hart und grausam das Leben sein konnte, voll von tragischer Beschämung, mit seinen dunklen Zonen der Ohnmacht und der Niederlage! Und im Grunde war es diese Einbildung, um derentwillen sie von allen normalen und »vernünftigen« Leuten gehaßt wurden. Ja, glaubten die denn, sie hätten das Monopol des Leidens am Leben, ein Exklusivrecht auf Demütigungen? Wofür, zum Teufel, hielten sie sich? Für Christus am Kreuz? Auch auf dem Gebiet dieser Unglücklichen wurde die Konkurrenz immer gnadenloser, mußte der Kommissar denken. Die Zeit war reif für unerhörte Katastrophen.

»Hat Garrone Sie hier in Ihrer Wohnung besucht?« fragte er und nahm dabei das Fernglas (made in Japan) in die Hand und drehte es hin und her.

»Manchmal.«

»Feierten Sie auf dem Balkon Ihre kleinen Feste?«

Regis lachte. Es war das einsame schamlose Lachen eines Menschen, der sich nicht mehr scheut, dem andern sein Laster anzuvertrauen.

»Ja, manchmal. Wir machten das Licht aus, und von unserem kleinen Beobachtungsposten aus ...« Er zeigte mit einer Handbewegung auf die hundert Fenster des gegenüberliegenden Gebäudes. »Im Sommer passiert es schon mal, daß jemand vergißt, die Jalousie herunterzulassen oder die Vorhänge zuzuziehen ...«

Er setzte sich auf und nahm einen großen leeren Briefumschlag vom Tisch, um ihn als Fächer zu benutzen.

»Ich fühle mich schon ein bißchen besser«, erklärte er. »Es war ein richtiger Schock für mich, ich gebe es zu. Leider – und jetzt spreche ich den Menschen in Ihnen an, nicht den Polizeibeamten – besteht ja noch in bezug auf das Voyeurstum ein weitverbreitetes Vorurteil.«

Aha, jetzt kam der »wissenschaftliche« Vortrag auf den von Freud und Kinsey entlehnten Krücken (was ist normal?); es kamen die Zitate aus den Klassikern und die illustren Vorgänger: Philipp von Makedonien, Raffael, Mozart ...

Der Kommissar stand auf und ging müde bis an die Schwelle des Balkons. Der Kollege Rappa von der Sittenpolizei, der sich darauf

beschränkte, periodisch Razzien durchzuführen und die dabei Aufgegriffenen gerade für eine Nacht einzusperren, ohne ihnen auch nur ins Gewissen zu reden, tat sich leicht, wenn er sich beklagte, daß ihm die Hände gebunden waren, und nach strengen Maßnahmen auf Grund strengerer Gesetze rief. Aber für ihn, der oft genug mit Männern und Frauen vom Rande der Gesellschaft unter vier Augen zu tun hatte, stellten sie eine wahre Geißel dar. War es, allein um dieses Wortgeschwür auszubrennen und diese Flut von Klischees, mißverstandenen Begriffen, falsch gewählten Ausdrücken und unausgegorenen Gedanken abzustellen, nicht vielleicht doch der Mühe wert, allen Regis der Welt endlich das zu gewähren, was sie begehrten? Ihnen den Koitus im Autobus freizugeben ebenso wie die Orgie im Kindergarten, den kollektiven Exhibitionismus auf der Piazza San Carlo, die Sodomie im Michelotti-Park mit den Zebras und Tapiren aus dem Zoo?
»Sind Sie registriert?«
»Wie bitte?«
»Sind Sie nie von der Sittenpolizei festgenommen worden?«
Regis war sichtlich bemüht, eine plötzlich aufkommende rätselhafte Heiterkeit hinter den unmöglichsten Verzerrungen der Gesichtsmuskeln zu verbergen; um so ausgelassener klang dann der Heiterkeitsausbruch, den er nicht länger hintanhalten konnte.
»Ich will Sie ja nicht beleidigen«, sagte er schluchzend vor Gelächter, »aber Ihre Razzien . . .«
Er ließ den großen Umschlag fallen, der dem Kommissar vor die Füße glitt, und griff nach dem Glas Wasser auf dem Nachttisch. Er nahm einen großen Schluck. »Entschuldigen Sie, Herr Kommissar, aber wenn Sie wüßten . . . Ich war selbst fünf- oder sechsmal bei einer Razzia großen Stils dabei, und ich will Sie nicht kritisieren, aber da wäre selbst ein Gelähmter noch bequem davongekommen! Bei uns ist es schon der reinste Sport geworden. Wo holen Sie sich nur Ihre Streifenbeamten her? Aus der Blindenanstalt?«
Und er hatte sogar recht, dachte der Kommissar in Erinnerung an die Razzia von *Le Buone Pere*. Er bückte sich, um den Briefumschlag aufzuheben. Er war an *Sinior* O. Regis adressiert und mit zwei großen dänischen Briefmarken frankiert worden.
»Ach nein, Sie sind es nicht, die uns Angst einjagen«, sagte Regis, plötzlich ernst geworden.

»Sind Sie Sammler, Signor Regis?«
»Mein Gott, eine kleine Sammlung. Bei meinem Gehalt kann ich mir nichts Größeres leisten. Wollen Sie sie sehen?«
Ohne die Antwort abzuwarten, sprang er vom Bett, kniete vor einem Regal und wählte eins der dicken Plattenalben in blauer Lederimitation. Er zeigte es aufgeschlagen dem Kommissar. »Die Unterwasser-Serie – eine der gelungensten, was die plastische Wirkung angeht. Nur sündhaft teuer. Ich habe sie mir gerade in dem Augenblick aus Deutschland kommen lassen, als sie drüben die Mark aufwerteten.« Er zog ohne ein Zeichen der Unsicherheit ein zweites Album heraus. »Auch die Metzger-Serie hier ist von einem Niveau, von dem man in Italien nur träumen kann, ich meine, was die graphische Wiedergabe betrifft.«
Er blätterte ein paar der durchsichtigen Fächer um; sie enthielten große Farbfotos, die etwas ausgefallene Formen der Umarmung zeigten. »Hier ist allerdings eine sadistische Komponente im Spiel, die ich eigentlich ... Na, schön.« Er klappte das Album zu.
»Ich weiß, es ist ein Notbehelf. Ersatzbefriedigung. Das hat mir Garrone immer gesagt. Nur, daß ich mit meiner Ersatzbefriedigung noch da bin, ich habe mich rechtzeitig zurückziehen können ...«
»Wovon?«
»Von diesem Leben, diesem Dschungel ...«
Nichtsdestoweniger verriet ihn ein erregtes Grinsen bei der Vorstellung vom »Dschungel«, und der Kommissar meinte, ihn zu sehen: versteckt hinter Hecken und Büschen, im welken Laub von Gräben und Erdlöchern kauernd, draußen in den Hügeln oder am Stadtrand oder in den öffentlichen Anlagen der Stadt.
»Sie stehen auf der anderen Seite der Barrikade. Sie können nicht wissen, was das heißt, Herr Kommissar. Es ist eine böse Welt, gemein und niederträchtig ...« Er fuhr sich mit der Hand übers Gesicht, massierte die Wangen und ließ die dicken Lippen noch weiter hervortreten. »Da kann man ein schreckliches Ende nehmen: zu Tode getrampelt oder den Schädel mit einem Stein eingeschlagen oder mit einem Messer im Rücken. Und das ohne jeden Grund, ohne eine Provokation, nur weil man ein bißchen Vergnügen wollte oder weil man dem andern im unrechten Augenblick in den Weg kam ... Da, wo ich nachts hinging und wo sich die Polizei nur selten sehen läßt, gibt es Menschen, die zu allem fähig sind,

Herr Kommissar. Zu allem!« Diese schweigende, zuckende Hölle, diese andere, knisternde und raschelnde Welt, in der es troff von Tau, Nebel und kaltem Schweiß – sie schreckte ihn noch immer und zog ihn noch immer an. »Aber jetzt ist es vorbei, dieses Kapitel meines Lebens ist abgeschlossen.«
Er stellte die beiden Alben wieder an ihren Platz und schob sie bis an die Wand des Regals, damit sie mit den anderen ordentlich in einer Reihe standen.
»Ich halte mich an meinen Ersatz und lebe auch ...«
»Hat sich Garrone mit diesen Serien beschäftigt? Haben Sie sich dadurch kennengelernt?«
»O nein. Ich habe ihn, wenn ich so sagen darf, im Felde kennengelernt.«
»Aha. Auch Garrone ist demnach ...?«
»Garrone war kein echter Voyeur. Er war nicht wirklich – vom Dämon getrieben. Er war sozusagen ein Sympathisant, ein Weggefährte. Er hatte eine gewisse Neigung dazu, wie sie übrigens jedem Menschen angeboren ist ...« Er warf dem Kommissar einen herausfordernden Blick zu; und um sich gar nicht erst polemischen Bekehrungsversuchen auszusetzen, die man bei einem Typ wie Regis immer zu gewärtigen hatte, war der Kommissar so klug, nicht zu widersprechen.
»Also Garrone ›sympathisierte‹ «, sagte er.
»Er war ein Mensch, begierig auf jede Erfahrung, ein ›Experimentator‹, wie er sich selbst gern nannte. Und er scheute das Wagnis nicht. Im Gegenteil, die Gefahr zog ihn an. Aber am Ende hat er zuviel riskiert, wie alle geborenen Spieler ...«
Von was für einem Spiel sprach Regis? Was wußte er genau? Bei Menschen dieser Art wußte man nie sicher, wieviel sie vor sich selbst und wieviel vor den anderen verbargen.
»Aber bei ihm war es nicht nur Neugier«, fuhr Regis fort. »Er sah uns als Menschen, nicht als ekelhafte Insekten oder als Parias ... ›Die Engel der Nacht‹, sagte er von uns. Er war ein Dichter, ein Idealist, und wie alle Dichter hat er seine Haut zu Markte getragen ...«
Er sprach, so fand der Kommissar, in gutem Glauben, man konnte auch sagen, er besaß die beneidenswerte Gabe – versagt nur den wenigen Zynikern, die es heute noch gab –, die es Taschendieben

und Hausfrauen, Kolonialwarenhändlern und Ministern, berühmten Sängern, Tagelöhnern und Universitätsprofessoren erlaubte, jede von ihnen begangene Unanständigkeit sozusagen in ein Kämmerchen zu verbannen, wo sie sie dann glücklich für immer vergessen konnten.
»Und wie, Signor Regis, gedachte dieser Dichter, Sie zu bezahlen?«
»Was wollen Sie damit sagen?«
Der Kommissar hob den halb unters Bett gerutschten Entwurf von Tresso & Campana und die von Regis abgezeichnete Unbedenklichkeitsbescheinigung auf.
»Ich frage Sie, was hat Ihnen Garrone gegeben oder versprochen, damit Sie dieses Projekt blockieren. Ist das klar?«
Regis sah ihn an, bekümmert und mitleidig.
»Ich hatte in Ihnen einen überlegenen Geist gesehen, Herr Kommissar, aber ich merke, daß ich mich geirrt habe, daß auch Sie . . .«
»Hören Sie zu, Regis. Sie haben sich eine schwere Unregelmäßigkeit zuschulden kommen lassen. Sie haben ohne plausiblen Grund dieses Projekt ein Jahr lang zurückgehalten. Das ist ein Delikt, das Sie ein paar Jahre Gefängnis kosten kann. Professor Pellegrini und ich sind der Meinung, daß Sie das getan haben, um das Projekt Ihres Freundes Garrone zu begünstigen.« Er erhob die Stimme: »Was hat Ihnen Garrone dafür geben müssen?«
Regis schüttelte verzweifelt den Kopf.
»Wir sprechen nicht dieselbe Sprache . . .«
»Woher wußte Garrone von der Existenz dieses Entwurfs? Haben Sie ihn darauf aufmerksam gemacht?«
»Aber nein, nicht doch . . .« sagte Regis, als spräche er mit einem Kind. »Er hatte mich in meinem Büro besucht, und da sah er es auf meinem Schreibtisch; es war mir gerade zur Begutachtung gebracht worden. Er fing sofort Feuer, wie es seine Art war. Er begeisterte sich. Der große Ehrgeiz seines Lebens sei es immer gewesen, sich mit einem Unternehmen dieses Ranges ausdrücken, sich verwirklichen zu können . . . Das sagte er mir.«
»Und weiter nichts?«
»Er war ein bißchen böse auf Tresso & Campana. Tresso war ein Studienkamerad von ihm und hatte ihn später, als es um einen

Auftrag ging, sehr enttäuscht. Und jetzt wollte er die Gelegenheit benutzen, sich zu revanchieren, und einmal ihm einen Knüppel zwischen die Beine werfen. Das ist letzten Endes doch sehr menschlich.«

»Und der Knüppel waren Sie.«

»Ich habe einem Freund geholfen«, sagte Regis voller Würde.

»Sie haben ihm das Projekt zum Kopieren überlassen.«

»Kopieren, kopieren ... Wir wollen niemanden verleumden, der sich nicht mehr wehren kann, Herr Kommissar. Garrone hat den Entwurf erheblich verbessert, er hat ein paar wesentliche und, sagen wir es ruhig, geniale Veränderungen an ihm vorgenommen. Ich kann es Ihnen Punkt für Punkt nachweisen, weil auch ich an der endgültigen Fassung mitgearbeitet habe. Hier, in diesem Haus, wenn Sie es wissen wollen.«

»Und wie stellte er sich vor, daß sein Plan angenommen wurde?«

»Er hatte gute Chancen. Die Verhandlungen mit dem Klienten waren schon weit gediehen.«

»Haben Sie an diesen Verhandlungen auch teilgenommen?«

»Nein. Garrone wollte mich nicht ›kompromittieren‹, er hielt mich da ganz heraus. Übrigens ging mich die Sache nichts an und interessierte mich nicht. Geschäftliches hat für mich noch nie irgendwelchen Reiz gehabt.«

»Sie beschränkten sich also darauf, keine Unbedenklichkeitsbescheinigung zu geben.«

»Ich beschränkte mich darauf, einem Freund zu helfen.«

Gegen diesen Panzer von freundschaftlicher Ergebenheit und edlen Gefühlen gab es keine bessere Waffe als vulgäre Taktlosigkeit. Der Kommissar rieb denn auch mit einer bezeichnenden Geste Daumen und Zeigefinger aneinander.

»Gratis?«

Regis Gesichtsausdruck verdüsterte sich schmerzlich.

»Ich hätte nicht eine Lira angenommen. Ich bin kein Betrüger.«

»Aber was hat Ihnen denn Garrone versprochen? Die Hälfte?«

Es entstand eine lange Pause. Endlich sollte die Wahrheit an den Tag kommen, die einfache, unpoetische, unästhetische, gar nicht idealistische Wahrheit. Regis starrte zu Boden.

»Ein einziges Mal, am Anfang, machte Garrone eine Andeutung in dieser Richtung. Er sprach von meinem Anteil, wie er sich aus-

drückte.« Er hob den Kopf. »Aber ich ließ ihn nicht weiterreden. Ich habe Geld immer verachtet.«
»Aber Sie wußten doch, daß es hier um riesige Beträge ging?« Verzweifelt rang Regis die Hände.
»Wußten Sie es?«
»Ja, ich habe es gewußt. Garrone sprach ja dauernd davon, er war von dieser Idee wie besessen. Nur«, und hier lächelte er, »ich habe nicht daran geglaubt.«
»Was? Daß es hier um viele, viele Millionen Lire ging?«
»Das nicht. Nur, daß sie wirklich für ihn so wichtig waren, die Millionen, ob viele oder wenige. Verstehen Sie mich richtig: Wenn er sie bekommen hätte, dann hätte er sie rasch zum Fenster hinausgeworfen. Er hätte sich Anzüge gekauft – auf ein elegantes Äußeres legte er ja großen Wert –, und er wäre gereist, nach Mexiko, nach Ceylon, nach Städten und Ländern, von denen er immer geträumt hatte, Rußland, Leningrad ... Und doch glaubte ich zu wissen, daß das alles Nebensachen waren, vielleicht, besser gesagt, Dinge mehr symbolischer Natur. Worauf es ihm ankam, war die Revanche, nicht das Geld. Gewiß, die Millionen wären ihm schon recht gewesen, er hätte sie brauchen können – aber um sich schadlos zu halten für all die Enttäuschungen, die Schläge und Demütigungen, die er einstecken mußte von falschen Freunden, von Kollegen, Menschen, für die er sich aufgeopfert hatte, von diesem Aas von Schwester ...«
Die Tatsachen, dachte der Kommissar verwirrt, du mußt dich an die Tatsachen halten. Aber die Tatsachen gaben ihm unrecht. Regis – er zweifelte plötzlich nicht mehr daran – war keineswegs der typische korrupte Beamte; zwischen ihm und Garrone hatte es kein kriminelles Komplicentum gegeben, und aus seinem Redefluß – der angestauten Mitteilsamkeit des allein lebenden Menschen – erstand vor seinen Augen ein Bild des Architekten, das der Wahrheit vielleicht näher kam als alles andere, was er bisher über ihn gehört hatte. Der obszöne Garrone, der mit dem goldenen Telefon, dachte er ...
»Das Gummiband«, forderte er kurz angebunden.
Es war ein Ordnungsruf, den er sich selbst erteilte, aber der andere hörte daraus eine Drohung, eine Verurteilung.
»Wie bitte?« stammelte er. »Ah ja, gewiß ...« Er suchte das Gummiband auf dem Bettvorleger.

»Hier ist es. Aber lassen Sie das mich doch machen, Herr Kommissar, das ist eine Arbeit, die ich gewohnt bin.«
Er rollte den Entwurf von Tresso & Campana zusammen, fügte die Unbedenklichkeitsbescheinigung bei und streifte das Gummiband darüber. Für den Kommissar wurde er wieder der kleine Beamte, der anonyme, gebückte Aktenträger und Spezialist für die Vorschrift 37/A. Die Sprungfeder seines sonderbaren Stolzes als Außenseiter der Gesellschaft war erschlafft, ausgeleiert; der Schatten Pellegrinis – eines Pellegrini, den der Kommissar nicht kannte – war in den Raum getreten und hatte gesiegt.
Behutsam legte Regis die Rolle aufs Bett.
»Wenn Sie gestatten . . .« Er wies auf die Likörflecken auf seinem Hemd, ging an einen Schrank – dreitürig, gelb gestrichen – und zog ein sauberes Hemd aus einer der Schubladen. Eilig kleidete er sich um, und für einen Augenblick war über dem halbmondförmigen Ausschnitt des Unterhemds ein großes Muttermal zwischen den Schulterblättern zu sehen. Dann nahm er eine Jacke und eine Krawatte aus dem Schrank. Er bereitete sich offenbar vor, mit dem Kommissar zu gehen. Aus jeder seiner Bewegungen sprach Resignation. So wie er jeden Morgen ins Büro ging, so würde er aufs Polizeipräsidium – und ins Gefängnis gehen.
Die Tatsachen, dachte der Kommissar, die Tatsachen. Die Untersuchung betraf – und dies war die Tatsache Nummer eins – einen Doppelmord. Und es war offensichtlich, daß Regis von dem zweiten Mord noch nicht einmal etwas wußte und, was den ersten anging, auch nicht im entferntesten das wahre Motiv ahnte. Garrone, der »Experimentator«, der »geborene Spieler«, war von einem nächtlichen Unhold aus irgendwelchen »nächtlichen« Gründen umgebracht worden. Das jedenfalls glaubte Regis, mit seinem engen Horizont eines von fixen Ideen Besessenen. Was aber Punkt zwei betraf, die Korruption, so hatte sie nicht stattgefunden. Ein Aktenstück war ein Jahr in einem Büro liegengeblieben, richtig; aber mit wieviel Tausenden, Zehntausenden von Akten passierte nicht dasselbe in Italien, ohne daß der Schuldige zur Verantwortung gezogen wurde, ja, ohne daß sich ein Verantwortlicher überhaupt feststellen ließ? Regis hatte es aus Mitleid, aus Solidarität mit einem anderen Hungerleider getan. Oder auch aus Dankbarkeit, um ihm irgendeinen Dienst »auf dem Felde« zu vergelten, den er

in seiner Vorstellung idealisiert hatte wie ein Heldenstück aus einem Film von John Wayne. Garrone, der ihm bei einer Razzia auf die Beine half, der ihm behilflich war, einen der Gießbäche in den Hügeln zu durchwaten ... Aber er hatte es nicht für die Millionen – symbolisch oder nicht symbolisch – getan; die hätte Garrone selbst behalten.

Regis wandte sich ihm zu. Er war fertig, die Krawatte geknüpft, das Jackett zugeknöpft.

»Ach ja.« Er schien sich an eine Pflicht zu erinnern, nahm den eingerollten Entwurf von Tresso & Campana vom Bett und reichte ihn dem Kommissar. Der Blick, mit dem er ihn ansah, zeigte keinen Ausdruck.

»Behalten Sie ihn«, sagte der Kommissar mit einer kleinen Geste der Ungeduld. »Bringen Sie ihn morgen früh ins Büro zurück.«

Es war ein Freispruch, und als solchen verstand ihn auch Regis. Seine Atemschwierigkeiten kehrten zurück.

»Ich brauche nicht mit Ihnen ...?«

»Nein.«

»Sie – verhaften mich nicht?«

»Nein.«

»Bedeutet das, daß – ich aus der Sache heraus bin?«

»Ob Sie aus der Geschichte vollkommen herausbleiben können, weiß ich nicht. Aber für uns, die wir uns mit der Aufklärung des Mordes befassen, sind Sie – nicht betroffen.«

Daß er »uns« gesagt hatte, genügte nicht, ihn vor der aufwallenden Dankbarkeit Regis' zu bewahren.

»Herr Kommissar«, schnaufte Regis, bebend vor Ergriffenheit, »ich glaube nicht an Gott, aber wenn es ein höheres Wesen über uns gibt ...«

»Hören Sie, Regis, könnten Sie mir einen Gefallen tun?« fiel ihm der Kommissar ins Wort. Regis schickte sich an zu antworten, daß er bereit sei, für den Kommissar durchs Feuer zu gehen. Aber der kam ihm zuvor: »Hätten Sie vielleicht eine alte Zeitung für mich?«

»Eine alte?« ereiferte sich Regis. »Die von heute, Herr Kommissar!«

»Aber das ist nicht nötig.«

Doch Regis hatte sich bereits auf den Balkon gestürzt und kam

mit der *Stampa* zurück. »Ich habe sie schon gelesen. Nehmen Sie sie, bitte, tun Sie mir den Gefallen!«
»Ich brauche ja nur ein Blatt.«
»Aber nehmen Sie sie ganz, machen Sie keine Umstände!«
Der Kommissar nahm eine Doppelseite und wickelte darin das zusammengerollte Projekt Garrones ein. Dies war das Projekt, das er brauchte.
»Wo ist das Telefon?« fragte er.
Regis schien verzweifelt, ihm nicht sogleich zehn Telefone zur Verfügung stellen zu können.
»Im Korridor. Bitte, kommen Sie«, sagte er voller Demut.
Der Kommissar rief De Palma an und sagte ihm, daß in der Hauptsache alles seinen Vermutungen entsprach.
»Und Regis? Was ist mit dem?«
»Nichts. Er hatte nicht die geringste Ahnung. Habt ihr etwas über den Wagen erfahren?«
»Ja, da stimmt's auch. Ein blauer Fiat 124. Es ist ihr Wagen.«
Auf dem Polizeirevier von Borgo Dora hatte zwar niemand auf diesen Wagen oder darauf, wer ihn fuhr geachtet, aber ein Beamter hatte sich erinnert, daß an jedem Samstagmorgen die Kollegen von der städtischen Polizei des benachbarten Reviers ihre Strafzettel auf die Dutzende von Autos verteilten, die die Balùn-Besucher die ganze Straße entlang dem Verbot zum Trotz dort geparkt hatten. Die Idee war gut, denn auch der Fiat 124 hatte seinen Strafzettel abbekommen. De Palma hatte den Durchschlag in der Tasche.
»Gut«, sagte der Kommissar. »Dann sehen wir uns also oben.«
»Abgemacht.«
Sowie Regis hörte, daß der Kommissar auflegte, tauchte er aus dem Wohnzimmer auf, in das er sich diskret zurückgezogen hatte.
»Herr Kommissar«, sagte er und gestikulierte beschwörend mit den Händen. »Sie sollen wissen, daß für mich . . . dieser Tag . . . diese Begegnung . . . Ihr Verständnis . . . Ich finde nicht die Worte, um . . .«
Der Vorteil bei den Undankbaren, dachte der Kommissar im Fahrstuhl, war der, daß sie sich gar nicht erst die Mühe machten, nach Worten zu suchen.

4

Obwohl schon fast ein Uhr, waren noch viele Boote auf dem Po – fast alle quer zur Strömung und ungeschickt manövriert von Soldaten, die Ausgang hatten, oder von hemdsärmeligen jungen Leuten, deren Jacken auf einem Haufen hinter dem Sitz des Steuermanns lagen. Aufrecht stehend in seinem *Gondolino*, ruderte ein alter Mann, sonnenverbrannt, wie aus Holz geschnitzt, in weißen Shorts, auf der rechten Uferseite flußaufwärts. Es sah leicht und aristokratisch aus. Über den Hügeln lag ein Hitzedunst, und selbst der Schatten dort, wo sich die Bäume bogenförmig über die windungsreiche Straße wölbten, wirkte wie von einem Hauch beschlagen und ließ Wesen und Umriß der Dinge im Vagen.
Der Kommissar kurbelte das Wagenfenster ganz herunter. Fast ein Uhr. Nicht die rechte Stunde, hätte man im *Ambiente* gesagt.
»Rechts«, sagte er zum Fahrer, der vor einer Gabelung die Fahrt verlangsamt hatte. Sie fuhren weiter hinauf zwischen Mauern von ehrwürdigem Alter, von Geißblatt bewachsen und hin und wieder von modernen Gittern unterbrochen, hinter denen die hybride Vorhut der Stadt sichtbar wurde: In dichter Formation – mit kubischen kleinen Villen und winzigen Gärten – strebte sie hügelan. Aber hier die beiden efeuumrankten Pfeiler des aufgesperrten Gartentors leisteten der plebejischen Invasion Widerstand.
»Hier«, sagte der Kommissar.
Der Fahrer bremste unvermittelt.
»Los, fahr rein, beeil dich.«
Sie fuhren durch die dunkle Allee, einen Tunnel aus Bäumen und Sträuchern, der raschelnd an die Türen und ans Dach des Wagens stieß. Unwillkürlich zog der Kommissar den Kopf ein, und er beobachtete den gleichen Reflex beim Fahrer.
»Langsamer«, sagte der Kommissar.
Die Allee verlief in mehreren scharfen Biegungen, die, überwachsen von blühenden Sträuchern oder dichtem schwarzgrünem Buschwerk, vorher nicht zu erkennen waren; dann führte sie auf einen großen viereckigen kiesbestreuten Platz unterhalb der Villa.
Der Kommissar stieg aus, die Sonne brütete über dem Platz, es roch intensiv nach Blumen. Seine Hand, die den Entwurf Garrones um-

klammerte, war feucht, das Zeitungspapier drohte aufzuweichen. Er blickte hinauf. Die Villa zeigte sich von der Seite: drei Reihen Sprossenfenster, alle geschlossen, und eine steinerne Treppe, geschmückt mit grauen Statuen aus dem achtzehnten Jahrhundert, die zur Terrasse an der Vorderseite des Hauses führte. Da oben, im Schatten der Bäume, würde er sie gewiß antreffen.
Er ging über den knirschenden Kies und stieg dann die Treppe hinauf, zwischen bemoosten Venus- und beschädigten Minervastatuen; weil ihn die Sonne blendete, hielt er die Augen zu Boden gerichtet. Als er aufsah, erkannte er Campi, der ihn, einen Zweig in der Hand, auf der obersten Stufe erwartete.
»Ah, Sie sind es«, sagte Campi, strahlend vor Vergnügen. »Guten Tag.«
»Nicht die rechte Stunde für einen Besuch«, sagte der Kommissar. Campi antwortete mit dem kurzen schnaubenden Lachen, das den Freunden reserviert blieb, deren Besuch zu keiner Stunde ungelegen kam.
»Bleiben wir nicht in der Sonne stehen«, sagte er. »Anna Carla ist da drüben.«
Sie saß, mit dem Rücken zu ihnen, fast im Dunkeln unter einer Zeder, die mit ihren silbernen Zweigen beinahe bis zu den eigenen gewaltigen Wurzeln reichte, die offen auf der Oberfläche des Bodens lagen. Um sie herum standen tiefe Korbsessel und lagen Zeitungen und Zeitschriften verstreut auf dem Rasen.
»Anna Carla!« rief Campi, als sie nur noch zwanzig Schritte entfernt waren. »Sieh mal, wer hier ist!«
Sie drehte sich um, in ihrem Gesicht schon den Ausdruck freudiger Überraschung parat; aber sobald sie ihn erkannte, übersprang sie alle sonst obligatorischen Übergänge. Sie stand sofort auf und kam mit einem Ausdruck wehrloser Bangigkeit auf ihn zu. Der Kommissar meinte, noch nie eine so schöne Frau gesehen zu haben und noch nie für eine Frau das empfunden zu haben, was er für sie empfand. Vielleicht, verspottete er sich, lag es daran, daß er gerade von Regis kam. Die Tatsachen, er hatte sich an die Tatsachen zu halten . . .
»Nun, Herr Kommissar?«
Sie wußte so gut wie Campi, daß er nicht ohne guten Grund gekommen wäre. Aber Campi wollte ihm bis zuletzt sein Spiel

aufzwingen, das heißt, seine Vorstellung vom Spiel, während sie, diese ungewöhnliche, diese einzigartige Frau ...

»Der Fall ist aufgeklärt«, erklärte Campi mit sanfter Freundlichkeit. Er wies mit dem Zweig auf die Rolle, die der Kommissar in der Hand hielt. »Der Kommissar hat das Rohr gefunden.«

Sie hielt es für einen Scherz. Dann sah sie, daß der Kommissar nicht mit einem Lächeln reagierte.

»Im Ernst?« fragte sie bewegt.

»Ja, aber es war gar kein Rohr. Sondern nur ein großes zusammengerolltes Blatt Papier. Ein Entwurf.«

»Aha!« Campi zerbrach seinen Zweig in zwei Stücke. »Also das Motiv ...? Warten Sie, lassen Sie mich nachdenken ...«

Der Kommissar ließ ihn nachdenken.

»Aber setzen Sie sich doch für einen Augenblick«, sagte sie mit halblauter Stimme.

»Nein, danke, wirklich nicht. Es ist besser so.«

»Ich sehe Büros ...«, verkündete Campi im Ton eines Hellsehers, »viele Büros. Und Bestechung ... oder Erpressung ... Bauspekulation ... Viele Millionen.«

»Bravo«, sagte der Kommissar.

»Und Lello war dahintergekommen, und deswegen ist er ermordet worden.«

»Genauso ist es gewesen.«

»Aber alles, was recht ist!« protestierte sie.

»Was hast du?« fragte Campi.

»Wer es gewesen ist, möchte ich wissen. Wissen Sie es?«

»Ja«, sagte der Kommissar. »Und ich weiß, daß es keiner von Ihnen beiden gewesen ist. Um Ihnen das zu sagen, bin ich hier.«

Campi deutete eine Verbeugung an.

»Ich möchte nicht, daß Sie mich für eingebildet halten, aber das wußte ich bereits.«

»Aber ich nicht, Signor Campi. Versetzen Sie sich bitte in meine Lage.«

Campi zerstückelte den Zweig jetzt vollends und warf die Teile zusammen fort.

»Jedenfalls«, sagte er, »trage ich es Ihnen nicht nach. Und Anna Carla auch nicht, nehme ich an.«

»Was? Daß er uns verdächtigt hat? Aber er hatte doch tausend Gründe dafür!«
»Nein, Dummerchen: Daß er uns nie wirklich in Verdacht hatte. Er hat uns nie ernst genommen. Jetzt können Sie es ja zugeben, Herr Kommissar.«
»Stimmt«, log der Kommissar. »Aber ich mußte so tun, als ob.«
»Natürlich«, sagte Campi nachdenklich. »Die Sache mit dem Als-ob. Man verbringt sein ganzes Leben damit, so zu tun, als ob.«
Der Kommissar fühlte sich vertraulich am Arm genommen und mit sanfter Gewalt auf einen langen, wellenförmigen Liegestuhl zu gedrängt.
»Sie gehen natürlich nicht, bevor Sie uns nicht alles erzählt haben. Massimo, sag Bescheid, daß der Kommissar zum Essen bleibt.«
Zwar war er bedacht, seinen Arm nicht aus der zarten Umklammerung zu lösen, stemmte sich aber gleichzeitig gegen den Druck in Richtung des Liegestuhls.
»Danke, aber ich kann nicht bleiben. Ich bin nur vorbeigekommen, um Ihnen die Nachricht zu bringen.«
»Was für eine Nachricht? Sie haben uns doch gar nichts gesagt!«
»Und er wird uns auch nichts sagen vor der Verhaftung oder wenigstens der Festnahme des Täters«, behauptete Campi. »Ist es nicht so, Herr Kommissar.«
»Ja, so ist es.«
»Aber wir sagen es doch niemand weiter, ich schwör's beim Haupt meiner Tochter!« Jetzt packte sie ihn am Arm und schüttelte ihn sogar. »Wer ist es gewesen? Bonetto?«
Er verneinte mit einer Bewegung des Kopfes. Diese Neugier war verständlich, nichtsdestoweniger verstimmte sie ihn. Oder, vielleicht richtiger, sie schuf einen Abstand zwischen ihnen. Er sah schon das Bild, das sie einst in ihren Erzählungen, in ihren Erinnerungen, von ihm geben würde. »Das war an dem Sonntag, als Santamaria heraufkam und uns erklärte ...«
»Gönnen Sie mir wenigstens einen Blick auf das da!« Sie machte Anstalten, ihm die Rolle fortzunehmen, aber statt dessen hängte sie sich wieder an seinen Arm.
»War es der Steinmetz? Zavattaro?«
»Hören Sie, ich muß jetzt wirklich gehen. Aber sobald ich fertig

bin, sehen wir uns wieder, und ich schwöre, daß ich Ihnen alles erklären werde.«
»Heute abend?«
»Ich weiß nicht, das ist vielleicht noch ein bißchen früh.«
»Also dann morgen. Sagen wir doch gleich morgen abend, bei mir.«
Der Kommissar war überzeugt, daß er das den beiden auch schuldete. Sie hatten sich Mühe gegeben, um ihm zu helfen; und noch gestern hatten sie beide zum Kreis der verdächtigen Personen gehört und hatten erschöpft, mit schmerzendem Rücken, auf den Stühlen des Polizeipräsidiums gesessen. Er war es ihnen schuldig, aber er hatte keine Lust es zu tun. Es würde so etwas wie ein Treffen alter Kriegskameraden sein, herzlich und voller Erinnerungsseligkeit, aber zugleich tieftraurig. Und nach allen Fragen, die sie stellten, und allen Antworten, die er geben würde, nach allen Vergegenwärtigungen auch der kleinsten Einzelheiten der Schlacht, würde jeder wieder seiner Wege gehen, allein. Denn sie hatten nichts anderes miteinander gemein.
»Aber wenn Sie sich noch nicht festlegen können«, sagte sie, sein Zögern beobachtend, »kann ich Sie doch noch einmal anrufen, um es dann festzumachen. Sagen wir, in Ihrem Büro gegen drei?«
»Gut«, sagte er ein wenig kühl. »Danke sehr.«
Sie ließ seinen Arm los. »Wie ich es allerdings bis morgen aushalten soll, weiß ich nicht. Ich *sterbe* vor Neugier.«
»Ja, es ist sehr grausam, aber das sind die Methoden der Polizei«, sagte Campi. »Nichts vermag diese eisernen Männer zu erweichen, nicht einmal die Neugier.« Aber dann warf auch er die Maske der Überlegenheit ab. »Wer war es also, Kommissar? Dürfen wir es wirklich nicht erfahren?«
Der Kommissar streckte ihm die Rolle wie einen langen mahnenden Zeigefinger entgegen.
»Ein Sprichwort«, sagte er. »*La cativa lavandera* . . .«
Sie waren Turiner, dies mußten sie verstehen. Sie sahen sich an, verdutzt und ungläubig, und sahen den Kommissar an.
»Aber nein!« sagten beide gleichzeitig.
»Aber ja!« sagte der Kommissar und trat aus dem weiten Schatten der Zeder.

»Die Signora erklärt mir gerade etwas höchst Interessantes«, sagte De Palma, als auch der Kommissar Platz genommen hatte. »Kennst du den Piemonteser Dialekt?«

»Leider nur zu wenig«, erwiderte der Kommissar.

De Palma faltete die Hände und lehnte sich bequem in seinem Sessel zurück. Er sah in dem dunklen Zimmer, in dem es nach frischem Heu und altem Staub, nach Schimmel und nach irgendwelchen Kräutertees roch, ein wenig wie ein Landpfarrer aus.

»Ich habe die Signora gefragt, woher der Name ihres schönen Besitzes rührt und ob es in dieser Gegend heute noch einen besonders schönen Obstgarten gibt. Du wirst es nicht glauben, aber mit Obst hat der Name überhaupt nichts zu tun. Nicht wahr, Signora?«

Signora Tabusso wandte den Blick mit vorsichtigem Zögern in die Richtung De Palmas, bis er plötzlich unaufhaltsam zu der in Zeitungspapier gewickelten Rolle glitt, die der Kommissar nachlässig in der Hand hielt.

»Ja, das stimmt«, antwortete sie, mit einem etwas gezwungenen Lächeln.

»Wie ist das möglich?« wunderte sich der Kommissar. »Sie haben keine Birnbäume hier?«

»Einen gibt es gerade«, warf die Schwester der Tabusso ein, die auf dem drehbaren Klavierschemel saß, »aber er trägt nur alle drei Jahre. Und die Birnen sind hart wie Stein.«

»Hast du gehört?« bemerkte De Palma.

»Ich verstehe«, sagte der Kommissar. »Es handelt sich also um einen Scherz, eine ironische Umkehrung. Da die Birnen hier schlecht sind, nennt man sie gut, ist es so?«

»Nein, Santamaria, nein«, antwortete De Palma mit großer Geduld. »Ein Scherz ist dabei, aber wie gesagt, mit Birnen hat er nichts zu tun. Im Dialekt«, hier machte er eine kleine Kunstpause, »im Dialekt bedeutet das Wort *pera* soviel wie *pietra, Stein.* Verstehst du jetzt?«

»Aber wie denn?« fragte der Kommissar verblüfft. »Das hieße ja, *Le buone pere,* ›Die guten Birnen‹, sind in Wahrheit ›Die guten Steine‹?«

»Aber gewiß doch«, bestätigte die Schwester der Tabusso fröhlich und drehte sich auf dem Klavierschemel halb um. »Die guten Steine!«
Der Kommissar kratzte sich am Kinn.
»Wer wäre darauf gekommen! Nur verstehe ich nicht . . .«
»Richtig«, kam ihm De Palma zuvor. »Auch ich habe mich gefragt, warum das Gut . . .«
»Der Weinberg«, verbesserte ihn die Schwester der Tabusso und beschrieb eine halbe Drehung auf dem Klaviersessel, diesmal in umgekehrter Richtung. »Alle diese Güter in den Turiner Hügeln heißen ›Weinberge‹. Es ist ein alter Brauch.«
»Aber warum die ›guten Steine‹?«
Hier brach die Schwester der Tabusso nun in schallendes Gelächter aus.
»So komische Namen fand man früher oft für diese Weinberge. Und da das Sprichwort heißt . . .«
»Ach so«, sagte der Kommissar. »Ein Sprichwort steckt dahinter!«
»Ja, ein altes piemontesisches Sprichwort. Es lautet – ich sage es Ihnen im Dialekt: *›La cativa lavandera a treuva mai la buna pera.‹* «
» ›Die schlechte Wäscherin‹ «, übersetzte gutmütig De Palma, » ›findet nie den guten Stein.‹ Das heißt, den Stein, der zum Wäschewaschen gut ist, verstehst du, Santamaria?«
»Richtig«, bestätigte die Schwester der Tabusso. »Und daher . . .«
Es folgte ein Augenblick schweigender Erwartung, eine Pause, die der Kommissar bis zur Grenze des Erträglichen ausdehnte. Dann wandte er sich an De Palma.
»Trotzdem, ich verstehe noch immer nicht recht, wo hier der Scherz liegt. Siehst du die Anspielung?«
»Nein, Santamaria. Ich sehe sie auch nicht, wenn ich die Wahrheit sagen soll.«
Der Kommissar richtete die Rolle auf Signora Tabusso.
»Können Sie es uns nicht erklären, Signora? Vielleicht verfügen wir nicht über alle Elemente der Gleichung.«
Signora Tabusso spielte ihre Rolle als die Frau des Hauses so gut sie konnte.
»Es hängt mit dem Tal hier unten zusammen«, sagte sie mit einer

gewissen Anstrengung. »Dem Tal der Huren. Früher floß einmal ein Bach durch das Tal, die Quelle war nicht weit; an einer Stelle aber verbreiterte sich der Bach wie zu einem kleinen See, und da wurde ein öffentlicher Waschplatz eingerichtet und wohl auch lange Zeit hindurch benützt. Man kann noch heute die Steine dort überall herumliegen sehen.«

»Aber das ist doch da, wo wir neulich nachts die Tasche gefunden haben!« sagte der Kommissar. »Das wären demnach die ›guten Steine‹?«

»Ja, das sind sie.«

»Anders gesagt«, erläuterte die Schwester, »ein Platz, wo man gut waschen konnte, im Schatten und mit dem reinen Wasser, wie es damals war. Und das heißt, die schlechten Wäscherinnen fanden keine Ausrede hier.«

»Le bune pere«, sagte De Palma mit sorgfältiger Betonung. »Das klingt gut. Ein schöner Name. Nur schade, daß der Witz verlorengegangen ist. Wie mag das passiert sein? Ein Schreibfehler bei der Eintragung? Vielmehr: ein Übersetzungsfehler?«

»Natürlich!« sagte der Kommissar. »Ein Angestellter auf dem Katasteramt, der nicht den Dialekt kannte. Und wenn solche Fehler erst einmal gemacht worden sind, werden sie nie mehr korrigiert. Sie bleiben in alle Ewigkeit stehen.«

»Wahrscheinlich so jemand aus dem Süden«, meinte De Palma.

»Ach ja«, pflichtete ihm der Kommissar mit einem Seufzer bei. »Aus Sizilien oder sonstwoher.«

»Aber Witz hatten sie im alten Piemont.«

»Nicht wahr?« sagte die Schwester. »Wenn Sie wüßten, wieviel schöne Sprichwörter wir haben! Soviel lebendige, originelle Ausdrücke! Wenn Sie nur einmal an die Esel Cavours denken . . .«

»Verzeihen Sie, wenn ich Sie unterbreche«, sagte De Palma, »aber jetzt hat mich doch die Neugier gepackt, mir diesen alten Waschplatz noch einmal anzusehen. Sozusagen vom historischen Gesichtspunkt aus. Begleiten Sie mich, Signora?«

Er stand auf, und einen Augenblick später folgte Signora Tabusso seinem Beispiel. Es knisterte von geblümter Seide. An der Tür wandte sie sich noch einmal nach ihrer Schwester um: »Virginia . . .«

Sie schien im Begriff, etwas hinzuzufügen, aber dann zuckte sie nur die Achseln und ging entschlossen hinaus, gefolgt von ihrem Hund und von De Palma.

»Ich dagegen, Signorina, würde mir gern das Haus ansehen«, sagte der Kommissar höflich. »Steht es unter Denkmalschutz?«

»Aber nein, was sagen Sie da!« antwortete Virginia mit schriller Stimme. »Es ist doch nur eine alte Meierei mit Wohnhaus.«

»Die Decke ist aber wunderschön«, bemerkte der Kommissar, als er die barocken Ausmalungen zwischen den langen Balken betrachtete. »Sind alle Zimmer so?«

»Ja, schauen Sie sie sich an, wenn es Sie interessiert.«

Der Kommissar folgte ihr in den angrenzenden Salon, doppelt so groß, aber fast ohne Möbel und beherrscht von einem großen Kamin mit steinernen Rosetten und Voluten, und darauf in einen kleineren, intimeren Raum, in dem roter Damast den Ton angab.

»Es ist eine einzige Zimmerflucht, sehen Sie? Wenn alle Türen offenstehen, macht das einen hübschen Effekt; aber es ist sehr unbequem, es fehlt jeder separate Zugang.«

»Gewiß, aber oben wird es doch einen Korridor für die Schlafzimmer geben?«

»Das ist richtig. Kommen Sie mit mir nach oben, wenn Sie mögen. Die Aussicht ist prachtvoll, wie ein Bild.«

Aber das Bild, vom Schlafzimmer Virginias aus, war eine Enttäuschung. Alles war wie von einem dicken rostfarbigen Schwamm ausgelöscht, vom Smog: die Alpen, die Ebene, der Fluß und die Stadt. Zwischen den Bäumen und Hecken der »Wiese« erkannte der Kommissar den Hund, die Tabusso und De Palma, die hintereinander zum Tal hinabstiegen, und in etwas weiterer Entfernung Lopresti, der allein unter einem Kirschbaum stand und rauchte.

»Sympathisch, Ihr Kollege. Sehr distinguiert.«

»Ja«, pflichtete ihr der Kommissar bei. »Und wo schläft Ihre Schwester?«

»Am Ende des Korridors. Von ihrem Zimmer aus sieht man das Ahornwäldchen. Möchten Sie es sehen?«

Es war ein sehr kleines und sehr schlicht eingerichtetes Schlafzimmer. Auf der Kommode lagen Schildpattkämme und Bürsten, standen ein Parfümflakon, das teuer aussah, und ein offenes Schmuckkästchen. Der Kommissar zog mit dem Zeigefinger eine lange Bernsteinkette heraus.

»Schön«, sagte er. »Darf ich einmal hineinsehen?«
Zerstreut wühlte er in Kolliers, Broschen und Armbändern – nichts Kostbares dabei – und ging dann, gleichsam mechanisch, dazu über, Schubläden zu öffnen und zu schließen. In dreien lag Wäsche, die vierte enthielt Handtaschen von jeder Form, jeder Farbe und aus jedem Material. Ein Stück Rohr war nicht dabei.
Sie beobachtete sein Tun einigermaßen überrascht, bewahrte aber die lächelnde Höflichkeit dem Gast gegenüber. In dem Wandschrank hingen nur Kleider, eine Unmenge und, soweit der Kommissar etwas davon verstand, nicht die billigsten.
»Soviel schöne Kleider«, sagte er bewundernd.
»Darauf legt Ines großen Wert«, sagte sie mit einem kleinen Glucksen in der Stimme. »Ich übrigens auch. Für uns Frauen ist der Reiz eines schönen Kleides . . .«
»Selbstverständlich. Die Mode verlangt ihren Tribut.«
»Aber heutzutage wechselt sie so oft!« klagte Virginia. »Es ist eine Katastrophe. Gerade hat man ein Kleid gekauft, ist es schon veraltet. Glauben Sie mir, daß ich einen Schrank voll Kleider habe, die ich ohne Übertreibung, wenn es hoch kommt, zehnmal getragen habe?«
»Hat Ines auch solch einen Schrank voll alter Kleider?« fragte der Kommissar.
»Noch schlimmer als ich, weil sie nichts wegwirft und nichts verschenkt. Sie sagt immer, man muß Geduld haben, irgendwann wird alles mal wieder modern.«
»Wer weiß, wieviel schöne Sachen dabei sind! Könnte ich sie wohl mal sehen? Wo sind sie?«
»Meine?«
»Nein, die von Ines.«
»Kommen Sie mit. Sie hat alles in ihrem alten Ehezimmer, das früher das Schlafzimmer von Papa und Mama war.«
Unter der niederen Decke schien das Himmelbett noch gewaltiger; es war ein Zimmer im Zimmer oder wie ein Käfig für irgendein geheimnisvolles, unsichtbares Tier. Über dem Kamin hing das große Porträt eines Mannes von etwa fünfzig Jahren mit Vollbart und den strengen, herrischen Zügen der Signora Tabusso.
»Es ist unser Großvater. Er hat vor fast hundert Jahren den ›Weinberg‹ gekauft.«

»Was tat Ihr Großvater?«
»Er hatte eine Schokoladenfabrik, eine der besten von Turin. Aber mein Vater hat sich dann nicht mehr viel um sie gekümmert, Sie kennen das ja. Und der Mann von Ines ... er war ein so guter Mensch, aber fürs Geschäft ... Ines sagte immer: du bist zu gut, Cesare, viel zu gut. Und als sie dann nach seinem Tode die Dinge in die Hand nahm, da war es bereits zu spät.«
»Wem gehört der ›Weinberg‹?«
»Ines. Papa hat ihn ihr hinterlassen. Mir hat er das Haus in der Via Barbaroux vermacht, das aber auch nichts einbringt, das ist noch schlimmer als Wertpapiere. Nichts als Unkosten, Steuern und blockierte Mieten. Glücklicherweise haben wir noch kleine Wohnungen, die etwas mehr einbringen. Ines hat sie gut vermietet an brave Arbeiter aus unserer Gegend. Trotzdem hat sie soviel Sorgen, die Ärmste; wissen Sie, sie muß für alles geradestehen.«
In den hohen Spiegeln vom Schrank und vom Toilettentisch wiederholten sich in endloser Reihe Louis-Philippe-Sessel und Stühle, Truhen, Mahagoni-Schreibtische, Kommoden und Nähtischchen. Einen Augenblick dachte der Kommissar daran, vom Fenster aus Lopresti zu rufen; aber dann entschloß er sich, mit der eigentlichen Haussuchung doch noch zu warten. Als erstes untersuchte er den Schreibtisch. Die Schubfächer klemmten und gaben nur wie widerwillig ihre Leere preis; allenfalls enthielten sie ein paar vergilbte Papiere, Postkarten, Schächtelchen, eine Pfeife oder ausgetrocknete Füllfederhalter. Jedenfalls konnte Ines nicht von hier aus ihre Geschäfte führen.
Im Spiegelschrank hingen in Plastikhüllen jene Kleider, die, wie die Tabusso überzeugt war, nach dem Prinzip der ewigen Wiederkehr der Mode noch einmal en vogue sein würden. Aber das Rohr war auch hier nicht zu entdecken. Oben im Hutfach stapelten sich etwa ein Dutzend große runde Kartons.
»Hutkartons?« fragte der Kommissar.
»Ja. Hüte sind ihre Leidenschaft. Sie sagt immer, eine wirkliche Dame darf nicht ohne Hut ausgehen. Aber sie kosten heutzutage ein sündhaftes Geld. Manchmal mache ich mich daran und frische ihr einen alten auf, ich bin nicht ganz ungeschickt darin ...«
Der Kommissar stellte sich auf die Zehenspitzen und holte eine

der Hutschachteln herunter; er öffnete sie und bewunderte einen Turban aus bordeauxrotem Velours. Als nächstes bewunderte er einen kegelförmigen Filzhut, den eine Feder krönte; schließlich ein großes Vogelnest aus Stroh und Voile. Die blonde Perücke fand sich erst in der vierten Schachtel, offenbar in aller Hast in Seidenpapier eingewickelt.

»Da, eine Perücke«, sagte der Kommissar.

»Ja, ich habe auch eine, aber in Braun. Wir haben sie uns zusammen gekauft.« Die Sache schien ihr ein kleines kokettes Lachen zu erfordern. »Wissen Sie, uns Frauen macht es soviel Freude, einmal etwas anders aussehen zu können ... sich anders zu fühlen.«

Sie hatte die Perücke herausgenommen und fuhr mit der Hand zart über das Haar. Sie wickelte spielerisch eine Locke um den Finger. »Man sieht nicht einmal, daß es nicht echtes Haar ist. Es ist erstaunlich, was man heute mit Perücken alles machen kann. Finden Sie nicht?«

»Wem sagen Sie das«, murmelte der Kommissar.

Virginia hatte die Hand unter die blonde Masse geschoben und drehte sie hin und her, mit einem Ausdruck vagen Zweifels in ihrem Blick.

»Sollte ich mich täuschen?«

»Was ist denn?«

»Ich hatte sie anders in der Erinnerung ... anders frisiert.« In ihrem von Natur wie abwesenden, zerstreuten Blick erkannte man für einen Augenblick eine äußerste Anstrengung zur Konzentration. Gleich darauf ging er wieder über in lächelnde Gedankenlosigkeit. »So wie vom Wind zerzaust habe ich sie noch nie gesehen«, sagte sie mit einem Rest von Zweifel in der Stimme. »Wahrscheinlich hat sie sich von ihrem Friseur verändern lassen.« Kritisch musterte sie die vermeintliche Arbeit des Friseurs. Sie verzog den Mund zu einer mißbilligenden Grimasse. »Bei den Preisen, die er nimmt, hätte er etwas Besseres zustande bringen können. Finden Sie sie nicht auch ein bißchen ... vulgär, jedenfalls nicht sehr fein?«

»Da haben Sie recht«, pflichtete ihr der Kommissar bei.

Fein nicht, aber schlau genug, um das erstemal ihn, De Palma, Bauchiero und sogar Virginia selbst zu täuschen. Und das zweite Mal ...

Er sah sich weiter um: überall gab es Türen, überall standen Möbel. Das Zimmer war groß, das Haus war groß, das »Rohr« konnte wer weiß wo versteckt sein; wahrscheinlich existierte es gar nicht mehr, war vernichtet worden, verbrannt in einem dieser alten Kamine ... Er hörte das Seidenpapier rascheln.

»Haben Sie etwas dagegen, wenn ich sie an mich nehme?«

Virginia schien sich endlich klarzumachen, daß an diesem Besuch irgend etwas nicht stimmte.

»Warum?« fragte sie beunruhigt und preßte die Perücke an die Brust. »Wozu brauchen Sie sie?«

»Wir wollten nur ein kleines Experiment machen«, sagte der Kommissar. »Es handelt sich um eine Identifizierung, verstehen Sie? Und da heute Sonntag ist und die Friseure geschlossen haben ... Wenn Sie uns die Perücke also leihen würden ...«

»Ah so.« Virginia war sofort beruhigt. »Wenn es deswegen ist. Aber vielleicht fragen wir doch lieber erst Ines. Schließlich ist es ihre Perücke. Aber Sie werden sehen, daß sie Ihnen gern den Gefallen tut.«

»Glauben Sie?«

Er streckte die Hand aus, und mechanisch reichte sie ihm die in Seidenpapier gewickelte Perücke. Er legte sie in die Schachtel zurück und ging zur Tür, während Virginia noch einen Augenblick zurückblieb, um den Schrank zu schließen. Aber die Tür, an der der Kommissar rüttelte, ließ sich nicht öffnen.

»Nein, das ist nicht die richtige«, sagte Virginia mit einem Lachen und ging auf eine andere Tür zu, die aufs Haar der glich, die der Kommissar nicht hatte öffnen können, und von der sie nur einen Meter weit entfernt war. »Sehen Sie? Hier geht es auf den Korridor. Hinter der anderen ist nur ein Wandschrank.« Sie schloß sie mit dem Schlüssel auf. »Hier bewahrt Ines ihre Erinnerungen an ihre Hochzeit auf.«

Nicht nur an ihre Hochzeit, bemerkte der Kommissar. Das erste, was er sah, war ein schwarzes wogendes Phantom auf einem Kleiderbügel: ein Trauerkleid, komplett mit Hut und Schleier.

Darunter hing eine große schwarze Ledertasche, so altmodisch wie das Kleid. *Das zweite Mal ...*

»Es ist ihr Trauerkleid«, erklärte Virginia. »Sie hat es nicht weggeben wollen, obwohl heute ... Es ist natürlich richtig, daß man

Schwarz immer tragen kann, und was den Stoff betrifft, so erinnere ich mich, daß er schon damals ein Vermögen gekostet hat...«

»Wann ist der Mann Ihrer Schwester gestorben?«

»1953, an einem Tumor. Ines hat ein halbes Jahr die Trauervorschriften streng beachtet, so wie es früher der Brauch war. Jeden Mittwoch ging sie zum Friedhof, weil er an einem Mittwoch gestorben war.«

Der Kommissar stellte eine Frage, und er hörte seine Stimme wie die eines Fremden:

»Und wie kam sie dahin?«

»Wohin?«

»Zum Friedhof. Mit dem Auto?«

»Nein, ich bitte Sie! Damals fuhr man noch nicht Auto wie heute. Ines hatte es noch nicht einmal gelernt.«

»Dann sind Sie mit der Tram gefahren?«

»Zuerst mußte man ein ganzes Stück zu Fuß gehen, dann nahm man den Autobus bis zur Stadtmitte. Und schließlich stieg man – damals – in die Zwölf. Ich habe den Weg oft mit ihr gemacht.«

Ungemein ruhig, ja übertrieben ruhig legte der Kommissar die Hutschachtel auf dem unteren Regal im Wandschrank ab, um die Hände frei zu haben für die schwarze Tasche der Witwe Tabusso. Er hörte nicht die erregte Stimme Virginias, nicht ihren kläglichen Protest: »Aber was machen Sie da? Diese Dinge haben für Ines...« Er öffnete die Tasche mit den langsamen, sicheren Bewegungen des Chirurgen. Drinnen lag außer einem leeren Portemonnaie und einem Taschentuch mit Trauerrand eine große moderne Sonnenbrille; in einer Ecke fand sich auch ein Fahrschein der Straßenbahn von der gleichen Farbe wie der, den man neben dem toten Riviera gefunden hatte.

»Geh du jetzt mit einem Buch in dein Zimmer«, bestimmte Signora Tabusso.

Sie mußte wohl wirklich wütend sein; es gab da irgend etwas, was nicht in Ordnung war. Vielleicht war es wegen der Perücke, die der Kommissar – der mit dem Schnurrbart, ein so reizender, sympathischer Mensch – auf das Tischchen im kleinen Salon gelegt hatte, als sie wieder heruntergekommen waren. Denn Ines hatte, sobald sie mit dem anderen Kommissar – auch er so vornehm und sympathisch – von draußen hereingekommen war, sofort die Hutschachtel bemerkt und ihr, Virginia, einen bösen Blick zugeworfen. Sie versuchte, sich dagegen aufzulehnen, sie blieb jetzt nicht gern allein. Sie hatte ein Gefühl wie bei einem Gewitter, und sie hatte Angst vor Blitzen.

»Ines, ich . . .«, begann sie, halb weinend, halb lachend.

Ines saß im Großvatersessel, und die beiden Herren von der Polizei standen vor ihr. Der mit dem Schnurrbart hatte die Fensterläden aufgestoßen, und jetzt war es viel zu hell im Zimmer geworden. Das grelle Licht ließ die Tapeten verschießen, Palmira sagte es immer. Aber Palmira war heute nicht da, sonntags war sie immer bei ihrer Tochter, die mit dem von der Stadtpolizei verheiratet war (einem hübschen Jungen, sie hatte ihn einmal den Verkehr regeln sehen, an einer Straßenkreuzung). Vor sieben Uhr kam sie nie zurück. Ich will aber nicht allein bleiben, dachte sie.

»Ich will nicht allein bleiben«, sagte sie weinerlich.

»Geh in den Garten und spiele mit Cin.«

Ines wollte sie fortschicken, sie besprach nie etwas mit ihr, sie lud sich alle Verantwortung allein auf, Steuern, Gesuche, Einsprüche, Rechtsanwälte . . . Aber für sie, Virginia, war es noch viel schlimmer, nichts zu wissen und deshalb nicht helfen zu können. Aber das wollte Ines nicht verstehen.

»Virginia, die Herren und ich haben etwas zu besprechen.«

»Wollen Sie nicht dem Herrn, der da unten steht, die Wiese zeigen?« fragte der distinguiert aussehende Kommissar.

Die Wiese, das war es. Mit der Wiese hatte das Ganze irgendwie zu tun. Davon war sie überzeugt. Mit diesen Weibsbildern und den häßlichen Dingen im Gras. Da hatte alles angefangen, in der Nacht, in der sie das Haus verlassen hatte und bis zur Bocciabahn gegangen war, als plötzlich vor ihr, wie der Teufel aus dem Kasten, die Hexe erschienen war, die Megäre, die auf sie zugeklettert war, ein Rohr in der Faust, verstört und unheimlich in dem über sie hinweggleitenden gelben Licht, das von den Scheinwerfern eines fahrenden Autos kam. Eine Mörderin . . . die Mörderin, mit dem Stern auf ihrer Tasche und den schwarz geschminkten Augen, mit einem Mund wie ein roter Schröpfkopf, mit dieser wehenden Löwenmähne . . .

Auf einmal schwankte der Boden unter ihren Füßen, eine Art von Nebel senkte sich über alles. Doch dieses Bild blieb, präzise, von halluzinatorischer Deutlichkeit, für immer in ihrem Gedächtnis fixiert. Heilige Jungfrau, betete sie stumm und hielt sich mit einer Hand am Klavier fest, es ist doch nicht möglich, es ist nicht wahr . . .
»Virginia, ist dir nicht gut?«
»Nein, nein, es ist nichts. Ich gehe schon, ich gehe gleich.«
Sie wollte sie nicht ansehen, sie *konnte* sie nicht ansehen. Heilige Jungfrau, betete sie, heilige Jungfrau! Der Hund folgte ihr mit fröhlichem Gebell.

6

Signora Tabusso – darüber hatten sich der Kommissar und De Palma mit einem Blick verständigt – war nicht der Typ, sich von einem Verhör im Polizeipräsidium beeindrucken zu lassen. Im Gegenteil, man konnte eher vermuten, daß der von vornherein als feindselig empfundene Geist des Ortes ihre ohnehin beträchtliche Kampfeslust nur noch reizen würde. Wenn es in ihrem Leben schwache Punkte gab – und es gab sie bestimmt –, dann fand man sie leichter hier auf ihrem eigenen Terrain und ließ ihr dabei die Illusion, alle Vorteile dessen zu haben, der auf vertrautem Boden steht.
Einen solchen schwachen Punkt fand De Palma instinktiv.
»Ich habe eine Cousine zweiten Grades, die auch so ist«, sagte er mit einer Kopfbewegung zur Tür hin, die sich gerade hinter Virginia schloß, und er tippte mit dem Zeigefinger an seine Schläfe. »Solange sich jemand um sie kümmert, geht alles gut. Nur wenn man sie allein läßt, wird's schlimm.«
Der Instinkt des guten Polizisten war oft genug nur der Instinkt der schieren Gemeinheit, dachte der Kommissar.
»Meiner Schwester fehlt der Sinn für Geschäfte«, erwiderte Signora Tabusso gereizt, »sie versteht nicht die Bohne davon. Aber das heißt nicht, daß sie . . . es hat überhaupt keine Bedeutung.«
Sie war vor Zorn errötet. De Palma hatte sie verletzt, indem er

sie plötzlich ›Konsequenzen‹ sehen ließ, an die sie vielleicht noch gar nicht gedacht hatte.
»Ich habe nicht gesagt, daß sie geistig zurückgeblieben ist«, protestierte De Palma. »Dagegen spricht schon, daß wir«, und er schlug sich, mit einem grausamen Lächeln, auf das Jackett, »daß wir auch für sie eine Vorladung haben. Sie ist nämlich eine Zeugin, von der wir uns viel erwarten.«
»Was für eine Vorladung?«
»Nun, wir werden auch Virginia aufs Polizeipräsidium bringen müssen«, sagte De Palma im Ton des Bedauerns, »um ihre Mitarbeit bei unseren Nachforschungen zu gewinnen. Wir sind überzeugt, daß sie uns sehr interessante Dinge zu erzählen hat.«
Jetzt tippte sich Signora Tabusso mit dem Zeigefinger an die Schläfe.
»Sagen Sie mal, wer ist denn nun hier der geistig Zurückgebliebene? Was soll Ihnen wohl Virginia erzählen?«
»Keine Sorge«, sagte De Palma und strich sich mit der Hand glättend übers Haar. »Sie wird sprechen. Worüber, werden wir ihr schon sagen.«
Aus ihren Augen sah plötzlich die Angst. »Glauben Sie nur nicht, daß Sie mich einschüchtern können«, sagte sie. »Wir leben nicht mehr in der Zeit der deutschen Besetzung, verehrter Herr. Es gibt noch Gesetze, Rechtsanwälte . . .«
»Richtig!« stimmte ihr De Palma bei. »Rechtsanwälte! Wollen Sie nicht vielleicht zufällig mit Ihrem telefonieren? Und ihn bitten, für einen Moment heraufzukommen?«
Signora Tabusso zuckte die Achseln.
»Da habe ich ganz vergessen, daß heute Sonntag ist«, fuhr De Palma fort. »Wer weiß, wo der heute ist. Vielleicht hat er eine schöne Villa in den Bergen oder am Lago Maggiore. In diesen freien Berufen«, fügte er mit einem Seufzer hinzu, »wird ja enorm verdient.«
Er setzte sich Signora Tabusso gegenüber und schlug mit der Rolle ein paarmal auf die Hutschachtel. (Dem Kommissar fiel ein, daß er noch keine Gelegenheit gehabt hatte, De Palma zu sagen, daß er auch die schwarze Tasche in die Schachtel gesteckt hatte.)
»Garrone aber nicht«, wandte der Kommissar ein. »Der hatte es nicht geschafft.«

»Aber er war gerade im Begriff, es zu schaffen!« sagte De Palma. »Er hatte ihn gefunden, den *guten Stein, la buna pera,* wie das Sprichwort sagt. Der arme Teufel! Auch er wäre noch ein ›bekannter Architekt‹ geworden.« Er schüttelte den Kopf. »Zu schade. Haben Sie ihn gekannt, Signora? Den Architekten Garrone?«
Sie waren jetzt auf den Kern der Sache gekommen, und es gab in diesem Stadium für den »Verdächtigen« nur zwei Wege, den roten und schwarzen, bildlich gesprochen. Entweder bot er dem Angriff die Stirn, entrüstete sich, bestritt alles und steigerte sich in zornige Erregung (aber immer mit dem quälenden Zweifel, ob die Polizei nicht schon alles wußte), oder er verlegte sich auf ausweichende Antworten und Schweigen (aber immer mit dem nicht weniger quälenden Zweifel, ob die Polizei darin nicht bereits ein stillschweigendes Schuldbekenntnis sah). Signora Tabusso wählte – der Kommissar war überzeugt – den zweiten Weg, auch wenn sie ihre wahre Natur damit verleugnen mußte. Sie war eine intelligente Frau.
»Na schön«, sagte De Palma, nachdem er eine halbe Minute gewartet hatte. »Ganz wie Sie wollen. Aber auch ich verstehe mich auf meinen Beruf, und ich kann Ihnen versichern, daß all die kleinen Tricks – so wenig wie möglich zu sprechen und der Polizei gegenüber grundsätzlich nichts zuzugeben – barer Unsinn sind. Sie können die Stumme spielen, solange es Ihnen paßt, oder alles gestehen oder uns eine Geschichte erzählen, die nicht hieb- und stichfest ist, und sie dann, kurz bevor Sie das Protokoll unterschreiben sollen, widerrufen ... Für uns – das kann ich Ihnen schon jetzt sagen – ist das völlig gleichgültig, denn wir haben alle Trümpfe in der Hand.«
»Was für Trümpfe?« fragte Signora Tabusso. »Wovon sprechen Sie überhaupt?«
Aber es war ihr nicht gelungen, den nötigen Grad von Verblüffung in ihren Tonfall zu legen. Übrigens auch nichts Herausforderndes. Hier schien sich vielmehr ihr praktischer Sinn angesprochen zu fühlen.
»Wir wissen zum Beispiel, um mit irgend etwas den Anfang zu machen, daß Sie Ihre ›Wiese‹ parzellieren wollten. Eine vorzügliche Idee, eine vorzügliche Spekulation. Allein von einer Rente zu leben, ist heutzutage etwas schwierig geworden.«

»Sie haben ein paar kleine Wohnungen zu vermieten«, sagte der Kommissar, »und ein Haus in der Via Barbaroux, das Ihnen aber nur Ärger einbringt. Ich weiß es von Virginia«, erklärte er lächelnd Signora Tabusso, »sie hat es mir gerade erzählt.«

Die Tabusso zog eine Grimasse.

»Wegen dieser Parzellierung wendet sich die Dame nun an eine seriöse Firma, Tresso & Campana, und bestellt bei ihr ein Projekt, das alle Möglichkeiten ihres Grundstücks ausnutzen soll. Der Wert des Grundstücks?«

»Ich weiß nicht«, sagte der Kommissar, »hundert bis zweihundert Millionen. Mal abwarten.«

»Ein nettes Sümmchen in jedem Fall. Genug, um allen beiden einen ruhigen Lebensabend zu sichern . . . Und an diesem Punkt taucht nun Garrone auf, nicht wahr, Signora?«

Nicht daß er wirklich eine Antwort erwartete; er wollte ihr nur die Sinnlosigkeit ihres Schweigens einhämmern und hoffte auf einen Akkumulationseffekt, auf einen zunehmenden inneren Druck, der sich schließlich in Worten Luft machen mußte. Der »eiskalte Mörder« existierte nur in Zeitungsberichten.

»Nun«, fuhr De Palma fort, »eines schönen Tages ruft Garrone an, bittet um eine Verabredung und erscheint mit einem neuen Projekt, einem eigenen Entwurf. Er ist zwar kein Städtebauer, auch kein Architekt, der sein Handwerk verstünde oder überhaupt ein Handwerk. Er ist die typische *cativa lavandera.*« Er lächelte. »Übrigens ist sein Projekt nur ein Vorentwurf, ohne Einzelheiten, unbrauchbar für einen Geometer oder Bauunternehmer . . . Ein Stück Papier mit einer schlechten Kopie, das nur den einen Sinn hat, den Schein zu wahren und der Erpressung das allzu Schamlose zu nehmen. Aber für dieses Stück Papier« – De Palma holte seine Zigaretten aus der Tasche – »für dieses Stück Papier, für das die Signora übrigens schon Tresso & Campana bezahlt hat oder noch zu bezahlen hat, fordert Garrone . . . nun, Signora, wieviel wollte er haben?« Er wartete, während er eine Zigarette aus der Packung nahm. »Viel, ganz gewiß. Eine unwahrscheinliche, völlig absurde Summe. Und die Signora lacht ihn aus. Habe ich recht, Signora?«

Insgeheim, aber doch nicht geheim genug, biß Signora Tabusso die Zähne zusammen und ballte die Fäuste.

»Ja, sie lacht ihn aus. Aber Garrone erklärt ihr, daß es nichts zu lachen gebe. Er wisse nämlich, wenn sie seinen Entwurf nicht ›annehme‹ – bitte, es stehe bei ihr, ihn ins Feuer zu werfen! – kurz, wenn sie ihm nicht gebe, was er verlange, dann wisse er schon einen Weg, das andere Projekt, das echte, das des angesehenen Architektenbüros, zu blockieren, so daß ihr Geschäft ins Wasser fiele. Die Signora wirft ihn hinaus, noch immer lachend. Aber dann« – De Palma zündete sich langsam eine Zigarette an – »vergeht ein Monat, es vergehen zwei, und das Projekt aus dem Büro Tresso & Campana kommt keinen Schritt vorwärts ... Wieso nur? Wo zum Teufel ist es steckengeblieben?«

»Bei den ›Bauvorschriften‹«, sagte der Kommissar. »Da ist es steckengeblieben.«

»Ah ja«, sagte De Palma und blies den Rauch seiner Zigarette nach oben, der Barockdecke entgegen. »Aber Vorschriften gibt es hundert, ja tausend. An welcher ist das Projekt gestrandet? Die Signora weiß es nicht. Tresso & Campana wissen es nicht. Niemand weiß es.«

»Aber Garrone weiß es«, sagte der Kommissar.

»Und tatsächlich meldet sich Garrone von neuem. Er telefoniert wieder, und diesmal hat die Signora keine Lust mehr, ihm ins Gesicht zu lachen. Wenn überhaupt, dann ist es Lust, ihm in die Fresse zu schlagen. Habe ich recht, Signora?«

Signora Tabusso strich mit übertriebener Ruhe das seidene Kleid glatt, mit dem sie zur Messe gegangen war; von der Mitte der Oberschenkel bis zu den Knien, sechs- oder siebenmal.

»Die Signora kommt dahinter, daß sie diesen Garrone falsch eingeschätzt hat. Er hatte nicht geblufft, er gehörte nicht zu den gewöhnlichen Schwindlern, die behaupten, mit dem Abgeordneten X oder dem Kardinal Y intim zu sein. Nein, Garrone kannte tatsächlich jemanden. Er ist tatsächlich in der Lage, ihr Projekt zu blockieren, falls sie nicht zahlt. Die Erpressung« – De Palma machte einen tiefen Zug an der Zigarette – »ist eine wirkliche Erpressung. Wahrscheinlich kommt es zu Diskussionen, Verhandlungen, Bitten, aber jetzt ist Garrone der, der lacht. Vielleicht wäre die Signora sogar bereit, etwas zu zahlen, wenn er ihr entgegenkäme. Aber er geht auch nicht um eine Lira von seinem Preis herab. Im Gegenteil, wahrscheinlich erhöht er ihn noch. Habe ich recht, Signora? Wieder vergehen Wochen und Monate, und das Projekt bleibt bei den ›Bauvorschriften‹ stecken, niemand weiß genau, wo oder warum. Der Signora sind die Hände gebunden. Sie wagt nicht, der Sache auf den Grund zu gehen und einen öffentlichen Skandal zu provozieren. Sie weiß, daß es in jedem Fall ein schwieriges und gefährliches Unterfangen wäre, angesichts der Machenschaften und der Intrigenwirtschaft, die typisch für die Baubehörde sind. Außerdem hat ihr Garrone gedroht, daß er, sobald sie es auf eine amtliche Intervention ankommen ließe, sehr wohl die Möglichkeit habe, ihr Projekt zum Scheitern zu bringen und zwar endgültig. Und nun begeht die Signora« – schloß De Palma, immer auf der Suche nach einem zweiten schwachen Punkt – »nachdem sie Garrone zuerst unterschätzt hatte, den entgegengesetzten Fehler: sie nimmt Garrone zu ernst. Sie überschätzt ihn.«

Er lächelte ihr wie überredend zu, aber sie ignorierte seine Unterstellung, Garrone könnte umsonst ermordet worden sein. Nur, daß sie den Kopf ein wenig zu schnell erhob.

»Garrone«, fuhr De Palma fort, »drohte, Ihnen das Messer an die Kehle zu setzen. Aber es war nur ein kleines armseliges Taschenmesser. Wer weiß, was er Ihnen alles erzählt hat, Signora, aber wir wissen, daß seine ganze Macht auf einer lächerlich unbedeutenden Bauvorschrift beruhte. Stimmt's, Santamaria?«

»Einer Vorschrift, von der das Grundstück *Buone Pere* gar nicht betroffen wird, wie man mir versichert hat.«

»Also du meinst, daß sich die Sache früher oder später von selbst erledigt hätte?«

»Ohne Frage. Es besteht zwar eine baupolizeiliche Vorschrift, die es bei buchstabengetreuer Auslegung ermöglicht, ein Projekt wie dieses zu blockieren. Aber hier handelte es sich um eine reine Schikane, um einen lächerlichen Vorwand, und es hätte genügt, eine Besichtigung des Grundstücks zu beantragen, um den tatsächlichen heutigen Zustand feststellen zu lassen. Alles wäre in Ordnung gekommen, selbst bei einer Bürokratie wie der unsrigen. Allerdings«, räumte er nachdenklich ein, »mußte man die fragliche Vorschrift kennen.«

Der Kommissar wußte sehr wohl, daß dies einer Folter gleichkam, und diesmal fehlte nicht viel, daß Signora Tabusso nachgab. Um

nicht mit einem Aufschrei zu fragen, um was für eine geheimnisvolle kleine Vorschrift es sich denn handelte, die hinter all ihrem Unglück stand, erhob sie sich brüsk und zog einen Vorhang zu.
»Das Licht ist zu grell hier drinnen«, sagte sie, um nur irgendwie ihre Stimme zu gebrauchen, die mit Gewalt aus der Kehle wollte. »Mich stört es. Sie nicht?«
Aber noch leistete sie Widerstand. Sie steckte sich eine Zigarette an und setzte sich wieder. Doch ihre Haltung war ein wenig zu gemessen, und sie hatte den Platz gewechselt. Auch De Palma wechselte wie zufällig den Sessel.
»Und so blieb weiter nichts übrig«, begann er, während er die Beine übereinanderschlug, »als ihn umzubringen.«
Zum Kommissar gewandt, bemerkte er: »Übrigens ist das der einzige Punkt, der mich an der Intelligenz der Signora zweifeln läßt.«
»Du meinst, sie hätte eine andere Möglichkeit finden können, um das Hindernis zu umgehen?«
»Nein, nein. Ich meine, nichts bot ihr Gewähr dafür, daß ihr Projekt freigegeben würde, nachdem sie Garrone ermordet hatte.«
»Das hat ihr Garrone selbst gesagt. Er wird ihr immer wieder versichert haben, daß alles nur von ihm abhänge.«
»Ja, eine schöne Dummheit. Aber Garrone war dumm. Dagegen mutet es merkwürdig an, daß die Signora daran geglaubt hat. Und wenn sie später daraufgekommen wäre, daß die Vorschrift, die behördliche Auflage, immer weiter bestand? Bei einer Erpressung gibt es kein Ende, das weiß jedes Kind. Da spuckst du Millionen aus und glaubst, deine Ruhe zu haben, aber vier Wochen später kommen sie wieder und verlangen den Preis noch einmal.«
»Von was für Millionen sprechen Sie eigentlich?« fragte die Tabusso.
Sie hatte nicht widerstehen können. Mehr als die Sorge um ihre Schwester, mehr als der nachträgliche Zorn auf Garrone und sogar mehr als ihre brennende Neugier zu erfahren, worin das baupolizeiliche Hindernis bestand, mehr als dies alles hatte etwas anderes den Ausschlag gegeben: ihr Stolz, daß sie sich nicht hatte hereinlegen lassen. De Palma suchte sofort, die Bresche in ihrem Widerstand zu erweitern.

»Da haben Sie recht«, sagte er lachend, »Sie haben keine Millionen herausgerückt. In die Via Mazzini sind Sie nur mit dieser Perücke und in ihrer billigen Verkleidung gegangen. Es hat Sie nicht viel gekostet, ihn umzubringen. Wenn Garrone die Wahrheit gesagt hatte, dann lag ihr Vorteil auf der Hand. Sollte sich dagegen herausstellen, daß es einen Komplicen gab, nun, dann würde man sehen ...« Er zerdrückte seine Zigarette im Aschenbecher, bevor er zum entscheidenden Schlag ausholte. »Aber um Sie zu beruhigen, können wir Ihnen auch sagen, daß Sie sich nicht geirrt haben. Garrone war wirklich das einzige Hindernis. Kaum war er tot, kam auch die Unbedenklichkeitsbescheinigung. Santamaria hat sie heute morgen selbst gesehen.«

»Sie ist vom Freitag, also drei Tage danach.«

»Schade, nicht wahr, Signora?«

Signora Tabusso schüttelte sich, wie ein durchnäßter Vogel sein Gefieder schüttelt. Dann drückte sie ihre Zigarette aus, die noch doppelt so lang war wie die De Palmas. Der Schlag war hart gewesen, vielleicht entscheidend, glaubte einen Augenblick der Kommissar. Dann ergriff Signora Tabusso das Wort.

»Sehr hübsch«, sagte sie. »Bravo.«

Es klang, wie wenn sie bis zum Ende zwei Verkäufern an der Haustür zugehört hätte.

»Aber darf ich jetzt vielleicht sagen, was ich von Ihrer schönen Geschichte denke? Denn – verzeihen Sie den Vergleich – Sie kommen mir vor wie die vom Finanzamt. Aus einer Kleinigkeit« – sie maß mit dem Daumen die Spitze ihres kleinen Fingers – »machen sie ein versteuerbares Einkommen, das es weder im Himmel noch auf Erden gibt. Aber was Sie da sagen, müssen sie erst beweisen, meine lieben Herren. Man kann nicht Übertreibungen dieser Art von Stapel lassen und über jemand herfallen, nur weil er eine Wiese verkaufen will und eine Perücke im Haus hat!«

»Und eine Tasche mit einem Seestern darauf, und einen Regenmantel und eine orangefarbene Hose.«

»Die aber nicht in meinem Hause, wenn Sie gestatten!«

»Aber auf Ihrem Grundstück.«

»Und wer hat Ihnen erlaubt, sie da zu finden?« entrüstete sich die Tabusso. »Wenn das wirklich meine Sachen wären und ich sie angezogen hätte, um damit in die Via Mazzini zu gehen, wie Sie behaupten, wäre ich doch nicht dermaßen verrückt, um es gelinde auszudrücken, die Sachen im Tal, auf meinem Grund und Boden, zu verstecken und dann aufs Polizeipräsidium zu gehen und Sie zur Schatzsuche eigens einzuladen! Und das alles nur, weil Sie die Gelegenheit ausgenutzt und sich von Virginia die Perücke haben zeigen lassen . . .«

»Halt!« sagte De Palma und hob die Hand, als wolle er einen Wagen zum Halten bringen. »Sie vergessen die Stadtpolizei.«

»Was meinen Sie?«

»Es blieb Ihnen nichts anderes übrig. Sie mußten ins Polizeipräsidium kommen und uns von dem Seestern erzählen. Und zwar so schnell wie möglich, bevor Ihre Hausgehilfin auf die Idee kam, die ja so gute Beziehungen zur Stadtpolizei hat.«

»Was hat denn nun Palmira damit zu tun? Warum nicht auch noch der Hund?«

»Palmira war dabei, als Ihre Schwester auf die Sache mit dem Seestern kam«, sagte der Kommissar.

»Das nenne ich Pech«, sagte De Palma. »Aber das erste Pech war doch, daß Ihre Schwester ausgerechnet in der bewußten Nacht auf der Wiese herumging. Sonst wäre alles wunderbar gelaufen. Sie waren wie jeden Abend mit den Hühnern zu Bett gegangen. Aber um zehn Uhr stehen Sie auf, verkleiden sich als Prostituierte, steigen in Ihren Wagen . . . Wo hatten sie ihn abgestellt? Wahrscheinlich außerhalb des Gartens, so daß Sie gleich ohne Motor bergab fahren konnten. Garrone erwartete Sie, entweder um das Geld von Ihnen in Empfang zu nehmen oder um noch einmal über die Sache zu reden – aber das können Sie uns später sagen. Jedenfalls hatten Sie in Ihre Tasche mit dem Seestern – eigens für diesen Zweck gekauft – eine Waffe gesteckt, ich weiß nicht, ob es ein Hammer oder ein Bleirohr war, aber jedenfalls schon immer mit dem Gedanken an einen Schlag auf den Schädel. Die Vorsätzlichkeit steht außer Zweifel. Und als Sie dann da sind und das hübsche Ding aus Stein sehen, da finden Sie, daß Sie die Gelegenheit eigentlich ausnützen könnten. Eine ideale Keule mit einem ordentlichen Griff . . . Garrone dreht sich um und geht auf das Regal zu, vielleicht um das berühmte Projekt dort fortzunehmen, und da sind Sie und – zack!«

»Zack!« wiederholte sarkastisch Signora Tabusso. »Als ob es sich um eine Kröte handelte.«

»Ob Kröte, ob Architekt, Sie haben ihn mit dem ersten Streich kaltgemacht, dann nahmen Sie das Projekt an sich und fuhren wieder nach Hause. Aber damit Virginia und Palmira Sie nicht hören können, haben Sie das Auto nicht auf den Hof oder in die Garage gefahren, sondern es weiter unten stehengelassen, auf dem Platz, wo die Straße eine Kurve macht. Um dann ins Haus zu kommen, sind Sie über die Wiese gegangen, auf der sich die Huren herumtreiben. Damit es schneller geht, klettern Sie den Hang hinauf, zur Bocciabahn, und halten dabei immer den Plan in der Hand. Und da sieht Sie Ihre Schwester.«

»Und unglücklicherweise«, schaltete sich der Kommissar ein, »sehen Sie nicht Ihre Schwester.«

»Das ist Ihr drittes Pech«, sagte De Palma. »Denn wenn Sie sie gesehen hätten, dann hätten Sie sie rufen können, irgendeine Ausrede für Ihre Verkleidung erfinden und sie zum Schweigen verpflichten. Aber leider läuft die Geschichte anders: Ines sieht nicht Virginia. Und Virginia sieht nicht *Ines*. Was sie ein paar Sekunden lang sieht, ist eine Hure, die den Hang hinaufeilt, mit einem Rohr in der Hand, als ob sie es ihr auf den Schädel schlagen wollte. Sie erschrickt zu Tode. Und als sie dann in der Zeitung von der Tasche mit dem Stern darauf liest, kombiniert sie richtig und berichtet im Familienkreis von ihrem bösen Erlebnis.«

»Wie oft muß ich es Ihnen noch sagen? Auf meiner Wiese wimmelt es immer von diesen Weibsbildern. Sogar am Tage habe ich sie zu sehen bekommen, mit und auch ohne Hosen!«

»Aber gerade das hat Sie doch erst auf die Idee der Verkleidung gebracht, Signora! Und nicht genug damit. Da die Polizei, wie Sie den Zeitungen entnahmen, zunächst vermutete, daß Garrone von einem solchen ›Weibsbild‹ ermordet worden sei, hielten Sie es für eine gute Idee, dieser Vermutung noch ein bißchen mehr Glaubwürdigkeit zu geben, indem Sie uns Ihre von Bauchiero beschriebenen Sachen unter den Steinen des öffentlichen Waschplatzes finden ließen. Damit parierten Sie nicht nur Virginias Vorstoß, sondern Sie benutzten ihn zu Ihren Zwecken. Nicht schlecht, das muß ich sagen.«

Signora Tabusso ließ die Unterlippe hängen und klapperte mit den

Augenwimpern, um damit ihren Mangel an Intelligenz auszudrücken – und zugleich das Gegenteil zu beweisen.

»Ich muß wohl ganz verblödet sein, denn ich kann Ihnen nicht mehr folgen«, erklärte sie. »Was halten Sie mir eigentlich vor? Meinen Pech-Katalog oder die Beschreibung des vollkommenen Verbrechens, wie im Fernsehen?«

»Vollkommen ist vielleicht etwas übertrieben«, ließ sich der Kommissar vernehmen. »Sonst wären wir nicht hier. Aber zugegeben, das Bißchen, das wir in Händen halten, hat uns allerlei Mühe gekostet.«

Sein bewußt unparteiischer Ton hatte die gewünschte Wirkung: De Palma vermied, ihn anzusehen, und gab ihm damit zu verstehen, er habe begriffen, daß dem Kommissar außer der Perücke noch andere Beweisstücke in die Hände gefallen sein mußten. Die Tabusso dagegen warf ihm einen Blick dankbarer Sympathie zu.

»Und worin bestehen denn nun all die Trümpfe, von denen Ihr Kollege gesprochen hat?« fragte sie, noch immer mit demselben treuherzig-dümmlichen Ausdruck.

»Ach ja, das weiß ich selbst«, gestand De Palma zerknirscht, »leicht dürfte es nicht sein, jemanden zu finden, der sich erinnert, daß er Ihnen die Tasche und die übrigen Sachen verkauft hat. Und was Bauchiero und Ihre Schwester betrifft, so können wir natürlich eine Gegenüberstellung unter denselben Bedingungen vornehmen, also auch bei Nacht. Aber sicher würde auch das nicht viel beweisen . . .«

»Das glaube ich gern!« schrie die Tabusso vergnügt. »Ob Sie's glauben oder nicht, Sie selbst könnten, wenn Sie sich eine blonde Perücke aufsetzen, die berühmte Frau mit dem Rohr sein!«

Sie lachte schallend, das Grinsen De Palmas dagegen war eher gequält.

»Wahrscheinlich. Praktisch gesprochen, kann niemand mit Sicherheit behaupten, Sie gesehen zu haben; in dieser Hinsicht sind Sie außer Gefahr. Und das Rohr . . .« Er nahm das zusammengerollte Projekt vom Tisch und schlug sich damit nachdenklich auf die flache Hand. »Das Rohr wird sie vernichtet haben«, sagte er, zu Santamaria gewandt, als wäre er mit ihm allein im Büro. »Es war das einzige Ding, durch das man sie mit Garrone in Verbindung bringen konnte; denn, machen wir uns keine Illusionen, sie ist viel zu vorsichtig, um ihm je eine Zeile geschrieben zu haben. Vielleicht hat sie bei Tresso & Campana einmal eine Anspielung gemacht, aber nur wie von ungefähr und ohne Namen zu nennen. Wir werden sie in jedem Fall vernehmen.«

»Vernehmen Sie sie ruhig«, erklärte großzügig die Tabusso, »vernehmen Sie, wen Sie wollen. Tresso & Campana werden Ihnen Wort für Wort bestätigen, daß ich mein Grundstück parzellieren wollte und mich deshalb an sie gewandt habe und daß sie mir dieses Projekt da gemacht haben ...«

De Palma drehte sich plötzlich nach ihr um.

»Was für ein Projekt?«

»Das, was Sie in der Hand halten. Ist es nicht der Entwurf, den die Kanzlei im Rathaus abgegeben hat?«

De Palma schwieg, und die Tabusso wandte sich, verwirrt, ja bestürzt, an den Schiedsrichter: »Haben Sie es mir nicht selbst gesagt? Haben Sie nicht heute morgen die Unbedenklichkeitsbescheinigung gesehen?«

»Das ist richtig, ich habe sie gesehen«, sagte der Kommissar, »aber sie war nicht diesem Projekt hier beigefügt.«

Er streckte die Hand aus, und De Palma gab ihm die Rolle.

»Sehen Sie selbst, Signora. Das hier ist nicht der Entwurf von Tresso & Campana ...«

Gemächlich rollte er ihn auf.

»Es ist der Fetzen Papier, den sich Garrone mit Millionen bezahlen lassen wollte. Es ist ... das Rohr.«

Er stellte sich vor sie hin und hielt ihr mit ausgestreckten Armen den Plan vor die Augen.

»*Le Buone Pere*«, las er langsam vor. »Besitzer: Tabusso. Entwurf: Architekt Lamberto Garrone.«

Signora Tabusso verharrte vollkommen bewegungslos; die Unterlippe war zwischen ihren Zähnen eingeklemmt wie ein Finger in der Tür. Das Schweigen wurde fast unerträglich; dann kam von der Wiese her wie aus großer Ferne das wütende Gebell des Hundes und ein matter Zuruf Virginias.

»›Hunde, die viel bellen, beißen nicht‹«, bemerkte De Palma. »›Die schlechte Wäscherin ...‹, ›Schweigen ist Gold‹. Dies ist das Haus der Sprichwörter.«

»Und was erwarten Sie von mir?« schrie plötzlich die Tabusso.

»Was wollen Sie hören? Daß ich aus allen Wolken falle? Schön, ich sag's Ihnen: Ich falle aus allen Wolken!«
Erst in diesem Augenblick wurde dem Kommissar klar, daß Signora Tabusso keineswegs aus den Wolken fiel. Sie mußte vielmehr, sobald sie die Rolle (das *Rohr*) in seiner Hand gesehen hatte, erraten haben, daß es sich um die Kopie des Projekts von Garrone handelte, das die Polizei wer weiß wie ausgegraben hatte und das ihr überhaupt erst einen Grund gab, hier heraufzukommen. Von jenem Augenblick an hatte sie damit begonnen, sich vorzubereiten und für den erwarteten Moment der ›Enthüllung‹ eine Verteidigungsstellung aufzubauen. Er hörte ihr zu, mit der Spannung des Jägers und mit der Bewunderung des erfahrenen Kriminalisten.
»Was kann ich denn dafür, wenn es irgendeinem Irren in den Sinn kommt, für meinen Besitz einen Bebauungsplan zu entwerfen! Vielleicht ist er vor einer Immobilien-Agentur damit beauftragt worden, vielleicht brauchte er ihn als Prüfungsarbeit für eine Dozentur, als Probeentwurf für die Stadt, was weiß ich? Heutzutage macht man ja alles, ohne erst um Erlaubnis zu fragen. Wir Grundbesitzer sind das fünfte Rad am Wagen, wir sind die Feinde des Volkes, der Kultur, wir sind an allem schuld! Vielleicht gibt es noch zehn Bebauungspläne für meine Wiese! Sehen Sie doch erst einmal in der Technischen Verwaltung nach, bevor Sie hierher kommen und mich in meinem eigenen Hause beleidigen! Es ist ein Grundstück, das zur Bebauung herausfordert, das haben sie mir auch bei Tresso & Campana gesagt. Es ist schön und interessant. ›Schwierig‹, zitierte sie feierlichen Tons, ›aber auch stimulierend.‹ Das macht ihnen doch Spaß, den heutigen Architekten. Die sind doch alle halb irre, sehen Sie sich doch die Häuser an, die sie heute bauen!«
Der Kommissar und De Palma wechselten einen Blick. Der Tabusso waren bei ihrer Niederlage die militärischen Ehren nicht zu verweigern, aber jetzt war der Moment gekommen, die wahren Trümpfe auszuspielen. Hier ging die Jagd zu Ende. Müde, mit schleppendem Schritt näherte sich der Kommissar dem schwarzen Klavier mit den beiden leeren Messingleuchtern. Es war der Teil seiner Arbeit, der ihm am wenigsten Freude machte, der Abschluß. Zumindest in gewissen Fällen.

De Palma stand auf, als wolle er sich verabschieden.

»Sie werden uns verzeihen müssen, Signora, wenn wir versucht haben, Sie zu einem Eingeständnis zu nötigen.«

»Das wollte ich aber auch meinen!« entrüstete sich die Tabusso. »Da kommen Sie an einem Sonntag hierher und machen mir dieses Theater, und alles nur, weil Sie weiß der Himmel wo einen Fetzen Papier entdeckt haben, der, nebenbei bemerkt, nicht einmal meine Unterschrift trägt! Ja, wo leben wir denn eigentlich?«

»Ich war noch nicht fertig«, sagte De Palma, plötzlich eisig. »Im Fall Garrone haben wir keine Beweise. Aber wir sind nicht deswegen hier.«

Der Kommissar klappte den Klavierdeckel auf und fuhr mit dem Zeigefinger über die gelben Elfenbeintasten. Er hatte es ohne Absicht getan oder, besser gesagt, mit der unbewußten Absicht, sich zu distanzieren, aber das Geräusch – diese neue, wenn auch so geringfügige Überraschung – schien die Tabusso aus der Fassung zu bringen. Erschrocken fuhr sie auf und drehte sich nach ihm um.

»Und warum sind Sie gekommen?« fragte sie, ohne jede Aggressivität, mit einer Stimme, die ihre Angst verriet.

Wenn sich jemand so lange und so gut verteidigt hatte und sich dem Erfolg schon so nahe sah, kam dann die Katastrophe oft sehr rasch.

»Wegen des andern«, sagte De Palma. »Wegen des kleinen Blonden. Und bei dem können Sie sich nicht herausreden, Signora. Zu viele Zeugen. Zu viele Beweise.«

»Und Virginia«, sagte der Kommissar und schlug einen hohen Ton an.

»Riviera war am Freitag zwischen ein und drei Uhr nachmittags hier. Dafür haben wir Zeugen. Sie haben versucht, Zeit zu gewinnen, und mit ihm eine Verabredung für Montag getroffen. Dafür haben wir Zeugen. Aber dann haben Sie den Kopf verloren. Sie glaubten, er sei ein Komplice Garrones oder auch ein Erpresser auf eigene Faust. Vielleicht auch nur ein gewöhnlicher Schnüffler; aber es bestand die Gefahr, daß er seinen Kollegen im Rathaus Andeutungen machte und daß dadurch die Wahrheit über das Verbrechen von der Via Mazzini herauskommen könnte. Da beschlossen Sie, sofort zu handeln. Sie beeilten sich und warteten schon am Nachmittag vor seinem Büro auf ihn. Sie verfolgten ihn bis zu seinem Haus. Dafür haben wir Zeugen. Sie stiegen dann die Treppe hinauf und klopften an seiner Tür, um ihn noch in derselben Nacht umzubringen. Wir haben Zeugen. Am Morgen des folgenden Tages . . .«

»Daß heißt, gestern«, nahm der Kommissar den Ball auf, den ihm De Palma zuwarf. »Gestern morgen war die Signora früh auf den Beinen, nur von dem einen Wunsch beseelt, Riviera aus dem Wege zu räumen, sofort, jedenfalls noch vor Montag und bevor er mit anderen über die Sache reden konnte. Aber zuvor mußte sie eine neue Verkleidung finden, und ihre Wahl zeugte von großer Findigkeit, zumal wenn man den knappen Spielraum bedenkt, der ihr geblieben war.«

Der Kommissar klappte den Klavierdeckel zu und ging an den Tisch zurück.

»Oben, in ihrem alten Schlafzimmer, hängt in dem Schrank mit ihren Erinnerungen auch ihr Trauerkleid. Die Signora legt also Trauer an und zieht den kleinen Schleier übers Gesicht. Um ganz sicherzugehen . . .«, der Kommissar nahm den Deckel von der Hutschachtel, zog die Handtasche heraus und öffnete sie, »setzte sie noch diese Sonnenbrille auf . . .«

Er stellte die beiden Bügel aus und hielt sich die Brille etwa zwanzig Zentimeter vors Gesicht. Durch die ovalen Gläser sah er auf Signora Tabusso: Ihre Schultern hatten sich ein wenig gekrümmt, und ihr Alter (fünfzig oder fünfundfünfzig Jahre?) drückte sich jetzt deutlich in ihren Zügen aus, in diesen Zügen, aus denen Leben, Bewegung und Wachheit verschwunden waren. Sogar ihr Schweigen hatte sozusagen seine derbe, solide Qualität verloren, war zerfasert, wie fadenscheinig . . .

»Und in dieser Aufmachung steigt die Signora wieder in ihren Wagen«, sagte der Kommissar.

»Was für einen Wagen fahren Sie?« unterbrach De Palma. »Ist es ein blauer Fiat 124?«

Signora Tabusso senkte den Kopf.

»War er nicht kürzlich wegen der Karosserie in Reparatur?«

Signora Tabusso neigte noch einmal den Kopf.

»Mit diesem blauen Fiat 124 – so leicht wiederzuerkennen, und an den sich viele Zeugen gut erinnern – fährt die Signora also wieder zur Wohnung Rivieras«, setzte der Kommissar seine Schilderung fort. »In ihrer Handtasche hatte sie den Hammer oder sonst eine Waffe, die schon für Garrone bestimmt war; und angesichts ihrer Intelligenz können wir uns vorstellen, daß die Signora einen Blumenstrauß in der Hand hielt, um die Verkleidung vollkommen zu machen. Ich würde mich nicht darüber wundern.«

»Allerdings hat sie niemand mit einem Blumenstrauß gesehen«, bemerkte De Palma.

»Wir haben auch noch nicht alle Zeugen vernommen«, sagte der Kommissar. »Du wirst sehen, es hat einen Blumenstrauß gegeben.«

Es war, als schlüge man auf eine tote Katze ein.

»Riviera hat zwar bereits das Haus verlassen. Aber glücklicherweise hat er einen Zettel an seine Tür geheftet, eine Mitteilung für einen Freund; die Signora steigt wieder ins Auto und eilt zum Balùn.«

»Und dort, im Balùn«, fügt De Palma hinzu, »parkt sie an verbotener Stelle und findet den Strafbescheid unter dem Scheibenwischer. Nur daß sie diesmal nicht mehr dazu kam, ihn sich von ihrem Bekannten bei der Verkehrspolizei streichen zu lassen.« Er zog den weißen Zettel aus der Tasche und hielt ihn ihr vor die Augen. »Können Sie sehen, sogar die Stunde ist vermerkt?«

Die Tabusso schloß die Augen.

»Und jetzt«, fuhr der Kommissar fort, »irrt sie, auf der Jagd nach Riviera, durch den Balùn. Sie ist wie von Sinnen. Vielleicht hat der kleine Blonde schon gesprochen, vielleicht aber kommt sie noch zurecht und kann ihn beseitigen, bevor er Gelegenheit hatte zu sprechen. Sie ist bereit zu jedem Risiko, auch am hellichten Tage, auch im Gedränge des Balùn. Und als sie ihn endlich entdeckt, folgt sie ihm wie ein Schatten. Wir haben dafür Zeugen.«

»Und wie um nicht die alte Regel vom *modus operandi* Lügen zu strafen«, unterbrach De Palma, »entwendet sie im Vorbeigehen von einem Trödlerstand eine steinerne Mörserkeule. Warum auch sollte sie, nach den guten Erfahrungen damit im Fall Garrone, das Material wechseln? Habe ich recht, Signora?«

»Inzwischen ist es fast ein Uhr geworden, es gibt einen allgemeinen Aufbruch. Aber als schon alle Hoffnung vergebens zu sein scheint, da ergibt sich plötzlich eine günstige Gelegenheit. Der kleine Blonde, allein geblieben, betritt ein halbverlassenes Lager-

haus. Die Signora folgt ihm, die Hand schon in der Tasche«, der Kommissar steckte wie zur Illustration die Hand in ihre Tasche, »die Mörserkeule fest umklammernd. In einer dunklen Ecke holt sie ihn ein, steht hinter ihm und erhebt ihre steinerne Waffe . . .«
Der Kommissar unterbrach sich. Er nahm die Hand aus der Tasche – und ließ ein Trambahnbillett auf den kleinen Tisch flattern.
»In der Handtasche befanden sich zwei alte Fahrscheine der Straßenbahn; sie stammten noch aus der Zeit, als die Signora kein Auto hatte, aus dem Jahr 1953, und als sie mit der Linie 12 zum Friedhof zu fahren pflegte. Jeden Mittwoch. Manchmal allein, manchmal mit . . .«
»Virginia?« vermutete De Palma.
Der Kommissar nahm aus seiner Brieftasche den zweiten Fahrschein. Er hob den ersten vom Tisch auf und verglich beide, in jeder Hand einen.
»Sie sind identisch. Beide wurden 1953 gelöst. Beide am gleichen Tag. Auf der Linie 12. Beide fortlaufend numeriert.«
Signora Tabusso hatte langsam den Kopf gehoben und blickte starr, wie hypnotisiert, auf die beiden Fahrscheine.
»Sie werden uns noch manches erklären müssen, Signora«, sagte der Kommissar. »Fangen wir hiermit an: Erklären Sie uns bitte, wieso ich den einen der beiden Fahrscheine vor ein paar Minuten in dieser Handtasche entdeckt habe, während der andere gestern mittag im Balùn gefunden wurde, in dem Lagerhaus, und zwar neben dem Toten?«
Das Schweigen, das auf diese Worte folgte, wurde gleichsam tragisch erhöht durch den Duft von Heu und Blumen, von kurzem Vogelgezwitscher und dem Bellen des Hundes, der auf der Wiese hinter seinem Ball herjagte, dem Summen der Fliege, die sich nicht entscheiden konnte, ob sie im Zimmer blieb oder ins Freie flog. Allmählich aber richtete sich die Tabusso auf und hob den Blick. Sie sah nacheinander den Kommissar und De Palma an. Ihre Augen, stellte der Kommissar überrascht fest, waren sehr schön.
»Gut«, sagte sie. »Jetzt habe ich nur noch zwei Bitten an Sie.«
Ihre Stimme war hart und entschieden.
»Die erste: Lassen Sie Virginia in Ruhe. Sie weiß nichts.«
Sie atmete tief, dann hatte sie sich wieder in der Gewalt.

»Und zweitens, sagen Sie mir, was das für eine baupolizeiliche Vorschrift war.«
»Es ist ein alter Vorbehalt«, erklärte der Kommissar, »aus dem Jahre 1824, unter Carlo Felice erlassen, wenn ich nicht irre.«
»Was für ein Vorbehalt?« brüllte Signora Tabusso. »Wollen Sie mir sagen, was das für ein Vorbehalt war, zum Donnerwetter!«
»Der öffentliche Waschplatz, Signora«, erklärte der Kommissar. »*Le buone pere*, daran lag es.«
Vollkommen starr, die Hände auf den Knien, und ohne daß in ihrem Gesicht ein Muskel zuckte, begann sie zu weinen.

7

»Aus Wut, die Ärmste!«
»Da kam alles zusammen, glaube ich.«
»Nein, ich bin überzeugt, aus Wut. Da hatte sie geglaubt, es geschafft zu haben, und dann das! ... Ich an ihrer Stelle hätte auch geweint. – Wo ist das Feuerzeug abgeblieben?«
»Hier.«
»Danke ... Und dann hat sie alles gestanden?«
»Ja, sie hat ein volles Geständnis abgelegt.«
»Seid ihr mit ihr aufs Polizeipräsidium gefahren?«
Ja, sie hatten sie aufs Polizeipräsidium gebracht und sie auf einen dieser unbequemen Stühle gesetzt, und dann hatte sie angefangen zu reden, rückhaltlos, ohne Gewissensbisse. Sie hatte ihre ganze unbezähmbare Arroganz wiedergefunden, nun nicht mehr bei dem Versuch, zu leugnen und sich zu verteidigen, sondern um sie wie Krümel vom Tisch zu fegen, vom Tisch ihres Lebens, diesen Garrone und den Riviera, ein Schwein und einen Päderasten, zwei Wüstlinge, die es nicht besser verdient hatten.
»Das kommt mir ein bißchen irre vor. Typ Savonarola.«
»Ein bißchen Fanatismus, ja. Selbstverständlich.«
So hatte sie nun den Mann an der Schreibmaschine, der nicht mehr mitkam mit ihrem Tempo (ein Stenograph hatte sich nicht gefunden, und ein Tonbandgerät hatte sie entschieden abgelehnt; wenn sie so ein Ding vor Augen hätte, würde ihr gleich ganz anders),

hatte sie den Mann an der Schreibmaschine überschüttet mit einem Schwall von Anklagen und Verwünschungen, mit ihrer anmaßend-summarischen Selbstdarstellung als vom Fiskus schikanierte und von der Enteignung bedrohte Grundbesitzerin, sie, alte Turinerin, der das Wasser bis zum Halse stand und die nicht mehr ankam gegen neue Leute, neue Sitten und Gebräuche, neue Gesetze und neue Laster.

»Und doch tut sie mir leid.«

»Sie hat zwei Menschen ermordet und schließlich nur des Geldes wegen.«

»Gilt das als besonders verwerfliches Motiv?«

»Ich glaube, ja.«

»Also ich finde, es gibt sehr viel verwerflichere. Aber wo zum Teufel ist der Aschbecher geblieben?«

»Hier.«

»Oh, danke. Nein, ich meine nur, sie wollte doch nicht Geld nehmen; sie wollte es nicht geben. Das ist etwas anderes. Im Grunde hat sie mildernde Umstände.«

Genau das hatte der Kommissar gedacht, als er nach Hause gefahren war und die Tabusso mitten in ihren zähnefletschend gemachten Geständnissen verlassen hatte. Es war nun Sache De Palmas und der anderen gewesen, ihr bis zum Ende zuzuhören, das Gehörte zu ordnen, zu präzisieren und für den offiziellen Bericht sowie für eine Presseerklärung zu redigieren, in der sich gewiß die Zufriedenheit mit der eigenen Arbeit ausdrücken würde.

Er hatte das Polizeipräsidium verlassen, als es noch heißer Nachmittag war. Er war, mit einem Kopfnicken zu De Palma hin, gegangen, und De Palma hatte die Bewegung erwidert und ihn im stillen beneidet, daß er in seine abgedunkelte Wohnung gehen, duschen, sich umziehen und eine eisgekühlte Coca-Cola trinken konnte. Das alles hatte er denn auch mit genießerischer Langsamkeit getan und sich gerade auf dem Bett ausgestreckt, als es an der Tür läutete.

»Ich habe auf dem Polizeipräsidium angerufen. Es war vielleicht nicht der rechte Augenblick dafür, aber ich hielt es einfach nicht mehr aus. Ich brannte vor Begierde zu erfahren . . .«

Doch nicht vor dieser Begierde hatte sie gebrannt. Die befriedigte sie erst danach, während sie Coca-Cola trank, Kissen zurecht-

rückte, Zigaretten rauchte, das Feuerzeug suchte und zwischendurch viele Fragen stellte, wobei sie auch ins einzelne ging. Freilich, ohne es zu übertreiben, stellte der Kommissar, optimistisch gestimmt, fest, nicht kleinlich, nicht gar zu hartnäckig.
»Wie spät mag es wohl sein?«
Es war eine enge, dunkle Straße, und das Tageslicht, das zwischen den Stäben der Jalousie hindurchsickerte, durchlief vom frühen Morgen bis zum Abend nur eine sehr begrenzte Skala kleinster, kaum wahrnehmbarer Veränderungen. Nur die Geräusche wechselten und gaben die Stationen des Tages an. Aber heute war Sonntag. Ein Junisonntag im alten Zentrum der Stadt, sicher vor der Flut der am Sonntagabend zurückkehrenden Autos, die einen anderen Weg nahm als durch die Mitte der Stadt. Sie war wie von einem Gehäuse umschlossen, diese Mitte, von einem sicheren, in seiner Kostbarkeit unwandelbaren Gehäuse. Oder war es vielleicht zerbrechlich und ohne Zukunft?
Der Kommissar machte Licht und sah auf die Uhr.
»Zwanzig nach sieben.«
»Nein!« rief Anna Carla lachend. »Das ist ja furchtbar spät!«
Sie sprang aus dem Bett, leichtfüßig, und begann sich in aller Eile anzuziehen.

Carlo Fruttero & Franco Lucentini
Charles Dickens

Die Wahrheit über den Fall D.

Roman. Aus dem Englischen und Italienischen
von Burkhart Kroeber. 544 Seiten. Leinen

Die Meisterdetektive der Kriminalliteratur sind in Rom versammelt, um einen spektakulären Fall zu lösen, an dem sich schon Generationen von Detektiven, Schriftstellern und Wissenschaftlern die Zähne ausgebissen haben: Das »Geheimnis des Edwin Drood«, das rätselhafte Ende des letzten Romans von Charles Dickens, dem sein plötzlicher Tod 1870 die Feder aus der Hand gerissen hat. In diesem spannenden, quirligen Stück Kriminalsatire gelingt es den Detektiven, und damit Fruttero/Lucentini, Edwin Droods Geheimnis und Dickens' jähes Ende überzeugend aufzuklären.

»Wie das literarische Doppel und seine gewieften Helfer ›Die Wahrheit über den Fall D.‹ herausfinden, wie sie den verführerisch farbigen, filmreifen Dickensschen Roman – komplett-unkomplett abgedruckt – Kapitel für Kapitel auseinandernehmen und auch absurdesten Eingebungen nachgehen, Telepathie inklusive – das ist ein brillantes Kabinettstück voller Ironien und grotesker Einfälle. Und so nebenbei auch noch eine subtile Parodie auf den internationalen Kongreßjargon. 550 Seiten raffiniert-spannende Unterhaltung für anspruchsvolle Krimi-Fans. Und ein intellektueller Riesenspaß für mitdenkende Hobby-Schnüffler(innen).«
Cosmopolitan